Silicon Valley

David A. Kaplan

Silicon Valley

Die digitale Traumfabrik
und ihre Helden

Aus dem Amerikanischen
von Hainer Kober

WILHELM HEYNE VERLAG
MÜNCHEN

Die Originalausgabe erschien 1999 unter dem Titel
The Silicon Boys bei William Morrow and Company, Inc., New York.

Umwelthinweis:
Dieses Buch wurde auf chlor- und säurefreiem Papier gedruckt.

ISBN 3-453-17989-7

Meinen Eltern

INHALT

Unter allen denkbaren Werten der menschlichen Gesellschaft gibt es in Amerika nur ein einziges Ziel, das wirklich unumstritten, wirklich universal, wirklich vernünftig, wirklich und wahrhaftig anerkannt ist, und das ist das Geld.

C. WRIGHT MILLS, *The Power Elite*

Woodside 94062

Es gibt die Reichen, es gibt die Stinkreichen – und es gibt Woodside.

In Silicon Valley findet man dutzende von gut betuchten Orten, wo die Großmeister moderner Architektur bemüht sind, mit ihren Supervillen unter Beweis zu stellen, dass es so etwas wie zu protziges Bauen gar nicht gibt. Palo Alto und Portola Valley, Atherton und Los Altos Hills – sie gehören zu den Orten, die die Silicon-Millionäre ihr Zuhause nennen, wenn sie nicht gerade in ihren Firmen die Aktienoptionen zählen oder in ihrer Gulfstream 5 um den Globus jetten.

Doch wenn Sie Silicon Valley wirklich kennen lernen wollen, wie ich es 1998 versucht habe, dann müssen Sie sein Machtzentrum aufsuchen – das idyllisch gelegene Woodside, Symbol einer Zeit, in der unsagbare Reichtümer angehäuft werden, das Beverly Hills der Hightech-Welt. Diese kleine Enklave – fünfzig Kilometer südlich von San Francisco und direkt auf der San-Andreas-Falte gelegen – versteckt sich zwischen nebelumhüllten Redwoods und beherbergt kein Anwesen, dessen Zufahrt nicht wie Fort Knox mit einem elektronischen Tor gesichert ist. Man könnte meinen, dem friedlichen Flecken drohe eine Invasion von Will Patton. Ob sich schon einmal einer der stolzen Besitzer überlegt hat, dass man diese eindrucksvollen Bollwerke sehr einfach überwinden kann, indem man nämlich … um sie herumgeht? Auf der anderen Seite von Silicon Valley, in Portola Valley, hat Scott McNealey, der Vorstandsvorsitzende von Sun Microsystems, das scharfsinnig erkannt und sich vorgenommen, Sicherheitskräfte einzustellen und Wachhäuser rund um sein Grundstück zu errichten. Hieß es in den Achtzigerjahren noch *Barbarians at the Gate* (»Barbaren vor dem Tor«), so hat Silicon Valley sie jetzt unmittelbar hinter seine Tore gestellt.

Woodside: beschaulich, ländlich und laut offizieller Statistik von mehr Reitpferden als Menschen bevölkert. Im Rathaus bekommt man eine fünfseitige Broschüre mit dem Titel »Pferdehaltung in Woodside«. Sie enthält Vorschriften über das Anbinden von Pferden, Informationen über den »Verkauf von Heu und Futtermitteln«, Definitionen zu den Begriffen »Pferch« und »Weide« sowie Erläuterungen wie »Zusatznutzung – Pferde«. Als die Stadtväter versuchten, einige Waldwege für Pferde zu sperren – Radfahrer und Wanderer hatten sich beschwert –, probten die Reiter den Aufstand. Ebenso, als jemand ihnen zumuten wollte, selbst für die Beseitigung der Pferdeäpfel zu sorgen.

Mehr als irgendeine andere wohlbehufte Gemeinde im Valley versucht Woodside, die Botschaft zu vermitteln: »Wir haben Kohle, aber wir zeigen es nicht.« Da ist zum Beispiel die Sache mit den Pickup-Trucks. »Warum gibt es in Woodside so viele reiche Leute, die Pickup-Trucks fahren?«, fragt Larry Ellison, der Vorstandsvorsitzende von Oracle, der nächstes Jahr in die Stadt zieht. Ellison hat den Narzissmus des Ortes längst durchschaut. »Nagelneue, pieksaubere Pickup-Trucks mit Ledersitzen verkünden: ›Ich bin kein materialistischer Mensch und ich kann es beweisen – ich fahre einen Pickup-Truck.‹ Mein Problem ist nur, dass ich einen Rücksitz brauche für meine Kinder, meinen Aktenkoffer, meinen Überzieher und natürlich die vier Millionen Dollar, die ich nach Meinung der Leute ständig mit mir herumtrage.« Daher fährt Ellison einen Jeep – wenn es nicht gerade sein McLaren, Acura NSX oder das Turbokabrio von Bentley ist.

Häuser sind etwas ganz anderes als Autos. Jeder scheint ein größeres, schöneres, ausgefalleneres und abgefahreneres als der Nachbar besitzen zu wollen. Durchschnittspreis für ein Haus im Jahr 1998: 1 514 065 Dollar. Der stilistischen Fantasie sind keine Grenzen gesetzt: falsches Schloss, falsches Meer, falsches Japan, falsches Irland und echter amerikanischer Dermatologe des 20. Jahrhunderts. Das Grundstück ist in der Regel 10 000 bis 20 000 Quadratmeter groß. Auf diese Weise bewahrt sich Woodside seinen ländlichen Charakter und hält sich den Mittelschichtspöbel vom Hals. Als Vertreter der Baubehörde im Herbst 1998 herausfanden, dass einige Grundstückseigner Scheunen zu menschlichen Behausungen umgebaut hatten, waren sie schockiert. »Traumhaftes Baugrundstück mit altem Baumbestand und verschlungenen Gartenpfaden, die Sie in die Zeit der Gartenfeste und Baumhäuser zurückversetzen«, heißt es in einer typischen Immobilienanzeige. »Für nur 847 950 Dollar. *Haus mit zwei Schlafzimmern inbegriffen.*« Einige der Kataloge bringen die Sache auf den Punkt: »Für Neubau geeignet.« Was eine vornehme Ausdrucksweise ist für: »Kommen Sie, kaufen Sie und machen Sie das Haus platt!« Reißen Sie es ein und bauen Sie was Richtiges.

Vermutlich haben die hier ansässigen Neureichen mehr Geld, als sie jemals in ihrem Leben ausgeben können, aber sie versuchen es immerhin. Da das letzte Hemd nun mal keine Taschen hat, kauft man im Delikatessgeschäft eben die Straußensalami für achtzehn Dollar das Pfund. Haben die Franzosen nicht wegen ähnlicher Geschichten eine Revolution angezettelt? Die Exfrau eines Oracle-Ingenieurs hat fünfzehn Schrank*meter* Kleidung. Carnegie und Vanderbilt brauchten ein ganzes Leben, um reich zu werden – und sie konnten sich dabei nicht am Pool in Kalifornien aalen. Draeger's, der nobelste Lebensmittelhändler im Valley, bietet nicht nur die ausgefallensten Fleischspezialitäten an, sondern auch unzählige Zigarren- und Brandysorten, Balsamessig mit eingelegten Trüffeln für 1500 Dollar die Flasche in einer abgeschlossenen Vitrine und eine größere Auswahl an Olivenöl als an Shampoo. Draeger's verkauft mehr Rosenthal-Porzellan als irgendein anderes Geschäft in Amerika außerhalb von Manhattan und Miami. Der Eigentümer lebt natürlich in Woodside, denn die Elektronik-Freaks sorgen dafür, dass er ein hübsches Auskommen hat. Soll der Plebs doch essen, was er will, Woodside trägt sein Geld nicht in die Welt hinaus, sondern gibt es am Ort aus, und alle kriegen es mit. Nirgends im Silicon Valley blüht der Klatsch üppiger als in Woodside 94062.

Gordon Gekko aus dem Film *Wall Street* mag wie eine schlechte Erinnerung an ein vergangenes Jahrzehnt wirken und die digitalen Neunzigerjahre mögen von einer weniger vulgären Auffassung geprägt sein, aber Sie müssen sich in Woodside umsehen, um wirklich eine Ahnung zu bekommen, wie sich das Valley entwickelt.

A. C. »Mike« Markkula, der öffentlichkeitsscheue Mitbegründer von Apple Computer und ehemaliger Vorstandsvorsitzender dieses Unternehmens (sowie Begründer des Markkula Center for Applied Ethics an der Santa Clara University) lässt sich gerade ein Haus mit einer Wohnfläche von 728 Quadratmetern bauen, die Garage für zwanzig Autos nicht eingerechnet. Allerdings bedeutet das ein Problem für Markkula und seine hochherrschaftlichen Aspirationen, denn ursprünglich sollte sein Heim doppelt so weitläufig werden – wohl groß genug, um von der Raumsonde *Sojourner* erspäht zu werden, auch wenn das einen gewissen Verlust an Privatsphäre bedeutet hätte.

Markkula sagte, der Grund für diese raumgreifenden Pläne seien die riesigen Redwoods, von denen einige vierzig Meter hoch seien. »Wenn Sie dort ein kleines Haus hinsetzen«, erklärte er der Planungskommission, »dann verschwindet es zwischen den Bäumen und sieht lächerlich aus.« Woodside entgegnete, dass dies nicht infrage komme. Markkula brachte vor, er habe Anrecht auf eine Ausnahmegenehmigung, denn schließlich leiste er einen »erheblichen gemeinnützigen Beitrag«, da er mit der Unterkunft seines Hausmeisters »erschwinglichen Wohnraum« schaffe. Woodside sagte: »Kommt nicht infrage.« (Das war der merkwürdigste Antrag, den die Stadtverwaltung Woodside zu verzeichnen hatte, seit die Frau des Venture-Kapitalgebers John Doerr um die Genehmigung ersucht hatte, im Garten ein Schwein als Haustier halten zu dürfen.) Markkula hat bereits mehr als eine Million Dollar ausgegeben, um ein im Wald gelegenes tausend Quadratmeter großes Theater aus den Zwanzigerjahren wiederherzustellen. Vor dem stark gesicherten Gebäude hat ein Witzbold ein Schild aufgestellt: WILL CONSULT FOR FOOD.*

Angesichts des Wirbels, der um die Verhandlungen mit der Planungskommission gemacht wurde, hatte Markkula es so satt, sein Bild ständig in der Lokalzeitung zu sehen, dass er einmal versuchte, dem Fotografen seine Kamera zu entreißen. Im Spätsom-

---

* In amerikanischen Großstädten tragen Obdach- und Arbeitslose Schilder mit der Aufschrift »Will work for food«, doch da man in Silicon Valley nicht »arbeitet«, sondern zumindest »computer consultant« ist, lässt dieses Schild Silicon Valley und die Armut in Amerika aufeinander treffen. (A. d. Ü.)

mer 1997 wurde sein Bauleiter von der Fair Political Practices Commission in Kalifornien, also dem Ausschuss, der über die Wahrung des politischen Anstands wacht, zu einer Geldstrafe von 11 000 Dollar verdonnert – wegen »Geldwäsche«, wie die Kommission erklärte. Offenbar hatte der Bauleiter durch Strohmänner den Wahlkampf eines Kandidaten für den Posten des Bürgermeisters von Woodbridge unterstützt – der nach seiner Wahl eine Änderung der Bauvorschriften freundlich in Erwägung gezogen hätte, sodass Markkula ein sehr viel größeres Haus hätte bauen können. Offenbar wusste der Kandidat nichts von dem Plan, doch auf die Frage, ob Markkula hinter den Zuwendungen stecke, antwortete er: »Man müsste schon ziemlich beschränkt sein, um das nicht zu vermuten.« Zwar pflegt Woodside sein ländlich-idyllisches Image, doch seine Lokalpolitik kann sich mit der jeder Großstadt messen.

Es hat sogar seine eigene Variante des Klassenkampfs, ein Gesellschaftskonflikt und Sittengemälde wie aus einem Roman von Edith Wharton. Vor einigen Jahren entbrannte eine Auseinandersetzung, die unter der Bezeichnung »Der Krieg der Garagenbeleuchtungen« in die Lokalgeschichte eingegangen ist: Eine Stadträtin regte sich über die Halogenscheinwerfer auf, die ihr Nachbar außen an seinem Haus angebracht hatte und die in ihr Schlafzimmer schienen. Da Vorhänge oder Rollos nur schwer anzubringen waren, tat sie das Nächstliegende: Als Stadträtin brachte sie eine Verordnung ein, die besagte, dass der Schein von Lampen nicht über die Grundstücksgrenzen des Eigentümers hinausdringen dürfe. Sogleich meldeten sich die Bewohner des Woodside-Flachlandes (die mit den protzigen Anwesen) zu Wort und zeterten, dass ihr Blick nach Westen durch die Lichter in den Hügeln versaut werde, woraufhin der Pöbel dort oben – die Alteingesessenen – verlangte, dass alle Lichter unten ausgeschaltet werden sollten. Erst als jemand darauf hinwies, dass die Gesetze der Physik sich nicht durch menschliche Gesetze außer Kraft setzen lassen, kehrte wieder Vernunft ins Rathaus ein.

Gordon Moore, Mitbegründer von Intel und reichster Mann Kaliforniens, besitzt ebenfalls ein Haus in Woodside. Man nennt ihn umgänglich und bescheiden und er ist mit seinen rund zehn Milliarden Dollar das, was hier als normal gilt. »Ich lebe in dem nicht eingemeindeten Teil von Woodside«, erklärt der siebzigjährige Moore. »Da können sie mir nicht vorschreiben, was für eine Farbe mein Dach haben soll.« Er ist geprägt vom Geist des Ortes. Genauso wie T. J. Rogers, erklärter Freidenker und Chef von Cypress Semiconductor. Er hat ein wunderschönes, modernes Haus in den Hügeln – mit einem Keller voller Merlot-Weinen und einer Kommode voller Socken, nach Farben und Größen sortiert und jedes Paar in einem kleinen quadratischen Fach. Den Streit hat T. J. zu seinem Steckenpferd gemacht. Als die Baubehörde von Woodside ihm die Bezugsgenehmigung nicht erteilen wollte, weil die Umrandung der Dusche *fünf Zentimeter zu hoch* war, war T. J. nicht bereit nachzugeben. Stattdessen ließ er einen zusätzlichen Wasserhahn einbauen und deklarierte das Ganze als »Römisches Bad«. Schließlich darf eine *Badewanne* eine Umrandung von fünf Zentimetern haben, wenn man auch ziemlich klein sein muss, um darin baden zu können. Die Angestellten der Stadtverwaltung sind durchaus nicht abgeneigt, ihre reiche Klientel mal ein bisschen zu schikanieren, und T. J., der stets sagt: »Geld ist die Wurzel alles Guten«, zahlt es ihnen gern mit gleicher Münze heim. ISS MICH steht auf seinem Wochenend-T-Shirt zu lesen (eine Werbung für essbares Surfboardwachs). Einer Nonne, die es wagte, ihm vorzuwerfen, dass er keine Frauen und Angehörige von Minderheiten im Cypress-Vorstand hatte, erklärte er: »Offen gesagt, die Ansichten einer Frau über die Führung eines Halbleiter-Unternehmens ist uns nur dann von Nutzen, wenn diese Frau einen Universitätsabschluss in Informatik und Erfahrung als Vorstandsvorsitzende eines größeren Hightech-Unternehmens vorzuweisen hat.«

Steve Jobs von Apple hat zwei Häuser in der Nähe des Robles Drive – wo Bill und Hillary wohnen, wenn sie Töchterchen Chelsea besuchen –, doch Jobs wohnt nicht in Woodside (er zieht seinen Tudorbau in Palo Alto vor). Dafür zählen Neil Young und Shirley Temple Black zu den Einwohnern des Ortes. Auch Joan Baez (die in den Klatschspalten einst mit Steve Jobs in Zusammenhang gebracht wurde). Und Koko, das Gorillaweibchen, das zu Weltruhm gelangt ist, weil es über einen Sprachschatz von fünfhundert Wortzeichen verfügt. Wo sonst in Amerika – oder der Welt – findet man einen zweiten Ort, der ein Computergenie, zwei Musiklegenden und ein Primatenweibchen beherbergt, das einen Milchkaffee bestellen kann, fettarm und ohne Schaum?

Oder eine Junior-Highschool, zu deren Lehrplan das Thema »Die Kunst, ein Millionär zu sein« gehört? In jedem Jahr besteht in der siebten Klasse die erste Mathematikaufgabe darin, eine Million imaginäre Dollar auszugeben und die einzelnen Artikel auf einer elektronischen Tabelle einzutragen. Vorschrift ist, dass nur fünfzehn Kaufaktionen getätigt werden. Folglich lassen sich nur kostspielige Artikel erwerben. Einer kann ein Haus bis zu 700 000 Dollar sein. (Da kann man Woodside natürlich vergessen – auf diese Weise lernen die Kinder, wie »San Jose« buchstabiert wird.) Zwei Autos sind gestattet. Für wohltätige Zwecke dürfen nur 25 000 Dollar aufgewendet werden. Von dieser Spende abgesehen, müssen die Schüler für jede Ausgabe eine Anzeige finden, die ein Foto und den Preis enthält. Wenn das kein praxisorientierter Unterricht ist: Woodside lehrt seine Kinder – die Söhne und Töchter der führenden Unternehmer und Venture-Kapitalgeber des Landes –, wie man sich als intelligenter Konsument verhält. Wo sonst wälzen Siebtklässler die Kataloge der nobelsten Versandfirmen? Das gibt es nur in Woodside.

Woodsider verstehen sich auf Partys: Börsengang-Partys, Hundepartys, Hubschrauberpartys, Scheidungspartys (reiche, geschiedene Ehemänner bezeichnen ihre hübschen neuen Frauen als »Upgrades«, also aktualisierte Versionen eines alten Programms), Bar-Mizwa-Partys, Villa-Warming-Partys, Kindergeburtstagspartys, die im Garten hinter dem Haus ganze Spielwarenläden versammeln (einschließlich tragbarer Zweieinhalb-Meter-Hecken, die weniger begüterte Nachbarn vor Neidattacken schützen), Wirfeiern-eine-Niederlage-von-Microsoft-Partys und 50 000-überflüssige-Dollar-Verjubel-Partys. Barb Ellison, die reichste Geschiedene der Stadt, eine Frau, die so viele Nachbarn aufgekauft hat, dass sie keine mehr hat, schmeißt alle zwei Jahre die Party der Partys – eine Party, die sich natürlich stets um ihren eigenen Namen dreht. Erst war es Barbstock (eine Anspielung auf das Rockfestival Woodstock), dann Barbarella und 1998 schließlich Barbi Gras (Mardi Gras ist ein anderes amerikanisches Rockfestival oder die französische Bezeichnung für Fasching, je nach Geschmack). Zu dieser Party bekam jeder der dreihundert Gäste als Einladung ein eigens zu diesem Zweck professionell produziertes Video. »Ein exotisches Abenteuer, angereichert mit würzigen Speisen, heißen Rhythmen und gewagten Vergnügungen!«, verspricht Barb ihren Freunden auf dem Zwei-Minuten-Video. Hat sie auch die barbusigen Tänzerinnen erwähnt? »Wenn die Sonne untergeht, erwachen die Lebensgeister und ihr müsst euch in den Wodu-Saal begeben … ein Ort, wo ihr alle eure Beschwernisse abschütteln könnt. Und, meine lieben Freunde, ich brauche euch, um mich meiner größten Last zu entledigen – meines Namens und dieser verfluchten Puppe!« Barb fordert ihre Gäste auf: »Bringt für das Wodu-Opfer eure eigene Barbiepuppe mit. Schmückt eure Wodu-Barbie, legt sie auf unseren Altar und unser Medizinmann wird seinen Zauber an ihr verrichten.« Als sie ihre eigene Puppe durchbohrt, sagt Barb ohne eine Spur von Humor: »Nimm Rache an einem treulosen Ehemann!« (Von ihm wird gleich noch die Rede sein.)

In einer kühlen Frühlingsnacht gab es acht Stunden Barbi Gras '98 – mit allem Drum und Dran, Musikern, Aura-Leserin, Masseuse, aufblasbaren Barbies, Medizinmann, den erwähnten Tänzerinnen, dazu Schokoladentrüffel, Himbeermus und die Wodu-Halle unten an der Scheune auf den überdachten Tennisplätzen, wo der düstere Wodu-Zauber zu Gesängen und Trommelklängen zelebriert wurde. Gemeckert haben die Gäste eigentlich nur über die vier mobilen Toiletten, obwohl es sich um Luxusausführungen mit Wasserspülung, Licht und Waschbecken handelte. Barb schätzt ihre Gäste aus Woodside sehr, aber die Türen zu ihrer stattlichen Villa in irischem Stil hält sie fest verschlossen. Man weiß ja nie. Das letzte Mal haben sie ihr privates Badezimmer (das mit einem in die Badewanne eingebauten Farbfernseher und einem griechischen Gott als Mosaik im Fußboden) fürchterlich zugerichtet.

Barb Ellisons Partys sind amüsant. Doch wenn Sie das Woodside von heute wirklich verstehen wollen, müssen Sie die jährliche Wohltätigkeitsversteigerung zugunsten der staatlichen Grundschule besuchen. Aber glauben Sie nicht, dass Sie einfach durch Ihr Scheckheft Zutritt erhalten: Sie müssen schon auf gutem Fuß mit dem Ordnungsdienst der Veranstaltung stehen, dem millionenschweren Schulverein von Woodside. Wenn Sie keinen diskreten Eindruck machen, nicht aus Woodside sind oder, Gott bewahre, nicht dazuzugehören scheinen, hält man Sie auf dem Parkplatz fest und lässt Sie vom Sheriff abholen.

Ich weiß es so genau, weil man mich beinahe selbst so behandelt hätte. Ich hatte Freunde gefragt, ob ich das Fest besuchen könnte, und kurz darauf erhielt ich eine verzierte Einladung und eine Spendenaufforderung. Doch im letzten Augenblick gelangte der Verein zu der Auffassung, ich hätte schon zu viel Zeit in Woodside verbracht, und widerrief die Einladung. Man befürchtete, ich würde schreiben, wo die Familien das Silber aufbewahrten und wie viele Kinder sie hätten. Dann könnte ich doch gleich verkünden, wie es in einer sarkastischen Nachricht an mich hieß: »Bitte kommen Sie und entführen Sie die Kinder.« Und was war, wenn ich die Gästeliste bekam? Sie wäre ein regelrechtes Handbuch für Kidnapper, erklärte man mir. Daraufhin wurde dem Ordnungsdienst eine Personenbeschreibung von mir ausgehändigt – »Brille, Bart und etwa 75 Kilo.« Das alles fand ich heraus, als ich am Abend der Grand Auction 1998 einen Polizisten fragte, warum er mich so misstrauisch mustere. »Wir sollen nach jemandem Ausschau halten, der *genauso wie Sie aussieht*«, erklärte er, als ich an ihm vorbeiging. »Und dann soll ich ihn verhaften. Lassen Sie mich wissen, wenn Sie ihn sehen, okay?«

Was für ein Glück, dass ich nur entfernte Ähnlichkeit mit mir habe.

In Woodside werden Besucher öfter so behandelt. Zwei Monate vor der Versteigerung hatte der arme Ray Piecuch beschlossen, am letzten Tag einer Reittour quer durch die Vereinigten Staaten durch Woodside zu reiten. Mit zweihundert Dollar und einer Gitarre hatte sich Piecuch in New Hampshire auf den Weg zum Golden Gate gemacht – er träumte davon, als Erster auf einem Pferderücken in einem Jahr das ganze Land zu durchqueren. Er und sein treuer Gefährte Bo (nach John Waynes Pferd in dem Film *Der Marshall* benannt) schliefen unter freiem Himmel und kamen mit allen Leuten, denen sie auf ihrer langen Reise begegneten, gut aus. Dann machte er im Pioneer Saloon in Woodside halt, um sich ein paar Bier zu genehmigen; Bo hatte er draußen angebunden. Kurz darauf tauchte die Polizei mit dem amtlichen Tiermediziner auf. Offenbar hatte jemand Anzeige erstattet, weil Bo so abgekämpft aussah. Piecuch verbrachte die Nacht im Knast – sein Pferd wurde zum Verhör mitgenommen.

Die Schulauktion ist die prächtigste Party des Jahres. Vergessen Sie den Kuchenverkauf oder die Autowaschaktionen, mit denen bei solchen Gelegenheiten sonst Anschaffungen finanziert werden. Stellen Sie sich ... ja, stellen Sie sich die Autos selbst vor. Oder Boote – richtig große Boote. Wir sind auf der Benefizveranstaltung 1998, deren Motto der Film *Casablanca* ist. An einem sternenklaren Samstagabend im Mai hat man ein großes Zelt mit fünf Spitzen auf dem Fußballfeld der Schule aufgeschlagen, dazu zwei kleinere Zelte. Ein passender Rahmen für die Orgie der Maßlosigkeit, die gleich beginnt. Riesige Aufnahmen von Bogart und Bergmann schmücken die Wände. Auf der Tanzfläche steht das Klavier, auf dem Sam es noch einmal spielen kann. Echte marokkanische Kunst und Kleidung dient zur Dekoration, gestiftet von einem Vater, der extra eine Reise nach Nordafrika gemacht hat, um diese Stücke zu erwerben. Das Menü: Lammlendenspitzen mit Charmoula, Kartoffelgratin und Honiglimonenkuchen. Draußen befindet sich ein nachgebauter maurischer Markt mit Körben voller Obst und Gemüse, Bauchtänzerinnen und drei riesigen Pythons. Rechts daneben ist ein Käfig mit lebenden Küken. Wenn man die fünfundneunzig Mercedesse auf dem Parkplatz durch Kamele ersetzt hätte, wäre die *Casablanca*-Illusion vollkommen.

Alles, was Rang und Namen hat, ist gekommen – die Stars der Szene. Viele Männer tragen weiße Smokings und rote Turbane, während die Frauen offenbar in dem Fundus der Serie *Bezaubernde Jeannie* geräubert haben. Einige haben ihre Palmtops dabei, weit mehr hantieren mit Handys und Piepser, was natürlich wenig zum angestrebten Erscheinungsbild beiträgt. Scott Cook, Mitbegründer von Intuit, dem Software-Unternehmen, das Quicken herstellt, trägt einen prächtigen Kopfschmuck aus Goldlamé, der mit einer Feder gekrönt ist. Normalerweise gibt sich Cook recht zurückhaltend, doch heute hat er sich in eine grellfarbene Pluderhose und eine knappe rote Weste geworfen, die seine Brust frei lässt. Nur die Strandsandalen und die in der Bauchbinde steckende Brille passen nicht ins Bild. John Doerr, der viel bewunderte Venture-Kapitalgeber hinter Netscape, Amazon.com und anderen Unternehmen des neuen Wildwest-Marktes, hat auf jegliche Kostümierung verzichtet und erscheint in Drillichhosen und Baseballmütze.

Dagegen gehört einer seiner Partner, Brook Byers, zu den bestgekleideten Scheichs des Abends, obwohl er immer noch aussieht wie der junge Bursche, der einst die Eliteschule in Georgia und dann die Stanford Business School absolviert hat. Unter den vierhundert Gästen sind auch Gettys, Quists und ein paar andere Angehörige der alten Geldaristokratie vertreten – die Leute, die seit der Regierungszeit von Coolidge (1923–1929) die Society von Woodside bildeten und denen der neue Cyber-Reichtum ein Dorn im Auge ist. Und im Zentrum des Geschehens tummelt sich blond und juwelenbehängt Barb Ellison, neueste Ex-Frau von Larry Ellison – dem Megastar des Valleys, Medienliebling, Ladykiller, Anti-Gates und zweitreichster Mann des Golden State, wie Kalifornien bei den Amerikanern heißt. Larry baut sich in Woodside gerade für vierzig Millionen Dollar eine Bleibe im Samurai-Stil.

Heute Abend ist Larry Ellison nicht erschienen. Ein paar Tage vor der Versteigerung hat er mir, sich selber treu, erklärt, er hätte nicht übel Lust, zu kommen und meine Anwesenheit für ein paar saftige Gebote zu nutzen – um richtig auf die Pauke zu hauen. »Sie wollen nicht mit ihrer Großzügigkeit protzen«, kicherte er. »Wenn ich Sie wäre, würde ich ein Kamerateam mitbringen.« Eine wunderbare Idee! »Die reichen Leute hier schmeißen keine Partys mehr«, sagte er. »Sie organisieren *Wohltätigkeitsveranstaltungen*. Es ist lächerlich.«

Ich versuchte Ellison zu überreden, mich an diesem Abend als seinen Begleiter mitzunehmen. Meine Frau sei damit einverstanden. »Wenn Sie als mein Begleiter mitkommen«, sagte er, »dann schreibt jemand darüber und das wäre wohl für keinen von uns beiden sehr angenehm.«

Ich kann ihn nicht überreden, aber Ellisons Geist schwebt über der Veranstaltung. Er bietet sein Boot – ein richtig großes Boot – als Hauptpreis des Abends. Es ist die Nummer 18 auf der Liste, *Sakura*, eine 60-Meter-Jacht aus Aluminium und Teakholz mit fünf Decks, ein Schiff, das den Atlantik überqueren kann, ohne einmal aufzutanken. Larry legt Wert auf Größe und mit diesem Gefährt kann er sie demonstrieren. Die *Sakura* ist länger als jeder Pickup-Truck und lässt sich leichter handhaben. Was wäre es Ihnen wert, mit neun Freunden sieben Tage an der Riviera verbringen zu können, und zwar auf »einer der schönsten und elegantesten Motorjachten der Welt«, wie der Auktionskatalog marktschreierisch verkündet?

Zum *Sakura*-Paket gehören noch einige kleinere Motorboote, eine elfköpfige Besatzung (nach Wunsch mit oder ohne Konditor) – und die Möglichkeit, in Larrys Bett zu schlafen.

Sie können sich in Ruhe überlegen, wie viel Sie dafür bieten wollen, weil erst einmal andere Dinge unter den Hammer kommen. Ein »Herrenabend« – Gelegenheit für vierzehn ausgewachsene Männer, Zigarren zu rauchen, Fleisch zu essen und Witze zu erzählen – geht für 6200 Dollar an Joe Lacob, einen weiteren Partner von Doerr und Miteigentümer der San Jose Lasers, einer Damen-Basketball-Mannschaft. Im Zeichen der Gleichberechtigung zahlt Barb Ellison 6600 Dollar für einen »Frauenabend«, einschließlich Tätowierer und Tarotkartenlegerin. (Wahrscheinlich wird er an einem anderen Tag stattfinden als das Männervergnügen; ihre Tochter, eine Siebtklässlerin, kann es auf ihrer elektronischen Tabelle festhalten.) Für 5250 Dollar ersteht Doerr einen Comedy Club der Lehrer-Eltern-Vereinigung, während Byers Frau 3900 Dollar für ein Festmahl springen lässt, bei dem die Hummer aus Maine eingeflogen werden. (So großzügig hätte sie sein sollen, als sie versuchte, Barb Ellison die Haushälterin wegzuschnappen; doch die Haushälterin blieb, ist sie doch die einzige ihrer Zunft in Woodside, die die Hilfe einer Reinigungsfirma in Anspruch nehmen kann.) Außerdem stiften die Doerrs eine Party im eigenen Garten – mit Dreibeinwettlauf (Paare werden jeweils an einem Bein zusammengebunden, sodass ihnen insgesamt drei zur Verfügung stehen), altmodischem Barbecue (vielleicht mit dem Schwein dort?) und »Pool-Spaß, einschließlich Wet-T-Shirt-Wettbewerb und Tauchen ohne Hände nach Pennies und einer eingefetteten Wassermelone«. »Outdoors at the Doerrs« geht für 1600 Dollar an den Meistbietenden. Skihütten, Seifenkistenrennen, Broadway-Luxusweekends, Eintrittskarten für den Super Bowl, eine Teestunde auf Kaliforniens schönstem Golfplatz, eine Woche im Astronautenausbildungscamp der NASA – alle diese Dinge gehen weg für Preise zwischen 3000 und 8000 Dollar. (»Astronautenausbildungscamp« hört sich zwar interessant an, ist aber nichts im Vergleich zum Angebot »Düsenjägerpilot für einen Tag« aus dem Jahr 1994. Damals erhielt ein Achtjähriger eine Trainingsstunde im Simulator für den Jäger Marchetti SF 260 der Nato.) Eine Familie von Beanie Babies, jenen Puppen, die sich Mitte der Neunzigerjahre großer Beliebtheit erfreuten und heute einen gewissen Sammlerwert besitzen, erzielt 1000 Dollar. Ein Banker namens Duff, der einen ziemlich verwirrten Eindruck macht, singt leise vor sich hin: »Du weißt, dass der Markt boomt, wenn …« und ergänzt den Satz jedes Mal durch das neueste Spitzengebot. Am Ende kauft Duff für 800 Dollar einen reservierten Parkplatz vor der Schule. Das niedrigste Gebot des Abends erzielt ein Babysitter-Vertrag, was beweist, dass das Gesetz von Angebot und Nachfrage auch auf Wohltätigkeitsveranstaltungen gilt. Warum für eine Dienstleistung bezahlen, die man vom Hauspersonal kostenlos erhält?

Zusammen mit kleineren Angeboten, wie Heu, Luzerne und andere Artikel aus der Abteilung Pferdestall sowie Bastelarbeiten der 480 Grundschüler – es muss auch ein paar Dinge unter 1000 Dollar geben für den Pöbel, der nicht im Forbes 400 steht (Harold Seneker, *The 400 richest people in America, The Forbes Four Hundred*) –, kommen bei der Auktion 439 000 Dollar an »privaten« Geldern für die Schule zusammen (wovon die Veranstaltung selbst 99 000 schluckt). Bleibt ein Reinerlös von 340 000 Dollar, der zur Finanzierung von Theater- und Kunstkursen und in diesem Jahr zur Anschaffung einer Konzerttuba dienen wird. (Zum Glück lebt Koko, die Gorilladame mit ihrem IQ von 95 außerhalb des Schulbezirks, sodass sie die durchschnittlichen Testergebnisse nicht drücken kann.) Mit den 340 000 Dollar wird das Gesetz des Staates Kalifornien elegant unterlaufen, das nämlich wohlhabenden Gemeinden verbietet, höhere Steuern zu erheben als ärmere.

Der Auktionator, ein Profi, der jedes Jahr nur zu diesem Ereignis aus Arizona eingeflogen wird, verkündet, dass das Anfangsgebot für den Aufenthalt auf der *Sakura* bei 10 000 Dollar liegt. Zahlreiche Hände gehen in die Höhe. »Fünfzehn! Zwanzig! Dreißigtausend!«, schreit der Auktionator und nimmt die Gebote von einem Ingenieur, einem Banker und einem lächerlich erfolgreichen Immobilienmakler entgegen. Roger Sippl mischt sich bei 65 000 Dollar ein; angesichts der vielen Hundert Millionen Dollar, die sein Aktienportfolio wert ist, eine ferne Stelle hinterm Komma. Mit vierundzwanzig war Sippl einer der Gründer von Informix, einem Unternehmen, das Datenbank-Software für Großunternehmen entwickelt. Ironischerweise ist Informix mit Haut und Haar von seinem Konkurrenten Oracle geschluckt worden, jener Gesellschaft, die Ellison ins Leben gerufen hat. Die Überraschung des Abends tritt ein bei 70 000 Dollar. Denn jetzt macht Bruce Thompson, der Direktor der Grundschule von Woodside, sein erstes Gebot. »Offenbar bezahlen wir ihn zu gut«, sagt eine Mutter. Eine »VC-Frau« – wie hier die Ehefrau eines *Venture Capitalist* heißt – bietet 75 000 Dollar. Sippl geht auf achtzig, Thompson auf fünfundachtzig. Die VC-Frau steigt aus. Die beiden Männer sind unter sich.

»Ro – ger! Ro – ger! Ro – ger!«, skandieren die Paare an einem Tisch im Hintergrund, als wohnten sie einem Boxkampf bei. So viel Spaß haben sie nicht mehr gehabt, seit der gute Brook Byers vor ein paar Jahren seine Standfestigkeit bei »Body Shots« unter Beweis gestellt hat. (Bei diesem Spiel gibt man Limone und Salz auf den Körperteil eines Mitspielers, leckt sie ab und kippt ein Schnapsglas voll Tequila, einen *Shot*, hinterher. Nach der Lustbarkeit im Jahr 1995 musste der Sheriff einen weiblichen Gast nach Hause bringen, weil die Dame partout am Straßengraben entlang torkeln wollte. Im folgenden Jahr bewiesen die Veranstalter ihren Sinn für Humor, indem sie in das Versteigerungsangebot einen Geschenkkorb mit Limonen, Salz, Schnapsgläsern und Tequila für fünfzig Dollar die Flasche aufnahmen.)

Die Anfeuerungsrufe beflügeln Roger. Er bietet 90 000 Dollar. Er wird überschwänglich umjubelt.

Thomson und Sippl schaukeln sich in 5000-Dollar-Schritten hoch, bis Thompson schließlich mit 125 000 Dollar den Sieg davonträgt. Er nimmt die *standing ovation* entgegen und stellt staunend fest, dass er viel mehr Freunde in der Stadt hat, als er gedacht hat. Sippl hat immerhin einen »Fünf-Sterne-Campingaufenthalt« auf Scott Cooks 2,5-Hektar-Refugium gewonnen, wozu auch die Benutzung des privaten Observatoriums gehört, das der Hausherr sein Eigen nennt. Für 3900 Dollar ein richtiges Schnäppchen. Wenn sich die Gäste besser benehmen als Barb Ellisons Partybesucher, dürfen sie vielleicht das mit allen Schikanen ausgerüstete Gästeklo benutzen. Cook hat das Modell in Japan gesehen und war so beeindruckt, dass er sich ein Exemplar sofort nach Woodside schicken ließ. Die Toilette, die wahrlich der Erwähnung wert ist, wenn denn solche »Unaussprechlichkeiten« überhaupt dazu taugen, ist heizbar, gepolstert und hat, was das Schönste ist, eine Fernsteuerung. Wenn man die aufgedruckten japanischen Bedienungshinweise verstehen würde, wer weiß, zu was für Kunststücken dieses Wunderwerk der Technik noch gebracht werden könnte?

Inzwischen will jeder wissen, was für Aktienoptionen Thompson in den Schoß gefallen sind, dass er sich eine Seereise für zwölf Dollar die Minute leisten kann. Nach einer Version steckt Bill Gates hinter dem Gebot, um sich an Ellison zu rächen, der es für seine heilige Pflicht hält, sich bei jeder passenden und unpassenden Gelegenheit über Gates lustig zu machen, und schon seit Jahren versucht, eine russische MIG zu erwerben, um Bills neues Xanadu in Seattle anzugreifen. Ein anderes Gerücht will wissen, Ellison selbst habe Thompson vorgeschoben, damit niemand anders die Jacht bekomme. Und wieder ein anderes besagt, Brook Byers habe Thomspon als Strohmann benutzt, weil er sich scheue, seine finanzielle Situation in aller Öffentlichkeit darzutun. Da Woodside nur 5250 Einwohner zählt und da fast jedes Klatschmaul die Auktion besucht hat, dauert es ungefähr drei Minuten, bis feststeht, dass Thompson die Interessen von J. Taylor Crandall vertreten hat. Nicht gerade der bekannteste Name in Silicon Valley, aber immerhin ist Crandall damit beschäftigt, die Finanzen der Familie Bass zu verwalten, von der einige Mitglieder in Woodside wohnen.

Sich um das Geld eines Bass' zu kümmern bedeutet, dass auch ein bisschen für einen selbst abfällt. Vor einigen Jahren gaben die Crandalls zu Halloween für ihre Tochter eine Themenparty für 5000 Dollar, von der die anderen Kinder heute noch sprechen (*Raising Self-Reliant Children in a Self-Indulgent World* – Selbstgenügsame Kinder in einer zügellosen Welt erziehen – ist in Woodside kein Bestseller). Die Crandalls beauftragten Rick Herns, den begehrtesten Partyorganisator des Valleys, in ihrem Garten die Fassade eines Spukhauses zu errichten, mit nachgemachtem Feuer in den Fenstern und einem Heer von Hexen und Zauberern. Herns ist derselbe Fachmann für Spezialeffekte, der für das Ambiente der Auktion gesorgt hat. Als eines der kleinen Mädchen ins eigene, bescheidenere Heim zurückkehrte, rief es aus: »Sie haben sogar einen Dienstboten, der nichts anderes tut als die Kürbisse auszuhöhlen!« Wenn man sich das leisten kann, wird ja wohl auch noch eine Kreuzfahrt auf der *Sakura* drin sein.

Crandall und seine Frau sind erzürnt, weil ihr Versuch, bei der Auktion im Hintergrund zu bleiben, gescheitert ist. Auf ihre Bitte

schreibt Byers einen bösen Brief an den Klatschreporter der Lokalzeitung und fragt ihn, warum er J. Crandall in seinem Artikel
erwähnt habe. Wie die übrige Woodside-Aristokratie leisten die
Crandalls sich gern etwas für ihr Geld, möchten es aber nicht jedem
zeigen. Fünf Tage später veröffentlicht der Schulverein Woodside
sogar eine Erklärung, dass Crandall nicht der wirkliche Käufer sei.
Vielleicht ist er inzwischen dazu gekommen, das Kleingedruckte
im Auktionskatalog zu lesen. Offenbar stiftet Larry Ellison nur drei
Stunden Kraftstoff pro Tag. Den Rest der Tagesration muss J. Taylor aus eigener Tasche zahlen (100 Dollar pro Stunde); hinzu kommen Essen, Trinken und Liegegebühren. Aber was soll's? Wir sind
im Silicon Valley – dem Tal der Dollars. Entweder du hast es geschafft oder du bist überzeugt, dass du kurz davor stehst.

KAPITEL EINS

Träume

Es war einmal, aber allzu lange ist es noch nicht her, da war Silicon Valley nur eine trockene, verschlafene Obstplantage zwischen San Francisco im Norden und San Jose im Süden. Zwischen dem Weidendickicht an der Küste und dem ausgedörrten Chaparral in den Ausläufern des Gebirges blühten Aprikosen und Kirschen. Damals hatte das Tal noch nicht die Farbe des Geldes, sondern war braun. Sogar seinen Namen, Silicon Valley, erhielt es erst, als die Mikroprozessoren Anfang der Siebzigerjahre ihren Siegeszug antraten. Es hieß einfach Peninsula oder South Bay. Heute ist »The Valley« – wie es von denen genannt wird, die es kennen – eine amerikanische Ikone, ein Sutter's Mill* unserer Tage.

Wäre das Valley ein Staat, würde es zu den zwölf führenden Wirtschaftsnationen der Welt gehören. In den Tagen des Kalten Krieges stand das Gebiet fast an erster Stelle auf der Liste der geplanten Ziele für einen sowjetischen Atomschlag. Doch das Valley ist weit mehr als nur ein Wirtschaftswunder, ein Ort, wo man über Nacht zum Millionär wird, und ein internationales Symbol für Hightech-Entwicklungen – es streitet mit Hollywood um den Ruf, der Mittelpunkt in der Welt des Geldes und der Prominenz, des Erfolges und des Überflusses zu sein. Washington und Wall Street können schon lange nicht mehr mithalten.

Das Valley ist wie von einem anderen Stern – ein fremdes Land, von dem wir wenig wissen, von Technikfreaks bevölkert, über die wir uns insgeheim lustig gemacht haben. Doch erobert wurde die

---

* Die legendäre Sägemühle, die der Ort des ersten Goldfundes und damit Auslöser des kalifornischen Goldrausches war (A. d. Ü.).

Welt nicht von den üblichen Gewinnern, sondern von den Computer-Spinnern. Sie leben im Valley, damit sie dort arbeiten können. Angesichts der landschaftlichen Schönheit könnte man meinen, es sei umgekehrt. Doch das Valley ist ein einziger riesiger Technologiepark. Anthropologen machen es heute zu ihrem Studiengebiet, wie sie einst nach Papua-Neuguinea reisten. Sie wissen, je mehr sich eine Kultur verfeinert, desto mehr eigene Werte entwickelt sie auch. Was entdecken sie? Narzissmus. Leute, wie die erfolgsbesessene Mutter – die Neurotische Nina (Name von der Redaktion geändert) –, die in einem dieser Unternehmen arbeitete und deren Kinder sich eines Tages beklagten, sie habe zu wenig Zeit für sie. Eines Morgens hatte sie ein paar Stunden frei und rief die Kinder zu einer »Teambesprechung« zusammen. Sie blickten sie an, als sei sie eine Außerirdische. Wieder eine andere begreift sich als »Projektmanagerin« für ihre Kinder. Sie tragen Piepser bei sich – für den Fall, dass Mom doch mal Zeit für sie hat. Auf Vorschlag seines Therapeuten schreibt ein Ingenieur eine »Aufgabenbeschreibung« für sein Privatleben. Die Anthropologen, die sich diesem brandneuen Forschungsfeld verschrieben haben, nennen sich *Entrepreneurialogists* (also nicht mehr »Volkskundler«, sondern »Unternehmenskundler«).

In Hollywood hat jeder ein fast fertiges Drehbuch in der Schublade; im Valley ist es der Plan für eine Unternehmensneugründung, bei dem, so die feste Überzeugung, den Investoren das Wasser im Mund zusammenlaufen wird. Hollywood hat seine Agenten, das Valley seine Venture-Kapitalgeber. Gemeinsam ist ihnen, dass ihre Aufmerksamkeitsspanne keine fünfzehn Minuten beträgt. Jede Saison feiert Hollywood neue Erstaufführungen, während das Valley neue Börsengänge zelebriert. Beide Welten lieben ihre wieder geborenen Stars: John Travolta und Steve Jobs. Pendler sind in beiden verpönt. Größer, besser, schneller, reicher. Die besten Träume gewinnen – es sei denn, Disney oder Microsoft mischen sich ein und vermasseln alles.

Hollywood hat Morton's, das Valley Buck's (natürlich in Woodside); Spago ist in beiden Welten ein Nobelrestaurant. (Gefragt, warum er das Restaurant in Palo Alto und nicht im kulinarisch anspruchsvollen San Francisco eröffnet habe, erklärte Wolfgang Puck, ganz untypisch für ihn: »Das liegt an der Demographie.«)

Egal in welchem der Edelschuppen Sie essen, Sie können sicher sein, dass am Nebentisch über Geschäfte geredet wird. In Hollywood wird nach Prozentpunkten gemessen, in Silicon Valley nach Optionen. Die Zeitschrift *Variety* veröffentlicht wöchentlich die Besucherzahlen der Filme, das *Wall Street Journal* jeden Tag zwölf Seiten Aktienkurse. So wie jeder in Hollywood weiß, dass *Titanic* der größte Kassenknüller aller Zeiten war, so ist jeder im Valley darüber informiert, dass sich ein Dollar, der 1995 in Cisco Systems investiert wurde (das Klempnerunternehmen des Internets), drei Jahre später verachtfacht hatte und dass Yahoo 1998 das Gleiche in viel kürzerer Zeit geschafft hat. Hollywood hat zwei Lamborghini-Händler, Silicon Valley vier. Das Modewort »Konvergenz« ist in Wahrheit nicht anzuwenden auf Internet, Fernsehen und Telekommunikation, sondern auf Silicon Valley und Hollywood: Die Computeranimationen aus dem Hause Pixar nennen im Vorspann als Produzenten Steve Jobs. Und auf den Premieren spreizen sich ebenso viele Digimickis* wie Schickimickis.

Großes Geld, schnelles Geld: Die Branchen mögen sich verändern, die Unternehmer nicht. »Geld ist die Zeugnismappe des Lebens«, ist eine stehende Redensart von W. Jerry Sanders III, dem Vorstandsvorsitzenden von Advanced Micro Devices, dem Halbleiter-Unternehmen, das für Intels Alpträume sorgt. Nach einem besonders guten Geschäftsjahr hat Sanders die Gewinnanteile einmal in Dublonen ausgezahlt. Ein andermal, als er gefragt wurde, warum er in San Francisco ein schwarzes Rolls-Royce-Kabrio benutze und in seinem Haus in Malibu Beach ein weißes, meinte er: »Damit ich weiß, wo ich bin.« Nach Larry Ellison ist Jerry Sanders der bestangezogenste Tycoon des Valleys.

Sogar George Lucas, der Schöpfer der Star-Wars-Filme, dessen 2000-Mitarbeiter-Imperium nördlich von San Francisco eine Art Antithese zum Silicon Valley darstellt, hat sich letzthin zu kleinen Zugeständnissen gegenüber der Geldkultur des Valleys bequemt. Lucas ist der alleinige Eigentümer eines viele Milliarden Dollar schweren Mischkonzerns in der Unterhaltungstechnologie, der aus einer Filmgesellschaft, einer Abteilung für Videospiele und einem Studio für Spezialeffekte besteht. Er kauft sich im Valley

---

* Die Creme der digitalen Branche, also der Computerindustrie.

vielleicht die Hochleistungscomputer und die Software, die er braucht, meidet den Ort aber hartnäckig (genauso, wie er sich Hollywood verweigert). Er hat nie einen Börsengang in Erwägung gezogen, er zahlt seinen Leuten keine Spitzengehälter und macht einen großen Bogen um das Valley mit all seinen Eitelkeiten und seiner Hektik. Trotzdem sah sich Lucas jetzt gezwungen, seinen leitenden Angestellten Aktienoptionen einzuräumen, die sich sicherlich auszahlen werden – falls er jemals an die Börse geht. Darth Vader wäre stolz auf ihn.

Hollywood und Silicon Valley nehmen sich beide so wichtig, dass sie glauben, Einfluss auf die amerikanische Politik ausüben zu können: Hollywood in sozialen, das Valley in technologischen Fragen. Geduldig hören sich die Politiker die Äußerungen von selbst ernannten Experten wie Kim Basinger und Larry Ellison an, haben aber einen viel simpleren Grund für ihre häufigen Besuche in Kalifornien. Wenn die Politiker aus Washington Geld brauchen und zu diesem Zweck die nördliche Hälfte des Golden State aufsuchen, belästigen sie nicht mehr die alte Geldelite auf Nob Hill in San Francisco, sondern fahren ins Valley, wo das wirkliche Kapital angehäuft wird – Geldbäume, die sie regelmäßig schütteln. In Woodside, Atherton und Palo Alto gibt es genauso viele politische Festessen für 1000 Dollar das Menü wie in Georgetown oder der Upper East Side in Manhattan – Investitionen, die für eine freundliche Haltung bei Wertpapierprozessen, Fusionen und Handelsbarrieren sorgen sollen; häufig will man Washington auch nur dazu bewegen, sich aus dem Hightech-Sektor weitgehend *herauszuhalten* – es sei denn, es geht um Kartellrecht und Microsoft. Egal, wie man den Erfolg der Computerfreaks bewertet, auf jeden Fall haben sie es zu Vorzugsplätzen bei Festbanketts im Weißen Haus gebracht. Oder glauben Sie wirklich, John Doerr würde eingeladen, weil Bill Clinton sich für seine Ansichten über die Mysterien der Kryptographie interessiert?

Und Hollywood? Die maßgeblichen Leute dort wissen meistens, dass sie in der Unterhaltungsbranche tätig sind. Sicher, *Titanic* hat uns »zeitlose Einblicke in die menschliche Natur gewährt« (und in die Tatsache, dass man besser die Rettungsboote zählt, *bevor* man in See sticht); doch wenn Sie nicht James Cameron sind, wissen Sie, dass es nur ein Film ist. Im Silicon Valley werden die Dinge ein bisschen höher gehängt. »Die größte legale Wertschöpfung der Menschheitsgeschichte«, so beschreibt Geldmann Doerr den unglaublich erfolgreichen Wirtschaftszweig, an dessen Entstehung er mitgewirkt hat. Arbeitslosigkeit gibt es praktisch nicht (gute Programmierer gehen weg wie Immobilien und werden für aberwitzige Beträge angeworben), die Hälfte der Arbeitnehmer gehören Minderheiten an (allerdings sind nur wenig Schwarze vertreten), ein Viertel ist im Ausland geboren, die Löhne sind die höchsten in den Vereinigten Staaten. Wenn Sie »Hund« über eine Tastatur eingeben können, dann findet sich wahrscheinlich auch Arbeit für Sie. Wie auch Doerr sagt: »Wir sind der Eckpfeiler der neuen Wirtschaft … eine Wiege des Wohlstands … ein leuchtendes Vorbild für jede Nation … der reinste Ausdruck des Kapitalismus.« Mag sein, aber haben Sie jemals gehört, dass General Motors in Detroit behauptet, es »verändere die Welt«? Einstein und Salk, Roosevelt und Churchill, Babe Ruth und Muhammad Ali – die haben die Welt verändert, wenn sie auch nicht das Glück hatten, dabei Milliardäre zu werden. Wenn es im Valley nicht darum geht, Geld zu machen, sondern die Welt zu verändern, warum ziehen sich dann so viele Elektronik-Freaks, bevor sie dreißig sind, zu ihren Ferraris und Schweizer Chalets ins Privatleben zurück?

Dann gibt es noch die vollmundigen Vergleiche mit Mesopotamien in der Antike, Florenz im 15. Jahrhundert, Paris in den Zwanzigerjahren. Doerr wäre also ein Medici und Jobs ein Hemingway? Silicon Valley ist nicht nur das Epizentrum der Hightech-Entwicklung, sondern auch die Seele des Zeitgeistes; von überall her kommen die Leute und lösen eine Art moderner Renaissance aus. Vielleicht ist es das Wetter. Vielleicht die gute Presse. Jedenfalls ist jeder geldgierige und ehrgeizige Dreiundzwanzigjährige hier der Meinung, er (in seltenen Fällen auch sie) werde die Art und Weise, wie wir leben, denken, spielen, sogar mit uns selbst umgehen, grundlegend verwandeln – wobei es allerdings meist nur um die hundertfünfzigste Methode geht, Gummibärchen im Internet zu verkaufen. Die meisten dieser Ideen gehen sowieso den Bach runter. Aber wozu dienen diese Anstrengungen – die Welt zu verändern oder reich zu werden? P. T. Barnum hat sich nicht derartig in die Tasche gelogen.

Und Geld spielt wirklich keine Rolle? »Das begreifen Sie nicht, oder?«, haben meine Gesprächspartner immer wieder gefragt. Wie sollte ich auch, ich habe ja keins.

Je nachdem, wie die NASDAQ, die Börse für Technologiewerte, gestern geschlossen hat, leben im Valley heute etwas mehr oder weniger als eine Viertelmillion Millionäre. Nach einer Schätzung produziert das Valley im Durchschnitt alle vierundzwanzig Stunden, einschließlich Weihnachten, vierundsechzig neue Millionäre. Wenn man davon ausgeht, dass sich eine ganze Reihe von ihnen frühzeitig ins Privatleben zurückziehen wird, dann dürfte das Valley das Boca Raton des Westens, ein Eldorado der Ruheständler, werden – allerdings fehlen ihm dazu noch eine Menge Golfplätze. Silicon Valley exportiert mehr Waren als irgendeine andere Region Amerikas. Der Marktwert seiner Unternehmen nähert sich der Billionen-Dollar-Grenze, womit es die Zahlen von Detroit und Hollywood weit in den Schatten stellt. Die amerikanische Regierung macht mehr Geld, aber das zählt nicht, weil sie das Geld buchstäblich macht. Der Forbes 400 führt mehr Ingenieure auf als Filmmogule. Hochglanzzeitschriften berichten genauso häufig über Doerr wie über Tom Cruise (von dem es 1997 hieß, er wolle nach Woodside ziehen, irrtümlich wie sich herausstellte). Der Präsident der Vereinigten Staaten reist öfter nach Nordkalifornien als in irgendeinen anderen Teil des Landes und das nicht nur, um seine Tochter in Stanford zu besuchen. Früher träumten Jungen davon, ein Baseballstar wie Mickey Mantle zu werden. Heute möchten sie als Programmierer im Cyberspace herrschen und Jerry Chih-Yuan Yang von Yahoo werden: dreißig Jahre alt, Speerspitze der Internetrevolution und mehrere Milliarden auf dem Konto. Silicon Valley ist der heißeste Tipp, der angesagteste Ort, der Punkt, wo man die Welt verändern (oder bei dem Versuch wenigstens reich werden) kann.

Es ist ein kleiner Fleck auf der Karte, eine Ebene zwischen zwei Küstengebirgen, die viel Sonne und manchmal mittelschwere Erdbeben zu bieten hat. Es hat seine allbekannten Bilder – Intels tanzende Häschen, Apples Apfel, Netscapes Freaks, Großraumbüros, deren Zellen in langen Reihen angeordnet und mit ungekämmten Hackern gefüllt sind. Wichtige Dinge wurden hier erfunden oder geschaffen: der integrierte Schaltkreis, der erste kommerzielle Radiosender, Videospiele, Minicomputer, Mikroprozessoren, Genspleißen, 3-D-Rechner, Internethandel. Doch das alles ist nicht entscheidend. Das Valley repräsentiert, im Guten wie im Bösen, einen wesentlichen Teil der Wünsche und Vorstellungen, die Amerika heutzutage bewegen. Wie der Westen früherer Generationen ist das Valley eine Weltanschauung, eine bunte Mischung aus Wirklichkeit und Mythos. Unsere Bewunderung für seine Kultur oder seinen Mangel an ihr teilt uns etwas über uns selbst mit und lässt Rückschlüsse auf die Zukunft zu. Das Valley hat seine bewundernswerten Augenblicke und seine käuflichen Augenblicke, vor allem aber hat es seine absurden Augenblicke. Oder kennen Sie viele Orte, wo man 125 000 Dollar für eine Bootsfahrt zahlt?

Dieses Buch erzählt die Geschichte dieses Ortes und seiner Menschen. Mögen sie alle ein Exemplar kaufen.

Wie konnte das Phänomen Silicon Valley eintreten und warum an diesem Ort? Das ist kein Zufall, sondern hat mit dem besonderen Charakter Kaliforniens zu tun – seiner unverwechselbaren Art. Die technisch-unternehmerische Revolution gehört hierher wie die Palmen und der Sonnenschein. Seit 150 Jahren, seit dem Goldrausch, hat jede kalifornische Geschichte mit einem Traum begonnen.

Der Oracle-Ingenieur Roger Bamford vergleicht das Valley mit einer »Goldader«, einem Fluss, »in den jeder hineingreifen und reich werden kann«. Allerdings gehen die meisten leer aus, denn das Gold ist in einem tosenden Strom verborgen, der ständig Lauf und Laune ändert. »Deine Hand kann noch so groß sein«, sagt Bamford, »wenn du an der falschen Stelle hinunterlangst, kriegst du gar nichts.« Doch wer wie Bamford, auf die Ader stößt, hat Gold im Überfluss und wird ein Teil der kalifornischen Legende. Bamford hat natürlich ein Heim im güldenen Woodside.

Er ist einer von Larry Ellisons leitenden Programmierern und schreibt seine Programme wie Shakespeare einst seine Sonette. Regelmäßig wird Bamford von Microsoft umworben. Letztes Jahr zeigte ihm ein Mitglied der Führungsriege Redford in Washington – aus sechshundert Meter Höhe. Sie sahen sich die Gegend an, besichtigten Häuser, die zum Verkauf standen und erhielten eine Audienz beim großen Vorsitzenden Bill persönlich. Doch Bamford beschloss, bei Oracle zu bleiben. Er gilt als einer der besten Programmierer des Valleys, hat aber auch einen ungewöhnlichen Sinn für das Absurde. Er begann 1984 bei Larryland und kann sich heute zwei Hubschrauber leisten, die er, wenn seine Scheidung günstig ausgeht, in einem von Frank Gehry entworfenen Hangar unterstellen möchte. Mit seinen dreiundvierzig Jahren weiß Bamford, was er dem Glück zu verdanken hat. »Was ist der Unterschied zwischen einem wirklich intelligenten und wirklich sympathischen Burschen wie Larry Ellison und einem wirklich intelligenten und wirklich sympathischen Burschen, der bei einem jungen Unternehmen ist, das Pleite macht?«, fragt er. »Dass Ellison zur richtigen Zeit am richtigen Ort ist. Reiner Zufall.«

Eldorado ist eine allgegenwärtige Metapher in Silicon Valley. Bücher, Schlagzeilen, Unternehmenspläne, sie alle sprechen vom modernen Goldrausch. Der Grund ist leicht einzusehen: Heute verwandelt die besondere Alchemie des Valleys Silizium (engl. *silicon*) in Gold. An einem anderen Ort und zu einer anderen Zeit war es das Gold, welches das moderne Kalifornien hervorgebracht hat. Gold symbolisierte eine neue wirtschaftliche Einstellung – die Überzeugung, dass jeder »über Nacht« reich werden kann. Die Erwartungen veränderten sich fast schlagartig, obwohl die Chancen auf einen solchen Glückstreffer verschwindend gering waren. Vorher beherrschte die Subsistenzwirtschaft das Bild – den Lebensunterhalt mit den Erträgen des Bodens zu verdienen, war harte Arbeit – und großer Wohlstand wuchs nur langsam, in einem langen, entbehrungsreichen Leben. Diese Form des »verdienten« Reichtums gehörte lange Zeit zur konservativen Tradition des Landes. Falsche Herkunft, notdürftige Ausbildung, erdrückende Schulden – all das ließ sich jetzt im Handumdrehen überwinden. Es änderte sich am Morgen des 24. Januar 1848 in einem Ort namens Coloma an den westlichen Hängen der Sierra Nevada.

An der südlichen Gabelung des American River, in einem engen, von hohen Fichten umsäumten Tal beaufsichtigte der achtunddreißigjährige James Marshall den Bau einer Sägemühle. Neun Jahre zuvor war sein Schweizer Partner Captain John Sutter nach Kalifornien gekommen, weil er ein Stück Wildnis suchte, in dem er ein Agrarimperium errichten konnte. Die mexikanische Regierung, der das Gebiet zu diesem Zeitpunkt noch gehörte und die bestrebt war, einen Puffer zwischen sich und die expandierenden Vereinigten Staaten zu schaffen, schenkte ihm riesige Ländereien. Auf 20.000 Hektar baute Sutter Weizen, Obst und Wein an. In seinem aus luftgetrockneten Ziegeln erbauten Fort erwarteten Siedler die Schneeschmelze der Sierra.

Fünfundvierzig Meilen im Osten, wo das Vorgebirge reichlichen Baumbestand und rasch strömende Flüsse zur Erzeugung von Wasserkraft bot, errichtete Marshall die Sägemühle, die Sutter zur Erzeugung von Nutzholz brauchte. Neujahr 1848 war nur noch der Ablaufkanal fertig zu stellen, der das verwendete Wasser in den Fluss zurückleitete. Die Größe des Mühlrads verlangte, dass der Kanal tiefer gelegt wurde. Am 24. Januar nahm Marshall die Erdarbeiten in Augenschein und fand jenen gelben Nugget, der die kalifornische Landschaft und das amerikanische Wertesystem so tief greifend verändern sollte. Sutter und Marshall gelobten, kein Wort über ihren Fund verlauten zu lassen – sie hatten eine Sägemühle zu bauen. Aber sie hätten, wie ein Autor es formuliert hat, ebenso gut versuchen können, »einen Sonnenstrahl in einer Flasche zu verschließen«.

Das Gerücht von einem Goldfund begann sich in den Sierras zu verbreiten. »SCHWINDEL« kritzelte der Redakteur des *California Star* in den Notizen, die er sich damals in einem Lager am Fluss machte. Sieben Wochen später stellte die Zeitung ihr Erscheinen ein, weil sich alle Drucker auf die Goldsuche begeben hatten. Den großen Reibach machte ein Krämer aus San Francisco. Sam Brannan war Zeitungsherausgeber und Besitzer eines Handelspostens in Sutter's Fort. Er besuchte Coloma, nachdem er von Marshalls Fund gehört hatte, und kehrte im Mai nach San Francisco zurück, weil er hoffte, er könne das Interesse für die Waren wecken, die in seinem Laden verkauft wurden. »Gold! Gold! Gold aus dem American River!«, rief er auf dem Portmouth Square (dem heutigen Chinatown) aus, hielt mit der einen Hand eine Flasche mit Goldstaub hoch und schwenkte mit der anderen seinen Hut. Zuvor hatte Brannan jedes Werkzeug zum Goldgraben erstanden, das er finden konnte. Er hatte den Markt in einer Weise aufgekauft, die selbst Bill Gates bewundert hätte. (Man kann sich Pfanne und Schwingtrog als eine Art »Betriebssystem« des Goldrausches vorstellen.) Am 29. Mai hieß es in einer Zeitung: »Das ganze Land hallt wider … von dem schäbigen Ruf nach Gold, Gold! GOLD! Während dessen bleibt das Feld halb bestellt, das Haus halb gebaut und alles wird vernachlässigt bis auf die Herstellung von Schaufeln und Spitzhacken.« Träume und Gier sind ein explosives Gemisch. Und die Welt verfiel dem Rausch.

Die Goldsucher von '48 und '49 strömten auf jede denkbare Weise herbei – zu Fuß, zu Pferd, über Land und auf dem Sacramento River. Mitte Juni hatten sich drei Viertel aller männlichen Bewohner von San Francisco auf den Weg in die Hügel gemacht. Die Bucht war mit verlassenen Schiffen verstopft (die später versenkt wurden und heute ein Teil des Bodens bilden, auf dem das Finanzzentrum Embarcadero erbaut ist). Ende des folgenden Jahres waren 50000 Glückssucher und Abenteurer in neu gegründeten Städten wie Rich Bar, Hangtown, Dry Diggins und Raugh and Ready versammelt.

Zunächst kamen sie aus anderen Bundesstaaten und angrenzenden Gebieten Kaliforniens, dann aus Mexiko und Hawaii, aus China, Südamerika, Europa und Australien. Sie kamen ums Cap Horn, über die Ebenen, überquerten die Landenge von Panama und legten Tausende von Kilometern zurück in der Hoffnung auf plötzlichen Reichtum. In Planwagen und auf Klippern unterzogen sie sich diesen *Rites de Passage*. Im Westen regierte der Goldrausch und löste die größte freiwillige Wanderbewegung der Weltgeschichte aus. Gleichzeitig wurde Kalifornien, das zuvor von einer nichts ahnenden mexikanischen Regierung an die Vereinigten Staaten abgetreten worden war, am 9. September 1850 der einunddreißigste Staat – der Golden State.

Vor dem folgenreichen Fund bei Sutters Mühle umfasste die nicht eingeborene Bevölkerung 12000 Menschen. Sechs Jahre später war sie auf 300000 emporgeschnellt (wobei Frauen weniger als zehn Prozent ausmachten). Das kleine, in Sanddünen gelegene Küstendorf San Francisco, das 1848 praktisch verlassen war, wurde zum Tor des hundertfünfzig Kilometer entfernten Goldlandes. 1849 verdoppelte sich die Einwohnerzahl der Stadt zeitweilig alle zehn Tage. Die Grundstückspreise stiegen in schwindelnde Höhe und begründeten damit eine lange Tradition an der San Francisco Bay. Ein Grundstück, das 1847 für 15 Dollar erstanden worden war, wurde im folgenden Jahr für 6000 Dollar und 1849 zum siebenfachen Preis verkauft. Das Glücksspiel blühte und der Schnaps floss in Strömen, obwohl man für 0,1 Liter Whiskey im Saloon 30 Dollar zahlte. In dieser Zeit legte San Francisco den Grundstein zu seinem Ruf als gastronomisches Mekka. Die Einwanderer aus aller Herren Länder hatten wenig Gelegenheit, ihr traditionelles Familienleben zu pflegen, sodass sie gezwungen waren »auswärts« zu essen – und die aberwitzigsten Preise zu zahlen. Es herrschten Freiheit und Unabhängigkeit – geh, wohin du willst, und kleide dich, wie es dir gefällt. In Kalifornien war dieser offene Lebensstil seiner Zeit um 150 Jahre voraus. In einer anderen Epoche wäre Steve Jobs auf Gold gestoßen.

Mit Glücksfunden à la Marshall war es rasch vorbei. Das mühelose Goldwaschen wurde durch immer neue technische Erfindungen ersetzt – erste Vorboten des modernen Kaliforniens. Pfanne und Schwingtrog wurden durch die Waschrinne ersetzt, bis man ganze Flüsse umleitete und zum hydraulischen Angriff auf das Gebirge selbst vorging. Diese neuen kommerziellen Abbaumethoden – die nur noch von fern an James Marshall erinnerten – fanden schon bald andere Verwendung. Durch Bewässerung wurden Wüstenstriche urbar gemacht und Aquädukte ermöglichten die Verstädterung von Ortschaften wie Los Angeles und San Francisco. Zwischen 1860 und 1960 hat sich Kaliforniens Bevölkerung alle zwanzig Jahre verdoppelt. Die raschen Verbesserungen der Abbaumethoden verlangten eine Infrastruktur, die nur größere Unternehmen ermöglichen konnten. Der selbstständige Goldsucher verschwand fast vollständig. Wer hätte sich 1848 und '49 etwas von einer Lebensweise träumen lassen, die man als »Subsistenzgoldsuche« hätte bezeichnen können?

Geld machte man nicht mehr, indem man im Boden oder im Flussbett wühlte. Gold, das mochte man finden oder auch nicht, aber Bergarbeiter brauchten auf jeden Fall Hosen. Ein bayerischer Einwanderer namens Levi Strauss lieferte sie ihnen und der Rest ist Blue-Jeans-Geschichte. Kaufleute und Ladeninhaber verdienten, egal, ob Gold gefunden wurde oder nicht. Die Frau eines Goldsuchers brachte unter Umständen mehr Geld durch Wäschewaschen zusammen als ihr Mann durch Goldwaschen. Messer, Pflöcke, Zelte, Decken, Stiefel, Fleisch, Getreide, Brandy, Rum – das waren die Artikel, die Unternehmer wie Brannan vertrieben.

Er kaufte eine Pfanne zum Goldwaschen für 30 Cent und verkaufte sie für 15 Dollar (oder nach heutigem Geld fast 400 Dollar). Brannan wurde Kaliforniens erster Millionär – und brauchte dazu nicht eine einzige Entdeckung zu machen. Seine besondere Fähigkeit war hervorragendes Timing. Banken, die bereits enorme Mengen Gold in ihren Safes hatten, waren froh, neue Bergbaugesellschaften finanzieren zu können, die viel Kapital brauchten. Die »Großen Vier«, die 1860 die Bahnlinie Central Pacific Railroad bauten – Charles Crocker, Mark Hopkins, Collis Huntington und Leland Stanford – waren Kaufleute aus Sacramento, die damit begonnen hatten, den Goldsuchern Vorräte und Ausrüstung zu verkaufen. Stanford hat dann zum Gedächtnis an seinen Sohn jene Universität gegründet, die später Silicon Valley so reichlich mit Talenten versorgen sollte.

Der Goldrausch endete in den Fünfzigerjahren des 19. Jahrhunderts, nachdem 24,3 Millionen Unzen (rund 700 Tonnen) aus dem Boden herausgeholt worden waren. Doch der genetische Code des Staates hatte sich unwiderruflich verändert. Hier konnte man sein Glück machen. Andere Branchen boomten – erst das Silber von Comstock Lode, dann die Landwirtschaft, die Eisenbahn, das Öl, die Immobilien, die Filmindustrie, die Luftfahrt und schließlich Silicon Valley. Wen interessiert es da noch, dass James Marshall und John Sutter dreißig Jahre nach ihrer Entdeckung in Armut starben. Jedes Jahr kommen neue Goldsucher herbei, um ein Stück des grenzenlosen kalifornischen Traums zu ergattern.

Der Goldrausch war einem Zufall zu verdanken – und den Launen der Plattentektonik. Ähnlich verhält es sich mit Silicon Valley, das auch nie auf festem Grund geruht hat.

Vor 180 Millionen Jahren, im Jura, begann sich die Ozeankruste des Pazifischen Ozeans nach Osten auszubreiten und schob sich im Zuge eines Prozesses, den man als Subduktion bezeichnet, unter den Kontinent. Damals gab es noch kein San Francisco, kein San Jose, kein Silicon Valley – alle diese Gebiete befanden sich unter Wasser. Sacramento lag an der Küste, ein Strand für Dinosaurier. Risse in der Ozeankruste enthielten Wasser, und als die Kruste hundertfünfzig Kilometer tief absank, wurde ihr Gestein bis zum Schmelzpunkt erhitzt. Das Magma stieg an die Oberfläche, erhitzte auf dem Weg nach oben andere Stoffe und schuf so die großen Vulkane, die die Landschaft der modernen Sierra Nevada bedeckten.

Vulkanische Aktivität fand statt von den Anden in Südamerika bis zur Sierra Madre in Mexiko und zu den Kordilleren in den Vereinigten Staaten. In dem Gestein, das durch Vulkanausbrüche nach oben befördert wurde, finden sich Elemente wie Magnesium, Eisen, Zink, Blei, Silber, Platin – und Gold. Als die Magmaflüsse abkühlten, erstarrten auch die verschiedenen Elemente, wobei einige sich in großen Gesteinsadern ablagerten und andere in den winzigen Lücken zwischen anderen Mineralien. Viele der großen Adern – der Hauptadern – erodierten und wurden von den Flüssen in die Ebene des Sacramento-Tals getragen. Da Gold viel dichter als andere Mineralien ist, setzte es sich als erstes auf dem Grund eines reißenden Flusses ab. Diese Ablagerungen in Flussbetten, auf Sandbänken und in dem Ablaufkanal von Sutters Mühle haben die Goldsucher auf der Jagd nach dem Objekt ihrer Begierde ausgewaschen. Das Gold gab es dort seit Urzeiten – man brauchte sich nur zu bücken und es aufzuheben –, aber die Ureinwohner maßen ihm wenig Wert bei.

Gleichzeitig ließen die pazifische und die nordamerikanische Platte in gemeinsamer Anstrengung Vulkane entstehen und schufen die Hauptader – Kalifornien. Die kollidierenden Platten führten große Mengen ozeanischer Trümmer mit sich – Treib- und Strandgut –, das sich an die westliche Flanke des Kontinents klammerte wie ein Schiffbrüchiger an eine Rettungsboje. Wind und Regen lösten weiteres Material im Inneren des Kontinentes, das allmählich zur Küste transportiert wurde und sich dort als Geröll ablagerte. Gemeinsam ließen diese beiden Prozesse Zentralkalifornien auf die doppelte Größe anwachsen und schoben die Küstenlinie bis zu ihrem heutigen Verlauf hinaus.

Subduktion, Vulkanismus, Ablagerung – eine Litanei, die die Geologie 150 Millionen Jahre lang herbetete – »setzten Kalifornien zusammen«, wie der Autor John McPhee schreibt. Erst dann begann eine neue Epoche des Umbruches. Offenbar findet die Geologie keinen Gefallen daran, immer die gleiche alte Geschichte zu erzählen. Statt ihre großen Kollisionen fortzusetzen, rieben sich die pazifische und die nordamerikanische Platte jetzt seitlich aneinander. Diese reißverschlussartige Gleitbewegung begann vor zwölf

Millionen Jahren in Südkalifornien und kam dann mit einer Geschwindigkeit von gut zwei Zentimetern pro Jahr nach Norden voran. Hin und wieder »ratschte« der Reißverschluss und ein Erdbeben ereignete sich. Das passiert noch heute. Dieser Reißverschluss – wo die Plattenränder aufeinandertreffen und sich reiben – heißt San-Andreas-Falte oder -Störung. Auf diese Weise wird im Laufe der Zeit Los Angeles, das auf der pazifischen Seite des Reißverschlusses liegt, an San Francisco vorbeiwandern, das sich auf der nordamerikanischen Seite befindet. Die San-Andreas-Falte hat die Grenzen der Halbinsel geschaffen, auf der Silicon Valley liegt.

Im Westen ist das Santa-Cruz-Gebirge, im Osten, jenseits des unteren Teils der San Francisco Bay, dort, wo sie kurz vor San Jose endet, erhebt sich die Diablokette. Beide Gebirgszüge, die fast parallel von Nordwesten nach Südosten verlaufen, sind das Produkt knirschend aneinander reibender Platten. Dieser Druck erzeugt in regelmäßigen Abständen Aufwerfungen und Falten – auch Gebirge genannt. Bei größeren Erdbeben, wie dem von Loma Prieta im Jahr 1989, kann ein Berg von einem Augenblick auf den anderen um einen halben Meter wachsen. Es stimmt zwar, dass die San Francisco Bay gegenwärtig die Ostseite von Silicon Valley begrenzt und dass die Diablokette jenseits der Bucht liegt. Doch das ist reiner Zufall. Noch vor fünftausend Jahren – als Teile des Kontinents von einer großen Eiskappe bedeckt waren – war die Bucht trocken und von Kamelen und Mastodonten bevölkert. Silicon Valley findet in der modernen San Francisco Bay fast ihre Fortsetzung, die in unserer geologischen Epoche zufällig unter Wasser steht. Sollten die Kontinentalgletscher der Antarktis schmelzen, könnte es durchaus eine Epoche geben, in der Silicon Valley im Meer versinkt. Wie gewonnen, so zerronnen.

Die Geologie war sicherlich entscheidend für das Schicksal der Sierra Nevada. Ohne die Geologie hätte es keinen Goldrausch gegeben. Aber Silicon Valley? Seine Lage ist ohne strategische Bedeutung. Das Gold hat das Land selbst geliefert; genauso wie Öl, Bodenbeschaffenheit und Wasser von der physikalischen Beschaffenheit des Landes abhängen. Das Phänomen des Valleys hat mit solchen Eigenschaften nichts zu tun – tatsächlich ist Silizium das zweithäufigste Element der Erde; die Besonderheit dieses Ortes beruht daher auf seinen geistigen Ressourcen. Das Reich der modernen Glückssucher ist nicht von dieser Welt, sondern ein vergeistigter Ort namens Cyberspace. Welche Bedeutung hat dann überhaupt die Geologie?

Die Antwort findet sich vielleicht in einem anderen Vergleich. Während des letzten halben Jahrhunderts ist es Silicon Valley gelungen, die kritische Masse all jener Elemente zusammenzubringen, die für unternehmerische Explosionen erforderlich waren. Akademiker, Finanzleute, Anwälte, Wissenschaftler, Ingenieure, sogar das technisch unbedarfte Volk, das Restaurants führt – sie alle beschreiben auf relativ kleinem Raum eine Art hyperkinetischen Teilchentanz. Tausende von Unternehmen drängen sich hier zusammen – wie Transistoren auf einem Chip. Mit einer Gesamtbevölkerung von 2,3 Millionen übertrifft das Valley zweiunddreißig Staaten der USA. Mehr als eine Million Menschen arbeiten auf einem Gebiet von knapp 4000 Quadratkilometern und es bleibt kaum Platz zur Expansion. Das Gebirge ist nur schwer zu erschließen. Es ist von Schluchten durchzogen, mit Giftsumach bedeckt, von Waldbränden heimgesucht, erdbebenanfällig und zu Erdrutschen neigend. Den nördlichen Endpunkt bildet das Stadtgebiet von San Francisco, das einige Bewohner des Valleys spöttisch als Schlafstadt bezeichnen. Die alte Geldaristokratie verliert an Bedeutung, sodass ein Spross dieser Schicht wie Will Hearst das Zeitungsimperium der Familie aufgegeben hat, um Venture-Kapitalgeber im Valley zu werden. Den südlichen Abschluss bildet San Jose. Das Schwerezentrum bildet keine der beiden Städte, sondern ein Kraftfeld zwischen ihnen.

Theoretisch könnte der Korridor des Valleys über das Golden Gate hinauswachsen und sich nach Oakland ausdehnen oder in die offeneren Gebiete jenseits von San Jose. Es gibt auch Außenposten, vor allem Unternehmen wie George Lucas' Special-Effects-Imperium (*Star Wars*) und Steve Jobs Pixar Animation Studio (*Toy Story*), die beide eine kurze Autostrecke nördlich von San Francisco liegen. Doch die meisten Unternehmensgründungen sind ungeachtet der hohen Büromieten innerhalb der Grenzen der Countys Santa Clara und San Mateo angesiedelt, in Städten, die in der Ebene liegen, wie Palo Alto, Redwood City, Menlo Park, Cupertino, Mil-

pitas, Sunnyvale und Mountain View (eine Stadt, die weder im Gebirge liegt noch eine besondere Aussicht zu bieten hat). Großunternehmen wie Apple, Intel und Hewlett-Packard sind schon seit
jeher hier angesiedelt und ziehen neue Unternehmen magisch an.
Die Venture-Finanzierungsfirmen liegen alle an *einer einzigen
Straße*, als hätten sie Angst, sich zu weit vom Ort des Geschehens
zu entfernen.

Trotz allem Gerede über virtuelle Büros und Telekommunikation ist es von entscheidender Bedeutung, *im* Valley zu sein. Fünf
Bundesstaaten – Kalifornien gehört nicht dazu – nennen die Hightech-Industrie als wichtigsten privaten Beschäftigungssektor und
trotzdem nimmt sie niemand ernst. In Staaten wie Oregon und Ver-
mont gibt es mehr Software-Ingenieure als Holzfäller in karierten
Jacken. Silicon Fen, Silicon Glen, Silicon Tundra, Silicon Snow-
bank, Silicon Wadi, Silicon Dominion, Silicon Gulch, Silicon Plan-
tation, Silicon Bog, Silicon Prairie, Silicon Mesa, Silicon Plateau –
Bezeichnungen wie diese, die weltweit Konjunktur haben, sind
rührend, als könnten Spitznamen Kulturen erzeugen. Bob Metcafe,
Gründer von 3Com und Branchenkenner, sagte einmal, Silicon
Valley sei das einzige Gebiet der Erde, das sich nicht überlege, wie
es Silicon Valley werden könne.

Sechshundert Freeway-Kilometer vom Valley entfernt, in Südkalifornien, gibt es weit mehr Hightech-Unternehmensgründun-
gen pro Jahr und doch würde niemand diese Gegend mit Silicon
Valley verwechseln. (Nehmen wir nur Los Angeles' ernstgemein-
ten Versuch, sich als »Digital Coast« zu profilieren; Silicon Beach
und Silicon Alley waren besetzt und zu Holly Web – eine Anspielung auf Hollywood, das bekanntlich ein Stadtteil von Los Angeles
ist, und das World Wide Web – fehlte der Mut. Spötter sprachen
dann auch bald von »Digital Toast«.) Die Bewohner von Silicon
Valley erzählen Ihnen immer wieder, wie entspannt sie das Leben
sehen, doch beim Lunch unterhalten sie sich nicht über Salatsoßen.
Programmiersprachen, Unternehmenspläne, wer es Microsoft be-
sorgt hat – das ist der Klatsch, der den Ort beherrscht. Wenn Larry
Ellison eine neue Freundin hat – das spricht sich in Windeseile
herum. Die Gerüchteküche, die überall im Valley brodelt, bewegt
viele Dinge. Das Valley ist die vollkommenste Erscheinungsform
des Networking. Wo Sie wohnen, wo Sie essen, wo Sie arbeiten –

von diesen Umständen hängt es möglicherweise genauso ab wie von Ihren großartigen Ideen, ob Sie reich werden oder nicht. Sie können gar nicht oft genug im Il Fornaio frühstücken, egal, wie viel der Cappuccino kostet.

Vergessen Sie, was Sie über Globalisierung und multikulturelles Arbeitskräfteangebot gehört haben. Silicon Valley lebt davon, dass es klein ist und Inzucht betreibt. Das nördlich gelegene Hollywood hat einen ähnlichen Inselcharakter, der die Evolution einer besonderen Unternehmerspezies begünstigt hat. Gäbe es nicht rund um die Uhr diese grauenhaften Verkehrsstaus auf dem Highway 101 (einen Teil dieses Kapitels habe ich zwischen zwei Ausfahrten geschrieben), die Einheimischen würden sich wohl im Paradies wähnen. Kein Wunder, dass in dieser Gegend, die dicht bebaut ist mit hässlichen, niedrigen Gebäuden aus Fertigteilen, die Geschäfte auf Hochtouren laufen. Denn jeder hier ist fachlich hoch qualifiziert; die Fabrikarbeiter, die die Chips tatsächlich zusammensetzen und die Software verpacken, leben alle in Fernost, wo die Arbeitsstunde fünfundzwanzig Cent und nicht fünfundzwanzig Dollar kostet. Wenn Sie besessene Ingenieure und milliardenschwere Venture-Kapitalgeber zusammenbringen und noch ein paar Immobilienmakler, Marktteilnehmer und Werbefachleute hinzufügen, erhalten Sie ein hochvirulentes Gemisch, das geradezu zwangsläufig ein oder zwei Unternehmen hervorbringt. (1999 haben die Vorstandsvorsitzenden von @Home, einem Hochgeschwindigkeits-Provider, und von Excite, einer beliebten Internet-Site, ihre Fusion angeblich auf einem Parkplatz zwischen ihren Firmensitzen in Redwood City beschlossen.) Niemand hat an diesem Ort das Sagen, außer dem ungebremsten Kapitalismus. »Hier kannst du in kein Restaurant mehr gehen, ohne dass am Nebentisch mindestens ein Unternehmer sitzt«, sagt Al Acorn, der in den Siebzigerjahren Atari gegründet hat.

Gier ist natürlich die Seele des Wettbewerbs. Doch die Akteure in den verschiedenen Geschäftsbereichen – Hardware, Halbleiter, Computervernetzung, Software und Internethandel – sind intelligent genug, um zu wissen, dass Kooperation ihre Vorteile hat. Man tauscht Wissen aus, bildet Teams, erweist sich Gefälligkeiten (und bekommt als Gegenleistung irgendwelche zukunftsträchtigen Aktien). Die traditionelle »vertikale Verflechtung« der Unternehmen gibt es im Valley nicht. Stattdessen hat sich laut AnnaLee Saxenian, einer Berkeley-Professorin für Städteplanung, eine »soziale Architektur« von interagierenden Konkurrenten herausgebildet. In ihrem Buch *Regional Advantage* vertritt sie die Auffassung, dass die Hightech-Unternehmen an der Route 128 in Boston durch ihre gigantischen, unbeweglichen Strukturen zum Untergang verurteilt sind. Im Ökosystem des Valleys spielt die Zeit eine besondere Rolle, denn sie ist in der Epoche des Internets zum kostbarsten Rohstoff geworden. Geologie und Geographie waren nicht der entscheidende Grund für den wirtschaftlichen Aufschwung von Silicon Valley – es musste nicht unbedingt hier stattfinden und Microsoft zum Beispiel hat sich auch nicht hier ereignet, aber sie haben doch dazu beigetragen. Das Valley ist ein kleines Gebiet, wo jeder jeden kennt und wo jeder den anderen im Auge hat.

Die geophysikalischen Bedingungen des Valleys haben eine andere Bedeutung. Ein Großteil der geologischen Geschichte ist schon erzählt worden, trotzdem sind die tektonischen Verhältnisse noch dramatisch genug. Als Immobilie zeichnet sich das Valley durch bemerkenswerte Instabilität aus. Einerseits macht das den Besitz eines Hauses in der Nähe der San-Andreas-Falte zu einem Abenteuer, andererseits vermittelt es eine ganz besondere Lebenseinstellung. Instabilität und Veränderung prägen das Dasein. Risikobereitschaft wird zur Selbstverständlichkeit. Fragen Sie David Howell vom US Geological Survey in Menlo Park, einer von der Bundesregierung finanzierten Behörde und einem wahren Dschungel an bürokratischen Vorschriften in diesem wilden Land der tausend Unternehmensgründungen. Howell ist schon seit einem Vierteljahrhundert beim USGS und allgemein unter dem Namen »Dr. Mud« (Dr. Matsch) bekannt, weil er ein Experte für Erdrutsche ist. Die Wände seines Büros sind bedeckt mit bunten Karten und Tabellen, die von den tektonischen Katastrophen künden, auf die sich Nordkalifornien gefasst machen muss. Ungeachtet der Gefahren, die sie bedeuten, scheint sich Dr. Mud auf sie zu freuen.

Eines Nachmittags habe ich Howell aufgesucht und wollte eigentlich nur etwas über den Boden erfahren, auf dem Silicon Valley ruht. Am Ende bekam ich einen gründlichen Vortrag über die Subkultur des Valleys zu hören, die er allerdings mehr als Beobachter denn als Teilnehmer erlebt. Die »Geopsychologie« fasziniert Howell ebenso sehr wie alte Gesteinsformationen und Kontinentalplatten. Er äußert sich eher philosophisch als wissenschaftlich. »Die Erde unterwirft die Menschen hier einem anderen Einfluss«, sagt er. »Vielleicht bringen die Menschen, die ins Valley kommen, schon eine gewisse Bereitschaft mit oder das Land sorgt dafür – es ist die alte Geschichte von dem Ei und der Henne. Aber man geht hier mit seinem Leben ohne ein Gefühl für Dauer um. Die Appalachen im Osten sind Grundgestein, man ist in ihnen verwurzelt und fühlt sich sicher. Hier draußen wachst du jeden Morgen auf und weißt, es kann alles von einem Augenblick zum nächsten zusammenfallen. Das erzeugt Angst, aber auch eine unterschwellige Kraft, die die Menschen zu Höchstleistungen antreibt.«

Howell ist Geologe, aber er versteht sich auch auf die instabile Psyche von Silicon Valley: Hol's dir heute, denn morgen kann schon alles vorbei sein. Und wenn du auf die Schnauze fällst, steh auf und fang von vorne an. Der Misserfolg ist hier genauso reich gesät wie der Erfolg: Schon Marshall und Sutter haben es bewiesen. Auch Howell hat ein paar Ideen, wie er eines Tages ein Privatunternehmen gründen könnte. Vielleicht sollten wir ihn mit Roger Bamford zusammenbringen.

KAPITEL ZWEI

Anfänge

Silicon Valley kümmert sich wenig um die eigene Geschichte, weder im Hightech-Bereich noch sonst. Dabei täte es gut daran. An einem Ort, der einst »Valley of the Heart's Delight« (Tal der Herzensfreude) hieß – voller Obstplantagen, Konservenfabriken und Trockenschuppen –, ist der Jahrmarkt von Santa Clara County längst von den Technikfreaks übernommen worden. Früher gab es hier Schweine, Ziegen und Clowns zu bestaunen. Melkwettbewerbe sorgten für hinreichende Belustigung. Heute lockt man die Hacker mit Modemgezwitscher (wie mit einer Lockpfeife) und mit einem Bill-Gates-Doppelgänger-Wettbewerb. 1998 stand der Jahrmarkt unter dem Motto »Hayrides and Hard Drives« (Fahrten im Heuwagen und Magnetplattenlaufwerke) und sein Logo war eine bebrillte Karotte mit Handy. In Sunnyvale haben sie den Jahrmarkt in seiner historischen Form bewahrt, vielleicht, damit Eltern ihren Kindern zeigen können, wie ein Apfelbaum aussieht.

Statt sich mit seiner Geschichte zu beschäftigen, stellt das Valley lieber seine jüngsten Triumphe zur Schau – oder das, was es dafür hält. Die Vergangenheit mag mit Vermächtnis und Erfahrung zu tun haben, sie erinnert aber auch an die Fehler. Niemand im Valley mag seine Missgriffe zugeben. Bei der großen Halbleiter-Pleite Mitte der Achtzigerjahre wurde das Valley in den Schlagzeilen der Zeitungen zum Tal des Todes erklärt, doch in der mit Anzeigen gespickten Zeitung *Mercury News*, die in San Jose erscheint und sich selbst als die »Zeitung von Silicon Valley« bezeichnet, sucht man vergebens nach einem Hinweis darauf.

Das zweithäufigste Credo des Valleys – »Wir tolerieren Misserfolge« (an zweiter Stelle hinter »Ich mach das nicht des Geldes wegen«) – entspringt einem unternehmerischen Geist, der Risikobereitschaft preist. Aber es kommt auch daher, dass sich niemand genau erinnert, was vorher war – wenn Sie sich nicht an die Misserfolge erinnern, fällt es nicht schwer, sie zu tolerieren. Beispielsweise wird John Doerr nicht müde, das Loblied auf die lukrativen Investitionen seiner Venture-Firma in Unternehmen wie Netscape oder Amazon.com zu singen. Aber erwähnen Sie Dynabook, ein Laptopunternehmen, das Ende der Achtzigerjahre gegründet wurde und gigantische Verluste machte, was einen sehr peinlichen Artikel auf der Titelseite des *Wall Street Journal* zur Folge hatte, und Doerr wird ein steinernes Gesicht aufsetzen. Zum Teil ist das eine kalkulierte Werbestrategie, zum Teil aber auch die glückselige Vergesslichkeit des Valleys.

Im Stadtzentrum von Palo Alto, an der Ecke Channing und Emerson Street, ist auf dem Bürgersteig eine große Platte eingelassen. Auf ihrer rissigen und zerbröckelnden Oberfläche steht zu lesen:

ELEKTRONISCHES FORSCHUNGSLABOR
Ursprünglicher Standort des Labors und der Fabrik der Federal Telegraph Company, die 1909 von Cyril F. Elwell gegründet wurde. Hier entwickelte Dr. Lee de Forest, der Erfinder der Dreielektrodenröhre (Triode), mit zwei Assistenten in den Jahren von 1911 bis 1913 den ersten Röhrenverstärker und Oszillator.

In der Nachbarschaft von Elektronik-Geschäften, Cafés und einem Haushaltswarengeschäft, das für 6 Dollar 95 eine Hundekuchenbackmischung verkauft (»ansprechend verpackt mit Keksausstecher in Knochenform«), ist diese Platte das Äußerste, was das Valley in Sachen Geschichtsbewusstsein zu leisten vermag. Wer findet denn zwischen dem nie endenden Shopping und der ewigen Parkplatzsuche noch Zeit, sich um die Geschichte zu kümmern?

Lee de Forest, der rastlose Bastler mit den großen Ohren, war einer der ersten Exzentriker und Selbstdarsteller des Valleys. Um 1943 seinen siebzigsten Geburtstag würdig zu begehen, begab er sich in die Sierras und bestieg den Mount Whitney, der mit seinen 4418 Metern einer der höchsten Berge in den Vereinigten Staaten ist. Als er sich in hohem Alter einer Krebsoperation unterziehen musste, hörte er einen der Ärzte sagen, dass man den Tumor durch so genannte Elektrodesikkation entfernen wolle. »Auch Elektrodehydration genannt«, sagte er, schon auf dem Operationstisch liegend. »Habe ich 1907 erfunden.« De Forest arbeitete unter schwierigsten Bedingungen – er lebte mit seiner Mutter zusammen und befand sich eine Zeit lang nur auf Kaution in Freiheit. Man hatte ihn wegen Aktienbetrugs angeklagt, weil er Investoren gesagt hatte, es werde eines Tages möglich sein, die menschliche Stimme über den Atlantik zu übertragen (der Prozess endete mit einem Freispruch). Doch es war de Forests Röhrenverstärker – er sah aus wie eine große Glühlampe mit elektrischen Teilen im Inneren –, der das Elektronik-Zeitalter einleitete. De Forests »Audion« ermöglichte es erstmals, den elektrischen Strom ohne mechanische Schalter zu regulieren und schuf damit die Voraussetzungen für die Entwicklung des modernen Funkverkehrs, von Telefonverbindungen über größere Entfernungen, Radar und Fernsehen – obwohl ihm der Manager einer Telefongesellschaft einmal gesagt hatte: »Sie können in diesem Raum alle Sprechfunkgeräte unterbringen, die das Land jemals brauchen wird.« Seine Bedeutung verlor der Röhrenverstärker erst vier Jahrzehnte später mit der Entdeckung des Transistors. Zu einem Zeitpunkt, als die Stanford University noch in den Kinderschuhen steckte, wurde Palo Alto bereits zu einem Experimentierfeld für Radio- und Funktechniker.

Die Federal Telegraph Company war die erste Hightech-Firmengründung des Gebietes, und wenn man nicht gerade begeisterter Obstbauer war, dann war es sicherlich der interessanteste Arbeitsplatz weit und breit. Die Federal konnte sich mit den besten Elektroingenieuren versorgen, die die Stanford University ausbildete, und war daher in der Lage, die Navy während des Ersten Weltkriegs mit Fernmeldegeräten auszurüsten. David Starr Jordan, Stanfords erster Präsident, beteiligte sich mit 500 Dollar an der Gründung der Federal Telegraph Company. Zwei Angestellte verließen das Unternehmen und gründeten eine eigene Firma – der erste in einer langen Reihe von Treuebrüchen, die bis auf den heutigen Tag andauern. Das neue Unternehmen entwickelte den Lautsprecher und wurde unter dem Namen Magnavox bekannt.

Im Valley waren ab 1909 auch die ersten fortlaufenden Radiosendungen zu hören. *San Jose Calling* war der Vorläufer des heutigen KCBS in der Bay-Area. Einer der Radiohörer war Frederick Terman, der Sohn eines Stanford-Psychologieprofessors und der erste der vielen Amerikaner aus dem Westen und Mittleren Westen, die zur Entwicklung des Valleys beitragen sollten. Wie Tom Wolfe später beschrieben hat, gehörte er zu jenem mit geistigen Gaben so gesegneten Schlag von erfindungsreichen Kleinstadtingenieuren, die aus der Entfernung zur konservativen Denkweise der Atlantikküste die Kraft ihrer Fantasie zu gewinnen schienen. Thomas Edison stammte aus Port Huron, Michigan. Das 20. Jahrhundert brachte dann Männer hervor wie de Forest aus Council Bluffs, Iowa; William Shockley aus Paolo Alto, Kalifornien; John Bardeen aus Madison, Wisconsin; Walter Brattain aus Tonasket, Wahington; Jack Kilby aus Great Bend, Kansas; Lester Hogan aus Great Falls, Montana; Gordon Moore aus Pescadero, Kalifornien; und Robert Noyce aus Denmark, Iowa. Sie alle waren ebenso sehr Techniker wie Wissenschaftler.

Terman wurde 1900 geboren und stammte aus einer Familie von Akademikern. Sein Vater Lewis hat den berühmten Stanford-Binet-Intelligenztest entwickelt und er selbst durchlief die Grundschule in der Hälfte der üblichen Zeit. Wie andere Junge in Palo Alto wurde er mit dem Funkbazillus angesteckt und baute zusammen mit dem Sohn von Herbert Hoover einen Amateursender. Später verdiente sich Terman mit Gelegenheitsarbeiten bei der Federal Telegraph ein bisschen Geld und studierte Chemie an der Stanford University, wo er sein Studium 1920 abschloss. Am Massachusetts Institute of Technology promovierte er in Elektrotechnik bei Vannevar Bush, der im Zweiten Weltkrieg das Office of Scientific Research and Development leitete. Es wurde durchaus akzeptiert, dass die Leute aus dem rückständigen Westen sich nach Osten begaben, um eine vernünftige Ausbildung zu erhalten, so wie viele aus dem Osten zum Studium nach Europa kamen. Terman wäre vielleicht in Cambridge geblieben, doch bei einem Aufenthalt zu Hause an der Westküste erkrankte er an Tuberkulose und konnte nicht mehr in den Osten zurück. Der Dekan des ingenieurwissenschaftlichen Fachbereichs an der Stanford University warb ihn 1924 an und forderte ihn auf, ein neues Labor für Funktechnik einzurichten, das in einem Dachgeschoss auf dem Campus untergebracht werden sollte. Nach wenigen Jahren schrieb er das maßgebliche Lehrbuch über Funktechnik, und das zu einem Zeitpunkt, als man das Wort »Elektronik« noch vergeblich im Lexikon suchte.

Terman war von ganz anderem Schlag als de Forest. Er interessierte sich nicht für das Society-Leben und machte sich wenig aus den klimatischen Vorzügen und dem Freizeitangebot Nordkaliforniens. Steif und gesetzt, arbeitete er an sieben Tagen in der Woche, machte niemals Urlaub und führte Bridge unter der Rubrik hemmungslose Vergnügungssucht. In gewisser Weise war er nicht nur der Vorfahr der modernen Geschäftsleute im Valley, sondern auch der Technikfreaks (zumindest bis die Aktienoptionen in Mode kamen). Allerdings trug Professor Terman keine T-Shirts und Sandalen und wurde mit seiner Hornbrille und seinem förmlichen Auftreten auch nie mit einem Filmstar verwechselt.

Terman war sicherlich ein guter Wissenschaftler, aber seine besonderen Fähigkeiten entfaltete er eher als Talentsucher und Elektronik-Prophet. Ausgehend von seinen Erfahrungen bei der Federal Telegraph und dem Beispiel, das das Massachusetts Institute of Technology mit der engen Verbindung zu Erfindern wie Thomas Edison und Alexander Graham Bell gegeben hatte, ermutigte Terman seine Studenten, für Unternehmen in der Nähe zu arbeiten oder eigene zu gründen, auch während der Depression. Im Rahmen seiner Kurse führte Terman Besichtigungen von neu gegründeten Firmen wie dem Fernsehlabor von Philo Farnsworth in San Francisco durch. »Wie sie sehen können, sind die meisten dieser Rundfunkfirmen von Leuten ohne Universitätsausbildung gegründet worden«, erläuterte Terman seinen Studenten, die mit ihren Studiengebühren für seinen Lebensunterhalt sorgten, ohne eine Spur von Ironie. Nach dem Zweiten Weltkrieg sicherte er seinem Fachbereich viele staatlich finanzierte Forschungsprojekte und setzte sich dafür ein, den Professoren und Dozenten für Ingenieurswissenschaft Spitzengehälter zu zahlen, um so eine »moderne Gemeinschaft von technischen Gelehrten« zu schaffen, die sich frei zwischen dem Elfenbeinturm und den Entwicklungsabteilungen der Unternehmen hin- und herbewegten. Terman nannte seine Philosophie der Anwerbung von erstklassigen Wissenschaftlern die

»Erzeugung von Spitzenleistung«. Auf diese Weise machte er Stanford zu der Hightech-Talentschmiede, die es bis auf den heutigen Tag geblieben ist – ein wesentlicher Beitrag zur kritischen Masse des Valleys. Die Wissenschaftler der Universität wussten, dass sich jedes Experiment eines Tages als Goldmine herausstellen konnte. In dem Zeitraum von Ende der Siebzigerjahre bis Anfang der Achtziger sind drei verschiedene Hightech-Giganten des Valleys – Sun, Cisco und Silicon Graphics – in der Margaret Jacks Hall ausgebrütet worden (einem Gebäude des ingenieurwissenschaftlichen Fachbereichs, das nach einer Käseerbin benannt wurde). Jim Clark, der Gründer von Silicon Graphics, wurde zum bedeutendsten Unternehmer seiner Zeit und stieß 1995 mit Netscape noch einmal auf eine Goldader. Cisco spezialisierte sich auf Hightech-Klempnerarbeiten – die Verbindungen von Computernetzwerken, die von entscheidender Bedeutung fürs Internet sind. Sun, die Abkürzung für »Stanford University Network«, baute die außerordentlich leistungsfähigen Arbeitsplatzrechner, die unter der Bezeichnung »Workstations« bekannt wurden. Die University of California in Berkeley – in der East-Bay-Area gelegen, jenseits der Brücke von San Francisco – hat es in Bezug auf Unternehmensgründungen nie mit Stanford aufnehmen können.

Terman reagierte ungehalten, wenn man erwähnte, dass so viele seiner besten Studenten ins »Exil im Osten« gingen, weil es dort die lukrativeren Stellungen gab. Bevor Terman Dekan des Fachbereichs und stellvertretender Stanfordpräsident wurde, formte und förderte er eine ganze Generation von Ingenieuren, die er beschrieb als »elektronikverrückte junge Männer, die für Vakuumröhren genauso viel Interesse aufbringen … wie für Mädchen«. Jüngere Unternehmer und Wissenschaftler mögen bekannter sein, aber Fred Terman gilt immer noch als »Vater von Silicon Valley«. Seine beiden erfolgreichsten Zöglinge gründeten ein Unternehmen, das zur Institution wurde und noch heute den Namen Hewlett-Packard trägt.

Im Frühjahr 1933 forderte Terman den Studienanfänger David Packard, einen Hünen von über einem Meter neunzig, auf, an seinem Elektronik-Kurs für Fortgeschrittene teilzunehmen. Dabei war Packard kaum das, was man sich unter einem Elektronik-

Wunderkind vorstellt. Gut, er war ein begeisterter Amateurfunker, aber er spielte auch im Unifootballteam und war sehr aktiv in seiner Studentenverbindung. Doch hin und wieder verbrachte Packard auch ein bisschen Zeit auf der universitätseigenen Amateurfunkstation und dort hatte Terman ihn kennen gelernt. Beide waren sie Funkamateure. Im Zuge seiner Campusaktivitäten freundete sich Packard mit seinem Kommilitonen Bill Hewlett an. Neben anderen Gemeinsamkeiten hatten sie sich beide in ihrer Kindheit für Sprengstoffe interessiert. Packards verstümmelter Daumen war das Resultat eines fehlgeschlagenen Experiments und einer schlampigen Operation.

Sie hatten sich im ersten Studienjahr kennen gelernt und viele mathematische und naturwissenschaftliche Kurse gemeinsam belegt. Packard, der in Pueblo, Colorado, geboren war, hatte bereits beschlossen, Elektroingenieur zu werden. Hewlett, der Sohn eines Arztes aus San Francisco, war sich noch nicht so sicher, sagte aber, er habe sich für Elektrotechnik eingeschrieben, weil er eine Vorliebe für Modelleisenbahnen habe. »Ich fand Gefallen an der Elektrizität«, erklärte er etwas allgemein. Im letzten Jahr beschlossen Hewlett und Packard, von Terman unablässig dazu gedrängt, »eines Tages« irgendein funktechnisches Unternehmen zu gründen.

Doch Packard wurde eine Stellung bei General Electrics im Hinterland von New York angeboten, die er annahm. Hewlett ging ans Massachusetts Institute of Technology (von wo aus er häufig eine lange Zugfahrt in Kauf nahm, um Packard zu besuchen), bevor er 1936 wieder nach Palo Alto zurückkehrte. Terman verhalf Hewlett zu einer Anstellung bei einem ortsansässigen Arzt, um dessen Geräte er sich fortan kümmerte. Packard fing bei General Electrics in der Abteilung für Kühlgeräte an und begann sich rasch zu langweilen. Im Sommer 1937 traf sich Packard bei einem Besuch in Kalifornien mit Hewlett zur ersten »offiziellen« Konferenz von HP (Hewlett-Packard). Sie sprachen über Hochfrequenzempfänger, medizinische Geräte und Fernsehen. Im Sommer bekam Packard, der bei General Electrics kündigte, durch Termans Vermittlung ein Graduiertenstipendium und fuhr mit seiner Braut Lucile und einer gebrauchten Säulenbohrmaschine von Sears Roebuck, die die erste Maschine von HP werden sollte, gen Westen.

Wiedervereint kamen Packard und Hewlett auf den Plan ihrer Unternehmensgründung zurück. Hewlett hatte für die Packards in einem alten Stadtteil von Palo Alto, der später den Beinamen »Professorville« erhielt, ein zweistöckiges Haus gefunden. Hewlett lebte auf dem gleichen Grundstück in einem Bungalow. Die beiden Ingenieure beschlossen, die kleine Garage mit ihren nackten Wänden als Werkstatt zu benutzen und schufen damit die Legende von den Hightech-Firmen, »die in Garagen gegründet werden«. Ein halbes Jahrhundert später wurde 367 Addison Avenue – von der De-Forest-Platte nur ein paar Schritte die Straße hinab – zu einem kalifornischen Wahrzeichen erklärt: »Geburtshaus von Silicon Valley«; was natürlich nicht ganz richtig ist, weil weder Hewlett noch Packard einen Gedanken an Silizium verschwendeten.

Am 1. Januar 1939 besiegelten sie ihre Partnerschaft offiziell. Sie warfen eine Münze, um festzulegen, wessen Name im Briefkopf zuerst kam. Packard verlor. Das Unternehmen hatte keinen Gesamtplan und 538 Dollar auf der Bank. »Ursprünglich wollten wir alles nehmen, was an Aufträgen kam«, erinnerte sich Hewlett später. Man schrieb noch immer das Jahr 1939 und die wirtschaftliche Situation war schwierig. Meist bekamen sie Einzelaufträge – den Einbau eines Übertrittsignals in einer Bowlingbahn oder Regler für Klimaanlagen. Dann kam Hewlett auf die Idee, die Tonfrequenzmaschine, die er früher einmal entwickelt hatte, landesweit zu verkaufen. Dieses Gerät war nicht zu vergleichen mit den bahnbrechenden Erfindungen, die Edison oder de Forest auf den Markt gebracht hatten. Aber immerhin war es das erste brauchbare Verfahren, um den Niederfrequenzbereich zu erfassen, der auf dem jungen Feld der Elektronik eine große Rolle spielte. »Modell 200A« – so bezeichnet, weil sie laut Packard den Eindruck erwecken wollten, »wir wären schon eine Zeitlang auf dem Markt tätig« – wurde in einer Verkaufsbroschüre angeboten, die mehreren Dutzend von Terman empfohlenen potentiellen Kunden zugeschickt wurde.

Ein Unternehmer wollte mit Hilfe des Frequenzgerätes eine Abstimmvorrichtung für Harmonikas herstellen, aber es klappte nicht. Doch dann hatten sie Glück: Ein junges Studio in Südkalifornien, das von Walt Disney geleitet wurde, gab eine Bestellung für acht HP-Tonfrequenzgeräte 200B auf – 71,50 Dollar das Stück –, die es für die Tonherstellung in dem experimentellen Trickfilm *Fan-*

tasia verwenden wollte. Die Tonfrequenzmaschine wurde HPs erstes Elektronik-Produkt und einige Spielarten davon blieben bis 1985 auf dem Markt. Hewlett stellte sie her, Packard brachte sie an den Mann. Hewlett: »Er war der Unternehmer und ich machte die Arbeit.« Ihre Zusammenarbeit klappte deshalb so gut, weil sie sich in ihren Fähigkeiten ergänzten. Der Journalist Michael Malone, ein langjähriger Valley-Kenner, beschreibt Packards Händedruck als »gewaltig und sanft«, Hewletts dagegen als »klein und fest«. Aber die beiden kamen gut miteinander aus. Auf dem Foto in den Jahresberichten für die Aktionäre sieht man den grobschlächtigen Packard stets sitzen, sodass er fast die gleiche Größe hat wie Hewlett, der ihm in Wirklichkeit nicht einmal bis zur Schulter ging. Nicht immer verstehen sich Firmengründer so gut. Beispielsweise waren eine Generation später Steve Jobs und Steve Wozniak – die beiden Gründer von Apple, die als junge Burschen bei HP arbeiteten – berühmt für ihre Meinungsverschiedenheiten, die tatsächlich solche Ausmaße annahmen, dass sie später kaum noch miteinander sprachen.

In der Anfangszeit war HPs einziger Konkurrent General Radio in Cambridge, Massachusetts. Doch der Chef von General Radio schien der Meinung zu sein, dass Konkurrenz das Geschäft belebe, und hat deshalb, wie Packard berichtete, HP aktiv unterstützt. Ohne dieses Wohlwollen hätte HP vielleicht keinen so verheißungsvollen Start gehabt. Terman, der eigenes Geld in seine »Jungs« investiert hatte und dann vierzig Jahre lang in HPs Aufsichtsrat saß, erzählte später gern, dass er immer sofort wusste, wie die Geschäfte von »Bill und Dave« gingen. »Wenn das Auto in der Garage stand, herrschte Flaute. Parkte es hingegen in der Auffahrt, war die Auftragslage gut. Dann waren sie mit Löten, Verdrahten, Malen oder was auch immer beschäftigt.«

Bald bot HP ein Sortiment von Instrumenten zur Messung von Audiofrequenzen an, von dem die Firma gut leben konnte, bevor die Computer, Drucker und programmierbaren Taschenrechner ihren Siegeszug antraten. Ende 1939 – am Ende des ersten Geschäftsjahrs – hatte das Unternehmen einen Gewinn von 1563 Dollar erwirtschaftet, kein schlechtes Ergebnis, wenn man bedenkt, dass das eine Gewinnspanne von 29 Prozent bedeutete. Ein unrentables Jahr sollte es nie geben. Bei Kriegsende hatte das

Unternehmen mehr als hundert Mitarbeiter und einen Umsatz von fast einer Million Dollar. An die Börse ging es erst 1957, als die beiden Gründer wirklich im Geld schwammen. Eine Zeit lang gehörte Packard zu den drei reichsten Männern des Landes. In den Neunzigerjahren, als Packard und Hewlett sich aus der Firma zurückzogen, war HP noch immer Branchenführer im Elektronik-Bereich. Die Erträge des Unternehmens überschritten jährlich 40 Milliarden Dollar und es beschäftigte mehr als 120 000 Mitarbeiter. Doch wichtiger als die Ertragslage war die Art und Weise, *wie* Hewlett-Packard seine Geschäfte machte. Der »HP-Stil«, so die Bezeichnung, die sich allgemein einbürgerte, institutionalisierte eine moralische Grundhaltung, die es in der amerikanischen Unternehmenskultur sonst nicht gab, auch nicht bei IBM.

Hewlett und Packard begegneten ihren Mitarbeitern mit Vertrauen und Achtung und versuchten, hierarchische Strukturen zu vermeiden. »Bill und Dave« nannten ihre Mitarbeiter beim Vornamen und erwarteten Gleiches von ihnen. Geld war natürlich wichtig, aber stand nicht an erster Stelle. HP ging prinzipiell davon aus, dass jeder Mitarbeiter nützlich war, es sei denn, er bewies das Gegenteil. Nach einem alten Insiderwitz musste man seinem Vorgesetzten schon mit einem Revolver auf die Pelle rücken, um bei HP entlassen zu werden. Anfang der Siebzigerjahre, während einer der Rezessionen, von denen Silicon Valley in regelmäßigen Abständen heimgesucht wird, vermied HP Entlassungen, indem es die Löhne durchgehend, ohne Ansehen der Person, um zehn Prozent kürzte und jeden zweiten Freitag zum arbeitsfreien Tag erklärte – »the nine-day fortnight« nannte man das und meinte damit, dass in zwei Wochen nur an neun Tagen gearbeitet wurde. Die Manager gaben ihre Befehle nicht von der Chefetage aus, ohne Ahnung, was unten vorging. Sie waren immer vor Ort. »Management durch Umhergehen« hieß das Credo. Man setzte bestimmte Ziele und überließ es den Mitarbeitern, sie zu erreichen. HP machte die Gewinnbeteiligung zu einer festen Einrichtung, lange bevor sie im Valley in Mode kam. Solange das Unternehmen noch nicht zu groß war, gaben die Gründer die Gratifikationen auf der jährlichen Weihnachtsfeier eigenhändig aus.

Diese ungewöhnlich anständige Behandlung der Mitarbeiter schien eher Nützlichkeitserwägungen als sozialromantischen

Idealen zu entspringen, doch das Ergebnis blieb sich gleich. Die Mitarbeiter waren loyal und nannten ihr Unternehmen einen »Country Club«. Hewlett und Packard machten sich wenig Feinde und wurden als Wahrzeichen der Stabilität gepriesen. Ständig stand HP an der Spitze oder ganz weit oben auf jeder Hitliste der »Angesehensten Unternehmen Amerikas«. Und das ist noch immer der Fall, sechzig Jahre nach der Firmengründung. Die gemeinnützigen Aktivitäten der Gründer sind ohne Beispiel in Silicon Valley: Gemeinsam haben Hewlett und Packard der Stanford University mehr als 300 Millionen Dollar gestiftet, darunter die Mittel für den Hauptbau des technischen Fachbereichs, der Termans Namen trägt. Nimmt man den Kaufwert des gestifteten Kapitals, haben die beiden mehr beigesteuert, als die Hinterlassenschaft von Leland und Jane Stanford zur Gründung der Universität betragen hat. Packard hat das Monterey Bay Aquarium sowie ein Kinderkrankenhaus zum Gedenken an seine Frau finanziert, und viele andere Bestrebungen unterstützt, von der Geburtenkontrolle bis zum Naturschutz. Nach Packards Tod im Jahr 1996 erhielt die David and Lucile Packard Foundation den größten Teil seines Vermögens und wurde in punkto Finanzstärke über Nacht die zweitgrößte private Wohltätigkeitseinrichtung aller Zeiten. Ihr Vermögen von rund zehn Milliarden Dollar übertrifft sogar diejenigen der Rockefeller und der Getty Foundations.

So ziemlich der einzige Nachteil all der Anständigkeit und des Teamworks bei HP bestand darin, dass individuelle Leistung nicht genügend honoriert wurde. Quadratkilometer ununterscheidbarer Zellen in Großraumbüros für praktisch jeden Mitarbeiter außer Hewlett und Packard – die Anfänge der heute im Valley so beliebten labyrinthischen *Cube Farms* – ermutigten nicht gerade zu Egotrips. Die gleiche Wirkung hat jede übermächtige Unternehmensstruktur. Leider wird dadurch auch jene Art von Ehrgeiz gedämpft, die Unternehmer beflügelt. Es war sicherlich kein Zufall, dass Jobs und Wozniak es nicht lange bei HP aushielten. Wahrscheinlich kann ein konservatives Unternehmen wie HP es nicht jedem Mitarbeiter recht machen. Durch seine fürsorgliche Haltung hat es schlussendlich seinen Einfluss auf das Valley eingebüßt, den es hätte haben können. Schließlich heißt »am angesehensten« nicht »am wichtigsten«.

Diesen Verdienst erwarb sich wohl William Shockley – Egozentriker, Eugeniker, Nobelpreisträger –, einer der intelligentesten, aber auch meistgeschmähtesten Charaktere des Valleys. Mochte Hewlett und Packard auch höchste Anerkennung genießen, es war doch Shockley, der die wissenschaftliche Nachkriegsrevolution lostrat und das Silizium ins Spiel brachte. Der Transistor, an dessen Entdeckung er maßgeblich beteiligt war, erwies sich als theoretisches Wunderwerk und als das wichtigste innere Organ einer neuen Maschine.

Alle fünfzig Jahre wird eine entscheidende Entdeckung oder Erfindung gemacht: die Elektrizität, die Dampfmaschine, das Automobil und nun der Transistor. In der zweiten Hälfte des 20. Jahrhunderts gibt es kaum ein wichtiges Gerät und kaum ein bedeutendes Unternehmen, das ohne den Transistor denkbar gewesen wäre.

Shockley wuchs in einer prächtigen viktorianischen Villa auf, nur ein paar Straßen entfernt von der Federal Telegraph und der HP-Garage, 367 Addison. Sein Vater, ein erfolgreicher englischer Ingenieur, war in die Vereinigten Staaten gekommen, um Gold abzubauen, obwohl er London auch weiterhin als Ausgangsbasis nutzte. Dort wurde Shockley 1910 geboren. Als er drei war, zog die Familie nach Palo Alto, wo Shockleys Mutter die Stanford University besuchte. Der kleine Billy war ziemlich ungebärdig: Gelegentlich konnte er recht boshaft sein – etwa wenn er im Wohnzimmer einen Schalter unter dem Teppich versteckte, sodass unheimliches Glockengeläut im Dachgeschoss ertönte, wenn jemand drauftrat. Abgesehen davon, dass er seltsame Haustiere sammelte, den Garten auf der Suche nach einem versteckten Schatz umgrub und die meisten Kinder in der Nachbarschaft vor den Kopf stieß, neigte Shockley auch zu heftigen Wutanfällen. Wie sich bald herausstellte, blieb er ein Einzelkind.

Seine Eltern, gegen die sich seine Wutausbrüche in der Regel richteten, bemerkten schnell, dass ihr Sohn ausgeprägte Eigenarten hatte und in einer normalen Schule kaum zu bändigen war. Zunächst versuchten sie, ihn zu Hause zu unterrichten, schulten ihn aber schließlich in der Militärakademie von Palo Alto ein, wo er zum ersten Mal von der Funktechnik und anderen neueren wissenschaftlichen Entwicklungen erfuhr. Nachdem die Familie abermals umgezogen war, dieses Mal nach Los Angeles, besuchte Shockley die Hollywood Highschool und studierte dann Physik, zunächst am Caltech (California Institute of Technology) und dann am MIT (Massachusetts Institute of Technology), wo er aus unerfindlichen Gründen mit einer Pistole in der Hand erschien. Schon im Jugendalter waren Shockleys Intelligenz und Arroganz nicht zu übersehen. »Unser Zeitalter ist außerordentlich mechanisch«, schrieb er 1928 in einer Highschool-Arbeit. »Wir reisen mit ziemlich aberwitziger Geschwindigkeit von einem Ort zum andern, wir unterhalten uns über große Entfernungen und wir bekämpfen unsere Feinde mit fürchterlicher Wirksamkeit – all das dank mechanischer Hilfsmittel.« Er hatte natürlich Recht und sollte später an der Erfindung eines Hilfsmittels mitwirken, das dazu bestimmt war, die Welt zu verändern.

Nachdem Shockley am MIT promoviert hatte, fing er mit sechsundzwanzig Jahren bei den Bell Telephone Laboratories an, der 1925 gegründeten, angesehenen Forschungseinrichtung von AT&T (American Telephone & Telegraph, auch liebevoll Ma Bell genannt). Shockley war der erste Wissenschaftler, der nach einem depressionsbedingten Einstellungsstop einen Posten erhielt. Ma Bell brauchte ein besseres Gerät als die Vakuumröhre, um den Strom in ihrem Netz zu verstärken und so die Dienstleistungen zuverlässiger zu gestalten. So bahnbrechend die Vakuumröhren auch gewesen waren, sie waren massig, zerbrechlich, heiß wie Öfen und brannten leicht durch. »Die Natur verabscheut die Vakuumröhre«, witzelte ein AT&T-Ingenieur, der später auch die Bezeichnung »Transistor« prägte. Die Bell Labs, die damals in einem zwölfstöckigen Gebäude in West Greenwich Village in New York untergebracht waren, hatten ein Team von Physikern zusammengestellt, das einen möglichen Nachfolger der Vakuumröhre entwickeln sollte. Shockley wurde der Teamleiter, nachdem er während des Zweiten Weltkrieges Systeme zur U-Boot-Bekämpfung entwickelt hatte. In erster Linie beschäftigte sich das Team mit Halbleitern – scheinbar uninteressanten Kristallen wie Silizium und Germanium, eng verwandten Elementen, die als Leiter wie Nichtleiter wirken konnten.

Anders als die herkömmlichen metallischen Leiter besaßen

diese Stoffe merkwürdige Eigenschaften, von denen man sich schon seit Jahrzehnten elektronische Anwendungsmöglichkeiten erhoffte. Wegen ihrer atomaren Ambivalenz – dem Spagat zwischen Nichtleitern wie Glas und Leitern wie Kupfer – galten die Halbleiter bei Physikern als ideal geeignet für bestimmte elektronische Kunststücke. Beispielsweise wusste man, dass man die Halbleiter mit Verunreinigungen anreichern (»dottieren«) und ihnen eine positive oder negative Ladung geben musste, um die Richtung des elektrischen Stroms zu verändern, der sie durchfloss. In dem einen Augenblick ein Leiter, im nächsten ein Nichtleiter – das war die wunderbare Eigenschaft des Halbleiters (der natürlich auch Halbnichtleiter oder Halbisolator hätte heißen können). Obwohl es in der Quantenmechanik und sogar in der Geometrie verschiedene Theorien gab, die darauf schließen ließen, wie sich dieses Phänomen steuern ließe, war noch keinem Physiker ein wirklicher Durchbruch gelungen. Auf diesen Bereich der Halbleiter – der »Festkörperphysik« – richtete Shockley seine Bemühungen.

Shockley gab sich gern als Exzentriker des Unternehmens aus und genoss die Aufmerksamkeit, die ihm entgegengebracht wurde, wenn er beispielsweise an den Wänden der Institutskantine hochkletterte. Er hatte Frettchenaugen unter buschigen Augenbrauen und wäre auch ohne seine Charaktermängel eine eindrucksvolle Persönlichkeit gewesen. Zu seinen Talenten gehörte die Begabung, wissenschaftliche Sachverhalte einfach darzustellen. Als er beispielsweise gebeten wurde, den Begriff der Verstärkung zu erklären, sagte er: »Wenn Sie einen Heuballen nehmen und ihn einem Maultier an den Schwanz binden, wenn Sie dann ein Streichholz nehmen und das Heu in Brand stecken und wenn Sie die Energie, die das Maultier kurz danach aufwendet, mit der Energie vergleichen, die Sie aufgewendet haben, als Sie das Streichholz angezündet haben, dann wissen Sie, was Verstärkung bedeutet.« Doch Shockley liebte nicht nur die intellektuelle Herausforderung, sondern gierte auch nach Rampenlicht und der Anerkennung für seine geistige Leistung. Er machte kein Hehl aus seiner Absicht, eines Tages eine Million Dollar zu machen und das schwarze MG-Kabrio, mit dem er zur Arbeit fuhr, gegen ein nobleres Gefährt einzutauschen. Immer wieder aufs Neue versuchte Shockley, das Halbleiter-Problem zu lösen – das heißt, den Elektronenfluss dazu

zu bringen, innerhalb eines massiven Halbleiter-Blocks genau vor-
gegebenen Wegen zu folgen. Doch er kam mit seinen Silizium-
Experimenten nicht weiter und wandte sich schließlich anderen
Forschungsprojekten der Festkörperphysik zu. Das Halbleiter-
Problem übertrug er John Bardeen und Walter Brattain, zwei jün-
geren Forschern des Teams.

Von Herbst 1945 bis Ende 1947 arbeiteten die beiden auf dem
lebendigen neuen Campus von Bell Labs in der Nähe der Wat-
chung Mountains im Norden von New Jersey an dem Halbleiter-
Rätsel. Bardeen war der Theoretiker, Brattain der Bastler. Bardeen
schätzte die Wandtafel, Brattain den Lötkolben. Bardeen gelang
der entscheidende gedankliche Schritt: Ein elektrischer Strom
kann einen Halbleiter nicht durchqueren, weil seine Oberfläche
wie eine Kakerlakenfalle ist. Die Elektronen können eindringen,
kommen aber nicht wieder hinaus. Bardeen und Brattain mussten
also einen Weg finden, um die Elektronen wieder freizusetzen und
dadurch den elektrischen Strom zu verstärken. Nach einer mühsa-
men Zeit von Versuch und Irrtum, ein bisschen Rat von Shockley
und einer gehörigen Portion Glück konnten sie endlich triumphie-
ren. Die Lösung war wirklich ganz einfach: Sie konnten den Elektronenfluss steuern, indem sie zwei feine Drähte auf einem kleinen
Stück Halbleiter an genau der richtigen Stelle befestigten und
dabei in ganz bestimmter Weise dotiertes Material verwendeten.
Als das Experiment klappte, rief Brattain: »Heureka!«.

Eine Woche später, am 23. Dezember 1947, führten Bardeen, Brattain und Shockley, während es draußen schneite, der Führungsriege von Bell Labs ihr Gerät vor. Es war eine kleine behelfsmäßige
Apparatur aus Germanium, Batterien, einem Plastikkeil, einem
Streifen Goldfolie und einer Feder, die aus einer auseinander gebo-
genen Büroklammer gefertigt worden war. Das auf einer Werkbank
zusammengebastelte Gerät wurde an ein Mikrophon und an einen
Kopfhörer angeschlossen. Nun stach Brattain mit den beiden Elek-
troden in das Germaniumklötzchen hinein und sprach ein paar
Worte in das Mikrophon, woraufhin seine Stimme laut im Kopfhörer dröhnte. Nacheinander wiederholte jeder anwesende Manager
diesen Versuch. Das, was herauskam, war hundertmal stärker, als
das, was hineingesprochen wurde. Mit einem Wort, der elektrische
Strom war ohne Hilfe der Forestschen Vakuumröhre verstärkt wor-

den – ein überzeugender Beleg für die Behauptung von Arthur Clarke:»Jede hinreichend fortschrittliche Technologie lässt sich von Magie nicht unterscheiden.«

Damit war der »Transistor« geboren – dieses entscheidende Fundament der Zukunft –, obwohl es noch Monate dauerte, bis er seinen Namen erhielt.»Transistor« war die Kurzform von »transfer resistor« – Übergangswiderstand. Im Vergleich zur Vakuumröhre war der Transistor schneller, robuster, kühler und kleiner – und er besaß die Voraussetzungen für die bemerkenswerte Miniaturisierung, die zum Erkennungszeichen der Elektronik werden sollte. Heute haben Transistoren mikroskopische Ausmaße angenommen und sind zu den lichtschnellen winzigen An-Aus-Schaltern geworden, die allen digitalen Geräten zugrunde liegen. In den Jahren nach der Entdeckung zeigte die Materialwissenschaft, dass Silizium ein noch besserer Halbleiter war als Germanium. Obendrein hat es den Vorteil, dass es in der Natur zwar nicht in reiner Form vorkommt, dafür aber in anderen Verbindungen, und als Dioxid 90 Prozent der Erdkruste bildet. Beispielsweise ist es Hauptbestandteil von Sand. Sobald Methoden entwickelt worden waren, Silizium mit der richtigen Beimischung herzustellen, wurde es der wichtigste Halbleiter für Transistoren. Das war gut für Nordkalifornien, blieb ihm doch so erspart, das Zuhause von Germanium Valley zu werden.

Kein Jahr nach der Entdeckung in den Bell Labs wurde der Transistor kommerziell genutzt. 1954 war schon fast eine Million Stück an Unternehmen wie General Electrics, Radio Corporation of America, Texas Instruments und natürlich AT&T verkauft worden. Allein Raytheon verkaufte mehrere hunderttausend transistorisierte Hörgeräte. Rechtzeitig zur Weihnachtszeit 1954 kam das Transistorradio Regency TR1 auf den Markt, das von Batterien gespeist wurde und klein genug war, um in die Tasche zu passen. Mit einem Preis von 49,95 Dollar (fast 350 Dollar nach heutigem Geld) war es nicht gerade billig, trotzdem verkaufte Regency schon im ersten Jahr 100 000 von ihnen – der Nintendo-Gameboy seiner Zeit – und machte das Transistorradio zu einem festen Bestandteil des Sortiments. Dann wurde ein japanisches Unternehmen namens Tokyo Tsushin Kogyo gegründet, das sich später in Sony umbenannte und den Markt für Fernseh- und Rundfunkgeräte eroberte. Und das war erst der Anfang. Die Transistoren wurden ein unabdingbares Element des digitalen Zeitalters, die unsichtbaren Bausteine jedes elektronischen Apparats. Dreihundert Billiarden von ihnen ermöglichten nicht nur die Entwicklung von Elektrogitarren und die Reise zum Mond, sondern auch den Bau eines jeden Computers, den Sie heute auf unserem Planeten antreffen.

Nur wenige wissenschaftliche Errungenschaften des 20. Jahrhunderts waren so folgenreich. Der Silizium-Transistor hat die Gründung und Entwicklung von Unternehmen wie Apple, Intel, Oracle, Netscape, Yahoo und einer unscheinbaren Firma weit ab vom Valley namens Microsoft bestimmt. Mit einer für ihn höchst ungewöhnlichen Bescheidenheit hat Bill Gates einmal gesagt: »Mein erster Halt auf einer Zeitreise wären die Bell Labs im Dezember 1947.« (Kein Wort darüber, ob der zweite Halt seiner eigenen Ankunft im Jahr 1955 gelten würde.)

Die Öffentlichkeit erfuhr vom Transistor erst sechs Monate nach seiner Entdeckung und dann auch nur spärlich. Auf einer großen Pressekonferenz am 30. Juni 1948 gaben die Bell Labs ihre Erfindung bekannt – »dieses winzig kleine Ding«, wie der Forschungsdirektor Ralph Brown sagte. »Wir haben es Transistor genannt«, langsam buchstabierte Brown das Wort und fuhr fort, »weil es ein Widerstand oder Halbleiter-Element ist, das elektrische Signale verstärken kann, während sie es vom Eingang zum Ausgang durchqueren. [Aber] es enthält kein Vakuum, keinen Faden, keine Glasröhre. Es besteht ganz aus kalten, festen Stoffen.« Offenbar waren die anwesenden Journalisten wenig beeindruckt. Am folgenden Tag meldete die *New York Times* mit großer Ausführlichkeit, dass der U-Bahnpreis von fünf auf zehn Cent heraufgesetzt worden war, brachte aber die Ankündigung des Transistors erst auf Seite 46 in der Rubrik »Radioneuigkeiten« nach der Mitteilung, dass CBS in der Sommerzeit seine regelmäßige Sendung *Radio Theatre – Our Miss Brooks* ersetzen werde durch Eve Arden als »Lehrerin, die eine Vielzahl von Abenteuern erlebt«. Lee de Forest verstand die Bedeutung des Ereignisses ein wenig besser. Eine Einladung, auf dem Campus von Bell Labs einer Vorführung des Transistors beizuwohnen, sagte er ab und bedauerte es mit den Worten, dass er leider nicht in der Lage sein werde, »am Leichenschmaus für meinen 42-jährigen Säugling, den Audion, teilzunehmen«.

Auch Shockley war klar, an was für einer Entdeckung er da mitgewirkt hatte, zumal es in den Bell Labs (heute zu Lucent Technologies gehörig) stattgefunden hatte. »Zu hören, wie der Transistor die Sprache verstärkte«, schrieb er fast dreißig Jahre später, »das reihte sich ein in die Tradition von Alexander Graham Bells berühmtem Satz: ›Kommen Sie her, Mr. Watson. Ich brauche Sie.‹«Trotzdem kochte Shockley vor Wut, weil er wusste, dass Bardeen und Brattain die eigentlichen Erfinder des Transistors waren. Shockley war noch nicht einmal anwesend, als die beiden den Transistor im Labor zum ersten Mal in Betrieb nahmen, ein Umstand, der zeitlebens an ihm nagte. »Meine Freude über den Erfolg der Gruppe wurde geschmälert durch den Umstand, nicht zu den Erfindern zu gehören«, schrieb er. »Ich war enttäuscht, weil meine persönlichen Bemühungen, die ich mehr als acht Jahre zuvor begonnen hatte, zu keinem nennenswerten Ergebnis geführt hatten.« In Bell Labs' erstem Transistorpatent wurde Shockleys Name nicht erwähnt. Der Wunsch, diese Scharte auszuwetzen und zu einem gleichberechtigten Mitglied der elektronischen Dreieinigkeit zu werden, ließ ihn nicht mehr los. Am Neujahrstag des Jahres 1947 sonnte er sich nicht etwa im Ruhm der eine Woche zuvor präsentierten Entdeckung, sondern brütete über Diagrammen einer verbesserten Transistorversion, die als ein »Sandwich« aus verschieden geladenen Halbleiter-Materialien konzipiert war. Dieser »Flächentransistor« ersetzte den weniger zuverlässigen »Punktkontakttransistor« von Bardeen und Brattain.

Besser als Bardeen oder Brattain oder irgendjemand sonst im Labor begriff Shockley, was der Transistor für die Zukunft bedeutete – dass er nicht nur eine kleine Hilfe für Ma Bell darstellte, sondern dass er ganz neue Elektronik-Felder eröffnete. Mit seinem Sinn für öffentlichkeitswirksame Auftritte machte er es sich zur Gewohnheit, nach Vorträgen Transistoren zu verschenken. Oder er erklärte den Zuhörern nach der überschwänglichen Vorstellung durch den Gastgeber, eine freundlichere Einführung werde ihm nur zuteil, wenn sie ihm selber überlassen bleibe, woraufhin er plötzlich, wie durch Zauberei, einen Strauß roter Rosen in der

---

* Der erste Satz, der vom Telefon übertragen wurde. Bell hat ihn am 10. März 1877 an seinen Assistenten Thomas Watson gerichtet. (A. d. Ü.)

Hand hielt. Sehr hellsichtig prognostizierte Shockley die Markt-chancen des Transistors. »In letzter Zeit hat man sich viel Gedan-ken über Elektronik-Gehirne und Rechenmaschinen gemacht«, sagte er 1949 in einem Interview in der Radiosendung *Science Forum*. »Mir scheint, dass der Transistor für die Robotergehirne die ideale Nervenzelle sein könnte.«

Die Rede war natürlich von Computern. Die Nachkriegscompu-ter waren Apparate von alptraumhaften Ausmaßen und großer Anfälligkeit. Der ENIAC (Electronic Numerical Integrator and Computer) der University of Pennsylvania war 1946 der erste Ver-such, einen großen Elektronik-Rechner zu bauen, der militärischen Organisationen, staatlichen Stellen und großen Wirtschaftsunter-nehmen bei ihren Aufgaben helfen konnte. Doch das fast dreißig Tonnen schwere Ungetüm war äußerst launisch. Zwar konnte die Maschine umfangreiche Rechnungen durchführen, verbrauchte aber 150000 Watt, bestand aus einem unvorstellbaren Gewirr von Drähten und Kabeln und besaß 18000 Vakuumröhren, die offenbar nie in der Lage waren, alle gleichzeitig zu funktionieren. Ein wei-teres Problem stellten die Wärme und das Licht der ENIAC-Röhren dar: Die Motten umschwärmten es und verursachten so einen Kurzschluss nach dem anderen. (Daher die Bedeutung von *computer bug* – wörtlich: Computerinsekt; gemeint: ein Fehler im Inneren des Rechners – und von *debugging* – Fehlerbeseitigung.) »Der Computer der Zukunft«, so prophezeite die Zeitschrift *Popu-lar Mechanics* im Jahr 1949, »wird vielleicht nur noch 1000 Vaku-umröhren besitzen und möglicherweise nur noch anderthalb Ton-nen wiegen« – nur eine der vielen kühnen Vorhersagen, die sich als hoffnungslos falsch erwiesen, weil sie sträflich unterschätzten, was der Transistor tatsächlich leisten würde.

Bevor noch der Bardeen-Brattain-Transistor der Öffentlichkeit vorgestellt wurde, war Shockley schon ziemlich weit gediehen mit seinem eigenen Entwurf. Im Laufe der Zeit erwies sich der neue »Flächentransistor« als überlegen. Doch obwohl die Bell Labs ihm 1936 alle Chancen eröffnet hatten, waren sie nicht der Ort, ihn auf Dauer zufrieden zu stellen. Anfang der Fünfzigerjahre war er ver-schnupft, weil er nicht ins Topmanagement aufstieg. Mit Bardeen und Brattain verstand er sich überhaupt nicht und ekelte beide hi-naus. (Bardeen ging 1951 an die University of Illinois, wo ihm seine

Forschung auf dem Gebiet der Supraleiter einen weiteren Nobelpreis eintrug. Brattain wechselte innerhalb von Bell Labs in eine
andere Abteilung über.)

Shockley war auch wütend darüber, dass er keine Patentge-
bühren für die Erfindungen bekam, an denen er mitgewirkt hatte.
1954 begann er sich nach einer Stellung in einem anderen Unternehmen oder an einer Universität umzusehen. Doch stets waren
ihm Aufgabenbereich oder Gehalt nicht gut genug. 1955 beschloss
er, es auf eigene Faust zu versuchen. »Schließlich und endlich«,
schrieb er an seine künftige zweite Frau, »kann kein Zweifel daran
bestehen, dass ich intelligenter, dynamischer und mit mehr Men-
schenkenntnis ausgestattet bin als die meisten anderen Menschen.« In zwei von diesen drei Punkten hatte er wohl Recht.

Nach Kalifornien zog es Shockley wieder. Dort war er aufgewachsen, dort lebte seine Mutter noch und dort konnte er den Frei-
zeitaktivitäten nachgehen, die ihm Spaß machten. Er zog sowohl
Los Angeles als auch San Francisco in Erwägung. LA war der Sitz
von Beckman Instruments, einem aufstrebenden 20-Millionen-
Dollar-Unternehmen, das ein ehemaliger Caltech-Professor gegründet hatte und das Shockley mit dem nötigen Startkapital versorgen wollte. San Francisco wartete mit Stanford und Terman auf,
der jetzt der Vorsteher von Stanford war und Shockley mit allen
Mitteln umwarb. Terman wusste, dass der Festkörperphysik die
Zukunft gehörte und hätte es sehr begrüßt, wenn seine Studenten
der Elektrotechnik ein von Shockley geleitetes Unternehmen in der
Nachbarschaft gehabt hätten. Terman trug den Sieg davon. Shockley entschied sich für die Bay-Area: ein Pionier, der an die Stätte
seiner Jugend zurückkehrte. Anfang 1956 gab er die Gründung
von Shockley Semiconductor Laboratory bekannt, einer Firma, die
sich mit der Herstellung von Transistoren und anderen Halbleiter-
Elementen befassen und Shockley, wie einst seinem Vater, den Weg
ins Eldorado eröffnen sollte. Stattdessen wurde es eine spektakuläre Pleite, die sich mit atemberaubender Geschwindigkeit voll-
zog.

Die Halbinsel im Süden von San Francisco war nicht mehr der Ort,
den Shockley vierunddreißig Jahre zuvor verlassen hatte. Mit dem
Aufstieg von HP nach dem Zweiten Weltkrieg hatte die Region

angefangen, sich zu verwandeln. Von 1942 bis 1945 war das Golden Gate der Ausgangspunkt für Tausende von Soldaten gewesen, die zu den pazifischen Kriegsschauplätzen verschifft wurden. Vielen von ihnen hatte der kurze Eindruck von der Schönheit und dem Wetter der Bay-Area genügt. Und so kamen nach dem Krieg viele dieser jungen und qualifizierten Leute zurück, um sich im Westen niederzulassen. Langsam wichen die Obstplantagen und Konservenfabriken Büros und Fertigungsstätten. Terman bemühte sich eifrig um Regierungsaufträge und Verteidigungsprojekte, von denen er sagte, sie seien »der Beginn eines neuen Zeitalters der Industrialisierung«. Langsam kam die kritische Masse des Valleys zusammen.

Russell und Sigurd Varian, die Erfinder des Klystrons – einer Mikrowellenspielart der Vakuumröhre, die das Bordradar der Flugzeuge im Krieg ermöglichte – gründeten Varian Associates. IBM, das 1943 seine erste Niederlassung in der Region eröffnet hatte, richtete in San Jose ein Forschungslabor ein, das später den ersten Magnetplattenspeicher für Computer entwickeln sollte. Auch General Electrics, Sylvania und Westinghouse siedelten sich an. Das Ames Research Center – in Mountain View gleich neben Moffet Field und ein weithin sichtbares Wahrzeichen mit seinen riesigen Windkanälen – wurde führend in der aeronautischen Forschung und der Entwicklung von Hochgeschwindigkeitsflugzeugen. Nach dem Sputnik-Schock arbeitete das Forschungszentrum dann für die NASA. Lockheed Airkraft verlegte seine Abteilung für Raketen und Raumfahrt von Südkalifornien nach Sunnyvale, nicht zuletzt, um die Nähe vom Ames Research Center zu suchen, in dessen Nachbarschaft es U-Boote für die Navy baute. Lange Zeit war Lockheed dank der staatlichen Rüstungsaufträge der größte Arbeitgeber der Halbinsel. Hier arbeitete auch der Vater von Steve Wozniak, dem späteren Gründer von Apple Computer.

Terman hatte diesen Industrieboom miterlebt und wollte ihn möglichst eng mit der Stanford University verknüpfen. 1951 wurde der Stanford Industrial Park eröffnet – ein Experiment, das Wirtschaft und Universität enger verflechten sollte. Mit 3000 Hektar ist Stanford einer der größten Grundeigentümer der Bay-Area. Zwar war (und ist) ein Großteil davon Weideland, doch die testamentarischen Bestimmungen von Leland und Jane Stanford verbieten die Veräußerung von Land. Daher beschloss die Universitätsleitung, die stets bemüht war, mit den landwirtschaftlichen Flächen zusätzliche Erträge zu erwirtschaften, rund 250 Hektar am Rande des Campus an »rauchlose« Hightech-Firmen zu verpachten, die sich bereit erklärten, eng mit den Fachbereichen der Universität zusammenzuarbeiten. Als Charles de Gaulle 1960 durch Kalifornien reiste, wollte er laut Michael Malone zwei Orte besichtigen – Disneyland und den Stanford Industrial Park. Im ersten Jahr siedelte sich Varian Associates dort an, dann folgten Eastman Kodak und 150 weitere Firmen. 1956, ein Jahr vor dem Börsengang, wurde Hewlett-Packard das Aushängeschild des Parks und noch heute hat das weit verzweigte Imperium des Unternehmens dort seinen Hauptsitz.

Auch für Shockley Semiconductor Lab war dort ein Platz vorgesehen. Doch zunächst pachtete die Firma eine heruntergekommene Halle aus Schlackenbeton – einst ein Trockenschuppen für Aprikosen –, 391 San Antonio Road, Mountain View. Shockley hatte hochtrabende Pläne für sein Halbleiter-Unternehmen und wollte ein Dreamteam von Wissenschaftlern zusammenbringen – die Leute mit der höchsten »geistigen Arbeitstemperatur«, wie er es in seiner nicht gerade bescheidenen Art auszudrücken beliebte. Zunächst forderte er ehemalige Kollegen von Bell Labs auf, sich ihm anzuschließen. Diese beteuerten ihre Anhänglichkeit für Bell Labs und ihre Vorliebe für den Staat New Jersey – wahrscheinlich wussten sie nur zu gut um Shockleys Charakterschwächen. Jedenfalls lehnten sie sein Angebot ab. So sah sich Shockley dazu gezwungen, nach Leuten zu suchen, die ihn *nicht* kannten.

Anfang Januar setzte er sich mit einem achtundzwanzigjährigen Physiker bei Philco in Philadelphia in Verbindung. Er hieß Robert Noyce, hatte am MIT promoviert und wirkte mit an den Bemühungen des Unternehmens, einen besseren Hochfrequenztransistor zu entwickeln. Er war Shockleys wichtigste Anwerbung. Das Leben hatte es mit dem klugen und liebenswürdigen Noyce gut gemeint. Aufgewachsen war er in einer Kleinstadt in Iowa, wo er Rasen gemäht und Laub geharkt hatte und bei jedermann beliebt gewesen war. Das Jahrbuch der Highschool bezeichnete ihn als das Quiz-Kid, »den Burschen, der auf jede Frage eine Antwort wusste«. Am Grinnell College gewann Noyce den Brown Derby Award, der dem Studenten verliehen wurde, der »die besten Noten mit den geringsten Anstrengungen« erzielte. In späteren Semestern hörte er Physik bei Grant Gale, der zufälligerweise ein Kommilitone von John Bardeen gewesen war und diesen mit viel Hartnäckigkeit dazu bewegt hatte, ihm zwei der ersten Transistoren von Bell Labs zu schicken. Nicht in Stanford, nicht am MIT, sondern am Grinnell College in Iowa erhielten College-Studenten die erste konkrete Vorführung der Festkörperelektronik. Dieser Zufall bewog Noyce, sich mit der Festkörperforschung zu befassen.

Noch nicht einmal ein gründlich danebengegangener College-Streich schien ihm etwas anhaben zu können. Am Ende des ersten Studienjahrs planten seine Freunde im Studentenheim einen Luau, ein hawaiisches Fest, das damals, kurz nach dem Krieg im Südpazifik, ein beliebter Jux war. Eines Nachts stahlen Noyce und ein Freund also ein Ferkel von einem ortsansässigen Farmer. Es war ausgesprochen köstlich, aber am nächsten Morgen wurde ein zerknirschter Noyce vor den Polizeirichter zitiert. Nach den Maßstäben des Prärierechts war Schweinediebstahl ein schweres Verbrechen. Einer Verurteilung entging Noyce nur, weil Gale sich für ihn verwandte und weil er einer einsemestrigen Studiensperre zustimmte. Sein Exil verbrachte er in der versicherungstechnischen Abteilung der Equitable Life in New York City. Wer meint, das sei doch eine lächerliche Strafe, hat noch nie für eine Versicherungsgesellschaft gearbeitet. Doch wenn man bedenkt, dass das »Pignapping« seine Laufbahn hätte beenden können, noch bevor sie begonnen hatte, kam er sehr glimpflich davon. Im folgenden Frühjahr kehrte Noyce nach Grinnell zurück. Da er in den Jahren zuvor genügend Kurse erfolgreich absolviert hatte, gelang es ihm mühelos, das verlorene Semester aufzuholen und zum vorgesehenen Zeitpunkt zu graduieren.

Einen Monat, bevor Shockley den jüngeren Kollegen 1956 anrief, hatte Noyce auf einer Tagung in Washington ein Referat gehalten, das Shockley beeindruckt hatte. Er berichtete Noyce von seinem Vorhaben, Bell Labs zu verlassen und sein Glück in Kalifornien zu versuchen. Jahre später berichtete Noyce: »Es war der Wahnsinn: Als nimmst du den Hörer ab und hast den lieben Gott an der Strippe. Er war der absolut wichtigste Mann in der Halbleiter-Elektronik. Die Stellung, die er mir anbot, bedeutete, dass ich in der ersten Liga mitspielte.« Noyce sagte zu und war sich seiner Sache offenbar ganz sicher. Nach einem Flug quer durch die Staaten kam er morgens um sechs Uhr in San Francisco an. Nachmittags schon hatte er, wie Tom Wolfe 1983 in einem bemerkenswerten Porträt in der Zeitschrift *Esquire* berichtet hat, ein Haus gefunden, das er kaufen wollte, und begab sich erst dann zu seiner Verabredung mit Shockley. Ungeachtet der exzentrischen Eigenarten des großen Mannes, war Noyce, der Sohn eines Geistlichen aus Iowa, vom Westen beeindruckt. »Kalifornien weckt alle Lebensgeister und macht Träume wahr«, vertraute er einem Interviewer an.

Im Februar 1957 machte Shockley einen weiteren angehenden Wissenschaftsstar ausfindig – Gordon Moore, einen siebenundzwanzigjährigen Chemiker vom Caltech, der sich das Studium mit Tellerwaschen verdient hatte. Obwohl geborener Kalifornier, arbeitete Moore an der Entwicklung von Raketenantriebssystemen im Applied Physics Lab der Johns Hopkins University in Maryland. Er war in den Osten gegangen, weil er in Kalifornien keine Anstellung auf seinem Gebiet hatte finden können. Während Noyce zu Temperamentsausbrüchen neigte, war Moore eher unterkühlt. Noyce mochte Partys, Moore das Angeln – so sehr, dass er später einen ganzen Nachmittag auf Schottlands berühmtestem Golfplatz verbrachte … mit der Angelrute in der Hand. Moores größtes Abenteuer war, dass er als Kind einmal ein Nachbarhaus mit einer selbst gebastelten Rakete fast abgefackelt hätte.

Von Moore hörte Shockley, als er sich nach jungen, talentierten Chemikern umhörte. Moore wurde in Pescadero geboren, einem Küstendorf, das von Palo Alto durch die Berge getrennt war. Sein Vater war der Deputy Sheriff des Countys und der Familie seiner Mutter gehörte die einzige Gemischtwarenhandlung des Ortes. Wie Shockley zog es auch Moore nach Hause. Shockley bot ihm eine Stellung an und Moore griff zu, genauso wie zwei Dutzend weitere Abtrünnige aus einer Vielzahl von Universitätsinstituten und Wirtschaftsunternehmen. Darunter: Jean Hoerni, ein polyglotter Schweizer Chemiker vom Caltech, Gene Kleiner, ein Fertigungsingenieur und Maschinenbauer bei der Western Electric, Jay Last, ein Fachmann für Foto-Optik von Corning Glass, und Sheldon Roberts, ein Metallurg bei Dow Chemical. Alle waren sie brillante Wissenschaftler und alle bis auf zwei unter dreißig. Shockley nannte sie mein »promoviertes Produktionsteam«. Doch trivialeren Aufgaben zeigte er sich kaum gewachsen. David Packard wollte seinen Ohren nicht trauen, als Shockley ihn fragte, wie er eine Sekretärin finden und wo er Bleistifte kaufen könnte.

Noch bevor ihnen die Stellung angeboten wurde, hätten Moore und Noyce merken müssen, dass Shockley wohl kein normaler Vorgesetzter sein würde. Shockley eröffnete Noyce (sowie Kleiner und einigen der anderen), dass sie einige psychologische Tests absolvieren müssten. Einen ganzen Tag lang musste sich Noyce in New York City mit Tintenklecksen und IQ-Tests herumschlagen. (Was hätte Termans Vater wohl davon gehalten?) Moore hatte einen Haufen Fragen zu beantworten, die ihm von einem mit Stoppuhr bewehrten Shockley persönlich gestellt wurden. Kleiner fand die ganze Prozedur so lächerlich, dass er Shockley ununterbrochen erzählte, wie sehr er seine Mutter geliebt hätte. Shockley merkte nicht, dass er auf den Arm genommen wurde, zeigte am Ende aber wenigstens genügend Vernunft, um sich nicht allzu sehr auf die Ergebnisse zu stützen: Noyce wurde als Mauerblümchen und führungsungeeignet eingeschätzt, trotzdem nahm ihn Shockley.

Wenn irgendjemand psychologische Beratung benötigt hätte, dann sicherlich der Chef selbst. So begabt Shockley auf physikalischem Gebiet war, so kläglich versagte er in punkto Menschenführung. Unter anderem kam er auf die Idee, Gehälter am Schwarzen Brett anzuschlagen. Damit brachte er alle gegen sich auf – diejenigen, die zu kurz kamen, ebenso wie die, die besser abschnitten, weil die nicht wollten, dass die anderen davon erfuhren. Mit seinen unausgegorenen Entscheidungen und seiner Menschenverachtung war Shockley denkbar ungeeignet, ein Unternehmen zu leiten. Er war wie der Chef in den Dilbert-Comics. Schlimmer noch, während eine Organisation wie Bell Labs die Infrastruktur und die Mitarbeiter zur Lösung von Problemen bereitstellte, gab es bei Shockley Semiconductor überhaupt keinen Spielraum für Fehler. Beispielsweise hatte Kleiner den Auftrag, das Silizium vorzubereiten, doch fehlte in seiner Werkstatt die gesamte Ausrüstung, die er brauchte. »Shockley hatte keine Ahnung und war überhaupt keine Hilfe«, erinnert sich Kleiner, »aber er war nicht intelligent genug, es zuzugeben. Trotzdem schrieb er mir genau vor, was ich zu tun hatte, daher brachte ich nur Schrott zustande. Einmal mussten wir einen Apparat überdachen, den er entworfen hatte. Das Ding hat nie funktioniert. Ich war überrascht, dass Shockley sich ausschließlich mit der Theorie beschäftigt hatte.«

Anderen erging es noch schlechter. Shockleys Schwächen in der Unternehmensleitung waren nichts im Vergleich zu seinem Verfolgungswahn und seinem völlig unberechenbaren Temperament. Einmal erzählte er Noyce in vollem Ernst, jeder zehnte Mensch sei psychotisch. Die Ingenieure mussten sich daher auch gegenseitig beurteilen. Als sich eine Sekretärin die Hand an einem Metallobjekt verletzte, das aus einer Tür herausragte, war Shockley davon überzeugt, es mit einem böswilligen Akt zu tun zu haben. Er ordnete Tests mit dem Lügendetektor für die Mitarbeiter an, was diese veranlasste, die Adresse in »391 Paranoia Place« umzutaufen. Nach dem Verhör durfte Sheldon Roberts das Corpus Delicti unter dem Mikroskop untersuchen, woraufhin sich herausstellte, dass es sich nur um einen kaputten Reißnagel handelte. Wenn die Ingenieure ein verheißungsvolles Ergebnis aus den Labors brachten, ließ Shockley sie wie Schuljungen herumstehen – während er jemanden bei Bell Labs anrief, um eine zweite Meinung zu hören. Shockley war alles, was Hewlett und Packard drei Kilometer entfernt nicht waren – misstrauisch und demotivierend. Mit anderen Kollegen zusammen versuchten Noyce und Moore daher, ihren Chef aus der Firma zu drängen und seine Mitwirkung auf eine Beraterfunktion einzuschränken.

Da empfanden sie es als wenig hilfreich, dass Shockley es 1956 zu internationalem Ruhm brachte, weil ihm die größte wissenschaftliche Auszeichnung zuteil wurde. Am 1. November bekam er zusammen mit Bardeen und Brattain den Nobelpreis für die Erfindung des Transistors. »Wir konnten es nicht glauben«, sagt Kleiner, »und hofften, dass er vielleicht doch nicht verrückt sei.« Im folgenden Monat nahm Shockley an einem dunklen Stockholmer Wintertag unter den Augen von Frau und Mutter die Medaille aus der Hand des schwedischen Königs entgegen. Bei einer Feier im Rickey's in Palo Alto spendierte Shockley seinen Vertrauten ein Champagnerfrühstück. Ein bekanntes Foto – so ziemlich das einzige, auf dem er mit Freunden zu sehen ist – zeigt Shockley mit offenem Kragen und Sportjackett am Kopfende des Tisches, das Glas erhoben und strahlend vor Stolz.

Stockholm war sicherlich ein Augenblick des Triumphes, aber kein Ersatz für Erträge. Shockley hatte die Firma schon fast ein Jahr, aber noch immer war kein einziger Transistor verkauft. »Mag sein, dass er den Nobelpreis für den Transistor bekommen hat«, sagt Kleiner, »aber hergestellt hat er nicht einen einzigen.« Die Meuterer, die versuchten, ihn kaltzustellen, scheiterten letztlich, vor allem wohl, weil die in der Ferne weilenden Geldgeber nicht begriffen, wie verfahren die Situation tatsächlich war. Außerdem widerstrebte es ihnen, einen Nobelpreisträger abzusetzen. Im Sommer 1957 fuhr Shockley nach Cape Code in den Urlaub. Bei seiner Rückkehr musste er feststellen, dass die Kritiker seinem Beispiel folgten und beschlossen hatten, die Firma zu verlassen. Am 18. September hatten acht von ihnen ihre Sachen gepackt, darunter die wichtigsten Leute aus der Entwicklungsabteilung: Noyce (sein Günstling) und Moore, außerdem Hoerni, Kleiner, Last, Roberts, Victor Grinich und Julius Blank, der dafür bekannt war, seine Aktennotizen als Flugzeuge gefaltet zu verschicken. Shockley war fassungslos. Er konnte es nicht begreifen. Und wer wollte es ihm verübeln in einer Zeit, wo Arbeitsmobilität in der Regel nur bedeutete, dass man aus einem Büro in ein anderes zog? Seine Schüler waren junge Männer, die den Hohepriester der Elektronik im Stich ließen, um ihrem Ehrgeiz zu frönen. Shockley nannte sie die »Verräterischen Acht«, obwohl sie mit ihrem Bürstenschnitt und den kurzärmligen weißen Hemden eine schlechte Besetzung für diese Rolle zu sein schienen. Kleiner sagt dazu: »Da wir wussten, von wem es kam, nahmen wir es als Kompliment.« Mit den meisten von ihnen hat Shockley nie wieder ein Wort gewechselt; seine Witwe zürnt ihnen noch immer.

Sie sollten später das größte Hardware-Unternehmen von Silicon Valley gründen.

Es war kein bloßer Zufall, dass diese acht Männer das sinkende Schiff gleichzeitig verließen. Shockleys krankhaftes Verhalten lieferte zwar einen überzeugenden Beweggrund, aber die Acht suchten schon lange gemeinsam nach einem Ausweg. »Wir hatten zwar keinen Nobelpreis«, sagt Kleiner, »aber wir mochten uns – und sonst kaum jemanden.« Ursprünglich hielten sie Ausschau nach einem Unternehmen, das bereit war, die ganze Gruppe einzustellen. Im Sommer bat Kleiner seinen Vater im Osten um Hilfe, der Hayden Stone & Co. aufsuchte, die Investmentfirma in der Wallstreet, die sich um sein Portfolio kümmerte. Die Firma schickte daraufhin einen ihrer Teilhaber auf die Reise, der einen einunddreißigjährigen Harvardabsolventen als Kofferträger für den elfstündigen Flug an die Küste mitnahm. Der Name dieses jungen Mannes war Arthur Rock, Sohn eines Süßwarenhändlers aus Rochester im Staat New York. Die beiden trafen sich mit den acht Renegaten für die Dauer eines Wochenendes in einem Hotelzimmer. Niemand in New York verstand so recht, was daran so fürchterlich sein sollte, für einen Nobelpreisträger zu arbeiten, aber Rock interessierte sich für die Sache, zumal er schon ein paar Elektronik-Deals getätigt hatte. Rock war auch derjenige, der am Ende zu der Einsicht gelangte, dass die Gruppe zu groß sei, um en bloc eingestellt zu werden. Stattdessen sollten sie, so sein Vorschlag, selber ein Unternehmen gründen. »Also taten wir das«, sagt Kleiner so bescheiden, wie ihm das möglich ist, »hatte sich doch unser letzter Chef nicht als besonders angenehm erwiesen.« Moore bezeichnet die Gruppe als »Zufallsunternehmer«, Gründer des ersten Unternehmens, bei dem sich das Geld aus dem Osten mit dem elektronischen Pioniergeist aus dem Westen verband.

1957 existierte noch so gut wie keine Venture-Finanzierung. Es gab ein paar Firmen in Boston und New York – die von Familien wie den Rockefellers und Whitneys geführt wurden –, aber an der Westküste nichts dergleichen. Hayden Stone war der Ansicht, am ehesten würden die Rebellen die nötigen Geldmittel für ihre Firmengründung von einem anderen Unternehmen erhalten, so wie Shockley sie von Beckman bekommen hatte. Rock wandte sich an fünfundzwanzig bis dreißig potentielle Interessenten – »an jeden an der New Yorker Börse, der möglicherweise schon etwas von Halbleitern gehört hatte«, meint Moore. Doch niemand schien daran interessiert, eine Firma zu finanzieren, die nichts mit der eigenen Branche zu tun hatte – was ja gerade das Wesen der Venture-Finanzierung ausmacht. In dem Industriellen Sherman Mills Fairchild fand Rock schließlich jemanden, der über den eigenen Tellerrand hinausblicken konnte.

Fairchild, der größte Anteilseigner von IBM – schon sein Vater hatte sein Geld in dem Unternehmen angelegt –, war ein bekannter Wirtschaftsführer und begehrter Junggeselle. Es heißt, er habe Jerry Sanders – einen seiner führenden Marketing-Leute – kennen gelernt, als sie sich mit den gleichen Frauen verabredeten. (Der weißhaarige Sanders, heute Chef von Advanced Micro Devices, wurde unsterblich, als er sich in den Achtzigerjahren in Samtrobe auf seinem riesigen, reich verzierten Himmelbett fotografieren ließ. Immer noch besser als im rosafarbenen Anzug, der ihn angeblich seine Stellung kostete, als er sich den humorlosen IBM-Oberen in dieser Aufmachung präsentierte.) Sherman Fairchild, der Geräte wie Luftbildkamera und hydraulische Flugzeugbremsen erfunden hatte, suchte nach einer Möglichkeit, sein Unternehmen zu diversifizieren. Das in Long Island gelegene Fairchild Camera and Instrument war während des Krieges reich geworden und wandte sich nun dem Sektor der Lenkwaffen und Satellitensysteme zu, der in hohem Maße von transistorisierten Geräten abhängig war. Als Rock zum ersten Mal anfragte, waren die »Verräterischen Acht« erst sieben, denn Noyce hatte sich noch nicht entschlossen. Fairchilds Sorge, dass es der Gruppe an Managementerfahrung fehlen könnte, wurde beseitigt, als Noyce an Bord kam und die Kapitänsstelle übernahm. Das war der entscheidende letzte Schritt, um Fairchilds Scheck zu bekommen.

Das Abkommen, das mit einem Handschlag zwischen Rock und Fairchild besiegelt wurde, war einfach und einzigartig zugleich: Für eine Investitionssumme von 1,5 Millionen Dollar, die Fairchild aufbrachte, wollten die »Verräterischen Acht« eine Tochtergesellschaft ins Leben rufen, die Halbleiter herstellte. Ein Teil des Unternehmens gehörte ihnen – obwohl jeder von ihnen nur 500 Dollar einbringen musste und obwohl Fairchild sich verpflichtete, für alle Verluste aufzukommen. Die Sache hatte nur einen Haken: Wenn Sie Erfolg hatten, besaß Fairchild über einen Zeitraum von fünf Jahren das Recht, ihre Anteile zu einem vorher festgelegten Preis aufzukaufen. Das begann bei drei Millionen und endete mit fünf Millionen Dollar. Hayden Stone und einige leitende Angestellte sollten einen Drittel des Kuchens erhalten, der Rest zwischen den Acht aufgeteilt werden. Das wären mindestens 250 000 Dollar für jeden gewesen, nicht schlecht, wenn man bedenkt, dass ihre Jah-

resgehälter noch nicht einmal fünf Prozent dieser Summe ausmachten. Mit anderen Worten, die Unternehmer würden ein Stück
des Kuchens abbekommen, aber nur solange das Stück nicht zu
groß wurde. Es erwies sich auch als hervorragendes Geschäft für
Sherman Fairchild, das in dieser Form nur möglich war, weil es die
erste Venture-Finanzierung im Valley war.

Kaum nahm Fairchild Semiconductors Ende 1957 die Arbeit auf,
zeigte sich, dass Noyce – selbstbewusst und charismatisch, wissenschaftlich beschlagen und von gewinnendem Wesen – das Sagen
hatte. Moore, ein eher nüchterner und technisch außerordentlich
begabter Mann, leitete die Forschungs- und Entwicklungsabteilung und war der Vertraute von Noyce. Ein Vierteljahrhundert
später zeigte sich Tom Wolfe, als er im *Esquire* über Noyce schrieb,
noch immer vom Charme seiner Persönlichkeit beeindruckt. »Bob
hatte eine ganz eigene Art zuzuhören und einen anzublicken«,
schrieb Wolfe. »Er senkte den Kopf ein wenig und blickte auf mit
einem Blick, der hundert Ampere zu haben schien. Dabei blinzelte
und schluckte er nicht ein einziges Mal. Er saugte alles auf, was
man sagte, und antwortete dann mit einer sehr ruhigen, sehr
gleichmäßigen Baritonstimme, oft auch mit einem Lächeln, das
seine prächtigen Zähne zeigte. Der Blick, die Stimme, das Lächeln
– das hatte viel von der Filmpersönlichkeit des berühmtesten aller
Absolventen von Grinnell College – von Gary Cooper. Mit der
sonoren Stimme, der athletischen Gestalt und der Gary-Cooper-
Art erzeugte Noyce – der gerade neunundzwanzig war, als Fairchild die Arbeit aufnahm –, was Psychologen als Halo-Effekt
bezeichnen. Menschen mit dem Halo-Effekt scheinen genau zu
wissen, was sie tun, und veranlassen uns überdies, sie dafür zu
bewundern. Sie bringen uns dazu, den Halo, den Glorienschein,
über ihrem Kopf zu erblicken.«

Es lag wohl an der Persönlichkeit und an der besonderen Berufs-
erfahrung von Noyce, dass er seinen Leuten viel Freiheit ließ. Hierarchische Strukturen waren verpönt: Es gab keine reservierten
Parkplätze, keinen mahagonigetäfelten Speiseraum, keine Privat-
büros (noch nicht einmal für Noyce), kein vielschichtiges mittleres
Management und ganz gewiss nicht die Marotten eines Dr. Shockley. Bei Verkaufsgesprächen wurden Brownies und Whisky ser-
viert, was sicherlich von Vorteil war, denn viele Leute in der Ver-

kaufsabteilung hatten keine Ahnung, was es mit dem Transistor wirklich auf sich hatte. In den späten Abendstunden oder den frühen Morgenstunden ging man noch zu einem Bier in Walker's Wagon Wheel. Die Managementstrategie war mit einem Oxymoron zu vergleichen, weil Noyce nie den Manager herauskehrte. Doch die kalifornische Ungezwungenheit täuschte über einen anderen Aspekt der entstehenden Hightech-Branche und ihres Lebensstils hinweg: Man arbeitete wie besessen. Gespräche am Watercooler drehten sich nicht um Filme und Football, sondern um Zener-Spannung und pn-Übergänge. Weit eher als Hewlett-Packard – ein Unternehmen, das seinen Aufstieg sicher nicht der Halbleiter-Technik verdankte – war Fairchild Semiconductor das erste von Technikfreaks geleitete Unternehmen, das den Stil von Silicon Valley verkörperte. Er unterschied sich radikal von der steifen Unternehmenskultur der Westküste – eigentlich merkwürdig, da Fairchild Semiconductor einem New Yorker Unternehmen gehörte.

Malen Sie sich aus, wie es war, als der junge Vorstandsvorsitzende von Sherman Fairchilds Unternehmen die Niederlassung im Westen besuchte. Er hieß John Carter und hatte eine Luxuslimousine samt Chauffeur gemietet. Genüsslich ließ sich Tom Wolfe den Gegensatz auf der Zunge zergehen.»So fuhr Carter auf dem Rücksitz des schwarzen Cadillac vor dem Betonfertigbau in Mountain View vor, am Steuer der Chauffeur im traditionellen Habit seiner Zunft – schwarzer Anzug, weißes Hemd, schwarzer Schlips und schwarze Schirmmütze. Das allein genügte schon, um einen Auflauf bei Fairchild Semiconductor hervorzurufen. Bisher war hier draußen noch nie eine Limousine mit Chauffeur aufgetaucht. Doch das war es noch nicht, was diesen Tag für alle unvergesslich machen sollte. Es war vielmehr der Umstand, dass der Fahrer fast acht Stunden vor dem Gebäude wartete und *nichts tat* ... John Carter hielt sich im Gebäude auf und tat, was das Herz eines Firmenchefs erfreut: Er besichtigte die Firma, hielt Konferenzen ab, sah sich Tabellen an, nickte zufrieden und verströmte seinen New Yorker Vorstandsvorsitzendencharme. Und der Fahrer saß den ganzen Tag draußen und hatte nichts zu tun, als seine Schirmmütze zu tragen. Die Leute verließen ihre Werkbank und traten ans Fenster, um diese Erscheinung aus einer anderen Welt zu bestaunen. Es erschien ihnen einfach bizarr. Da saß ein Sklave, *der den ganzen Tag gar nichts tat*, der nur vor der Tür wartete, um sich sofort an die Fersen seines Herrn zu heften, sobald dieser samt Beinen, Bauch und Backen erscheinen sollte. Es war nicht nur so, dass dieser kleine Eindruck von dem Leben in New Yorker Chefetagen hier in den braunen Hügeln des Santa Clara Valley ungewöhnlich wirkte. Er hatte auch etwas, was diesen Leuten *schrecklich falsch* erschien.«

Noyce duldete in seinem kleinen Unternehmen nichts, was nach sozialen Unterschieden oder Klassen aussah. Dabei war er durchaus kein Ausbund an Bescheidenheit. Zwar war er der Sohn eines Kongregationalistenpredigers, aber keineswegs Asket. Er war Taucher, Drachenflieger, Gleitschirmflieger, Raftingfan und Porschefahrer. In *Accidental Empires* berichtet Robert Cringely, einmal habe Noyce in einer langen Schlange vor dem Schalter seiner Sparkasse gewartet, und als er an der Reihe war, einen Barscheck über 1,3 Millionen Dollar vorgelegt. Auf die Frage des Kassierers habe er erklärt, er wolle sich ein Flugzeug kaufen, einen Learjet. Seine Scheidung im Jahr 1974 geriet zu einem kleinen Skandal in Silicon Valley, obwohl er offenbar zuletzt gelacht hat. Als die alteingesessenen Mitglieder des Los Altos Country Club beim Anblick seiner neuen Braut die Nasen rümpften, habe er, so Cringely, einfach alle Sportstätten und Einrichtungen des Clubs auf seinem eigenen, nahe gelegenen Grundstück nachgebaut. Im Laufe der Zeit haben Ereignisse wie diese Noyce zur Legende werden lassen. Zusammen mit Hewlett und Packard gehörte er zur Hightech-Prominenz der ersten Stunde. Die Ingenieure verehrten ihn, Wall Street lernte ihn lieben und die Presse machte ihn, als sie das Valley endlich entdeckte, zum amerikanischen Mythos.

KAPITEL DREI

Glaube

Einen Monat, nachdem sie Shockley verlassen hatten, richteten die »Verräterischen Acht« keine zwei Kilometer entfernt in Mountain View eine neue Firma ein, und zwar in einem Gebäude, das sinnigerweise keinen elektrischen Anschluss hatte, jedenfalls anfangs nicht. Sie fanden jedoch eine Situation vor, die maßgeschneidert war für sie. 1957, zehn Jahre nach der Entdeckung in den Bell Labs, war die amerikanische Transistorproduktion auf 30 Millionen Stück angestiegen. Ein normaler Transistor kostete nur ein paar Dollar, während es wenige Jahre zuvor noch fünfundvierzig gewesen waren. In den Neunzigerjahren war der Preis schließlich auf die Bruchteile eines Pennys gefallen. Transistoren waren allgegenwärtig, in Kofferradios und Hörgeräten, in den Armaturenbretter der Autos, in Uhren, Spielzeugen und dem Raumprogramm, das der russische *Sputnik* aus seinem Dornröschenschlaf geküsst hatte. Fairchild schickte seinen ersten Transistor – in einem gebrauchten Karton für Stahlschwämme – an IBM. Die Verbindung mit Big Blue sollte für Bob Noyce und Gordon Moore von langer Dauer sein.

Ende 1958 hatte Fairchild Semiconductor eine halbe Million Dollar Umsatz – eine Menge, wenn man bedenkt, wie jung das Unternehmen war – und gelangte in die Gewinnzone. Im nächsten Jahr bekam die Firma einen Auftrag vom Pentagon: Sie fertigte die Transistoren für die Interkontinentalraketen Minuteman, die – wie die Raumfahrzeuge der NASA – Bordcomputer brauchten. Damit eröffnete sich jedem Transistorhersteller ein rasch expandierender, aufnahmefähiger Markt. Fairchild hatte bereits wichtige Fortschritte in der Silizium-Herstellung gemacht: Jean Hoerni hatte den »Planarprozess« entwickelt, bei dem man den Halbleiter mit einer Oxidschicht überzog und damit den Transistor »innerhalb« des Oxidüberzugs vor Staub, statischer Elektrizität und anderen schädlichen Einflüssen schützte, die seine Funktion hätten beeinträchtigen können.

Trotzdem sah sich Fairchild Semiconductor wie viele andere Transistorhersteller einem Fertigungsparadox gegenüber. Das unaufhaltsam schrumpfende Produkt ließ sich, eben wegen seiner schwindenden Größe, immer schwerer bearbeiten. Mit einem einzigen Transistor in einem Forschungslabor zu arbeiten war unendlich viel leichter, als eine große Zahl von ihnen zu verbinden und sie dann mit elektronischen Bauteilen wie Kondensatoren und Widerständen zu verlöten, und das in Größenbereichen von Tausendsteln von Zentimetern. Es ließen sich mehrere Transistoren auf einem einzigen Stück Silizium unterbringen, doch sie mussten getrennt, mit einer Pinzette aufgenommen, an Leitungen angeschlossen und dann mit anderen Teilen verbunden werden. Jeder Anschluss musste von Hand hergestellt werden. Das dauerte ewig und war häufig unzuverlässig, weil die Drähte relativ groß waren im Vergleich zu den anderen Teilen (vorausgesetzt, die Halbleiter waren richtig hergestellt und dotiert worden). Die Frauen, die den größten Teil des Personals in der Fertigungsstraße stellten, waren entweder über Mikroskope gebeugt oder rutschten auf den Knien herum, weil sie nach einem verlorenen Bauteil suchten. Der Arbeitsprozess war absurd – Albert Einstein Hand in Hand mit Rube Goldberg, dem Zeichner der absurden Erfindungen. Die Wissenschaftler hatten eine exaktere Bezeichnung für das Phänomen: die »Zahlentyrannei«. Ihre Überwindung war der nächste große Schritt in der Silizium-Entwicklung.

Das Kunststück bestand darin, alles auf einem dünnen Plättchen Halbleiter-Material zu konstruieren – eine »Festkörperschaltung«, ein »*integrierter* Schaltkreis« – und damit die Drähte und die Tyrannei zu beseitigen. Das war die »monolithische Idee«, wie die Theoretiker es formulierten. »Ich war faul«, sagte Noyce. »Es war einfach sinnlos, dass man die Leute diese einzelnen Bauteile zusammenlöten ließ.« Der integrierte Schaltkreis würde »Größe, Gewicht etc. sowie die Kosten pro aktivem Element reduzieren«, schrieb er in sein Laborheft. Ähnliche Überlegungen stellte Jack Kilby an, ein fünfunddreißigjähriger Ingenieur bei Texas Instruments in Dallas. Er experimentierte mit Germanium, trug die Komponenten auf dem gleichen Plättchen auf und verband sie mit Golddraht. Im September 1958 fertigte er den ersten integrierten Schaltkreis, hielt seine Entdeckung aber geheim. Vier Monate später schaffte Noyce bei Fairchild das gleiche Kunststück – und dachte, er sei der Erste.

Noyces Vorrichtung war besser als Kilbys, weil sie ganz ohne Drähte auskam. Die Herstellungstechnik, die später erheblich verbessert wurde, war kompliziert und kostspielig – und Noyce war anfangs gar nicht klar, was für eine Revolution sie bedeutete. Das Verfahren bestand darin, dass man verschiedene Materialien auf das Silizium auftrug und mit Hilfe der Fotolithografie Schaltmuster auf die Oberfläche druckte. Dann wurden außerordentlich feine Aluminiumlinien angebracht – deren Breite heute millionstel Zentimeter beträgt –, um die Kontakte *zwischen* den getrennten Schichten und damit die integrierte Schaltung herzustellen. Damit war die Elektronik vollständig im Halbleiter selbst untergebracht; der Halbleiter hatte jetzt eine elektrische und keine physische Basis.

Das war eine Art moderne Alchimie, die wertlose Elemente in einen kostbaren Stoff verwandelte. Mit der Verbesserung der Fertigungstechnik wurden die Teile kleiner und die eingeätzten Metalllinien feiner. Das machte den integrierten Schaltkreis – einen Chip von der Größe eines Fingernagels – immer leistungsfähiger und löste die Entwicklung der »Minicomputer« in den Sechzigerjahren ab, die dafür sorgten, dass die elektronische Datenverarbeitung nicht mehr das Monopol der Technokraten in den weißen Kitteln blieb. Das Silizium-Plättchen bekam große Ähnlichkeit mit Tokio: Während es einst einen einzigen Transistor beherbergt hatte, enthielt es bald Tausende, dann eine Million von ihnen, die so klein und so unsichtbar waren, dass man unwillkürlich an die Metapher von den Engeln dachte, die auf einer Nadelspitze tanzen. In vergrößertem Zustand – dem Zustand, in dem ein Chip entsteht, wenn die Entwicklungsingenieure den Schaltkreis entwerfen und zeichnen – ähnelt er einer labyrinthischen Stadtkarte mit einer verwirrenden Vielfalt von Straßen und Durchgängen, denen die Elektronen folgen, um die ihnen zugewiesenen Aufgaben zu erledigen.

Die Erfindungen, die Noyce und Kilby unabhängig voneinander

machten, führten zu Patentstreitigkeiten, die sich über mehr als zehn Jahre hinzogen. Wäre es ein Boxkampf gewesen, hätte man Fairchild zum Sieger nach Punkten erklärt. Doch das spielte keine große Rolle. Am Ende schlossen Fairchild und Texas Instruments einen Vergleich und arbeiteten eine Lizenzvereinbarung aus, die beiden eine profitable Zukunft eröffnete. Kilby war als Erster auf die Idee gekommen, einen integrierten Schaltkreis zu bauen, und hatte ein rohes Modell entwickelt. Noyces Version hingegen war der von Kilby deutlich überlegen. Sie kam nicht nur ganz ohne Drähte aus, sondern bestand auch aus Silizium, das im Reinraum weniger empfindlich als Germanium ist. Die Erfindung des integrierten Schaltkreises war eine phantastische Leistung – und Kilby erntete dafür nie die Anerkennung, die er verdiente –, aber die Massenherstellung ist, wie Henry Ford gezeigt hat, der heilige Gral. Die Gesetze der Wirtschaft erwiesen sich als ebenso wichtig wie die Grundsätze der Physik. Noyce hatte das sehr wohl verstanden: Um skeptische Kunden zu überzeugen, verkaufte er seine integrierten Schaltkreise für weniger, als es gekostet hätte, die einzelnen Bauteile zu kaufen und die Schaltkreise selbst zu bauen. Bald erfreuten sich die Halbleiter allgemeiner Beliebtheit und wurden zu einer Multimilliardenindustrie – dem Beginn einer zweiten Industriellen Revolution. Bereits 1960 präsentierte die Zeitschrift *Business Week* ein Foto des Transistors auf der Titelseite.

Mit seinem integrierten Schaltkreis hatte Noyce sein Unternehmen auf Erfolgskurs gebracht, allerdings nur kurzzeitig, wie sich herausstellte. 1959, weniger als zwei Jahre nach der Gründung von Fairchild Semiconductor, machten die Geldleute in New York von ihrem Recht Gebrauch. Sherman Fairchild zahlte die »Verräterischen Acht« aus und machte sie zu reichen Leuten. Jeder erhielt 250 000 Dollar und damit den fünfhundertfachen Wert seiner ursprünglichen Einlage. Der Gewinn aus der kalifornischen Tochter wurde gebraucht, um die Löcher in New York zu stopfen. Zwar war der Rückkauf ein Teil des Gründungsvertrags, aber er war zugleich das Totengeläut für Fairchild Semiconductor. Die Muttergesellschaft mischte sich nun ständig ein – »der Schwanz wedelte mit dem Hund«, wie Moore sagte. Die leitenden Angestellten im Osten wurden »Seemöwen-Manager« getauft – sie flogen ein, schnappten sich ein paar Leckerbissen, machten viel Lärm, kackten alles voll und flogen wieder davon. Doch trotz aller Einmischung stellte die Muttergesellschaft nie so viele Mittel zur Verfügung, wie Fairchild Semiconductors brauchte, um den Gesetzen der Branche gerecht zu werden, das heißt, ständig neue Versionen seines Produkts auf den Markt zu bringen. Das Fatale an den integrierten Schaltkreisen war, dass sie schon nach sechs Monaten obsolet waren, weil irgendein anderer Hersteller kleinere und schnellere auf den Markt gebracht hatte. Um konkurrenzfähig zu bleiben, mussten sich Labor und Fertigungsstraße ständig neu erfinden.

Der Rückkauf von Fairchild bedeutete auch, dass Noyce permanent zwischen New York und Kalifornien pendeln musste. Außerdem war er nicht in der Lage, seinen Mitarbeitern Aktienanteile anzubieten, was sich auf künftige Anwerbungen ebenso negativ auswirkte wie auf die aktuelle Arbeitsmoral. Es heißt, ein anderer Fairchild-Direktor habe Noyce einmal ungläubig gefragt: »Ist denn die Tatsache, dass wir sie nicht rausschmeißen, nicht Anreiz genug?« War es nicht. Und wie Noyce ebenfalls klar war, ist Geldgier eine hervorragende Motivation. Wenn das Unternehmen an der Börse Erfolg habe, sagte er, »kannst du mit einem Schlag ein paar Jahresgehälter verdienen«. Oder auch mehr.

1961, keine vier Jahre nach dem Beginn von Fairchild, kündigte die erste Gruppe von Gründern – Jean Hoerni und zwei andere –, um eine eigene Firma ins Leben zu rufen, das spätere Teledyne. »Ich war zum Amerikaner geworden«, erläuterte Hoerni. In Europa »wartest du, bis jemand stirbt, um eine gute Stellung zu kriegen. Doch ich bin wie die Amerikaner zu ungeduldig dazu.«

So begann der Exodus von Fairchild-Talenten, an dem die Firma langsam ausblutete, und gleichzeitig die Ansiedlung eines Bestands von Hightech-Schösslingen in der Nachbarschaft – »Fairchildren«, wie Adam Smith sie nannte. In vielen Empfangsräumen von Silicon Valley hängt heute ein Poster, welches zeigt, dass mindestens hundert Unternehmen ihren Stammbaum bis zu Fairchild zurückverfolgen können. Eine so ehrwürdige Patina hat keine andere Firma im Valley aufzuweisen.

Doch schon bevor Hoerni ging, hatte Fairchild einen noch empfindlicheren und aufschlussreicheren Verlust zu beklagen. Während Noyce der unumstrittene Leiter des Unternehmens war, hatte die Muttergesellschaft den erfahrenen Manager Ed Baldwin eingestellt, der sich um die geschäftlichen Dinge kümmerte. 1959 verließen er und seine Stellvertreter die Firma und gründeten Rheem, auch ein Halbleiter-Unternehmen. Selbst noch in den Kinderschuhen musste Fairchild bereits die bittere Lektion von »wie du mir, so ich dir« lernen. Die »Verräterischen Acht« hatten Shockley verlassen – nun verließen ein paar Renegaten Fairchild. Bell Labs zeugte Shockley, Shockley zeugte Fairchild, Fairchild zeugte Rheem. Das war nicht unbedingt die Unternehmenskultur von IBM, wo zu den Sozialleistungen der Firma gut auch eine kostenlose Urne für jeden Mitarbeiter hätte gehören können.

Allerdings war der Sinn für Humor in der Zunft nicht allzu sehr ausgeprägt. Da Fairchild vermutete, Baldwins Gruppe hätte bei ihrem Fortgang die Bauanleitungen für die Transistoren des Unternehmens mitgenommen, reagierte es auf die gute alte amerikanische Art: Es verklagte Baldwin auf eine horrende Summe. Die Elektronik mochte neu für das Valley sein, Anwälte waren es nicht. *Fairchild gegen Baldwin* war der erste in einer endlosen Kette von Prozessen, in denen es um die Weitergabe oder den Diebstahl von Geschäftsgeheimnissen ging und die für diese Branche so typisch werden sollten. Aber war es nicht ein bisschen heuchlerisch, Mitarbeiter für eine Sache zu verklagen, die man sich selbst hatte zuschulden kommen lassen? Noyce und Moore wurden berühmt dafür, dass sie jeden Unternehmenschef belangen wollten, der eines ihrer Talente abwarb. T. J. Rodgers von Cypress Semiconductors machte sich einen Spaß daraus, all die Briefe einzurahmen, in denen ihm von Moores Anwälten Unterlassungsklagen angedroht wurden.

Der Prozess, den Fairchild gegen Baldwins Team anstrengte, erwies sich bald als müßig und Baldwins Sieg, wenn es denn einer war, als Pyrrhus-Sieg. Baldwin verließ die Firma zu dem Zeitpunkt, als Noyce den integrierten Schaltkreis erfand. Sobald dieses neue Bauteil auf den Markt kam, waren alle anderen alten Fairchild-Bauanleitungen wertlos. Rheem, der erste Ableger des Ablegers, hatte seine Lektion gelernt: Es gab keinen Schlüssel für das Schlaraffenland, weil die Schlösser zu oft gewechselt wurden. So sehr den Elektronik-Unternehmen die Illoyalität ihrer Mitarbeiter auch gegen den Strich gehen mochte, sie konnten sicher sein, dass die besonderen Bedingungen der Branche den Schurken das Handwerk legen würden. Es gab wenig, was das ungezügelte freie Spiel der Kräfte im Valley noch aufhalten konnte.

Anfang 1968 hatten alle »Verräterischen Acht« Fairchild verlassen, ausgenommen Noyce und Moore. Weltweit hatte das Unternehmen zweiunddreißigtausend Mitarbeiter und einen Jahresumsatz von 130 Millionen Dollar. Der erste Chip im Jahr 1959 hatte einen einzigen elektrischen Schaltkreis enthalten, der neueste von Fairchild besaß fast tausend. Transistoren zu zählen war auf dem besten Weg, eine absurde Beschäftigung zu werden, und glich dem Versuch, die Sandkörner auf unserer Erde zu zählen – die ja auch aus Silizium bestehen. Bald sollte Moore erklären, es würden »jedes Jahr weltweit mehr Transistoren hergestellt, als im gleichen Zeitraum Regentropfen auf Kalifornien fallen« – grob geschätzt 50 Billiarden.

Obwohl Fairchild es geschafft hatte, Shockleys unternehmerischen Träume in die Tat umzusetzen, wurde er von den Realitäten der Geschäftswelt eingeholt. Missmanagement der Hauptverwaltung – Sherman Fairchild war tot – stellte die Weichen für den Niedergang der Produktion und der Moral. Charlie Sporck, der zwar die Leitung von Fairchild innehatte, aber in der Unternehmenshierarchie doch unter Noyce rangierte, ging mit einer großen Gruppe von Mitarbeitern zu National Semiconductor. Sporck, ein rühriges unternehmerisches Talent, brachte National enorm in Schwung. Als Sporck das Unternehmen verließ, war Noyce erzürnt, dass er in der Muttergesellschaft nicht den Titel des Vorstandsvorsitzenden erhielt. So kam es, dass im Sommer 1968 mit Noyce und Moore die letzten Gründer die Firma verließen. »Es ist ein ungeheurer Vorteil, wenn du in der Lage bist, dich von allem zu befreien, was du in der Vergangenheit getan hast, um eine vollkommen neue Sache zu beginnen«, sagt Moore heute. »In einem gestandenen Unternehmen ist das außerordentlich schwer. Da hat man zu viel investiert und will zu viel bewahren. Es ist schwer, ein Unternehmen zu finden, das auf irgendeinem Gebiet Erfolg gehabt hat und trotzdem bereit ist, eine Kehrtwendung zu machen und etwas ganz anderes zu versuchen. Unternehmen sind wie Supertanker.«

Dank der Größe und dem Trägheitsmoment kam Fairchild noch durch die Siebzigerjahre und wurde schließlich von Schlumberger Limited aufgekauft. Nach dem Fortgang von Noyce und Moore im Jahr 1968 begann Fairchild, seinem Erzfeind Motorola Semiconductor in Phoenix die Leute abzuwerben, einschließlich des Vorstandsvorsitzenden Lester Hogan. So viel zu Fairchilds Empörung über Ed Baldwins Verrat neun Jahre zuvor. Nun tat es das Gleiche und benutzte dazu den nahe liegendsten Köder. Hogan bekam so viel Geld, dass, wie Dirk Hanson in *The New Alchemists* schreibt, Reichtum einige Jahre lang in »Hogan-Einheiten« gemessen wurde. Hogans Team hieß »Hogans Helden«, verdiente diesen Namen aber eigentlich nicht, denn Fairchild wurde nie wieder, was es einmal gewesen war. In den Neunzigerjahren wurde sein einst legendärer Firmensitz in Mountain View von Bulldozern planiert, um einer anderen viel gerühmten Firmengründung Platz zu machen: Netscape. Unternehmer schätzen diesen Symbolismus des Auferstanden-aus-Ruinen. Sie halten ihn für die treibende Kraft des Kapitalismus – die »Stürme der schöpferischen Zerstörung«, die die alten Technologien beiseite fegen und neue heraufbeschwören. (Das Geld ist ja eh nur Nebensache.)

Als Noyce und Moore Fairchild verließen, wollten sie, wie elf Jahre zuvor, als sie Shockleys Labor den Rücken kehrten, unbedingt zusammenbleiben, wussten aber nicht, wie es weitergehen sollte. Doch dieses Mal genossen sie den Luxus eines gewissen Reichtums. Abermals nahmen sie die Hilfe von Arthur Rock in Anspruch, der inzwischen, weil ihn der Pazifik lockte, Manhattan mit San Francisco vertauscht hatte, wo er zu einem bedeutenden Finanzier von Hightech-Jungunternehmen geworden war. *Venture Capitalist* – Risikokapitalgeber – nannte man ihn, eine Bezeichnung, die zu einem festen Bestandteil des Wirtschaftsjargons werden sollte. Er verschaffte Noyce und Moore nicht nur das nötige Kapital – sie brauchten einige Millionen –, sondern auch Glaubwürdigkeit. Wenn Art sich der Sache annahm, dann musste was dran sein.

Rock war mehr als glücklich, dass sie sich an ihn gewandt hatten. Trotz der ständigen Fahnenflucht und des allmählichen Niedergangs hatte Fairchild einen guten Namen in der Wirtschaftswelt. Außerdem waren Noyce und Moore bereit, Geld aus der eigenen Tasche beizusteuern, was für einen Banker immer ein positiver Aspekt ist. Beide zahlten je 245 000 Dollar ein – ein hübscher Brocken, der etwa zehn Prozent des Kapitals ausmachte. Damit musste Rock noch 2,5 Millionen Dollar aufbringen, plus der 300 000, die er selber investierte. Es war eine leichte Aufgabe – Noyce und Moore waren Rocks Stars. Obwohl er potentiellen Investoren noch nicht einmal einen Unternehmensplan vorlegen konnte – die Tage der heute üblichen Verzichtserklärungen waren noch nicht gekommen –, brauchte er nur zwei Nachmittage, um die nötigen Mittel für die Finanzierung dessen zusammenzubekommen, was sie erst einmal NM Electronics nannten. (Statt Moore-Noyce Electronics, was sich zu sehr nach *more noise*, »mehr Lärm«, anhörte.) Rock meinte, es habe nur so lange gedauert, »wie ich brauchte, um die fünfundzwanzig Leute zu erreichen, die ich anrief«.

Die Reichen wurden noch reicher. Unter den fünfundzwanzig waren die anderen sechs Mitglieder der »Verräterischen Acht«, die die ersten Aktien für fünf Dollar das Stück kaufen mussten (während Noyce und Moore nur einen Dollar pro Aktie zahlten). Damals war es Institutionen wie Universitäten nicht gestattet, in Unternehmen zu investieren, die als zu riskant eingeschätzt wurden. Doch einige Monate später gelang es dem Grinnell College, Noyces einstiger Alma Mater, deren Kuratorium er inzwischen vorstand, 300 000 Dollar zu investieren – ein Betrag, der sich unendlich vervielfältigen und Grinnell zum beneideten Vorbild all jener Universitätsabteilungen in den Vereinigten Staaten machen sollte, die für Mittelbeschaffung und Öffentlichkeitsarbeit zuständig sind.

Noyce und Moore kamen rasch überein, dass ihr Unternehmen einen besseren Namen brauchte. Sie waren keine modernen Warenzeichenspezialisten. Moore schlug Integrated Electronics vor, weil die ersten Silben an »intelligent« erinnerten – wovon sie etwas verstanden, schließlich waren sie es. Noyce verkürzte das Ganze zu einem Wort. Damit war Intel geboren – ein Wort, das fast zum Synonym für Chips werden sollte. Im Juli 1968 machten Noyce und Moore ihre eigene Firma in Mountain View auf, ganz in der Nähe von Fairchild. Das Logo war das heute allgegenwärtige *intel* in kleinen blauen Buchstaben mit etwas nach unten fallendem *e*, um auf das Wortspiel »integrated electronics« und vielleicht auch auf das exponentielle Wachstum des Transistormarktes hinzuweisen.

Rock war Aufsichtsratsvorsitzender, Noyce Vorstandsvorsitzender und Moore der zweite Mann. Eine Lokalzeitung brachte einen hübschen Artikel über sie, in der sogar die Privatadresse der beiden Gründer erwähnt wurde. Doch die Hightech-Welt verlor rasch ihre Kleinstadtaura. Jerry Sanders, das exzentrische Marketing-As von Fairchild, meinte, jeder Computerfreak im Valley könne jetzt seine Stellung wechseln, ohne sich einen neuen Parkplatz suchen zu müssen. Mangelnde Betriebstreue der Mitarbeiter wurde zu einem Erkennungszeichen des Valleys.

Nicht zuletzt wegen Fairchild und seiner Fairchildren begann das Valley, seine Grenzen auszuweiten. Anders als bei Chips ließen sich auf einem Grundstück immer nur so viele Gebäude unterbringen, wie draufpassten. Die Sonne schien wie eh und je, ließ aber das Obst von immer weniger Bäumen reifen. Die Plantagen wichen dem einbetonierten Fortschritt in Gestalt von Bürokomplexen und einer schmucken neuen Schnellstraße, die entlang der Santa Cruz Mountains von San Jose nach San Francisco führt. Als Fred Terman von seinem leitenden Posten an der Stanford University schied, beklagte er: »Der Preis, den wir für alle diese Segnungen bezahlen müssen, sind die nervenaufreibenden Verkehrsstaus um acht Uhr in der Früh und fünf Uhr am Nachmittag auf der fünfundzwanzigminütigen Fahrt zur Arbeit und nach Hause.« Heute scheint der Verkehr auf einem Möbiusband stattzufinden und die Fahrt kann eine Stunde dauern.

Intel sollte das größte Industrieunternehmen werden, das es in der Bay-Area jemals gab, und war doch nur eine Zufallsgründung. Ohne Shockleys Unfähigkeit wäre Intel – wie zuvor Fairchild – nie entstanden. Zusammen mit Apple war Intel das erste Unternehmen, das für den Massenmarkt produzierte. Seine Wachstumsraten und Gewinne schossen explosionsartig nach oben und veränderten die Erwartungen von Unternehmern wie Investoren. Der Aufstieg von Intel war auch von entscheidender Bedeutung für ein weiteres künftiges Unternehmen – Microsoft, das 1975 gegründet wurde.

Zur Unternehmensspitze gehörte neben Noyce und Moore noch der zweiunddreißigjährige ungarische Emigrant Andy Grove.

Grove betrachtete sich als einen der Mitbegründer und wurde zornig über alle Berichte, die das nicht berücksichtigten – obwohl selbst im Intel-Prospekt davon nicht die Rede war. Es war seinem Selbstwertgefühl auch nicht zuträglich, dass sein Vermögen im Vergleich zu Moores Reichtum lächerlich war – Anfang 1999 weniger als eine halbe Milliarde Dollar. Allerdings ist Groves Lebensstil vernünftig – einer der bescheidensten im Valley –, daher spielt das verfügbare Einkommen eigentlich keine Rolle. Er läuft Ski, fährt Rad und geht mit seiner Frau, mit der er seit mehr als vierzig Jahren verheiratet ist, in die Oper. Er hat keines der teuren Spielzeuge, für die seine Zunftgenossen im Valley schwärmen, seine Nummer steht noch immer im Telefonbuch und er fliegt in der Touristenklasse. Aber er liebt das Rampenlicht: Eine Zeit lang verfasste er in der Lokalzeitung eine wöchentliche Kolumne über Managementfragen und auf dem Titelblatt der Zeitschrift *Fortune* erschien er immer und immer wieder als einer der »zehn härtesten Bosse Amerikas«, ein Ehrentitel, den er offenbar schätzte.

Groves Weg nach Kalifornien war schwierig. Er gehörte zu den ersten Einwanderern, die heute so untrennbar zur Hightech-Kultur gehören. Geboren wurde er als András Gróf in Budapest. Er war ein Einzelkind und überlebte sowohl die Nazi- wie die Sowjetherrschaft (ein Umstand, der in seiner Intel-Vita seltsamerweise kaum erwähnt wird), bevor er nach Österreich floh und von dort aus in die Vereinigten Staaten ging, wo er sich einen neuen Namen zulegte. Grove lebte bei seinem Onkel in der Bronx und besuchte das City College of New York. Bei seinem Abschluss im Jahr 1960 schrieb die *New York Times*: »Ein ungarischer Flüchtling, der vor drei Jahren noch nicht horizontal von vertikal unterscheiden konnte – jedenfalls nicht auf Englisch –, hat heute im Fach Ingenieurwesen als bester seines Jahrgangs abgeschnitten.« Nach dem College-Abschluss ging er – hauptsächlich wegen des Wetters – nach Berkeley, studierte dort Chemie und promovierte 1963.

Mit siebenundzwanzig fing Grove in der Forschungs- und Entwicklungsabteilung von Fairchild Semiconductor an, wo er sich den Ruf erwarb, der ihn die nächsten fünfunddreißig Jahre begleiten sollte: aggressiv, diszipliniert, taktlos, unnachgiebig, cholerisch – und mit einem außergewöhnlichen Talent, das Unmögliche möglich zu machen. Bei einigen hieß er »der verrückte Ungar«, aber das war an seinen eher friedlichen Tagen. »Von den Ungarn sagt man«, so Grove, »dass sie eine Drehtür hinter dir betreten und vor dir rauskommen.« Grove, der inzwischen nicht nur die Titelblätter der meisten Wirtschaftszeitschriften, sondern auch den prächtigen Einband seines eigenen Buches geziert hat, ist rund 1,75 Meter groß, fit, sonnengebräunt und mit seinem schwarzen Rollkragenpullover eine fast elegante Erscheinung – gemessen am Valley-Standard. Doch in den Anfängen von Intel war er berüchtigt für das eigenartige Zusammenspiel von dicker Brille, Goldkettchen, Schnurrbart und Koteletten. Tom Wolfe beschrieb ihn als typisches Produkt des »kalifornischen Stils«, was sich allerdings nicht auf seinen Managementstil bezog, denn dergleichen kannte er nicht. Grove war wie er war: direkt und grob.

Auch wenn ein Unternehmen keinen großen Wert auf hierarchische Strukturen legt, irgendjemand muss die Zügel in die Hand nehmen und den Antreiber spielen. Wenn Noyce der Geist von Intel war und Moore das Herz, dann war Grove die Faust. Als Betriebsleiter und – von 1987 bis 1998 –Vorstandsvorsitzender war er für Unternehmensstrategie, Finanzplanung und, wenn nötig, Personalfragen zuständig. »Der würde seine eigene Mutter rausschmeißen«, war eine stehende Redensart bei Freund und Feind. Grove ließ keine Fröhlichkeit im Betrieb aufkommen. So ziemlich das Lustigste, was einem Intel-Arbeiter zuteil werden konnte, war ein Blick durchs Fenster – auf den Great America Amusement Park gegenüber. Seine jährliche »Scrooge-Aktennotiz«* wies die Mitarbeiter an, an Heiligabend den ganzen Tag zu arbeiten. Seine Herr-Saubermann-Inspektionen hätten aus einer schlechten Fernsehserie stammen können. Die von ihm entwickelte Praxis der »konstruktiven Konfrontation« wurde zur offiziellen Managementtechnik: Wir diskutieren die Probleme, bevor sie sich zu Krisen auswachsen. Je größer die Lautstärke, umso besser. Grove konnte lauter schreien als alle anderen und der ungarische Akzent erhöhte seine einschüchternde Wirkung noch. Intel war nicht Hewlett-Packard.

Besonders charakteristisch für Grove war die Verspätungsliste:

---

* Scrooge ist der hartherzige Protagonist in der Novelle *Ein Weihnachtslied in Prosa* von Charles Dickens.

Arbeitsbeginn war jeden Morgen um acht Uhr. Dabei spielte es keine Rolle, wie lange man am Abend zuvor gearbeitet hatte. (Die Arbeitszeit war durchaus flexibel: Man konnte anfangen, wann man wollte – solange es vor acht war.) Wenn sich mehr als fünfzehn Prozent der Mitarbeiter einer Abteilung im Laufe eines Monats verspäteten, dann musste sich jeder Mitarbeiter, der nach acht Uhr fünfzehn in der Firma erschien, bei dem Sicherheitsbeamten eintragen, damit sein Name der Geschäftsleitung gemeldet werden konnte. Theoretisch sollten die Missetäter mehr unter der Schmach dieses Prozedere leiden als unter irgendeiner bestimmten Sanktion. Doch die Verspätungsliste, auf der gelegentlich sogar Gordon Moore und Andy Grove erschienen, war vor allem eine Peinlichkeit. Einige Rebellen unterzeichneten mit Micky Mouse oder auch Grove, andere kamen so spät, dass sie für Kunden gehalten wurden. Natürlich machte sich auch die Presse darüber lustig, trotzdem wurde Groves Verspätungsliste erst Ende der Achtzigerjahre aus dem Verkehr gezogen.

Mochten Intels Gründer auch nicht über einen richtigen Unternehmensplan verfügen, eines wussten sie genau: Sie wollten kein zweites Fairchild. In der Elektronik verdiente man das große Geld nicht, indem man der beste Anbieter auf einem vorhandenen Markt war, sondern indem man einen vollkommen neuen erschuf und beherrschte. Noyce und Moore erkannten, dass Mainframe Computer – die Geräte, die die Chips der beiden entwicklungstechnisch überholt hatten – aus den Unternehmen nicht mehr wegzudenken waren. Doch so großartig Computer auch mit logischen Funktionen wie Addition und Subtraktion fertig wurden, auf dem Gebiet der Informationsspeicherung brachten sie es nur zu kläglichen Leistungen. Um brauchbar zu sein, mussten Computerspeicher schneller und besser zugänglich werden. Integrierte Schaltkreise steuerten das Computergehirn, aber noch hatte sich niemand überlegt, wie man sie in den Datenbanken der Speicher einsetzen könnte, wo man noch keine Chip- und Silizium-Techniken verwendete (die damals üblichen »Kernspeicher« arbeiteten mit Magnetfeldern). Noyce und Moore planten, die ersten Speicherchips für den Massenmarkt zu produzieren. Indem sie sich ein Feld vorknöpften, das noch niemand bestellt hatte, schickten sie sich an, für die Speichertechnik zu leisten, was der Transistor für die Elektronik bewirkt hatte.

Im Frühjahr 1969, noch kein Jahr nach seiner Gründung, brachte Intel seinen ersten Speicherchip auf den Markt. Roh und einfach, hatte er eher das Gedächtnis eines Flohs als eines Elefanten. Aber er zeigte den etablierten Halbleiter-Herstellern, dass Noyce und Moore wieder im Geschäft waren. Nach einigen Jahren stellte Intel einen weit leistungsfähigeren Chip her, den Direktzugriffsspeicher »1103« (auch als Arbeitsspeicher, Random Access Memory oder RAM bezeichnet); das war der erste kommerziell erfolgreiche Halbleiter-Speicher. Doch verglichen mit der nächsten Erfindung war der 1103 nur ein Speicher. Intel hatte nicht vergessen, dass es auch einen Markt für logische Chips gab.

Mitarbeiter Nr. 12 war ein junger promovierter Ingenieur, der seinen Doktor natürlich an der Stanford University gemacht hatte. Er hieß Marcian E. »Ted« Hoff und beschäftigte sich mit Elektronik, seit er in jungen Jahren bei einem Talentwettbewerb entdeckt worden war. Im Sommer 1969 wurde Intel von Busicom, einem japanischen Büromaschinenhersteller, gefragt, ob es komplexe logische Schaltkreise für einen Tischrechner herstellen könne. Inzwischen war Noyces Ruf schon nach Asien gedrungen und kein japanischer Ingenieur konnte entwickeln, was Busicom brauchte. Jede Rechenmaschine brauchte ein Dutzend Bauteile, um so verschiedene Funktionen wie Rechnen und Drucken zu steuern. Der zweiunddreißigjährige Hoff war für das Busicom-Projekt verantwortlich und erkannte rasch, dass die vorgeschlagene Rechenmaschine so kompliziert sein würde, dass sie nicht für einen vernünftigen Preis auf den Markt gebracht werden konnte. Stattdessen überlegte er, dass sich die verschiedenen Chip-Funktionen auf einem einzigen Chip unterbringen lassen müssten. 1971 hatte er den ersten Prototypen entwickelt.

Wenn man das Gehirn einer Maschine – ihre Zentraleinheit (*Central Processing Unit*, CPU) – miniaturisierte, dann ließ sich das nicht nur für eine Rechenmaschine nutzen. Natürlich ahnte 1969 weder Hoff noch sonst jemand bei Intel, was sich daraus entwickeln würde. Ein »Mikroprozessor«, wie solch ein Chip jetzt genannt wurde, konnte ähnliche logische und arithmetische Funktionen wie ein Computer ausführen, aber in anderer Größenordnung. Der alte ENIAC und die Mainframes der Fünfzigerjahre waren größer als eine Backstube gewesen; die derzeitigen Minicomputer, die keine Vakuumröhren mehr brauchten, waren erst auf die Größe eines Schranks und dann eines Nachttischs geschrumpft. Hoffs sensationell winzige Erfindung leitete die Entwicklung von Rechnern ein, die auf dem Schoß (*lap*) Platz haben. Den Kundenbedürfnissen sollte eines Tages durch die »Software« Rechnung getragen werden – die Programme, deren Ablauf vom Mikroprozessor organisiert wurden. Wenn er die richtigen Befehle bekam, konnte ein Computer mathematische Berechnungen durchführen, die Buchhaltung erledigen, Wörter auf einem Bildschirm zeigen, Spiele spielen, E-Mails versenden und Dinosaurier zeichnen. Da Programme sich (über eine Tastatur) verändern ließen, konnte der Computer viele verschiedene Aufgaben verrichten, was ihn unter allen menschlichen Erfindungen zu einer einzigartigen Erscheinung machte. Genügend miniaturisiert (und kostengünstig) ließen sich Mehrzweck-Mikroprozessoren in praktisch jedes Gerät einbauen und es mit ungeahnten Fähigkeiten ausstatten. Und was für eine Welt tat sich auf jenseits der Computer! Geschirrspüler, Stereoanlagen, Bomben, Satelliten, Autos, Haustiere, Piepser, Juwelen, Turnschuhe, Skibindungen – all diese Dinge würden eines Tages in der Lage sein zu »denken«, weil es diese neue Methode gab, ein Stück Silizium auszurüsten. In Verbindung mit Sensoren in einem Automotor konnte ein Mikroprozessor das Luft-Kraftstoffgemisch im Vergaser steuern; in einem Toaster konnte er den richtigen Bräunungsgrad bestimmen. Überall dort, wo bisher ein Hebel, ein Zahnrad oder eine andere technische Vorrichtung eingesetzt worden war, konnte die Ausgabe jetzt elektronisch erledigt werden.

Intels japanische Kunden konnten sich nicht für Hoffs Idee begeistern, aber Noyce und Moore erlaubten ihm, die Arbeit fortzusetzen. Anfang 1971 hatte Hoff zusammen mit den ehemaligen Fairchild-Ingenieuren Frederico Faggin und Stan Mazor den ersten programmierbaren »Computer auf einem Chip« entwickelt – dies der Slogan, mit dem Intel den Mikroprozessor auf den Markt brachte. (In den folgenden Jahren behaupteten andere Informatiker, ihre Kundenchips seien in Wirklichkeit die ersten Mikroprozessoren gewesen. Doch bislang hat die wissenschaftliche Gemeinschaft keine dieser Behauptungen ernst genommen.) Wenn die Intel-Techniker in einem dieser ärgerlichen Fernsehspots in Bunny-Kostümen des Raumzeitalters umhertanzen, dann tun sie's aus Freude über die Gewinne, die dieser Mikroprozessor gebracht hat. Außerdem aus Freude über eine brillante Marketing-Strategie, die ein bestimmtes Produkt unauflöslich mit einem Markenzeichen verknüpft hat. Im Laufe der Zeit verloren die Speicherchips – das erste Intel-Produkt – an wirtschaftlicher Bedeutung für das Unternehmen.

Die ersten Mikroprozessoren, die 2300 Transistoren enthielten, trugen die Bezeichnung 4004 – ein digitales Wortspiel, aber auch ungefähr die Zahl von Bauelementen, die das neue Gerät ersetzte. Seine Verarbeitungsleistung war auf vier »Bits« an digitalen Daten beschränkt (eine »0« oder »1« in der Sprache des binären Zahlencodes, den ein Computer verstehen kann) – so primitiv, dass er nur 60 000 Rechnungen pro Sekunde ausführen konnte. Kein Jahr später brachte Intel den 8008 heraus, einen Chip, der alle wichtigen Teile eines Computers beherbergte, vom Plastikgehäuse abgesehen. Er enthielt nicht nur die CPU, sondern auch die anderen Komponenten, wie Input- und Output-Schaltkreise. Der Haken an der Sache war nur, dass Intel abgesehen von einem Honorar, das Busicom für den 4004 und ein anderes Unternehmen für den 8008 zahlte, nicht viel Geld an den Chips verdiente.

Doch dann war ihm das Glück hold. Kurz nachdem Busicom die ersten 4004-Mikroprozessoren erhalten hatte – und sich neuer Konkurrenz auf dem Taschenrechnermarkt gegenübersah, unter anderem einem Modell von Texas Instruments, das Jack Kilby entwickelt hatte –, wollte das japanische Unternehmen noch einmal über den Preis verhandeln. Noyce hätte diese Bitte kalt lächelnd ausschlagen können. Doch da Busicom das ausschließliche Recht am 4004 besaß, hatte Hoff eine andere Idee. Während der Verhandlungen mit Busicom sagte er zu Noyce: »Versuch um Gottes willen das Recht zu bekommen, diese Chips auch an andere zu verkaufen.« Busicom bekam einen besseren Preis und Intel die Rechte an seiner Erfindung zurück. Nicht dass sich damals die Verkaufs- und Marketingabteilung sonderlich dafür interessierte – dort galt der 4004 als eine zwar miniaturisierte, aber doch völlig überflüssige Errungenschaft. Wenn nur etwa 20 000 Mainframe Computer pro Jahr verkauft wurden und selbst wenn es Intel gelang, diesen

Markt mit seinem neuen Mikroprozessor zu beherrschen, was brachte das? Das konnte sich nur ändern, wenn es eine echte Nachfrage an Kleincomputern gab – an so etwas wie, sagen wir, »Personalcomputern«. Einer von Intels Ingenieuren pflegte zu sagen, er werde wohl nie einen Computer besitzen, den er tragen könne.

Unerschrocken begann Intel trotzdem eine Kampagne, die das Ziel hatte, den 4004 jedem zu verkaufen, der ihn haben wollte. »Intel läutet eine neue Ära der Integrierten Elektronik ein«, hieß es im Herbst 1971 in einer einschlägigen Zeitschrift. »Ein mikroprogrammierbarer Computer auf einem Chip«. Die Strategie ähnelte der aus dem Film *Feld der Träume*: »Wenn du es baust, wird er kommen« – genau umgekehrt wie bei Produkten, die auf Anraten der Marktforschung entstehen. Allerdings lautete die Frage: Wer würde kommen?

Die Wall Street jedenfalls hatte Vertrauen. Etwa zu dieser Zeit ging Intel, was nicht überraschte, an die Börse (und bot auch seinen Mitarbeitern Aktien an). Das hatten Shockley Semiconductor und Fairchild nie getan. Und es handelte sich schon um richtiges Geld, ein Vorgeschmack auf das, was das Tal der Dollars noch zutage fördern sollte. Wie bei dem Inneren eines Chips gehörte das Nullenzählen zum Geschäft. Noyce und Moore waren die Hauptaktionäre, gemeinsam besaßen sie etwa ein Drittel des Unternehmens. Sogar nach dem Emissionskurs hätte jeder von ihnen ein Vermögen mit sieben Nullen gehabt – mindestens zehn Millionen Dollar. Nach dem heutigen Maßstab von Internetvermögen wären das Peanuts, aber 1971 war es viel Geld für jemanden, der nicht Getty oder Du Pont hieß. Zufällig ging der Playboy am gleichen Tag an die Börse wie Intel, und zwar ungefähr zum gleichen Kurs, doch schon nach einem Jahr wurde die Intel-Aktie doppelt so hoch gehandelt wie der Playboy. »Die Wall Street hat gesprochen«, meinte die Zeitschrift *Financial World* dazu. »It's memories over mammaries.« (Speicher gehen besser als Brüste.) *Time* nannte Noyce ein »Finanzgenie«. Heute ist Moore der reichste lebende Mensch in Kalifornien, sein Vermögen beträgt mehr als zehn Milliarden Dollar, genug, um Steven Spielberg, George Lucas und Michael Eisner gleichzeitig aufzukaufen. (Noyce, der Kettenraucher war, starb 1990 mit zweiundsechzig, und sein Vermögen wurde, wie das von David Packard, an Erben und Stiftungen verteilt.)

Als Intel den 4004 auf den Markt brachte, erklärte Moore, der in der Regel nicht zu Übertreibungen neigt, dieses Bauteil seines Unternehmens sei »eines der revolutionärsten Produkte in der Geschichte der Menschheit«. »Wir waren die wirklichen Revolutionäre der Zeit«, sagte er in Anspielung auf die langhaarigen Studenten, die damals in Berkeley und anderswo viel Lärm machten. Vielleicht, aber es dauerte einige Zeit, bis die Miniaturrevolution begann. Die ersten Chips verkauften sich nicht und es gab keine Computerprogrammierer, die irgendeine spezielle Verwendung für sie kannten. Erst die »Hacker« – junge, aufsässige und immer zu einem Schabernack aufgelegte Software-Artisten – und die Leute aus den Chefetagen der Unternehmen traten Moores Revolution los. Nicht zu vergessen die beiden Halbwüchsigen in Seattle, die einen der ersten 8008 kauften und mit seiner Hilfe ein Gerät bauten, das den Verkehrsfluss auf städtischen Straßen maß. Sie gründeten eine Firma, die sie Traf-O-Data nannten, mit der sie aber keinen Erfolg hatten. Doch einige Jahre später gründeten sie ein anderes Unternehmen, das zum Blutsbruder von Intel werden sollte. Die Halbwüchsigen, die 1972 den Intel-Chip erwarben, waren William Henry Gates und Paul Allen – und ihr zweites kleines Unternehmen war Microsoft. Sogar heute noch hat Gates ein Plakat von einem Intel-Chip in seinem Büro hängen.

Das Problem mit den ersten Chips war teils metaphysischer, teils physischer Natur. In den Chefetagen der amerikanischen Unternehmen beruhte die Begeisterung für Computer nicht nur auf Nützlichkeitserwägungen: Sie hatte auch etwas mit Macht, Status und Geheimnis zu tun. Solange man dort nicht ernsthaft der Meinung war, jeder im Unternehmen müsse eines dieser elektronischen Wunderdinger haben, gab es keinen Grund, sie kleiner oder kostengünstiger herzustellen, dafür aber viele Gründe, es nicht zu tun. Doch solche Imagefragen einmal beiseite gelassen, der konkretere Grund war einfach, dass die Chips nicht leistungsfähig genug waren. Das war eine Frage der Entwicklung und Herstellung. Der Fortschritt von Shockleys Transistor über Noyces integrierten Schaltkreis zu Hoffs Mikroprozessor war enorm. Tatsächlich aber waren die Chips noch kein ausreichender Ersatz für den Mainframe Computer.

Intels weit raffinierterer 8080-Chip, der Anfang 1974 auf den

Markt kam, war der entscheidende Durchbruch. Er war zehnmal schneller als der 4004 und war für den gleichen Preis zu haben – 360 Dollar. Er war so erfolgreich, dass die Telefonnummer des Unternehmens eine Zeit lang auf »8080« endete. Als die Firma gegründet wurde und alle Anstrengungen sich zunächst auf die Forschung und Entwicklung konzentrierten, lag Intels Umsatz zunächst unter 3000 Dollar. Nur sechs Jahre später, 1974, waren die Umsatzzahlen auf 135 Millionen Dollar geklettert (die erste Etappe auf dem Weg zu den 25 Milliarden Dollar von heute), womit Intel bereits weltweit an die fünfte Stelle der Chip-Hersteller rückte. Die Zahl der Mitarbeiter stieg von 42 auf 3100. In nur fünf Monaten holte der 8080 seine Entwicklungskosten wieder herein. Die überfüllten Räumlichkeiten wurden aufgegeben und durch einen riesigen Bürokomplex in Santa Clara, fünfzehn Kilometer östlich, ersetzt. Dort befindet sich das Unternehmen noch immer, überragt von dem riesigen *Intel-Inside*-Logo, das auf dem Dach des Hauptgebäudes angebracht ist. Nur noch ein paar Walnussbäume ein Stück die Straße hinunter erinnern an das, was das Valley einst war. Das Logo auf dem Dach war ein Seitenhieb gegen einen ehemaligen Kollegen und heutigen Konkurrenten. »Damit Jerry Sanders es jedes Mal sieht, wenn sein Flugzeug auf dem Flughafen von San Jose startet«, sagt er. Mehr als irgendetwas anderes hat Ted Hoffs Mikrochip dazu beigetragen, dass Silicon Valley die Boston-Area überflügelt hat, als es um die Vorherrschaft auf dem Hightech-Sektor ging.

Der 8080 war die letzte Stufe der Erfüllung einer Prophezeiung, die Gordon Moore 1965 gemacht hatte und die das Valley in die moderne Zeit katapultiert hatte. In der Fachzeitschrift *Electronics* hatte er zur Erläuterung eines von ihm gezeichneten Diagramms dargelegt, dass sich die Zahl der Bauteile auf einem Chip im Laufe der letzten sechs Jahre jährlich verdoppelt hatte (was sich in wachsender Verarbeitungsgeschwindigkeit ausdrückt, da die Elektronen beim Durchlaufen der Schaltkreise kürzere Entfernungen zurücklegen müssen). Dann fuhr er fast beiläufig fort, diese erstaunliche Verdoppelung der Rechengeschwindigkeit könnte sich während einer Generation Jahr für Jahr fortsetzen, und zwar mit einer entsprechenden und genauso außergewöhnlichen Verringerung der Kosten pro Chip. »Wenn dieses Wirtschaftsprinzip für Autos gelten würde«, predigte der Risikokapitalgeber John Doerr Jahre später, »würden sie zehn Dollar kosten, Tausende von Kilometer mit einer Tankfüllung fahren und weggeworfen werden, wenn sie alt sind.« (Und wahrscheinlich auch erheblich mehr Unfälle verursachen.)

Moore schränkte seine Behauptung später etwas ein und sagte, es würde achtzehn bis zwanzig Monate dauern, um doppelt so viel auf einem Siliziumchip unterzubringen. Da sich Moores Vorhersage so buchstabengetreu erfüllt hat, hat sie inzwischen den Rang eines wissenschaftlichen Axioms gewonnen, nur wenige Sprossen tiefer angesiedelt als Newtons Gesetze. Seine Bezeichnung, »Mooresches Gesetz«, stammt – je nachdem, wen man fragt – entweder von Carver Mead, dem bekannten Theoretiker vom Caltech (und Wochenend-Woodsider), oder von Arthur Rock, dem Finanzier, der vielleicht die ganz ähnliche Beobachtung gemacht hatte, dass sich sein Vermögen alle paar Jahre verdoppelte. Sogar der bescheidene Moore benutzte für sein Gesetz schließlich diesen Namen, obwohl er erst in den Neunzigerjahren schüchtern anfing, diesen Ruhm für sich in Anspruch zu nehmen. (Das »Mooresche Gesetz« löste eine wahre Flut anderer »Gesetze« aus, die allerdings immer mehr an Aussagekraft einbüßten, so etwa das »Andreessensche Gesetz« der Internetaktien: »Die Zahl der Millionäre wird sich alle achtzehn bis vierundzwanzig Monate verdoppeln, angenommen es gibt Unternehmensgewinne, dann werden es noch mehr sein.«)

Moore war klug genug, um zu erkennen, dass die Miniaturisierung unvermeidlich war, aber nicht schlau genug, um diese Entwicklung bis in ihre letzte logische Konsequenz zu durchdenken. Mainfraim-Hersteller wie IBM, General Electric und Honeywell würden auch weiterhin den Computermarkt beherrschen, aber wer konnte den Bedarf an »Personalcomputern« vorhersehen und, noch wichtiger, wer konnte auf die Idee kommen, einen solchen Rechner herzustellen? Die Großrechner konnte man für eine Million Dollar verkaufen, also warum sollte man einen Kleincomputer herstellen, der für ein paar Tausend Dollar zu haben war? 1965 erkannte Moore so wenig wie irgendjemand sonst einen Markt für den Personalcomputer. Allenfalls konnte er sich Homecomputer-Terminals vorstellen, die an einem Mainframe angeschlossen

waren. Chips hatten ein hübsches Betätigungsfeld in Chevy-Verga-
sern und Toastern von General Electrics, aber Personalcomputer?
Als ein Ingenieur Mitte der Siebzigerjahre vorschlug, das Unternehmen solle einen Computer für den privaten Haushalt bauen,
fragte Moore, was der damit anfangen sollte. Er bekam lediglich zu
hören, dass die Hausfrau ihre Rezepte besser verwalten könnte.
»Ich stellte mir meine Frau Betty am Kochherd und einem Computer daneben vor«, erinnert sich Moore heute. Er lehnte den Vorschlag ab. Bob Noyce sah die Zukunft für Mikroprozessoren in …
intelligenten Armbanduhren: Ted Hoff und Dick Tracy Hand in
Hand.

Doch selbst ohne die künftige Marktentwicklung zu ahnen, spie-
gelte Moores Gesetz eine technische Wirklichkeit wieder, die in
ihren praktischen Konsequenzen ohnegleichen war. Rechnen Sie
selber nach: Verdoppeln Sie irgendetwas alle achtzehn Monate und
nach einem Zeitraum von fünfunddreißig Jahren (sagen wir, von
1965 bis 2000) sind Sie von eins zu 8,5 Millionen gelangt. Der Pen-
tium-II-Prozessor von Intel (der etwa 1997 auf den Markt gekommen ist) besitzt 7,5 Millionen Transistoren, jeder von ihnen kleiner
als ein Bakterium. Erst die Grenzen der atomaren Welt – der Endpunkt der Miniaturisierung – wird das »Mooresche Gesetz« außer
Kraft setzen. Und das wird nicht vor zehn oder zwanzig Jahren der
Fall sein. Noch keinem Industriezweig war es bis dahin möglich
gewesen, die Produktionsleistung zu verdoppeln und die Kosten
zu halbieren; das veranlasste natürlich die Wortführer der Halblei-
ter-Branche, die frohe Botschaft so lange zu verkünden, bis sie niemand mehr hören konnte.

In anderen Branchen wäre das »Mooresche Gesetz« möglicherweise ein finanzielles Todesurteil gewesen. Wenn sich die Nachfrage nicht drastisch erhöhen lässt, müssen ständig sinkende
Preise schließlich in die roten Zahlen führen. Doch das Compu-
tergeschäft zeichnet sich dadurch aus, dass sich mit wachsender
Leistungsfähigkeit und Geschwindigkeit auch die Verwendungs-
möglichkeiten eines Chips vervielfältigen. Die singenden Glück-
wunschkarten, die man heute für ein paar Dollar kaufen kann,
enthalten mehr Rechenleistung als der ENIAC. Es ist durchaus
möglich, dass der Computer, den Sie heute kaufen, in achtzehn
Monaten nur noch die Hälfte kostet. Entscheidend ist aber, dass zu

diesem Zeitpunkt ein Modell auf dem Markt sein wird, das doppelt so schnell ist wie Ihr Rechner. Niemand will zur langsamen Truppe gehören, niemand ist an alten Geräten interessiert. Intel ging nicht ein, sondern wurde eines der zuverlässigsten Unternehmen in Silicon Valley. Anfang 1999 hatte Intel einen Wert von 225 Milliarden Dollar, womit es in der Ruhmeshalle der an der Börse gehandelten Unternehmen den dritten Platz hinter Microsoft und General Electric einnahm. Seine Aktien haben Tausende zu Millionären gemacht.

Intels Erfolg wirft die Frage auf, ob das Mooresche Gesetz im Labor entsteht – oder in der Marketing-Abteilung, wo es zu einer sich selbst erfüllenden Prophezeiung wird. Warum kann sich die Geschwindigkeit von Mikroprozessoren in einem gegebenen Zeitraum nicht, sagen wir, vervierfachen – ist das nicht einfach eine Frage der Herstellungstechnik? Man müsste doch nur ein paar mehr Linien einätzen und Bauteile unterbringen. Klar gibt es eine Lernkurve in der Fabrik. Aber vielleicht reicht zweimal-so-schnell aus, um die Leute hinterm Ofen hervorzulocken und sie zum Kauf eines neuen Modells zu veranlassen, auch wenn das, was sie haben, noch hervorragend funktioniert. Es gibt vielleicht nicht so viele Hightech-Gimpel, dass es sich lohnen würde, jede Minute eine neue Fertigungshalle zu errichten, aber alle achtzehn Monate, darauf kann man bauen. Ansonsten würde, wie Moore mir in seiner Großraumbürozelle bei Intel erklärte, »unsere Branche den Bach runtergehen. Wenn wir an den Punkt gelangen, wo die Welt sagt: ›Mehr Leistung brauche ich nicht – diese Computer geben mir alles, was ich brauche‹, dann stecken wir in Schwierigkeiten. Einen kleinen Vorgeschmack habe wir schon: Die Leute kaufen lieber PCs für 1000 Dollar als leistungsfähigere Geräte für 2000 Dollar. Das Problem liegt nicht darin, komplexere Chips herzustellen, sondern darin, dass die Leute sagen: ›Wer braucht das?‹« Glücklicherweise sind die einfachste Antwort auf diese Frage die Teenager. Spiele, die immer noch die beliebteste Computeranwendung sind, brauchen Geschwindigkeit.

Die Wirtschaft im Valley hat keine Angst vor rascher Obsolenz – sie lebt davon. *Nur die Paranoiden überleben* hat Andy Grove 1996 sein »Buch« genannt (ein Titel, der nicht nur ein paar Intel-Insider amüsierte und einige Leute veranlasste, ihn als das »Grovesche

Gesetz« zu bezeichnen). In dem Buch *Inside Intel* hat der Autor Tim Jackson berichtet, dass einem betriebsinternen Witz zufolge das Kopierpapier bereits auf jeder Seite oben den Aufdruck »Intel vertraulich« trage. Als ich eines Nachmittags mit Gordon Moore das Gebäude verließ, wollten die Sicherheitsleute seinen Aktenkoffer durchsuchen. Lange bevor Noyce Ende der Siebzigerjahre offiziell ausschied, war das Unternehmen schon von Groves Persönlichkeit geprägt. Instabilität, Geschwindigkeit, Turbulenz – das ist der Treibsand, auf dem die Fundamente der Valley-Technologie ruhen. Wie gewonnen, so zerronnen. Alle sind in Bewegung, alle auf der Suche nach ihrer Zukunft oder auf der Flucht vor ihrem Schicksal.

1971, in dem Jahr, als Intel den ersten Mikroprozessor herausbrachte und an die Börse ging, kam das Valley endlich zu seinem Namen. Das einstige Santa Clara Valley ging eine unauflösliche Verbindung mit dem Halbleiter-Material ein, welches das Herz der Elektronik war. Es ließ sich kaum noch übersehen, dass die Obstplantagen verschwanden und dass das Tal von den Ingenieuren mit ihrer seltsamen Sprache übernommen wurde. Don Hoefler schrieb gerade eine Artikelserie für die Fachzeitschrift *Electronics News*. Auch Hoefler gehörte zu den Fairchilden, er begann als Pressereferent für die »Verräterischen Acht«. Nach Beendigung seiner Serie wollte ihm kein Titel einfallen. Einer der Unternehmenschefs vor Ort schlug vor: »Silicon Valley, USA«. Hoefler übernahm den Vorschlag, und wie es der großen kreativen Tradition des amerikanischen Journalismus entspricht, wurde er von anderen sofort kopiert.

Bis auf den heutigen Tag findet man »Silicon Valley« auf keiner Karte, in keinem Regierungsbericht, auf keinem Verkehrsschild. Und doch ist die Bezeichnung dem weltweiten Wortschatz einverleibt worden – nicht nur als Zentrum der Hightech-Entwicklung, sondern auch als Marketing-Instrument. Heute gibt es Unternehmen wie Silicon Valley Bank (mit einer Filiale in Beverly Hills), Silicon Valley Towing, Silicon Valley Samurai, Silicon Valley Bookkeeping, Silicon Valley Power Wash, Silicon Valley Toxics, Silicon Valley Engine & Hose, Silicon Valley Pest Management, Silicon Valley Psychological, eine Presbyterianer-Kirche in Menlo Park, die sich selbst als »Die Kirche in Silicon Valley« bezeichnet, und Moshe

Mendelsohn, O.D., Silicon Valley Eye Physician. Heute sagt man nicht mehr, dass man aus San Jose ist. Sogar die San Jose *Mercury News* hat die ersten beiden Wörter aus den meisten Werbetexten gestrichen. Heute ist sie die »Mercury News: Die Zeitung von Silicon Valley«. Vor dreißig Jahren sang Dionne Warwick von einer Frau, die sich nach einem idyllischen Ort in der Nähe von San Francisco sehnte und fragte: *Do You Know the Way to San Jose?* Heute würde sie auf der Schnellstraße bleiben und bis Big Sur fahren.

Der Name Silicon Valley hat auch seine Probleme. Vor einigen Jahren kommentierte der langjährige Sportreporter und Meister der Wortverdrehungen Ralph Kiner ein Spiel im Candlestick Park, in der Nähe von San Francisco. Es war ein schöner Abend, eine Seltenheit in dem windigen Stadion. »Heute Abend strömen sie aus der ganzen Bay-Area zusammen«, berichtete Kiner seinen Zuhörern, »aus Napa Valley und Silicon Village.«

Inzwischen war William Shockleys unternehmerische Supernova erloschen. 1958 in Shockley Transistor umgetauft, war die Firma noch immer in der Lage, viel versprechenden intellektuellen Nachwuchs anzulocken, hatte es doch immerhin einen Nobelpreisträger vorzuweisen. Shockley Transistor schaffte es sogar, Halbleiter herzustellen, allerdings unterband Shockley die Entwicklung eines integrierten Schaltkreises. Doch Gewinne brachte das noch lange nicht. Im Prinzip hat Shockley nie begriffen, dass er ein Wirtschaftsunternehmen leitete und kein Forschungsinstitut, in dem er nach Belieben schalten und walten konnte. Und trotz all seiner Fähigkeiten, ist es ihm nie gelungen, mit anderen Menschen auszukommen. Irgendwann gab er es auf, diese weinerlichen Amerikaner einzustellen, und reiste nach München, um sich dort Mitarbeiter zu suchen. Er glaubte, deutsche Ingenieure würden besser mit einem Diktator zurechtkommen. Aber auch das klappte nicht.

Im Frühjahr 1960 wurde Shockley Transistor an einen Konkurrenten aus Massachusetts verkauft, der Shockley behielt. Im Sommer darauf gelang es ihm endlich, den Umzug der Firma in angenehmere Gebäude im Stanford Industrial Park zu bewerkstelligen. Doch auch unter dem neuen Besitzer schrieb das Unternehmen keine schwarzen Zahlen. Nach vier Jahren wurde es abermals verkauft und fiel der Vergessenheit anheim, wie die meisten Unternehmensgründungen. Shockley selbst zog sich mit fünfundfünfzig Jahren an die Universität zurück. Der gute alte Fred Terman, mittlerweile Vizepräsident der Stanford University verschaffte ihm einen mit Stiftungsgeldern finanzierten Lehrstuhl für Ingenieurwesen. So kehrte Shockley zu seinen Ursprüngen zurück und übernahm eine Beratertätigkeit für die Bell Labs. Doch nichts, was er in der Wissenschaft leistete, konnte seinen peinlichen Abstecher in die Eugenik vergessen machen.

Mitten in den sozialen Umbrüchen Ende der Sechzigerjahre vertrat Shockley mit großer Vehemenz die These von der weißen Überlegenheit und stützte sie vor allem mit der, wie er meinte, genetischen Unterlegenheit der Schwarzen. »Erbschädigung« nannte er das Problem und definierte es als »retrograde Evolution«, bedingt durch die »übermäßige Fortpflanzungsrate genetisch benachteiligter Bevölkerungsgruppen«. Das Problem, so meinte er, könne nicht durch Schulbildung oder andere sozialpolitische Maßnahmen behoben werden, womit er eine Debatte vorwegnahm, die fünfundzwanzig Jahre später, 1994, durch die Veröffentlichung eines Buchs mit dem Titel *The Bell Curve* losgetreten werden sollte. »Meine Untersuchungen«, erklärte er, »führen mich zu dem unausweichlichen Schluss, dass der Hauptgrund für die geistigen und sozialen Defizite der amerikanischen Neger erblich bedingt und genetischen Ursprungs sind.« Seine Lösung: Finanzielle Entschädigung für alle, die bereit waren sich sterilisieren zu lassen, und zwar 1000 Dollar für jeden IQ-Punkt unter 100. Wie bei allen anderen Dingen, die Shockley im Laufe seines Lebens unternommen hatte, machte er einen Kreuzzug daraus. In mehreren erfolglosen Anträgen auf Forschungsmittel der National Academy of Sciences, in Vorträgen, auf Cocktailpartys, in Talkshows und in einem *Playboy*-Interview vertrat er seine Auffassung, wobei ihm die Kontroverse, die sie auslöste, größtes Vergnügen zu bereiten schien. Es war, wie er einmal in einem anderen Zusammenhang gesagt hatte, als hätte er ein brennendes Streichholz an einen Heuballen gehalten, der an einem Maultier festgebunden war.

Aus Gründen, die er nicht recht verstand, hielten ihm unfreundliche Zuhörer vor, seine wissenschaftlich belegte Theorie, sei rassistisch – aber vielleicht hatte es ja doch etwas mit dem Mangel an wissenschaftlichen Belegen für seine These zu tun. Wie konnte er beispielsweise den Faktor der kulturellen und sozialen Einflüsse vernachlässigen? Als die Zeitschrift *Atlanta Constitution* seine Theorien mit dem Nationalsozialismus verglich, fühlte sich Shockley verleumdet und strengte eine Millionenklage an. Eine Jury gab ihm Recht – und sprach ihm einen Dollar zu. Damit war Shockleys Ruf so gründlich ruiniert, dass er fortan »verleumdungssicher« war – eine weitergehende Rufschädigung war einfach nicht möglich. Trotzdem war er von keinerlei Selbstzweifeln angekränkelt und erklärte seiner Frau, die Intelligenzforschung sei das wichtigste Projekt seines Lebens. Passenderweise war sie Krankenschwester in der Psychiatrie und offenbar eine geduldige Zuhörerin. Zum Teil wegen des erfolglosen Prozesses begann er, alle seine Gespräche auf Band aufzunehmen und Polaroidfotos von der Wandtafel aufzunehmen, bevor er sie löschte, um Skeptiker beim nächsten Mal besser widerlegen zu können. William Spicer, ein Kollege aus seinem Fachbereich, berichtet, Shockleys privater Anrufbeantworter habe erklärt, alle Anrufe würden aufgezeichnet, und fröhlich gepiept, während jedes Wort festgehalten wurde. Shockleys Haus war gefüllt mit Tonkassetten, die säuberlich geordnet und beschriftet waren.

Sogar Spicer, einer seiner wenigen verbliebenen Freunde, verstand ihn nicht. »Ich weiß, dass er zumindest zu einem seiner Kinder jede Beziehung abgebrochen hatte«, erinnert sich Spicer. »Als aber einmal seine Katze krank war, hat er den Tierarzt alle paar Stunden aus dem Institut angerufen. Und als er erfuhr, dass sie gestorben war, ist er zusammengebrochen und hat geweint.« Auch im persönlichen Umgang mit Menschen hatte Shockley wenig dazugelernt. Bevor er Besuchern eine Audienz gewährte, mussten sie sich erst einmal von einem Assistenten überprüfen lassen – nicht viel anders als Noyce, Moore und ihresgleichen bei ihrer Einstellung. Studenten, die sich um ein Stipendium bewarben, wurden erst in Betracht gezogen, wenn sie mehr als 700 (von 800) Punkten im sprachlichen und mathematischen Teil des offiziellen College-Zulassungstest erzielten.

T. J. Rogers, Chef von Cypress Semiconductor und Enfant terrible von Woodside, studierte Mitte der Siebzigerjahre mit sechsundzwanzig Jahren bei Shockley an der Stanford University. »Ich belegte die ›Physik der Halbleiter‹ und werde die erste Unterrichtsveranstaltung nie vergessen«, sagt Rogers. »Fünfzig Studenten saßen dichtgedrängt in dem Raum. Shockley gab uns für eine Woche einen Lektürestoff auf, den man in einem Monat nicht schaffen konnte. Bei der nächsten Veranstaltung erschienen nur noch sechs von uns. Shockley sagte: ›Jetzt weiß ich, wer es ernst meint.‹ Dann warf er ein Stück Kreide nach mir und forderte mich auf, Schrödingers Wellengleichung an die Tafel zu schreiben. Ich bekam nur einen Teil richtig hin. Da mussten wir sie auswendig lernen.« Rodgers bewunderte Shockleys Intelligenz und wurde so vertraut mit ihm, wie es bei diesem Mann möglich war. »Ich wurde von ihm zum Dinner eingeladen«, erinnert sich Rodgers, »und er war so emotionslos wie Mr. Data in *Star Trek*. Mehr als ein schmales Lächeln und ein Aufblitzen der Augen war ihm als Reaktion nicht zu entlocken. Er mochte sich nicht mit niederen Sterblichen abgeben. Ihm ging es immer nur um Vernunft und Information. Wenn er uns eine These beweisen wollte, dann suchte er eins seiner Bänder heraus und spielte es uns vor.«

Ein Abschlussexamen wurde von Demonstranten gestört, die in weiße Gewänder gekleidet waren, sich gewaltsam Zutritt verschafften und im Chor riefen: »Shockley ist ein *Motherfucker*! Shockley ist ein *Motherfucker*!« Der Professor reagierte mit absonderlicher Gelassenheit. »Warum«, fragte er seine Gäste, »sagen Sie das?« Er schrieb ihre Beschuldigung an die Tafel und schickte sich an, eine Verteidigungsrede zu halten. Daraufhin begannen sie, ihn mit harten Gegenständen zu bewerfen. Shockley zückte seine Polaroidkamera, was die Demonstranten natürlich noch mehr in Wallung brachte. Nur das tatkräftige Einschreiten von Rodgers und einem anderen Studenten, der bei der Navy gewesen war, bewahrte Shockley vor einer kräftigen Tracht Prügel. »Der ganze Auftritt war absurd«, sagt Rodgers, teils bedauernd, teils amüsiert. »Und Shockley hat es nicht begriffen.«

In der überhitzten Atmosphäre der Studentenunruhen und Vietnamproteste Ende der Sechziger- und Anfang der Siebzigerjahre errangen Shockleys Rassentheorien einen höheren Bekanntheitsgrad als alles, was er jemals in einem Physiklabor zustande gebracht hatte. Harvard und Yale belegten ihn mit Sprechverbot. In Stanford sah er sich Angriffen ausgesetzt. Sein Auto wurde mit

Farbe besprüht, er wurde in effigie verbrannt und in Leitartikeln zur Sterilisation freigegeben. Vor seinem Büro im Sandsteingebäude des Technikfachbereichs versammelten sich regelmäßig Demonstranten, die mit transistorisierten Lautsprechern »Nieder mit dem Schwein Shockley« intonierten. Wie der Journalist T.R. Ried ironisch anmerkt, vermittelten diese Auftritte Shockley »die wohl in der gesamten Technikgeschichte einzigartige Erfahrung, mitzuerleben, wie seine eigene Erfindung den Ruf nach seinem Tod hundertfach verstärkte«. Einmal fiel ein Mikrophon aus und Shockley, der ans Fenster getreten war, um die Szene zu beobachten, reparierte es, offenbar ohne sich der Ironie der Situation bewusst zu sein. Er wollte einfach nicht, dass der Auftritt schon zu Ende ging – lieber gehasst als vergessen. Wenn er in der Mensa einen Hamburger aß, wollte er nicht nur seinen Hunger stillen, sondern auch einen Streit vom Zaun brechen.

Shockleys Genetiktheorien bewegten noch fast zwanzig Jahre lang die Gemüter. Mal bewarb er sich um einen Sitz im Senat (mit der Erbschädigung als Wahlkampfthema), mal brüstete er sich, sein Sperma für eine Samenbank gespendet zu haben, die für die Züchtung von Genies angelegt worden sei. Angeblich hat das Repository for Germinal Choice noch immer eine Probe auf Eis liegen. Als Shockley 1989 – längst vergessen – im Alter von neunundsiebzig Jahren an Prostatakrebs starb, trug seine eigentliche Lebensleistung reichlich Früchte.

Anders als die Männer, die Shockley nach Kalifornien geholt hatte, und die vielen, die seinem Beispiel gefolgt waren, gelangte er selbst nie in den Besitz jener Millionen, die er so sehnlich begehrte. Während es anderen gelungen war, Silizium in Gold zu verwandeln, so schreiben Michael Riordan und Lillian Hodeson in ihrer Geschichte des Transistors, »hat Shockley, was teils an den Umständen und teils an seinem Starrsinn lag, nie die Möglichkeit bekommen, das Gelobte Land zu betreten.« Er zeigte den Weg und teilte das Meer, doch die, die er führte, überholten ihn. Andy Grove bei Intel war sicherlich auch eine schwierige Persönlichkeit, aber er hat seine Produkte auf den Markt gebracht und – was noch wichtiger war – er besaß die Achtung, wenn nicht sogar die Zuneigung, der Leute, die er heimsuchte. Grove, immer noch Vorstandsvorsitzender von Intel, war intelligent, tüchtig, merkwürdig und gelegentlich sogar in der Lage, über sich selbst zu lachen – mit einem Wort, er war menschlich.

Wenn Fred Terman der »Vater von Silicon Valley« und Bob Noyce der »Bürgermeister« war, dann verdient es William Shockley, als Moses des Valleys in Erinnerung zu bleiben. Tatsächlich aber erinnert sich niemand an ihn. Bei Shockley denken die Leute heute eher an einen bekannten Serienschauspieler gleichen Namens. Es gibt keine Physikbüchereien, die nach William Shockley benannt wurden, obwohl er doch eigentlich eine Ikone des Valleys sein müsste. Sein Labor in San Antonio, einst das Tor zu Silicon Valley, ist heute ein Spezialgeschäft für ergonomische Büromöbel. Obwohl sich die neuen Besitzer wundern, warum es so viele Steckdosen in der Wand gibt, wissen sie von Shockley nur, weil hin und wieder ein ehemaliger Kollege oder ein Wissenschaftshistoriker vorbeischaut. Der Stadtrat von Mountain View hat noch keine Erinnerungstafel anbringen lassen. Gibt es eine tragischere Figur auf dem Weg nach Kanaan?

Shockley hat den Traum als erster gehabt, konnte seiner nicht aber habhaft werden. Und das zu Recht. Er war selber schuld.

KAPITEL VIER

Propheten

Oben in den mit Erdbeerbäumen bewachsenen Hügeln von Los Gatos, am südwestlichen Rand von Silicon Valley, lebt einer der Protagonisten der Computerrevolution, die Seele der alten Maschine. Einige würden sagen, Steve Wozniak sei hauptverantwortlich für den Beginn der Revolution gewesen, mehr noch als sein Jugendfreund Steve Jobs. Jetzt, da er sich den Fünfzig nähert, verbringt Woz (reimt sich auf Oz), wie er meist genannt wird und manchmal selbst unterschreibt, seine Zeit nicht mehr damit, die Zukunft zu erfinden. Stattdessen unterrichtet er die Hacker, die es eines Tages vielleicht tun werden. Und natürlich findet das Ganze wieder in einer Garage statt.

In Los Gatos, einer abgespeckteren Version von Woodside, lebten einst Olivia de Havilland und John Steinbeck, heute wohnt dort Steve Wozniak. Auf dem Blackberry Hill, in einem der Zweithäuser, die er besitzt, verbringt Woz jeden Sommer Hunderte von Stunden damit, in einer mit Teppichboden ausgelegten Garage einer Gruppe von Kindern der örtlichen Grundschule – zur Hälfte Jungen und zur Hälfte Mädchen – den Umgang mit Computern beizubringen. Natürlich anhand von Apple-Computern, denn dieses Unternehmen hat er 1976 mitbegründet.

An diesen Tagen, immer noch mit Bart und kaum beleibter als damals, trägt Wozniak einen gestreiften Baumwollsweater, weiße Jeans und weiße Turnschuhe. Wären da nicht die Kabel und Computer auf dem Fußboden und an der Decke, könnte man ihn für einen Zahnarzt halten. Doch die Schüler und die wenigen Eltern, die an der Seite sitzen und das Geschehen verfolgen, wissen genau, wer da vorne, ausgerüstet mit Whiteboard, drei Laptops und einem

Laserpointer, sitzt. »Ich bin der Woz«, erklärt er den fünfzehn Fünft-
klässlern, unter anderen auch dem Jungen mit blaugrünem Haar,
seinem Sohn Gary. Das geschieht ohne Affektiertheit, ohne Über-
heblichkeit. Er nennt ihnen seinen Namen, mehr nicht. Seine
Stimme ist fast ein Zwitschern, vor allem wenn er schnell spricht.
»Wie heißt der beste Computer?«, fragt er seine Schüler. »Mac!«,
schallt es aus fünfzehn Kehlen zurück. Mac, das ist die Kurzform
von Macintosh, der andere Name, unter dem die Apple-Produkte
vertrieben werden. Einer der jungen Assistenten, die Woz beschäftigt, wendet sich mir zu und behauptet, niemand hätte die Kinder
instruiert. Wozu auch? Vor ihnen sitzt schließlich der Erfinder und
erklärt ihnen *seine* Erfindung. Es ist, als würden sie in der Sonntags-
schule von Jesus oder am Baseballschläger von Babe Ruth unterrichtet. Doch Wozniak reagiert völlig unbeeindruckt, wie man es
von jedem x-beliebigen Grundschullehrer erwarten würde. Diese
Normalität – ungeachtet seines Vermögens von 50 Millionen Dollar
– trägt noch zu seinem Charme bei und lässt umso bemerkenswerter erscheinen, was er mit fünfundzwanzig Jahren geleistet hat.
Wozniak wirkt gelassen, zufrieden mit dem ruhigen Lebensstil, den
er sich jetzt, in den mittleren Jahren, zugelegt hat. Dagegen scheint
Jobs schon bei einer harmlosen Unterhaltung mit den Zähnen zu
knirschen. (Als ich zum ersten Mal mit ihm sprach, fragte mich Jobs
– in schwarzem T-Shirt und Sandalen –, warum ich einen Schlips
trüge. Ich antwortete ihm höflich lächelnd, damit wolle ich meinen
Respekt vor ihm zum Ausdruck bringen. Er verdrehte die Augen.)
Jeder Schüler in Wozniaks Garage bekommt ein Powerbook-
Laptop, das mit Software geladen ist, und ein Konto bei America
Online für E-Mail und Internetzugang. Wozniak bezahlt das alles,
wie in jedem Jahr seit 1991. Wenn die Kinder die Rechner behalten
wollen, überlässt er sie ihnen zum Selbstkostenpreis, obwohl das
Gerücht umgeht, dass er manche auch einfach verschenkt. Für die
Schüler ist es der »Woz-Kurs«. Die meisten belegen ihn irgendwann einmal. Der Unterricht ist großartig. Doch der andere Grund,
am Woz-Kurs teilzunehmen, scheinen die Nebenvergünstigungen
zu sein. Trotz des Lehrauftrags bringt Woz viel Verständnis für
seine Zuhörer auf. Im Laufe der fünf Stunden erweist sich ihre Aufmerksamkeit jedoch als einigermaßen begrenzt, was vielleicht der
Grund dafür ist, dass sie unbegrenzten Zugang zu Cola und Fanta

haben, um die ebenfalls unbegrenzten Pizza-Mengen hinunterzu-
spülen.

Welche Vergünstigungen gibt es denn noch? Das Haus von Woz
ist wahrscheinlich der bestausgestattete private Vergnügungspark,
wenn man von Barb Ellisons Partys absieht. Neben dem Indoor-
pool mit seinen eingebauten Unterwasserlautsprechern für 5,5
Millionen Dollar, der einen Blick auf San Jose hat, findet man überall Spielautomaten. Es gibt Spiele, die Autorennen, Skifahren,
Hockey und Bowling simulieren, den legendären Pac-Man, selbst
steinzeitliche Flipperapparate, die »Tilt« sagen. Und für keinen ist
eine Münze erforderlich. Alles in allem sind in Erd- und Obergeschoss neunundzwanzig verschiedene Automaten versammelt,
was sich für fünfzehn Fünftklässler nach einer Menge Spaß anhört – wahrscheinlich fühlen sie sich wie Drogenabhängige, die
freien Zugang zu einer Apotheke haben. Mehr aus Spaß als zur
Überwachung sind auf die Spielautomaten Minikameras gerichtet,
die ihre Bilder ins Internet überspielen, sodass sich die Eltern zu
Hause – welch eigenartiges Vergnügen – davon überzeugen können, dass ihre Kinder bei Wozniak nicht an Computern lernen, sondern an Automaten spielen!

Die kleinen Kameras machen Woz auch viel Freude. In seinem
Büro ist sogar eine auf seinen Schreibtisch gerichtet. Internetsurfer
können auf diese Weise sehen, was er gerade macht. Seine Lieb-
lingskamera aber ist im Blackberry-Haus. Vielleicht erinnern Sie
sich: Anfang 1998 hat der Präsident der Vereinigten Staaten während seines Aufenthalts in Kalifornien in Steve Jobs Haus in Woodside gewohnt. »Clinton hätte auch hier absteigen können«, sagt
Woz. »Dann hätten wir die Kamera im Badezimmer natürlich
abgestellt.« Das ist typisch für seinen Humor, aber auch ein Seitenhieb gegen seinen früheren Partner und Freund. Beide sind sie im
Valley geboren und aufgewachsen. Sie sind geprägt vom Valley
und haben es geprägt. Es waren einmal zwei Freunde, die besaßen
den Schlüssel zum Königreich. Das ist zwar lange her, doch ihre
Geschichte wird immer der entscheidende Wendepunkt von Silicon Valley bleiben.

Intels ungeheuer erfolgreiche dritte Mikroprozessorgeneration,
der 8080, führte zur Entwicklung des ersten universal anwendba-

ren Personalcomputer. Der primitive Altair 8800 wurde in der Januarausgabe 1975 der Zeitschrift *Popular Electronics* als Bausatz angeboten und per Post versandt. Etwas Nützliches konnte er nicht leisten – es gab noch keine Software-Industrie. Niemand machte sich viel Gedanken über Tabellenkalkulation und Textverarbeitung. (Später scherzte man, der PC habe vier Anwendungen: Tabellenkalkulation und Textverarbeitung ... und Textverarbeitung und Tabellenkalkulation.) Der Altair hatte einen Arbeitsspeicher von 250 Byte, weniger als ein Millionstel eines Rechners der Neunzigerjahre. Also eigentlich hat er gar nicht gerechnet. Zusammengesetzt war er ein rechteckiger, grünblauer Kasten etwa von der Größe einer Mikrowelle, ohne Tastatur, Bildschirm oder Joystick. Programmiert wurde er, indem man eine Reihe von Kippschaltern in die richtige Anordnung brachte, wobei jeder ein digitales Ja oder Nein darstellte. Sein einziges Programm brachte eine Gruppe von Lichtern an der Vorderseite der Kiste zum Blinken – das Zerrbild eines Computers, gemessen an den heutigen Geräten.

Doch diese Mängel hielten die Zeitschrift nicht davon ab, ein neues Zeitalter auszurufen, zumal der Altair nur rund 400 Dollar kostete und für seinen Zusammenbau kaum mehr erforderlich war als ein Lötkolben und die Begeisterung des Bastlers. »SENSATIONELLER DURCHBRUCH!« hieß es auf dem Titelblatt. »Der erste Bausatz für einen Minicomputer, der es mit kommerziellen Modellen aufnehmen kann.« Der Hersteller saß in Albuquerque, Micro Instrumentation and Telemetry Systems, dessen Kürzel MITS kaum anziehender klang. (Immerhin war »Altair« ein Insider-Scherz, der Name eines fernen Reichs aus einer Folge von *Star Trek*, der Lieblingsserie aller Hacker.) Die Möglichkeit, einen eigenen Rechner zu bauen – einen kleinen Sektor des wachsenden digitalen Universums mit eigenen Händen herzustellen – war unwiderstehlich (und ganz gewiss besser als der Umgang mit unlogischen, unberechenbaren Menschen). Mehrere Tausend Leser schickten ihren Scheck für den Altair und eine neue Generation von Computerfreaks war geboren. Zur Zeit von Bill Hewlett und Dave Packard wären sie Funkfans oder Sprengstoffexperten im elterlichen Gartenhäuschen gewesen. Den Altairisten ging es nicht darum, die Computer zu entmystifizieren oder der Öffentlichkeit zu zeigen, dass Rechner keine elektronischen Vorboten des Bösen waren.

Doch ihre Begeisterung zeigte, wie sträflich IBM, Hewlett-Packard und andere arrivierte Unternehmen, sogar Intel, den Konsumgütermarkt vernachlässigt hatten.

Was die praktische Anwendbarkeit des Altair anging, machte *Popular Electronics* allerdings leere Versprechungen. Der Computer, so behauptete die Zeitschrift, ermögliche »eine solche Vielfalt von Anwendungen, dass wir sie uns gegenwärtig noch nicht einmal vorstellen können«. Die Aufgabe, echte Funktionen für den Ur-PC zu finden, blieb einer neuen Generation von Technik-Freaks überlassen. In Menlo Park, nördlich von Palo Alto, bildete sich eine Gruppe solcher Computerliebhaber, kurz nachdem der Altair auf den Markt gekommen war. Sie bastelten, tauschten ihr Wissen aus und führten ihre neuesten Errungenschaften vor – das war nicht viel anders als ein Pokerspiel unter Freunden, nur dass die Karten durch technisches Spielzeug ersetzt wurden. Diese »Hacker«, wie sie sich selbst nannten, waren sowohl Profis aus der Industrie als auch begeisterte Amateure, darunter ein paar Teenager – also ein ganz anderes Völkchen als die weiß bekittelten Wissenschaftler, die Jahre zuvor Maschinen wie den ENIAC überwacht hatten. Diese Hobbygruppe nannte sich Homebrew Computer Club und traf sich jeden zweiten Mittwoch im Hörsaal des Linearbeschleunigers der Stanford University.

Einige Homebrewer vertraten politische Auffassungen, sie waren der Meinung, die neue Technologie werde der Gesellschaft und Demokratie zugute kommen. Andere interessierten die physikalischen Aspekte. Steve Wozniak selbst fand einfach Gefallen an der technischen Spielerei. Als Sohn eines Lockheed-Raketenkonstrukteurs wuchs Woz in Silicon Valley auf, in der Stadt Sunnyvale, einer der vielen typischen Vororte, die nach dem Zweiten Weltkrieg entstanden sind. Ein Haus sah wie das andere aus, aber in der Umgebung befanden sich noch Obstplantagen, die er durchquerte, wenn er morgens zur Schule radelte. »Ich hatte Glück, in einer so sorglosen und schönen Welt aufwachsen zu können«, sagt er. Woz war noch ein Kind, als Shockley und Fairchild ihre Halbleiter-Unternehmen gründeten und als Noyce und Hoff die miniaturisierten Wunderwerke erfanden, die den Personalcomputer ermöglichten.

Während sich andere Jungen bei den Baseballspielen der New

York Giants gegen die Los Angeles Dodgers die Kehle aus dem Hals schrien, studierte Wozniak die Kataloge der örtlichen Technik-Unternehmen und besuchte mit seinem Vater Elektronik-Messen. Andere Jungen sammelten die Bilder von Baseballstars, Woz tauschte Computerhandbücher. Wozniak lebte in einer eigenen verzauberten Elektronik-Welt und er selbst war Merlin. Nach der Schule schlichen sich ein Freund und er in die Computerlabors nahe gelegener Firmen, um dort Experimente durchzuführen. Als er dreizehn war, gewann er einen Wissenschaftswettbewerb mit einem Additions-Subtraktionsgerät. Die Transistoren dazu hatte ihm ein Fairchild-Ingenieur gegeben. Wenn er im Unterricht träumte, dann über flüchtig hingeworfenen Skizzen von rudimentären Computern. Er erinnert sich noch genau, wie ihm sein Vater einen ersten integrierten Schaltkreis von Fairchild zeigte. »Ihm verdanke ich es, dass ich mich für Elektronik interessierte«, sagt Wozniak. »Er erklärte mir die Dinge an der Tafel und brachte mir die ersten Gleichungen bei. Ich las die kleinen Tom-Swift-Bücher, von diesem Ingenieur, der für jedes Problem die passende Lösung fand, egal, worum es in der Geschichte ging. Der aus einem Außerirdischen ein elektromagnetisches Gerät bastelte. Ich fand es toll, dass man alles schaffen konnte, wenn man die richtigen Dinge konstruierte. Ich wollte ein zweiter Tom Swift werden.«

Doch zunächst ging es Woz gar nicht so sehr um technischen Erfindungsgeist, sondern um Streiche. Wenn er seinem Vater das Interesse für Elektronik verdankt, dann hat er von der Mutter den Humor. In seinen Streichen stellte er Intelligenz und Auflehnung unter Beweis. Außerdem machten sie Spaß. Einige Streiche waren einfach, andere erforderten einige Mühe, die er aber nur zu gerne investierte. Einmal versteckte er ein Metronom in dem Schrank eines Freundes an der Homestead Highschool und die ganze Schule dachte, es sei eine Bombe. Später betrieb er Dial-A-Joke, einen kostenlosen Telefondienst, der sich auf Polenwitze spezialisierte – von Woz in seinem besten Warschauer Akzent erzählt. Die Wozniaks waren natürlich polnischer Herkunft. Wahrscheinlich wurde die Nummer im gesamten Bereich der Vorwahl 415 am häufigsten gewählt. Als sich schließlich der Polnisch-amerikanische Kongress beschwerte, ging Woz – außerordentlich diplomatisch – zu Italienerwitzen über. Das Schönste an diesen Possen war das

Vergnügen, das sie ihm bereiteten. Was nutzte der schönste Gag, wenn man hinterher nicht kräftig ablachen konnte. (Selbst heute kann er der Versuchungen nicht widerstehen. Er liebt Telefonnummern mit identischen Ziffern – nur Siebenen zum Beispiel. Eine von ihnen, mit zwei Gruppen gleicher Ziffern, war zufällig die Telefonnummer für die Pan-Am-Reservierungen – ohne eine vorangestellte 800. Nun bekam Woz viele falsche Anrufe – von Leuten, die vergessen hatten, vorher die 800 zu wählen, woraufhin er kostenlose Flüge in exotische Gefilde versprach oder Sonderangebote vorschlug, etwa Billigflüge nach New York City für Reisende, die bereit wären, einen Zwanzigstundenflug in einer alten Propellermaschine über Billings in Montana auf sich zu nehmen. Dies war, wie ein Autor notierte, der »seltene Fall eines Telefonstreichs, der *vom Angerufenen ausging*.«)

Seinen bekanntesten Streich leistete er sich, als Jobs und er von den »Blue Boxes« hörten, mit deren Hilfe man kostenlose Ferngespräche in alle Welt führen konnte. (Es handelt sich um elektronische Geräte, deren Signale die Schaltkreise für kostenlose Ferngespräche aktivieren.) *Esquire* hatte einen Artikel über einen Bösewicht namens Captain Crunch gebracht, der durchs Land reiste und jungen Taugenichtsen zeigte, wie sie Ma Bell (der Telefongesellschaft AT&T) ein Schnippchen schlagen konnten. Seinen Namen hatte er von Cornflakes-Schachteln, denen eine Pfeife als Werbegeschenk beigefügt war. Zufällig wirkten diese Pfeifen wie eine Blue Box – wenn man damit in den Hörer pfiff, öffnete das hochentwickelte AT&T-Netz eine kostenlose Fernverbindung. Unter dem Eindruck dieses Artikels und mit Hilfe eines technischen Handbuchs von AT&T baute sich Woz seine eigene Box. Nicht damit zufrieden, in Fresno oder Fargo anzurufen, ein Zimmer im Ritz in London zu buchen oder auch einen Anruf so lange um den Globus zu schicken, dass sein eigenes Echo zu hören war, wählte Woz eine römische Nummer und verlangte mitten in der Nacht, den Papst zu sprechen. Unter Aufbietung seines besten osteuropäischen Dialektes – polnisch oder dergleichen – behauptete Wozniak, Henry Kissinger zu sein. Vielleicht hätte er sich lieber für Andy Grove ausgeben sollen. Die Vermittlung des Vatikans stellte ihm zu dem Bischof durch, der dolmetschen sollte, doch der fiel nicht auf Woz herein – wahrscheinlich, weil er schon von Dial-A-Joke gehört hatte.

1968 begann Wozniak eine Irrfahrt durch die amerikanische Universitätswelt. Mit einer Bewerbungsakte, die für alle Bereiche des College-Zulassungstests die Höchstzahl von 800 Punkten aufwies, hätte er sich jede Universität und jedes College aussuchen können. Doch er entschloss sich, erst einmal Kalifornien zu verlassen, und ging an ein College in Colorado (»Ich hatte noch nie Schnee gesehen – das war der Grund«). Von dort aus kehrte er ins Valley zurück und besuchte das örtliche College. Schließlich schrieb er sich an der University of California in Berkeley ein, wo er Ingenieurswesen und Informatik studierte. Wichtiger aber noch als alle Kurse, die er belegte, war die Freundschaft, die er mit dem fünf Jahre jüngeren Steve Jobs schloss. Jobs war in Mountain View, nicht weit von Shockley und Fairchild, bei Adoptiveltern aufgewachsen, die wenig Interesse für die Hightech-Entwicklung hatten.

Nachdem die Jobs nach Los Altos umgezogen waren, lernte Woz ihn durch einen gemeinsamen Schulfreund kennen, als Jobs gerade vierzehn wurde. Zwar interessierten sie sich beide für Computer, doch mit unterschiedlichen Ausrichtungen. Woz war wie Walter Brattain ein Bastler. Ihn reizte die intellektuelle Herausforderung, etwas zu bauen und zu verstehen, wie es funktionierte. Für Jobs dagegen schien die Elektronik, ähnlich wie bei Fred Terman, nur Mittel zum Zweck zu sein. Für Woz war der Weg das Ziel. Einem Interviewer hat er einmal gesagt, beim Tennisspiel »ist es wichtiger, hinter dem Ball herzulaufen als zu gewinnen«. Jobs dagegen wollte gewinnen und nach Möglichkeit auch noch alle Eintrittskarten verkaufen. Woz hatte keinen Ehrgeiz, Jobs nichts anderes. Dieses Verlangen in Verbindung mit seiner ungeheuren Intensität und Beredsamkeit erklärte Jobs außerordentliche Wirkung, die Erzeugung jenes »wirklichkeitsverzerrenden Felds«, das so häufig bemüht wurde, um sein Charisma zu beschreiben.

Woz baute die raffinierten Blue Boxes, aber Jobs brachte sie unter die Leute – das war ihre Arbeitsteilung. Woz studierte in Berkeley und dachte nicht daran, wie er Geld machen könnte. Jobs, der 70 Meilen weiter auf die Homestead Highschool ging und Woz gelegentlich besuchte, sah ungeahnte geschäftliche Möglichkeiten. Gemeinsam machten sie bereits gute Geschäfte auf dem Campus. Als Jobs 1972 auf das Reed College in Oregon kam, erschloss sich ihm ein neuer Kundenkreis.

Wie Wozniak konnte sich Jobs nicht recht mit dem College anfreunden. Es erging ihm wie damals vielen seiner Altersgenossen – er fand wenig Gefallen an akademischer Disziplin und brachte das mit langen Haaren und schütterem Bart zum Ausdruck. Wie er später den Historikern Paul Freiberger und Michael Swaine erklärte, habe er beschlossen, nicht nach Stanford zu gehen, »weil dort alle wussten, was sie mit ihrem Leben anfangen wollten. Und ich hatte überhaupt keine Ahnung.« Reed war als Treibhaus der Subkultur bekannt. Jobs Zögern schien nicht recht zu dem außergewöhnlichen Ehrgeiz zu passen, den er schon bald an den Tag legen sollte, aber er war noch ein Teenager und der Erfolg mit der Blue Box war in erster Linie ein Jux. Es sollten noch drei Jahre vergehen, bis Woz die ultimative Maschine baute.

Ein Jahr lang blieb Jobs am Reed College, ohne recht Fuß zu fassen. Er entdeckte Vegetariertum, Meditation und östliche Religionen für sich. Dann pflückte er Äpfel in einer Kommune, kehrte nach Hause zurück und arbeitete in Sunnyvale für ein Jungunternehmen namens Atari. Schließlich ging er nach Indien, um barfuß und von der Ruhr geplagt die Spiritualität und seine innere Bestimmung zu suchen. Spleens dieser Art zeigten deutlich, dass er einer anderen Generation und Geisteshaltung angehörte als die Hewletts und Packards, die Moores und Groves von Silicon Valley. Die verkörperten als typische Ingenieure, mit ihrer nüchternen und geradlinigen Art noch nicht den wirklichen Geist des Valley. Ganz anders Jobs, er war das Produkt einer neuen, einer ganz eigenen Zeit.

Als ihm nach drei Monaten das Geld ausging, zog er wieder bei seinen Eltern ein und arbeitete erneut bei Atari. Wozniak hatte sich in Berkeley beurlauben lassen und war in der Entwicklungsabteilung für Taschenrechner bei Hewlett-Packard beschäftigt. Er war vielleicht kein Prototyp des HP-Stils, aber Woz war gerade zweiundzwanzig und das Unternehmen groß und tolerant genug, um einen begabten angehenden Ingenieur zu verkraften, der eine Schwäche für Streiche und Spiele hatte. Auch Jobs hatte schon einmal bei HP gearbeitet. Mit dreizehn hatte er sich diesen Sommerjob auf unnachahmliche Weise verschafft. Als er einmal gerade eine elektronische Zählvorrichtung baute und Extrateile brauchte, griff er zum Telefon und rief Bill Hewlett an, den Gründer des Unternehmens. Hewlett gab ihm die Teile – und einen Job.

Jetzt, sieben Jahre später, arbeitete Jobs wieder im Valley. Er und Woz befanden sich abermals auf demselben Erdteil, nur wenige Kilometer voneinander getrennt. Atari war ein Jungunternehmen in Sunnyvale, das Videospiele für Spielhallen herstellte. Nolan Bushnell hatte für Atari das revolutionäre »Pong« entwickelt, die Mutter aller Computerspiele und der Alptraum aller Bowlingbahnen von der West- zur Ostküste. »Pong« war für zwei Spieler bestimmt, die ein rundes Objekt hin- und herschlugen, wobei Schläger und Ball nur elektronische Schemen auf einem Bildschirm waren.

Jobs wurde bei Atari einfach deshalb eingestellt, weil er sich dort eines Tages einfand. Al Alcorn, einer der Atari-Gründer, erzählt: »Der Personalchef kam eines Tages zu mir gelaufen und sagte, da sei ein Hippie bei ihm, der aussähe, als käme er direkt aus den Bergen. Der Typ aus der Personalabteilung fragte: ›Soll ich die Cops holen?‹« Alcorn war interessiert und stellte Jobs ein, obwohl dieser nicht erkennen ließ, dass er die geringste Ahnung von Technik hatte. Die Ingenieure waren sauer auf Alcorn, der sich erinnert: »Einer von ihnen fragte mich: ›Womit habe ich das verdient? Das Jüngelchen stinkt und hat keine Ahnung.‹« Als Jobs erklärte, er verlasse die Firma, um nach Indien zu gehen, bat ihn Alcorn, für Atari einen Auftrag in Deutschland zu erledigen. »Bis heute«, sagt Alcorn, »kann ich mir Steve Jobs nicht in Bayern vorstellen – da gibt es nicht viel vegetarische Kost.« Irgendwie hat Jobs die Mission aber überlebt.

Der beste Beitrag, den Jobs für Atari leistete, war Woz, dem selbst schon einmal eine Stellung bei Atari angeboten worden war, nachdem er Bushnell und Alcorn seine eigene raffinierte »Pong«-Version vorgeführt hatte. Wenn ein Spieler vorbeischlug, sagte Wozniak: »Oh, Scheiße!« – auf dem Bildschirm. Woz blieb bei HP, aber pickte sich aus beiden Unternehmen die Rosinen heraus. Wenn er bei HP fertig war, ging er in Jobs Büro bei Atari und spielte Videospiele bis zum Abend – und das umsonst. »Das Beste daran, dass wir Jobs beschäftigten«, sagt Alcorn, »war der Umstand, dass er so oft Besuch von Woz hatte. Kreativität heißt nicht selten, dass man verheimlicht, woher man sie hat.« Am Ende entwickelte Woz eine von Bushnell gewünschte »Pong«-Version für nur einen Spieler. Sie hieß »Breakout«. Jobs sagte, das könne er machen. Sozusagen – solange Woz ihn besuchte. In vier durchwachten Nächten entwarf Wozniak »Breakout« und Jobs schrieb es in Assemblersprache. Am Ende waren beide so erschöpft, dass sie an Drüsenfieber erkrankten. Aber das Spiel funktionierte.

Atari wurde 1972 von Nolan Bushnell gegründet, der selbst eine Kreuzung zwischen dem verschmitzten Wozniak und dem ruhelosen Jobs war. Bushnells Atari eroberte die Welt der Adrenalin produzierenden, süchtig machenden Videospiele, die bis auf den heutigen Tag die »Killer-Anwendung«, die alle anderen weit in den Schatten stellende Anwendung, für Homecomputer ist. Vor einer Generation wurde das mittlerweile verstaubt wirkende »Pong« nicht weniger obsessiv gespielt als heute »Doom«. Während Steve Jobs noch auf der Highschool versuchte, sich einen Bart wachsen zu lassen, war Bushnell schon der König der Unterhaltungselektronik. In weit höherem Maße als Hewlett-Packard oder Intel war Atari das erste Unternehmen in Silicon Valley mit einem elektronischen Produkt, das sich massenhaft vermarkten ließ. Dass es mittlerweile wieder in der Versenkung verschwunden ist, zeigt nur, wie kurzlebig der Erfolg im Valley ist.

Der neunundzwanzigjährige Bushnell war in jeder Hinsicht überlebensgroß. Er war ein Bär von einem Mann, eins neunzig groß, mit dunklem, lockigem Haar, dichtem Bart und einem strahlenden, runden Gesicht. Noch bevor er überhaupt den Mund öffnete, konnte er schon allein durch seine Erscheinung die meisten Menschen für sich einnehmen. Sein Lächeln brachte einen Eisberg schließlich vollends zum Schmelzen und seine Pfeife verlieh ihm eine Aura von Würde und Gesetztheit. Die Idee, die Atari zugrunde lag, hätte zeitlich nicht besser auf die Revolution im Valley abgestimmt sein können. Da Bushnell vor den Toren von Salt Lake City in einer Mormonenfamilie aufgewachsen war, befand er sich gegenüber Wozniak oder Job deutlich im Nachteil, war er doch nicht in einer Umgebung groß geworden, die von Ingenieuren und der neuen Elektronik geprägt war. Sein Vater war Bauunternehmer. Doch eines Tages, in der dritten Klasse, übertrug ihm seine Lehrerin Mrs. Cook die Verantwortung für den »Elektrizitätskasten« der Naturkundesammlung. Mit allen Batterien, Drähten und alten Geräten, die er zu Hause finden konnte, begann Bushnell nun zu experimentieren. Und mit zehn Jahren hatte er eine Amateur-funkerlizenz. Aus Angst vor einem tödlichen Schlag machte seine Mutter fortan einen großen Bogen um sein Zimmer. Einmal setzte er sogar die elterliche Garage mit einer Rakete in Brand, die mit flüssigem Treibstoff gefüllt und auf ein Rollerskate montiert war.

Während des Ingenieurstudiums an der University of Utah lernte Bushnell zwei wichtige Dinge. Erstens: Der riesige Mainframe Computer der Universität hatte ein wunderbares Baller-Spiel namens »Spacewar«. Wie so viele andere unentbehrliche Erfindungen waren auch die Videospiele ein Abfallprodukt des Pentagon, denn die Generäle hatten ursprünglich gehofft, dem militärischen Nachwuchs auf diese Weise die Grundregeln der Strategie vermitteln zu können. Zweitens: Bushnell wurde der beste Jahrmarktschreier des County. Er arbeitete auf eigene Rechnung beim Büchsenwerfen und verdiente sich damit eine goldene Nase. Aus der Verschmelzung dieser Interessen – Spiele und Reklame – entstand Atari. Außerdem begriff Bushnell, dass er Utah satt hatte. Nach seinem Examen floh er in die aufregende Welt von Silicon Valley und arbeitete für Ampex, das ehrwürdige Unternehmen, das die ersten Tonbänder auf den Markt gebracht hatte. »Das war der einzige Ort, wo ich Nolan mit Schlips und Laborkittel gesehen habe«, sagt Alcorn, ein ehemaliger Ampex-Kollege, der das Unternehmen mit Bushnell zusammen verlassen und Atari gegründet hat (und der als Leiter der Forschungs- und Entwicklungsabteilung von Red Hoff abgelöst wurde, dem Miterfinder des Mikroprozessors, was wieder einmal beweist, dass man in Silicon Valley seine Stellung nicht wirklich aufgibt, sondern sie nur unter anderen Vorzeichen und in einer anderen Firma fortsetzt). »Nolan war nur ein mittelmäßiger bis schlechter Ingenieur, der sich mehr für den Investmentfonds interessierte, den er gegründet hatte. Aber er steckte voller wunderbarer Ideen und wusste alles über das Geschäft mit Spielautomaten.«

»Spacewar« diente Bushnell mehrere Jahre als Anregung, bis er ein ähnliches Spiel auf einem kleineren und billigeren Computer entwickelt hatte. Das Ergebnis war »Computerspace«, das erste Spiel für Spielhallen, das einen integrierten Schaltkreis verwendete. Bei seinem Zahnarzt lernte Bushnell einen anderen Patienten kennen, den einzigen Spielautomatenhersteller westlich des Mississippi. Doch das Spiel verkaufte sich trotzdem schlecht. Nicht weil die Linien und Bildpunkte zu einfach waren, wie Bushnell erkannte, sondern weil die Betriebsanleitung zu kompliziert war. »Um erfolgreich zu sein«, sagte er, »musste ich ein Spiel auf den Markt bringen, das die Leute schon kannten – etwas, das so einfach war, dass es jeder Betrunkene in einer Bar spielen konnte.«

Das Spiel war »Pong« und es wurde von Alcorn, der damals erst vierundzwanzig Jahre alt war, in drei Monaten entwickelt. Wäre »Pong« auch nur ein bisschen öder gewesen, es hätte sogar Koko, das Gorillaweibchen, gelangweilt. »Pong« kam ohne Betriebsanleitung aus, denn es war Tischtennis auf dem Bildschirm eines Spielautomaten (später auch als Zusatzgerät für den häuslichen Fernseher angeboten). »Pong« lieferte auch den hohlen Klang, den der Ball verursachte, wenn er auf den »Schläger« traf. Bushnell und Alcorn begannen Atari mit einem »Kapital« von 500 Dollar und monatlichen Einnahmen durch Linzenzgebühren von 2000 Dollar für »Computerspace« und andere Spiele. Der Fahrzeugpark des Unternehmens bestand aus einem türkisfarbenen Oldsmobile-Kombi. Bushnell versuchte Mitarbeiter einzustellen, die ähnlich kreativ waren wie er selbst, indem er sie fragte, was für Spiele sie mochten und wie man einen Lichtschalter in einem Haus anschließt. Es war erstaunlich, wie viele Bewerber keine Antwort auf diese beiden Fragen wussten. Venture-Kapitalgeber zeigten keinerlei Interesse. »Es mag absurd klingen«, meinte Bushnell später, »aber die Leute glaubten, die Idee, Spiele auf einem Fernsehschirm zu spielen, sei das Absurdeste, was sie je gehört hatten.« Ein Venture-Investor fragte ihn: »Ach, und wer zahlt einen einzigen Penny dafür, um ein blödes Spiel zu spielen?«

»Atari« heißt in dem alten japanischen Brettspiel »Go«, das Bushnell liebte, so viel wie »Schachmatt«. Wie er bereitwillig erklärte, ist »›Atari‹ eine höfliche Warnung an die Adresse des Gegners, dass man im Begriff ist, ihm seine Steine wegzunehmen«. Im Übrigen war es nur Bushnells zweite Wahl für den Namen. Ursprünglich hatte er das Unternehmen »Syzygy« nennen wollen, worunter man die Aufreihung von Himmelskörpern in gerader Linie versteht. Das Wort ist der letzte Eintrag unter S im Wörterbuch. Das war ein hübscher Einfall, aber ein Dachdeckerbetrieb hatte sich den Namen schon gesichert und Bushnells Anwälte kriegten kalte Füße.

Bushnell beschloss, den »Pong«-Prototyp in einer Ecke von Andy Capp's, einer Bar in Sunnyvale, zu testen – gleich neben dem »Computerspace«-Gerät. Zunächst wussten die Stammgäste nicht, was sie mit dem Tischtennisball anfangen sollten, der da auf dem Bildschirm hin und her sprang, und warteten darauf, dass jemand ein paar Münzen erübrigen konnte. Doch dann rangen sich zwei Gäste durch, warfen eine Münze ein und beobachteten, wie der Ball sich bewegte und der Punktestand sich veränderte. Vielleicht war auch das zu kompliziert. Wenn nämlich keiner der Spieler seinen Griff bewegte, dann gab es kein Spiel. Doch bei drei zu drei begriff erst der eine, dann der andere das Prinzip. Schon waren sie mitten im Spiel, dann folgte ein weiteres und noch eins. Das »Pong«-Geräusch war überall in der Bar zu hören und lockte andere an. Als die Bar schloss, so heißt es, hätte jeder mindestens einmal gespielt.

Am nächsten Morgen standen die Menschen Schlange vor der Bar – und es war nicht der Bierdurst, der sie dazu trieb. An diesem Abend gab das Gerät seinen Geist auf – nicht weil es eine Panne hatte, sondern weil der Münzbehälter übergelaufen war und sich sein Inhalt in die »Innereien« der Maschine ergossen hatte. Bushnell wusste, dass ihm ein Hit gelungen war, der große Wurf, ein Spielautomat, der zum Prototyp eines neuen Genres werden würde. Die Symbiose von Unterhaltungsindustrie und Elektronik. Nach einigen Jahren waren »Pong« und ähnliche Spiele aus Kneipen, Einkaufszentren und Vergnügungsparks, wie Bushnell sie als Marktschreier kennen gelernt hatte, nicht mehr wegzudenken. Mehr als zehntausend »Pong«-Automaten wurden verkauft, das Stück für einige Tausend Dollar, was für Atari Einnahmen von vielen zigmillionen Dollar bedeutete. 1975 vertrieb Sears die Version für den privaten Haushalt. Ein typischer Weihnachtsmorgen in Amerika: *Boing! Boing! Boing!* Sears verkaufte drei Millionen von ihnen. Bushnell konnte sein Glück nicht fassen. Als die Sears-Partner die Packabteilung von Atari besichtigten, sprang Bushnell in einen Karton und fuhr auf dem Förderband durch die Halle.

Im folgenden Jahr verkaufte Bushnell, 28 Millionen Dollar bekam er von Warner Communication für Atari. (Disney und MCA passten bei diesem Gebot.) Bushnell steckte davon ungefähr die Hälfte ein und bewies damit einen gesunden finanziellen Instinkt. Zwar hatte sein junges Unternehmen noch nicht den Gipfelpunkt erreicht – 1980 sollte der Umsatz auf über 400 Millionen Dollar klettern, als Atari die »Pac-Man«-Version für den Privatverbraucher auf den Markt brachte –, doch der Absturz war näher, als man ahnte. 1983 verlor Atari 536 Millionen Dollar, damals die fettesten roten Zahlen in der Geschichte der amerikanischen Wirtschaft. Japanische Konkurrenten, die einen besseren Instinkt für den Spiele-Markt hatten und besser verstanden, die Möglichkeiten des Mikroprozessors zu nutzen, entwickelten überlegene Produkte. Deshalb sind Nintendo und Sega heute Gattungsbezeichnungen und Atari nur noch eine Erinnerung. Die japanischen Unternehmen haben Atari beim Wort genommen und seine »Steine« eingeheimst. Der Niedergang von Atari ist im Valley ebenso zur Legende geworden wie sein sensationeller Aufstieg.

Doch Bushnell legte seine Millionen nicht an wie jeder andere standesbewusste Valley-Tycoon Mitte der Siebzigerjahre, das heißt, er suchte sich kein luxuriöses, modernes Heim in Palo Alto oder Atherton. Gewiss er gönnte sich eine neue Frau, einen neuen Rolls-Royce, eine Jacht namens *Pongo*, ein Learjet, eine Eigentumswohnung in Aspen, kulinarische Genüsse in Paris und das Vergnügen, vom *San Francisco Chronicle* im Whirlpool mit heißer Besetzung abgebildet zu werden. Nein, er machte das viel besser: Er entdeckte Woodside, bis dato ein Refugium für Pferdenarren und wohlhabende Bewohner von San Francisco, die ein bisschen Ruhe und Frieden in den Hügeln suchten. In einer ziemlich exzentrischen Anwandlung kaufte Bushnell das alte 40-Hektar-Anwesen Folger Estate, eine monströse Villa aus einer längst vergangen Ära. Die wahrhaft gewaltige Immobilie – siebenunddreißig Zimmer auf 1600 Quadratmetern Wohnfläche im Stil der Jahrhundertwende, mitten in den Redwood-Wäldern gelegen – war zu Anfang des 20. Jahrhunderts von James Folger III erbaut, dem Erben des Folger-Kaffee-Vermögens. Der erste Mr. Folger war während des Goldrauschs nach Kalifornien gekommen und schlau genug gewesen, neben der Goldsuche noch ein Kaffeegeschäft zu betreiben. Die Folgers hatten das Anwesen verkauft, weil ihre Enkelin Abigail »Gibby« Folger 1969 eines der Mordopfer von Charles Manson in den Hollywood Hills gewesen war und die Familie nun die Erinnerungen an ihre Kindheit in dem vierstöckigen Haus in Woodside nicht mehr ertrug.

Bushnell füllte das große Haus mit acht Kindern, ausgestopften

Tieren, die sprechen konnten, Puzzles und Spielzeug aller Art, einem Eissalon, einem Theater und Möbeln, die von Plüsch bis reiner Seide reichten. Der Rockmusiker Neil Young und seine Frau – ebenfalls Woodsider – waren häufig zu Gast. Doch im Laufe der Zeit stellte sich bei dem apfelgrünen Bauwerk, wie bei seinem Besitzer, ein erheblicher Renovierungsbedarf ein. Bushnells Frau scherzte, dass sie mit dem Klempner schon auf Du und Du stehe. Nicht zuletzt wegen erheblicher finanzieller Probleme bot Bushnell das Anwesen für 8,9 Millionen Dollar an und verkaufte es 1997 für knapp die Hälfte. Ein Jahr lang wohnte er in London, später in Los Angeles.

In der Zwischenzeit blieb Bushnell seinem unternehmerischen Temperament treu und betätigte sich in unterschiedlichsten Geschäften. Einige gingen gut: Chuck E. Cheese zum Beispiel, die Restaurantkette mit hyperkinetischem Unterhaltungswert, die Pizza mit Videospielen bot und deren Maskottchen eine Ratte war, und Lion & Compass, das elegante In-Lokal in Sunnyvale, das das Waggon Wheel in der Hightech-Hackordnung verdrängte. (Noch heute wird Lion & Compass von Bushnells Schwager geleitet und noch immer gibt es einen Aktienticker neben der Bar und Telefonbuchsen an jedem Tisch, ein Relikt aus der Vor-Handy-Zeit.) Andere Projekte, wie Online-Spiele und ein »interaktives Speisezimmer« für Erwachsene, fanden zwar viel Beachtung in der Öffentlichkeit, weil sie mit Bushnells Namen verknüpft waren, hatten aber keinen Erfolg. Wieder andere Unternehmungen verstrickten sich in Rechtsstreitigkeiten, in denen jede gute Idee zum Untergang verurteilt ist. Von einer ehemaligen Mitarbeiterin, die behauptete, er habe sie mit Herpes angesteckt, wurde er sogar auf 50 Millionen Dollar Schadenersatz verklagt. Die San Jose *Mercury News* brachte die Geschichte auf der Titelseite, machte sich allerdings nicht die Mühe, seinen Freispruch genauso groß aufzumachen. Und dann war da die Geschichte mit dem persönlichen Roboter. Manchmal meint man im Valley noch ein Echo vom Androbot-Projekt zu vernehmen, obwohl der für den August 1983 vorgesehene Börsengang im letzten Augenblick abgeblasen werden musste. Dieses Wall-Street-Debakel kostete Bushnell Millionen und verstrickte ihn in einen langwierigen Rechtsstreit mit Merrill Lynch, den wichtigsten Geldgeber.

Androbot Inc. war die Achtziger-Version der typischen Internet-firmengründung von heute. Keine Einkünfte, kein Gewinn – kein Problem! Alles, was man brauchte, war ein bisschen Medienwirbel, Bushnells Spezialität. Der *Playboy* kam zu Besuch und in seinem Schlepptau ein Kamerateam der NBC. Die Roboter waren 1963 die Sensation auf der Messe für Unterhaltungselektronik in Las Vegas. Die persönlichen Roboter sollten Bushnells größter Verkaufshit seit »Pong« werden. Bob (für *Brains on Board* –»Gehirn an Bord«) sollte staubsaugen und dem Benutzer ein Bier holen; Fred (für *Friendly robotic Educational Device* –»Freundlicher Erziehungsautomat«) sollte den Kindern Mathematik beibringen. Es gab sogar einen AndroMan, den man an die Privatversion von Atari anschließen konnte –»Pac-Man« ohne Grenzen! Den kalifornischen Kolumnisten Herb Caen fragte Bushnell:»Würde es Ihnen nicht gefallen, wenn morgens ein dienstbarer Geist in Ihr Schlafzimmer käme und Sie fragte: ›Mächtiger und allwissender Gebieter, seid Ihr bereit für Euren Kaffee?‹«

Das einzige Problem bestand darin, dass Bushnells Roboter trotz bordeigener Mikroprozessoren, Sonar- und Infrarotsensoren keine der von ihnen erwarteten Aufgaben erledigen konnten. Sie waren nichts als Technikträume. Allenfalls konnte sich der hüfthohe Bob durch ein Zimmer bewegen, ohne in das Bücherregal zu laufen, nicht viel geschickter als ein Dackel mit guten Augen. Dieses Maß an Geselligkeit kann man sich auch durch ein Aquarium mit tropischen Fischen verschaffen. Doch für das Geld, das Bob kostete, erwartete der Verbraucher etwas Nützlicheres – solch ein Roboter überstieg indessen die technischen Möglichkeiten der Zeit bei weitem. Trotzdem, in den Emissionsträumen von Merrill Lynch war Androbot unglaubliche 90 Millionen Dollar wert. »Mehr Wunsch als Wirklichkeit«, sagte ein Financier und nahm damit den internetfixierten Markt von 1995 bis 1999 voraus.

Offenbar war Bushnell in Unternehmensfragen ein Dilettant, der in dem Augenblick die Lust verlor, wo es galt, eine gute Idee in die Tat umzusetzen. Bei Atari entwickelte Alcorn für die Entwicklungsabteilung ein Sicherheitssystem, das die Ingenieure warnte, wenn sich Bushnell näherte. Sonst hätte er die Prototypen verworfen und etwas völlig Neues verlangt. »Golden Retriever haben eine längere Aufmerksamkeitsspanne«, meint Alcorn heute. Im Rückblick auf sein Leben vor einigen Jahren kommt Bushnell zu einem ähnlichen Ergebnis:»Ich muss mich immer wieder zur Ruhe zwingen«, erklärte er gegenüber einem Reporter.»Ich bin gern der Bursche, der sich mit einem Buschmesser den Weg durch den Dschungel bahnt und nie auf dem gleichen Weg zurückkehrt. Deshalb brauche ich gute und begabte Leute, die sich um die anderen Sachen kümmern.«

Aber das ist nicht der gewöhnliche Gang der Dinge, selbst bei Atari nicht. In mancherlei Hinsicht wäre Nolan Bushnell bei den Homebrewers wohl besser aufgehoben gewesen.

Der Hombrewer Computer Club von Steve Wozniak war wie organisierte Religion. Für sich genommen gingen die Mitglieder normalen Berufen und Beschäftigungen nach. Zusammen waren sie wie eine zum Gottesdienst versammelte Gemeinde.»Es war eine einmalige Zeit im Valley«, erinnert sich Jim Warren, eines der ersten Homebrew-Mitglieder.»Das besondere Merkmal der Leute war die Bereitschaft, Informationen auszutauschen – sich zu helfen, statt sich niederzumachen. Wir waren Kinder unserer Zeit, zweite Hälfte der Sechzigerjahre – Hippies, Kriegsgegner, Anhänger des Free Speech Movement* – und davon überzeugt, dass man alle Probleme der Welt lösen könnte, selbst wenn es ein oder zwei Jahre dauern sollte.« Warren war noch ein klein wenig unorthodoxer als die anderen. Einmal unterrichtete er Mathematik an einem katholischen Frauen-College. Doch als die Nonnen herausfanden, dass er bei sich zu Hause Nacktpartys veranstaltete, meinten sie, er sei vielleicht doch nicht die Idealbesetzung, und er kündigte. Die Subkultur, die Homebrew verkörperte, hätte keinen größeren Gegensatz zur Welt von Intel oder Hewlett-Packard bilden können. Während die damalige Elektronik-Elite konservativ, republikanisch und auf feste Arbeitszeiten bedacht war, stand diese neue, rebellische Generation nachmittags auf, arbeitete bis zum Morgengrauen und duschte, wann es ihr passte. Das Ganze zeigt deutlich, warum Intel seine Wurzeln bis zu den Fünfzigerjahren zurückverfolgen konnte – und es bei Apple nicht der Fall war.

---

* Eine der ersten Protestbewegungen an der University of California in Berkeley.

Trotz des Erfolgs der Blue Boxes – sogar Ike Turner kaufte eine – war Wozniak nicht sonderlich an Möglichkeiten interessiert, irgendwelche Produkte auf den Markt zu bringen. Doch das alle zwei Wochen stattfindende Treffen mit seinen Hackerfreunden brachte ihn nicht nur mit neuen Ideen in Berührung, sondern spornte ihn auch an, die anderen zu überflügeln. Einen besseren Computer zu bauen, das bedeutete für ihn nicht Ruhm und Reichtum, sondern eine Möglichkeit, die Freunde zu beeindrucken – das war das »Persönliche«, das in PC steckt. Er wollte einfach das Gerät seiner Träume haben, genau auf seine Bedürfnisse zugeschnitten. Schließlich hatte er nicht das Geld, um sich einen vollständig ausgerüsteten Altair zu kaufen. Die anderen Klubmitglieder erkannten rasch die technische Überlegenheit von Woz an, was seinen Schaffensdrang nur noch weiter ansporonte.

Auf einer Computermesse in San Francisco entdeckte Wozniak eine kleine Halbleiter-Firma, die Mikroprozessoren für zwanzig Dollar verkaufte. Es war zwar kein Intel-Chip, aber der 6502 von MOS Technology reichte völlig aus für das, was Woz vorhatte. Er kaufte eine ganz Tasche voll, wobei er auch an seine Homebrew-Freunde dachte. Um einen 6502 herum baute er mit Teilen, die er sich von HP »ausborgte«, einen Computer. Er war keine perfekte Kreation wie der Altair, sondern eine Platine mit Schaltkreisen, die mit einer Tastatur und einem Monitor verbunden werden konnten. Trotz seines provisorischen Aussehens bedeutete der Rechner einen Fortschritt gegenüber dem Altair, weil er mit weniger Bauteilen auskam. »Es geht mir um die Ästhetik und den Beweis, dass ich intelligent bin«, erläuterte Wozniak Steven Levy von der Zeitschrift *Hackers*. »Das ist die Aufgabe, die ich mir stelle – eine Konstruktion, bei der ich einen Chip weniger als der letzte Tüftler brauche … Jedes Problem hat eine bessere Lösung, wenn man es unkonventionell angeht.« Das war seine Triebfeder. »Ich wollte mit etwas angeben und ich hoffte, andere würden [meine Erfindungen] sehen und sagen: ›Himmel, genau das ist es!‹ Und genau das habe ich im Homebrew Club bekommen.«

Vielleicht hätte ihm das auch gereicht. Seine Freunde waren gebührend beeindruckt und rissen ihm seine digitalen Entwürfe förmlich aus der Hand. Doch Steve Jobs, der die Homebrew-Treffen besuchte, aber mehr als Zuschauer denn als Erfinder, hielt das

Ganze für Zeitverschwendung. Wenn schon ein paar Hobby-Elektroniker so begeistert waren, was würde dann erst auf einem richtigen Markt los sein? Intuitiv verstand Jobs die Bedeutung dessen, was Gordon Moore zehn Jahre vorher erkannt hatte: Durch die Miniaturisierung mussten die Chips unausweichlich billiger (und schneller) und damit für fast jeden erschwinglich werden. Jobs überlegte: Was wäre, wenn Wozniak dazu gebracht werden könnte, seinen Computer in großen Mengen herzustellen? Das Kunststück bestand darin, ihn zu überzeugen, dass sich der Kick, den ihm das kleine Auditorium verschaffte, durch ein Unternehmen noch vervielfältigen ließe. Unermüdlich zog Jobs alle Register seiner Überredungskunst und Woz ließ sich schließlich überreden. Er blieb der Ingenieur, während Jobs sich um den Verkauf kümmerte. Für die anderen Homebrewer waren sie »die beiden Steves«. Jobs überredete Geschäfte am Ort, ihnen die nötigen Teile zu überlassen und ihnen einen neunundzwanzigtägigen Kredit zu gewähren. Manchmal erinnerte die Verhandlungsweise der beiden an das Komikergespann Abbott und Castello. Bei einer Lieferfirma betete Jobs seinen sorgfältig vorbereiteten Text her, der dazu bestimmt war, den Preis zu drücken, während Woz ständig erklärte, er brauche die Teile. Jobs saß ihm gegenüber und versuchte, ihm gegen das Schienbein zu treten, verfehlte ihn aber und rutschte unter den Tisch.

Anfang 1976 war Jobs einundzwanzig und Wozniak fast sechsundzwanzig. Jetzt fassten sie den Gedanken, ein Unternehmen zu gründen, ernsthaft ins Auge: Woz verkaufte seine Rechenmaschine HP-65 und Jobs seinen VW-Bus. Allerdings waren sie fest entschlossen, genügend Geld zu verdienen, um ihre Schätze bald zurückkaufen zu können. Doch bevor sie ihr neugeborenes Produkt in Fachzeitschriften anbieten konnten, brauchte es einen Namen. Wie sie sich schließlich auf den Namen »Apple Computer« einigten, hängt davon ab, welcher Version der Geschichte man Glauben schenkt. Die Bezeichnung könnte zurückgehen auf Jobs nostalgische Erinnerungen an die Apfelernte in der Kommune in Oregon, auf seine gelegentliche Obstdiät, auf ein Wortspiel (»Byte« wird genauso gesprochen wie »bite«, der Biss oder abbeißen), darauf, dass der Name auf der ersten Seite eines jeden Telefonbuchs steht, oder auf die von den Beatles gegründete Plattenfirma »Apple«.

Vielleicht war »Apple« auch nur der Versuch, in einer Hightech-Branche, die nicht gerade für anheimelnde Wärme bekannt war, eine angenehm klingende, alle Amerikaner ansprechende Markenbezeichnung zu finden. Bei Namen wie »Fairchild Semiconductor« oder »International Business Machines« denkt niemand an grüne Wiesen und blühende Bäume. Das ursprüngliche Apple-Logo war wenig aussagekräftig, es zeigte jemanden, der unter einem Apfelbaum saß. Doch dann brachte das Unternehmen den freundlichen Regenbogenapfel heraus – dem ein Bissen fehlt – und schuf damit das bekannteste Markenzeichen der Computerindustrie. So verkaufte Jobs nicht nur ein Labyrinth von Schaltkreisen, sondern auch ein Bild. (Der Apfel wurde vermutlich letztendlich auf diese Weise dargestellt, damit niemand auf die Idee kam, der Apfel sei eine Kirsche.) Hewlett-Packard wurde von Ingenieuren geleitet und die Kunden waren ebenfalls Ingenieure. Intel vertrieb sein Produkt nicht an Endverbraucher. Ganz anders Apple, das verkaufte an Konsumenten.

Jobs war von einem finsteren Eifer beseelt, der fast zu heftig für seinen spindeldürren Körper wirkte. Doch selbst hinter den Kulissen bewies er seinen Instinkt für Werbeeffekte und wirkungsvolle Auftritte. Bei einer Nationalen Computerkonferenz in Anaheim, damals der wichtigsten elektronischen Veranstaltung der Welt, war Jobs mit der Aufmerksamkeit, die sein Unternehmen fand, nicht zufrieden. Die Veranstalter der Konferenz waren nur widerstrebend bereit gewesen, Personalcomputer in der gleichen Kategorie zu präsentieren wie die leistungsfähigen Mainframes. Doch ein Platz in der Hauptausstellungshalle wurde Apple kategorisch verweigert. Als er ins Dinseyland Hotel verbannt wurde, mietete Jobs den ganzen Vergnügungspark und lud alle neunzigtausend Konferenzteilnehmer ein. So etwas hatte noch kaum jemand von ihnen erlebt.

Der erste Apple-Rechner – der Apple I, wie er genannt wurde – wurde für 666,66 Dollar verkauft. Man konnte ihn in den Computerläden von Silicon Valley und per Post erwerben. Woz und Jobs arbeiteten in Jobs Garage, 2066 Crist Drive – ob er wohl gern ein *h* hinzugefügt hätte? –, und verkauften 175 Stück, eine Zahl, die mehr über das Angebot als die Nachfrage aussagte. Doch um weiterzumachen, brauchten sie Kapital. Zwar hatten Hewlett-Packard und Atari die Basteleien ihrer Angestellten – während und nach der Arbeit – bisher geduldet, waren aber nicht daran interessiert, sie zu finanzieren. Woz und Jobs bekamen zu hören, der Apple sei nicht praktisch, nicht zu verkaufen und noch nicht einmal von richtigen Ingenieuren entworfen und konstruiert worden. Wenn HP einen blinden Fleck hatte, dann war es seine Unfähigkeit, Jungunternehmen zu unterstützen, obwohl das Unternehmen sich später selbst auf dem PC-Markt versuchen sollte. Auch Intel war nicht an den Apple-Boys interessiert. Als Jobs Gordon Moore aufsuchte, tat dieser den Apple-Rechner einfach als ein weiteres Gerät ab, in das man einen Mikroprozessor einbauen konnte. Sogar Bob Noyce, der zu diesem Zeitpunkt die Graue Eminenz von Silicon Valley war, verpasste die Chance, die beiden Steves persönlich zu unterstützen. Seine zweite Frau Ann Bowers hatte von der Firmengründung gehört, doch er hatte sie ausgelacht. Ihr wurde späte Genugtuung zuteil – als Vizedirektorin der Personalabteilung bei Apple mit einem Riesenbatzen Aktienoptionen.

Während der zweiten Hälfte des Jahres 1976 arbeitete Wozniak an einem neuen, leistungsfähigeren Computer, dem Apple II. Dieses Modell hatte ein eleganteres Design – es sah eher wie eine Schreibmaschine aus – und war auch funktionaler. Es hatte eine normale Tastatur, einen Netzanschluss und ein Diskettenlaufwerk für die Datenspeicherung. Der Rechner war vollständig montiert und besaß ein beigefarbenes Plastikgehäuse, das oben das Apple-II-Logo trug. Der Computer war leicht zu programmieren und konnte Farbgrafiken und Bewegung erzeugen. Man musste ihn nur an einen Fernsehapparat oder einen anderen Monitor anschließen. Einige der Homebrew-Leute waren enttäuscht, dass der Rechner nicht als Bausatz geliefert wurde, konnten seine technischen Qualitäten aber nicht bestreiten. Mochte er auch für den Bastler kleine Schwächen haben, der Apple II war das Produkt für den Massenmarkt, das sich Jobs erträumt hatte – der Computer, der zum Stammvater einer ganzen Spezies von nachfolgenden Kleincomputern wurde. Job hatte veranlasst, dass ein Industriedesigner das Gehäuse des Rechners entwarf. Der Apple II *sah aus* wie ein Apparat, den Otto Normalverbraucher bedienen konnte, ohne sich von einem vierzehnjährigen Technikfreak helfen lassen zu müssen. Der halbfertige und einschüchternde Apple I, der seine Silizium-Innereien immer wie ein unvollständiges Experiment zur Schau stellte, hätte nie einen solchen Zuspruch erzielen können. Jobs setzte den Preis für den Apple II auf 1298 Dollar fest, obwohl Wozniak angesichts eines so ausgeprägten Erwerbstriebs heftig protestierte.

Als der Apple II noch im Planungsstadium war, ging Jobs schon auf die Suche nach Förderern. Bei allem Selbstbewusstsein, das er sein Eigen nannte, war er sich darüber im Klaren, dass er angesichts seines Mangels an Mitteln und Erfahrung kaum in der Lage sein würde, ein richtiges Unternehmen zu gründen. Es war toll, dass die beiden ersten Angestellten Schüler der örtlichen Highschool waren, aber keiner von ihnen wäre in der Lage gewesen, die Buchhaltung zu leiten. Nolan Bushnell hätte gern etwas Kapital zur Verfügung gestellt, aber sein Geld steckte in Chuck E. Cheese. Jobs' erster größerer personalpolitischer Erfolg war Regis McKenna, der Intel vertrat und der bekannteste Presseagent des Valley war. Ihn überredete Jobs, sich um Apple zu kümmern. Zunächst hatte McKenna nur gesagt: »Hau ab!« Aber Jobs, eine Kreuzung aus blutrünstigem Tiger und Nervensäge, war hartnäckig. Schließlich gab McKenna nach und schlug das bunte Logo und eine Anzeige im *Playboy* vor.

McKenna und Al Alcorn von Atari machte Jobs mit Don Valentine bekannt, einem der ersten Risikokapitalgeber und dem Gründer von Sequoia Capital. Als Jobs in seiner ganzen schmuddeligen Pracht auftauchte, äußerte Valentine gegenüber McKenna jenen denkwürdigen Satz, der in Jobs' Legende einen Ehrenplatz einnimmt: »Warum schickst du mir dieses völlig aus der Art geschlagene Exemplar der menschlichen Rasse?« Valentine ließ sich die einmalige Gelegenheit durch die Lappen gehen und reichte Jobs weiter an einen gerade in den Ruhestand getretenen, liebenswürdigen Mann von vierunddreißig Jahren, der bei Bob Noyces Fairchild begonnen und dann die Marketing-Abteilung von Intel geleitet hatte. Sein Name war A.C. Markkula Jr., von allen »Mike« genannt, weil »A.C.« für Armas Clifford stand. Als Intel an die Börse ging und die Aktie ständig stieg, verdiente Markkula Millionen. In der Blüte seiner Jahre, noch keine vierzig, hatte er nun eigentlich vor, mehr Zeit mit seiner Familie zu verbringen, in Tahoe Ski zu fahren und ein bisschen Gitarre zu spielen. Doch dann traf er Jobs und Wozniak.

Obwohl von Beruf Ingenieur und Liebhaber technischer Spielereien, lag Mike Markkulas eigentliches Talent auf geschäftlichem Gebiet: Er wusste, wie das Valley funktionierte, und er kannte seine Akteure. Auf diese Weise hatte er alle inneren Kämpfe bei Intel unbeschadet überlebt. Zwar war er ganz anders geartet als Jobs – wer war das nicht? –, aber die Chancen für Personalcomputer schätzte er genauso ein wie Jobs. Aber Markkula konnte sich auch in die Hackermentalität von Woz hineindenken. Beispielsweise hatte Markkula darauf gedrängt, den Apple II mit einem Diskettenlaufwerk auszustatten (statt ein Kassettenband als Speicherelement zu wählen), damit Firmen ihre Buchhaltungsdaten speichern konnten. Unter dem Pseudonym »Johnny Appleseed« schrieb Markkula auch erste Programme für den Rechner. Letztlich aber war es der fast religiöser Eifer von Jobs, der Markkula überzeugte. Er erhielt ein Drittel der Firma, investierte dafür 91 000 Dollar aus seinem Privatvermögen und half den beiden Steves, einen Unternehmensplan zu entwerfen. Ebenso wichtig: Er war bereit, sich um die geschäftlichen Angelegenheiten zu kümmern, und trieb einige hunderttausend Dollar bei den Risikokapitalfirmen vor Ort auf.

Zu diesem Zweck rief Markkula Arthur Rock an, den wir bereits von Fairchild und Intel kennen. Rock zeigte sich skeptisch und engagierte sich erst, nachdem Markkula ihn beschwatzt hatte, sich ein paar Computermessen anzusehen. »Alles drängte sich um die Apple-Stände«, berichtet Rock. »Ich kam noch nicht einmal nahe genug heran, um eines der Geräte zu berühren. Wie bei einer Autogrammstunde von Willie Mays, dem Baseballspieler – nur schlimmer.« Oder von Steve Jobs, der, wie Rock sagt, »über geradezu hypnotische Fähigkeiten verfügt«. Für Rock erwies sich Apple als die nächste Goldader und bald saß er im Aufsichtsrat. Wie dicht inzwischen das Netz im Valley geknüpft war, zeigt der Umstand, dass seine Entscheidung, in Apple zu investieren, nach einer Präsentation fiel, die Jobs und Wozniak bei einer Personalversammlung von Intel gehalten hatten. Auch Venrock, der Venture-Arm der Familie Rockefeller, steuerte fast eine halbe Million Dollar bei.

Mit einem dritten – erwachsenen – Mitbegründer und etwas Geld auf der Bank wurde Apple 1977 ein richtiges Unternehmen und zog aus der Garage in ein kleines Bürogebäude in Cupertino um, wo eines Tages der riesige Firmensitz gebaut werden sollte. In der Empfangshalle war der Prototyp der Platine von des Apple I von Woz ausgestellt, mit einer kleinen Tafel, auf der stand »Unser Gründer« – was beweist, dass sogar Jobs zu einer gewissen Bescheidenheit fähig ist. Jobs kündigte bei Atari und auch Woz verließ HP, da er sich nicht länger der Tatsache verschließen mochte, dass er mit seiner Computerleidenschaft Geld verdienen konnte. Als bei Apple Namensschilder eingeführt wurden, war Jobs aus irgendeinem Grunde nur Nummer 2. Der Spaß der Homebrews war der Gewinnsucht des Marktes gewichen. Im Laufe weniger Jahre war die PC-Branche vom sorglosen Teenager zum geldgierigen Kapitalisten mutiert.

Der Apple II war das Herzstück des Unternehmens von Jobs, Wozniak und Markkula. Der Öffentlichkeit vorgestellt wurde er im April 1977 auf der ersten West Coast Computer Faire, die von Jim Warren organisiert wurde, dem Pot rauchenden Whirlpool-Hippie, neben dem Woz wie ein Vertreter des Establishments wirkte. Warren gab eine Zeitschrift für Programmierer heraus und versuchte sich jetzt als Unternehmer. Überall im Lande gab es große Computermessen, nur in der Bay-Area nicht. Daher beschloss Warren, eine solche Verkaufsschau im Stadtzentrum von San Francisco zu veranstalten. Es war ein merkwürdiger Anblick dort im Behördenzentrum – eine futuristische Zusammenkunft, halb Karneval und halb Erweckungsversammlung, in einem der prächtigen, alten Säle der Stadt. Außerdem war es ein Riesenerfolg und Warren machte ein gewaltiges Geschäft. Mehr als 13 000 zahlende Gäste kamen – was die kühnsten Träume der Beteiligten übertraf, auch der bedauernswerten Besucher, die stundenlang in endlosen Schlangen auf Einlass warteten. Als Markkula das sah, meinte er staunend zu Wozniak: »Der Beweis, dass die Revolution tatsächlich stattfindet.«

Steve Jobs gelang es, den größten und besten Stand gleich am Eingang der Ausstellungshalle zu ergattern. Wie Wächter am Tor postiert, waren die prächtigen Apple II die Glanzstücke der Messe. Den größten Spaß hatte Woz. Wie immer zu Streichen aufgelegt, verteilte er einen Prospekt für den »Zaltair«, der angeblich nicht nur den Altair, sondern auch den Apple II und jeden anderen Personalcomputer in der Halle in den Schatten stellte. »Stellen Sie sich das Gerät Ihrer Träume vor«, hieß es laut den Historikern Freiberger und Swaine in dem Prospekt. »Nehmen Sie die Computersensation des Jahrhunderts hier und heute in Augenschein.« Der Scherz hatte Jobs im Visier, dessen Verkaufsgenie Woz inzwischen zur Genüge kennen gelernt hatte. Anfang 1978, nur ein Jahr nach der Gründung des Unternehmens, schrieb Apple bereits schwarze Zahlen. Die Einnahmen betrugen mehr als zwei Millionen Dollar. Markkula fand immer neue Händler, die den Apple II verkauften. Im folgenden Jahr wuchs der Umsatz auf mehr als das Dreifache an und im Jahr darauf auf das Fünffache, nicht zuletzt durch den Einsatz im Bildungsbereich. Drei Jahre später belief sich diese Zahl schon auf phänomenale 335 Millionen Dollar, mehr als ein Drittel der gesamten Computerbranche. Unter die Fortune 500 (die Liste der 500 stärksten Unternehmen, die jährlich von der Zeitschrift *Fortune* veröffentlicht wird) gelangte Apple schneller als jedes andere Unternehmen und Steve Jobs war der jüngste Auserwählte, der es je in den Forbes 400 schaffte. Von dem kleinen elektronischen Spielzeug, das sich Steve Wozniak ausgedacht hatte, waren Ende 1981 mehr als 300 000 Exemplare verkauft (im Laufe von siebzehn Jahren sollten es insgesamt fünf Millionen werden). Die Riesenkräfte des ENIAC standen jetzt jedermann zur Verfügung, einem einzigen Benutzer und nicht mehr einer ganzen Armee, die in einer voll klimatisierten Festung untergebracht war. Mit Speichervorrichtungen und anderen Zusatzgeräten, die dem Anschluss an Drucker und Telefonkabel dienten, wurde der Apple II ab 1298 Dollar verkauft.

Aus dem Nichts hatte sich die PC-Branche zu der Industrie mit der größten Wachstumsrate in der amerikanischen Geschichte entwickelt, ein Milliarden-Dollar-Triumph, geboren aus dem Traum eines College-Abbrechers und der technischen Virtuosität eines zweiten. In einem Zeitraum von zehn Jahren erreichte Apple allein einen Umsatz von einer Milliarde Dollar, ein kapitalistisches Kabinettstück, dessen sich nur noch ein anderes Unternehmen rühmen kann – Xerox, nachdem es 1959 das erste Kopiergerät auf den Markt gebracht hatte. Apple war nicht nur ein kommerzieller Erfolg – der Beginn des Informationszeitalters –, sondern auch die soziale Revolution, von der Jobs genauso geträumt hatte. Teils durch geschickte Werbung und teils durch reines Glück wurde der

Apple Computer zu einem Symbol und Image – die Revolution in der Kiste. T-Shirts und Autoaufkleber tauchten in so großer Zahl auf, dass kein Fairchild-Chip mithalten konnte. Hacker gründeten einen Klub namens The Apple Core, dessen Rundschreiben den Titel *The Cider Press* trug.

Als der Apple II immer beliebter wurde, schrieben unabhängige Programmierer Software, die den Rechner mit Aufgaben versorgten. Das Gerät selbst stellte nur das Potenzial, es brauchte Anweisungen. Die Wechselbeziehung zwischen Hardware und Software ist ein Henne-und-Ei-Problem, das sich wiederholen sollte, als IBM und andere Konkurrenten auf den PC-Markt drängten. Wenn ein Computerhersteller – wie zum Beispiel Apple in den Neunzigerjahren – Marktanteile verliert, dann verringert sich auch das Angebot an verfügbarer Software für ihn, was zu einem weiteren Verlust seiner Marktanteile führt. Aber bis dahin war es noch ein weiter Weg.

1978 und 1979 waren für den Apple II rund hundert Programme verfügbar – Schach, Bridge, Kriegsspiele, Grafikanwendungen und rudimentäre Textverarbeitung. Das Programm der Programme aber – die »Killer Application«, wie man heute sagen würde – war »VisiCalc«, eine Tabellenkalkulation, die 1979 von zwei Betriebswirten, die an der Harvard University studiert hatten, entwickelt worden war. »VisiCalc« war nicht einfach ein Buchführungsprogramm, es ermöglichte dem Benutzer auch komplizierte Finanzprognosen. Wenn man eine Zeile oder Spalte in der Tabelle veränderte, modifizierte das Programm von sich aus alle davon abhängigen Zahlen. Derartige Berechnungen von Hand auszuführen, wäre völlig unmöglich, und noch nicht einmal ein Minicomputer hatte die erforderliche Rechenkapazität. »VisiCalc« schaffte es im Handumdrehen. Mit der finanziellen Unterstützung von Arthur Rock wurde das Programm 1981 150 000-mal verkauft und war der Hauptgrund dafür, dass der Apple Computer die Geschäftswelt eroberte. Und warum auch nicht? Schließlich ging es in »VisiCalc« nicht um Lichtblitze und andere Kunststücke – sondern um Gewinn und Verlust, Soll und Haben. Mit einem Wort, um Geld.

Sogar für die »Boys«. (Nicht dass Wozniak der Versuchung widerstehen konnte – er alberte mit »VisiCalc« herum, bis er

»VisiCrook« [Crook=Gauner] entwickelt hatte, das die Fäl-
schungssicherungen von »VisiCalc« aufhob.) Zwölf Tage vor Weihnachten 1980 machten sich die Apple-Gründer selbst ein üppiges
Geldgeschenk, indem sie an die Börse gingen. Lange Zeit blieb
Apples Börsengang die spektakulärste Hightech-Einführung in
unserer Schöpfungsgeschichte. Der Bundesstaat Massachusetts
hielt den Kurs für so spekulativ, dass er den Handel mit Apple-
Aktien verbot. Dieser Börsengang verursachte die ersten von vielen Preisexplosionen auf dem Grundstücksmarkt des Valley, vor
allem in Nobelgebieten wie Woodside und Los Gatos. Die Wallstreet und die Presse hatten einen Narren an der Aktie gefressen.
»Seit Eva hat kein Apfel mehr eine solche Versuchung dargestellt«,
behauptete das *Wall Street Jornal* vollmundig. Noch bevor der Kurs
weiter kletterte, belief sich das Vermögen von Jobs wie Markkula
auf dem Papier bereits auf 155 Millionen Dollar. Einige Jahre später
zeigte *Time* ein Foto von Jobs, der mit gekreuzten Beinen auf dem
Fußboden seines Wohnzimmers saß. Es sollte den neuen Tycoon
zeigen – vegetarisch, bescheiden und einem einfachen Lebensstil
verpflichtet. Tatsächlich hatte er sich noch nicht dazu durchgerun-
gen, irgendwelche Möbel zu kaufen: Da er sich *jede* Couch leisten
konnte, fiel die Auswahl schwer.

Auch das Vermögen von Woz hätte 155 Millionen Dollar betragen, doch er hatte schon früher einige seiner Aktienoptionen abgegeben – nicht nur an Familienmitglieder, sondern auch an fünf
Apple-Ingenieure, von denen er meinte, sie seien bei der Aufteilung des Kuchens übervorteilt worden. Außerdem verkaufte er
einen Teil der Aktien zu enormen Vorzugspreisen an vierzig
andere Mitarbeiter. »Woz-Plan« nannte er das. So musste sich Woz
mit 90 Millionen Dollar zufrieden geben, immer noch genug, um
seine eigene Telefongesellschaft zu finanzieren. Viele Apple-Mitar-
beiter wurden Millionäre. Auch die ersten Kapitalgeber von Apple
wurden reichlich entlohnt. Hocherfreut verfolgte Arthur Rock, wie
die Wallstreet seine Anfangsinvestition von 57 600 Dollar in 14,1
Millionen Dollar verwandelte. Bei Rockefellers war der Gewinn
fast sechsmal so hoch.

Und all das in wenigen Jahren. Die PC-Industrie war nicht von
den etablierten Computer-Unternehmen losgetreten worden –
IBM und den Mainframe-Herstellern, die als die Sieben Zwerge

bezeichnet wurden (RCA, General Electric, NCR, Honeywell, Burroughs, Control Data und Sperry Univac). Diese Wachstumsbranche war ein Beispiel für Spontan- oder Urzeugung – sie hatte sich aus der wildwüchsigen Szene der Hacker und Amateure entwickelt. Doch Apple musste sich schon bald mit lebhafter Konkurrenz herumschlagen. Unter anderem boten Radio Shack, Commodore und sogar Atari ihre eigenen Computer an. Ende 1981 geruhte endlich auch IBM, von dem neuen Markt Notiz zu nehmen. Vor achtunddreißig Jahren hatte Big Blues Vorstandsvorsitzender gespöttelt: »Ich denke, es gibt einen Weltmarkt für vielleicht fünf Computer.« Nun beanspruchte der multinationale Gigant der Mainframe-Rechner, der einen Jahresumsatz von mehr als 25 *Milliarden* Dollar hatte und die Garagen-Freaks jahrelang ignoriert hatte, seinen Anteil vom PC-Markt. Es war, als hätte sich General Motors entschlossen, sich ernsthaft um den Markt für Spielzeugautos zu bemühen. International Business Machines – schon der Name allein war bedeutungsschwer.

Inzwischen erlebte Apple seine erste Durststrecke. Das war unvermeidlich bei einem Unternehmen, das so rasch gewachsen war, aber so wenig Gedanken an die Konkurrenz verschwendet hatte. Im Frühjahr 1980 brachte die Firma den Apple III auf den Markt, der schneller als der Apple II war, ein eingebautes Diskettenlaufwerk hatte und für anspruchsvollere Anwendungen gedacht war. Auch dieser Computer sah gut aus, war aber eine technische Pleite und musste 1981 vom Markt genommen werden.

Dass IBM den Personalcomputer entdeckt hatte, überraschte niemanden, eher schon die Tatsache, dass es einen neuen technischen Standard setzte. Der »IBM Personal Computer«, wie die schlichte Bezeichnung lautete, war das Ergebnis einer intensiven einjährigen Entwicklungsarbeit durch ein eigenwilliges IBM-Team in Boca Raton, Florida, das sich mit charakteristischer Unbescheidenheit »Manhattan Project«* nannte. Ganz untypisch war es dem unbeweglichen IBM-Konzern gelungen, in Jahresfrist einen Rechner zustande zu bringen, in einem Zeitraum, der früher noch nicht einmal ausgereicht hätte, um die Mittel bereitzustellen. Der Com-

---

* Unter diesem Namen wurde während des Zweiten Weltkriegs die Atombombe in den Vereinigten Staaten entwickelt (A. d. Ü.).

puter war größer als der Apple II und sah eher nach einem Gerät aus, das man bei Unternehmen wie, nun ja, IBM erwartete. Es ging natürlich auch darum, sich von dem eher familiären Erscheinungsbild des Apple zu unterscheiden. IBM war die Verkörperung des amerikanischen Computers. Diese Hegemonie dürfte mehr als irgendeine technische Überlegenheit dazu beigetragen haben, dass IBM augenblicklich zu einem ernsthaften Teilnehmer auf dem PC-Markt wurde. »IBMs Engagement beseitigt alle Zweifel daran, dass es sich beim Personalcomputer um ein ernsthaftes Geschäft handelt«, hieß es in einem Artikel der *New York Times*. Innerhalb von zwei Jahren beherrschte das Unternehmen den Markt – wie ein gewaltiges kosmisches Objekt, das über einem Planeten schwebte. Trotzdem machte sich Steve Jobs in charakteristischer Manier lustig darüber. »Willkommen IBM. Im Ernst«, stand in einer pfiffigen Anzeige zu lesen, die Apple im *Wall Street Journal* schaltete. Der Spott erinnere, wie ein leitender Angestellter von Apple meinte, an Rotkäppchen, das den bösen Wolf angreife.

Apple gelang ein legendärer Werbespot – während des Super Bowl 1984. Sechzig Sekunden lang lief er nur ein einziges Mal auf dem landesweit empfangenen Fernsehkanal und wurde trotzdem als die wirksamste, jemals ausgestrahlte Fernsehwerbung bezeichnet – ein historisches Ereignis. Der Spot – für Apples neuesten Rechner, den Macintosh – verließ sich mehr auf eine dunkle Orwellsche Bildwelt als auf Hochglanzversprechungen. In einer großen Halle lauschte eine Menge grau gekleideter, kahlköpfiger Arbeitssklaven stumpf einem Führer, der auf eine große Leinwand projiziert wurde. Plötzlich kam eine bunt gekleidete Frau in den Raum gestürmt, schwang einen Anti-Establishment-Hammer und schleuderte ihn gegen Big Brother. Die Leinwand zersprang, die Arbeiter waren frei und der Spot schloss mit den Worten: »Am 24. Januar wird Apple Computer den Macintosh einführen. Und Sie werden sehen, warum 1984 nicht *1984* ist.« Big Brother war natürlich IBM, Apple dagegen stand für Individualität. Von dem besonderen Produkt abgesehen, traf der Super-Bowl-Spot Apples subkulturelles Selbstverständnis haargenau – ein Unternehmen als Anliegen, nicht nur als Geldquelle. Weder Intel zuvor, noch Netscape oder

Yahoo danach konnten das glaubhaft machen. Apple hat auf dem Gelände seines Firmensitzes einen Geschenkartikelladen, vor dem Touristenbusse noch immer regelmäßig Halt machen. Doch dieser Kultstatus reichte nicht aus, um Apples Höhenflug Dauer zu verleihen.

Der für 2495 Dollar angebotene Macintosh war der emotionale Gipfelpunkt in der Apple-Geschichte, so sehr, dass die Bezeichnung des Modells ein Synonym für das Unternehmen wurde. Elegant, ansprechend, liebenswürdig – ein Triumph des guten Geschmacks – war der Mac weit attraktiver als der Apple I oder II. Man schaltete ihn ein und das Gerät erwachte buchstäblich zum Leben. Als Erstes sah man ein lächelndes Gesicht. (Das haben die Apple-Rechner noch immer.) Die entscheidende Neuerung des Mac war ein »GUI« (*Graphical User Interface*) – eine grafische Benutzeroberfläche mit Neuerungen wie Icons (Bildsymbolen), Pulldown-Menüs und einer beweglichen »Maus«, die dem Benutzer ermöglichte, das Geschehen auf dem Bildschirm durch Handbewegungen zu steuern. Man musste nur noch »zeigen und klicken«, statt eine Liste von Befehlen einzutippen. Die Benutzeroberfläche auf dem Bildschirm gehorchte dem Prinzip von WYSIWYG (*what you see is what you get*) – »Was Sie sehen, bekommen Sie«. Sie verwandelte den Computerbildschirm in eine visuelle Metapher – einen Desktop.

Allerdings war die grafische Benutzeroberfläche keine Apple-Erfindung. Ihre Wurzeln gingen zurück in das zurückliegende Jahrzehnt zu dem angesehenen Palo Alto Research Center von Xerox. Das PARC, wie es allgemein genannt wurde, hatte als Forschungs- und Entwicklungsabteilung den durchaus weltlichen Auftrag, die Vormachtstellung von Xerox auf dem Kopierermarkt zu zementieren. Es hatte ein ganz außergewöhnlich begabtes Team von Ingenieuren, das Beste, was eine Universität wie, sagen wir, Stanford aufbieten konnte. Xerox war an einer Geschäftsverbindung mit Apple interessiert und wandte sich an Jobs, der um eine Besichtigung des Unternehmens bat. Drei Wochen vor Weihnachten 1979 öffnete Xerox die Tore für ihn. Er ging mit einem hübschen Weihnachtsgeschenk – der Erkenntnis, dass ein GUI möglich sei und dass das PARC-Management offenbar seine kommerzielle Bedeutung verkannte. Apples Macintosh brachte das GUI zur vollen Entfaltung – zehn Jahre, bevor ein anderer Computer dazu in der Lage war. Es war tatsächlich, wie Jobs erklärte, der »irre gute« Rechner für »Leute wie uns«.

Doch während der Macintosh zu Recht als der Stammvater aller folgenden PCs angesehen werden kann, erwies er sich anfänglich nicht gerade als einzigartiger Verkaufserfolg. Er war langsam, hatte nicht genügend Speicherplatz und konnte nicht auf ausreichend Software-Anwendungen zurückgreifen. Diese Probleme ließen sich lösen und wurden gelöst. Doch so beliebt der Macintosh auch bei Privatbenutzern wurde, er hätte sich auch im Unternehmensbereich durchsetzen müssen, und das geschah nicht. Die amerikanische Wirtschaftswelt hielt sich lieber an das IBM-Produkt. Nicht nur, dass dieser PC von IBM kam, er sah auch aus und verhielt sich, wie man das von einem Computer erwartete – er war hässlich, nüchtern, »der Computer eines Mannes, von Männern für Männer konstruiert«, wie ein Fachjournalist formulierte. Von WYSIWYG keine Rede, aber was sollte auch die komische Idee, dass Computer leicht zu bedienen sein müssen?

Durch den kommerziellen Misserfolg des Mac wurde die Stellung von Jobs bei Apple nicht gerade gefestigt. Es war ein offenes Geheimnis, dass er zu Wutanfällen neigte und dass sich sein Verhalten am liebenswürdigsten als »eigenartig« umschreiben ließ. Die Geschichten, die von ihm erzählt wurden, waren eine Mischung aus Silicon-Valley-Klatsch und psychiatrischen Krankheitsberichten. Da offenbar jeder im Valley irgendwann einmal bei Apple gearbeitet zu haben schien, gibt es eine Unzahl von Geschichten. Die beste hat nichts mit Apple zu tun.

Erinnern Sie sich noch an »Breakout«, das Spiel, das Wozniak und Jobs zusammen bei Atari entworfen hatten? Jobs hatte Wozniak mitgeteilt, sie hätten 700 Dollar für das Projekt bekommen und gab dem Freund seinen Anteil von 350 Dollar. Tatsächlich aber hatte Bushnell 5000 Dollar bezahlt – 1000 Dollar plus einer stattlichen Gratifikation, weil »Breakout« so sparsam entworfen war und mit wenigen Chips auskam. Der vertrauensselige Wozniak fand das erst Jahre später heraus, als Bushnell einmal auf die Gratifikation zu sprechen kam. Bushnell berichtet, Wozniak seien die Tränen gekommen und er habe gemurmelt: »Er hat es mir also schon damals angetan!« Nach einer anderen Version hat Jobs, als die Geschichte 1998 ans Licht kam, Woz angerufen und erklärt, er könne sich an das zusätzliche Honorar nicht erinnern. Als ich danach fragte, erklärte Wozniak mit charakteristischem Anstand, er wolle darüber nicht sprechen. Und Jobs? In einem seltenen Augenblick der Selbsterkenntnis hat er den Journalisten Michael Malone einmal gefragt: »Die Leute halten mich für ein Arschloch, nicht wahr?«

Die schwächste Vorstellung, die Jobs bei Apple gab, war die Art und Weise, wie er die Entwicklung des Macintosh handhabte. Er stellte ein handverlesenes Ingenieurteam zusammen, belegte ein einzeln stehendes Gebäude mit Beschlag und hisste draußen eine Piratenflagge mit Schädel und gekreuzten Knochen (wobei in einer Augenhöhle das Apple-Logo untergebracht war). Ein Lieblingsspruch von Jobs war: »Lieber Pirat sein, als zur Navy gehen.« Die solcherart auserwählten Mac-Programmierer bekamen jeden Morgen frisch gepressten Orangensaft, Freiflüge in der Business-Class, einen Flügel von Bösendorfer und eine Anzahl Videospiele in der Eingangshalle. Alle anderen Apple-Ingenieure wurden wie Domestiken behandelt. Als der Macintosh 1984 dem Unternehmen nicht den erhofften Erfolg brachte, musste der großsprecherische Jobs schließlich abdanken.

Anfang 1983 hatten Markkula und Jobs einen erfahrenen Marketing-Profi für die Unternehmensleitung gewonnen – John Sculley, der vorher in der Geschäftsleitung von Pepsi tätig gewesen war. Markkula war an dem Posten nicht interessiert und sogar Jobs mit seinen achtundzwanzig Jahren begriff, dass weder sein Temperament noch sein Ansehen an der Wallstreet dazu angetan war, um den Apple, wie erforderlich, in den Büros der Großunternehmen heimisch zu machen. Sculley war ganz zufrieden mit der Leitung von Pepsi, doch dann geriet er in Jobs' Magnetfeld. Wie Sculley berichtet, hat sich Jobs an ihn gewandt und gefragt: »Wollen Sie den Rest Ihres Lebens Zuckerwasser verkaufen – oder sind Sie an der Möglichkeit interessiert, die Welt zu verändern?« Sculley entschied sich gegen das Zuckerwasser. Apple hatte einen neuen Chef und Jobs glaubte, einen Mentor zu haben. Sculley seinerseits meinte, einen Musterschüler zu haben, jemanden, den er zum »Henry Ford des Computerzeitalters« machen könnte.

Es sollte anders kommen. In einem Machtkampf, den das ganze

Valley gebannt verfolgte – der Sohn, der sich seinen Vater macht, der ihn anschließend vernichtet –, wetteiferten Jobs und Sculley um die Unterstützung von Markkula und den anderen Mitgliedern des Aufsichtsrats. Jobs verlor. Es war gar keine persönliche Sache. Mit zehn Jahren konnte Apple nicht mehr von seiner Vergangenheit leben. Der Aktienkurs von rund sechzig Dollar, den er vor dem Macintosh hatte, war im Frühjahr 1985 auf unter zwanzig Dollar abgestürzt. Apple brauchte einen neuen Unternehmensplan für den Mac und andere Produkte, und Jobs war zwar eine Berühmtheit im Valley, hatte aber keinen Plan. Und Steve Wozniak hatte die Firma schon lange verlassen. 1981 war er bei Landungsübungen mit seinem kleinen Flugzeug auf einem lokalen Flugplatz abgestürzt und hatte fünf Wochen gebraucht, um sich von einem Gedächtnisverlust zu erholen. Anschließend wurde ihm klar, dass es auch ein Leben außerhalb von Apple gibt: Er kehrte nach Berkeley zurück und machte dort seinen Abschluss – eine Sache der Ehre. Zwar war er noch immer Mitarbeiter des Unternehmens – und behielt auch das Namensschild mit der Nummer eins –, aber er gehörte keinem der Apple-Entwicklungsteams mehr an. (Woz blieb zwar immer mit Apple verbunden, besaß aber irgendwann ein größeres Aktienpaket von Microsoft.)

Nun war auch Jobs draußen, von Sculley Ende Mai 1985 entlassen. Obwohl er vorübergehend noch den Titel des Präsidenten innehatte, war er offenbar im Alter von dreißig Jahren fertig mit Apple. Er verkaufte alle seine Aktien – bis auf eine einzige – und gründete einige Monate darauf ein neues Unternehmen, das er NeXT nannte.

Während der nächsten zwölf Jahre behauptete sich Apple, nachdem Jobs ins Exil geschickt worden war, tapfer auf einem PC-Markt, der von IBM-Rechnern und ihren »Klonen« beherrscht wurde. Diese Rechner hatten kaum etwas Eigenes. Im Gegensatz zu Apples Hardware konnte der PC von IBM von jedem kopiert waren – er besaß eine »offene Architektur«, wie der Fachbegriff lautet. Warum? IBM hatte nicht die Rechte am »Betriebssystem«, denn die besaß Microsoft. Wie der Mikroprozessor das Gehirn des Computers ist, so ist das Betriebssystem die eingebaute Software, die die Funktion des Zentralnervensystems hat und die Grundfunktionen des Rechners steuert – ihn an- und abstellt, Dateien verwaltet, Befehle zeigt und die Verbindung zwischen Mikroprozessor und externem Speicher herstellt. Anwendungen wie Textverarbeitung und Tabellenkalkulation laufen »auf« dem Betriebssystem. Alles, was IBM wirklich beisteuerte, war das Gehäuse. Da es sich beim PC um ein offenes System handelte, durfte jeder welche herstellen – und das taten viele Hardware-Unternehmen wie etwa auch Compaq. Das war ein geschickter Schachzug von IBM, denn auf diese Weise setzte es den Industriestandard. Der wichtigste Vorteil lag darin, dass IBM einen Einfluss auf die Marktwahrnehmung und die Merkmale der jeweils nächsten Computergeneration hatte.

Das begriff Apple nicht. Es verspielte Marktanteile nicht nur dadurch, dass es sich weigerte, mit dem Preis für den Macintosh und andere Apple-Computer herunterzugehen, sondern vergab auch keine Lizenzen für das Betriebssystem des Mac an andere Firmen und verzichtete damit auf mögliche Lizenzeinnahmen. Wer einen Apple-Rechner haben wollte, musste ihn von Apple kaufen. Bei einem Unternehmen, das – zu Recht – meinte, es habe das bessere Produkt, war diese Art der Arroganz unvermeidlich und vielleicht auch verständlich. Eine derartige Abgrenzung wäre auch nicht schlecht gewesen, wenn man sicher gewesen wäre, dass man im Vorteil war. Doch als bewusste Unternehmensstrategie verurteilte die mangelnde Bereitschaft, sich den Marktverhältnissen anzupassen, Apple zu einer unbedeutenden Rolle auf dem PC-Markt. Von 20 Prozent im Jahr 1983 fiel der Marktanteil bis 1985 auf die Hälfte, ein unübersehbarer Trend.

1993 musste dann auch Sculley wegen der sinkenden Gewinne gehen und wurde von Michael »Diesel« Spindler ersetzt, der bis 1996 blieb und von Gil Amelio abgelöst wurde. Ende jenes Jahres lag Apple Computer in den letzten Zügen – Milliardenverluste, Resignation – und der Anteil am Computermarkt war auf klägliche drei bis vier Prozent gesunken. »DER STURZ EINER AMERIKANISCHEN IKONE« hieß es auf dem Titelblatt von *Business Week.*

Angesichts der tiefen Krise, in der Apple steckte, unternahm Amelio energische Maßnahmen zur finanziellen Konsolidierung, damit das Unternehmen überhaupt noch eine Zukunft hatte. Und Ende 1996 hatte er den bemerkenswerten Einfall, die Vergangenheit zurückzuholen – indem er einen Mann namens Steve Jobs zur

Rückkehr überredete, der mittlerweile einundvierzig war. Jobs NeXT Software Inc. hatte sich nicht als der erhoffte Nachfolger von Apple erwiesen. Das andere Unternehmen von Jobs – Pixar – war weit erfolgreicher gewesen. Diese Firma, die ursprünglich von George Lucas als Supercomputer-Abteilung seiner Filmgesellschaft gegründet worden war, hatte Jobs 1986 für zehn Millionen Dollar gekauft. Er verwandelte sie in ein digitales Animationsstudio, das 1995 zusammen mit Disney den Kassenschlager *Toy Story* herausbrachte und gleich darauf eine so erfolgreiche Aktienemission hatte, dass Jobs zum ersten Mal Milliardär wurde. Amelio ging es jedoch um NeXT, weil dieses Unternehmen ein hochentwickeltes Betriebssystem besaß, welches Apples System ersetzen konnte. Im Dezember 1996 erklärte sich Jobs einverstanden, NeXT für 430 Millionen zu verkaufen und für Apple als Berater tätig zu sein. Es war die Rückkehr des verlorenen Sohns – wenn schon keine Aussöhnung, dann doch eine gewisse Genugtuung. Bei der Mac-Konferenz im folgenden Monat erklärte sich Steve Wozniak sogar bereit, mit Jobs zusammen auf dem Podium zu erscheinen.

Wie sich herausstellte, hatte die Software von NeXT wenig Nutzen für Apple, aber Jobs Rückkehr war weit mehr als nur ein symbolischer Akt. Im Sommer 1997 beförderte das ewig rotierende Personalkarussell in der Firmenspitze von Apple Amelio hinaus. Und der neue »Interimsvorsitzende« hieß Steve Jobs, der zu seiner ersten Liebe zurückfand. Seither hat er eine Art Wiedergeburt des Unternehmens bewirkt, unter anderem Rentabilität für die Dauer eines ganzen Jahres. (Für Apple war das ein großer Schritt.) Das Herzstück der neuen Apple-Ära war der iMac, ein futuristisch anmutender Rechner mit integriertem Computer und Monitor, so brillant aufgemacht und vermarktet, dass man an Jobs beste Zeiten erinnert war. Der iMac – der vielleicht sogar George Jetson* gefallen könnte – ließ mit seinem durchscheinenden Blaugrün und seiner kühnen Linienführung sogar den Macintosh von 1984 altmodisch erscheinen. Mit 1299 Dollar war er recht günstig für einen Apple und ein strategischer Einstieg in das untere Segment des Konsumgütermarktes.

---

* Ein Pendant von Fred Feuerstein, der nicht in der Steinzeit, sondern in einer futuristischen Welt im All lebt.

Anfang 1999 näherte sich Appels Marktanteil dank starkem iMac-Absatz (und fünf neuen Farben) zehn Prozent und der Aktienkurs erreichte den höchsten Stand seit Jahren. Zwar spielte Apple nach wie vor nur eine Nebenrolle, trotzdem war es verständlich, dass Jobs etwas lautere Töne anschlug. »Wir haben noch immer eine Seele«, erklärte er vor einer Versammlung von Mitarbeitern, die gekommen waren, um von Apples neuen Gewinnen und neuer Leidenschaft zu hören. F. Scott Fitzgerald hat einmal geschrieben: »Im amerikanischen Leben gibt es keinen zweiten Akt.« Steve Jobs wollte ihn widerlegen. Leider hatte sein einstiges und künftiges Unternehmen den Krieg schon vor langer Zeit verloren und daran konnte kein moralischer Sieg noch etwas ändern. Von seiner Traumfirma war nicht viel mehr geblieben als genau das – ein Traum. Zwar hatte Jobs, wie versprochen, »ein Tor zu einer neuen Welt aufgestoßen«, aber andere waren hindurchgegangen. Und daran war Apple nicht zuletzt selbst schuld. Nachdem Apple sich geweigert hatte, Lizenzen für sein Betriebssystem zu erteilen, machte IBM mit seiner Entscheidung, seinen PC klonen zu lassen, diesen Rechner zum Industriestandard.

Doch IBM erging es nicht besser als Apple, auch Big Blue musste schließlich die Beherrschung des Marktes anderen überlassen. Allerdings hätte IBM sich nie träumen lassen, dass das passieren könnte. Die Usurpatoren waren zwei Unternehmen: Intel, das den Chip *inside* herstellte, und Microsoft, welches das Betriebssystem lieferte. Dank IBM, das eine der größten Eseleien in der Geschichte der amerikanischen Wirtschaft beging, konnten Intel und Microsoft Geschäfte mit einer Vielzahl anderer Hardware-Hersteller abschließen. Törichterweise hatte IBM auf ausschließliche Lizenzen verzichtet. Das war der Schlüssel für die ungeheuren Erfolge von Intel und Microsoft. Für IBM erwies es sich, wie Larry Ellison später sagte, als ein »Hundert-Milliarden-Dollar-Fehler«. Intel war ein alteingesessenes Unternehmen in Silicon Valley und gut im Geschäft. Doch Microsoft, das seinen Sitz in Seattle hatte, war kaum ein Lichtpunkt auf dem Radarschirm des Valleys. Wenn IBM die spanische Armada war, dann erwies sich Microsoft rasch als eine weit beweglichere Flotte.

Vielleicht wäre Microsoft immer ein winziger Punkt geblieben, wenn da nicht Gary Kildall gewesen. William Shockley war die tragische, prophetische Figur in der Frühzeit des Valley. Eine Generation später war Kildall sein Gegenstück. In jedem Leben gibt es Augenblicke, wo wir uns entscheiden müssen – einen Weg, den wir nicht eingeschlagen haben, Lippen, die wir nicht geküsst haben –, und Kildalls Entscheidung kostete ihn die Zukunft. Die Geschichte seines Misserfolgs ist so spannend wie irgendeine Erfolgsstory.

Gary Kildall, ein promovierter Informatiker, war einer der ersten großen Programmierer. Wie ein gewisser Bill Gates, der dreizehn Jahre jünger war, hatte er seine Jugend in Seattle verbracht und war ein Mathe-As. Wie Steve Wozniak hatte er einen Hang zu Streichen: So zapfte er gerne die Telefone in der Nachbarschaft an, besonders das seiner Schwester, um sie zu belauschen, wenn sie sich mit ihren Freunden unterhielt. Kildalls Familie betrieb eine Seefahrtschule, das Kildall College of Nautical Knowledge. Er war groß und sah blendend aus – über eins achtzig, schlank, mit ruhiger Stimme und einem roten Vollbart. (Zu einer bestimmten Zeit schien jeder im Hightech-Bereich einen Bart zu tragen.) In seinen Jeans und Stiefeln sah er eher wie ein Cowboy als ein Computerfreak aus.

Anfang der Siebzigerjahre unterrichtete Kildall Informatik an der Naval Postgraduate School in Monterey, Kalifornien. Er war bei der Navy-Reserve, und um nicht nach Vietnam zu müssen, hatte er sich mit Hilfe seiner Informatikausbildung diesen Lehrauftrag bei der Navy verschafft. Die Halbinsel Monterey, die von Silicon Valley durch die Santa Cruz Mountains getrennt ist, war ein angenehmer Aufenthaltsort für ihn. Ihr Charakter war ländlicher als der des Valley und das Dorf Pacific Grove, wo er lebte, erinnerte ihn (trotz der Palmen) an die Küste im Nordwesten. Das Dorf war an drei Seiten vom Wasser und an der vierten vom Gebirge umgeben. Kildalls Spezialität war die Übersetzung von Computerprogrammen aus einer Sprache in die andere und von einem Gerät für ein anderes. Mit Hilfe dieser »Sprachen«, die geschrieben und nicht gesprochen wurden, entwickelte man die Programme, die dem PC etwas zu arbeiten gaben. Sie waren das unentbehrliche Lexikon für die Ingenieure, die kaum einen zusammenhängenden Satz sprechen konnten.

Bereits 1972 hatte Kildall sich einen Mikroprozessor 4004 von Intel gekauft und mit ihm experimentiert. Intel hatte ihn als Berater unter Vertrag – einmal in der Woche arbeitete er für das Unternehmen und schrieb Programme für die Chips 8008 und 8080. Bei dieser Arbeit hatte sich Kildall im Jahr 1975 eine Methode überlegt, um die mühsame Übersetzung und Kommunikation zwischen verschiedenen Geräten zu umgehen. Seine Lösung: ein Betriebssystem, das die Grundfunktionen des Mikroprozessors steuerte. Er nannte es CP/M (*Control Program/Monitor*, »Steuerprogramm/ Überwachungssystem«, oder *Control Program for Microcomputers*, »Steuerprogramm für Mikrocomputer«). Noch bevor der Altair herauskam, war es das erste »Plattenbetriebssystem« (*disk operating system*, abgekürzt DOS) für einen PC. Seine Freunde sagen, er habe es ganz allein, mühelos, geschrieben, was weniger über die Schwierigkeit der Aufgabe als über seine Programmierfähigkeit aussagt. Sie fragten sich auch, wer denn um Himmels willen ein solches Einplatz-Betriebssystem brauchen könnte. Für Kildall, den Professor – wie für Wozniak, den Hacker –, war die Freude an der Erfindung ausschlaggebend, nicht die kommerzielle Verwertung. Ursprünglich hatte Kildall mit den Intel-Chips herumgespielt, weil er hoffte, es würde etwas dabei herauskommen, was er seinem Vater für die Seefahrtschule schenken könnte.

Apple hatte sein eigenes System, das auf einem Nicht-Intel-Chip beruhte. Doch bei allen anderen PCs, die auf den Altair folgten, wurde CP/M zum Standard. Ende der Siebzigerjahre lief Gary Kildalls Software auf 500 000 Rechnern und Programmierer schrieben Anwendungen, die für CP/M bestimmt waren. Intel hätte CP/M sofort für 20 000 Dollar erwerben können, nutzte die Chance aber nicht, weil es meinte, Mikroprozessoren hätten nichts mehr zu tun mit dem Unternehmensschwerpunkt, den Speicherchips. Zusammen mit seiner Frau Dorothy gründete Kildall Intergalactic Digital Research Inc. (Später verzichtete er auf den kosmischen Teil des Firmennamens.) Sie kümmerte sich um den geschäftlichen Teil und er schrieb die Programme. Er war berühmt dafür, dass er bei den Einstellungsgesprächen von Bewerbern einen Talar und Rollerskates trug. Die Vorgehensweise von Mainframe-Programmierern, die ein Vermögen für Betriebssysteme verlangten, lehnte er ab und berechnete, da er das Mengengeschäft mit den PCs voraussah, in der Regel nur fünfundsiebzig Dollar – obwohl es bemerkenswerterweise zu dem Zeitpunkt, als er das System entwickelte, einen solchen Markt noch kaum gab. Das Unternehmen startete in einem alten viktorianischen Haus in Pacific Grove, verkaufte Tausende von Betriebssystemen und machte Kildall zum vielfachen Millionär.

Gary Kildall fand Gefallen an dem Geld und an dem Spielzeug, das er sich dafür leisten konnte. Ihm gehörten Flugzeuge, Rennboote, Jetskis, Motorräder, eine Luxuslimousine, ein Rolls-Royce, Formel-Eins-Rennwagen, zwei Lamborghini Countachs (mit die ersten in Kalifornien) – und ein Ford Pickup. Doch für Kildall war, wie für Woz, das Geld nicht entscheidend. Er war eine akademische Wozniak-Version, hatte Spaß an seinen Entdeckungen und erzählte jedem – auch möglichen Konkurrenten – von ihnen. »Ist ja irre!«, brüllte er, wenn ein Programm lief – und rief manchmal einen Kollegen mitten in der Nacht an, um ihn an seiner Begeisterung teilhaben zu lassen. Geld verdienen war nur ein Nebeneffekt. »Ich bin kein Konkurrenztyp«, erklärte Kildall den Leuten. Doch später, als er versuchte, seine Autobiografie zu schreiben, meinte er: »Ich lernte, dass es beim Bau von Computern um Geld und nicht um Geist geht.«

Als das Boca-Raton-Team von IBM 1980 in aller Stille seinen Personalcomputer entwickelte, fehlten den Ingenieuren die Zeit und die Fähigkeit, ein eigenes Betriebssystem zu erfinden. Also beschlossen sie, eines zu kaufen. Es lag nahe, sich für CP/M, den Marktstandard, zu entscheiden. Irrtümlicherweise glaubte IBM, es gehöre einer kleinen Firma vor den Toren von Seattle, die Microsoft hieß und von dem vierundzwanzigjährigen Bill Gates geleitet wurde. Ursprünglich war der Name Micro-Soft gewesen (der sich gegen Allen & Gates Inc. durchgesetzt hatte). Microsoft war 1975 von Gates und Paul Allen in Albuquerque gegründet worden. Das erste Projekt der Firma war die Entwicklung einer grundlegenden Computersprache für den Altair von MITS und andere Rechner gewesen (passenderweise hieß sie BASIC, was für *beginner's all-purpose symbolic instruction code* steht, »Allzweck-Programmiersprache für Anfänger«). Gates glaubte so fest an den Erfolg seines Unternehmens, dass er sein Studium an der Harvard University abgebrochen hatte, um sich ganz dem Geschäft widmen zu können. Inzwischen war Microsoft der größte Anbieter von Computersprachen für PCs. Doch hatte es nur wenig mit Betriebssystemen zu tun (abgesehen davon, dass es CP/M als Teil eines Zusatzgeräts verkaufte, damit es mit einem Apple II betrieben werden konnte) und spielte nur eine bescheidene Rolle im Vergleich zu Kildalls Digital Research Inc. (DRI). Doch IBM wusste das nicht. Als die Vertreter von Big Blue anfragten, erklärte Gates ihnen, CP/M sei nicht sein Produkt, und verwies sie an Kildall (womit er unter Beweis stellte, dass sogar Tyrannen zu guten Taten fähig sind). Schon am folgenden Tag fanden sich die IBM-Manager zu einem vereinbarten Treffen in Pacific Grove ein.

Aber Gary Kildall war nicht da.

Diese Begebenheit wurde zur Legende – so sehr, dass die Tatsachen für die Geschichte von Silicon Valley und Microsoft kaum noch eine Rolle spielen. »Gary ging fliegen« – in diesen berühmt gewordenen drei Wörtern fasste Gates spöttisch die unbekümmerte Einstellung des achtunddreißigjährigen Kildall zusammen, dem Flugzeuge wichtiger waren als das Protokoll von Vorstandssitzungen. »Gary ging fliegen« – und hatte keine Zeit für das bedeutendste Hightech-Unternehmen der Welt. Das Treffen überließ er seiner Frau. Das ist die verbreitete, die Microsoft-Version – da die Geschichte in der Regel von den Siegern geschrieben wird, hat sie sich durchgesetzt. Aber es ist nicht die einzige Version. Gary Kildalls Geschichte ist das *Rashomon* von Silicon Valley, ein Mord, der sich aus vielen Perspektiven erzählen lässt.

Fast zwanzig Jahre danach liefern die Ereignisse, die sich im August 1980 in Pacific Grove zugetragen haben, noch immer Gesprächsstoff, so wie sich das Wachpersonal des Watergate-Apartmenthauses noch immer von dem Einbruch erzählt. Pacific Grove ist ein malerisch gelegenes Küstenstädtchen am Highway 1, vor allem bekannt durch die Heerscharen von Monarchfaltern, die in jedem Frühjahr aus Mexiko einfallen. Heute gehört die Kildall-Legende ebenso zu dem Ort wie die Schmetterlinge: Es ist der Ort, dem die Welt Microsoft verdankt, weil »Gary fliegen ging«. Allerdings würde sich Tom Rolander wünschen, dass man die Geschichte etwas anders erzählt.

Rolander – heute Präsident von PGSoft, einer kleinen Programmierfirma an der Ecke Fourteenth und Lighthouse, der sieben ehemalige DRI-Leute angehören – war damals Kildalls bester Mann bei DRI und sein ständiger Flugbegleiter. Er hatte Kildall im Computerlabor der University of Washington kennen gelernt, dann drei Jahre bei Intel gearbeitet, bevor er zu Kildall ging. Laut Rolander ist »Gary ging fliegen« ein Mythos – und er muss es wissen, denn er war an diesem Augusttag mit Kildall zusammen.

Rolander ist zwar bereit, mir die Geschichte zu erzählen, stellt aber eine Bedingung. Da Kildall Kunden und Freunde so gern in seinen Flugzeugen mitnahm, möchte Rolander diese Atmosphäre wiederherstellen. Ich muss mich also zu ihm in die wunderbar restaurierte viersitzige Navion aus dem Jahr 1948 setzen. Rolander ist einundfünfzig, fliegt seit seinem siebzehnten Lebensjahr und nimmt außerdem an Marathonwettbewerben teil. Er lebt immer für das Rennen von morgen und interessiert sich nicht für die Leistung von gestern. Doch als wir an der Küste von Monterey entlangfliegen, erst über die Stelle, wo John Denver abgestürzt und gestorben ist, und dann über Big Sur, ergibt sich doch die bittersüße Gelegenheit zur Erinnerung.

An diesem Tag vor zwanzig Jahren hätten sie tatsächlich im Flugzeug gesessen, sagt Rolander, aber es habe nichts mit dem tiefen Sturz von DRI und dem Aufstieg von Microsoft zu tun gehabt. Tatsächlich hatte Bill Gates Gary Kildall eines Tages im August 1980 angerufen und von einem »Großunternehmen« berichtet, dessen Identität Gates aber nicht enthüllen wollte. Kurz darauf riefen die IBM-Leute an und sagten, sie würden am folgenden Tag aus Seattle eintreffen. »Gary und ich hatten aber für den nächsten Morgen bereits eine Verabredung am Oakland Airport mit Bill Godbout getroffen, einem CP/M-Großhändler«, sagt Rolander. Mit einer einmotorigen Turbo Arrow machten sie sich also auf den Weg dorthin und überließen den Beginn des Treffens mit IBM Dorothy Kildall. Aus heutiger Sicht war es eine törichte Entscheidung von Gary Kildall, schon allein, weil er IBM nicht genügend Respekt erwies. Doch es war nicht sein Stil, sich über Fragen des Stils Gedanken zu machen. Er hatte CP/M entwickelt, sein Unternehmen brachte Geld, also warum sollte er wegen ein paar Unternehmensbossen viel Theater machen? Ihm ging es wie Nolan Bushnell, Details interessierten ihn nicht. Doch der Teufel steckt im Detail – und nicht nur in einem Vorort von Seattle.

Bevor die IBM-Leute über ihr geheimes PC-Projekt sprachen, legten sie Dorothy ihre übliche, allumfassende Geheimhaltungsvereinbarung vor, die im Kern besagte: Das Treffen, das gerade stattfand ... fand nie statt. Und falls irgendjemand eines Tages beschließen sollte, dass es doch stattgefunden habe, dann war alles, was IBM DRI mitgeteilt hatte vertraulich, nicht aber das, was DRI IBM mitgeteilt hatte. Die absurde Einseitigkeit des IBM-Vertrags unterstrich die Übermächtigkeit von Big Blue und jagte Dorothy Kildall Angst ein. Sie weigerte sich, das Formblatt zu unterzeichnen, rief den DRI-Justiziar Gerry Davis an und bat ihn, von Monterey herüberzukommen. Die IBM-Herren begannen zu kochen. Da hatte sich Big Blue herabgelassen, nach Pacific Grove zu kommen, und musste sich nun von dieser Zwergenfirma in einem alten viktorianischen Haus herumschubsen lassen.

Kildall und Rolander stießen am Nachmittag zu dem Treffen in 801 Lighthouse. »Gary hielt es für kein großes Geschäft – was bedeutete es schon, dass ein so großes, schwerfälliges Unternehmen wie IBM auf den Markt für Mikrocomputer wollte?«, erinnert sich Rolander. »Wir dachten, wir würden ein paar Hunderttausend Dollar kriegen, und das wär's dann. Daher hat Gary das IBM-Formblatt unterschrieben.« Das ist nach der Version, an der Microsoft und andere hartnäckig festhalten, nie geschehen. Stattdessen behaupten sie: »Gary ging fliegen.«

Der viel größere Stolperstein, den die Legende unterschlägt, war die unerbittliche Forderung von IBM, die Rechte an einer neue Version von CP/M (mit der Bezeichnung CP/M-86) für ein einmaliges Pauschalhonorar von einigen Hunderttausend Dollar zu erwerben statt für eine fortlaufende Gebühr von zehn Dollar pro Kopie. Außerdem wollte IBM Kildalls Betriebssystem in PC-DOS umtaufen. Kildall ging auf keine der beiden Bedingungen ein. »Er verdiente Millionen an Lizenzgebühren«, sagt Rolander, »warum sollte er das aufgeben? Und damals hatte der Produktname einen hohen Bekanntheitsgrad. Gary hat sogar daran gedacht, das Unternehmen in CP/M umzutaufen. Er war unnachgiebig. Damals verwendete fast jeder PC, der kein Apple war, Kildalls Betriebssystem.«

Kildall gab nicht nach und die IBM-Leute gingen. Am nächsten Tag brach er mit seiner Familie zu einer Kreuzfahrt vor der Küste von Miami auf. Auf dem Linienflug nach Florida begegnete Kildall einigen Mitgliedern der IBM-Gesandtschaft, die sich auf dem Rückweg nach Boca Raton befanden. Man unterhielt sich freundschaftlich, konnte aber noch immer zu keiner Einigung gelangen. Kildall machte sich nicht viel Gedanken darüber. Törichter- und, wie sich herausstellte, verhängnisvollerweise hielt er IBM einfach für einen Teilnehmer wie andere auf dem PC-Markt. Hinzu kam, dass er die Leute nicht mochte. Vielleicht erging es den IBM-Vertretern nicht anders, jedenfalls wandten sie sich wieder an Gates, weil sie hofften, er könne auf DRI einwirken. Doch Gates hatte anderes im Sinn. Er war vielleicht kein so guter Programmierer wie Kildall, doch sein Geschäftsinstinkt war viel besser ausgebildet. Microsoft war ein winziges Unternehmen und Gates erkannte sehr wohl, dass die eine mögliche Partnerschaft mit dem weltweit größten Computerhersteller zwar erhebliche Risiken barg, dass sie aber auch für sein vierzig Mitarbeiter zählendes Jungunternehmen die Chance war, die nur einmal im Leben kommt. Für Kildall war Programmieren eine Religion, für Gates war sie nur ein Mittel, um ein sehr weltlich ausgerichtetes Königreich aufzubauen.

Kildall würde diese Begebenheit noch lebenslang bereuen. Er hatte Vertrauen in die menschliche Natur und glaubte, der technische Fortschritt komme am raschesten voran, wenn verschiedene Unternehmen zusammenarbeiten. Er traute niemandem zu, dass er fähig sei, ihm ein Messer in den Rücken zu rammen – und schon gar nicht Gates. Die beiden kannten sich noch aus der Zeit, als Gates ein dreizehnjähriger Hacker war und Kildall an seiner Dissertation saß. Ende der Siebzigerjahre, als Gates und Allen sich überlegten, den Firmensitz von Albuquerque entweder nach Silicon Valley oder zurück nach Washington zu verlegen, war auch die Rede davon, die beiden Jungunternehmen zusammenzulegen. Das unterblieb zwar, aber man hatte offenbar ein Gentleman's Agreement getroffen: DRI würde sich nicht um Programmiersprachen kümmern und Microsoft die Finger von Betriebssystemen lassen. Das könnte erklären, warum Gates Big Blue ursprünglich nach Pacific Grove geschickt hatte. Es erklärt aber nicht, was Gates dann tat.

Nachdem es DRI nicht gelungen war, mit IBM zu einer Einigung zu gelangen, schickte sich Gates an, IBMs Bitte zu entsprechen, obwohl Microsoft kein eigenes Betriebssystem hatte. Diese Art von

Entschlossenheit fehlte Kildall. Zu Gates überragenden Talenten gehörte die instinktive Fähigkeit, den Leuten das zu geben, was sie haben wollten, statt sich auf rein intellektuelle Aufgaben zu konzentrieren. Außerdem hatte Gates das Glück eines Mannes, der eines Tages fast 100 Milliarden Dollar besitzen sollte. Einer der großen, irrsinnigen Zufälle, an denen die Kildall-Geschichte so reich ist, wollte es, dass Microsofts Mitbegründer Paul Allen von einem Betriebssystem für PCs wusste, das am anderen Ende der Stadt zu haben war. Tim Paterson von Seattle Computer Products hatte Q-DOS geschrieben – für *Quick and Dirty Operating System* (rasches und unanständiges (weil geklautes) Betriebssystem) –, eine weitgehende Nachahmung von CP/M, das DRI duldete, weil man mit Seattle Computer Geschäfte machte.

Ende September 1980 nahm Allen Kontakt zu Seattle Computer auf. Für lächerliche 75 000 Dollar und ohne die magischen Buchstaben des eigenen Kunden – IBM – zu erwähnen, erwarb Microsoft das Betriebssystem von Paterson und taufte es in MS-DOS um, »Microsoft Disk Operating System«. (IBM nannte seine Version PC-DOS). Das war nur das erste der beiden besten Software-Geschäfte aller Zeiten. Microsoft vereinbarte anschließend, dass es Lizenzgebühren von IBM erhielt – *und* weiterhin im Besitz des Betriebssystems blieb. Mit anderen Worten, Microsoft konnte die Lizenz an MS-DOS an jeden Hersteller von »IBM-kompatiblen« Rechnern vergeben – und zwar zu seinen eigenen Bedingungen. (Das Ergebnis ist ein Reingewinn von, sagen wir, bis zu fünfzig Dollar pro PC – weil der Preis für jede zusätzliche Kopie von MS-Dos unbedeutend ist.) Compaq verkaufte allein in seinem ersten Jahr IBM-Klone im Wert von 300 Millionen Dollar.

IBM sah die Größenordnung dieser Hardware-Konkurrenz nicht voraus, doch für Microsoft war sie ein warmer Regen, weil sie vollkommen abhängig waren von MS-DOS. IBM ermöglichte Microsoft, einen Brückenkopf für sein Betriebssystem aufzuschlagen, sich dort festzusetzen und IBM das Leben schwer zu machen. Mit eigener Hand schuf IBM das Monster, das seinen Platz einnehmen und zum Symbol für Hightech-Übermacht werden sollte. (IBM machte seinen Fehler noch schlimmer, indem es den Preis für seine Rechner zu hoch ansetzte und damit das Feld freigab für die Klon-Hersteller.) Und so wurde aus David Goliath. Im Laufe der

Zeit machte Microsoft mit diesem Produkt aus seiner Investition von 75 000 Dollar insgesamt eine Viertelmilliarde Dollar vor Anbruch der Windows-Ära und etablierte sich auf dem Markt als der alles beherrschende Anbieter von Betriebssystemen. Die leichter zu bedienenden Windows-Betriebssysteme – die nach dem Vorbild der grafischen Benutzeroberfläche von Macintosh gestaltet waren – sollten weitere Milliarden bringen.

Verständlicherweise war Gary Kildall alles andere als erfreut, als er von dem Geschäft zwischen IBM und Microsoft hörte – vor allem, als er erfuhr, welche verdächtige Ähnlichkeit Gates MS-DOS mit seinem eigenen CP/M zu haben schien. Kildall hielt es für schlichten Diebstahl, allerdings war es nicht seine Art, andere Leute zu verklagen, außerdem wäre der Ausgang eines Urheberprozesses höchst ungewiss gewesen. (Etwas anderes wäre es gewesen, wenn Seattle Computer Kildalls Quellcode direkt kopiert hätte, doch es handelte sich nur um eine Nachahmung von CP/M.) Allerdings genügte die Androhung eines Rechtsstreits, um IBM wieder nach Pacific Grove zu bringen. Diesmal schien das Unternehmen zu Zugeständnissen bereit zu sein. Es wollte CP/M auf seinem PC anbieten, Lizenzgebühren bezahlen, es CP/M-86 nennen – und gleichzeitig Microsofts Betriebssystem zur Wahl stellen. Der Markt sollte entscheiden, welches Produkt besser war. DRI sollte lediglich versprechen, keinen Prozess anzustrengen.»›Klar‹, hat Gary gesagt«, erinnert sich Rolander.»Warum sollten wir die Konkurrenz fürchten? Wir hielten das für eine faire Sache, zumal wir im Begriff standen, mit einer neueren, besseren Version auf den Markt zu kommen.«

Doch der angebliche Wettbewerb war Schwindel und IBMs Geschäft mit Kildall eine List. Als der IBM-PC auf den Markt kam, konnten die Verbraucher zwar wirklich zwischen den beiden Betriebssystemen wählen – der Haken war nur, dass Microsofts DOS für vierzig Dollar angeboten wurde, CP/M hingegen für den *sechsfachen Preis*. IBM hat Kildall nie über die zugrunde liegende Preiskalkulation aufgeklärt.»Bis auf den heutigen Tag«, sagt Rolander,»weiß ich nicht, ob Bill Gates was damit zu tun hatte. Doch unabhängig davon war es die bewusste Entscheidung, CP/M zugrunde zu richten. Warum sollte es irgendjemand kaufen, wenn das andere System 200 Dollar weniger kostete?«

Es ist nicht klar, welche Aussichten DRI bei einem Prozess gegen

IBM gehabt hätte – schließlich hatte IBM das Recht, CP/M zu kaufen, um es zugrunde zu richten; DRI war einfach ausgetrickst worden. Ob der Trickser IBM war oder ein vierundzwanzigjähriger Computerfreak, bleibt ein Geheimnis. Doch wenn man Gates kennt und seine Vorliebe, Konkurrenten zu vernichten – im Falle von Tabellenkalkulationen, Finanz-Software, Internetbrowsern – braucht man keinen Oliver Stone*, um sich seine eigenen Gedanken über die Rolle von Gates bei IBMs Preispolitik zu machen. Aber vielleicht hat IBM auch einfach eine Vorliebe für Bill gehabt: Als der IBM-Chef hörte, dass sein Unternehmen erwäge, ein Geschäft mit Microsoft zu machen, dürfte er wohl gesagt haben. »Ach, die Firma, die von Bill Gates geleitet wird, dem Sohn von Mary Gates?« Die beiden hatten gemeinsam im nationalen Stiftungsrat des Wohlfahrtsverbandes United Way gesessen. Geschadet hat es sicherlich nicht.

Kildall hat weder IBM noch Microsoft oder Seattle Computer je verklagt. Diese Naivität machte einen Teil seines persönlichen Charmes aus. Sie wurde ihm aber auch zum Verhängnis. Kildall war stets der Meinung, in der PC-Branche sei Platz für zwei Betriebssysteme. Zwei Colas, drei Autohersteller, Dutzende von Computerfirmen – warum nicht auch MS-DOS und CP/M? Bei einem Branchentreffen saßen Gates und Kildall in der gleichen Podiumsdiskussion. Idealistisch wie immer, behauptete Kildall, der PC-Markt sei groß genug für sie beide. Gates war sehr viel hellsichtiger und erkannte die Unvermeidlichkeit eines Software-Monopols. »Es gibt nur Platz für einen«, erwiderte er. Die PCs brauchten gewisse Industriestandards, die die gezielte Entwicklung von kompatiblen Anwendungen und Zusatzgeräten ermöglichten. Es war nicht anders als mit Schreibmaschinen, die gleiche Tastaturen brauchen, oder Häuser, die identische Steckdosen haben müssen.

Aus prinzipiellen Erwägungen weigerte sich Kildall auch, sich auf dem Markt für Programme wie Tabellenkalkulationen oder Textverarbeitungen zu betätigen. Er glaubte, ein Unternehmen, das gleichzeitig Betriebssysteme und Anwendungen vertreibe, müsse zwangsläufig in einen Interessenkonflikt geraten, wenn nicht recht-

---

* Amerikanischer Regisseur, der sich kritisch mit aktuellen Problemen der amerikanischen Gesellschaft auseinander setzt (*John F. Kennedy – Tatort Dallas*, *Platoon*, A. d. Ü.).

lich, so doch moralisch. Vielleicht – das Kartellamt ist gerade dabei, diese theoretische Frage zu lösen –, doch Microsoft baute mit der Verzahnung von MS-DOS und Anwendungen ein Imperium auf.

Kildall brauchte lange, um zu begreifen, wie Gates sein Geschäft betrieb. Mitte der Achtzigerjahre, als er noch bei DRI war, begann Kildall sich für die neue Technologie der CD-ROMs zu interessieren – die erste Saat der elektronischen »Multimediasysteme«. Diese CD-ROMs können riesige Mengen an digitalen Daten speichern. Zusammen mit Rolander gründete er KnowledgeSet, das die erste interaktive Enzyklopädie auf einer CD-ROM herstellte. Um seine Ideen mitzuteilen und andere zu hören, plante Kildall eine Konferenz in der Nähe von Pacific Grove im Badeort Asilomar. Bei einem Besuch seiner Familie in Seattle erwähnte Kildall die Konferenz gegenüber Gates. Und siehe da, drei Monate später rief Gates Kildall an und berichtete, Microsoft gedenke, seine eigene CD-ROM-Konferenz in Seattle abzuhalten und ob Gary nicht so nett sei und den Hauptredner machen wolle. Kildall war einverstanden und blies Asilomar ab. Im Gegensatz zu Kildall hatte Microsoft noch nicht einmal eine CD-ROM auf dem Markt. Trotzdem hielt man Gates-den-Nachahmer fortan für den Marktführer. Gates hatte wohl wieder nicht die Idee gehabt, aber er bemächtigte sich ihrer. Hätte Kildall doch den Mund gehalten!

Erst nach der Microsoft-Konferenz – als sich Gates und Kildall während eines Flugs mit der Branchenklatschbase Esther Dyson unterhielten – sei, so Rolander, »Gary klar geworden, dass Bill ihn wieder gelinkt hatte«. Vielleicht wäre es besser für Kildall gewesen, wenn er es nie begriffen hätte.

Kildall blieb bei DRI, verlor aber zusehends die Lust. Er ließ sich von Dorothy scheiden und verbrachte viel Zeit damit, sich in Kalifornien und Monaco und an anderen Orten herumzutreiben. Schließlich wurde DRI an Novell verkauft und praktisch eingeschläfert, trotzdem strich Kildall weiterhin seine Millionen an. Er heiratete wieder, aber auch das brachte ihm keinen Frieden. Die IBM-Affäre und die Heiligsprechung von Bill Gates machten ihm schwer zu schaffen. Gates war auf dem Weg, der reichste Mann der Milchstraße zu werden, erst zehnfacher, dann hundertfacher Milliardär, während Kildalls Bedeutung gegen null ging. Es war wie in den Tagen des Goldrausches, nicht der Entdecker erntete die

Früchte, sondern die Nutznießer der Entdeckung taten es. Kildall hatte die Idee des Betriebssystems entwickelt, Gates profitierte davon und Kildall musste sich seinen Fehler unter die Nase reiben lassen, immer und immer wieder.

»Als er Ende 1987 Akio Morita von Sony traf«, berichtet Rolander und verzieht das Gesicht, »lautete die erste Frage, die Masao Morita stellte: ›Saßen Sie wirklich in Ihrem Flugzeug, als IBM zu Besuch kam?‹« Wenn Sie für einen hochrangigen Sony-Mann nur noch eine historische Fußnote wären – die Antwort auf eine lächerliche Frage –, wären Sie da nicht auch verbittert? Gary Kildalls Name wurde nur noch in einem Atemzug mit Bill Gates genannt, verknüpft mit der Frage, was gewesen wäre, wenn … Er war zum Tucker* der Software-Industrie geworden. In der Frühzeit von DRI berichteten einige Programmierer, die bis spät in die Nacht in dem viktorianischen Haus, 801 Limehouse, arbeiteten, von Schritten auf der Treppe und anderen geheimnisvollen Geschehnissen. Jetzt war es der Geist von Gates, der umging. Unter anderen Umständen wäre Kildall vielleicht damit zufrieden gewesen, die ideellen und materiellen Früchte aus dem Umstand zu ernten, dass er einer der Pioniere der PC-Industrie war. Sechs Jahre lang hatte er bei PBS sogar seine eigene Fernsehsendung über Computer. (Bill Gates wird eines Tages vielleicht einen eigenen Fernsehsender haben, aber bestimmt keine eigene Sendung.) Doch der ständige Vergleich mit jemandem, den er einmal für seinen Freund gehalten hatte, war einfach zu viel. Eine Zeit lang führte er eine Liste mit Erfindungen, von denen er meinte, dass Gates sie ihm gestohlen hatte. Der Umstand, dass das Ganze durchaus glaubhaft klang, war dabei nicht entscheidend.

Kildalls Situation musste nicht unausweichlich in Groll und – letztlich – Selbstzerstörung führen. Wozniak hat bewiesen, dass man auch anders auf einen übermächtigen Konkurrenten reagieren kann, und Kildall war sich dieser Parallele offenbar bewusst. Nach dem Bericht einer Fachzeitschrift hat er 1983 einem Freund erklärt: »Steve Jobs ist gar nichts. Steve Wozniak hat das alles

---

* Preston Tucker baute nach dem Zweiten Weltkrieg ein »Auto der Zukunft« (schon damals unter anderem mit Sicherheitsgurten und Scheibenbremsen), scheiterte aber am Widerstand der Autoindustrie. Francis Ford Coppola hat seine Lebensgeschichte verfilmt.

gemacht, die Hardware und die Software. Jobs hat nur Däumchen gedreht und die Lorbeeren eingeheimst.«Doch für Wozniak gab es auch ein Leben nach der Garage – während er 25 Millionen Dollar mit legendär erfolglosen Rockkonzerten in den Sand setzte, beendete er das College, finanzierte zahllose wichtige Einrichtungen und hält immer noch Computerkurse für Grundschüler ab.»Ich hatte zwei Ziele im Leben – Ingenieur zu werden und Fünftklässler zu unterrichten«, pflegte Woz zu sagen. Kildall dagegen versank in Depression und Alkohol.»Ich sah ihn immer seltener«, sagt Rolander. Die neuen Spielzeuge, die der Erlös von 120 Millionen Dollar aus der Verkauf von DRI an Novell ermöglichten – ein Learjet für drei Millionen Dollar, ein Strandgrundstück am 17 Mile Drive in Pebble Beach und ein weiteres Anwesen in Texas – boten nicht genügend Ablenkung. Anfang der Neunzigerjahre erzählte er seine Geschichte in einer Autobiographie, die, wie er selbst zugab, als»Neidoper« verstanden werden konnte. Das 250-Seiten-Manuskript nahm sich immer wieder Bill Gates vor und titulierte ihn als »Störenfried« und »Intriganten«, einen Mann, der »mir und der Industrie sehr geschadet hat«. Doch das Buch ist weder zu seinen Lebzeiten noch danach veröffentlicht worden.»Sein Sohn hat schreckliche Angst, dass er nach Veröffentlichung des Buchs von Gates verklagt werden könnte«, sagt Rolander.»Auf der Liste mit seinen schlimmsten Alpträumen steht die Furcht vor einem Prozess auf den Plätzen eins bis neun.« Der Sohn würde sich wünschen, dass von seinem Vater mehr in Erinnerung bliebe als die letzte, unwürdige Episode seines Lebens.

Am 8. Juli 1994 betrat Kildall kurz vor Mitternacht den überfüllten Franklin Street Bar & Grill in Monterey. Einige Minuten später lag Kildall auf dem Fußboden neben einem Video-Spielautomaten. Wie es dazu gekommen war, konnten später weder Polizei noch Gericht klären. Er hatte einen Schlag gegen den Kopf erhalten, aber es war nicht klar, auf welche Weise: War er in eine Kneipenschlägerei geraten oder einfach sturzbetrunken hingefallen? Kildall selbst konnte sich nicht erinnern. Er lehnte eine Behandlung durch die Sanitäter ab und verließ das Lokal, immer noch mit seiner Harley-Davidson-Weste bekleidet. Er schaffte es bis nach Hause, hatte aber eine tödliche Verletzung davongetragen, die genauso heimtückisch war wie die seelische Verwundung, die ihm IBM vierzehn

Jahre zuvor zugefügt hatte. Zweimal suchte er an diesem Wochenende das Krankenhaus in Monterey auf, doch niemand entdeckte
das Blutgerinnsel zwischen Schädelknochen und Gehirn. Drei
Tage nach seinem Sturz starb Gary Kildall mit zweiundfünfzig Jahren. Sein Nachruf erschien noch nicht einmal in allen Zeitungen
von Silicon Valley.

Die eine berufliche Fehlentscheidung ist nicht ausschlaggebend.
Der Gedanke, dass ein Flug sein Schicksal verändert haben könnte
– dass sich das Glück für ihn und nicht für Microsoft hätte entscheiden können –, vernachlässigt Kildalls Schwächen und Gates außer-
gewöhnliches Geschick. Ganz egal, wie dieses erste Treffen mit IBM
verlaufen wäre, Kildall wäre nie ein Bill Gates geworden und seine
Freunde sind darüber nicht traurig. »Er fehlt mir noch immer sehr«,
sagt Tom Rolander. »Vor allem, wenn ich allein fliege.«

Kildalls Asche wurde in seine Heimatstadt Seattle gebracht. Sie
wurde nicht weit von der Stelle bestattet, wo Gates am Seeufer
gerade mit dem Bau seines 60-Millionen-Dollar-Hauses begonnen
hatte. In Kalifornien besuchten dreihundert Trauergäste den
Gedenkgottesdienst an der Naval Postgraduate School – Bill Gates
gehörte nicht zu ihnen. Von seinen PR-Schreibern ließ er ein paar
warme Worte absondern wie »viel zu jung gestorben« und »ein
Verlust für die Industrie«, mehr konnte er sich nicht abringen.
Ungerührt und herzlos nahm Gates den Tod des Mannes, den er
besiegt hatte, mit vollkommener Gleichgültigkeit auf. »Am Morgen nach Garys Tod«, sagt Rolander, »habe ich Bill eine E-Mail
geschickt, aber keine Antwort bekommen. Später habe ich ihm
auch mitgeteilt, dass ein Gedenkgottesdienst stattfinden würde.
Auch darauf habe ich nichts von ihm gehört.« Bill Gates hat möglicherweise alle Instinkte eines Weißen Hais, aber er besitzt auch
seine Herzlichkeit.

Wozniak, Jobs, Bushnell, Kildall – sie gehörten einer Zeit in Silicon
Valley an, die zu Ende gegangen ist. Die Bastler, Hacker, Träumer,
Idealisten sind verdrängt worden von den Geldleuten und
Geschäftemachern, für die Technik nichts als eine Ware ist. Die
Imperien von gestern waren Zufallsprodukte, die von morgen
werden das Ergebnis sorgfältiger Planung sein. Der Urbild der
neuen Generation war ein Mann namens Larry Ellison.

KAPITEL FÜNF

Oz

Bill Gates mag der unangefochtene Herrscher im Reich der modernen Software sein, doch die schillerndste Figur in dieser Welt – und der Mann, der Silicon Valley gezeigt hat, wie das Spiel geht – ist der vierundfünfzigjährige Larry Ellison. Sein Unternehmen Oracle ist die zweitgrößte Software-Gesellschaft nach Microsoft. Nachdem Oracle 1977 mit lediglich 2000 Dollar begonnen hatte, repräsentierte es Anfang 1999 einen Wert von 50 Milliarden Dollar – doch das ist nicht der eigentliche Punkt.

Beiden, Gates und Ellison, gelang beiden der Durchbruch auf Kosten von IBM, aber damit hören die Gemeinsamkeiten auch schon auf. Während Gates der typische Technikfuzzy der Hightech-Szene ist, haben wir mit Ellison das Alpha-Männchen, den filmreifen Playboy, hochgewachsen, dreimal geschieden, Liebhaber von langbeinigen Blondinen (am liebsten Angestellte), Angeklagter in einem Prozess wegen sexueller Belästigung und der absolute Partylöwe, vorausgesetzt, er steht im Mittelpunkt der Aufmerksamkeit. »Solange Stanford schöne dreiundzwanzigjährige Studentinnen anzubieten hat, wird Larry verheiratet sein«, hat ein Freund und Kollege einmal gewitzelt. Klar, er ist unberechenbar – wie an dem Abend, als er seine beiden kleinen Kinder die ganze Nacht allein in seinem Haus zurückließ, weil er um die Häuser zog –, das gehört nun einmal zu dem rauen Charme, der jeden für ihn einnimmt (nur für eines der Kinder nicht, das sich jahrelang weigerte, ihn zu besuchen).

Gates ist Amerikas reichster Bürger. Ellison gehört nur zu den reichsten zehn. Gates ist ungeschliffen, Ellison umgänglich. Gates wirkt kühl, Ellison charismatisch, witzig und weltläufig. Gates ist fad, selbst wenn er der amerikanischen Starinterviewerin Barbara Walters ein Ständchen bringt. Ellison ist der amüsanteste Typ im Land der Langweiler, mit einem Sinn für bühnenreife Auftritte, der nur noch von Steve Jobs getoppt wird. Das 60-Millionen-Dollar-Domizil von Bill Gates in einem Vorort von Seattle sieht aus wie das Kongresszentrum eines Marriott-Hotels; Larry Ellisons 40-Millionen-Dollar-Anwesen in Woodside ist bis ins letzte Detail so raffiniert gestaltet, dass nicht mit Nägeln, sondern mit Holzpflöcken gearbeitet wird. Der Name von Gates' Unternehmen klingt wie ein Waschmittel, der Name, den Ellison gewählt hat, lässt an das Heiligtum einer alten Gottheit denken – auch wenn es ein Gott ist, der nicht selten »Leck mich« sagt. Ellisons Haus ist von einem Zen-Priester entworfen worden und soll »das authentischste japanische Bauwerk außerhalb Japans werden«, wie Ellison erklärt. »Es ist ein ›Gleichgewicht der Elemente‹«, erläutert er den Grundriss. »Luft, Erde, Zeit, Wasser und Holz.« Und wo bleibt das Bogenschießen? Mehr als die Gingko- und Bonsaibäume ist das Herzstück seines fast zehn Hektar großen Grundstücks ein riesiger künstlicher Teich mit gereinigtem Trinkwasser. Eines Tages wird Ellison in der Lage sein, von der Veranda des Wohntrakts ins Wasser zu springen und zum Whirlpool zu schwimmen. »Intelligente« Sensoren werden den Fitnessraum darüber informieren, wer kommt, was für Musik zu spielen hat und was für eine Beleuchtung erforderlich ist. So Unrecht hat Ellison gar nicht: Wenn man nicht bereit ist, sein Geld zu verschenken, sollte man es wenigstens stilvoll ausgeben.

Gates besitzt ein Flugzeug und ein Boot; Ellison eine Luftflotte, eher eine Flottille, und eine Unmenge anderer Spielzeuge, die nicht in das Haus passen werden. Gates weiß über Computerprogramme Bescheid, Ellison hält Stegreifvorträge über die Samurai-Kultur und die siebenundvierzig Themen, über die er in der letzten Woche gelesen hat. Gates sieht schwächlich aus, Ellison sportlich und übernatürlich jugendlich, was etwas mit obsessivem Krafttraining, tiefbrauner Haut und vielleicht auch dem einen oder anderen Besuch beim Schönheitschirurgen zu tun hat. Ellison hat sogar einen weiblichen Fan – sie wird »Jill« genannt und sitzt bei jedem öffentlichen Vortrag von Ellison in der ersten Reihe. Sicherlich würde sie gern einmal auf Tuchfühlung gehen, aber seine Bodyguards sind immer im Weg.

Genau wie Gates nur »Bill« ist, heißt Ellison im ganzen Valley »Larry« – wer sonst sollte »Larry« sein? In Sätzen wie: »Hast du das Model gesehen, mit dem Larry zusammen war?« oder: »Sieht so aus, als hätte Larry sich schon wieder das Gesicht liften lassen – vielleicht wegen des Models, mit dem er zusammen ist. Trägt er deshalb den Bart?« Vielleicht ist Multimilliardär Larry nur der zweitreichste Mann Kaliforniens – nach Gordon Moore, Intels Ex-Vorsitzendem – doch Gordons Ehe- und Frauengeschichten haben es nie in die Klatschpresse gebracht. Während Moore einst das Vorbild des Valleys war, ist Ellison heute sein Aushängeschild – Symbol für die Verwandlung des Valleys in ein Promi-Eldorado. Ganz anders als der bescheidene Moore oder die Pizza essenden, Cola schlabbernden, kulturabstinenten Technofreaks einschlägiger Filme trägt Larry seinen Reichtum *zur Schau*. Andere nehmen ihn zum Maßstab. Man könnte es die Ellisonifizierung von Silicon Valley nennen.

»Man hat mir einmal vorgeworfen, ich sei unnötig interessant«, sagte Ellison vor einigen Jahren. Wenn das Meiste an Ellison Show ist, dann ist er jedenfalls ein hervorragender Showstar. Microsoft stellt Software her, die Sie und ich zu Hause oder am Arbeitsplatz verwenden. Man kennt eher den Namen des Gouverneurs von Minnesota als das Produkt, das Ellisons Unternehmen herstellt. Trotzdem ist es ein wichtiges Erzeugnis: Oracle Software organisiert Hunderte von wichtigen Datenbanken für Militär, Regierungsbehörden, für traditionelle Wirtschaftsunternehmen und Online-Händler. Wenn die CIA wissen will, wie viele Konditoren in Europa auf ihrer Lohnliste stehen und wer von ihnen mit Benjamin Netanyahu zur Schule gegangen ist, verwendet sie Oracle Software. Genau dasselbe macht der KGB und Englands MI-5. Wenn amerikanische Fluggesellschaften ihre Routen neu festlegen, weil sich das Passagieraufkommen in den Boeings 767 geändert hat, benutzen sie dazu Oracle Software. Doch das Unternehmen hat wenig Profil – keine tanzenden Bunnys, kein buntes Logo, kaum Anzeigenkampagnen. Dafür hat Larry Ellison Profil – reichlich. Trotz vieler Konkurrenten, niemand ist so von sich überzeugt wie er.

Er besitzt – die Reihenfolge der Auflistung ist ohne Bedeutung – drei Häuser in der Bay-Area, einen riesigen Plasma-Fernsehschirm für 50 000 Dollar (er ist nur ein paar Zentimeter dick und hängt flach an der Wand), einen Zierkarpfenteich, dessen Bewohner er alle mit Namen kennt (und die alle besser speisen als Sie oder ich), ein braunes Bentley-Kabrio, einen Porsche Boxter, zwei Mercedes-Sonderanfertigungen, einen Jeep, einen McLaren-Sportwagen mit 627 PS und einem Preis von 875 000 Dollar (in 3,4 Sekunden von 0 auf 100); eine Gulfstream 5 (in 3,4 Minuten von 0 auf 1000, nebst *zwei* Badezimmern), einen Marchetti-Düsenjäger aus Italien, eine Cessna Citation (mit der er manchmal vom örtlichen Flughafen in der Nähe von Orakel zum vierzig Kilometer entfernten Oakland fliegt, wo seine Gulfstream steht), außerdem eine Reihe von Kunstflugmaschinen, darunter ein roter Floh, nicht größer als ein VW, für seinen halbwüchsigen Sohn. Gegenwärtig versucht er vom Bundesamt für Alkohol, Tabak und Feuerwaffen die Erlaubnis zu erhalten, eine gebrauchte russische MIG-29 einzuführen (in Originalbemalung, um den Effekt zu steigern, wenn er das Haus von Gates mit Überschall überfliegt). Ellison hat einen eigenen Hangar – mit Wartungspersonal, Eingangshalle und einem großen Foto an der Wand, das Larry in militärischem Outfit zeigt –, eine Erinnerung an den Tag, als ihm die Airforce gestattete, eine F-16 zu fliegen. Alle diese Flugzeuge können gefährliche Wartungsprobleme verursachen. Als Ellison 1997 seine jährliche Kirschblütenparty gab, konnte auch der dichte Nebel ihn und Nachbar Joe Montana nicht von einem kleinen Ausflug in der Gulfstream abhalten. Als sie zurückkamen, soll Ellison, so einer der Partygäste, gemurmelt haben: »Nie funktioniert dieses Scheißradar, ein richtiges Scheißding. Ein beschissenes Scheißding.« Er liebt das Sch-Wort.

Die beiden Ferraris gibt es leider nicht mehr. Ellison sagt, sie seien ihm »um die Ohren geflogen«, weil er zu schnell gefahren sei. »Zu schnell« in einem Ferrari? Auf der Autobahn setzt sich Ellison den riesigen Sattelschleppern gern direkt vor den Kühlergrill, um dann ihrem dröhnenden Signalhorn leichtfüßig zu enteilen. Wird Ellison wegen überhöhter Geschwindigkeit angehalten, weigert er sich meist, die fällige Strafe zu bezahlen – vor allem wenn es derselbe Polizeibeamte ist, der ihm schon am Vortag einen Strafzettel verpasst hat. Stattdessen ruft er seinen Rechtsanwalt über Handy an, damit er mit dem Polizisten verhandelt. Manchmal nimmt er bewusst eine höhere Strafe in Kauf: Ellison kommt nicht zu den anberaumten Gerichtsterminen, bis ein Haftbefehl ergeht. Er gibt den schwerer wiegenden Tatbestand des »Nichterscheinens vor Gericht« zu, was ihm nach amerikanischem Recht vor einer Verurteilung wegen des minderen Tatbestands der Geschwindigkeitsübertretung bewahrt. Das ist zwar teurer, erspart ihm aber Strafpunkte, die ihn seinen Führerschein kosten könnten.

In Wirklichkeit hat Ellison nur einen der Ferraris kaputtgefahren. Monate, bevor es auf den Markt kam, hatte ein Mitarbeiter ein 348er Modell bestellt. Ellison kam zu dem Schluss, dass er ebenfalls eins brauche. Wenige Wochen, nachdem er es bekommen hatte, gab es ein kleines Problem, als er auf dem Freeway entlangraste. Eine Warnleuchte auf dem Armaturenbrett forderte ihn auf, langsamer zu fahren. Ein Motorfehler führte dazu, dass Rohgas über den Katalysator strömte und ihn erhitzte, bis er rot glühend wurde und Schlussleuchten und Kabel in Brand steckte. Doch Ellison hatte sich nicht die Mühe gemacht, die Betriebsanleitung zu lesen. Wenn ihn noch nicht einmal die Polizei dazu brachte, langsamer zu fahren, wie sollte es dann so eine armselige Warnleuchte schaffen? Der andere Ferrari? War ein Firmenwagen und musste verkauft werden, als das Unternehmen in finanziellen Schwierigkeiten steckte. Sah schlecht aus. Heute aber kein Problem mehr. Egal, mit welchem Auto Ellison zur Arbeit fährt, er stellt es auf dem reservierten »Wird-abgeschleppt-Platz« direkt vor der Eingangstür von Nummer 500.

Ellisons bester Freund – sein einziger, wie gewitzelt wird – ist Steve Jobs, sein Lieblingsfeind Bill Gates und einer seiner Geschäftspartner Michael Milken (»Ich habe ihn bei Drexel nicht gekannt – sonst wäre er jetzt ein reicher Mann!«) Sein Biograf entschloss sich zu dem Titel: *Der Unterschied zwischen Gott und Larry Ellison: Gott denkt nicht, er sei Larry Ellison*. Nicht wenige Autoren, Mitarbeiter, Kunden und Aktionäre wundern sich über Ellisons Fähigkeit, Fakten zu verfälschen – egal, worum es geht, das Viertel, in dem er aufgewachsen ist, ob er zu einer Dinnereinladung kommt oder welche Produkte Oracle anbietet. »Lügt Larry?«, fragt Ed Oates, ein Mitbegründer von Oracle, der ihn sein zwanzig Jahren kennt. »Wir sagen lieber, dass Larry ein Problem mit den Zeiten hat. ›Unser Produkt ist sofort lieferbar‹ kann bei Larry beispielsweise heißen, dass es in ein paar Monaten lieferbar ist oder dass

Larry daran denkt, es eines Tages zu entwickeln.« Das hat den zusätzlichen Vorteil, Konkurrenten zu verwirren, die herauszufinden versuchen, was Oracle im Schilde führt. »Vorübergehende Bewusstseinstrübung«, nennt es ein anderer Kollege. »Keine Lüge, nur eine andere Version der Wahrheit.« Wenn Ellison nicht in Fantasia lebt, dann zumindest in Futureland, dem Land der Zukunft, wo alles möglich ist. Genau diese Art der Selbsttäuschung erlaubte ihm, Oracle zu gründen. Der eine nennt es unlauter, der andere visionär.

Die meisten Geschichten über Ellison stimmen nicht oder nicht ganz, aber das tut der Legende keinen Abbruch. Das *Wall Street Journal* veröffentlichte einen Artikel, in dem es hieß, er unterzeichne seine Privatschecks mit grüner Tinte – der Farbe des Geldes. Ellison sagt, das sei lachhaft. Wahrscheinlich. Das Gleiche gilt für den Klempner, der angeblich das Wasser im Haus abstellte und Ellison unter der Dusche schreien hörte: »Verdammt, ich bin mit zwei Frauen hier!« Oder sein viel zitierter Rat für Jungunternehmer: »Ich habe nur einen Rat – Acura NSX. Bevor es zu spät ist.« Er sagt mir, er halte das in der Tat für einen hervorragenden Rat. »Ich wünschte, ich hätte es gesagt. Sie dürfen es mir gerne zuschreiben.« Ein Jugendlicher, der auf die Fünfundfünfzig zugeht – aber wesentlich schneller fährt –, steht an der Spitze des führenden Software-Unternehmens in Silicon Valley. Ellison hat vier NSX gekauft. Wenn die Wahrheit für ihn keine Rolle spielt, kann es ihm da etwas ausmachen, wenn die Geschichten, die *über* ihn erzählt werden, nicht alle wahr sind? »Gibt es irgendjemanden, der immer die Wahrheit sagt?«, fragte Ellison einen *Fortune*-Journalisten 1997. Damit hatte er sicherlich Recht, bis er seine Tochter einmal davon überzeugte, dass Pepperoni-Pizza aus Schlangen hergestellt wird.

Und dann ist da noch die Geschichte von seinem Verhalten gegenüber seinen besiegten Gegnern – unter ihnen auch Roy Disney, dem Neffen von Walt – 1996 bei der Segelregatta von Miami nach Montego Bay. Offenbar hatte sich Roy über Ellisons Boot lustig gemacht und ihm schließlich geraten, das Boot lieber im Hafen zu lassen, statt die 522 Seemeilen in Angriff zu nehmen. Ellison tat es trotzdem – und gewann mit mehreren *Stunden* Vorsprung. Es heißt, daraufhin habe er sich in Jamaika in seine zweimotorige Cessna Citation gesetzt und sei dicht über die Boote der

Verlierer hinweggeflogen, vor allem über Disneys. Eines Nachmittags fragte ich Larry danach.

»Das stimmt doch alles nicht«, sagte er in gespieltem Ärger. »Nach der Regatta habe ich mich rasiert, eine Mahlzeit zu mir genommen, ein Fernsehinterview gegeben und mich *dann* ins Flugzeug gesetzt, um die anderen Boote irgendwo in der Karibik aufzuspüren. Ich ging auf fünfzehn Meter runter, drosselte die Geschwindigkeit auf 250 Knoten und flog genau zwischen Disneys Boot und der *Boomerang* von George Coumantaros, dem Großreeder. Ich war niedriger als ihre Mastspitzen, zog die Maschine dann scharf nach rechts und flog direkt vor ihrem Bug vorbei. Vollkommen legal – schließlich befand ich mich in internationalen Gewässern. Es war einer von diesen Dummejungenstreichen, die man«, er machte eine wirkungsvolle Pause, dann grinste er, »sich einfach nicht verkneifen kann.«

»Andy Grove hätte es nie getan«, gab ich zurück.

»Andy Grove kann auch nicht fliegen.«

Larry und seine Vorliebe für sarkastische Bemerkungen. In dem Jahr vor dem Rennen in der Montego Bay lud er Rupert Murdoch ein, auf seinem Boot an der berühmten Hochseeregatta vor der Australischen Küste von Sydney nach Hobart teilzunehmen (das gleiche Rennen, das im Dezember 1998 bei einem fürchterlichen Sturm einem halben Dutzend Seglern das Leben kosten sollte). Während eines Vorrennens griff Murdoch im falschen Augenblick nach einem Tau, das ihm prompt eine seiner Fingerspitzen abriss. Murdoch lutschte an dem Stumpf, jemand hob das Fingerglied auf, legte es in einen Eisbeutel, Murdoch wurde zu einem mikrochirurgischen Eingriff abtransportiert und Ellison spottete: »Was soll's, er kann doch noch immer seine Schecks ausschreiben.«

Ellison scheint solche Pointen zu genießen. »Gefällt Ihnen eigentlich Ihr Image als böser Firmenchef und Sexprotz?«, fragte ich ihn.

»Das ist das falsche Wort«, sagte er. »Ich hab einfach ein bisschen Spaß gehabt in meinem Leben.«

»Offenbar mehr als ein bisschen.«

»Ich glaube, ich habe die schlechte Angewohnheit, Fragen zu beantworten, die mir gestellt werden. Dabei versuche ich nur, so ehrlich zu sein, wie es geht.«

»Na gut, und wie war es mit dem Schäferstündchen am Straßenrand in Woodside? Das hört sich doch ziemlich nach Sexprotz an – außerdem hat der *San Francisco Examiner* am Valentinstag darüber berichtet, unter der Rubrik ›Ungewöhnliche Orte, um es zu tun‹.«

»Ich war mit dem Mädel unterwegs, mit dem ich seit vier Jahren zusammenlebte. Wir suchten nach einem Grundstück in Woodside. Es war am Spätnachmittag. Da passierte es einfach. Wir waren weit von der Straße entfernt. Leider gab es einen Reitweg. So wurden wir entdeckt.«

Kurz: Ellison verkörpert einfach alles, was protzig, und alles, was amüsant ist am Valley.

Im Januar 1998 – fast fünftausend Kilometer von Silicon Valley entfernt – hatte Larry seine beiden großen Schiffe im Hafen von Newport, Rhode Island, liegen: die *Sakura*, die fast 60 Meter lange Traumjacht. (Der Bursche, der auf der Wohltätigkeitsversteigerung in Woodside für eine Kreuzfahrt 125 000 Dollar bezahlt hat, muss sie erst einmal ausfindig machen.) Und außerdem die *Sayonara*, das Geschoss aus Kohlenstofffasern, mit dem Ellison die Segelregatten in der Montego Bay und Australien bestritten hat. Er ist gekommen, um an der 144. jährlichen Regatta des New Yorker Jachtclubs teilzunehmen, um anschließend die berühmte Hochseeregatta zu den Bermudas zu segeln, die über 635 Seemeilen geht, alle zwei Jahre stattfindet und drei Tage dauert. Eine halbe Meile vor der Küste ist die *Sakura* vor Anker gegangen, damit Ellison dort schlafen kann. Wo immer er mit der *Sayonara* zu Regatten antritt – vor den Westindischen Inseln, Australien, im Mittelmeer –, er nimmt die *Sakura* mit. Wozu das Geld im Ritz verschwenden?

Die *Sakura*, die von Kirk Kerkorian, dem Spezialisten für feindliche Übernahmen, gebaut wurde, ist die sechstgrößte Privatjacht in Amerika, ein schwimmendes Zeugnis für die Hybris des Kapitalismus. Sie ist groß genug für den Walfang – würden Sie es für den Fischfang mieten, hätte Ihr Bootsführer wahrscheinlich ein Holzbein und würde etwas von einem weißen Wal faseln. Die *Sakura* ist *breiter* (fast neun Meter) als viele Privatjachten lang sind. Ihr Name ist das japanische Wort für Kirschblüte und ihr Motor hat 3100 PS. Das Deck ist aus herrlichem Teakholz, das man nicht mit Straßenschuhen betreten darf, was ein bisschen problematisch ist, wenn man kein passendes Schuhwerk mitgebracht hat. Die *Sakura* hat eine elfköpfige fest angestellte Mannschaft, die für die weitläufigen Bereiche an und unter Deck zuständig ist, die geräumige VIP-Unterkunft, die »Steves Raum« genannt wird (weil Jobs sie ständig benutzt hat), vier weitere Kabinen, vier Wohnbereiche, einen Unterhaltungssalon (mit sechs audiovisuellen Systemen und Surroundsound), einen Pool, ein Kommunikationszentrum mit Satellitenverbindung und eine Reihe kleinerer Boote im Schlepptau für Wasserski, Angeln und Landgänge. Beeindruckt? Ellison bietet die *Sakura* zum Kauf an, weil er ein »Interimsschiff« kauft – 80 Meter lang und auf seinen Tragflügeln 39 Knoten schnell –, während ein Schiff von über 100 Meter Länge im Bau ist. Dieses Exemplar wird dann unter allen gigantomanischen Luxusjachten Amerikas die absolute Nummer eins sein. Für Larry ist Größe alles andere als nebensächlich.

Als ich ihn ein paar Wochen zuvor in Kalifornien aufgesucht hatte, hatte er mich nach Newport eingeladen – sogar von einem kleinen Törn war die Rede. Ich folgte seiner Einladung. Doch als ich hinkam, mailte er mir von seinem Schiff aus, ich solle erst ein paar Tage später kommen. Offenbar liebt er solche Katz-und-Maus-Spiele. Es ist mehr Sprödigkeit als Schüchternheit. Wohlgemerkt, das ist der Firmenchef, der damit prahlt, in der Öffentlichkeit Sex gehabt zu haben, und dessen Gesicht einmal von einer riesigen Reklametafel am Highway 101 in der Nähe vom Oracle-Firmensitz herablachte. (Vielleicht ging es ja wirklich nur darum, die Aufmerksamkeit der Autofahrer zu erregen.)

Ellison ist ein lebender Widerspruch – ein introvertierter Mensch, der sich nach Aufmerksamkeit verzehrt. Das Spielchen in Newport treibt er sogar mit den Veranstaltern, die ihn zu der einwöchigen Regatta eingeladen haben, dem Event, das dem großen Rennen zu den Bermudas unmittelbar vorangeht. Der New York Yacht Club, der seit hundert Jahren den America's Cup in Newport durchführt, betrachtet den Ort noch immer als geheiligten Boden, auf dem sich jeden Sommer die Creme der Segler versammelt, um alten Brandy und die Anwesenheit Gleicher und Gleichgesinnter zu genießen. Die alljährliche Clubregatta und die Rennen der Onion Patch Series sind eine große Sache, sozusagen die offizielle Eröffnung des Sommers – ganz besonders für die fünf Skipper, die in der Klasse der *Sayonara* segeln – den legendären »Maxi Yachts«, bekannt für ihre Geschwindigkeit und Exklusivität. Das jährliche Dinner im Club ist ein Muss, ein Fest der Eitelkeit. Doch Ellison erscheint nicht.

Sogar Ted Turner ist da, der »Fürst der Schändlichkeiten«, »Mouth of the South«, der Medienmogul. Er ist ein neues Mitglied im Club, aber schon lange gern gesehener Gast, hat er doch 1977 für sie den America's Cup geholt. In der Dessert-Schlange frage ich Ted, was er von Larry hält – ebenfalls ein Schwerenöter, der sich als Seemann versucht. »Darf ich Sie mit meiner Frau bekannt machen?«, antwortet er. Er darf. Ich frage wieder nach Larry.

»Oh, Larry«, sagt Ted lächelnd. »Der hat gern ein bisschen Spaß.«

»Wie Sie, Ted?«, frage ich lächelnd zurück.

Ich kann ihm über Larry nichts mehr entlocken, dafür erklärt er: »Ich habe viele Regatten gewonnen, wissen Sie?«

»Hat Larry nicht auch ein ziemlich schnelles Boot?«, frage ich.

»Er hat vor allem Chris Dickson.«

Chris Dickson, ein Neuseeländer und Veteran des America's Cup, segelt bei Ellison auf der *Sayonara*. »Ich bin der Steuermann«, pflegt Ellison zu sagen. Aber wer die Richtung angibt, ist eine andere Frage. Dickson, der als Taktiker »mit den Augen eines U-Bootkommandanten« geschildert wird, gilt als einer der vier oder fünf besten Segler der Welt.

Anders als die *Sakura* ist die Drei-Millionen-Dollar-Jacht *Sayonara* direkt im Hafen mitten in Newport vertäut. Doch Ellison spielt auch hier ein Katz-und-Maus-Spiel. Statt seine zweiundzwanzigköpfige Crew in die Narragansett Bay zu begleiten, wo die Regatta stattfindet, lässt Larry, der seefahrende Dilettant, sie im Unklaren darüber, wann er auftauchen wird. Er nimmt nicht am Training teil, hilft nicht beim Laden der Ausrüstung, überprüft nicht die elektronischen Instrumente, hört nicht die Wasserstände und Windvorhersagen ab, gesellt sich nicht zu den Leuten, die die Winschen bedienen und hängt sich nicht in die Luvreeling. Keine dieser Aufgaben verspricht Ruhm. Ellison entlohnt die Mannschaft reichlich – Dickson dürfte rund 10 000 Dollar die Woche bekommen, die anderen ein paar Hundert Dollar am Tag und gelegentlich eine Rolex –, aber er muss sich doch nicht mit ihnen verbrüdern, oder? In der Regel lässt er sich zehn bis dreißig Minuten vor dem Startschuss auf der Jacht absetzen.

»Wie ist Larry so?«, frage ich einen seiner Segler.

»Schwer zu sagen«, antwortet er. »Ich habe nie mit ihm gesprochen.«

Warum darf Ellison überhaupt ans Ruder? Man setzt doch auch keine weißhaarige Matrone auf ein Rennpferd oder lässt einen Sumoringer über hundert Meter starten? Die Antwort liefert die ehrwürdige Tradition des Jachtsports. Das ungeschriebene Gesetz lautet, dass der echte Sportsmann das Ruder nimmt und nicht nur die Schecks ausfüllt. Das ist ein nobler Gedanke, es sei denn, Chris Dickson steht neben einem und gibt einem *ein paar Ratschläge,* und die meisten Mitglieder der Mannschaft haben einen Bizeps wie Popeye.

Die *Sayonara* ist ein bemerkenswertes Schiff. Es wurde von dem Neuseeländer Bruce Farr konstruiert und ist einer der schnellsten Einrumpf-Segler, die je gebaut wurden. Vor dem Wind läuft er fast fünfundzwanzig Knoten. Als Ellison einmal den Segelfan und Journalisten Walter Cronkite mitnahm und ihn ans Ruder ließ, rief Cronkite aus: »Das ist schöner als Sex!« Zumindest ist es das, was Cronkite nach Ellisons Auskunft gesagt hat.

Der 24 Meter lange, schmale und extrem leichte Rumpf der Sayonara besteht im Wesentlichen aus Kunststoffschaum, der von einer Kohlenstoff-Epoxid-Haut umgeben ist – so einfach, wie die *Sakura* luxuriös ist. »So dünn«, sagt einer von der Crew, »dass du sie nicht scharf angucken darfst.« Ihr schwarzer Kohlenstoffmast, elf Stockwerke hoch, ist ein Zahnstocher, der eine Spannung von fast 30 Tonnen aushält. Die Segel sind das Beste, was die moderne Werkstofftechnik zu bieten hat. Zwei Drittel des gesamten Bootsgewichts sind Ballast, tief unten in dem weißen Rumpf, auf dem *Sayonara* in kunstvollen Lettern steht, wobei das *o* leuchtend rot ausgefüllt ist wie die japanische Flagge. Da das Gewicht entscheidend ist, nimmt die Mannschaft für Tagesrennen noch nicht einmal Lunchpakete mit an Bord. Das Boot ist ein kleines autarkes Unternehmen – mit einigen Mitarbeitern, die ganzjährig beschäftigt sind, einer E-Mail-Adresse, farblich abgestimmter Schlechtwetterausrüstung und Baseballmützen mit dem *Sayonara*-Logo. Da die Austragungsorte der Regatten über den ganzen Globus verstreut sind, reist das Boot in einem Spezialcontainer, der mit Werkstatt und Ersatzteillager ausgestattet ist. Ellison segelt es mehrere Wochen im Jahr. Vor zwanzig Jahren hatte er eine bescheidene Schaluppe, die er sich kaum leisten konnte. Als der große wirtschaftliche Erfolg kam und er von der neuen Klasse der Grandprix-Segelboote hörte, fand Larry, dass er eines haben müsste. Der Name »Sayonara« entsprang seiner Vorliebe für alles, was japanisch ist, und heißt, sehr frei übersetzt, »Bis bald« – nicht unpassend, wenn man an der Spitze ist.

Zur Newport-Regatta trifft Ellison erst sechs Stunden vor Rennbeginn in der Stadt ein. Seine Gulfstream ist um vier Uhr morgens gelandet und er kann kaum die Augen aufhalten, als er an Bord der *Sayonara* klettert. Das Wetter ist miserabel – ein Sommersturm mit Böen von Windstärke acht. Trotzdem gewinnt er mühelos. »Ich bin immer wieder verblüfft«, sagt Dickson, »wie Larry es schafft, hundertprozentig da zu sein, sobald er an Bord ist.« Bei den anderen Booten brechen die Masten und reißen die Segel. Coumantaros *Boomerang* kommt nicht ins Ziel, Turners *Courageous* noch nicht einmal an den Start. Die *Sayonara* dagegen, auf der sich Ellison und Dickson am Ruder ablösen, zerschneidet die Wellen wie ein Messer und gewinnt mit mehreren Minuten Vorsprung. Die Mannschaft ist durchnässt und erschöpft, hat aber noch eine einstündige Schaukelei in der Barkasse vor sich, bevor sie im Hafen ist. Ellison dagegen wird von einem Beiboot in die unweit vor Anker liegende *Sakura* gebracht, wo er ein paar Minuten später eine erfrischende Dusche nimmt. Das ist der wahre Sportsgeist! Zum Glück für die Verlierer bleibt Ellison an Bord der *Sakura* und lässt die Gulfstream nicht startklar machen.

Larry Ellison wurde in der Lower East Side von Manhattan geboren, wuchs aber in Chicago auf. Seine neunzehnjährige Mutter war unverheiratet, und sein Vater hatte sich schon längst aus dem Staub gemacht. Als er mit neun Monaten eine Lungenentzündung bekam, schickte ihn die Mutter zu seiner Großtante und seinem Großonkel nach Chicago. Lilian und Louis Ellison adoptierten ihn und gaben ihm seinen Namen. Larry wuchs in einer jüdischen Mittelschichtfamilie auf – zuerst im Norden, dann als Teenager im Süden der Stadt. Er erfuhr erst mit zwölf Jahren, dass er adoptiert war, ein Umstand, der ihn bis ins Erwachsenenalter nicht losließ. Warum hatte seine Mutter ihn im Stich gelassen? Was hatte er falsch gemacht? Auch der Adoptivvater war keine große psychologische Hilfe für Ellison. Louis Ellison war ein verbitterter Mann, der sein Vermögen während der Depression verloren hatte. Außerdem war er nicht begeistert darüber, noch ein Kind großziehen zu müssen. Die beiden stritten sich andauernd. Der Vater erzählte dem Sohn, aus ihm würde »nichts werden«. Man kann sich unschwer ausmalen, woher die Unsicherheit und der Ehrgeiz des erwachsenen Larry stammen. »Das war eine wunderbare Triebfeder«, erklärte Ellison seinem Biografen Mike Wilson. »Ich denke, mein Vater hat mir sehr gut getan. Was dich nicht umwirft, macht dich hart.« Vielleicht auch kühn. Ellison hatte immer eine lebhafte Fantasie. Seine Adoptiveltern waren russische Einwanderer. Möglicherweise um sie zu ärgern, sagte er, wenn er sich am Telefon meldete: »Russische Botschaft – Boronow am Apparat.« Ein anderes Mal umging er eine gebührenpflichtige Verwarnung wegen Geschwindigkeitsübertretung, indem er dem Polizisten erklärte, er sei Assistenzarzt und müsse dringend ins Krankenhaus – zu einer »Kraniotomie«. Trotz der Freundin neben ihm und des Pärchens auf dem Rücksitz schöpfte der Streifenbeamte keinen Verdacht. Dieser souveräne Umgang mit der Wahrheit kam ihm gut zustatten, als er anfing, sich in der Software-Branche einen Namen zu machen.

Auf einer Harley traf Ellison in Champaign-Urbana ein, wo er die University of Illinois besuchte, das Studium aber nach zwei Jahren abbrach. Er hatte die Zügel schleifen lassen und gegen Ende des zweiten Jahres starb seine Adoptivmutter plötzlich. Ruhelos und fasziniert von der Subkultur, die in der Bay-Area entstand, fuhr er westwärts nach Berkeley. Er war sehr angetan von der eigenen Atmosphäre des Ortes und nahm sich vor, eines Tages zurückzukehren.

Als Ellison im Herbst 1964 aus Berkeley zurückkehrte, schrieb er sich an der University of Chicago ein, hielt es diesmal aber nur ein Semester aus. Wie Bill Gates und Steve Jobs machte er nie einen Universitätsabschluss. Die neue Generation der Selfmade-Technologen, die so ganz anders war als die Hewletts und Packards, die Noyces und Moores, legte keinen Wert auf ein Studium. Doch im

Unterschied zu Gates und Jobs scheint Ellison nie über seinen Mangel an akademischen Ehren hinweggekommen zu sein und vertuscht ihn gern mit abenteuerlichen Geschichten. Doch durch Zufall kam er an der Uni mit Computern in Berührung. Er hatte keinen großen technischen Ehrgeiz, erwarb sich aber ausreichende Kenntnisse im Programmieren von Mainframes, um damit Geld zu verdienen.

Mit zweiundzwanzig Jahren sah er keinen Grund mehr, in der Stadt zu bleiben, in der er aufgewachsen war. So brach Ellison 1966 erneut nach Kalifornien auf – nicht um die neue Welt der Elektronik zu erobern, sondern weil ihm nichts Besseres einfiel. Anders als bei Shockley, Bushnell oder sogar Kildall war es nicht der Ehrgeiz, der Ellison nach Kalifornien brachte, sondern sein Thunderbird. Er traf in Berkeley ein, belegte ein paar Kurse und nahm in den nächsten zehn Jahren eine Reihe von Stellungen an, in denen er mit Computern zu tun hatte. Abgesehen von ein bisschen Gitarrespiel, Yosemite und seiner ersten gescheiterten Ehe, beaufsichtigte Ellison Techniker bei Wells Fargo und suchte Fehler in den Mainframes der Fireman's Fund Insurance. Er und seine Stellungen waren nicht weiter erwähnenswert. Das einzig Bemerkenswerte an Ellison war die Tatsache, dass er viel mehr Geld ausgeben konnte, als er hatte – er erstand das erwähnte erste Segelboot, eine Nasenoperation in Beverly Hills und ein Fahrrad für 1000 Dollar. »Champagneransprüche bei einem Lohn, der gerade für Bier reichte«, nannte seine Frau das. Es heißt, Ellison und ein Freund hätten einmal auf dem Telegraph Hill in San Francisco gesessen und auf die Gebäude gezeigt, die sie eines Tages kaufen wollten, wenn sie reich würden. Ihr Reich, so Ellison, sollte Universal Titanic Octopus heißen (was nicht ohne Ironie ist, wenn man bedenkt, wie oft Ellison später Microsoft vorgeworfen hat, genau das zu sein).

Anfang der Siebzigerjahre arbeitete Ellison bei Amdahl, einem Unternehmen, das als IBM-Konkurrent Mainframes herstellte. Dort traf er einen komischen, unscheinbaren Programmierer namens Stuart Feigin, der sich gut mit Ellison verstand. »Gleich an meinem ersten Tag habe ich Larry kennen gelernt«, erinnert sich Feigin. Er arbeitete auf der anderen Seite des Flurs. Ich war sehr schüchtern und fleißig. Ellison war weder das eine noch das andere. Er sprach über die Computerbranche, über Basketball, über Israel, Bücher, Aktien und Religion. Aber vorwiegend sprach er über sich selbst – wie toll er war, wie dumm alle anderen waren, für die er bisher gearbeitet hatte, und wie viel Geld er eines Tages verdienen würde. Er müsste einfach reich werden, … weil er bisher immer besser gelebt hätte, als er es sich leisten könnte. Natürlich hatte er einen Mercedes, auch wenn er so durchgerostet war, dass er nur noch durch den Lack zusammengehalten wurde. Die Raten für sein Haus konnte er kaum aufbringen. Immer wenn ich ihn am Telefon hörte, schien er mit Bauunternehmern und Bankern gleichzeitig zu sprechen. Ich musste stets drei Jahresgehälter auf der Bank haben, Larry hatte noch nicht mal den Lohn von drei Tagen auf seinem Konto.« Das ist wahrscheinlich der Grund, warum Larry bei den Lieferanten im Valley als der Kunde bekannt ist, der von allen Milliardären als letzter zahlt. Einmal schenkte er seiner Chefsekretärin 2000 Dollar zu ihrem Geburtstag – welch ein Zufall, 2000 Dollar schuldete er ihr für Dutzende von Botengängen und Besorgungen. Alte Gewohnheiten sind hartnäckig.

Feigin wurde später Oracle-Mitarbeiter Nummer fünf und hundertfacher Millionär, bevor er sich Ende der Achtzigerjahre in Lake Tahoe niederließ – und sich damit zufrieden gab, zu wandern, zu investieren, Geld für wohltätige Zwecke zu stiften und ein erstaunlich bescheidenes Leben zu führen, bedenkt man, welche Möglichkeiten er hätte. (Heute, mit dreiundfünfzig, bemisst er sein Nettovermögen nach der Größe des Nationalparks, den er eines Tages hinterlassen wird.) Kurzum, Feigin gehörte zur eher nüchternen Sorte. Trotzdem machte Ellison einen faszinierenden Eindruck auf ihn. »Wissen Sie, ich war wirklich beeindruckt«, sagt Feigin, ohne genau angeben zu können, warum. »Er war einfach unwiderstehlich.«

Diese Wirkung – Steve Jobs Charisma ohne dessen Ecken und Kanten – richtig einzusetzen, war die Aufgabe, die sich Ellison stellte. Bei Amdahl sollte es ihm jedenfalls nicht gelingen, denn dort wurde er 1973 im Rahmen eines größeren Personalabbaus entlassen. Trotz seines unwiderstehlichen Charmes musste er sich einen anderen Broterwerb suchen. Feigin und er machten an den Wochenenden Fahrradtouren und trafen sich öfter zum Lunch. Man hätte sie Freunde nennen können, auch wenn Ellison immer zu spät kam – es sei denn, er kam gar nicht – und nie die Rechnung bezahlte. Liebevoll nennt Feigin ihn den »the late Larry Ellison«. Jahre später wurde Ellison berüchtigt für seine Unpünktlichkeit und die Gleichgültigkeit, mit der er sie praktizierte. Einmal ließ er eine Gruppe von amerikanischen Senatoren warten, während er mit einer Frau anbändelte, die er auf dem Weg nach Washington kennen gelernt hatte. Während der Amtszeit von Clinton nahm er häufig Einladungen zu Staatsbanketts an, ohne zu erscheinen.

Als Ellison Amdahl verließ, erzählte er Feigin, er werde sein eigenes Software-Unternehmen aufmachen, und fragte ihn, ob er bei ihm anfangen wolle. »Ich mache uns alle reich«, versprach Ellison ihm. Zufrieden mit Amdahl und von Natur aus vorsichtig, lehnte Feigin zunächst ab. »Der Bursche konnte noch nicht mal pünktlich zum Mittagessen kommen«, sagt er, »wie sollte er da ein Unternehmen leiten?« Doch schon nach einem Jahr war Larrys Angebot einfach zu verlockend, selbst wenn die linke Gehirnhälfte Feigin sagte, dass er eine Riesendummheit beging. Dabei war sein einziger Fehler, dass er nicht von Anfang an auf Ellisons Angebot eingegangen war. Kein Mitbegründer zu sein, kostete ihn nach eigener Schätzung fast eine Milliarde Dollar.

Von Amdahl begab sich Ellison, nur ein kleines Stück die Straße hinunter, zu Ampex, Nolan Bushnells einstiger Wirkungsstätte. Ellison begann an einer Datenbank-Software zu arbeiten, die ein rudimentärer Vorläufer der Oracle-Systeme war. Wichtiger aber war, dass er Bob Miner begegnete. Miner war bei Ampex Ellisons Chef, doch das war nur ein nebensächlicher Umstand – Ellison hat sich nie als Untergebener von irgendjemand betrachtet. Miner war, wie Mike Wilson sagt, der »Anti-Larry« – herzlich, ehrlich, schlicht, ein Mann, der heftige Kämpfe mit sich ausfocht, bevor er 14,95 Dollar für eine CD ausgab. Von Miner stammt die Sottise über Ellison und die hübschen Stanford-Studentinnen.

Die schönste Bob-Miner-Geschichte – ob sie wahr ist, muss dahingestellt bleiben, da sie von Ellison erzählt wird – handelt von jenem Freitagnachmittag, an dem Miner in die Bank ging, um seinem Konto einen Zwei-Millionen-Dollar-Scheck gutschreiben zu lassen. (Es war kurz nach Oracles Börsengang und Miner hatte einen kleinen Teil seines Aktienschatzes verkauft.) Wie üblich wollte Miner für das Wochenende 200 Dollar in bar haben. Also füllte er einen Einzahlungsschein über 1 999 800 Dollar und eine Auszahlungsanweisung über 200 Dollar aus. Dann stellte er sich mit dem Rest des gemeinen Volks in der Schlange an. Als er an der Reihe war, war die Kassiererin verständlicherweise zutiefst verstört und rief den Bankdirektor herbei, der sich der Transaktion annahm und Miner mitteilte, dass er sich in Zukunft nie wieder an der Kasse anstellen müsse. Miner war entsetzt bei dem Gedanken, dass sich sein Kundenstatus derart verändert hatte. Ellison dagegen, so berichtete Feigin, habe ihm vor Jahren erklärt, er begreife nicht, warum nicht *alle* Schlangen in der Gesellschaft nach dem Vermögen geordnet seien. »Ist es nicht absurd«, habe Ellison gefragt, »dass sich ein Reicher hinter einem Armen anstellen muss?«

Ampex stellte Ellison, Miner und Ed Oates, einem dritten Programmierer, Räumlichkeiten zur Verfügung, damit sie die Idee ausbrüten konnten, aus der Oracle entstand. (Oates schied später aus dem Unternehmen aus; Miner starb 1994 mit zweiundfünfzig Jahren an Lungenkrebs, vom ganzen Unternehmen geliebt, aber in den letzten Jahren fast unsichtbar, weil er keine Lust mehr hatte, auszubügeln, was Ellison verbockt hatte.) Bei Ampex bereitete Ellison seinen großen Auftritt vor. »Als ich Larry kennen lernte«, erinnert sich Oates, »hielt er nicht hinter dem Berg mit der Überzeugung, er sei ›der Beste, den es gibt, der Beste, den es gab, und der Beste, den es je geben wird‹. Ihm fehlte nur eine geeignete Bühne: Er musste das Stück selbst schreiben und selbst Regie führen. Solange er für jemand anders arbeitete, war er unfähig oder nicht bereit, sein Bestes zu geben. Da seine Triebfedern Anerkennung, Geld und Macht waren – nicht unbedingt in dieser Reihenfolge –, fand er zu sich selbst, sobald Oracle gegründet worden war. Eine Pleite hätte bedeutet, dass er nicht der Beste war – also kam eine Pleite für ihn nicht in Frage.«

In den Siebzigerjahren machte das Valley eine Wandlung durch – eine von mehreren in seiner Geschichte. Zuerst waren die Garagenpioniere gekommen, Leute wie Hewlett und Packard, dann Silicon-Cowboys wie Shockley, Noyce und Moore. Die riesigen Mainframe-Computer der Fünfzigerjahre führten zu den Minicomputern der Sechzigerjahre und der Geburt des PC. HP und

Intel erlebten einen Erneuerungsprozess. Jobs und Wozniak fanden sich, genauso wie Gates und Allen in Albuquerque. 1976 wurde Apple gegründet, Microsoft ein Jahr früher. Hervorragende Unternehmen sind das Ergebnis von Fantasie und Intelligenz, aber sie brauchen auch geeignete Entwicklungsbedingungen. Ellison sah einen neuen Markt – für Software – und stürzte sich darauf, aber er war auch zur richtigen Zeit am richtigen Ort. Wie Apple und Microsoft verdankte Oracle seinen Erfolg im wesentlichen dem Glück – das Unternehmen besetzte eine Nische in der Hightech-Landschaft. »Trotz all seiner Bemühungen, gelang es Larry nicht, die Sache zu vermasseln«, sagt Tom Siebel, der einst Vizepräsident bei Oracle war und dann ein eigenes erfolgreiches Software-Unternehmen gründete.

Schon die Vorstellung, dass Software-Programme die Grundlage für ein Wirtschaftsunternehmen bilden könnten, war neu. Intel und HP waren Hersteller von Hardware – den Steinen und dem Mörtel der Hightech-Welt. Genauso verhielt es sich mit Apple (obwohl sich dessen Computer von anderen durch eine bestimmte Software unterschieden, das heißt, durch das Betriebssystem für die Hardware). Oracle wurde der erste Triumph des Valleys auf dem reinen Software-Markt.

Bis Ende der Sechzigerjahre war die Software im allgemeinen kostenlos, sie wurde »im Paket« mit dem Computer geliefert – so ähnlich wie das Werbegeschenk, das in einer Cornflakes-Schachtel enthalten ist. Auch den Begriff »Software« gab es erst seit zehn Jahren. Die Läden waren noch nicht voller bunter Kartons mit kaufmännischen Anwendungen, Textverarbeitungsprogrammen, Computerspielen und dergleichen. Bill Gates besuchte noch die Highschool und Marc Andreessen – der Mitbegründer von Netscape – war noch nicht einmal geboren. Stattdessen versammelten sich damals – »in den guten alten Software-Tagen«, wie Feigin sagt – Tausende von Programmierern an Orten wie San Francisco und New York in den Festsälen von Hotels, um ihre Programme zu tauschen. Sie waren an Universitäten und in Unternehmen beschäftigt, die IBM-Mainframes verwendeten, doch Programmieren galt als Hobbybeschäftigung. »Wir wären nie auf den Gedanken gekommen, dass man mit Software Geld machen kann«, sagt Feigin, »wir haben sie immer verschenkt. Als IBM sie zu verkaufen begann, waren wir entsetzt über diesen Verstoß gegen die guten Sitten.«

Die Software war eine ganz andere Welt als die Hardware, die seit einer Generation den wirtschaftlichen Motor des Valleys darstellte. Hardware war greifbar – sie bestand aus Metall, Plastik, blinkenden Lämpchen, surrenden Laufwerken und kilometerlangen Kabeln. Jemand, der Hardware herstellte – in einem Reinraum bei Intel oder in einer Apple-Fertigungshalle – konnte einem das Ergebnis seiner Arbeit in die Hand legen. Dagegen war Software unter Umständen nur eine Idee, ein Code auf einem Stück Papier oder ein Muster in einer Lochkarte. Doch ohne Software war eine Maschine nur eine Maschine.

In weit höherem Maße als die kostspielige Infrastruktur der Halbleiter-Industrie, hing die Software vom Vorstellungsvermögen des Einzelnen ab. Sie war weder auf Fabriken noch auf Rohstoffe angewiesen – nur auf die graue Substanz. Der finanzielle Reiz der Software lag darin, dass die Kosten für jede Kopie, sobald das Programm einmal geschrieben war, vernachlässigenswert waren, dafür aber eine enorme Gewinnspanne winkte. Wem es gelang, ein Programm für den Massenmarkt zu entwickeln, der durfte sich fühlen, als würde er eine Goldader abbauen, die sich ständig selbst erneuerte.

Der Grund für den Verkauf von Software war natürlich die Nachfrage. Wie das Mooresche Gesetz vorhersagte, stieg die Rechenleistung der Computer ständig an, während die Preise fielen. Computer und Computernetze wurden weltweit ein unentbehrlicher Bestandteil der Wirtschaft – für die Überprüfung von Lagerbeständen, Qualitätskontrolle und Lohnabrechnung. Doch das exponentielle Wachstum der digitalen Datenbanken – die teilweise aus Milliarden von Daten bestanden – lief allen Versuchen, sie zu verwalten, auf und davon. Magnetbänder besaßen zwar viel Kapazität, aber schlechte Zugriffsmöglichkeiten; Diskettenlaufwerke waren schneller, hatten aber nicht genügend Speicherplatz. Die größte und vollständigste Datenbank hatte wenig Nutzen für General Motors, die Bank of America oder das CIA, wenn nicht die Möglichkeit bestand, die Daten mühelos zu suchen, zu sichten und abzurufen. Warum sollte man sich für die digitale Lösung entscheiden, wenn sie genauso umständlich war wie ein Aktenschrank?

Organisation war nicht das Problem. Selbst die primitivsten Datenbankverwaltungssysteme – »hierarchische« und »vernetzte« Systeme – konnten ein bestimmtes Konto finden und auf den neuesten Stand bringen. Hierarchische Systeme waren starr und gingen nach der Top-down-Methode vor, das heißt, von oben nach unten: Wer eine Information in der Mitte brauchte, musste mit der Suche trotzdem von vorne anfangen. Die vernetzten Systeme bedeuteten eine Verbesserung, weil sie Informationen mit Querindizes versahen – allerdings nur, wenn man sich in die Denkweise der Programmierer versetzen konnte, die für die betreffende Indexdatei verantwortlich waren.

Die Aufgabe der Datenbankverwaltung bestand also darin, die Datenbank so zu strukturieren, dass sie Fragen beantworten konnte, die von den ursprünglichen Programmierern nicht antizipiert und daher in der Datenbank nicht besonders berücksichtig worden waren. Solche Zufallsfragen – wie viele Flüge von Miami nach Dallas wurden im November verkauft oder welcher Infanteriezug hatte im Durchschnitt die jüngsten Soldaten – ließen sich nur mit Hilfe eines Computers beantworten. Datenbanken mit hierarchischer oder vernetzter Struktur waren keine Hilfe. Theoretisch brauchte man so etwas wie eine »relationale Datenbank«. In einem Großunternehmen würde ein großer Zentralrechner die Datenbank enthalten und mit einer Vielzahl von Terminals verbunden sein, die vielen Mitarbeitern den gleichzeitigen Zugang ermöglichen würden.

Bei Ampex versuchten Ellison zusammen mit Miner, Oates und anderen, eine neue Software zur Datenbankverwaltung zu entwickeln. Doch das von der CIA gesponserte Projekt, das unter dem Codenamen Oracle lief, brachte nie ein einwandfrei funktionierendes Programm zustande. Ellison wechselte auf einen Marketing-Posten über und ging dann zu einem anderen Datenbankunternehmen im Valley, Precision Instrument. Dort überwachte Ellison die Software-Entwicklung, das heißt, er vergab Programmieraufträge an freie Mitarbeiter. Doch dann hatte er eine bessere Idee: Er gründete zusammen mit Miner und Oates ein neues Unternehmen, in das er einen Teil seiner eigenen Arbeit für die CIA einbrachte. Miner und Oates leisteten die richtige Programmierarbeit, während Ellison noch vorübergehend bei Precision blieb, um das Projekt zu koordinieren.

Seinen Beweggrund für die Gründung eines Unternehmens versuchte er nicht durch Geschwätz über Lebensträume, Weltveränderung und unstillbaren Wissensdurst zu beschönigen. Er war ehrlich genug zuzugeben, dass Reichtum und Macht seine Triebfedern waren. Stuart Feigin war es seit dem ersten Tag klar, als er Ellison bei Amdahl kennen gelernt hatte. »Gene Amdahl hatte immer etwas konstruieren und bauen wollen, schon seit seiner Zeit als einer der Chefkonstrukteure bei IBM«, meint Feigin. »Er hatte zwar einen Rolls-Royce, aber nur weil er einen Deal mit Rolls-Royce gemacht hatte – ›Ihr kauft meine Computer und ich kauf euer Auto.‹ Larry war anders. Ich glaube nicht, dass er es gemacht hat, weil er glaubte, die Welt brauche ein besseres Datenbanksystem.«

Viele der ersten Unternehmer in Silicon Valley sind auf Goldadern gestoßen, weil sie etwas bauen oder entwickeln wollten, wofür sich ihre damaligen Arbeitgeber nicht interessierten. Oder weil sie ein Gerät haben wollten, auf dem man bessere Spiele spielen konnte. »Larry«, sagt Feigin, »hat nie dieses Glitzern in den Augen gehabt.« Wer wollte es ihm verdenken? Wie konnte das langweilige Geschäft der Datenverwaltung mit dem Kick mithalten, den ein richtiger Geldsegen bringt? Für einen Mann, der sich einbildete, er sei bewandert in Geschichte, Malerei, Kriegsführung, Molekularbiologie und noch ein paar anderen Gebieten, konnten doch relationale Datenbanken keine geistige Befriedigung bedeuten.

Ellison war Repräsentant einer neuen »post-silicon« Mentalität im Valley, die aus dem raschen Wandel des Wertsystems und aus der Erkenntnis erwuchs, dass die Hightech-Branche Möglichkeiten eröffnete, die selbst für Kalifornien unvorstellbar waren. Doch die Technik war gar nicht entscheidend. Der Marketing-Schwanz wedelte mit dem Produkt-Hund. Statt der Hacker die Hysterie der Werbe- und Medienleute. Ellison war kein Computerrebell in Jeans und Turnschuhen – seine europäischen Maßanzüge und japanischen Sporthemden aus schwarzer Seide sind für Jobs, das Schandmaul, ein Quell nicht enden wollenden Spottes –, sondern ein geschniegelter Kapitalist, entschlossen, Milliardär zu werden. »Er hat gekriegt, was er haben wollte«, sagt Feigin bedauernd, »und dabei viele von uns Millionären und Freunden, verloren.«

Ellisons neues Unternehmen, das im Frühsommer 1977 in Santa

Clara gegründet wurde, hieß Software Development Labs (eine Bezeichnung, die sich durchgesetzt hatte gegen Oates' nicht ganz ernst gemeintes Nero Systems – »Wir basteln, während Sie brennen« – und Miners UrAnus Systems – mit einem Logo, das Produkte zeigte, die aus einem Sphinkter hervorquollen). Ellison Einlage betrug 1200 Dollar für 60 Prozent des Unternehmens, Miner und Oates steuerten je 400 Dollar bei. Ellison hoffte, eines Tages eine Firma mit gut zehn Beschäftigten zu haben. »Niemand rechnete damit, dass wir unsere Produkte millionenfach auf dem Computermarkt verkaufen könnten«, sagt Oates. »Bei Jahresumsätzen von zehn Millionen Dollar wären wir schon ausgeflippt. Larry kümmerte sich um den Verkauf. Bob und ich hatten ein etwas engeres Verhältnis zur Wahrheit als Larry. Und gutes Marketing ist fast immer wichtiger als gute Technik.«

Das war der Grundstein zu einem Unternehmen, das Ellison zum Multimilliardär machen und auch seinen Mitbegründern ein hübsches Vermögen bescheren sollte.

Das Prinzip der relationalen Datenbank war schon seit Jahren im Gespräch. 1970 veröffentlichte IBM – der unbestrittene König im Reich der Computer – einen Bericht, in dem eine neue Methode zur Datenverwaltung vorgeschlagen wurde. Die Benutzer brauchten nicht mehr zu wissen, wie ihre Rohdaten gespeichert waren oder abgerufen werden mussten. Sie brauchten nur ein paar Fragen zu stellen und schon lieferte die Datenbank die richtigen Informationen. Sie waren in den Zeilen und Spalten von Tabellen wiedergegeben, die beliebig umgeordnet werden konnten. In der besonderen Organisation dieses raffinierten elektronischen Arbeitsblatts – der *Beziehung* zwischen verschiedenen Datensätzen – zeigte sich die Überlegenheit des »relationalen« Modells.

Doch es war nur ein Modell. IBM beschrieb in dem Bericht ein funktionsfähiges relationales System, hatte aber noch keinerlei Anstalten gemacht, eines zu entwickeln. Einige Jahre später beschäftigten sich die IBM-Forscher in San Jose mit dem Problem der Datenbankverwaltung und entwickelten eine Kommandosprache, die auf der englischen Sprache basierte. SQL (*Structured English Query Language*, strukturierte [englische] Abfragesprache) durfte jeder verwenden, der sie eintippen konnte. In verschiedenen Fachzeitschriften veröffentlichte IBM genaue Beschreibungen von SQL und vermittelte damit vielen Programmierern erste Vorstellungen, wie eine relationale Datenbank arbeiten könnte.

Warum war Big Blue so mitteilungsfreudig? Zunächst einmal begriff es nicht, welches wirtschaftliche Potenzial in dieser Entwicklung steckte. Außerdem entsprach es dem Stil seiner Forschungs- und Entwicklungsabteilung, solche Erkenntnisse, zumindest in groben Zügen, zu veröffentlichen. Zum Teil hatte das ganz eigennützige Gründe: Da IBM in vielen Hightech-Bereichen den Industriestandard setzte, hatte es gute Gründe, für den Fortbestand dieser Situation zu sorgen, selbst wenn das bedeutete, dass einige der von ihm entwickelten Ideen anderswo genutzt wurden. Die spätere Entscheidung beispielsweise, Microsoft zu erlauben, MS-DOS anderen Herstellen gegen Lizenzgebühren zu überlassen, beruhte auf der IBM-Philosophie, dass es IBM genauso wie Microsoft nutzen würde, wenn MS-DOS zum Standard würde.

Zum Teil resultierte IBMs Bereitschaft, Forschungsergebnisse bekannt zu geben, aber auch auf der Überzeugung, dass die ganze Branche von Fortschritten profitieren würde – selbst wenn ein anderes Unternehmen einen Vorsprung hatte. Sogar Intel, das Kompromissen eher abgeneigt war, half Konkurrenten, wenn es der Meinung war, ein Wachstum des Higtech-Kuchens würde allen größere Stücke bringen. Doch es war ein Fehler von IBM, dass es seine eigene relationale Software erst 1982 auf den Markt brachte, fünf Jahre, nachdem Ellisons Gruppe die Idee übernommen hatte. Zwar machte IBM ein Geschäft damit, gewiss, aber es war eben nur ein Teil des Geschäfts.

Pech für seine Aktionäre, dass IBM nicht aus Schaden klug wurde. Vier Jahre nach der Veröffentlichung von SQL hatte Big Blue seine wegweisenden Treffen mit Gary Kildall und Bill Gates. Bei seinem ersten PC optierte IBM eindeutig für Microsofts Betriebssystem. Noch wichtiger, es gestattete Microsoft, dieses Betriebssystem an jeden Hardware-Hersteller weiterzugeben und Linzenzgebühren dafür zu kassieren. Der IBM-PC wurde der Microsoft/Intel-Computer, ein Produkt, das jeder zusammenbauen konnte. Unternehmen wie Compaq und Dell wären ohne diesen Geniestreich der Dummheit nie geworden, was sie sind. Genüsslich nennt Ellison IBMs Entscheidung, keine ausschließliche Lizenz für MS-DOS zu verlangen,»den schlimmsten Fehler in der Geschichte der Unternehmensführung auf Erden«. Genauso gut könnte er die Torheit anführen, die ihn auf den Olymp der Großverdiener katapultiert hat.

Doch IBM stand in dieser Zeit mit seiner Sorglosigkeit keineswegs allein da. Der Erfolg, den Apple Computer Mitte der Sechzigerjahre mit dem Macintosh hatte, hatte seinen Ursprung in nichts, was Steve Wozniak fast ein Jahrzehnt vorher getan hatte, sondern in Steve Jobs schicksalhaftem Besuch bei PARC, der Forschungsabteilung von Xerox in Silicon Valley. PARC erfand die Technik, doch Jobs entdeckte sie und baute mit ihr ein Imperium auf. Der Macintosh von Apple und später die Windows-Versionen von Microsoft sind lediglich Fortentwicklungen des GUI.»Gute Künstler kopieren«, soll Picasso laut Jobs gesagt haben,»und große Künstler stehlen.« (Wobei eine nicht unbeträchtliche Ironie darin liegt, dass Picasso dieses Bonmot entweder T.S. Eliot, Lionel Trilling oder Igor Strawinsky geklaut hat – denen allen nachgesagt wird, es zuerst geäußert zu haben.) Apple, Oracle, Ellison, Jobs – die Genialität einer Idee liegt in ihrer Ausführung, nicht nur in ihrer Entdeckung.

Einer der Programmierer, die sich gierig auf die Datenbankbeschreibung von IBM stürzten, war Ed Oats. Er glaubte, dass sich die technischen Hürden überwinden ließen. Doch den Blick für die Marktrealitäten hatte Ellison. Der Umstand, dass IBM die Entwicklung einer relationalen Software erwog, musste, wie er schlau erkannte, jedes Nicht-IBM-Produkt adeln, das rascher auf den Markt kam als das IBM-Erzeugnis. Sogleich schickte er sich an, seinen Gedanken in die Tat umzusetzen. Miner, Oates und er (sowie ein vierter Mitarbeiter namens Bruce Scott) hatten sich mit Aufträgen für Software-Programme ganz gut über Wasser gehalten – und das neue Unternehmen damit ein Jahr lang finanziert –, doch solche Auftragsarbeiten brachten keine kontinuierlichen Einnahmen und vor allem war von ihnen nicht das Traumprodukt zu erwarten, das eine neue Nische im Markt erschloss.

Einige Monate später vollendeten Miner, Oates und Scott zur eigenen Verblüffung die rudimentäre Computerversion einer relationalen Software. Sie nannten sie Oracle, womit sie auf den

Namen des fehlgeschlagenen CIA-Produkts bei Ampex zurückgriffen. Außerdem passte der Name zur anmaßenden Art des Firmenchefs. Innerhalb von zwei Jahren kam auf diese Weise ein funktionsfähiges »Oracle« auf den Markt. Obwohl es langsam und fehleranfällig war, bedeutete es trotzdem einen gewissen Fortschritt. Ellison war zwar nicht der Programmierer, doch er hatte darauf gedrängt, dass es geschrieben wurde, und er hatte mit seiner Marketing-Befähigung dafür gesorgt, dass es verkauft wurde. Seiner Hartnäckigkeit war es auch zu verdanken – nachdem ihn Kunden darauf gebracht hatten –, dass die Software auf allen in der Wirtschaft eingesetzten Computersystemen lief, nicht nur auf den marktbeherrschenden Modellen von IBM, Digital Equipment und anderen. Diese »Übertragbarkeit« – oder zumindest behauptete Übertragbarkeit – von einer Hardware auf die andere und einem Betriebssystem auf das andere machte sie unentbehrlich für Computernetze, die große Datenbanken verwalteten. Schließlich wurde die Software für eine Reihe von Minicomputern, Mainframes und PCs verfügbar. »Promiskuitive Software« nannte Ellison sie mit beabsichtigter Zweideutigkeit, weil sie es »mit jedem tat«. Das Problem war nur, dass einige Partner besser als andere waren, doch was dem Unternehmen an technischer Brillanz fehlte, ersetzte es durch Imagepflege.

In dem Bemühen sich noch stärker zu profilieren, legte sich Software Development Labs den nicht weniger klangvollen Namen Relational Software Inc. zu. Für die Bezeichnung Oracle Corporation entschied man sich erst 1982. Ellison war Präsident und Vorstandsvorsitzender. Ende der Siebzigerjahre verschaffte die Bundesregierung Ellison die ersten Kunden – den Airforce-Stützpunkt Wright-Patterson in Ohio, den Nachrichtendienst der Navy in San Diego und die Mutter aller Organisation, die CIA (allerdings ohne dass sie jemals in Oracles Prospekten erwähnt wurde). Oracle verkaufte seine Software im Paket und berechnete jedem Kunden zunächst 48 000 Dollar. Nach diesen ersten Erfolgen zeigte sich der extrem konkurrenzorientierte Stil, der zu Ellisons Markenzeichen werden sollte: Er war der Mann, der seine Gegner nach einer Regatta im Tiefflug erschreckte und der aus einem Fahrradausflug mit Feigin die Tour de France machte. Der *New York Times* erläuterte er seine Nullsummen-Geschäftsphilosophie wie folgt: »Es

genügt nicht, Erfolg zu haben. Jeder andere muss Pleite gehen.«
Kein Wunder, dass Steve Jobs sein bester Kumpel wurde.

Eine denkwürdige Anzeige aus dem Jahr 1987 zeigte eine
Oracle-F-15, die einen roten Dreidecker abschoss, auf dem Ashton-
Tate zu lesen stand, der Name eines verhassten Konkurrenten. Die
Anzeige, so Ed Oates, verkörpere »die klassische Oracle-Haltung.«
Oates ist heute ein gelassener Ruheständler (»in Urlaub« bis zum
Jahr 4711, dem letzten Jahr, das in Oracles Personaldatenbank ein-
programmiert ist), aber er hat sich eine Vergrößerung dieser
Anzeige in sein Arbeitszimmer gehängt. In einer anderen Anzeige
grüßte ein Jetpilot mit hochgerecktem Daumen aus dem Cockpit
seines Oracle-Jet. Wie die Kerben im Colt eines Revolverhelden
waren die durchgestrichenen Namen von Oracles Konkurrenten
auf der Tragfläche zu erkennen. In winzigem Druck stand darunter
der Scheinwiderruf: »Oracle ist ein eingetragenes Warenzeichen
der Oracle Corporation. Dass wir in dieser Anzeige die Warenzeichen [der Konkurrenten] verwenden, ist das geringste ihrer Probleme.«

Diese obsessive Machohaltung machte Oracle – wie Apple – zu
einem schwierigen Arbeitsplatz. Oracle war mehr als nur ein typisches Jungunternehmen, es war das Spiegelbild seines Schöpfers –
mal verbissen und mal übermütig, mal verschlossen und mal auf-
dringlich. Ellisons Auftreten war teils naiv: Warum war nicht jeder
so erfolgsbesessen wie er? Teils aber auch Berechnung. Er wollte,
dass Oracle diesen Eindruck bei Mitarbeitern und Kunden hervor-
rief. Ellison glaubte an sich selbst erfüllende Prophezeiungen:
Wenn das Unternehmen sich brüstete, die beste relationale Datenbank – absturzsicher, übertragbar, schnell – zu haben, dann hatten
es die Leute, die Tausende von Dollars für sie bezahlten, auch
gefälligst zu glauben. Ob es stimmte, war eine andere Frage.
Manchmal vernichtete die Software Daten. Und manchmal gab es
sie überhaupt nicht – trotz aller Behauptungen von Ellison entstand sie gerade erst im Kopf eines Programmierers. Es war das
verflixte Problem der »Zeiten«, von dem Oates und andere amüsiert berichten. »Wir haben großartige Software«, das konnte in
Wirklichkeit heißen: »Wir hoffen, dass wir eines Tages großartige
Software haben, bevor Sie sich fragen, wofür sie schon vor Monaten so viel Geld bezahlt haben.« Falls der Kunde begriff, dass

Oracles Software nur in den vollmundigen Versprechungen des Firmenchefs existierte, war er vielleicht kein Kunde mehr. Oder vielleicht doch. In dem Buch *The Difference Between God and Larry Ellison* wird berichtet, ein leitender Angestellter habe Ellison im Hinblick auf diese Anfangszeit gefragt, ob irgendein wütender Kunde einmal sein Geld zurückverlangt habe. »Ich glaube nicht«, erwiderte Ellison. »Aber ich erinnere mich, dass die Leute anriefen und sagten: ›Können wir bitte unsere Daten zurückhaben?‹«

In den Achtzigerjahren war Oracles Strategie, das Produkt aggressiv zu verkaufen, egal, wie viele Fehler es hatte, egal, wie sehr die Kunden in die Irre geführt wurden und wie überhöht der Preis war. Es ging allein darum, die Umsatzzahlen in die Höhe zu treiben. Oracles Motto war: »GTM, GTFM – Get the Money, Get the Fucking Money.« (Hol dir das Geld, Hol dir das beschissene Geld.) »Ich war mehr daran interessiert, Programme zu machen, auf die ich stolz sein konnte, als Geld zu machen«, sagt Stuart Feigin. »Für Larry musste die Software nur ›gut genug‹ sein. Komischerweise war Larry der Meinung, mir fehle es an dem nötigen Ehrgeiz.«

Oracle war Silicon Valleys Version der Investmentbank Drexel Burnham Lambert, bevor Ellisons Freund Michael Milken, der Finanzjongleur, dort eine Bruchlandung machte. Dieser Enthusiasmus drückte sich nicht nur in gewaltigen Provisionen für die Verkäufer aus – eine Zeit lang wurden die Vergütungen in Goldmünzen ausgezahlt –, sondern machte Oracle dann auch zu einem begehrten Arbeitsplatz. In Oracles Personalpolitik kam auch der hochfahrende Stil des Unternehmens zum Ausdruck. Ellison schien eine Vorliebe für »arrogante Männer und hübsche Frauen« zu haben, erinnert sich Roger Bamford, einer der ersten Ingenieure. »Die Lieblingsfrage der Talent-Scouts auf dem Universitätscampus lautete: ›Sind Sie der Intelligenteste hier?‹ Wenn der Befragte verneinte, fragte der Scout: ›Wer ist es denn?‹ und wandte sich an die Person, die ihm genannt wurde.« Was haben sie wohl die hübschen Frauen gefragt? Jedenfalls haben sie ihnen keine leitenden Posten angeboten. In dieser Hinsicht hinkte Oracle noch hinter dem Valley-Standard hinterher, der ohnehin nicht sehr frauenfreundlich war.

So zweifelhaft die Verkaufspraktiken auch gewesen sein mögen, sie zahlten sich aus und machten Oracles Datenbankprogramm zum Standard. Ellison revidierte seine einstige Vorstellung von einer überschaubaren Mitarbeiterzahl. 1984 waren es, wie geplant, weniger als fünfzig. 1990 waren es mehr als fünftausend, davon die Hälfte im Ausland. Während der Achtzigerjahre verdoppelte sich der Umsatz fast jährlich – eine unglaubliche Erfolgsbilanz. 1982 lagen die Einkünfte bei 2,4 Millionen Dollar, vier Jahre später bei 55 Millionen und 1990 bei 970 Millionen Dollar. In weniger als zehn Jahren mauserte sich Oracle vom Millionenbaby zum Millionenriesen. Mitten in dieser stürmischen Entwicklung sahnte Ellison kräftig ab, wie es ihm die Gründer von Intel und Apple vorgemacht hatten und noch viele nachmachen sollten.

Am 12. März 1986 ging die Oracle Corporation – der Anbieter einer Software, von der viele Leute noch nie gehört hatten – an die Börse. Die Aktie eröffnete mit 15 und schloss mit einem Plus von 6 7/8 – ein Zuwachs von 45 Prozent, was ziemlich gut war für die damalige Zeit. Ellison war plötzlich stolzer Besitzer von 93,5 Millionen Dollar. Nicht dass er am Tag zuvor ein armer Schlucker gewesen wäre – ihm war natürlich klar, dass ihn sein Löwenanteil an einem Unternehmen, das im Jahr 55 Millionen Dollar einbrachte, zum vielfachen Millionär machte. Doch erst wenn die Aktie an der Börse gehandelt wird, kann der Unternehmer sein Vermögen einschätzen. Gewissheit bekommt man nur, wenn man sich dem Urteil der anderen stellt. Am Ende des Einführungstags wusste der unsichere, einundvierzigjährige Larry Ellison, dass er es geschafft hatte. Seine Mitbegründer – Miner und Oates – hatten auch einen hübschen Schnitt gemacht, Oates allerdings in weit geringerem Maße wegen einer Scheidung, die einige Jahre zurücklag. Vor dem Börsengang wurde Feigin eine Hypothek verweigert. Die Bank of America hatte ihm erklärt, er verdiene nicht genug, obwohl Feigin geltend gemacht hatte, er habe im letzten Jahr mehr verdient als die Bank. Nach dem Börsengang, meint Feigin grinsend, »waren sie plötzlich meine besten Freunde«.

Der einzige Wermutstropfen für Ellison war der Umstand, dass ein anderes Hightech-Unternehmen am folgenden Tag an die Börse ging. In Seattle sah der magere Knabe, der seinen Aufstieg ebenfalls der Blauäugigkeit von IBM zu verdanken hatte, sein Privatvermögen auf 300 Millionen klettern, womit er Ellison weit hinter sich ließ. (Zwei Jahre später wurde er der erste Milliardär der

Hightech-Branche.) Der Knabe war natürlich Bill Gates und der Börsengang war der Beginn einer wunderbaren Freundschaft zwischen Microsoft und dem Aktienmarkt. Ostern 1988 wurde Lotos von Microsoft als die größte Software-Firma der Welt abgelöst. Ellison hat nie zugegeben, dass sein persönlicher Krieg mit Gates aus ihrem Börsengang-Duell erwachsen ist, aber falls nicht, so wäre es ein bemerkenswerter Zufall.

Wie Gates hat Ellison privat so gut abgeschnitten, weil er einen großen Anteil an dem Unternehmen behalten hatte – mehr als ein Drittel, was für einen Firmengründer ungewöhnlich ist. In der Regel sichern sich die Venture-Kapitalgeber, die eine Firmengründung mit dem nötigen Startkapital ausstatten, einen großen Teil. Nicht so bei Oracle. Ellison mochte sie nicht besonders, aber noch wichtiger: Als er versucht hatte, Geld von ihnen zu bekommen, hatten sie abgelehnt. Noch ungewöhnlicher war der Umstand, dass Ellison auch Jahre nach dem Börsengang noch an jeder Aktie festhielt. Die meisten Unternehmer verkaufen kleine Mengen ihres Aktienpakets, einerseits um ihr Portfolio zu diversifizieren, andererseits um sich die notwendigen Barmittel für den Kauf von Häusern, Autos, Flugzeugen und Straußensalami zu verschaffen. Ellison hing zu sehr an seinem Unternehmen, um sich von seinen Aktien trennen zu können. Es war die längste Beziehung seines Lebens. Diese Treue sollte ihn einige Zeit später in erhebliche persönliche Finanzprobleme bringen.

Oracles Bürokomplex zeigte, wie weit es Ellisons Unternehmen inzwischen gebracht hatte. Nachdem er in den Achtzigerjahren eine Odyssee durchs Valley absolviert hatte, suchte Ellison nun nach einem Platz, wo er sich auf Dauer einrichten konnte, einem Platz, der einerseits eine weitere Expansion ermöglichte und andererseits dem Image des Unternehmens gerecht wurde. 1989 erwarb Oracle ein großes Grundstück am Highway 101, einige Kilometer nördlich von Redwood City – mit dem Hubschrauber nur wenige Minuten von Woodside entfernt. Nachdem es bereits zwei zylindrische Glastürme gab, kamen im Laufe der Zeit noch vier weitere hinzu, dazu eine eigene Umschaltstation und in der Mitte ein künstlicher See. Diese Gebäude hatten keine Ähnlichkeit mit den valley-üblichen, fantasielosen Schuhkartons, sondern waren glänzende, hochfahrende Monumente – Larry selbst nicht unähnlich.

ORACLE stand in kühnen Lettern auf dem Hauptgebäude, gut sichtbar für jedermann auf dem Highway und dem Flughafen in San Francisco.

Die Atmosphäre im Inneren unterschied sich erheblich von dem schlichten, egalitären Klima anderer Hightech-Unternehmen. Es war nicht nur die mehr als 3000 Quadratmeter große Turnhalle, die Verkäufer in ihren Maßanzügen oder die fürstliche Suite, die Ellison für sich reserviert und mit kostspieligen Kunstwerken und Samurai-Accessoires geschmückte hatte. Auf dem Parkplatz drängten sich deutsche Nobelkarossen und schnelle Roadster. »Da war es nie wie in einem typischen Silicon-Valley-Unternehmen«, sagt Roger Bamford. »Es hatte mehr Yuppie-Charakter – teure Möbel, besonders edel eingerichtete Büros für besonders geschätzte Programmierer. Zum Teil lag es an Bob Miner, der wirklich was für uns übrig hatte – wir waren nicht bloß Leute, die die Rechner fütterten. Teilweise ging es aber auch ums Image der Firma.« Oracles prächtige smaragdgrüne Türme hätten wohl besser in die südkalifornische Landschaft gepasst. Oder in ein Land namens Oz.

Der große Zampano selbst blieb ein Rätsel für die meisten Mitarbeiter. Viele Firmenchefs kommen zu spät zu Besprechungen, aber nur wenige erscheinen gar nicht. Oder verschwinden tagelang auf nicht abgesprochene Ausflüge. Am schlimmsten war jedoch, dass die Mitarbeiter Ellison als völlig unnahbar empfanden. Steve Jobs sagte einem wenigsten ins Gesicht, dass er einen für einen Trottel hielt. Ellison ging Konflikten – und Menschen – aus dem Wege. Stuart Feigin erzählt, er habe den Umzug von Oracles Datenzentrum koordiniert. Das war ein umfangreiches Projekt und auf drei Wochen angesetzt. Feigin und seine Mannschaft von 150 Leuten schafften es an einem Wochenende. »Larry kam mit seiner Freundin vorbei«, sagt Feigin. »Offenbar hatte er an diesem Tag nichts zu tun. Die Leute vom Datenzentrum hatten ihn nie zuvor getroffen. »›Stell dir vor, Larry‹, sagte ich. ›Wir sind fertig. Warum bleibst du nicht und isst 'ne Pizza mit uns?‹ Er lehnte ab. Wir hatten ihm gerade einen Batzen Geld erspart und ich versuchte, ihm klar zu machen, dass er in irgendeiner Form anerkennen müsse, was die Leute für ihn getan hatten. Aber das interessierte ihn nicht.« Andy Grove wäre nicht so dumm gewesen – wenn er vielleicht auch nicht die Rechnung bezahlt hätte.

Die meisten Unternehmenschefs legen Wert darauf, die Runde zu machen, »um gesehen zu werden«. David Packard hat diesen Stil praktisch erfunden. Ellison macht genau das Gegenteil. »Larry versteckt sich«, sagt Feigin. Häufig arbeitet er zu Hause, zwischen seinen Bonsaibäumen und Wasserfällen. Zumindest behauptet er es. Die meisten Mitarbeiter haben Ellison nie gesehen. Wenn es geschieht – meist im Fahrstuhl –, nennen sie die Begegnungen »Elvis-Erscheinungen«.

Ellisons Privatleben ist nicht weniger merkwürdig verlaufen. Drei gescheiterte Ehen hatte er hinter sich, bevor er zweiundvierzig war. Die letzte, mit Barb Ellison – Stanford-Absolventin, ehemalige Oracle-Mitarbeiterin und heute Partykönigin von Woodside –, begann mit einer Hochzeit wie aus *As the World Turns* und endete, passend, mit einer hässlichen Scheidung. Stunden vor ihrer Heirat im Jahr 1983 – ein gemeinsames Kind hatten sie schon – legte Larry ihr einen elfseitigen Ehevertrag vor, der ihr den Zugriff auf den größten Teil seines Vermögens verwehren sollte. Wie romantisch! Ihr sollte nicht mehr als eine Million Dollar zustehen, egal, wie lang sie verheiratet waren. Während die Gäste warteten, verhandelten die Anwälte des Paares – Barbs Vater und Larrys Schwager. Die Ehe dauerte knapp drei Jahre und endete kurz nach Oracles Börsengang. Zwar kam die Scheidung nicht vor Gericht, trotzdem sickerten genügend Einzelheiten durch, die ziemlich peinlich für Larry waren, unter anderem auch die rechtlichen Präliminarien der Eheschließung. Am Ende zahlte er Barb sehr viel mehr, als er gehofft hatte – genug, um ihr zu ermöglichen, das Grundstück in Woodside zu behalten, ihre fünfzehn Pferde zu versorgen und die tollsten Partys der Stadt zu veranstalten.

Mit dem Börsengang hatte Ellison sein Versprechen eingelöst – er und seine Mitarbeiter waren reich geworden. In einem seiner seltenen Momente von Nachdenklichkeit erinnerte er einige von ihnen an das Schicksal des vierzigjährigen Dennis Barnhart von Eagle Computer – des »armen Bastards«, wie er sich ausdrückte, der 1983 am Tag des Börsengangs seinen roten Ferrari zu Schrott und sich selbst zu Tode fuhr. Dann ging der Oracle-Chef mit einem Achselzucken zur Tagesordnung über. Nach dem Börsengang hat er laut Mike Wilson einmal versucht nachzurechnen, wie viele

Oracler Millionäre geworden waren. Er kam auf Miner und Oates, Stuart Feigin und noch ein paar andere. »Als Erstes wurde mir klar«, sagt Jenny Overstreet, die Chefsekretärin, die Ellisons Leben in geordnete Bahnen lenkt – Verabredungen trifft, die richtige Erdnussbutter für seine Sandwiches kennt und die besten Wagen aussucht –, »dass ich so viel Olivenöl kaufen konnte, wie ich wollte.« Außerdem bemerkte sie, dass sich ihr Müllmann unbedingt über *seine* fünfzig Oracle-Aktien unterhalten wollte.

1998 gab es Hunderte von Oracle-Millionären (wenn sich auch keiner von ihnen mit Ellisons vielen Milliarden messen konnte). Wie gut hatten sich die Oracle-Aktien entwickelt? Wenn Sie bei Börsenschluss am 12. März 1986 17 500 Dollar in Oracle-Papieren angelegt hätten, dann hätten Sie zehn Jahre später eine Million Dollar gehabt. Sogar Kredithaie können nur in seltenen Fällen solche Gewinne verzeichnen.

Aber sie haben eine bessere Buchhaltung. Die aktuelle Prosperität des Unternehmens war überschattet von den längerfristigen Aussichten. Die satten Umsatzzahlen eines jeden Vierteljahrs mussten in den nächsten drei Monaten unbedingt *überboten* werden. Von einem gewissen Punkt an war das nicht mehr möglich: Weltweit gibt es nur eine bestimmte Anzahl von Unternehmen, die eine moderne Datenbankverwaltung brauchen und sie bezahlen können. Von einem Großkunden konnte Oracle in den Neunzigerjahren für Software, Wartung, Beratung und Hardware etwa 100 Millionen Dollar erwarten. Um die nötigen Umsätze vorweisen zu können, brauchte Oracle nicht nur Verkäufer, die über den Dingen und den Fakten standen, sondern auch Buchhaltungsmethoden, die das erforderliche Endergebnis produzierten.

Ein kreativer Buchalter konnte Einkünfte für Waren verbuchen, die Oracle noch gar nicht geliefert hatte, was zum Problem wurde, wenn das Produkt überhaupt nie geliefert wurde. Selbst das wäre in einem normalen Unternehmen auch kein großes Problem gewesen. Doch bei Oracle verkaufte die Supertruppe der Verkaufsabteilung auch Produkte, die noch gar nicht entwickelt worden waren und in einigen Fällen auch nie entwickelt wurden. Wenn das folgende Jahr besser war als das aktuelle, machte die Bilanz keine Probleme. Doch eine solche Pyramide bricht irgendwann ein, egal, wer an der Firmenspitze steht. Wenn man bedenkt, wie sträflich uninteressiert Ellison an der finanziellen Seite des Unternehmen war – und wie viel Zeit er mit unternehmerischen Abenteuern wie der Gründung der Zeitschrift *Buzz* in Los Angeles verplemperte –, dann war Oracle ein Unternehmensschiff auf der Suche nach seinem Eisberg.

1990 fand es ihn, als die Buchhalter keine Möglichkeit mehr sahen, das Schiff um den Haufen offener Rechnungen herumzunavigieren. Oracle hatte noch immer erhebliche Einkünfte – jährlich in Höhe von einer Milliarde Dollar –, aber eben nicht mehr als im Jahr davor. Der Grund war ein Fehlbetrag von 15 Millionen Dollar, verursacht durch die uneinbringlichen Forderungen. Als sich die Nachricht herumsprach, kannte die Börse, die Oracle so lange zu Füßen gelegen hatte, keine Gnade. Der Kurs fiel um 31 Prozent. Ellison verlor auf dem Papier mehr als 300 Millionen Dollar. Und er war kein Milliardär mehr.

Sechs Monate später war die Situation noch schlimmer. In einem einzigen Vierteljahr beliefen sich Oracles Verluste auf 36 Millionen – sein erster ausgewiesener Verlust. Das Unternehmen musste zugeben, dass es die Gewinne in den vorhergehenden Vierteljahreszeiträumen zu hoch angesetzt hatte. Anfang November sank der Kurs – der in der ersten Krise noch auf 17 1/2 gestanden hatte – auf 4 7/8 und war damit niedriger als jemals zuvor, selbst im ersten Jahre. Oracle hatte 82 Prozent seiner Börsenkapitalisierung verloren: Der Gesamtwert seiner Aktien wurde von der Wall Street nur noch auf 700 Millionen Dollar geschätzt. Ellison war in die niederen Gefilde der Leute mit ein paar Hundert Millionen Dollar abgestiegen. Lebe wohl, roter Testarossa. Zwar hatte Ellison nie private Zahlungsprobleme, doch sein Unternehmen war in Gefahr. Zehn Prozent des Oracle-Personals wurde entlassen; es wurde spekuliert, dass selbst Ellison gehen müsste und der Ruf der Unbesiegbarkeit, in dem sein Datenbank-Imperium gestanden hatte, war für immer dahin. »Oracle wird von halbgaren Jünglingen geleitet«, sagte er damals. »Und ich nehme mich nicht aus.«

Die Aktionäre strengten neunzehn Sammelklagen wegen Aktienbetrugs an und die Börsenaufsicht leitete eine Untersuchung wegen »höchst unzulänglicher« Buchhaltung und Rechnungsführung ein, was eine vornehme Umschreibung für die Vermutung war, dass es sich bei den Oracle-Leuten um eine Bande von

Betrügern handle. Steve Jobs behauptete, wenn man die Sammel-
nummer von Oracle wähle, höre man eine Stimme, die sage: »Um
Oracle zu verklagen, wählen Sie bitte die Drei. Um Larry privat zu
verklagen, wählen Sie bitte die Vier.« Jahre später zahlte Oracle in
einem Vergleich insgesamt 24,1 Millionen Dollar. Der Firmenchef
war durch diese Wendung der Dinge zwar nicht am Boden zerstört,
aber doch angeschlagen. »Es gibt keine kostspieligere Schulung als
jemandem ein Milliardendollar-Unternehmen als Versuchslabor
zu überlassen, damit er sich die Grundsätze der Unternehmensführung selbst beibringt«, erläuterte er der *Business Week*.

Doch Ellison, Fuchs und Phönix zugleich, lachte zuletzt. Sein
Unternehmen erholte sich – es wurden neue Finanzmanager ein-
gestellt, der Missbrauch abgestellt und endlich mehr Wert auf
Kundenbetreuung gelegt – und übertraf noch seine früheren
Erfolge. Oates: »Ellison gestattete sich keine Pleite«, selbst wenn es
bedeutete, dass er frühere Fehler zugeben musste. Aus Umsätzen
von einer Milliarde wurde 1994 zwei Milliarden, 1996 vier Milliarden und 1998 schwindelerregende sieben Milliarden, die einen
Gewinn von fast einer Milliarde Dollar bedeuteten. Die Zahl der
Beschäftigten in der ganzen Welt belief sich auf mehr als 29 000.
Relationale Datenbanken, deren Markt von Oracle beherrscht
wurde, bildeten das Herzstück der Datenverwaltung in der Regierung, in Banken und bei geschäftlichen Transaktionen von Kredit-
kartenkäufen bis hin zu komplizierten Fertigungsaufträgen. Und
schon kehrte der alte Oracle-Hochmut zurück, zum Ausdruck
gebracht durch die marktschreierischen Reklametafeln entlang des
Highway 101 an der Oracle-Ausfahrt. Informix, ein Konkurrent,
schaltete ein Anzeige, die Oracles Firmensitz neben einem gelben
Schild abbildete: ACHTUNG! DINOSAURIERWECHSEL. Ein
anderes zeigte Ellison mit Teufelshörnern. Oracle konterte, indem
es sich über den Prozess lustig machte, den Informix gegen dreizehn seiner Ingenieure anstrengte, die zu Oracle gegangen waren.
Dort hieß es: »Informix: Stellt Anwälte ein, die Erfahrung im Verklagen von Programmierern haben. Oracle: Stellt erfahrene Programmierer ein.«

In den Neunzigerjahren kletterte der Kurs der Oracle-Aktie
höher denn je und machte Ellison nach der Forbes-400-Liste
irgendwann zum viertreichsten Amerikaner – hinter Bill Gates,

Investmentkönig Warren Buffett und Paul Allen – mit einem Vermögen von fast zehn Milliarden Dollar. Beeindruckender als Oracles Gründung war die Tatsache, dass sich Ellison an den eigenen Haaren aus dem Sumpf gezogen hatte – ähnlich wie es Steve Jobs mit Apple Computer gelingen sollte. Angeschlagen und doch siegreich war Ellison die Verkörperung all der Tugenden, die Silicon Valley zu bieten hatte.

Mitte Dezember 1997 erlebte der Oracle-Kurs den tiefsten Sturz seit dem Bilanzdebakel sieben Jahre zuvor. Dieses Mal war der Grund nicht betriebsinternes Missmanagement, sondern heftige Turbulenzen auf den asiatischen Märkten. Im Verlauf von acht Stunden verlor Oracle in dem größten Einbruch, der jemals an der NASDAQ verzeichnet worden war, 29 Prozent – von 32 3/8 auf 22 15/16. (Seit der Börseneinführung hatte es viele Aktiensplitts gegeben, das war der einzige Grund dafür, dass sie immer noch im zweistelligen Bereich war.) Prozentual hörte sich das vielleicht nicht weiter schlimm an, doch in Ellisons Brieftasche machte es sich empfindlich bemerkbar. Sein Vermögen fiel um mehr als 2,1 Milliarden Dollar – dem Vernehmen nach der größte finanzielle Verlust, den ein einzelner Mensch jemals erlitten hat. Doch es schien ihn nicht sonderlich zu stören. »Wenn dir fünf Milliarden bleiben«, sagt er, »ist das nicht so schlimm. Von einem bestimmten Punkt an bedeutet Geld nur noch einen Haufen Zahlen, ein Mittel, um auf dem Laufenden zu bleiben.« Und weiter sagt er: »Es gibt keinen anderen Ort auf der Welt wie Silicon Valley, der deine Talente so verstärken kann, und die Projektion dieser Verstärkung ist Geld. Es ist unglaublich.«

»Würde mich eine weitere Milliarde Dollar glücklich machen? Klar, es ist besser, als eine Milliarde zu verlieren, aber so, wie die Dinge liegen, ist der Unterschied nicht groß für mich.« Ganz so wird es wohl nicht sein, denn wenn einem Geld wirklich nichts mehr bedeutete, kann man auch an seinem Zierfischteich sitzen bleiben. Dann hat man nicht mehr viel zu beweisen. Larry Ellison sollte nichts mehr zu beweisen haben?

Zehn Tage nach dem Absturz der Oracle-Aktie schwänzte Ellison die Party zum zwanzigsten Geburtstag des Unternehmens. Verunsicherte Mitarbeiter – diejenigen, die noch nicht seit ewigen Zeiten bei der Firma waren und deren Aktienoptionen plötzlich wertlos geworden waren – hofften auf den moralischen Zuspruch des Firmenchefs und ein paar freundliche Worte. Doch Ellison befand sich in der Karibik, wo er eine Kreuzfahrt auf seinem Traumschiff machte. Drei Wochen später fiel der Aktienkurs noch einmal um 23 Prozent und sein Vermögen büßte weitere 1,2 Milliarden Dollar ein. Wie oft bei großen Kursverlusten verließen viele Mitarbeiter die Firma. Betriebstreue, wie es sie bei Hewlett-Packard und Intel gab, war ein Fremdwort bei Oracle. Ellison war vielleicht nicht beliebt, doch in guten Zeiten war er ein Goldesel, auf den man setzte. Ging der Kurs jedoch in den Keller, war es sehr viel schwerer, keine Abneigung oder Schadenfreude hochkommen zu lassen.

Doch Oracle erwies sich als echtes Stehaufmännchen. Wie gewonnen, so zerronnen, so gewonnen. Aus den beiden Oracle-Türmen wurden sechs, jeder mit einem Spezialitätenrestaurant. Es gibt eine chemische Reinigung vor Ort und kein Mitarbeiter muss mehr als dreißig Meter zurücklegen, um eine Espressomaschine für 5000 Dollar zu erreichen. Im innersten Schrein des Heiligtums, hoch über 500 Oracle Parkway, träumt Ellison von größeren Zeiten denn je, in denen Oracle nicht mehr nur ein Datenbank-Riese sein wird, sondern ein Fixstern des Informationszeitalters, der mithalten kann mit – sprechen wir es ruhig aus – Microsoft. Dann wird Ellison nicht mehr der Chef eines Unternehmens sein, das nur ein paar Kunden kennen, sondern ein Halbgott, der ebenso viele Titelblätter der Zeitschrift *Fortune* schmückt wie Bill Gates selbst. Oracle möge ja vielleicht das zweitgrößte Software-Unternehmen sein, sagt Roger Bamford, »aber für Larry ist das schlimmer als der Tod. Die Nummer zwei zu sein, macht ihn verrückt.« Vor ein paar Jahren titelte *Fortune*: LARRY ELLISON IST CAPTAIN AHAB UND BILL GATES IST MOBY DICK. Das unterstrich Ellisons Zweitrangigkeit nur.

In teurer Seide, mit messerscharfer Bügelfalte und in einem Büro, das der Großartigkeit seiner Zukunftsträume gerecht wird, entwirft Ellison das Bild einer Welt, in der nicht die PCs vorherrschen, sondern einfache »Internetgeräte«, auf denen Oracle-Software läuft. Das ist ein Lied, das er seit dem Labor Day im September 1995 singt, als er auf einem jährlichen Computerforum in Paris erklärte, der PC sei »ein lächerlicher Apparat«. Stattdessen schlug er einen »NC« vor, einen Netzcomputer, bestehend aus einem einfachen Terminal, das an zentrale, von Fachleuten verwaltete Datenbanken angeschlossen wäre. Ein geschickter Schachzug von Ellison. Er erwähnte, dass die aggressiven Herren des PC-Marktes sich über die altmodischen Mainframe-Computer lustig machten – wen mochte er damit meinen? –, wie konnte man es ihm da verübeln, dass er den PC aufs Korn nahm? In den Vierzigerjahren habe es nur einen ENIAC gegeben. Er sei in den Fünfzigern durch Zehntausende von Mainframes, in den Sechzigern und Siebzigern durch Hunderttausende von Minicomputern und in den Achtzigern und Neunzigern schließlich durch Hunderte Millionen von PCs ersetzt worden. Jetzt ziehe, so sagte Ellison, das Post-PC-Zeitalter herauf, in dem Milliarden billiger Informationsapparate die Welt der Datennetze anzapfen, die man als Internet bezeichne.

Zufällig war der nächste Redner Bill Gates. Er spottete über die Vorstellung, dass Computerbenutzer sich jemals mit einem Gerät abfinden könnten, das keine Programme und Daten speichern könne, zumal wenn es sich um eine Art Big-Brother-Maschine handelte (womit er freilich von der seltsamen Annahme ausging, Ellison, diese durch und durch Dickensche Gestalt, könne zu einer Orwellschen Figur mutieren.) »Larry muss viel Wind machen, um sein Ego zu füllen«, spottete Gates später. Doch es war eines der wenigen Male, dass Gates gezwungen war, etwas zur Kenntnis zu nehmen, das aus Ellisons Mund kam.

Ellison sprach von einem vollkommen neuen Gerät -- einem preiswerten, auf das Notwendigste reduzierten Kasten, der in allen seinen Funktionen, ausgenommen das Drucken, vom Internet abhängen würde. Kein Laufwerk, kein riesenhafter Speicher, keine überladenen Software-Anwendungen, keine unumgänglichen Programmerweiterungen – der NC würde Software-Anwendungen und persönliche Dateien bei Bedarf aus einem Netz abrufen, das so etwas wie ein digitaler Aktenschrank wäre. Wer würde das Netz und all diese Daten verwalten? Oracle natürlich – eine Art Ma Bell der Information, ein privater Versorgungsbetrieb, der dem öffentlichen Wohl dient. Nach Ellison wird auf das PC-Zeitalter das Netz-Zeitalter folgen.

Für einen Preis von mehreren Hundert Dollar sollte der NC Ersparnisse für die Geschäftswelt, Computerzugang für die Massen und das Ende des »Wintel«-Monopols bringen (Wintel: Microsofts Windows und Intels Prozessoren). Unter diesen etwas ausgeglicheneren Voraussetzungen glaubte die Phalanx der anderen Unternehmen, eine bessere Chance gegen Microsoft zu haben. (Dieser Klüngel wurde im Microsoft-Lager später NOISE – Lärm, Geschrei – genannt, die Abkürzung von Netscape, Oracle, IBM, Sun Microsystems und Everybody Else – alle anderen.) Einen Computer zu benutzen, würde nicht mehr bedeuten, dass man Microsoft für dieses Privileg bezahlen müsste. Man würde sein Betriebssystem nicht mehr brauchen und Microsoft würde den Markt nicht mehr beherrschen mit Anwendungen, die von seinem Betriebssystem abhängig sind (Programmen wie die Tabellenkalkulation Excel oder die Textverarbeitung Word). Dann hätte beispielsweise auch Netscapes Internetbrowser eine Chance. Suns offene Programmsprache Java könnte sich ungehindert entfalten, weil sie Software-Ingenieuren ermöglichen würde, Programme für das Internet zu entwickeln, die auf den Betriebssystemen aller Computer laufen würden – oder auf keinem. Microsoft bietet das Beispiel eines »geschlossenen« – proprietären, wie es im Computerjargon heißt – Software-Modells. Wenn auf diese Weise die Abhängigkeit vom Windows-System abgeschüttelt wäre, hätte Apple oder jedes andere Unternehmen außerhalb des Wintel-Kartells eine bessere Wettbewerbschance. Bevor Steve Jobs wieder Vorstandsvorsitzender bei Apple wurde, dachte Ellison eine Zeit lang an eine Übernahme von Apple.

Der NC war eine faszinierende Alternative zum PC, allerdings ohne dass Ellison oder Oracle die geringsten Anstrengungen unternommen hätten, ein solches Gerät zu entwickeln oder zu vermarkten. So gesehen, war es ein typisches Ellison-Projekt: Zuerst wird geredet, die Realisation hat Zeit. Im Laufe der Zeit spielte er die Platte immer routinierter ab: PCs seien zu kompliziert, während die Verarbeitung im Netz fast unsichtbar wäre. »Fernsehen, Telefon, Wasser, Elektrizität – das Versorgungsnetz dahinter sehen wir nicht«, erläuterte Ellison auf Branchentagungen, in Interviews und sogar in der Talkshow von Oprah Winfrey. »Das Telefon oder den Fernseher müssen Sie nie aufrüsten lassen ... Nachdem das Aquädukt erfunden worden war, grub sich praktisch niemand mehr einen Brunnen ... Einen PC zu benutzen, das ist, als würde ich mit dem Hubschrauber oder dem Jet in den Laden um die Ecke fliegen.« Im Jahr 2000, so Ellisons damalige Vorhersage, würden NCs die PCs im Verhältnis neun zu eins überflügelt haben. Und danach würden andere netzbasierte Geräte auf den Markt kommen – digitale Bildtelefone, Pieper, Verkehrsnavigationssysteme oder Mikrowellen, die die Gar- und Kochzeiten anhand eines Strichcodes aus dem Internet suchen würden. Die brave Hausfrau wird digital.

Ende 1997 sprach er vor einer Dinnergesellschaft fünfundvierzig Minuten fast ohne Punkt und Komma. »Heute ist der Computer in Ihrem Haus das einzige Gerät, das kleiner ist als seine Bedienungsanleitung.« Der PC sei etwas, das »nur ein Ingenieur lieben kann – schneller und schneller, mit immer neuen Merkmalen und voller wundervoller Kompliziertheiten.« Es sei ein Auto, »mit dem Sie nur dann ihre Auffahrt hinunterfahren können, wenn sie noch zusätzlich das Steuerrad 7.0 kaufen.« Ellison nannte den PC eine »Übergangstechnologie«, ähnlich der Dampfmaschine, die die Industrielle Revolution losgetreten habe. »Als der Verbrennungsmotor aufkam, war die Dampfmaschine weitgehend überholt.« Jeder, der das Internet benutze, fuhr er fort, benutze schon ein Netz. Wenn jeder seine eigene Software installieren müsste, um ein Buch online bei Amazon.com zu kaufen, dann brauchte er unzählige Disketten. Die Software von Amazon.com befinde sich ausschließlich im Netz. Mit der extravaganten Werbung beim Superbowl 1998 brachte Oracle seinen ersten großen Spot heraus, der unter dem Motto stand »Das Informationszeitalter ermöglichen« und versuchte, Oracle als Markenzeichen für den Endverbraucher zu etablieren.

Ellisons Mutmaßungen über das Schicksal von PCs und NCs hatte prophetischen Charakter und nahm das Aufkommen von Tischrechnern unter 1000 Dollar vorweg – zum Teil kosten sie nur noch einige Hundert Dollar. Nur waren es nicht Ellisons NCs, die die Verkaufszahlen in die Höhe trieben – sondern herkömmliche PCs, auf denen Windows lief. Ende 1998 kostete fast ein Drittel der neuen PCs, die in den Vereinigten Staaten verkauft wurden, weniger als 1000 Dollar. Letztlich hatte Gates Recht mit seiner Bemerkung über den »Reklamerummel«. Unterstützt durch bessere und schnellere Entwicklungen und eine feste Marktposition fungierten die alten Rechner – mit abgesenkten Preisen – auch als NCs. Diesen »NCs« trug auch das Microsoft-eigene WebTV Rechnung, indem es das Internet für den Fernsehapparat erschloss. Außerdem handelte Microsoft aus, dass es Java ausliefern durfte, anschließend veränderte es einen Teil der Sprache so, dass sie nur auf Windows lief. (Sun strengte einen Prozess an, doch ganz gleich, wie er ausgehen wird, der Schaden ist angerichtet.) Ellisons Machotraum, Gates als übermächtigen Branchengiganten und zigfachen Milliardär zu entthronen, ist erst einmal ausgeträumt. Der Marktwert von Microsoft ist rund zehnmal so hoch wie der von Oracle, obwohl Microsofts Umsätze noch nicht einmal dreimal so hoch sind wie Oracles; noch vor ein paar Jahren klafften die Marktwerte nicht halb so weit auseinander. KANN LARRY AN BILL VORBEIZIEHEN? fragte die *Business Week* 1995 in einer Schlagzeile, eine Frage, die inzwischen von einem Dutzend anderer Zeitschriften wiederholt worden ist. Wenig wahrscheinlich. Und Bills kleines Unternehmen dringt sogar auf Larrys ureigenstes Gebiet, das Datenbankgeschäft, vor, wobei es versucht, Oracle-Talente wie Roger Bamford abzuwerben. Kein Wunder, dass es Larry nach einer MIG verlangt.

Wenn man Ellison Glauben schenken will – aber was soll man einem Mann glauben, der Software verkauft hat, die es nicht gab –, dann wünscht er sich jetzt, im hochbetagten Alter von vierundfünfzig Jahren, lediglich, weniger missverstanden zu werden.

Vergessen wir den Mann, der hinter den Kulissen die Fäden zieht. Achten wir nicht darauf, dass an dem Nachmittag im Mai 1998, als wir uns unterhielten, vor seinen smaragdgrünen Fenstern eine Tornadowolke aufzog, wie man sie sonst nur aus dem Südosten der Vereinigten Staaten kennt. Was tut's, dass sein Büro eine Festung ist – ein verbotenes Reich, dem sich nur wenige Oracle-Mitarbeiter zu nähern wagen. Der Stil ist altjapanisch, die Türen sind verschlossen und von Sicherheitskräften bewacht. Ellisons leitende Chefsekretärin (eine von drei) ist so unfreundlich, dass Stuart Feigin es vermeidet, Ellison aufzusuchen, wenn sie da ist. Das alles sei nebensächlich, sagt Ellison zu mir, wichtig sei nur, dass er ein ganz normaler Firmenchef im Valley sei, der versuche, ein Unternehmen zu führen und gleichzeitig der Gesellschaft zu nützen.

»Natürlich tue ich das alles für mich selbst«, sagt er. »Mir geht die Heuchelei hier ganz schön auf den Geist – jeder tut alles nur für andere und Eigennutz gibt es überhaupt nicht. Das stellt die Gutgläubigkeit auf eine harte Probe.« Warum er dann das öffentliche Bildungswesen unbedingt reformieren und dafür sorgen wolle, dass »jedes Kind in Amerika« eines Tages einen Computer hat? »Das würde bedeuten, dass ich die Welt verändert hätte. Es würde etwas über *mich* aussagen. Ich tue alles für das eigene Glück, aber das kriege ich am leichtesten, indem ich was für andere tue. Das ist der kleine Trick.«

Wie möchte er von den Menschen gesehen werden? »Am liebsten wäre es mir, wenn ich für alle der Mann wäre, der den Krebs geheilt hat«, sagt er, »leider habe ich das nicht. Das ist das Problem.«

Hübsche Pointe, aber wie wäre es mit einer richtigen Antwort? »Oracle ist das zweitgrößte Software-Unternehmen der Welt und bei weitem das erfolgreichste in Silicon Valley«, sagt er. »Nicht schlecht, oder? Was wollen Sie, Egozentrik oder falsche Bescheidenheit? Ich kann mit beidem dienen.«

Die Geschichte mit der Krebsheilung ist nicht ganz aus der Luft gegriffen, denn er hat ein medizinisches Forschungsunternehmen gegründet und Millionen Dollar hineingesteckt. Doch die Welt, sagt er, nehme Dinge dieser Art nicht zur Kenntnis, für sie zähle nur »jedes Mal, wenn ich auf einer Party mit einer hübschen jungen Blondine auftauche«. (Stellen Sie sich vor, was wir schrieben, wenn er mit jemand auftauchte, der diesem Standard nicht genügte!) Das wäre also der Larry Ellison der »falschen Bescheidenheit«.

Warum ist Ellison so rasch mit seinem Mundwerk, dass manchmal die Grammatik nicht Schritt halten kann? Seine Entscheidung, den NC 1996 bei der Oprah-Winfrey-Talkshow zu propagieren, war ein brillanter Schachzug. Dieser Auftritt zeigte, dass er auch jenseits des geschlossenen Zirkels der relationalen Datenbanken Prominentenstatus hat, und er verschaffte ihm ein großes Publikum. Aber am Ende erwies er sich doch als große Peinlichkeit. In einem kleinen Film zur Einleitung führte Ellison sein Haus, seine Flugzeuge und seine Kunstsammlung vor und beklagte sich anschließend über sein Singledasein. »Ich suche nach einer Frau, die intelligent, humorvoll und sensibel ist«, sagte er. »Natürlich muss sie auch toll aussehen.« Als Ellison die Talkshow verließ, war er Amerikas begehrtester Junggeselle. Am folgenden Tag brach Oracles Telefonzentrale fast zusammen unter den Tausenden von Anrufen und Faxfotos von Anwärterinnen auf den Posten der Mrs. Ellison. Ein Jahr später bekam er noch immer einschlägige Angebote. Bamford witzelte, man sollte doch in Ellisons Büro einen Einwegspiegel einbauen, dann könnten man die jungen Frauen draußen auf einem Laufsteg vorbeimarschieren lassen. Ellison hätte einen roten Knopf, wenn er den drückte, würden diejenigen, die Gnade vor seinen Augen gefunden hätten, hereingelassen, während die anderen – typisch für Oracles Unternehmenskultur – den Flur hinuntergehen und vor den anderen Mitgliedern der Chefetage auf und ab gehen könnten.

Das Interesse an seinem Privatleben verdankt er solchen exzentrischen Auftritten wie bei *Oprah*, nicht seinen hinreißenden Partybegleiterinnen. Das Gleiche gilt für den unerquicklichen Prozess, den einige Jahre zuvor eine ehemalige Oracle-Mitarbeiterin namens Adelyn Lee gegen ihn angestrengt hatte. Für Silicon Valley war es *die* Love Story der Neunzigerjahre: Mann trifft Frau im Firmenfahrstuhl, sie küssen sich, sie gehen miteinander, sie bittet um einen teuren Sportwagen, sie wird rausgeschmissen (von einem Oracle-Vizepräsidenten), sie klagt. Oracle schließt in Ellisons Namen einen Vergleich über 100 000 Dollar. Leider hat Lee ein bisschen Pech. Sie wird anschließend wegen Meineids und Fälschung einer belastenden E-Mail, die angeblich von Ellison stammte, zu einem Jahr Gefängnis verurteilt. (Dann wurde sie, während sie ihre Revision betrieb, erneut verurteilt, weil sie bei einem Streit, der nichts mit diesem Prozess zu tun hatte, ihrem Nachbarn mit einem Revolver vor der Nase herumgefuchtelt hatte.) Zwar wurde Ellison juristisch vollkommen reingewaschen – er behauptete, er habe mit ihrer Entlassung nichts zu tun –, doch die ganze Affäre, die von der Klatschpresse genüsslich ausgeschlachtet wurde, führte der Welt vor Augen, wie anrüchig sein Lebensstil war, dass er Affären mit weiblichen Untergebenen hatte und wie Frauen bei Oracle grundsätzlich behandelt wurden. Das war natürlich kein positiver Beitrag zur Imagepflege.

Ellison sagt, er wolle seine ständige Begleiterin der letzten Jahre heiraten und dieses Mal versuchen, verheiratet zu bleiben. Seine

Freunde wünschen ihm das, denn sonst würde er allein alt werden – nur mit seinen Katzen Maggie und Big Daddy – und hätte niemanden mehr, dem er Sportwagen kaufen könnte. Barb Ellison, seine letzte Ex-Frau, findet es nicht ganz so toll. »Ich bin eine gute Ex-Frau«, hat sie zu Freunden gesagt, »Wozu braucht Larry noch eine?« Allerdings ist sie die Ex, die eine ihren Mann darstellende Wodu-Barbie mit Nadeln durchbohrt hat. Ja, ja.

Offenbar riskiert Ellison immer noch ganz gern einen Blick. Ende 1998 schickte ihm eine attraktive Hightech-Vertriebsberaterin von der Ostküste (sie möchte ungenannt bleiben) eine aufreizende Nachricht und ein Foto von sich: in Hut und Schleier. Ellison war begeistert. Er antwortete mit folgender E-Mail:

Wo soll ich anfangen? Es gibt keinen nahe liegenden, keinen offenkundigen Beginn. Aber auch an Dir ist nichts offenkundig. Du hast unentdeckte Tiefen. Verlockend, aber verborgen. Der Schleier: Was enthüllt er, was verheimlicht er. Schmelzende Augen fesseln. Glänzende Lippen locken. Pechschwarzes Haar wellt sich üppig. Eine Haut wie Erdbeermilch, die nach Berührung verlangt. Doch es gibt weder Berührung noch Duft. Leidenschaft und Verlangen bleiben im Verborgenen. Das Begehren verströmt sich im Unerkennbaren. Wie lüfte ich den Schleier? Welcher Drache muss erschlagen, welches Rätsel gelöst werden? Sag mir, was ich tun muss, und ich werde nicht zögern. Larry.

P.S. Dinner in New York am nächsten Dienstag würde mir passen.

»Mr. Sweet E.«, erwiderte die Frau von der Ostküste und schlug eine Affäre für »Herz und Hirn« vor. Sie dachten daran, sich in Hawaii zu treffen. »Vulkane, warme Nächte, Wein und ein Weibchen mit Kleidergröße 36«, schrieb sie. »Sehr privat. An sich ziehe ich Paris und Capri vor, aber ich bin auch mit Hawaii zufrieden. Wann? Wo? Ich muss noch zu meinem Reisebüro. Das chinesische Kleid und die Hochhackigen aus Krokodilleder warten schon.« Es reicht! Nein, es reicht noch nicht. »Nimm mich mit in Dein Reich am Meer, damit ich die Wonnen in Deinem Garten der Lüste genießen kann. Meine Knospen der Schönheit sind reif für die

Ernte. Lass mich kosten von Deinen roten Stachelbeeren … Es wird keinen Abschied in süßem Schmerz geben.«

Sie fuhren weder nach New York noch nach Hawaii, sondern trafen sich schließlich kurz vor Thanksgiving in San Francisco. Ellison ließ die Frau am Flughafen mit einer Luxuslimousine von Oracle abholen und zu einem romantischen Abendessen in seine Wohnung in San Francisco bringen. Doch noch vor dem ersten Gang, sagt sie, habe Ellison einen Anruf bekommen und sich entschuldigt. Ein Notfall in der Familie, habe er gesagt. Sie wurde in einem Hotel abgesetzt und hat ihn nie wiedergesehen. Hatte Ellison vielleicht herausgefunden, dass sie trotz aller blumigen Nachrichten ein Etikettenschwindel und fünfzig Jahre alt war? Noch zwei Wochen lang bombardierte sie ihn mit Anrufen und Mails. Was war los? Bekam er ihre Nachrichten nicht? Was war mit einem anderen Treffen?

Schließlich antwortete Larry. »Ich komm mal vorbei«, sagte er, und das war's.

Im Winter 1998 sprach Ellison auf der Jahrestagung von TED in Monterey, Kalifornien. Die Buchstaben stehen für »Technology, Entertainment and Design«, doch die Tagesordnung bleibt den spontanen Einfällen von Richard Saul Wurman überlassen, einem intellektuellen Selbstdarsteller, der eine gewisse Ähnlichkeit mit dem Schauspieler Wilford Brimley hat. Wurman lässt die Konferenzteilnehmer Tausende von Dollars für Beiträge bezahlen, die von höchst unterschiedlichen Rednern stammen. 1998 waren das unter anderem der Filmregisseur Oliver Stone, der Tiertrainer Jim Fowler, der Fernsehmoderator Forrest Sawyer, der Sänger Hazel Miller und Ben Cohen von dem Unternehmen Ben & Jerry's Ice Cream. Doch Wurmans seltsamste Paarung waren die Schlussredner: Larry Ellison und Reverend Billy Graham. »Oracle und Orakel«. Hübsch, nicht?

Ellison predigte das Übliche – den Netzcomputer, die Sünden von Microsoft, die Bedeutung der Bildung, außerdem flocht er ein paar Bemerkungen über seine Flugzeuge und Hubschrauber ein. Als Ellison mit seinem dreißigminütigen Vortrag fertig war, betrat Graham das Podium. Gebrechlich und mühsam artikulierend, fand er zunächst ein paar freundliche Worte für Ellison und schloss dann eine Betrachtung an, in der er sich mit den technischen Zeitaltern der Menschheit bis zurück zu König David beschäftigte. Doch am Ende, sagte der neunundsiebzigjährige Graham, fast traurig, habe keine Technologie bislang die »drei großen Probleme« gelöst, der sich die Menschheit gegenübersehe – das Böse im Menschen, das menschliche Leid und den Tod. »Die Technik verewigt die Illusion, wir hätten unsere Psyche unter Kontrolle.« Das müsse aber nicht so sein, sagte er, denn »Wissenschaft und Religion sind keine Gegenspieler, sondern Schwestern.« Graham schloss mit dem Hinweis, er werde die Epoche, die seine Hightech-Zuhörer so unermüdlich vorhersagten, zwar nicht mehr erleben, hoffe aber doch, sie würden die Spiritualität und die größeren Wahrheiten nicht ganz vergessen.

Es war ein bewegender Vortrag, dessen Gedanken jedem ans Herz zu legen waren, ganz besonders aber jemandem, der bekannte, er werde nun, mit vierundfünfzig, allmählich erwachsen. Leider hatte Ellison kein Wort davon gehört. Er hatte sich in dem Augenblick aus dem Staub gemacht, als er nicht mehr über sich selbst sprechen konnte.

KAPITEL SECHS
Geld

Sie fahren anderthalb Kilometer aus Woodside hinaus und dann noch einmal drei auf der Interstate 280. Dort biegen Sie links ab und halten auf die Stanford University zu. Das ist die Sand Hill Road. Sie verbindet die Stadt Menlo Park mit dem Stanford Campus und sieht wie eine der vielen vierspurigen Straßen aus, die durch die braune Landschaft im Schatten des Santa-Cruz-Gebirges führen. Auf der rechten Seite liegt der SLAC – der imposante Stanford Linear Accelerator, in dessen Audimax sich einst die Amateure vom Homebrew Computer Club versammelten. Links kommen einige kleinere Bürokomplexe, ungefähr ein Dutzend quadratische, zweistöckige Gebäude, die meisten ohne Logo und wenig beeindruckend. Diese Enklave ist die höchste Kapitalkonzentration auf kleinstem Raum im Valley – nicht nur das, mit 22 Milliarden Dollar wohl auch weltweit die höchste Verdichtung von Investmentmitteln (ein Drittel des gesamten amerikanischen Risikokapitals, wie manche schätzen).

Orte wie Stanford beliefern das Valley mit Verstandeskraft und Unternehmen wie Intel und Hewlett-Packard repräsentieren die unternehmerische Kontinuität. Doch Sand Hill sorgt für die nötigen Finanzspritzen. Es ist das Fort Knox des Valleys. Wenn ein Venture-Kapitalgeber fragt: »Was gibt's Neues?«, dann ist das kein Small Talk, sondern die Suche nach der nächsten Erfolg versprechenden Technologie, die er finanzieren kann – und wenn er dazu jemandem seine Ideen klauen muss. Man nennt das »Venture-Kapital«, weil es an *Adventure*, Abenteuer erinnert, und das heißt in den Vereinigten Staaten immer noch Wildwest. Zwar haben die Sand-Hill-VCs erst dreißig Jahre auf dem Buckel, trotzdem dürfen sie sich mit Fug und Recht auf den Goldrausch berufen – die Zeit, die durch das Zusammenspiel von Kapital und technologischem Wissen Kalifornien hervorbrachte. Sogar das Kürzel »VC« gibt es in dieser Bedeutung noch nicht allzu lange – bis in die Siebzigerjahre verstand man in den Vereinigten Staaten darunter »Vietcong«.

Vergessen Sie den Rodeo Drive in Beverly Hills, die Miracle Mile in Chicago, die Wall Street oder den Strip in Las Vegas. Sie sind nichts im Vergleich zur Sand Hill Road. Von hier aus regieren die Venture-Capitalists – *vulture capitalists*, »Geier-Kapitalgeber« oder »Velociraptoren« im Valley-Jargon – die Hightech-Welt. Tatsächlich besitzen sie erhebliche Teile der meisten erfolgreichen Unternehmen, die im Valley angesiedelt sind. Venture-Kapitalgeber nennen ihre Hunde »Midas« und setzen $$$-Zeichen auf ihre Nummernschilder. Die Firma Institutional Venture Partners zeigt in ihrer Empfangshalle eine vergrößerte 1000-Dollarnote, die an den Ecken angebrannt und schwarz ist, um angehenden Unternehmern auf diese Weise mitzuteilen, wie schnell Geld verdirbt.

Das schmutzige kleine Erfolgsgeheimnis lautet hier, dass die Romantik der Firmengründungen in der häuslichen Garage längst vorbei ist. Das liegt nicht nur am Geldbedarf, der eine immer größere Rolle spielt. Die Macht einiger weniger VC-Firmen, Produkte auszuwählen und Industrien zu erschaffen – und zu entscheiden, wer sie leiten soll –, bleibt der Öffentlichkeit praktisch verborgen. Das sind keine verknöcherten alten Familienfirmen, keine bekannten, an der Börse gehandelten Investmentbanken oder die Ableger von Großunternehmen. Im Gegensatz zu den Unternehmern, die sie finanzieren, scheuen sie die Öffentlichkeit. Sequoia Capital, Sierra Ventures, Mayfield Fund, New Enterprise Associates, Technology Venture Investors – wer hat je von ihnen gehört? Anders als die meisten Investmentinstrumente sind die privaten Fonds der VCs – in den Vereinigten Staate allein fast fünfhundert – der Börsenaufsicht fast vollkommen entzogen. So sind sie im Finanzuniversum eine Kraft, die im Verborgenen wirkt – die unsichtbare Hand des Kapitalismus, die das Valley regiert –, erklärbar nur durch die Gesetze der Wirtschaft. Und größtenteils haben sie sich während der letzten fünfundzwanzig Jahre als außerordentlich ertragreich erwiesen – für ihre Investoren und für sich selbst.

Wenn es eine Firma gibt, die die anderen in den Schatten stellt, sowohl durch die Art, wie sie ihre Geschäfte handhabt, als auch durch ihr Image, dann ist es Kleiner Perkins Caufield & Byers. Obwohl andere Venture-Firmen schon länger in der Bay-Area ansässig sind – Arthur Rocks Unternehmen beispielsweise, war Kleiner Perkins die erste Firma, die das Venture-Geschäft institutionalisiert hat. Daher gilt sie seit langem als Vorbild der Branche. Kleiner Perkins wurde 1972 gegründet, verfügt über ein Kapital von 1,4 Milliarden Dollar und hat damit mehr dreihundert Unternehmen gegründet. Die Firma hat stets zehn aktive Partner oder Teilhaber (bisher immer Männer). Doch gegenwärtig wird das Geschehen bei KP von einer einzigen Person bestimmt – dem hundertfachen Millionär John Doerr aus Woodside. Er hat das Wort von der »größten legalen Wertschöpfung der Menschheitsgeschichte« geprägt. Bekäme er einen Dollar für jedes Mal, da er diese Formulierung im Munde führt, würde ihn das allein schon zum reichen Mann machen. Wenn man den Berechnungen von KP trauen kann, hatten die von der Firma unterstützten Unternehmen Ende 1997 einen Börsenwert von 125 Milliarden Dollar, Umsätze in Höhe von 61 Milliarden Dollar und 162000 Mitarbeiter. (Diese Zahlen können die KP-Partner auswendig und sind stets bereit, sie herzubeten, wie ein Baseballstar die Zahl seiner Homeruns und seinen Platz in der ewigen Bestenliste herunterschnurren kann.) Die KP-Partner allein haben dabei einen Gewinn von mehreren Milliarden Dollar gemacht.

Die Leitung der Firma liegt in den Händen von Brook Byers, der ebenfalls in Woodside ansässig ist, doch das richtige Geld bringen die Geschäfte des achtundvierzigjährigen Doerr. Er sorgt für das Ansehen von KP, ist das rote Tuch für die Konkurrenten an der Sand Hill Road und weckt nicht nur freundliche Gefühle bei Byers, dem letzten noch aktiven Teilhaber, dessen Name im Firmennamen auftaucht. Die meisten VCs halten es mit der taoistischen Weisheit: »Die, die wissen, sprechen nicht. Die, die sprechen, wissen nicht.« Paul Saffo, ein Unternehmensberater, dessen Büros in der Sand Hill Road liegen, sagt, früher habe sich die »Macht der Venture-Kapitalgeber umgekehrt proportional zu ihrem Bekanntheitsgrad« verhalten. Jim Clark kennt Doerr seit 1979 und hat ihn zum Aufbau von Netscape herangezogen. »Er ist zweifellos der wichtigste Venture-Kapitalgeber der Welt«, sagt Clark, »aber er hat sich verändert, als er bekannt wurde. Er verzettelt sich und seine Persönlichkeit hat sich gewandelt.«

Doerr behauptet, es gefalle ihm nicht, eine öffentliche Person zu sein – für VC-Verhältnisse ist er ein Rockstar, eine Mischung aus Banker, Organisator, Mentor und Spion. Allein 1997 und 1998 wurde er 626-mal in Zeitungen und Zeitschriften erwähnt (so jedenfalls die Online-Datenbank Nexis). Die kürzeste Zeitspanne, die in unserem Universum messbar ist, ist das Intervall, das zwischen der Nachricht, die ein freundlicher Journalist auf Doerrs Anrufbeantworter hinterlässt, und dessen Rückruf verstreicht. Auch scheint es Doerr nichts auszumachen, diese freundlichen Journalisten in seinem komfortablen Privatjet durchs Land zu fliegen, wenn es ihm beliebt. (»Es geht mir nicht ums Berühmtwerden. Ich versuche nur, die Leute übers Valley zu informieren«, sagt er.) Als der *New Yorker* 1997 ein überschwängliches Porträt von ihm brachte, hörte Doerr im Vorfeld, dass er dort als der »Michael Ovitz von Silicon Valley« bezeichnet würde – also mit dem Superagenten aus Hollywood verglichen werden sollte. Er war empört und setzte tagelang alle Hebel in Bewegung, um diese Bemerkung streichen zu lassen. Sie wurde nicht gebracht.

Doerr hat ein bisschen zu laut protestiert. Das Valley hat in Wirklichkeit eine Menge gemein mit Hollywood und er ist der absolute Überflieger. Keiner im Valley steht auf vertrauterem Fuß mit Clinton und Gore. Wäre Doerrs Haus größer, dann hätte der Präsident wohl dort gewohnt statt in Jobs Zweithaus. Eine Venture-Firma ist wie ein Filmstudio. Beide haben ihre launischen Stars, ihre ständig wechselnden Moden, ihre beschränkte Weltsicht. In Hollywood zanken sich Regisseure mit Schauspielern herum, in Silicon Valley streiten Vorstandsvorsitzende mit Direktoren, während die VCs sich mit zweiundzwanzigjährigen Unternehmern herumschlagen. Die Wirtschaftszweige sind gar nicht so unterschiedlich. Beide haben ein Bündel von Projekten – Filme oder Firmengründungen, für deren Finanzierung sie sorgen müssen. Einige werden Haupttreffer – *Titanic* und Yahoo –, andere erweisen sich als Millionen-Dollar-Gräber – *Waterworld* und Shockley Semiconductor. In Hollywood kann man die Reste auf dem Studiogelände besichtigen, im Valley sind sie rote Zahlen im Hauptbuch.

Nach dem Geschichtsbild von Kleiner Perkins hatte das Florenz der Renaissance die Medicis, die amerikanische Autoindustrie Ford und Silicon Valley am Ende des 20. Jahrhunderts Kleiner Perkins. Die Teilhaber versichern jedem Besucher unaufgefordert, dass es nicht um Geld gehe, sondern um »neue Paradigmen« und die »Veränderung der Welt«. »Wir sind kein *Finanziers*«, erklärt Byers mit Nachdruck, wobei er das Wort, das er und alle anderen Partner verabscheuen, verächtlich betont. »Wir sind *Unternehmens-bauer*. Wir werfen nicht blindlings ein paar Saatkörner aus und schauen, welche sprießen. Wir kaufen nicht heute ein Aktienpaket und verkaufen es morgen, wenn es unsere Erwartungen nicht erfüllt. Das ist nicht unsere Art. Wir sind noch nicht einmal Investoren – wir gehören mit zur Familie, zur Unternehmensleitung. Ich bin im Dienstleistungsgewerbe.«

Doch in der Broschüre, die KP für seine wohlhabende, handverlesene Klientel auflegt – die eigentlichen *Investoren* – äußern sich die Teilhaber etwas unverblümter. »Unsere Beweggründe sind unternehmerische Leidenschaft, die intellektuelle Herausforderung des Venture-Geschäfts, eine ganz ursprüngliche Liebe zu Wissenschaft und Technik und«, siehe da, »die finanziellen Erträge dieses Wirtschaftszweigs.« Wer hätte das gedacht! Jim Clark sagt, wenn er VCs sagen hört: »Uns geht es um langfristige Erfolge«, dann erinnere ihn das an den Verkäufer, der sagt: »Wir legen großen Wert auf Kundenbetreuung.« Aber, fügt Clark hinzu, »wenn er es mehr als einmal sagt, fange ich an, mir Sorgen zu machen.«

Zwar sind KPs Finanzierungsleistungen unbestritten, doch sie sind nichts im Vergleich zum Image der Firma. Ohne dieses Image wäre sie einfach ein VC-Unternehmen unter vielen in Sand Hill. Daher pflegen Doerr und seine Partner den »Kleiner-Mythos« angelegentlich, zu dem auch gehört, dass keiner der Partner der Chef ist. Vor einigen Jahren bot die Fachzeitschrift *Red Herring* Doerr an, eine Homestory über ihn zu bringen. »Verletzt das den Kleiner-Mythos?«, fragte er seine Partner per E-Mail. Nein, doch irrtümlich ging diese E-Mail auch an *Red Herring*, und das war sicherlich nicht gut für den Mythos.

Byers hat ein umfangreiches Archiv mit Presseausschnitten über KP angelegt. Dabei konnte ihm nicht entgehen, dass Doerrs Name häufiger erwähnt wird als seiner. Er sehnt sich zurück nach den Achtzigerjahren, als seine biotechnischen Firmengründungen den Börsenhimmel eroberten. Vielleicht muss Byers einfach seine Verhandlungsstrategien überarbeiten. Vor zwei Jahren bemühte er sich um ein Stück Land, das an sein Grundstück grenzte, wurde aber von einem anderen Woodsider aus dem Felde geschlagen. In der folgenden Woche rief Byers den Käufer an und versuchte es mit folgender Taktik: »Hören Sie, ich bin bereit, Ihnen den gleichen Preis zu zahlen, den Sie gerade gezahlt haben.« Byers bekam das Land nicht. Glücklicherweise sprach sich diese Peinlichkeit nicht bis zu KP herum. Auch hatte Byers Glück, dass Doerr und er beide Chauffeure haben und beide gleiche Anteile von den Abschlüssen der Firma bekommen (höhere Anteile als die übrigen Partner).

Vielleicht könnte Byers seine Position verbessern, ... wenn er lernen würde, wie man eine Seifenkiste steuert.

Seit 1997 veranstaltet ein exzentrischer Gastronom namens Jamis MacNiven jedes Jahr an einem Sonntagvormittag Mitte September das Sand Hill Challenge – ein Seifenkistenrennen für die Silicon-Prominenz in einer karnevalistischen Atmosphäre von überteuerten T-Shirts und einem vier Stockwerke hohen, aufblasbaren Dinosaurier. Teilnehmen kann jeder Venture-Kapitalgeber, der 2 500 Dollar Startgeld bezahlt und keine Zeit hat, Hochseeregatten zu segeln wie Larry Ellison. Die Straße wird vorübergehend gesperrt, und einige hochgetrimmte Fahrzeuge bekommen die Möglichkeit, nur von der Schwerkraft vorwärtsgetrieben, den abschüssigen Straßenabschnitt hinunterzurasen. Der Zweck des Ganzen ist zum einen, rund 100 000 Dollar für wohltätige Zwecke zusammenzubringen, und zum anderen, den hartgesottenen VCs und den Hightech-Freaks, die von ihnen finanziert werden, die Möglichkeit zu geben, einmal etwas *wirklich Nützliches* zu bauen und ein bisschen Spaß zu haben – und das alles ohne den Zwang, noch mehr Gewinne zu machen. (MacNivens erste Idee war es, ein lebensgroßes Monopolyspiel zu inszenieren – echte Häuser, echte Autos –, aber natürlich konnten sich die Beteiligten nicht darauf einigen, wessen Häuser die Schlossallee bilden sollten.)

Das Rennen dient auch dazu, MacNiven Verdruss zu ersparen. Tagsüber leitet er das Buck's in Woodside, eine Kreuzung zwischen Imbiss und Nobellokal. Wenn Matt Drudge kochen könnte, wäre er Jamis MacNiven. Er ist ein ehemaliger Bauunternehmer, der das Hard Rock Café in San Francisco erbaut und das erste Haus des fünfundzwanzigjährigen Steve Jobs renoviert hat. (»Ich war als Bauunternehmer schlimm und Steve Jobs als Kunde noch schlimmer.«) MacNiven ist eine Ulknudel und insofern ein ideales Gegenmittel zu all den Großsprechern und Großkopfeten der Technologie-Szene, die sich an den meisten Vormittagen von Montag bis Freitag bei Buck's einfinden. Mit seinem Sombrero, den Pelzshorts und den schreiend bunten Hemden schmeißt der ein Meter neunzig große Jamis sein Lokal wie ein Impresario, begrüßt die Gäste, scheucht die Bedienung herum und strickt aus Sätzen, die länger sind als dieser, überflüssige Bemerkungen. Einmal hat er das Gerücht verbreitet, er habe acht Jahre gesessen, weil er seine achtzehn Jahre alte Frau erschlagen habe, als sie ihm kein Bier bringen wollte. (Es stimmt nicht.) Das ist alles ziemlich unterhaltsam, sogar bei Sonnenaufgang. Und der Kaffee hilft allemal.

Zwar sind die Gemüse-Omelettes und die vom amerikanischen Landwirtschaftsministerium missbilligten Milchshakes für 4,25 Dollar hervorragend, doch die Leute kommen her, weil ihnen die Show gefällt. Praktisch jeder VC im Valley, einschließlich derer, die in Woodside leben, haben hin und wieder eine geschäftliche Verabredung bei Buck's. Doerr ist Stammgast, daher erzählt MacNiven den Leuten, Netscape sei über einer Waffelspezialität des Hauses gegründet worden. Das stimmt zwar nicht, aber die Geschichte ist gut. (Wie Larry Ellison glaubt MacNiven, keine Geschichte sei zu gut, um erfunden zu werden.) MacNiven erzählt gerne, dass am Donnerstagmorgen beim Kraftfrühstück in seinem Restaurant mehr Geschäfte abgeschlossen werden als in allen Konferenzräumen des Valley zusammen. Die Unternehmer sind diejenigen, die mit den Händen sprechen, die Vcs haben über den Köpfen Sprechblasen, die mit Dollars gefüllt sind. Vielleicht sagt MacNiven die Wahrheit – die weißen Mercedesse 600 draußen vor der Tür und die Handys drinnen sprechen dafür –, vielleicht auch nicht, ein guter Gag ist es auf jeden Fall. Auch die gelegentlichen 100-Dollar-Trinkgelder sind nicht zu verachten.

Über der Eingangstür sind in der Füllung eine Reihe von Kerben – eine für jedes Fernsehteam, das einen Film über das Valley gedreht hat und hier eingekehrt ist. 1998 allein waren es fast dreißig. Würde er auch noch die Erwähnung in den örtlichen Zeitungen hinzurechnen (»Venture-Kapitalgeber trafen sich gestern bei Buck's« natürlich nicht, weil es sich von selbst versteht), würde die Türfüllung brechen. MacNiven beobachtet die Beobachter, die die Szene beobachten: Schau, dort drüben in der Ecknische! Da sitzen Gary Trudeau aus *Doonesbury's* und Regisseur Robert Altman und planen ihre Fernsehserie über Machtspiele im Valley. Hier ist Chelsea Clinton, eine Studienanfängerin an der Stanford University, die vielleicht unbemerkt bliebe, wenn Jamis nicht auf sie aufmerksam machte und den Jungs vom Secret Service ein paar Happen anböte. Sogar Bill Gates hat schon hier gegessen – und er soll ziemlich knickrig mit dem Trinkgeld gewesen sein.

Das Restaurant spiegelt den eigenartigen Humor seines Besitzers wider. An den Wänden ist ein lebensgroßes Elvis-Porträt auf schwarzem Samt, Fotos von San-Quentin-Insassen, die um die Jahrhundertwende aufgenommen worden sind, eine Angel von Hemingway, die Reste eines Flohzirkus, die Asche eines Freundes, der beim Baseball tot umfiel, und die Hüftknochen von Willy, dem berühmten Zirkuslöwen, der auf Mike Markkulas Anwesen begraben lag, bis ihn die Bulldozer fanden. (Willy war der Stolz seines Besitzers Frank Buck, des berühmten Tiertrainers, der mit Willy auf dem Rücksitz seines Duesenberg-Kabrios herumfuhr.) Zum Teil geht der Kitsch sogar auf MacNivens Konto. An der Tür zur Herrentoilette hängt ein Brief aus dem Jahr 1993. Darin wird die Russische Republik um Lenins Leichnam gebeten – »für einen sechsstelligen Betrag«. In der Antwort der Russen heißt es: »Teilen Sie uns bitte genauer mit, was Sie unter ›sechsstellig‹ verstehen.« Wer kann sagen, ob die Geschichte stimmt? Aber spielt das eine Rolle? Über dem Tresen hängt ein falscher Büffelkopf namens Buck. Dank eines versteckten Mikrophons spricht er, obwohl einige Leute glauben, MacNiven liehe ihm seine Stimme. Zum alljährlichen Weihnachtszirkus gehört, dass Santa Claus und seine Rentiere von Zollbeamten zum Halten gezwungen werden.

Da kann nicht verwundern, dass ein Seifenkistenrennen, welches von Jamis MacNiven veranstaltet wird, keinen ganz normalen

Gang nimmt. Vor dem Rennen erfolgt ein Umzug mit Panzern, Dudelsackkapelle, Cheerleadern und all den Nobelpreisträgern aus der Region, die keine Scheu haben, mit Jamis auf einem Pressefoto zu erscheinen. Dann werden die Fahrzeuge vorgestellt: Eine Seifenkiste aus echtem französischen Brot, eine, die ein extra breites Bett ist, und eine andere, die sich als Riesenskateboard entpuppt. Es gibt eine in Form eines großen Fisches von der Zeitschrift *Red Herring* und eine Hai-Kiste von einer Anwaltskanzlei. Aber es gibt auch Hightech-Seifenkisten, die aus Kohlenstofffasern, Mylar oder Titan bestehen. Eine Firma beauftragte 1997 ein Team von Konstrukteuren, das normalerweise Maxi-Jachten für den America's Cup baut; eine andere sicherte sich die Dienste eines amerikanischen Radrennmeisters, der in Woodside lebt. Eine Gruppe holte sich Hilfe bei Achterbahnkonstrukteuren und Fachleuten für »mechanische Gewalt«, was immer das bedeuten mag. Die raffiniertesten Seifenkisten stammen von Teilnehmern wie dem Stanford Linear Accelerator oder der Zeitschrift *Scientific American* (655 Kilogramm in Form einer kleinen Titanrakete). »Ich verschaffe dem unternehmerischen und erfinderischen Geist des Valleys Gelegenheit, sich zu beweisen«, sagt MacNiven, »und ich hoffe, sie erinnern sich an ihre Kinderzeit.« Reiche Kinder.

Im Endlauf des ersten Seifenkistenrennens, das vor zehntausend Zuschauern und ein paar Hunden stattfindet, stehen sich Mohr Davidow Ventures und Kleiner Perkins gegenüber. Beide Fahrer stülpen ihre Sturzhelme über. Die Offiziellen überprüfen die Heuballen und Netze am Rande der Strecke, die an den Auffahrten aller VC-Firmen vorbeiführen. Das Modell von Mohr Davidow – ein niedriges, schmales 70-Kilo-Gefährt, das einem Wiener Würstchen auf Rädern ähnelt – wird von Larry Mohr gelenkt, der nach einer Knöchelverletzung zwar noch auf Krücken läuft, aber sich davon nicht beeindrucken lässt. In der Seifenkiste stecken Einzelteile im Wert von 4000 Dollar und 1600 Stunden Entwicklungs- und Konstruktionsarbeit des Ingenieursbüros IDEO in Palo Alto. KPs Auto ist ein bisschen länger und sieht aus wie ein blaues Zäpfchen. Es kostet 10000 Dollar und wurde von einem örtlichen Schmied gebaut. Am Steuer sitzt Doug Mackenzie, ein junger Partner. Beide Seifenkisten zischen die Sand Hill Road hinab. Doch das Gefährt von Mohr Davidow ist drei Sekunden schneller und erreicht eine Spitzengeschwindigkeit von 73 Stundenkilometern (drei mehr, als auf diesem Straßenabschnitt zulässig sind), was recht gut ist, wenn man bedenkt, dass nicht geschummelt wird. Wie jeder im Valley weiß, kann die Schwerkraft einen schnell und weit nach unten tragen. Mohr Davidows Vorteil: Sie haben zwei ehemalige Runningbacks der höchsten Football-Liga angeworben, die das Auto an der Startlinie beschleunigten. Na und? In den Regeln steht nicht, dass man keine Berufssportler einsetzen darf. Es mag ja eine Wohltätigkeitsveranstaltung sein, doch im testosterongesättigten Klima von Silicon Valley geht es immer auch ums Gewinnen.

Bill Walsh, Einwohner von Woodside und ehemaliger Football-trainer, nimmt die Preisverleihung vor. Mohr Davidow bekommt den heiß begehrten Toast-Pokal aus Messing. Warum Toast, weiß nur das kranke Hirn von MacNiven. KP wird der Trostpreis überreicht. Er ist nur fünf Zentimeter hoch und trägt die schlichte Aufschrift: *LOSER* – »Verlierer«. Alle lachen. Alle, mit Ausnahme der Partner von Kleiner Perkins Caufield & Byers, die offenbar immer im Dienst sind. Rot im Gesicht und wutentbrannt verlassen John Doerr und Brook Byers den Ort der Niederlage, Brook offenbar in ein zorniges Selbstgespräch vertieft. Ihren Freunden ist der Auftritt etwas peinlich. »Ihre Reaktion hat mich doch überrascht«, meinte MacNiven später. »Ich wollte doch nur das Kind im Manne wecken.«

Die Partner von Mohr Davidow können der Versuchung nicht widerstehen: In der folgenden Woche schicken sie den besiegten Konkurrenten eine winzige Trophäenvitrine. Nicht alle KP-Partner finden das komisch. Die VCs schwören, im nächsten Jahr fürchterliche Rache zu nehmen. Es klappt nicht, diesmal landen sie auf dem dritten Platz. Für das Schwunggeben an der Startlinie hat Mohr Davidow die Footballspieler durch US-Meister im Bob ersetzt. Wenigstens bleib KP in diesem Jahr der winzige Pokal erspart.

Die Geschichte von KP geht auf die frühen Tage des Valleys zurück. Als vierter der »Verräterischen Acht« verließ Gene Kleiner Fairchild. Doch zuvor, 1956, hatte er bei der Western Electric in New Jersey gekündigt, nachdem ihn William Shockley aufgefordert hatte, in die Bay-Area zu kommen. Als der vierunddreißigjährige Kleiner in seinem Buick-Kabrio – »vergessen Sie nicht zu erwähnen, dass es rote Vinylbezüge hatte« – auf der Route 66 westwärts fuhr, hielt er sich schon für ein bisschen verrückt. Er war in einer wohlhabenden Wiener Familie aufgewachsen, die 1940 vor den Nationalsozialisten geflohen und nach Brooklyn gekommen war, wo er die Polytechnic University besucht hatte. Sein Vater besaß in Lower Manhattan eine Schuhfabrik und Kleiner trat seine erste Stellung als Werkzeugmacher an. Es gehörte durchaus nicht zum normalen Berufsweg, dass er eine sichere Stellung bei einem bekannten Unternehmen an der Ostküste aufgab, um mit Frau und Baby im Schlepptau bei einer vollkommen neuen Firma anzufangen, fünftausend Kilometer von seiner bisherigen Wirkungsstätte entfernt.

Sechs Jahre später verließ er Fairchild, nachdem er dort jede Abteilung außer dem Marketing durchlaufen hatte. »Ich hatte vor allem für Gordon Moore gearbeitet«, sagt er, »und beschlossen, nicht für Andy Grove tätig zu sein«, der damals in die Firma kam. »Er war mir selbst damals zu dynamisch.« Kleiner hatte bei Fairchild gesehen, was unternehmerisches Handeln bewirken kann. Was konnte er selbst auf die Beine stellen? Er dachte daran, Lernmaschinen herzustellen, bei denen Schüler auf ihren Geräten bestimmte Knöpfe drücken müssten, um die Fragen eines Lehrers abzurufen. Kleiner nannte sein Unternehmen Edex, für *Educational Excellence*. Zwar brachte Edex keinen bahnbrechenden elektronischen Fortschritt zu Stande wie den Transistor oder den Mikroprozessor, dafür scheffelte es Millionen. 1965 verkaufte Kleiner sein Unternehmen für fünf Millionen Dollar an Raytheon, das traditionelle Rüstungsunternehmen an der Ostküste. Kleiner blieb noch eine Weile, praktisch als Angestellter in der Waffenforschung. »Ich sollte meine Geräte auf dem pädagogischen Markt verkaufen«, sagt er, »und nun stand auf meiner Geschäftskarte ›Raketenabteilung‹. Das beendete die meisten Verkaufsgespräche.«

Schlimmer noch, Raytheon wollte Kleiner nach Michigan City versetzen. Kleiner, hinter dessen hartem österreichischen Akzent und europäischen Auftreten ein ausgeprägter Sinn für Humor lauert, hielt das Ansinnen für lächerlich. »Man zieht einfach nicht von Palo Alto, Kalifornien, nach Michigan City, Michigan. Der Ort ist eigentlich nur für seine Strafanstalt bekannt.« Also kündigte er und machte mit seiner Familie, finanziell abgesichert, wie er war, eine zweimonatige Auslandsreise. Jetzt hatte er Zeit zum Nachdenken und erkannte schnell, dass er die Hälfte seines Berufslebens mit Firmengründungen verbracht hatte, und beschloss, daraus einen Broterwerb zu machen. Und das nicht nur für ein Unternehmen, sondern für eine ganze Reihe von Firmen. So machte er aus der Starthilfe für die Gründung von Unternehmen, möglicherweise ganzer Branchen, einen Beruf. Er institutionalisierte, was die »Verrräterischen Acht« aus einem plötzlichen Einfall heraus getan hatten. Noch heute hängt in Kleiners Arbeitszimmer zu Hause in den Hügeln von Los Altos ein gerahmtes Foto der Acht.

Erst in den Sechzigerjahren kam »Venture-Kapital« wirklich nach Silicon Valley. Geprägt wurde der Begriff wahrscheinlich von Arthur Rock, der zunächst Fairchild und dann Intel mit Kapital versorgt hatte. »Es war ja nicht so, dass es dort kein Geld gab«, sagt Rock, der heute in den Siebzigern ist, aber immer noch in seinem bescheidenen, anonymen Büro hoch oben in einem Büroturm von San Francisco ein paar Geschäfte höchstpersönlich abschließt. »Wir haben es nur für die Bedürfnisse des Hightech-Sektors organisiert.« In dieser ersten Zeit wurden die VCs, so Jack Wilson in *The New Venturers*, in San Francisco Mafia genannt. Allein Rocks 300 000-Dollar-Investition in Intel war Anfang 1999 700 Millionen Dollar wert, obwohl er schon die Hälfte seiner Aktien verkauft und so lebensnotwendige Dinge erstanden hatte wie einen Teil der San Francisco Giants.

Bevor John Doerr auf der Bildfläche erschien, war Rock der VC-Kultstar der amerikanischen Medien. *Time* hat ihn einmal auf das Titelblatt gesetzt, in Dollarscheine gewandet. Daneben stand in Riesenlettern: DAS GROSSE ABSAHNEN: DER MANN, DER DIE RIESENGEWINNE MACHT. Rock fand es entsetzlich. »Ich kann Leute nicht ausstehen, die mein Geld zählen«, erklärte er dem *Time*-Journalisten, der das Zitat in seiner Geschichte brachte. Das war praktisch das ganze Interview. Der Journalist war ein junger Engländer namens Mike Moritz, der später Venture-Kapitalgeber wurde und Yahoo finanzierte. Das Titelblatt hatte die Sache weitgehend auf den Punkt gebracht. Rock spricht zwar nicht gerne über sein Geld, räumt aber sofort ein, dass es in dem Geschäft nicht um Altruismus geht. »Umsonst hätte ich nicht getan, was ich getan habe«, sagt er.

Einer der Gründe dafür, dass das System des Venture-Kapitals erst so spät Fuß gefasst hat, lag darin, dass große institutionelle Anleger unter Umständen haftbar gemacht werden konnten, wenn sie zu große Risiken eingingen. Wenn Rockefeller oder Fairchild ein neues Unternehmen finanzierten, war das etwas ganz anderes – für sie war das nicht nur eine Investition, sondern auch eine Art Sport. Altes Geld war nicht sehr hungrig. Doch Pensionfonds, Stiftungsgelder von Colleges, Versicherungsgesellschaften – die Institutionen, die einen Großteil der amerikanischen Vermögenswerte kontrollierten –, konnten von dieser Möglichkeit keinen Gebrauch machen. Die meisten Gerichte pochten auf die Sorgfaltspflicht der Treuhänder. Die Großanleger konnten nur dort investieren, wo es die Treuhänder nicht durften und die Venture-Kapitalgeber noch nicht waren.

Die Ironie lag darin, dass viele der so genannten sicheren Anlagen gar nicht so sicher waren und dass viele Venture-Geschäfte einen hübschen Gewinn abwarfen. Das Bestechende an einer Risikoanlage bei, sagen wir Intel oder Apple, war, dass die Verlustaussichten so viel kleiner waren als die Gewinnaussichten. Sie können Ihr ganzes Geld nur einmal verlieren, aber Sie können Ihre Investition hundert- oder tausendmal hereinholen. Wenn ein Unternehmen an die Börse geht oder an einen großen Konkurrenten verkauft, ist der Profit unter Umständen astronomisch, während der Verlust möglicherweise leicht zu verschmerzen ist. Das ist genau der umgekehrte Weg, den traditionelle (will sagen: sichere) Banken einschlagen. Wenn Ihre Anleihen gut gehen, dann können Sie fünf, zehn, fünfzehn Prozent im Jahr verdienen, doch schon eine einzige schlechte Anleihe kann den Gewinn von zehn guten wettmachen. Deshalb sind solche Banken jedem Risiko abhold – und würden unter keinen Umständen in Jungunternehmen investieren, die keine Sicherheiten oder Einkünfte vorzuweisen haben. Und doch verhalten sich gerade diese Geldinstitute wie Lemminge und stürzen sich blindlings auf jedes törichte Kreditgeschäft (Manhattenimmobilien, Kalifornienimmobilien, Öl und Gas, Lateinamerika, Mexiko, Südostasien). Diese Erkenntnis – und die prallen

Gewinne, die viele Venture-Firmen der ersten Stunde vorzuweisen hatten – waren im Wesentlichen dafür verantwortlich, dass die Einschränkungen, die institutionellen Anlegern auferlegt waren, gelockert wurden. Und so wurden die Venture-Kapitalgeber zu einem festen Bestandteil des Silicon-Valley-Systems. Es wurde mehr Geld investiert, was zu mehr Unternehmensgründungen führte, was mehr Erfolg brachte, was noch mehr Geld anlockte – eine Aufwärtsspirale des Reichtums.

Nach Fairchilds Erfolg Ende der Fünfziger- und Anfang der Sechzigerjahre verließ Hayden Stone New York und gründete seine eigene Firma in San Francisco. »Das Geld befand sich an der Ostküste, aber die Chancen waren hier. So wie die Dinge liefen, bedeutete das, dass die Chancen nicht finanziert wurden.« Allein die Tatsache, dass sich die »Verräterischen Acht« nach Osten wenden mussten, um das Startkapital von Fairchild zu bekommen, überzeugte ihn, dass es im entstehenden Eldorado ein Finanzvakuum gab. Doch Rock, sonst immer kühl bis ans Herz und skeptisch, räumt ein, er sei »ein bisschen verrückt« gewesen, nach San Francisco zu gehen.

1961 tat sich Rock mit Tommy Davis zusammen, einem Absolventen der juristischen Fakultät der Harvard University, der während des Zweiten Weltkrieges als Spezialagent des OSS hinter den feindlichen Linien im birmanischen Dschungel operiert hatte. Als sich Davis anschließend in einem Krankenhaus in San Francisco erholte, verliebte er sich in die Bay-Area und beschloss zu bleiben. Davis & Rock, wie auch die neue Firma hieß, warben eine Summe von fünf Millionen Dollar bei wohlhabenden Privatanlegern (»Teilhaftern«) an, mit der sie Firmengründungen finanzierten. Als Vollhafter teilten Davis & Rock zwanzig Prozent der Gewinne, die während der siebenjährigen Dauer ihrer Partnerschaft erwirtschaftet wurden – womit sie den üblichen Anteil von VCs begründeten, bis Kleiner Perkins Caufield & Byers auf der Bildfläche erschien.

Davis war der aufbrausende, extrovertierte Partner, während Rock in den Besprechungen meist den Mund hielt. Ihre Unternehmensphilosophie war, wie Davis es einmal in einer Rede formulierte, »die richtigen Leute zu finanzieren«. Produkt und Markt mussten berücksichtigt werden, aber entscheidend war die persönliche Energie. »Wenn ich auf die Pferderennbahn gehe«, sagte Davis, »dann suche ich mir das Pferd aus, das laufen möchte.« Eine ihrer ersten Investitionen war Scientific Data Systems, das in den Sechzigerjahren ein wichtiger Hersteller von Minicomputern wurde. Als SDS 1968 von Xerox aufgekauft wurde, betrug der Preis fast eine Milliarde Dollar. Davon gingen sechzig Millionen an den Fonds von Davis & Rock, die bis dahin 250 000 Dollar investiert hatten. Im Laufe der siebenjährigen Partnerschaft zahlten Davis & Rock ihren Anlegern einen Gewinn aus, der fast vierzigmal so hoch war wie ihre Einlage.

Leider verstanden sich die beiden VCs privat überhaupt nicht und trennten sich im Streit. Rock hat mit Davis nie wieder ein Wort gewechselt. Nachdem Rock Intel mit seinem eigenen Geld finanziert hatte, tat er sich mit Dick Kramlich zusammen, einem Harvard-Absolventen, der ihm eine handschriftliche Bewerbung geschickt hatte. Rock war von dem Auftreten des jungen Mannes beeindruckt, schickte aber, laut Kramlicher, dessen Schreiben auf alle Fälle einem Graphologen zur Begutachtung. Diese Zusammenarbeit dauerte elf Jahre. An dem Tag, als Kramlich ging, erhielt er einen Anruf von Tommy Davis. »Es ist an der Zeit, dass Sie und ich mal zusammen essen«, sagte Davis. Sie gingen ins Velvet Turtle, wo Davis seinem ganzen Ärger über Rock Luft machte. »Ich werde nur einmal darüber reden und dann nie wieder«, sagte Davis zu Kramlich. »Ich glaube einfach nicht, dass irgendein Mensch andere Menschen so behandeln darf, wie er es getan hat.« Anschließend gründete Kramlich New Enterprise Association, nachdem er ein Stellenangebot von KP abgelehnt hatte.

Gene Kleiner kannte das Venture-Kapitalgeschäft im Wesentlichen von Davis & Rock. Er war ein Teilhafter mit einer Einlage von 100 000 Dollar und gehörte zu den Anlegern, die Rock anrief, als er Geld für Intel auftrieb (weitere 100 000 Dollar). »Die Arbeit gefiel mir«, sagt Kleiner. »Es machte Spaß, an solchen Unternehmensgründungen beteiligt zu sein – die Aufgaben waren so vielfältig und man war nicht an einen Job gebunden, der rasch zur Routine wurde.« Das einzige Problem bestand darin, dass er diese Investitionen alleine vornahm. Und er war kein Einzelgänger.

Anfang 1972 wandte sich ein gewisser Henry Lea Hillman an Tommy Davis. Hillman war der Sproß einer Ostküstendynastie, der Erbe des letzten »Raubritters«. J.H. »Hart« Hillman war ein Industrieller aus Pittsburgh, der sein Vermögen Anfang des 20. Jahrhunderts mit Kohle und Gas gemacht hatte. Der dreiundfünfzigjährige Henry Hillman leitete das Familienunternehmen, das schon damals drei Milliarden Dollar wert war und damit eines der zehn größten Familienvermögen in den Vereinigten Staaten war. Die Hillman Company hatte große Barmittel, die Hillman klugerweise aus der alten Schornsteinindustrie in die neue Welt der Elektronik verlegen wollte. Die Halbleiter und Mikrochips von Silicon Valley waren das, was im Zeitalter seines Vaters Stahl und Kohle gewesen waren. Außerdem wollte Hillman sein Vermögen in aller Stille anlegen – er hasste öffentliches Aufsehen und lebte nach dem Motto: »Der Wal wird nur harpuniert, wenn er seine Fontäne zeigt.«

Als Hillman anrief, brauchte Davis gerade keine neuen Anleger. Doch Kleiner brauchte welche, da empfahl ihm Davis diesen zusammen mit Rock. »Also suchte ich Hillman auf«, erzählt Kleiner. »Er bot mir eine Stellung in Pittsburgh an, was mir nicht verlockender als Michigan City erschien, wohin mich Raytheon hatte schicken wollen. Ich sagte also Nein.«

»Und wenn Sie in Kalifornien bleiben?«, erwiderte Hillman. »Ich gebe Ihnen vier Millionen Dollar, die Sie investieren können, wenn Sie weitere vier Millionen aufbringen können.«

Das war damals eine Menge Kleingeld – nicht für Hillman, aber für die noch in den Kinderschuhen steckende Venture-Gemeinde und ihre Anleger, die größtenteils aus Finanzamateuren bestand. Um so viel Geld aufzutreiben, wandte sich Kleiner an seinen Freund Sandy Robertson, einen der ersten Investmentbanker der Bay-Area. Robertson war 1965 nach San Francisco gekommen, um einen Außenposten für Smith Barney zu übernehmen, gab diese Stellung aber vier Jahre später auf, um seine eigene Unternehmensfinanzierung in der Montgomery Street aufzumachen, die fast dreißig Jahre lang eine Institution blieb, bis sie 1997 an die BankAmerica verkauft wurde. Robertson erklärte sich bereit, Kleiner zu helfen, und schlug die Zusammenkunft mit einem weiteren Finanzier vor, der einst Unternehmer gewesen war – Tom Perkins, der bei Hewlett-Packard in leitender Funktion beschäftigt gewesen war. »Allein bin ich wohl nicht in der Lage, das Geld für dich aufzutreiben«, meinte Robertson zu Kleiner, »aber zusammen schaffen wir es.«

Der damals vierzigjährige Tom Perkins hatte am Massachussetts Institute of Technology Ingenieurswesen und an der Harvard School of Business Betriebswirtschaft studiert, unter anderem bei Georges Doriot, einem der ersten Venture-Kapitalgeber. Doriot war ein ehemaliger Brigadegeneral der US-Army, der Unternehmer in sein Arbeitszimmer bat und ihnen französische Soldatenlieder vorspielte, um sie zu motivieren. Perkins war in einem nördlichen Vorort von New York City aufgewachsen und sein ganzes Leben nicht über den Hudson hinausgekommen. »Kalifornien und der Westen waren eine rätselhafte Welt für mich«, sagt er. Im Sommer 1956, zwischen den beiden Jahren an der Harvard Business School, arbeitete Perkins für General Radio in der Nähe der Universität. General Radio stellte verschiedene Testinstrumente her, Instrumente, wie sie später den Ruf von Hewlett-Packard begründeten. Hauptkunde war das Militär. Perkins Aufgabe bestand darin, Qualitätskontrollen bei HP-Produkten vorzunehmen. Auf diese Weise wollte man nähere Informationen über den Konkurrenten gewinnen. Damals war HP noch ein relativ kleines Unternehmen mit 25 Millionen Dollar Umsatz – erst im folgenden Jahr ging es an die Börse –, trotzdem war es General Radio schon aufgefallen. »Damals hörte ich zum ersten Mal von HP«, sagt Perkins.

Zwar ging Perkins davon aus, dass er nach dem Universitätsabschluss bei General Radio anfangen würde, trotzdem faszinierte ihn die Vorstellung, dass diese beiden Jungunternehmen es mit seinem Arbeitgeber aufnehmen wollten. Als er hörte, dass Hewlett und Packard an einer Elektronikmesse in New York teilnehmen wollten, ging er hin. »Da waren sie tatsächlich mit einem eigenen Stand!«, erinnert sich Perkins. Er unterhielt sich fast den ganzen Nachmittag mit Packard und bekam eine Stellung angeboten. »Ich hatte wenig zu verlieren und dachte, ich könnte Kalifornien ein paar Jahre ausprobieren, bevor ich an die Ostküste zurückkehrte.« Perkins war nicht nur von der Intelligenz und dem Ehrgeiz der HP-Gründer beeindruckt, sondern auch von ihrer »Nüchternheit« und der Skepsis, mit der sie seinen Harvard-MBA aufnahmen, den Abschluss in Betriebswirtschaft. Doch erst als er 1957 – nachdem er zuvor mit seiner Freundin auf einer Urlaubsfahrt den Norden des Bundesstaates erkundet hatte – in der Firma anfing, merkte er, wie groß diese Skepsis war. Trotz der tausend Mitarbeiter – damit war HP das größte Unternehmen in Palo Alto, wurde aber noch immer von Firmen wie Lockheed in San Jose in den Schatten gestellt – war ein Harvard-MBA wie ein Wesen von einem anderen Stern. »Bei HP arbeitete man zuerst als Ingenieur und stieg dann ins Management auf. Die Vorstellung, dass ein MBA sofort ins Management übernommen werden könnte, erschien ihnen völlig abartig.

Also erklärten sie mir: ›Wenn es Ihnen nichts ausmacht, stellen wir Sie an eine Werkbank in der Maschinenwerkstatt‹.« Kein viel versprechender Anfang.

Unverheiratet und von gewinnendem Wesen verbrachte Perkins viel freie Zeit in San Francisco und genoss das gesellschaftliche Leben dort. In seinem ersten Sommer ging er mit Ellen Davies aus, die aus einer der blaublütigsten Familien der Stadt kam. Eines Abends während eines Dinners bei ihrer Mutter bekam er zu hören: »Ellen hat mir gesagt, dass Sie Maschinist sind. Sie müssen verstehen, wir haben hier eine gewisse Stellung.« Perkins verstand. Er traf sich nie wieder mit der Tochter. Wie hätte sich Mrs. Davies wohl verhalten, wenn sie gewusst hätte, welche Reichtümer auf ihn warteten?

Nach mehreren Monaten in der Maschinenwerkstatt wurde Perkins die Betreuung aller unabhängig für das Unternehmen tätigen Verkäufer übertragen. Nach einiger Zeit wurde er jedoch ungeduldig, weil er den Eindruck hatte, HP wüchse nicht rasch genug und er lernte dort nicht genügend. In den nächsten sechs Jahren probierte er eine ganze Reihe von Berufen durch, keiner war ein totaler Reinfall, aber auch keiner ein richtiger Erfolg. In der Rückschau waren diese Wanderjahre weniger durch einen Richtungsmangel bedingt als durch die Überzeugung, dass er es besser könne. Er kündigte die Stellung bei einer landesweit operierenden Unternehmensberatung in San Francisco und ging zu Optics Technology, einem jungen Unternehmen, das in der Faseroptik tätig war und von Packard und Hewlett finanziert worden war. Als Perkins und der Vorstandsvorsitzende aneinander gerieten, stellte Perkins dem Vorstand ein Ultimatum. Er entschied sich gegen ihn. Packard forderte Perkins auf, zu HP zurückzukommen und beim Aufbau einer zentralen Forschungs- und Entwicklungsabteilung zu helfen, der auch die neue Computerabteilung eingegliedert werden sollte.

Perkins sagte zu und machte 1966 einen zweiten Anlauf bei HP – mit einem Vorbehalt. Der Vertrag, den er mit Packard geschlossen hatte, gestattete ihm, nebenbei seine eigene Firma zu betreiben. Er wollte einen kleineren und erschwinglicheren Laser bauen. »Es mag töricht klingen«, sagt Perkins, »aber ich konnte mir den Gedanken einfach nicht aus dem Kopf schlagen. Packard hatte damit kein Problem, während ich bei HP war.« Der törichte Teil der Angelegenheit war, dass er seine Frau überredete, ihre gesamten Ersparnisse – 15 000 Dollar – in das Unternehmen zu stecken, das er University Laboratories nannte, weil es in der Hauptstraße in Berkeley lag. Das war die erste von vielen Situationen, in denen sich Perkins Risikobereitschaft zeigen sollte. Er zögerte nie, alles auf eine Karte zu setzen. Nach einem halben Jahr funktionierte der neue Laser. Das Gerät ließ sich beispielsweise beim Bau von Abwasserleitungen verwenden. Die Erdarbeiter mussten nicht mehr jeden Zentimeter einer solchen Strecke überprüfen, um für eine gerade Leitung zu sorgen, sondern konnten den Laser verwenden. Statt es mit einem Börsengang zu versuchen, wählte Perkins den rascheren und sicheren Weg – er verkaufte die Firma an Spectra Physics, den bedeutendsten Laserhersteller. Dafür bekam er knapp zwei Millionen Dollar – »mein erster Homerun«, im Baseballjargon der Venture-Kapitalisten – und erstand ein weit schöneres Haus, mit Blick über die Bay, als er sich von den 15 000 Dollar Ersparnissen je hätte leisten können.

In seiner eigentlichen Stellung stand Perkins derweilen vor der undankbaren Aufgabe, HPs Eintritt ins Minicomputer-Geschäft zu bewerkstelligen. Die Sache verlangte viel politisches Geschick, da nicht nur die Verkaufs- und Finanzabteilung betroffen war, sondern auch der HP-Stil. Dave Packard hatte nie etwas davon gehalten, Preise zu drücken, um Marktanteile zu erobern, und dachte ungeachtet aller Proteste von Perkins auch jetzt nicht daran, damit anzufangen, nur weil es sich um ein Produkt neuer Art handelte. Packard war der Überzeugung, dass die Marktanteile von alleine kommen würden, wenn ein Unternehmen ein gutes Produkt anzubieten habe. »Das Problem lag darin«, sagt Perkins, »dass sich einfach zu viele Leute im Unternehmen als Ingenieure und nicht als Kaufleute verstanden.« In einer denkwürdigen Besprechung gerieten Packard und Perkins fürchterlich aneinander und Packard wurde so wütend, dass er den Raum verließ, obwohl er sich erst einmal durchgesetzt hatte. »Was nun?«, fragte Hewlett Perkins. »Ich brauche mehr Munition, um die Sache durchzubringen«, war die Antwort.

Weit entscheidender als andere HP-Leute vertrat Perkins den Konkurrenzgedanken. »Tom hat mir die Regel beigebracht, dass das Telefon niemals dreimal läuten darf«, sagt Joe Schoendorf, heute Partner bei Accel, einer führenden VC-Firma im Valley. Vor allem aber ist Schoendorf die Art der Lektion in Erinnerung geblieben. »Wenn das Telefon in der Verkaufsabteilung zum dritten Mal läutete, dann hattest du ein Problem. Das ging los, wenn er einen Apparat zweimal klingeln hörte. Er begann zu zählen, sprang von seinem Schreibtisch auf – ohne aufzuhören, zu zählen –, bis er das Telefon entdeckt hatte, das läutete. Wenn er vor dir am Apparat war, musstest du dir eine verdammt gute Erklärung einfallen lassen. Auf diese Weise hast du die Dreimal-Läuten-Regel schnell intus gehabt.« Selbst heute legt Schoendorf noch einen ganz ungewöhnlichen Eifer an den Tag, wenn er vom Tisch aufspringt, um das Telefon abzunehmen.

Dank Spectra Physics hatte Perkins genügend Geld, um nicht arbeiten zu müssen. Als er die innerbetrieblichen Querelen satt hatte, kündigte er bei Hewlett-Packard, diesmal endgültig. Ganz ähnlich wie Gene Kleiner bei seinem Erfolg mit Edex hatte Perkins die Gründung eines Unternehmens als höchst spannend empfunden. Wie Kleiner fragte er sich auch, ob man mit Unternehmensgründungen nicht seinen Lebensunterhalt bestreiten könnte. Natürlich ließ sich das nicht mit der Gründung eines einzigen Unternehmens oder auch zweier vergleichen. Perkins wollte daraus eine Gewohnheit machen, sich den Kick wieder und wieder verschaffen.

Einer der Männer, die Perkins um Rat fragte, war Sandy Robertson, der wusste, dass mehr Venture-Geschäfte mehr Unternehmen produzieren würden, die unter Umständen an die Börse gehen würden und deren Emission er dann übernehmen könnte. »Erst da wurde mir klar, dass Gene Kleiner genau das vorhatte, was ich auch beabsichtigte«, sagt Perkins.

An einem Sommermorgen im Jahr 1972 trafen sich Kleiner und Perkins schließlich zu einem Frühstück bei Rickey's in Palo Alto. Obwohl beide höchst verschieden waren, was ihr Temperament und ihren technischen Sachverstand anging, schienen sie sich gut zu ergänzen, wie es auch bei anderen beruflichen Paarungen im Valley der Fall war: Hewlett und Packard, Jobs und Wozniak. Kleiner war zehn Jahre älter als Perkins und war von einer für das Valley höchst ungewöhnlichen Förmlichkeit. Perkins hatte Ausstrahlung und war von seinen Fähigkeiten außerordentlich überzeugt, was einen seiner VC-Kollegen zu der Vermutung veranlasste, Perkins sei wahrscheinlich schon in der Wiege vor Selbstbewusstsein aus allen Nähten geplatzt. Kleiner kannte sich in der Herstellung aus, Perkins in Hardware und Management. Kleiner hatte einen eher bescheidenen Lebensstil, Perkins liebte teure Jachten und Nobelkarossen. Eine Zeit lang besaß er die weltweit schönste Sammlung alter Roadster, unter anderem einen Duesenberg, der sich einst im Besitz eines Maharadschas befunden hatte. (Anfang der Neunzigerjahre verkaufte er die Sammlung für zehn Millionen Dollar.) Im Venture-Geschäft war Perkins der unermüdliche Motor des Valleys, der viele neue Ideen entwickelte, während Kleiner die nötige Skepsis einbrachte.

Die beiden verstanden sich auf Anhieb und verbrachten den größten Teil der beiden nächsten Tage miteinander. Damit war Kleiner & Perkins geboren. Der Name wurde aus zwei Gründen so gewählt – zum einen wegen der alphabetischen Reihenfolge und zum anderen, wie Kleiner anmerkte: »Weil ich Henry Hillmans Zusage über vier Millionen Dollar hatte.« Mit den weiteren vier Millionen Dollar, die sie selbst aufbringen mussten, würden sie über einen Fonds von acht Millionen Dollar verfügen, eine noch nie da gewesene Summe in jener Frühzeit des Venture-Kapitals. Natürlich stellten Unternehmen wie HP riesige Summen für ihre Forschungs- und Entwicklungsabteilungen bereit. Doch von Intel einmal abgesehen, waren Restaurantketten der Renner. Die jüngste Baisse an der Wallstreet und ungünstige Kapitalgewinngesetze ließen einen Venture-Fonds nicht sehr erfolgversprechend erscheinen. Daher brauchten Robertson und die beiden Ingenieure, deren geschäftliche Ehe er gestiftet hatte, vier Monate, um die fehlenden vier Millionen Dollar aufzutreiben.

Die »Roadshows«, die sie potenziellen Investoren boten, waren sehenswert. Ein Unternehmen, in dessen Aufsichtsrat Hillman saß, stimmte einer Zusammenkunft ihres Investmentausschusses mit dem Trio zu. Kleiner erinnert sich: »Der Vorsitzende stellte uns eine Reihe von Fragen wie: ›In was für Unternehmen werden Sie investieren?‹ Wir antworteten: ›In erfolgreiche.‹ Er wollte Einzelheiten wissen. Schließlich erwähnten wir eine Schreibmaschine mit Textverarbeitungssystem.

Da warf er uns hinaus und lud uns nicht einmal zum Mittagessen ein. Er hielt uns für verrückt, weil wir mit IBM konkurrieren wollen. Das war das letzte Mal, dass wir irgendeine spezielle Idee erwähnten.«

Doch schließlich bekamen Kleiner und Perkins ihr Geld – von noch nicht einmal einem Dutzend Anleger, unter anderem eine Million von der Rockefeller University, fast ebenso viel von zwei Versicherungsgesellschaften und den Rest von wohlhabenden Privatleuten und Trusts. »Leute, die leicht ein bisschen Geld erübrigen konnten«, wie Perkins sagt. Und immer »sauberes Geld«, also keines, das mit organisiertem Verbrechen oder Glücksspiel zu tun hatte (was nicht heißt, dass alle VCs so strenge Kriterien anlegten). »Unsere Geschäfte waren der Mafia zu riskant«, meint Perkins lachend. Er und Kleiner machten beide eine Einlage von 100 000 Dollar. Kleiner & Partner, wie sie nicht nur ihre Partnerschaft nannten, auch ihren ersten Fonds, richteten sich ein Büro ein, das die Adresse 3000 Sand Hill Road hatte, und waren damit die ersten VC-Mieter des Immobilienmaklers Tom Ford.

Ford war entschlossen, getreu der kalifornischen Tradition, an den neuen Goldgräbern zu verdienen. Egal, was für Geldträumen die Venture-Kapitalgeber nachhingen, Büroräume brauchten sie auf jeden Fall. Ford war in Youngstown, Ohio, aufgewachsen und während des Zweiten Weltkriegs in Nordkalifornien stationiert gewesen. Er gab seine Anwaltspraxis auf und ging wieder westwärts. An der Stanford University übernahm er das Immobilienbüro und kümmerte sich unter anderem um den Stanford Industrial Park. Zehn Jahre später machte er sich selbstständig. 1969 scheiterte der Versuch, die Zeitschrift *Sunset* auf einem noch unerschlossenen Gelände von Sand Hill anzusiedeln, doch damit war dieses Gebiet in Fords Visier geraten. Es war nicht nur von einem

Golfkurs umgeben, sondern lag auch an der geplanten Trasse der Interstate 280, die von San Francisco nach San Jose durchs Valley führen sollte. Außerdem war es nur einen Katzensprung von Woodside entfernt, das schon viele der VCs als Domizil auserkoren hatten.

Ford kaufte das Land, wobei er 10000 Dollar von seinem eigenen Geld hineinsteckte und mehr als eine Million Dollar von einer Lebensversicherung an der Ostküste bekam. Daraufhin baute er mitten in der unberührte Landschaft vier niedrige Bürogebäude aus Holz, in deren Mitte ein weitgehend von ihm finanziertes Restaurant liegt, das einen Ausblick auf die Bergkette hat. In die ziegelsteingepflasterte Auffahrt ist eine Messingscheibe eingelassen, die die Sonne darstellt. Ford ahnte nicht, dass 3000 Sand Hill zum Dreh- und Angelpunkt des Venture-Kapitals werden sollte und er selbst sich zum Donald Trump von Silicon Valley mausern würde. Doch eine Firma nach der anderen siedelte sich dort an, einfach um zu sehen, wer mit wem wann worüber sprach.

Nach den VCs kamen die Marketender des Gewerbes – Anwälte, Headhunter, Wirtschaftsprüfer, Unternehmensberater, Fitnessstudios und eine Firma, die sogar von den VCs beneidet wird: Kohlberg Kravis & Roberts, die Spezialisten für fremdfinanzierte Übernahmen, die in dem Buch *Barbaren vor dem Tor* verewigt werden und die Henry Hillman selbst in den Siebzigerjahren finanziert hat. KKR Partner, die Unternehmen lieber zerschlagen als aufbauen, sacken noch mehr ein als VCs. Wenn Geld eine Art Punktwertung ist, dann bringt der zweite Platz gar nichts, außer einer lebenslangen Versorgung mit Straußensalami. Der blanke Hass ist den VCs ins Gesicht geschrieben, wenn von KKR die Rede ist. Dagegen zollen sie den Sand-Hill-Niederlassungen von Investmentbanken wie Goldman Sachs und Morgan Stanley widerwilligen Respekt.

Auch Larry Ellison war hier eine Zeit lang ansässig – das einzige Jungunternehmen in Sand Hill. Ford erinnert sich noch, dass er mit diesem »hochgewachsenen Mann in Jeans und Turnschuhen« 1978 zusammentraf und über seinen völlig durchgerosteten Mercedes entsetzt war. Außer der Pacht bekam Ford auch noch ein Stück vom Oracle-Vermögen. Zwei Monate vor Oracles Börsengang kaufte Ford für 50000 Dollar zehn Prozent des Aktienanteils von

Stuart Feigin. Feigin war die Nummer fünf in der Rangfolge der Mitarbeiter und bestrebt, einen Teil seines Aktienkapitals zu Geld zu machen. Er hielt Ford für verrückt – wer konnte sagen, wann der Börsengang stattfand und ob er ein Erfolg werden würde? – und ließ sich von ihm eine Erklärung unterschreiben, in der dieser auf alle Regressansprüche verzichtete. Nach der Emission stieg der Wert dieser Aktien natürlich in schwindelerregende Höhen.

Der Sand-Hill-Komplex strahlt die Atmosphäre eines Countryclubs aus und besitzt auch alle Vorzüge eines solchen Ortes. Ford, der die Lebensversicherung auszahlte, kaufte auch weiterhin benachbarte Grundstücke auf. Heute verwaltet die Ford Land Company fast 40 000 Quadratmeter Bürofläche, die mehr an Pacht bringen – bis zu 750 Dollar pro Quadratmeter – als irgendein anderer Ort in Amerika, einschließlich der Wallstreet. Und warum auch nicht? VCs machen mehr Geld als die Leute an der Wallstreet. Und leere Büros gibt es in Sand Hill nicht. Standort, Standort, Standort, das ist der Goldstandard. Tom Ford, der 1998 mit siebenundsiebzig Jahren starb, war der einzige Valley-Bewohner, der mit den VCs mithalten konnte, was das Geld anging. Dafür ließen sie ihm die höchste Anerkennung zuteil werden, deren sie fähig sind: Er durfte in ihre Fonds investieren. Zu Fords Ehrenrettung sei angemerkt, dass er einer der größten Philanthropen des Valleys wurde und in aller Stille Millionen für wohltätige Zwecke ausgab; unter anderem richtete er eine Stiftung ein, aus der jeder College-Student aus einem der Armenviertel im östlichen Palo Alto 1000 Dollar erhielt. (Ford sorgte auch dafür, dass Bill Walsh, der ehemalige Footballtrainer der San Francisco 49er wieder die Mannschaft der Stanford University trainierte. Ford selbst zahlte einen Teil von Walshs Gehalt.) Zu Ehren seiner VC-Pächter stiftete Ford 1997 einen Lehrstuhl für Ingenieurswissenschaft an der Stanford University. Statt ihm seinen Namen zu geben, nannte er ihn den Kleiner Perkins, Mayfield und Sequoia Lehrstuhl für Ingenieurswissenschaft. Wie kam es zu dieser Reihenfolge? Brook Byers, der nimmermüde Image-Wächter, behauptet, es sei eine rein alphabetische Reihung.

Kleiner & Perkins hatten große Träume und acht Millionen auf der hohen Kante, aber kaum etwas, in das sie investieren konnten. Die Zeiten, wo sich junge Ingenieure mit Unternehmensplänen die

Klinke in die Hand gaben, waren noch fern. In den ersten beiden Jahren fand K&P im Hightech-Bereich so gut wie gar nichts und investierte sein Geld stattdessen in Projekte von der Art, über die sich das *Wall Street Journal* gerne lustig machte: eine Kombination aus Motorschlitten und Motorrad, die während des ersten Ölembargos auf den Markt kam, und ein Unternehmen, das Turnschuhe runderneuerte. Diese beiden Flops verschlangen allein 650000 Dollar, obwohl sich Perkins mit dem Freizeitgefährt in den Sierras prächtig amüsierte. Eine Müllverwertungsgesellschaft verpulverte in drei Jahren eine Million Dollar, die, wie es im VC-Jargon heißt, »auf dem Meeresgrund« landeten. Ein anderes glückloses Unternehmen, Dynastor, lehrte die Partnerschaft, wie wichtig Glück und richtiges Timing sind. Dynastor wollte den Markt für Diskettenlaufwerke revolutionieren. K&P steckte fast 500000 Dollar in das Unternehmen, das zwar technische Fortschritte erzielte, aber nie schnell genug, um mit der Konkurrenz Schritt zu halten. Daraus zogen Kleiner & Perkins die Lehre, aus schlechten Projekten schneller auszusteigen. Zwar warf Dynastor am Ende ein paar Hundert Dollar Gewinn ab, doch hatte es die Firma viel Zeit gekostet. K&P führten eine Liste, die »Intensivstation« hieß und Unternehmen umfasste, die eine Notfallbehandlung brauchten. Doch auch auf Intensivstationen werden Patienten nicht ewig am Leben erhalten. Wenn die Geräte abgeschaltet werden mussten, brüsteten sich die Partner damit, dass es ohne falsche Sentimentalität geschehe.

Man sollte meinen, das sei eine Selbstverständlichkeit, doch die VC-Welt ist voller Beispiele, in denen gutes Geld schlechtem Geld zu Hilfe kommt. Kleiner & Perkins waren bemüht, bestimmte Prinzipien des Venture-Kapitalgeschäfts zu standardisieren – Geldbeschaffung, Bewertung von Unternehmensplänen, die Suche nach Unternehmerpersönlichkeiten. Während von Unternehmern Leidenschaft erwartet wurde (»unter Strom stehen« lautet eine der Lieblingsmetaphern), hatte der VC kühles Blut zu bewahren. Ihn interessierte es nicht weiter, ob das Produkt die Welt veränderte – obwohl es toll war, klar –, Hauptsache, die Profite der Investoren stimmten. Besser, man verdoppelte sein Geld durch eine Mittelmäßigkeit, als dass man es durch einen Traum verlor. Ein Unternehmer würde auf der *Titanic* tanzen, auch wenn sie schon mit dem Eisberg kollidiert wäre, die VCs wären die ersten in den Rettungsbooten. »Venture-Kapitalgeber sind Banker – sie sind nur an einem interessiert, der Rendite, die Geld abwirft«, sagt Jerry Yang von Yahoo, der die VCs in den Neunzigerjahren sehr glücklich machte. »Man fragt sich, ob sie einmal einen Glauben hatten, ihn verloren und ob jetzt was fehlt.«

Gene Kleiner und Tom Perkins versuchten ein nüchternes System zu entwickeln, welches dafür sorgte, dass sie häufiger gewannen als verloren, wenn auch letztlich immer der Instinkt ausschlaggebend war. Dabei erfanden sie eine neue Geldsprache, obwohl das System für Außenstehende eher nach Glücksspiel aussah. Am wichtigsten aber war, dass sie sich aktiv an der Leitung der von ihnen finanzierten Unternehmen beteiligten, ein praktisches Engagement, das ihnen ihre Vergangenheit als Unternehmer und Ingenieure erlaubte – Erfahrungen, über die selbst ein so brillanter Finanzanalyst wie Art Rock nicht verfügte.

Rock war es auch, gegen den sich die junge Firma abgrenzen wollte – Doerr sah in ihm später seinen Erzrivalen. »Die anderen VCs gaben dem Unternehmer das Geld und begnügten sich dann mit der Rolle des Zuschauers. »Fragen wurden erst gestellt, wenn das Unternehmen den Bach runterging«, sagt Kleiner. »Wir wollten keine Scheckbuchinvestoren sein.« Mit anderen Worten: sie fungierten als Gründer, Antreiber, Strategen und, wenn nötig, auch als Vollstrecker. (»Das Unternehmen abwickeln«, lautet der Euphemismus.) Diese Art der Kontrolle war der Grund, warum K&P für seine Finanzspritze nicht nur, wie andere Venture-Kapitalfirmen, einen erheblichen Anteil an der Firma verlangte, sondern auch einen Sitz im Aufsichtsrat. Das kann sich als Teufelspakt herausstellen, da VCs zwar erklären, dass sie sich dem Gründer und dem Vorstandsvorsitzenden verpflichtet fühlen, dass aber ihr wichtigstes Anliegen der Schutz ihrer Investition sein muss. Meistens lassen sich alle drei Interessen unter einen Hut bringen. Wenn nicht, gibt es Blutvergießen.

Selbst wenn ein Unternehmen an die Börse ging, klinkte sich K&P nicht aus, sondern nahm seine Rechte noch zehn Jahre lang oder mehr über den Aufsichtsrat wahr. Oft war der Rat des VC sehr willkommen, doch manchmal kam der Zeitpunkt, wo er den als Vorstandsvorsitzenden fungierenden Unternehmer entlassen oder das Unternehmen an den Höchstbietenden verkaufen musste – daher das Etikett *Vulture Capitalist* (Geier-Kapitalist), das von dem normalerweise so sanftmütigen Gordon Moore stammt. Moore hatte eigentlich nie etwas mit Art Rock oder anderen VCs zu tun, ärgerte sich aber, wenn Jungunternehmen und ihre VC-Anleger versuchten, Intel-Talente abzuwerben. (Wie bringt man die Namen von Ingenieuren aus der mittleren Management-Ebene in Erfahrung, von denen noch nie jemand gehört hat? Man nennt es *Dumpster Diving*, »Mülltonnentauchen«, das heißt, man durchsucht den Abfall des Konkurrenten nach Personalunterlagen und Telefonlisten.)

Zum »System« des Venture-Kapitals gehörte auch, dass man lernte, im Umgang mit Jungunternehmern harte Bandagen anzulegen – sich ihre Unerfahrenheit und Emotionen zunutze zu machen, Gründer gegeneinander auszuspielen, knallharte Preise und großzügige Anteile auszuhandeln, die die Unternehmer im Nachhinein auf die Palme brachten. Wenn Unternehmer versuchten, konkurrierende Venture-Firmen gegeneinander auszuspielen, dann sprachen sich die VCs unter Umständen ab. Das bedeutete dann, dass weniger investiert wurde, dass aber auch der Gesamtpreis niedrig blieb. Nicht gerade ein freier Markt, aber hübsch clever, wenn man es auf diese Weise hinbekam.

Die K&P-Richtlinien wurden eine Art Mythos im Valley. Zum Beispiel Kleiners Erstes Gesetz: »Wenn Geld da ist, nimm es!« Was auch in anderem Wortlaut kursierte: »Wenn die Vorspeisen gereicht werden, nimm zwei.« Kleiner kann sich nicht erinnern, eines von beiden gesagt zu haben, aber schließlich wird so manchem so manches in den Mund gelegt, was er gar nicht gesagt hat. Kleiners Zweites Gesetz: »Es gibt Zeiten, da ist Panik angebracht«, ist einfach eine andere Formulierung für Perkins Feststellung, dass man möglichst rasch aus schlechten Geschäften aussteigen müsse. Und Kleiners Drittes Gesetz: »Verkaufe niemals, wenn es nicht zwei Käufer gibt.« Oder: »Wenn eine Entscheidung außerordentlich schwierig ist, dann ist es egal, wie du entscheidest, weil es sowieso anders kommt, als du denkst.« Perkins bekanntestes Gesetz lautet: »Das Marktrisiko verhält sich umgekehrt proportional zum technischen Risiko.« Eine nicht-triviale Aussage, weil sie erwartungswidrige Produkte bevorzugt, deren Entwicklung große

Schwierigkeiten bereitet. Wenn die Herstellung des Produkts leicht ist, kommen höchstwahrscheinlich auch andere damit heraus und überfluten den Markt (wie das von K&P finanzierte Netscape von Microsoft lernte). Auf jeden Fall galt für Kleiner & Perkins die Regel, mit einem Jungunternehmen niemals gleichzeitig ein Marktrisiko und ein technisches Risiko einzugehen. Es zahlt sich fast nie aus, ein Trittbrettfahrer zu sein. Man soll die Wellen nicht reiten – man soll sie machen. Ein Alter Valley-Witz geht so: »Was bekommt man, wenn man einen Lemming mit einem Schaf kreuzt?« Antwort: einen Venture-Kapitalisten.

Kleiner und Perkins versuchten auch, ethische Richtlinien für das wirtschaftliche Handeln ihrer Firma aufzustellen, um nicht in den zweifelhaften moralischen Ruf zu geraten, mit dem sich andere VCs herumschlagen mussten. Als Erstes nahmen sie sich vor, Interessenkonflikte zu vermeiden: Wenn sie eigenes Geld in Unternehmen anlegten, wollten sie es nur als Teilhafter tun. Wenn sich K&P gegen die Investition in ein Unternehmen entschieden, versprachen Kleiner und Perkins, auch kein privates Geld in die Firmengründung stecken. Auf diese Weise sollte verhindert werden, dass sie durch konkurrierende Geschäfte abgelenkt oder zum »Rosinen-Herauspicken« verführt wurden – das heißt, die besten Geschäfte für sich selbst reservierten. K&P beschloss, seinen Gewinnanteil nicht zu nehmen, bevor nicht die Teilhafter ihre ursprüngliche Einlage heraushatten. Auch wollte K&P keine Gewinne reinvestieren. Auf diese Weise sollte gewährleistet werden, dass Investoren nicht auf ewig gebunden blieben und jeder Fonds nur eine begrenzte Lebenszeit hatte, etwa zehn Jahre. Schließlich nahm sich K&P vor, seinen Anlegern (aber nie der Öffentlichkeit) testierte Vierteljahres- und Jahresberichte vorzulegen.

Im Wesentlichen weil es K&P nicht gelang, Hightech-Jungunternehmen zu entdecken, die es hätte finanzieren können, beschloss die Firma, ihre eigenen Unternehmensgründungen vorzunehmen. Statt zu reagieren – zu warten, bis ein Unternehmer mit einer Idee vorbeikam –, setzten sich Kleiner und Perkins das Ziel, vorwegzunehmen, wohin die Entwicklung ging, und dort zu investieren. Dieses Selbstbewusstsein – manche nannten es auch Arroganz – wurde zu ihrem Erkennungszeichen. In späteren Jahren scherzte

Doerr keineswegs, wenn er erklärte, er habe stets eine Liste mit
fünf Unternehmen – besser noch *Industrien* – in der Tasche, die
gegründet werden müssten. In einigen von ihnen übernahm er
oder ein anderer Partner dann auch in den ersten Jahren die Funktion des Unternehmenschefs.

1973 stellte die Firma Jimmy Treybig ein, der an der Texas Panhandle University und der Stanford Business School studiert hatte.
Treybig, der einst bei HP für Perkins gearbeitet hatte, war der erste
der jungen »Mitarbeiter«, die K&P anwarb, damit sie Projekte entwickelten und eigene unternehmerische Ideen verwirklichten.
Treybig, der seine texanische Herkunft kultivierte und gerne verlauten ließ: »In Houston lernt man schon mit sechs zu pokern«,
wollte einen betriebssicheren Minicomputer für die Wirtschaft herstellen, der seine Daten auch dann noch sicherte, wenn er ab-
stürzte. Der Trick waren zwei Mikroprozessoren, sodass der
zweite einspringen konnte, wenn der erste ausfiel. Banken, Flugli-
nien und Börsen zum Beispiel suchten händeringend nach einem
narrensicheren »Nonstop-Computer«. Treybig veranlasste K&P,
1,5 Millionen für 40 Prozent des Unternehmens zu investieren und
Perkins als Aufsichtsratvorsitzenden einzusetzen. Als nach drei
Jahren das in Cupertino, Kalifornien, ansässige Unternehmen Tandem Computers an die Börse ging, hatte sich diese Anlage mehr als
verachtfacht. 1981 war das Unternehmen 220 Millionen Dollar
wert. (Schließlich wurde Tandem 1997 für drei Milliarden Dollar
an Compaq verkauft, obwohl Treybig 1996 vom Aufsichtsrat als
Vorstandsvorsitzender gefeuert wurde. »Ich besitze immer noch
ein hübsches Paket«, sagt Kleiner und lacht verschmitzt, weil seine
Bewertungsgrundlage »noch immer zweiundzwanzig Prozent«
sind. Perkins hat 70 Millionen Dollar an dem Geschäft verdient.)

Mit Bob Swanson tat K&P einen weiteren guten Griff. Wie Perkins hatte er Universitätsabschlüsse in Ingenieurswesen und
Betriebswirtschaft. Er war in den Westen gekommen, um einen
Investmentfonds für die Citibank zu verwalten. Doch Swanson,
der noch keine dreißig war, wollte sich nicht um das Geld anderer
Leute kümmern, und ganz gewiss wollte er nicht nach Hongkong
gehen, wie die Citibank es von ihm erwartete. Er wollte ein eigenes
Unternehmen führen und wandte sich daher an Kleiner & Perkins,
deren Tandem-Gründung im Valley nicht unbemerkt geblieben

war. Perkins schlug ihm vor, er sollte zunächst ein oder zwei Jahre lang in der Firma arbeiten, um ein klares Konzept zu entwickeln. Swanson entschied sich für die Gentechnologie. Biotechnologie war schließlich nur eine andere Form der Informationstechnologie – nur dass die Information als DNA vorlag und nicht in Chips gespeichert war, sondern in Genen. Mitte der Siebzigerjahre war das Genspleißen noch weitgehend ein theoretisches Problem. Geforscht wurde an der Universität und nicht in der Industrie. Kleiner und Perkins hatten keine Ahnung von der neuen Wissenschaftsdisziplin und waren daher skeptisch.

Als Swanson sich umhörte, erfuhr er, dass andere Unternehmen an Methoden zur Kommerzialisierung des Genspleißens arbeiteten. Dabei wurde ein Stück DNA von einem Bakterium auf ein anderes übertragen. Bei der richtigen Kodierungssequenz pflanzte sich der zweite Mikroorganismus fort und gab die neuen Merkmale an seine Nachkommen weiter. Und schon hat man ein genetisch verändertes Geschöpf! Höchstes Ziel war die Replikation eines menschlichen Gens. Doch die Massenherstellung rekombinanter DNA lag einfach nicht im Vorstellungshorizont der wissenschaftlichen Forschung und genau das verschaffte Swanson seinen Ansatzpunkt. Er bat K&P ihm bei der Gründung einer gentechnologischen Firma unter die Arme zu greifen, und zwar in der Größenordnung von einer Million Dollar – für ein Labor, Laboranten und Ausrüstung. Angesichts ihrer Devise, technische Hindernisse so früh und kostengünstig wie möglich zu überwinden, reagierte die Firma bei dieser Summe mit großer Zurückhaltung. Perkins erinnert sich: »Zumal unser Fonds von acht Millionen Dollar schon ganz erhebliche Verluste erlitten hatte.« Stattdessen schlug Perkins vor, verschiedene Teile des Experiments in Form von Unteraufträgen an bereits existierende Unternehmen zu vergeben. Nach diesem Gespräch verließ Swanson praktisch die Firma, er behielt nur noch seinen Schreibtisch eine Zeit lang vor Ort. Von nun an arbeitete er auf eigene Faust im Venture-Geschäft.

Er rief in verschiedenen Universitäten an und befragte Forscher, die mit rekombinanter DNA arbeiteten. Einer von ihnen war bereit, sich kurz mit ihm zu treffen – »zehn Minuten am Freitagnachmittag«. Das war Herbert Boyer von der Medizinischen Hochschule der University of California in San Francisco, einer der ersten

Patentinhaber auf dem Gebiet und schlicht das »Gen-Genie«. Am
Ende unterhielten sie sich vier Stunden lang bei mindestens so vie-
len Bieren – Wissenschaftler und Geschäftsmann, das ideale
Gespann für die Industrie, die sie gründen wollten. Mit einem
Startkapital von 100000 Dollar, das K&P für 25 Prozent des neuen
Unternehmens zur Verfügung stellte, gründeten Swanson und
Boyer 1976 Genentech; Aufsichtsratsvorsitzender war wiederum
Perkins. Der hatte sich auch mit seinem Vorschlag durchgesetzt,
dass Swanson und Boyer einzelne Teile des Experiments bei anderen Instituten in Auftrag geben sollten. Mit der University of California, dem California Insitute of Technology und der City of Hope
Medical Foundation wurden jeweils separate Forschungsverträge
abgeschlossen, ohne dass sie weitere Informationen über das
Gesamtprojekt erhielten. Innerhalb eines Jahres hatte Genentech
zunächst Somatostatin – ein Hirnhormon des Menschen – und
dann menschliches Insulin für die Diabetesbehandlung hergestellt.

K&P hatte weitere 100000 Dollar investiert, um die Universitäts-
aufträge zu finanzieren, aber Swanson wusste inzwischen, dass er
ein lebensfähiges Unternehmen auf die Beine gestellt hatte. K&P
hatte also nicht mehr die beste Verhandlungsposition. Die Entscheidung der Venture-Firma, Swanson nicht von Anfang an in
dem gewünschten Umfang zu unterstützen, hatte sie um günsti-
gere Bedingungen gebracht. Aber der Erfolg eines guten Venture-
Deals ist eine relative Sache. Nachdem Genentech im Oktober 1980
an die Börse gegangen war – der spektakulärste Börsengang im
Valley seit Intel, der den *San Francisco Examiner* veranlasste, in Riesenlettern zu titeln: GENENTECH ERSCHÜTTERT DIE WALL-
STREET – waren die ursprünglichen 200000 Dollar von Kleiner &
Perkins 160 Millionen Dollar wert, ein achthundertfacher Gewinn! Freunde aus Highschool-Tagen, mit denen Perkins seit Jahrzehnten kein Wort mehr gewechselt hatte, riefen an, um an dem
Geschäft beteiligt zu werden. (Leider waren sie keine Teilhafter
von K&P.) In den ersten dreißig Minuten des Handels kletterte
Genentech von 35 auf fast 89. Wie andere K&P-finanzierte Unternehmen, die noch folgen sollten, fesselte es die Aufmerksamkeit
der Öffentlichkeit durch eine neue Technologie, obwohl es noch
keine Gewinne vorweisen konnte. Kritiker verspotteten Genen

tech als »Sciencefiction-Aktie«, doch selbst diese abfällig gemeinte Bezeichnung verstärkte noch die futuristische Aura des Unternehmens.

Infolge der extrem erfolgreichen Geschäfte mit Tandem und Genentech wurde der erste von Gene Kleiner und Tom Perkins verwaltete Fonds ein gigantischer Erfolg. »Wir brauchten eine Weile, um die Größenordnung zu begreifen«, berichtet Kleiner. Perkins konnte sich alle Bugattis und Alfa-Romeos kaufen, die sein Herz begehrte. Er überredete Kleiner sogar, sich einen protzigen Jaguar zu leisten. In sechs Jahren war es den beiden Vollhaftern nur gelungen, sieben der insgesamt beschafften acht Millionen Dollar zu investieren: Trotzdem war der Fonds zehn Jahre nach der Gründung von K&P sensationelle 400 Millionen Dollar wert – ein durchschnittliche Jahresrendite von 47 Prozent, selbst wenn man die Gewinne abrechnet, die an die KP-Partner gezahlt wurden. Größtenteils wurde die Rendite an die Investoren weitergeben. Das Ergebnis war wesentlich besser als die Faustregel, nach der sich Venture-Investoren im allgemeinen richteten: Sieh zu, dass du dein Geld in zehn Jahren zwanzigmal herauskriegst.

Von den siebzehn Projekten, die aus dem K&P-Fonds finanziert worden waren, hatten sich sieben als Verlustgeschäfte erwiesen. Andere mögliche Geschäfte – zum Beispiel die Gründung einer Personalcomputer-Firma durch Steve Jobs und Steve Wozniak, die zwei Monate nach Genentech an die Börse gingen – kamen nicht zustande, weil die Partner nicht interessiert waren. »Kein besonderer Durchschnitt«, so Perkins, »aber die beiden Haupttreffer machten alles wett.« Ein paar richtig gute Geschäfte, wiegen einen Haufen schlechter allemal auf – jeder möchte einmal das große Los ziehen. Also warum nicht bei gleichem Zeit- und Arbeitsaufwand nach den Sternen greifen? Es war eine hervorragende Investmentstrategie und machte K&P zum Marktführer im Venture-Kapitalgeschäft. Die Haupttreffer verschleierten die Tatsache, dass die meisten Unternehmer Pleite gingen. K&P mochten sich dazu entschließen, eine Unternehmensgründung zu unterstützen, aber das war noch lange keine Erfolgsgarantie. Viele Träumer mussten das am eigenen Leib erfahren. Venture-Investoren können ihr Risiko breit streuen, Unternehmer müssen alles auf ein Pferd setzen.

K&Ps Erfolge führten zu einer verstärkten Geschäftätigkeit, sodass die Firma expandieren musste. Kleiner und Perkins suchten nach Partnern, die genauso ehrgeizig waren wie sie selbst – so ehrgeizig wie die Unternehmer, die sie finanzierten.

Brook Byers wuchs in den Vierzigerjahren in Georgia auf und war ein besessener Funkamateur, der Kontakte in alle Welt knüpfte. Nach eigener Zählung hatte er Verbindungen in 320 Länder. (1996, mit einundfünfzig Jahren gab er das Hobby auf.) Sein Interesse für die Naturwissenschaften führte ihn an die Georgia Tech, wo er einen Abschluss in Ingenieurswesen machte. Während des Studiums betätigte er sich als Konzertveranstalter und entwarf Antennen für die Federal Communications Commission. Nach Abschluss des Studiums war Byers klar, dass er kein Ingenieur werden wollte, und ging an die Stanford University, um seinen Betriebswirt zu machen. »Die Fallstudien aus dem Bereich Wissenschaft und Technik, die man dort behandelte, gefielen mir sehr«, berichtet er, »und außerdem war zu erkennen, dass im Stanford Industrial Park gleich neben dem Campus etwas in Gang kam mit Hewlett-Packard und Varian.«

1970, in seinem zweiten Jahr an der Business School, hatte Byers nach eigenem Bekunden »eine Erleuchtung«. Er besuchte eine Informationsveranstaltung von drei Venture-Kapitalgebern aus Silicon Valley. Einer von ihnen war Franklin »Pitch« Johnson, der seit 1962 im Venture-Geschäft war. Byers war von den VCs fasziniert und schrieb eine Hausarbeit über Venture-Kapitalrenditen, die erste, die zu diesem Thema je an der Stanford Business School vorgelegt wurde. Zwei Jahre später hörte er, dass Johnson nach einem »Lehrling« suchte. Johnson hatte eine eigene Firma und investierte überwiegend sein eigenes Geld. »Wie groß ist Ihr Wunsch, für mich zu arbeiten?«, fragte er Byers.

»Sehr groß«, antwortete Byers in seinem schönsten Südstaatenakzent, viel jungenhafter, als es seinen Jahren entsprach.

Johnson billigte seinen Eifer und knüpfte einige Bedingungen an seine Einstellung. Byers musste in jedes Geschäft investieren, das er vorschlug – in alles, was er empfahl, musste er eigenes Geld stecken. So brachte Johnson seinem Schüler die Grundkenntnisse des Risikogeschäfts bei. Der einzige Haken war, dass Byers seine

Studienkredite noch nicht zurückgezahlt hatte, sodass er, wie er es nannte, einen »negativen Nettowert« hatte.

Doch Johnson sorgte und bürgte für einen Kredit bei Wells Fargo und so arbeitete Byers die nächsten fünf Jahre für ihn. Es war der Zeitraum, in dem Gene Kleiner und Tom Perkins ihre VC-Firma konsolidierten. 1972 gab es nur etwa dreißig VCs im Valley und Byers lernte sie alle kennen – ein Networker, bevor der Begriff erfunden war. In der Western Association of Venture Capitalists zusammengeschlossen, trafen sie sich im University Club von San Francisco zum Essen und Unternehmensklatsch. Johnson war nicht daran interessiert, einen großen Fonds zusammenzustellen, wie es K&P getan hatte. Byers schon, denn er wusste, dass es dann leichter war, gute Geschäfte an Land zu ziehen und zu finanzieren, ohne sich nach anderen Geldquellen umsehen zu müssen. Perkins war von Byers außerordentlich beeindruckt, weil er 10 000 Dollar eigenes Geld in das Tandem-Geschäft investiert hatte – der beste Glücksspieleinsatz, zu dem Byers sich in seinem Leben entschlossen hatte, machte er ihn doch zum Millionär – und weil er auch Johnson veranlasst hatte, sich zu beteiligen.

1977 kündigte Byers bei Pitch Johnson und folgte Perkins Aufforderung, als Mitarbeiter – also kein Partner – bei K&P anzufangen. Byers war ein richtiger Gesellschaftslöwe – er teilte sich sogar ein Junggesellenappartement mit Bob Swanson [!] in San Francisco. Dennoch stellte Byers einen Verstoß gegen ein eisernes Firmengesetz dar – er war eingestellt worden, obwohl er noch nie ein Unternehmen geleitet hatte. Daher nahm er ein Jahr nach seinem Eintritt bei K&P einen unbezahlten Urlaub und gründete Hybritech, ein Biotech-Unternehmen vor den Toren von San Diego, das vorhatte, Antikörper für die immunologische Behandlung bestimmter Krankheiten zu klonen. Hybritech hatte natürlich angenommen, Perkins und nicht sein Mitarbeiter werde K&Ps Interessen im Unternehmen vertreten. Aber Byers machte seine Sache ausgezeichnet. Aus einer Investition von 1,7 Millionen Dollar erhielt Kleiner & Perkins 28 Millionen Dollar, als Hybritech 1981 an die Börse ging, bevor Eli Lilly & Co. es schließlich aufkauften. Byers leitete das Unternehmen nur kurzfristig, eine Entscheidung, die sich aus dem glücklichsten Ereignis seines Lebens ergab.

Am 25. September 1978 sollte Byers seinen üblichen Flug nach

San Diego antreten. Die Wochenenden verbrachte er in Lake Tahoe und nahm gewöhnlich das Flugzeug von Sacramento, doch an diesem Tag verpasste er es. PACIFIC Southwest Flight 182 kam nie ans Ziel – er stieß über San Diego mit einem kleinen Flugzeug zusammen. Alle 135 Insassen kamen ums Leben (dazu dreizehn Menschen am Boden und die beiden Insassen des kleinen Flugzeugs) – damals die größte Katastrophe in der Geschichte der amerikanischen Luftfahrt. »Das Schicksal hat es gut mit mir gemeint«, sagt Byers. »Ich bin ein bisschen abergläubisch und spreche nicht gern darüber.« (Offenbar, denn als ich ihn das erste Mal danach fragte, antwortete er einfach: »Was für eine komische Frage«, ohne den Vorfall zuzugeben.)

Der Mann, der Byers als Chef bei Hybritech ablöste, kam zufälligerweise von einem konkurrierenden Jungunternehmen der gleichen Branche. Auf diese Weise verschaffte sich K&P nicht nur einen neuen Vorstandsvorsitzenden, sie ruinierten dabei auch gleich noch einen Konkurrenten. Durch die Zeit bei Hybritech war Byers Interesse an der Biotechnologie geweckt worden. Er leitete fortan K&Ps Aktivitäten im Bereich von *Bugs and Drugs* (»Bazillen und Arzneien«), während Perkins und Kleiner bei *Bits and Bytes* blieben. Noch heute sind diese beiden Bereiche – Biotechnologie und Elektronik – die Spezialgebiete der Firma.

Während Byers bei Hybritech arbeitete, nahm K&P einen neuen Partner auf, den achtunddreißigjährigen Frank Caufield. Als Sohn eines Armygenerals vereinigte Caufield geistige Disziplin mit der Liebe des Bonvivants zu den Genüssen, die man sich mit Geld verschaffen kann. Als Achtjähriger wuchs er in Spanien auf – sein Vater war an der amerikanischen Botschaft – und wurde ein Aficionado des Stierkampfes. Noch heute kennt er die besten Matadore in Sevilla. Wenn Sie wissen möchten, in welchem Klub in San Francisco der beste Blues zu hören ist, fragen Sie Frank Caufield. Wie Perkins verfügt er über einen scharfen Witz und wenig Geduld für überflüssiges Geschwätz. Sie sind sogar beide mit Norwegerinnen verheiratet. Anders als Kleiner, Perkins und Byers hat Caufield jedoch keine Erfahrung in Elektronik. Dafür kannte er sich in der traditionellen Finanzanalyse aus. Er brachte den Zahlenverstand ein, aber auch den gesunden Menschenverstand des Laien.

Nachdem Caufield einen Großteil seiner Kindheit in Übersee verbracht hatte, besuchte er die Militärakademie West Point und brachte es in der Army bis zum Captain. Anschließend besuchte er (genau wie Perkins) die Harvard Business School und ging als Unternehmensberater nach Manhattan. Dort lernte er die Gefahren der Armut kennen – zumindest relativ.»Ich hatte den Zusammenhang zwischen Geld und angenehmem Leben noch nicht richtig begriffen«, sagt Caufield in Erinnerung an die Lektion, die die meisten von uns bekommen, wenn die Nachbarn einen Cadillac erstehen, während wir den alten Chevy weiterfahren.»Da mein Vater Offizier war, hatten wir nie sehr viel Geld. Aber wir lebten gut. In Europa hatten wir ein Mädchen für das Obergeschoss, ein Mädchen für das Untergeschoss, einen Koch, einen Chauffeur und einen Gärtner. In den Staaten hatten wir das größte Haus auf dem Stützpunkt und den Offiziersklub. Wir lebten großartig. Als ich nach New York City kam, war ich achtundzwanzig, verheiratet und hatte zwei Kinder, und ich dachte, ich würde über alle Maßen reich sein mit meinem Gehalt von … genau 16 500 Dollar. Nach drei Monaten schnitt ich mir selbst die Haare mit einem jener komischen Kämme, die mit Rasierklingen bestückt sind. Ich war doch ziemlich überrascht.« Die Vorstellung, sich die Haare selbst schneiden zu müssen, sagte Frank Caufield nicht sonderlich zu.

Der Gedanke lag nahe, sein Glück im Venture-Kapital zu suchen. Caufield war davon überzeugt, dass im Hightech-Bereich das große Geld gemacht würde und dass er dort seine finanzielle Unabhängigkeit finden könnte. Auf der Highschool hatte er sich von seinem Weihnachtsgeld dreiunddreißig Aktien von Texas Instruments gekauft, mit denen er sich später sein Harvard-Studium teilweise finanzieren konnte. Caufield brachte seine Beratungsfirma in Manhattan dazu, ihn in die Niederlassung in San Francisco zu versetzen.»Es war fast wie in den alten Tagen, als man sein Glück im Westen suchte«, sagt er. Sobald er dort war, machte er sein erstes VC-Geschäft. Es folgten sieben erfolgreiche Jahre, in denen er einen kleinen Venture-Fonds verwaltete und oft in die gleichen Geschäfte investierte wie Kleiner & Perkins. 1978 wechselte er die Firma.»Die besten Freunde findet man in den schlechtesten Geschäften«, sagt Caufield. So kamen Tom Perkins und er zusammen. Das Unternehmen, das sie beide zu retten versucht hatten, war eine junge Textverarbeitungsfirma namens Office Communications. Den Deal machte schließlich Savin Business Machines, erlaubte aber den Investoren von K&P und Caufields Firma, sich aus dem Geschäft zurückzuziehen, ohne das Gesicht zu verlieren. Wie Caufield sich verhalten hatte, als er mit Kleiner und Perkins im Schlamassel steckte, bewog K&P, ihm die Partnerschaft anzubieten.

Angesichts der beiden neuen Mitglieder benannte sich K&P 1978 um in Kleiner Perkins Caufield & Byers, der Name, unter dem die Firma heute noch läuft. Die Partnerschaft verlegte ihre Büroräume in ein Hochhaus in San Francisco, das Finanzzentrum Embarcadero, das unweit der berüchtigten Barbary Coast der Goldgräberzeit auf den Wracks erbaut wurde, die damals in der Bucht versenkt wurden. Der Umzug fand statt, um Tom Perkins das Pendeln zu erleichtern. Er lebte jetzt auf Belvedere Island im Norden von San Francisco. Einige Jahre später kehrte die Firma wieder nach Silicon Valley ins Zentrum des Geschehens zurück. Da der erste Fonds langsam aufgebraucht war, richteten die vier Partner einen neuen ein, für den sie 15 Millionen Dollar beschafften. Sie nannten ihn KPCB I (aus einem unerfindlichen Grund haben Venture-Firmen eine ausgeprägte Vorliebe für römische Zahlen). Zwei Jahre später folgte KPCB II mit 65 Millionen Dollar. Das war der erste von acht großen Fonds, die die Firma in den nächsten zwanzig Jahren einrichten sollte. Es gab zwei Gründe, neue Fonds zu eröffnen – statt nur die alten mit Kapital aufzufüllen. Erstens ermöglichte KP auf diese Weise einen Wechsel der Investoren – entweder weil sie aussteigen wollten oder weil KP fand, dass neue Gesichter die Aufnahme in den Klub verdienten. Zweitens versetzten die neuen Fonds KP in die Lage, die Gewinne zwischen den Vollhaftern neu zu verteilen. In der Regel zog sich zumindest einer von ihnen zurück, um jungem Blut Platz zu machen.

Jemandem wie John Doerr.

KAPITEL SIEBEN

Gewinne

John Doerr – »JD«, wie er bei Valley-Insidern heißt – kam 1980 zu Kleiner & Perkins. Mit dem Ausscheiden von Gene Kleiner und der Ausweitung des Investmentkapitals brauchte KP mehr Partner, um das Geld zu verwalten, Projekte ausfindig zu machen und die Posten in Aufsichtsräten zu besetzen. Die Zahl der Unternehmen, deren Entwicklung ein Partner im Auge behalten konnte, war begrenzt – auf etwa ein Dutzend. Auch der neunundzwanzigjährige Doerr kam ursprünglich aus dem mittleren Westen, er war in St. Louis aufgewachsen. Sein Vater war selbst Ingenieur und Unternehmer. Ihm gehörte die größte Schwefelpumpenfabrik der Welt. Doerr studierte Ingenieurswissenschaft an der Rice University in Houston und machte 1975 – in bester KP-Tradition – seinen Betriebswirt an der Harvard School of Business. Wie Byers vor ihm wandte sich auch Doerr sofort dem Venture-Kapitalgeschäft zu.

»Ein paar Jahre, bevor wir ihn nahmen, rief er mich unangemeldet an«, sagt Byers, »und erklärte, dass er unbedingt ins Venture-Geschäft wolle. Ich sagte ihm, er solle erst einmal bei einem bekannten Unternehmen anfangen und ein bisschen Erfahrung sammeln.« Doerr wandte sich auch an Dick Kramlich, der ihm jedoch ebenfalls riet, eine Zeit lang bei einem Unternehmen einzutreten, Intel vielleicht.

Also fing Doerr bei Intel an, kurz nachdem der verbesserte Mikroprozessor 8080 auf den Markt gekommen war. Er wurde ein Marketing-As und der beste Verkäufer des Unternehmens. Er griff zwar nicht zu unlauteren Mitteln, war aber doch bekannt dafür, dass er alles für ein gutes Geschäft tat. Einmal schloss er einen Deal ab, indem er einen Rasenmäher als Zugabe anbot, der ganz gewiss nicht als Hightech-Gerät zu bezeichnen war. Zur Belastung für Intel wurde er allerdings, sobald er sich hinters Steuer setzte. Er fuhr wie ein Henker und verwandelte einen Firmenwagen nach dem anderen in einen Haufen Schrott. Hier übersah er eine rote Ampel, dort eine Kurve, und die Spur wechselte er nach Belieben, als hätten die weißen Linien dazwischen reinen Vorschlagscharakter. Er war der lebende Beweis dafür, dass eine kurze Aufmerksamkeitsspanne im Straßenverkehr hinderlich ist. Jim Barksdale von Netscape hat einmal gesagt, Doerr »würde sich nicht für einen Firmenwagen von FedEx qualifizieren«. Barksdale muss es wissen, denn er war einmal die Nummer zwei des Unternehmens.

Heute versucht Doerrs Frau mit allen Mitteln zu verhindern, dass sich ihr Mann ans Steuer setzt. Doerr wird von einem Chauffeur in einem weißen Chrysler-Kleinbus durchs Valley gefahren. Das Gefährt ist ausgestattet mit einer Ersatzgarnitur zerknitterter Khakihosen, einem blauen Oberhemd und dem zweiten Schlips, den er besitzt. Doerr thront auf dem Rücksitz inmitten eines Durcheinanders von Handys, Aktenkoffern, Notizblöcken, zwei Laptops und einem Zweiwegepieper, der immer an seinem Gürtel bleibt. Unter seinem Namen stehen mindestens neun Telefonnummern. In Sekunden kann er die Verbindung zu jedem Satelliten in der Erdumlaufbahn herstellen. Innerhalb von Sekunden kann ihn jeder erreichen, der seine ganz private Privatnummer kennt, »Ich halte immer ein bisschen Abstand zu ihm und all seinen elektronischen Geräten, weil ich vielleicht noch einmal Kinder zeugen möchte«, scherzt Scott McNealy. Sogar für die vier Kilometer lange Strecke von seinem Haus in Woodside zu den KP-Büros in Sand Hill lässt sich Doerr kutschieren. So sorgt er für den Seelenfrieden der Verkehrsstreifen und kann sich weiter mit seinem Hightech-Spielzeug auf dem Rücksitz beschäftigen. Wie wäre er sonst dazu in der Lage, 150 E-Mails pro Tag zu lesen?

Nach fünf Jahren bei Intel rief Doerr Byers erneut an. »Erinnern Sie sich noch an mich?«, fragte er.

»Nein«, erwiderte Byers, »aber ich laufe jeden Abend um halb sechs in Stanford. Haben Sie Lust?« So legte Byers den Grundstein zu jener Rivalität, die ihre Beziehung noch Jahre später prägen sollte. »Ich wollte sehen, wie motiviert er war. Wir hatten nur alle paar Jahre eine offene Stelle und eine Menge Bewerber dafür.«

Doerr war intelligent genug, sich rechtzeitig auf der Laufbahn der Stanford University einzufinden. Sie liefen, unterhielten sich und trafen sich im Laufe der nächsten Wochen noch des Öfteren. Byers hielt Doerr für den Kleiner-Perkins-Prototyp. Er vereinte technische Kenntnisse mit Geschäftserfahrung. Er kannte sich aus in Verkaufsorganisation und Kundenbetreuung. »Wir haben natürlich Erkundigungen über ihn eingezogen«, sagt Byers, »und ich werde nie vergessen, was jemand bei Monsanto über ihn gesagt hat, wo er ganz früher mal gewesen ist. Ich wollte unbedingt irgendeinen Fehler von John herausbekommen. Da sagten sie: ›Na ja, wenn er sich etwas in den Kopf gesetzt hat, schläft er nicht mehr. Buchstäblich. Dann arbeitet er bis zur völligen Erschöpfung.‹ Für uns hörte sich das verdammt gut an.« (In guten Nächten schläft Doerr drei bis vier Stunden. Seine besten E-Mails verschickt er um zwei Uhr morgens.) Andy Grove bekniete ihn, bei Intel zu bleiben, und meinte, VCs seien nicht viel besser als Immobilienmakler – und das, obwohl Intel seine Anfänge von einem VC namens Rock ermöglicht worden waren –, doch Doerr ließ sich nicht beirren.

Zunächst stellten ihn die Partner als Mitarbeiter ein. Erst 1982 machten sie ihn dann zum fünften Partner. Der Firmenname wurde nicht verändert, was Doerr nach eigenem Bekunden nie gestört hat, obwohl seine Freunde sagen, er erwähne diesen Umstand verdächtig häufig.

Doerrs besessener Arbeitsstil wurde – genauso wie seine schnelle Auffassungsgabe – rasch offenkundig. Er war (und ist) die Verkörperung reiner Energie, so konzentriert, dass sie schon wieder wie Zerstreutheit wirkt. Kollegen und Unternehmer haben Mühe, passende Vergleiche zu finden. Warum? Es liegt sicherlich nicht an dem rotblonden Haar, dem strahlend weißen Lächeln oder dem Bariton, denen er seine gewinnende Art verdankt. Es ist eher die merkwürdige Unruhe, die er ausstrahlt, das Herumgezappel. John Doerr sitzt selten still. Bei Besprechungen hockt er auf der Armlehne eines Sessels und zuckt mit den Beinen wie ein Vollblut vor dem Start. Dann springt er auf und läuft umher, »wie ein Wolf im Käfig«, so Jerry Kaplan von Onsales. Ein anderer Freund hat ihn beschrieben als einen »mit Steroiden vollgepumpten Speedy Gonzales«. Der Umstand, dass Doerr so dünn ist – eine Bohnenstange mit Brille –, lässt ihn noch hektischer erscheinen. Koffein würde bei ihm wahrscheinlich als Beruhigungsmittel wirken. Caufield sagt, er habe den »Stoffwechsel eines Kolibri«. McNealy, der Chef von Sun Microsystems, weigert sich, mit ihm zu joggen. »Er läuft nicht«, berichtete McNealy *Forbes ASAP* vor einigen Jahren. »Er *hüpft*.«

In seinem Buch *Startup* hat Kaplan sein erstes Telefongespräch mit Doerr geschildert – um vier Uhr dreißig morgens. Kaplan befand sich in Boston. Doerr war in San Francisco, auf dem Weg nach New York, und wollte sich irgendwo mit Kaplan treffen. Bevor Kaplan Atem holen konnte, war Doerr schon in vollem Gange. »Okay, es gibt einen Anschluss in St. Louis. Ich habe hier einen Flugplan. Buchen Sie Ihren Flug um auf morgen früh neun Uhr von Logan. Sie landen gegen 10 Uhr 55 in St. Louis. Von dort können sie um 12 Uhr nach San Francisco weiterfliegen. Dann haben wir eine Stunde Zeit. Ich sehe zu, dass ich auch da bin und treffe sie am Gate.« Und das tat er dann.

Diese Energie hat auch ihre Kehrseite, die seine Partner immer wieder befremdet. Perkins fragte ihn einmal am Freitagnachmittag, ob er Lust habe, am Wochenende auf seiner Jacht in der San-Francisco-Bay mitzusegeln. »Ich weiß noch nicht«, antwortete Doerr. »Vielleicht muss ich nach Tokio.«

»Hör mal, John, wir haben Freitag, in Japan ist es sogar schon Samstag«, erwiderte Perkins ungläubig, »und da weißt du nicht, wo du am Wochenende sein wirst?«

Gene Kleiner sagt sogar, er wüsste nicht, ob er Doerr noch einmal einstellen würde, wenn er wieder vor der Wahl stünde. »Was das Geld angeht, so würde ich es sicherlich tun«, sagt Kleiner. »Aber was das Temperament angeht, sicherlich nicht. Zum Teil macht John das absichtlich, und vielleicht muss jedes Team ab zehn Mitgliedern einen wie ihn haben. Aber manchmal setzt er sich zu sehr unter Druck und ist einfach zu schnell in seinen Entscheidungen.«

Schon früh zeigte sich, dass Doerr kein Manager war. Einmal bemerkte Perkins, dass Doerr zwei Geschäftsessen gleichzeitig verabredet hatte. »Verleg sie wenigsten ins selbe Restaurant«, spottete Byers. »John läuft Gefahr, zur Parodie seiner selbst zu werden«, sagt Caufield. »Doch die Entscheidung, ihn einzustellen, hat Tom, Gene, Brook, mir und unseren Anlegern mehr Geld gebracht als irgendeine Entscheidung sonst.«

Eine Parodie seiner selbst? Vielleicht meint er die Sonderanfertigung des Skihelms, die Doerr für seine Wochenenden in Aspen in Auftrag gegeben hat. Der Helm hat ein eingebautes Handy mit Ohrstöpsel und Mikrofon. Ski laufen über Weihnachten macht Spaß, klar, aber deshalb kann man doch seine Geschäfte nicht vernachlässigen, oder?

Wie es der KP-Tradition entsprach, gründete Doerr sein eigenes Unternehmen, Silicon Compiler, das mit Hilfe von Computern komplexe Mikroprozessoren entwickelte. Doch Doerr, der wusste, dass er kein Manager war, kehrte schon bald zu Kleiner Perkins zurück und sackte Millionen ein, als Silicon Compilers verkauft wurde. Im Gegensatz zu den anderen Partnern, die anfangs alle das Bestreben hatten, sich in neuen Geschäftsbereichen zu versuchen, war Doerr so klug, sich auf das zu konzentrieren, was er am besten konnte. Da er bei Intel gearbeitet hatte, besaß er die idealen Voraussetzungen, um den Beginn des Computerzeitalters zu erahnen und daraus Kapital zu schlagen. Außerdem schien Doerr keine Angst zu kennen. Bei einem seiner ersten Projekte, Seeq Technologies, warb er Intel-Kräfte ab, woraufhin KP prompt verklagt wurde. (Der Prozess ging aus wie das Hornberger Schießen.)

Doerr trieb sich viel auf dem Campus der Stanford University herum – er wohnte ganz in der Nähe. So konnte er beobachten, was dort für neue Techniken von den begabten Wissenschaftlern ausgebrütet wurden: raffinierte Computernetze, sehr leistungsfähige Workstations und 3-D-Rechner. Auf diese Weise entstanden die Ideen zu Cisco, Sun Microsystems und Silicon Graphics, als Jim Clark noch Professor und Scott McNealy noch Student der Betriebswirtschaft war. Doerrs besondere Begabung lag darin, dass er die Marktentwicklung antizipierte und in die Tat umsetzte, bevor es der Markt selbst tat. In den Achtzigerjahren produzierte Doerr quasi Unternehmen am Fließband. Er veranlasste Kleiner Perkins zur Finanzierung von Sun (dem Hersteller von aufgerüsteten Workstations), Compaq, Symantec, Quantum, Cypress Semiconductor und Lotus. Compaq klonte den IBM-PC, zog an Big Blue vorbei und etablierte sich als der größte PC-Hersteller der Welt. Lotus entwickelte die Tabellenkalkulation, die »VisiCalc« in den Schatten stellte und, im Wortlaut der berühmt gewordenen Anzeige, »Besitzern von IBM PCs einen Grund gab, ihren Rechner zu benutzen«. Eine Zeit lang war Lotus KPs erfolgreichstes Projekt und das größte Software-Unternehmen, bevor Microsoft seinen Siegeszug antrat. Diese neuen Unternehmen bedeuteten einen grundsätzlichen Wandel für das Venture-Kapital. Wenn man 1972 eine Firmengründung finanzierte, waren potenzielle Anleger skeptisch – ein unbekanntes Produkt von einem Unternehmen, dessen Namen man noch nie gehört hatte, das riss niemanden vom Hocker. Diese Einstellung veränderte sich gründlich – neu hieß von nun an besser.

Die meisten dieser Jungunternehmen verkauften nicht mehr Technologie an andere Hightech-Unternehmen, sondern wandten sich direkt an den Endverbraucher. Die PC-Revolution löste eine neue Welle von Geschäftsgründungen aus – im Hardware- und im Software-Bereich –, mit Wachstumsraten, die nur wenige geahnt hatten. Ein Industriezweig, den es 1975 noch gar nicht gegeben hatte, war fünfzehn Jahre später 100 Milliarden Dollar wert. Hervorragende VCs wie Doerr schwammen auf dieser Welle, was Kleiner Perkins ermöglichte, seinen Investoren in den meisten Jahren zweistellige Erträge auszuzahlen, sogar in mageren Zeiten, wenn andere VC-Firmen große Einbußen mit ihren Fonds hinnehmen mussten. Nur Ende der Achtzigerjahre und 1990 hatte KP einige unerfreuliche Zahlen zu verzeichnen – 0,3 Prozent bei einem Fonds für das Jahr 1988, 3,7 Prozent bei einem anderen für 1990 –, und die waren immer noch besser als die der meisten Konkurrenten. Doch diese nicht ganz so eindrucksvollen Zahlen veranlassen die Firma, keine Ergebnisse für einzelne Jahre bekannt zu geben – selbst wenn die Renditen über 100 Prozent steigen wie Anfang der Achtziger- und Mitte der Neunzigerjahre. Es macht weit mehr her, wenn man die Durchschnittserträge von zehn oder zwanzig Jahren veröffentlicht, die dann die mageren Zeiten freundlich kaschieren.

Hauptverantwortlich für die positiven Zahlen war John Doerr. Seine Erfolgsbilanz begann schon einen Doerr-Mythos zu begründen, obwohl er erst ein VC von knapp dreißig Jahren war. Heute wird er bei Vorträgen als der »Bill Gates des Valleys« vorgestellt. Wohlgemerkt, das ist als Kompliment gemeint.

Doerrs Philosophie für das Venture-Kapitalgeschäft läuft auf eine eigene Version der Kleinerschen Gesetze hinaus. Die Tage der Zufallserfolge sind längst vorbei. Innovation und rasche Veränderung gehören zur VC-Infrastruktur. »Vergessen Sie die Idee, dass neue Industrien in eine Hewlett-Packard-Garage aus der Taufe gehoben werden könnten«, sagt er. »Unternehmen sind viel zu empfindlich geworden. Tandem hatte sechs Jahre lang keine Konkurrenz. Heute dauert es keine sechs Monate und schon sitzt dir ein Konkurrent im Nacken.« Die Lösung? Such dir einen guten Venture-Kapitalgeber.

Sein Erfolgsrezept für das Venture-Kapitalgeschäft hat Doerr Zuhörern in aller Welt in seinem berühmten Diavortrag auseinander gesetzt. Von seinem kleinen Laptop werden die Bilder auf die große Leinwand gezaubert, zwar nicht in grafischer Vollendung – »Ich arbeite gern mit Helvetica Bold«, sagt Doerr, der Kontroll-Freak. Aber der Vortrag hat sie alle begeistert, die angehenden Unternehmer an der Stanford University, die Topmanager auf den 4000-Dollar-pro-Nase-Seminaren und sogar Vizepräsident Al Gore. Wenn Sie etwas über »die größte legale Wertschöpfung der Menschheitsgeschichte« erfahren möchten, dann müssen Sie diesen Vortrag besuchen. Gleiches gilt für »Die Zukunft lässt sich am besten vorhersagen, indem man in sie investiert«, »Das Web verändert alles – es gibt keine Wartezeit und es ist immer an«, und »Durchaus möglich, dass das Internet *unterschätzt* wird«. Wie das? Weil jede Kurve, die das World Wide Web charakterisiert, »exponenziell« nach oben zeigt – Homepages, Benutzer, Amazon.com-Kunden. »Hier haben wir es nicht mehr mit dem Mooreschen Gesetz zu tun, sondern mit dem Metcalfeschen Gesetz«, wonach jede Person, die sich in ein Netz – wie das Internet – einklinkt, die Leistung dieses Netzes exponenziell erhöht. (Bob Metcalfe, Gründer von 3Com, hat in den Siebzigerjahren das Ethernet entwickelt, eine neue Methode, Computer elektronisch zusammenzuschließen.)

An einem Samstagnachmittag im Mai 1998 hält Doerr seinen Vortrag auf der Monte Jade Science and Technology Conference in San Jose. Es ist eine Tagung von achthundert amerikanischen Ingenieuren taiwanesischer Herkunft, die *reiche* amerikanische Ingenieure taiwanesischer Herkunft werden möchten. Doerr hat mich einfach so eingeladen. Auf der Fahrt im Kleinbus zum örtlichen Kongresszentrum aktualisiert Doerr seinen Diavortrag, indem er ein oder zwei erfolgreiche KP-Unternehmen der jüngsten Zeit einfügt. Ansonsten ist sie unverändert gegenüber der Version, die er einige Wochen zuvor im Radiosender KCBS und vor dem russischen Präsidenten gehalten hat. (»Die größte legale Wertschöpfung der Menschheitsgeschichte« lässt sich in beliebig viele Sprachen übersetzen.)

Das Herzstück des Vortrags ist eine nüchterne Liste, ein Vergleich der alten Weltordnung mit dem Utopia, das Doerr erschaffen will. Sie sieht wie folgt aus:

ALTE WIRTSCHAFT	NEUE WIRTSCHAFT
eine Fertigkeit	lebenslanges Lernen
Arbeiterschaft	Teams
vs. Management	
Benzol vs. Umwelt	Wachstum
Sicherheit	Risikobereitschaft
Monopole	Wettbewerb
Fabriken	Intelligenz
Standardisierung	kundenspezifische
	Entscheidungen
prozessiert	investiert
Status quo	Geschwindigkeit,
	Veränderung
Stillstand	Vorwärtsbewegung
von oben nach unten	verteilt
Löhne	Anteile, Optionen

Doerr hätte noch den schönsten Aspekt der Neuen Wirtschaft aufnehmen können: Er hat viel Geld an ihr verdient.

Laut Doerr ist Silicon Valley das Zentrum der Revolution. »Sicherlich haben Sie schon die Binsenweisheit vernommen, dass der amerikanische Traum ausgeträumt ist«, erzählt er seinen Zuhörern. »Ich glaube das nicht so recht. Schauen Sie sich die vier Säulen der Neuen Wirtschaft an – Mikrochips, PCs, das Netz, Gentechnologie. Das Wachstum des Bruttoinlandprodukts geht zu vierzig Prozent auf das Konto der Valley-Technologie. Wir haben eine Arbeitslosenzahl von unter drei Prozent, hohe Löhne und Wachstum in jedem Bereich.« (Vor allem in denen, in denen KP investiert.) »Wer ist der größte Arbeitgeber in South Dakota?«, fragt Doerr. Nicht irgendein Landwirtschaftskonzern, sondern Gateway Computers. »Silicon Valley ist eine Einstellung«, die landesweit und weltweit exportiert werden müsse, sagt er.

Die Neue Wirtschaft bedeutet nicht einfach eine bessere Lebensweise, sondern auch eine neue politische Ordnung, in der nach Möglichkeit Leute wie Doerr die Fäden in der Hand halten sollten. Und sein TechNet, ein parteiübergreifendes politisches Aktionskomitee hat in Washington erfolgreiche Lobbyarbeit in Dingen wie Sicherheitsbestimmungen und Software-Verschlüsselung geleistet. »Verabschiedet euch von lieb gewordenen Gewohnheiten, ihr Spießbürger in den Vorstädten«, erklärt er, und ruft den »digitalen Bürger« von Morgen aus, der liberal ist, der wählt, der »Vertrauen in die Zukunft hat«. Zuerst kam die PC-Welle, dann die Software und jetzt haben wir, so Doerr, das Internet und das World Wide Web. Das digitale Universum hat gerade begonnen – wir leben, so Doerr, »gewissermaßen zehn Millisekunden nach dem Urknall«. Unsere Kinder werden eines Tages auf diese Zeit zurückblicken und sie als die erste Phase der Medienkonvergenz bezeichnen – die Vereinigung von Computern, Telefonen und Fernsehen. »So wie wir uns an die mechanische Schreibmaschine erinnern«. (Angesichts seiner politischen Erfolge auf nationaler Ebene ist es für Doerr besonders bitter, dass er seine Heimatstadt Woodside nicht dazu veranlassen konnte, 1998 eine Kommunalanleihe aufzulegen. Doerr verbrachte einen Großteil des Frühjahrs damit, seine Nachbarn anzurufen oder mit E-Mails zu bombardieren, damit sie seinen Plan unterstützten. Die Anleihe sollte zehn Millionen Dollar für die Woodside Elementary School bringen – jene Schule, die seine Kinder und Larry Ellisons Kinder besuchen, jene Schule, die durch die Wohltätigkeitsversteigerung im folgenden Monat 439 000 Dollar bekommen sollte. Doerr stritt also für eine gerechte Sache – es war klar, dass die Schule dringenden Geldbedarf hatte –, aber offenbar schätzten es viele Ortsansässige nicht, von Doerr unter Druck gesetzt zu werden.)

Wer sind die Rebellen, die die Neue Wirtschaft auf ihre Fahnen geschrieben haben? Zufällig sind es eine ganze Reihe der Kleiner-Perkins-Unternehmen – und sie tauchen praktisch in allen »Prognosen« von Doerr auf. @Home Network, ein Unternehmen, das für die KP-Investoren mehr als eine *Milliarde* Dollar abwarf (bei einer Investition von lediglich 7,4 Millionen Dollar), wird das ganze Land eines

Tages über das Fernsehkabel mit einem Internetzugang von hoher Kapazität versorgen. Die Heilung der großen Krankheiten, sicherlich ein Anliegen von äußerster Dringlichkeit, ist eine Marktnische, die für Healtheon vorgesehen ist, die neueste Firmengründung von Jim Clark, vormals bei Netscape. Das Vorbild für den E-Commerce? Zweifellos der Buchhändler Amazon.com (der den KP-Investoren mindestens eine weitere halbe Milliarde eintrug). Die Grundlage war eine Geschäftspraxis, wie es sie nur im Cyberspace geben kann: Es standen Millionen von Titeln zur Verfügung, die keine Buchhandlung bereithalten kann. »Kauft Amazon!«, rät Doerr fröhlich, immer noch die Verkaufskanone von einst. Allein 1998 hat das Unternehmen seinen Wert mehr als verfünffacht.

Die Zuhörer hängen an seinen Lippen. Viele Tagungsbesucher im Monte Jade versuchen, alles mitzuschreiben – angesichts der Lichtgeschwindigkeit, mit der er spricht, kein leichtes Unterfangen. Einige scheinen seine Worte leise zu wiederholen, als wären sie auf einer Erweckungsversammlung. Nach dem Vortrag ertrinkt er in einer Flut von Geschäftskarten und Unternehmensplänen. Sie überschütten ihn mit Fragen wie Zehnjährige, die ihren Baseballstar ausquetschen. Für einen Agnostiker versteht es Doerr sehr geschickt, mit seinen Gläubigern umzugehen. Für sie ist er ein Hohepriester. So viel religiöse Verehrung wird wahrscheinlich nur noch Steve Jobs zuteil. Und Jobs ist nicht ständig auf der Suche nach Unternehmertalenten, denn das ist es, was seine Zuhörer so in Aufregung versetzt.

Sobald er ein Talent gefunden hat, so Doerr, ist es für jede KP-Investition von entscheidender Bedeutung, »das Risiko schon im Vorfeld zu entdecken und sich seiner zu entledigen«. Das sei, sagt er, Kleiners Erstes Gesetz (oder zumindest *seine* Fassung von Kleiners Erstem Gesetz). »Jeder VC wird Ihnen erzählen, dass er nach den gleichen Dingen sucht – technischer Perfektion, hervorragenden Leuten und einem großen, rasch wachsenden Markt. Doch die Frage, die *wir* stellen, lautet: Können wir uns schon im Vorfeld des Risikos entledigen – lange bevor es ein Management-Team gibt, bevor es ein Produkt gibt, bevor andere Geld in das Projekt gesteckt haben? Können wir uns zu dem Zeitpunkt des Risikos entledigen, wo es nur jemanden gibt, der eine Idee hat. Da sind technische Risiken: Können wir das Atom spalten oder das menschliche Genom entschlüsseln? Und es gibt das Marktrisiko: Werden die Hunde das Hundefutter fressen oder wird der Fisch aus dem Aquarium springen? Die Erfolgsmethode besteht nicht darin, dem Unternehmer harte Bedingungen zu stellen, sondern das Risiko nüchtern zu beurteilen.« Das Marktrisiko zu beseitigen, kann teuer sein, trotzdem greift KP notfalls tief in seine Kriegskasse, bis das Risiko ausgeräumt ist und die Firma um so größere Summen einstreichen kann, wenn das neu gegründete Unternehmen den Markt erobert.

Doerr sagt, das Marktrisiko mache ihm die größten Sorgen, weil man es nicht unter Kontrolle habe. Man kann die beste elektronische Gabel der Welt erfinden, doch was nützt es, wenn niemand sie kauft? Das technische Risiko dagegen ist KPs Stärke. Die Partner sind gelernte Wissenschaftler und Ingenieure, die die technische Seite ihrer Projekte schätzen. Andere Venture-Firmen warten spätere Stadien im Lebenszyklus eines Jungunternehmens ab, wenn Produkt und Management bereits vorhanden sind. Dann ist das Risiko zwar geringer, aber sie müssen auch mehr bezahlen, um einen Teil des Unternehmens zu erwerben. »Wir ziehen hohe Risiken und hohe Renditen vor«, sagt Doerr. »Viele Leute können das nicht ab. Sie kriegen graue Haare und Herzinfarkte.« Daher lautet das Mantra der Venture-Kapitalgeber, dass sie »wie Babys schlafen«. Sie schlafen zwei Stunden, wachen auf und schreien, schlafen zwei Stunden, wachen auf und schreien. Doerrs Haar ist noch blond und er schläft sowieso nicht viel.

Das Paradox der Venture-Investitionen liegt darin, dass die Entscheidung trotz aller Analysen intuitiv getroffen wird. KP beschäftigt keine Volkswirte oder blitzgescheite Analysten, um die Chancen eines potenziellen Projekts durchrechnen zu lassen. »Ich suche nach wie vor nach einer Gruppe Hamburger kauender Stanford-Kids, die bei uns hereinschneien, ohne eine Ahnung zu haben, was ein Unternehmensplan ist. Wir schreiben ihnen einen Scheck aus und arbeiten mehrere Monate intensiv mit ihnen und plötzlich haben wir ein Unternehmen mit einer Börsenkapitalisierung von zwei Milliarden Dollar«, sagt Doerr, das Klischee ein bisschen arg strapazierend.

An den meisten Montagmorgen versammeln sich die Partner von Kleiner Perkins im Konferenzraum ihres sonnenüberfluteten Firmensitzes, 2750 Sand Hill Road. KP hat das auffälligste Bürogebäude in der mit VC-Firmen gespickten Prachtstraße. Fast alle Innenwände sind aus Glas, sodass es aussieht wie ein riesiges Aquarium, nur dass die Exemplare darin keine Guppys sind. Das einstöckige Gebäude, das vor einigen Jahren für zwei Millionen Dollar renoviert wurde, besitzt eine Terrasse für jeden Partner und ist mit einem hellen, stark gemaserten exotischen Holz aus Westafrika getäfelt, das zur Mahagonifamilie gehört und sehr kostspielig ist. Die aufstrebenden Decken vermitteln dem Besucher den Eindruck, sich in einer Kultstätte oder einem Gotteshaus zu befinden – nicht unpassend für diese Kathedrale des Kapitalismus. An einem Konferenztisch, der groß genug für die Vollversammlung der Vereinten Nationen ist, sitzen die Leute, die wirklich die Macht im Valley haben. Jeder Unternehmer, der je in diesem Raum gewesen ist, fühlt sich bemüßigt, sich zu diesem Tisch zu äußern, was wohl auch sein Zweck ist.

Montagmorgen neun Uhr ist hier, wie Jerry Kaplan schreibt, so heilig »wie der Sonntag im Vatikan«. Es ist der Zeitpunkt, da die Partner von KP, wie die meisten anderen VC-Firmen, die laufenden Investitionen bewerten und neue Projekte erörtern. Hier werden die Weichen für die kommende Woche gestellt. Wenn man nicht körperlich anwesend sein kann, macht das nichts. Dazu hat ja einer der Technik-Freaks, die man finanziert, die Videokonferenz erfunden. Nach einem beliebten Witz muss jeder der Partner noch auf dem Totenbett in der Lage sein, eine Freisprechanlage zu bedienen. Eingeladene Unternehmer haben fünfundvierzig Minuten Zeit, ihre Ideen darzulegen und werden dann von den Partnern, von denen sie einen fetten Scheck haben wollen, auf kleiner Flamme gar gekocht. Die Veranstaltung ist ein Mittelding zwischen Rigorosum und Inquisition, nur dass auf dem Tisch ein paar edle Obstplatten stehen, die ein Partyservice geliefert hat. Wenn einer der Partner sich langweilt, macht er kein Hehl daraus. T. J. Rogers erinnert sich, dass er einmal eine Präsentation über Halbleiter gab und bemerkte, dass Tom Perkins eine Skizze von seiner neuesten Jacht anfertigte.

»Bestimmt gibt es Unternehmer, die sich nie von der Präsentation bei uns erholt haben«, sagt Perkins. T. J. Rogers gehört allerdings nicht zu ihnen. »Alle Partner haben Erfahrungen als Unternehmer und pflücken die Pläne sofort auseinander. Die Unternehmer stehen unter Dauerbeschuss. Einige halten den Druck nicht aus.« Perkins erinnert sich an einen Burschen, der noch im alten Büro in San Francisco eine Präsentation hielt, als ein Erdbeben der Stärke 5,0 ausbrach. »Wir hielten uns alle am Tisch fest und bangten um unser Leben, aber dieser Typ war so auf seine fünfundvierzig Minuten konzentriert, dass er das Erdbeben noch nicht mal bemerkte. Er fragte: ›Warum sind Sie alle so still?‹« Perkins waren die kalifornisch-lockeren, geschwätzigen und endlosen Sitzungen bei Hewlett-Packard gewaltig gegen den Strich gegangen. Daher führte er ein straffes Regiment. Es gab eine Tagesordnung, zeitliche Vorgaben und den Grundsatz, dass keine Entscheidung verschoben wurde – eine KP-Tradition, die noch immer gilt.

Jahr für Jahr erhält KP rund zweitausend Unternehmenspläne, die meisten unaufgefordert, die meisten absurd, wie etwa der Vorschlag, eine Riesenkuppel über Los Angeles zu spannen, um es vor dem Smog zu schützen. »Wir investieren nicht in Immobilien«, lautete Doerrs trockener Kommentar. Die Pläne kommen per Post, E-Mail und Fax. Alle werden sie zumindest flüchtig geprüft, wobei KP mehr Wert auf den Lebenslauf des Antragstellers als auf den Vorschlag selbst legt. Unternehmer von der Westküste werden bevorzugt behandelt, dann brauchen die KP-Partner nicht so weit zu reisen, um die Verwendung ihres Geldes zu kontrollieren. Das Gleiche gilt für bekannte Größen – fast jedes KP-Projekt betrifft einen Unternehmer, mit dem die Firma schon einmal zu tun hatte. Mehrere Hundert dieser Pläne schaffen die nächste Stufe – ein Treffen oder einen Anruf –, von denen etwa vierzig, die engere Auswahl, in die Montagssitzungen eingeladen werden. Der ganze Prozess dauert nur ein paar Wochen. Da ging es vor zwanzig Jahren noch wesentlich gemütlicher zu. Gelegentlich findet eine Idee aber auch bei der Partnerschaft Anklang, obwohl nur ein einziges Gespräch stattgefunden hat und noch nicht einmal ein Unternehmensplan vorliegt. So geschehen 1994 mit einer Firmengründung namens Netscape.

Jeder KP-Partner nimmt gewöhnlich nur zwei neue Unternehmen pro Jahr an, daher werden die meisten der vierzig Vorschläge abgelehnt. In der Regel befürworten ein oder zwei Partner einen bestimmten Vorschlag, doch zur Billigung der Investition ist eine Mehrheit erforderlich. Trotzdem kann ein Partner, der vehementen Widerspruch einlegt, ein Projekt zu Fall bringen. Die verlangte Einstimmigkeit verhindert, dass es Schuldzuweisungen gibt, wenn ein Unternehmen keinen Schnitt macht, was meistens passiert, obwohl das alles natürlich relativ ist. Von zehn KP-finanzierten Jungunternehmen sind nach wenigen Jahren rund fünf gescheitert, vier bringen eine bescheidene Rendite und eines ist ein Renner. Kein Wunder, dass Doerr sich selbst als »Mitverschwörer« bezeichnet in der »größten legalen Wertschöpfung ...« – Sie wissen schon. Pro Jahr investiert KP heute rund 60 Millionen Dollar in neue Unternehmen, mehrere Millionen pro Firmengründung.

Zwar behauptet Kleiner Perkins, dass sie nicht um jeden Cent feilschen, doch gelten die Partner als die härtesten Verhandler des Valleys. »Das Geschäft beruht immer auf Geben und Nehmen, aber grundsätzlich kann man kein Geld im Venture-Kapitalgeschäft machen, indem man den Unternehmer ausnimmt«, sagt Caufield. »Auf der anderen Seite sind wir schon der Meinung, dass wir einen hübschen Batzen beisteuern und dass wir nicht mehr bezahlen sollten, als notwendig ist. Tatsache ist, dass die Ergebnisse höchst unterschiedlich sind. Bei den Unternehmen, die großen Erfolg haben, ist unser Anteil natürlich erheblich unterbezahlt. Aber bei den Unternehmen, die es nicht schaffen, haben wir viel zu viel reingebuttert. Im Prinzip wird der Unternehmer, der glänzenden Erfolg hat – für den wir in der Rückschau auch viel mehr bezahlt hätten –, für all die Projekte bestraft, für die wir, hätten wir gleich zu Anfang gewusst, was wir heute wissen, gar nichts gegeben hätten. Der erfolgreiche Unternehmer, der beklagt, dass wir zu viel bekommen, hat Recht – aber er vergisst all die Geschäfte, die nicht klappen.« Noch ein Kleinersches Gesetz: »Wenn die Verhandlungen sehr schwierig sind und die ganze Geschäftsbeziehung unter solchen Vorzeichen beginnt, ist es die Sache nicht wert.« Perkins nennt es, »die Salami zu dünn schneiden«. Wie gesagt, das ist eine sehr gute Verhandlungsmasche, solange der Unternehmer das Geschäft unbedingt machen will. Byers sagt, nur einer von sechs Bewerbern lehnt das KP-Geld ab. Laut Doerr legt die Firma Wert darauf, dass rund die Hälfte aller guten Projekte im Hightech-Bereich angesiedelt sind.

Für seine Investition bekommt KP zwanzig bis dreißig Prozent der Firmenanteile – mehr als jeder andere, einschließlich des Gründers –, dazu einen Sitz im Board of Directors, einer Mischung aus Vorstand und Aufsichtsrat, und damit die Möglichkeit, sich unbeschränkt einzumischen. Der Unternehmer erhält neben dem Startkapital die KP-Erfahrung – und den Firmennamen. Doerrs Beteiligung allein garantiert für eine Erwähnung in der Presse. Das KP-Geld bringt Glaubwürdigkeit, als garantiere die Zustimmung der Partner für einen baldigen Einzug in Woodside. Die Zahl der Jungunternehmen, die Pleite gehen, straft diese Hoffnungen Lügen, doch auch bei Misserfolgen ist entscheidend, wer die Sache ausbaden muss. Ein Unternehmen, das für Außenstehende wie ein vollkommener Reinfall wirkt, kann sich für KP durchaus rentiert haben. Die Zeitschrift *Fortune* hat 1998 eine Grafik gebracht, die zeigte, dass von den neunundsiebzig Unternehmen, mit denen KP seit 1990 an die Börse gegangen ist, fünfundfünfzig im Keller landeten, das heißt, dass ihre Aktie damals noch nicht einmal den Kurs erreichte, auf dem sie am ersten Tag bei Börsenschluss gestanden hatte. Fünf Firmen hatten Kursgewinne unter dem Marktdurchschnitt erzielt, sodass nur neunzehn Gewinner übrig blieben.

Doch diese »Misserfolgsrate« von 76 Prozent gilt nur für Anleger, die am Tag des Börsengangs Aktien solcher KP-Jungunternehmen erworben haben. KP hat trotzdem noch an ihnen verdient, weil der Preis, den es zum Zeitpunkt der Gründung zahlte, praktisch gleich null war – ein winziger Bruchteil des Emissionskurses. Sobald ein Unternehmen an die Börse geht – viele schaffen es nicht –, machen die privaten VCs, die von Anfang an zur Stelle waren, einen Mordsreibach. Wenn man diese »Kleingewinne« zu den »Hauptgewinnen« hinzurechnet, kommt man zu dem Ergebnis, … dass VCs reich werden. Selbst Unternehmen, die nicht an die Börse gehen, müssen keine totalen Verlustgeschäfte sein. Wenn sich nämlich ein Fusionspartner findet oder ein anderes Unternehmen den Retter in der Not spielt. Natürlich hat es auch einige spektakuläre Pleiten gegeben – Meteore, die über dem Himmel Nordkaliforniens verglühten –, und es schmerzt die KP-Partner, wenn deren Namen in ihrer Gegenwart erwähnt werden. Man ist gerne bereit, die Toleranz des Valleys für Misserfolg zu preisen – wer würde denn sonst noch Risiken eingehen –, aber es sollen doch, Bitteschön, die Misserfolge der anderen sein.

Die beiden spektakulärsten Kleiner-Perkins-Pleiten sind GO, das seinem Namen keine Ehre machte, und Dynabook Technologies.

Das Zertifikat über 2200 Aktien dieses Unternehmens hat Ex-Chef T. J. Rogers in der Toilette direkt über dem Klopapier aufgehängt. »Kommt aufs selbe raus«, lacht er höhnisch.

Tom Perkins sagt gerne, »zwei schlechte Geschäfte sind nötig«, um einem KP-Partner den Blick für den schmalen Grat zu schärfen, der Erfolg von Misserfolg trenne. John Doerrs Initiation fand zehn Jahre nach seiner Einstellung statt. Dabei stellte er auf höchst absurde Weise seine erstaunliche Überzeugungskraft unter Beweis: Er glaubte so fest an seine Intuition, dass er seinen KP-Partnern einen vollkommenen Blindgänger unterjubeln konnte. Dynabook Technologies gehörte zu den ersten Unternehmen, die versuchten, flache, schnelle Laptops herzustellen – Computer, die endlich einmal nicht mehr so aussahen, als würden sie mehr wiegen als ihr Besitzer. 1987 wurde Dynabook von Doerr und seinem jüngeren KP-Partner Vinod Khosla gegründet – gemäß der Tradition des Hauses entwarfen sie den Rechner in seinen Grundzügen selbst. Unterstützt wurden sie dabei von Chip-Herstellern, Konstrukteuren und 37 Millionen Dollar, die über das Valley verteilt waren (mit im Boot waren unter anderem Goldman Sachs, Prudential und Sequoia Capital). KP allein brachte acht Millionen Dollar ein und rechnete für das erste Jahr mit Umsätzen von fast 100 Millionen Dollar, sehr viel für die damalige Zeit. Dynabooks Versuch, die Schaltkreise auf dem Mikroprozessor zu vereinfachen, war eine blendende Idee, aber leider nicht mehr. Selbst der Bildschirm fiel immer wieder aus. Angesicht solcher Herstellungsprobleme und Ärger im Management hatte das Unternehmen keine Chance.

Im Sommer 1990 brachte das *Wall Street Journal* einen boshaften Artikel auf der ersten Seite, mit Bildern von Doerr und Khosla unter der Schlagzeile: COMPUTERPANNE: VENTURE-STAR KLEINER PERKINS ERLEBT PLEITE ALS LAPTOP-HERSTELLER. Das war außerordentlich demütigend für die Firma, die Genentech und Tandem aus der Taufe gehoben hatte, und ein Schandfleck in Brook Byers Sammlung von Presseausschnitten. Schlimmer noch, sie folgte einem anderem bösartigen Artikel, der in der ersten Folge von *Upside* erschienen war, einem monatlich erscheinenden Fachblatt, das sich mit dem Valley beschäftigt. Die KP-Partner, hieß es dort, »interessieren sich wohl mehr für ihren

Urlaub als für ihre Investitionen«. (Diese boshafte Bemerkung stammte von Nancy Rutter, die einige Jahre später Mrs. Jim Clark wurde, die Frau des Mannes, der dank KP-Geld einer der Mitbegründer von Netscape wurde.)

In dem unablässig aktualisierten Diavortrag von Doerr werden Sie den Namen Dynabook vergeblich suchen. Im Artikel des *Wallstreet Journal* wurden kritische Anmerkungen von Gene Kleiner zitiert und verhaltene Klagen von leitenden Angestellten des Unternehmens, unter denen eine rege Fluktuation geherrscht hatte. Es wurde auch angemerkt, dass Doerr und Khosla die Presse und Dynabook-Mitarbeiter über die Stellung des Firmenchefs belogen hatten, den sie am Vorabend vor der Auslieferung des Produkts feuerten. Als es schließlich auf den Markt kam, zogen es die Geschäfte vor, Compaqs neue Laptop-Modelle zu verkaufen. »Kleiner Perkins Caufield & Byers, vielleicht die angesehenste Venture-Kapitalgruppe des Landes«, hieß es abschließend in dem Artikel, »wird von dem Geist eines neuen Rechners heimgesucht.«

Wochen später übernahm Unisys Corp. Dynabooks Gerippe für ein paar Millionen Dollar. Rogers zuckt noch immer zusammen, wenn er den Namen des Unternehmens hört. »Ich wollte aus dem Vorstand ausscheiden«, sagt er, »aber die Firma ist vorher Pleite gegangen.«

Es gab noch eine weitere Peinlichkeit für KP. Einige Monate bevor Dynabook 1987 gegründet wurde, saß Jerry Kaplan auf einem Langstreckenflug neben Mitch Kapor, dem Gründer von Lotus Development, dem Unternehmen, dessen Technik-Guru Kaplan war. Sie entwickelten eine Idee, die in Kaplans Worten »die moderne wissenschaftliche Version einer religiösen Epiphanie« war, einer Erscheinung, »die von bestürzender Energie und Reinheit war«. Die nächste Phase der Computerentwicklung, so meinten sie, »war die Entwicklung eines Taschencomputers, der wie ein Notizbuch funktionierte, statt wie eine Schreibmaschine«. Kein *Tack-Tack* mehr auf einer Tastatur – einfach ein Stift und ein kleiner elektronischer Notizblock, den Rest würde das Silizium-Hirn machen. Das Ganze sollten keine 1000 Dollar kosten. So wurde das Konzept des »Pen-Computers« geboren – der zur neuen Generation der so genannten Nomadengeräte gehören sollte. Diesen Traum erfüllte dann der außerordentlich erfolgreiche Palmpilot

(Mitte der Neunzigerjahre!). Der Haken an der Kaplan-Kapor-Epiphanie war, dass sie rund zehn Jahre zu früh kam, was die beiden allerdings zu spät herausfanden. Und mit ihnen Kleiner Perkins. Kaplan schilderte sein neues Computerkonzept Doerr und KP finanzierten es mit fast fünf Millionen Dollar. Andere Investoren beteiligten sich mit mindestens weiteren 30 Millionen Dollar. IBM und AT&T gefiel die Idee ganz außerordentlich. Doerr prophezeite einen Markt von »mehr als 100 Milliarden Dollar« im Jahr 2000.

Der Name der Firma lautete GO. »Er soll den vorwärtsstrebenden, dynamischen Charakter des Unternehmens signalisieren«, erläuterte Kaplan Doerr.

»Klar«, erwiderte Doerr, »GO wie in *GO public*«, an die Börse gehen.

Kaplan, der Sohn eines New Yorker Textilmanagers, war und ist ein außerordentliches Verkaufstalent – gerissen, witzig, aber ohne die Verschlagenheit von Steve Jobs, einem ähnlich charismatischen Geschäftsgenie. Kaplan hatte bei GO eine Gipsbüste von sich aufgestellt, doch seine Mitarbeiter fanden ihn nicht größenwahnsinnig, sondern amüsant.

Wie Dynabook war GO eine gute Geschäftsidee, die nicht richtig umgesetzt wurde. Trotz Doerrs Hartnäckigkeit in Sachen technischer Risiken wurden die technischen Schwierigkeiten nie überwunden. Außerdem tat sich GO sicherlich keinen Gefallen damit, dass es sich auf einen Streit mit Microsoft über das Betriebssystem von Pencomputern einließ. »Eigentlich muss man nicht fragen, warum das Projekt gestorben ist«, schrieb Kaplan später resigniert in seiner Autobiographie, »sondern warum es so lange am Leben blieb.« GO, das waren, will man Kaplan glauben, »sechs Jahre in der Hölle«. Was er am Ende vorzuweisen hatte, war ein Karton voller edel aussehender Lederetuis im Gucci-Stil mit einem geprägten »GO«-Logo. »Sahen toll aus«, sagt Kaplan heute. »Waren allerdings keine Pencomputer drin.«

Kaplan bot seine Hölle zum Verkauf an. GO (und das Tochterunternehmen EO) wurde 1994 von AT&T erworben und schließlich in aller Stille beerdigt. In den letzten Monaten von GO konnte man Kaplan beobachten, wie er seine Kollegen mit einem Bandgerät in der Hand aufsuchte. Das Ergebnis war *Startup*, ein Buch, das eine nachdenkliche Bilanz zieht, das das Leben und den Tod seines Unternehmens beschreibt und erklärt, wie es mehr als 30 Millionen Dollar durch den Schornstein gejagt hat. Das Buch verkaufte sich gut – Danny DeVito erwarb die Filmrechte – und Kaplan verdiente ein bisschen Geld damit. Doch das war nichts im Vergleich zu seiner nächsten Geschäftsgründung, Onsale, dem Online-Auktionshaus. Als Onsale 1997 an die Börse ging, sah sich Kaplan plötzlich im Besitz von mehr als 100 Millionen Dollar. GOs Pleite hatte Kaplan nicht daran gehindert, doch noch eine Goldader zu finden. KP investierte in ihn, wenn Doerr auch die Bedingung daran knüpfte, dass Kaplan nie wieder ein Insiderbuch über das Silicon-Valley-Spiel schreiben dürfe.

KP verdiente an Onsale mehrere zehn Millionen Dollar. Vielen Dank, Jerry! Während GO und EO den Bach runtergingen und Hunderte von Beschäftigten ihren Arbeitsplatz einbüßten, gelang es KP, keinen Cent zu verlieren, obwohl Doerr öffentlich verkündete, KP habe »ungeheure Summen« verloren. Die Zeche musste am Ende AT&T bezahlen. AT&T war einer der ersten Investoren und hätte eigentlich wissen müssen, was es tat, als es GO/EO aufkaufte. Wenig später entschloss es sich dann, die Firma aufzugeben. Wenn KP so listig war, AT&T die Brooklyn Bridge anzudrehen, dann konnte AT&T jedenfalls nicht behaupten, es habe vom Pferdefuß des Geschäfts nichts gewusst.

Für Doerr waren Dynabook und GO Ausnahmen. Seine Triumphe – zusammen mit einigen neuen Partner wie Jim Lally (einem weiteren Intel-Manager), Floyd Kvamme (früher Manager bei Fairchild und Apple) und Khosla (Mitbegründer von Sun, der geschworen hatte, mit dreißig Millionär zu sein) – gestatteten Kleiner Perkins, seine neuen Fonds KPCB III, IV und V einzurichten. 1982, 1986 und 1989 brachte jeder dieser Fonds ein Kapital von 150 Millionen Dollar auf (und investierte jeweils in rund vierzig neue Unternehmen), eine schwindelerregende Summe sogar im Universum des Venture-Kapitals. Es hätte noch mehr sein können.

1980 hatte Tom Perkins daran gedacht, einen Fonds von einer halben *Milliarde* Dollar einzurichten – New Industries Fund sollte er heißen – und Morgan Stanley hatte sich bereit erklärt, die Summe zu beschaffen. Bei dieser Größenordnung konnte KP allerdings nicht mehr das ganze Kapital direkt investieren und hätte nur einen weit kleineren Prozentsatz der Gewinne für sich behalten können. Perkins stellte sich einen besonders kapitalkräftigen »Fonds für Fonds« vor. Zusammen mit etwa einem Dutzend anderer VC-Firmen in den Vereinigten Staaten und in Übersee wollte KP seine Erfahrung nutzen, um passiv Investitionen in andere Venture-Fonds vorzunehmen, etwa so, wie manche offene Investmentfonds Anteile anderer offener Fonds erwerben. Perkins rief Henry Hillman in Pittsburgh an und fragte ihn, ob er sich beteiligen wolle. Schließlich hatte Hillman die Hälfte des Kapitals für die beiden ersten KP-Fonds beigesteuert. Zu Perkins großer Überraschung war Hillman jeder Veränderung in der Firmenstrategie abgeneigt.

»Machen wir einfach weiter wie bisher«, drängte er Perkins. »Vielleicht ist es eine gute Idee, vielleicht nicht, aber mir wäre es lieber, wenn Sie die bisherige Strategie nicht verändern würden.« Zwar sagte Hillman, er würde etwas in den Megafonds investieren – wenn auch offenkundig nicht die Hälfte –, aber er ließ auch keinen Zweifel daran, wie töricht ihm die Sache erschien.

»Mir leuchtete ein, was er sagte«, erinnert Perkins sich. »Daher rief ich Brook und John und die anderen Partner an und erklärte ihnen: ›Ich habe eine gute Nachricht und eine schlechte. Henry Hillman hat etwas gegen einen Fonds für Fonds. Aber er hat eine andere Idee: Er möchte, das wir unseren Teil von 20 auf 30 Prozent erhöhen! Ist das nicht großartig?« Außerdem sei Hillman bereit, 50 Millionen Dollar in den nächsten Fonds zu stecken. »Überzeugend«, keine Frage. Die Partner brauchten keine vierundzwanzig Stunden, um ihr Einverständnis zu erklären.

»Ihr Teil«, das war die Rendite der Partner. Mit seinem Vorschlag hatte Hillman dafür gesorgt, dass die KP-Partner noch reicher wurden, wahrscheinlich um viele, viele Millionen Dollar. Auf diese Weise bewog Hillman KP dazu, die bewährte Firmenstrategie nicht zu verändern. Die anderen Anleger würden sicherlich einverstanden sein, weil sie wussten, dass KP großartige Renditen für sie erwirtschafteten. In Zukunft würden die KP-Partner also für jeden Dollar, den der Fonds für die Anleger abwarf, 30 Cent kassieren, statt wie bisher 20 Cent, das, was alle anderen VC-Firmen in Sand Hill bekamen. Wenn also ein Fonds von, sagen wir, 150 Millionen Dollar einen Gewinn von 50 Millionen abwarf, konnten die Partner davon 15 Millionen Dollar untereinander aufteilen. Natürlich bekamen die Partner auch noch ihren Anteil von früheren Fonds. Nehmen wir an, wir schreiben das Jahr 1985. Der erste Fonds ist praktisch erschöpft und seine Erträge sind verteilt. Doch KPCB I, II und III sind noch aktiv. Insgesamt sind aus ihnen Investitionen in Höhe von ungefähr 100 Millionen Dollar getätigt worden. Wenn jeder Fonds ungefähr 30 Prozent pro Jahr abwirft – und einige schnitten weit besser ab –, so ergibt das einen hübschen Profit, wenn sich die wenigen Partner den Kuchen teilen. Zumal sie im schlimmsten Fall lediglich nichts bekommen – das heißt, nichts verlieren – würden, da sie das Kapital ja nicht aufgebracht haben.

Aber davon waren sie weit entfernt. Neben ihrem Anteil an den Erträgen erhielten die Partner jedes Jahr – unabhängig von den Gewinnen – zwei Prozent des Geldes, das die Investoren eingebracht hatten. Bei späteren Fonds spielte es keine Rolle, ob die Anleger wirklich das ganze Kapital eingebracht hatten; anders als andere VC-Firmen bekam Kleiner Perkins trotzdem seine zwei Prozent. Wenn Henry Hillman beispielsweise mit 10 Millionen Dollar beteiligt war, musste er nicht gleich die ganze Summer überweisen, weil der Fonds unter Umständen mehrere Jahre brauchte, um die Summe zu investieren. Trotzdem bekam KP jährlich zwei Prozent von der vollständigen Summe, also den zehn Millionen Dollar.

Im Unterschied zum »Anteil«, der von der Leistung abhing, waren die zwei Prozent »Management-Honorar« eine feste Größe. Selbst als der erste K&P-Fonds eine Million Dollar für eine Abfallaufbereitungsgesellschaft verpulverte, bekamen sie allein für diesen Schnitzer 20 000 Dollar im Jahr. Wenn Kleiner Perkins in einem durchschnittlichen Jahr in den Achtzigerjahren 200 Millionen Dollar in ihren Portfolios hatten – und nicht selten waren es mehr –, dann bedeutete das vier Millionen Dollar für die Taschen der Partner. In den Neunzigerjahren erhielten die Partner, mit mehr als einer halben Milliarde Dollar in ihren Fonds, also garantierte zehn Millionen Dollar, die sie unter sich aufteilen konnten. Bei zehn Partnern – im wesentlichen die gleiche Zahl wie zehn Jahre zuvor – war das eine Million Dollar für jeden. »Ein guter Venture-Kapitalgeber ist in seiner Fähigkeit, Verantwortung und Produktivität mit dem Vorstandsvorsitzenden eines Fortune-100-Unternehmens zu vergleichen«, sagt Byers. »Die zwei Prozent Honorar entsprechen dem Gehalt. Die Gewinnbeteiligung ist als Aktienoption und Bonus anzusehen.«

Ironischerweise stieg Henry Hillman, der wohltätige Milliardär, der den 30-Prozent-Anteil für die KP-Partner erfand, in den Achtzigerjahren aus den KP-Fonds aus und beschloss, direkt in Firmengründungen zu investieren. Es war eine endlose Folge von Katastrophen. Seine Venture-Investmentgesellschaft, so schrieb das *Wall Street Journal* in einer Titelgeschichte, »reihte eine Anzahl von Projekten aneinander, die sich möglicherweise zum größten Verlust in der Geschichte des amerikanischen Venture-Kapitals summieren« – mehr als 80 Millionen Dollar. Seine Unfähigkeit veranlasste Spötter zu dem boshaften Kommentar, er sei eher Philantrop als Venture-Kapitalist. Jedes Geschäft, das große Kapitalmengen ohne Aussicht auf Renditen verschlang, wurde als »Hillman-Deal« bezeichnet. Es war keine große Tragödie – Hillman brauchte das Geld nicht und hatte andere Investitionserfolge –, aber er wäre sehr viel besser gefahren, wenn er bei Kleiner Perkins geblieben wäre.

In den Neunzigerjahren kam immer mehr Kapital in die aufeinander folgenden Fonds von KP, denn die Partner investierten in immer mehr und kostspieligere Projekte. Damit stiegen auch ihre Einnahmen. Perkins und Caufield hatten sich aus den Geschäften zurückgezogen, sodass Byers der letzte noch aktive Partner war, dessen Name in der Firmenbezeichnung auftauchte, obwohl Doerr zweifellos der Goldesel und Zampano war. Für KPCB VI wurden 1992 173 Millionen Dollar beschafft. Zwei Jahre später brachte KPCB VII 225 Millionen Dollar zusammen. Und 1996 wurde der Fonds KPCB VIII mit 328 Millionen Dollar eröffnet – mehr als vierzigmal so viel Geld, wie Tom Perkins und Gene Kleiner 1972 in mühevoller, monatelanger Arbeit zusammengekratzt hatten. Die Kapitalbeschaffung war inzwischen ein bisschen leichter geworden.

Das Einzige, was schwerer ist, als Geld *von* Kleiner Perkins zu *bekommen*, ist der Versuch, es ihnen zu *geben*. Tatsächlich darf man sie nicht fragen – man muss warten, bis man gefragt *wird*. Ein Kleiner Perkins Investmentfonds ist wie ein Country Club mit wirklichen hohen Beiträgen, aber ohne Golfkurs (dafür aber mit vielen weißen Männern). Auf jeden KP-Investor, der aufgefordert wird, kommen ein halbes Dutzend, die auf den Anruf warten, der nie kommt.

Der Erfolg der KP-Fonds hat nicht nur die Bezeichnung des Risikokapitals Lügen gestraft, sondern die Mitgliedschaft im KP-Klub auch zu einer begehrten sozialen Auszeichnung gemacht. »Die Leute sind sauer, wenn wir ihr Geld nicht nehmen oder nicht genug davon«, sagt Perkins, der sich 1986 aus der Firma zurückgezogen hat, aber noch immer an besonders wichtigen Sitzungen teilnimmt und in verschiedenen Aufsichtsräten sitzt. (Einmal waren es siebzehn, in denen er bis auf einen den Vorsitz führte.) »Wir würden gern mehr nehmen, aber wir können unsere Fonds nicht beliebig aufstocken, ohne das Rezept zu ändern.«

KPCB VIII, in dem ein Kapital von 328 Millionen Dollar zusammengekommen ist, wird nicht mehr Projekte finanzieren als die vorangegangenen sechs Fonds – sie werden einfach mehr kosten, was zum einen mit der ständig wachsenden Zahl von Konkurrenten auf dem VC-Markt zusammenhängt und zum anderen mit der Hausse der Neunzigerjahre. 1998 gab es tausend Fonds in den Vereinigten Staaten, doppelt so viele wie noch fünf Jahre zuvor. Macht nichts, im Zeitalter des Internets, wo Unternehmen schon nach ein oder zwei Jahren an die Börse gehen, sind die paar zusätzlichen Millionen Brotkrumen im Vergleich zu einem einzigen erfolgreichen Börsengang.

Wie bei den früheren Fonds machen die KP-Partner eine Rundreise bei den Investoren des KPCB VIII. In den Tagen von Kleiner und Perkins, war die Show notwendig, um das Geld aufzutreiben. Heute geht es nur noch um die Show – man stellt sich den Investoren vor, erweist ihnen seinen Respekt, schnappt vielleicht hier oder dort eine neue Idee auf. In verschiedenen Flugzeugen reisend – schließlich darf man nicht riskieren, dass die Firma geschlossen abstürzt –, tingeln die Partner mehrere Wochen durchs Land und treffen sich mit Stiftungsräten von Universitäten, den Vertretern von Pensionskassen, Privatstiftungen und Unternehmen.

Bewaffnet mit Hochglanzbroschüren und einem Diavortrag – nicht so gut wie Doerrs –, erläutern sie die Gewinne, die KP in der Vergangenheit erzielt hat, und legen dar, was für Renditen die Hightech-Zukunft erwarten lässt. Das KPCB-VIII-Motto lautet: »Der Marathon geht weiter.« (KP liebt kernige Sportmetaphern. Vor einigen Jahren hieß es »Unsere Homerun-Strategie«, und die Firma verteilte Basebälle mit dem KP-VII-Logo.) Byers, der die wichtigsten Besuche übernimmt, erklärt, dass es in seinem Geschäft »nicht um Sprints geht, sondern um den langen Atem«. Auf Schautafeln wird stolz verkündet, die Firma habe »106 Jahre Venture-Erfahrung« und »169 Jahre Erfahrung im Management technologischer Unternehmen«, sie habe mit ihren Investitionen 10 Unternehmen der Fortune-500 gegründet und in weitere 270 Firmen investiert, sie habe an 94 Fusionen und Übernahmen teilgenommen und ein Kapital von vier Milliarden Dollar durch Börsengänge erwirtschaftet.

Vor allem aber teilt Byers den zukünftigen Investoren mit, die KP-Fonds hätten seit 1989 durchschnittlich eine Rendite von 30 Prozent pro Jahr ausgeschüttet und lägen damit an der Spitze oder fast an der Spitze aller Venture-Fonds. (KPs jüngste Fonds, die nachdrücklich auf Internet-Unternehmen setzen, haben in manchen Jahren mehr als 70 Prozent Erträge abgeworfen.)* Nach seiner

---

* Die Nomenklatur, mit deren Hilfe VCs ihre Investmenterträge beschreiben, ist irgendwo zwischen unergründlich und unerforschlich angesiedelt. Anstelle eines so simplen Begriffs wie »Jahresrendite« – um wie viel der Wert Ihres Geldes durchschnittlich in einem gegebenen Jahr steigt – verwenden VCs den »internen Zinsfuß«. Der interne Zinsfuß ist ein wirtschaftswissenschaftlicher Fachbegriff, der dem Umstand Rechnung tragen soll, dass die eine Million Dollar, die Sie in einen Fonds einzahlen, am Tag 1 noch gar nicht vollständig vorhanden ist (der Grund ist die Praxis der »Ratenzahlung«). Zu Anfang überweisen Sie vielleicht 100 000 Dollar, weitere 200 000 Dollar nach zwei Monaten und am Ende des Jahres bekommen sie 53 000 Dollar an Dividenden ausgeschüttet. Der interne Zinsfuß berücksichtigt alle diese Cashflows.
  Ich weiß noch immer nicht, wie man den internen Zinsfuß berechnet. Nachdem ich mit einen Wirtschaftsprofessor, einem Buchhalter, zwei Finanzexperten von VC-Firmen, drei Investoren von KP-Fonds und einem meiner Nachbarn gesprochen habe, bin ich der festen Überzeugung, dass sich der interne Zinsfuß nicht auf Englisch, meiner Muttersprache, erklären lässt. Das Problem des internen Zinsfußes – den ein maßgebliches betriebswirtschaftliches Lehrbuch durch eine Gleichung mit acht Variablen wiedergibt –, liegt darin, dass er keinen Endgewinn ausweist. Sie haben eine Million Dollar in KPCB VIII investiert? Wie viel bekommen Sie bei einem internen Zinsfuß von x Prozent heraus? Die richtige Antwort lautet: »Das hängt davon ab.«
  Doch wenn es um VC-Erträge geht, übernimmt praktisch jedes Wirtschaftsblatt – vom *Wall Street Journal* bis zur *Business Week* – den internen Zinsfuß der Venture-Firmen und bezeichnet ihn als »Jahresrendite«, was irreführend ist. Ein interner Zinsfuß von 80 Prozent hört sich unter Umständen eindrucksvol-

Präsentation händigt Byers den Investoren eine »Konditionsvereinbarung« aus, die die 70/30-Aufteilung, die zwei Prozent Management-Honorar und andere bescheidene Regelungen aufführen. Byers und die anderen Partner rennen offene Türen ein. Niemand sagt Nein. Die meisten haben schon lange, bevor KP an ihre Tür klopfte, Ja gesagt. Einige scheuen sich sogar, Fragen zu stellen, um die Garanten von so viel Profit nicht zu verstimmen. »Von mir aus können sie ihren Anteil so hoch schrauben, wie sie wollen, Hauptsache, sie lassen mir mein kleines Stück«, sagt voller Ehrfurcht einer der institutionellen Anleger, dessen »kleines Stück« sich im Laufe der Jahre auf mehrere Millionen Dollar beläuft. »Die KP-Leute wissen, dass sie gar nicht kommen müssten«, sagt ein anderer Stiftungsmanager, der nicht möchte, dass sein Name genannt wird. »Viele andere VCs aus Silicon Valley machen sich nicht die Mühe. Das ist ein weiterer Grund dafür, dass Kleiner so gut ankommt.«

Die KP-Investoren erhalten auch einen dicken »Angebotsprospekt«, der nicht gerade Zurückhaltung an den Tag legt, was KPs finanzielle Ambitionen angeht. »Die Zeit war noch nie günstiger für die praktisch orientierte, technologisch ausgerichtete Investi-

---

ler an, als er ist. Wenn er nämlich auf einer einzigen Investition eines kleinen Teils Ihrer einen Million Dollar beruht, dann haben Sie trotz des hohen internen Zinsfußes gar nicht so viele Dollars verdient. Einige Venture-Firmen unternehmen große Anstrengungen, um gleich am Anfang stolze Gewinne zu erzielen – indem sie beispielsweise Anteile an einer Firma verkaufen. Dann haben sie in der ersten Phase eines Investmentfonds einen hohen Zinsfuß, der ihnen erlaubt, neue Investoren zu anzuwerben. Der interne Zinsfuß ist Teil eines schändlichen Komplotts, das dazu dient, die Erfolgsraten von VC-Fonds aufzublähen. Seine Verwendung ist üblich in der Branche. Doch der Verdacht liegt nahe, dass VCs ihre Ergebnisse übertreiben können, indem sie gegenüber Investoren und Wirtschaftsjournalisten nicht ausdrücklich unterscheiden zwischen dem internen Zinsfuß und dem einfacheren Maßstab für finanziellen Erfolg – was habe ich während der Dauer meiner Investition unterm Strich für einen Gewinn gemacht? Ich habe einen KP-Investor gefragt, ob ihn die Nomenklatur nerve. Er sagte: »Das habe ich mir schon vor Jahren abgewöhnt. Ich weiß nur, dass ich viel mehr wiederbekomme, als ich hineinstecke.« Das ist in Ordnung – schließlich geht es nur darum. Ich habe hier versucht, alle definitorischen Untiefen zu vermeiden, und die Gesamterträge für den Laien verständlich auszudrücken.

tionstrategie, die KPCB seit nunmehr zwanzig Jahren verfolgt«, heißt es dort. Ungeduldige Unternehmer und Hochglanzzeitschriften bekommen von Doerr vielleicht zu hören, dass die Firma auf Geduld und langen Atem setzt, doch die Investoren erfahren, KP verlange, dass Ideen »Produkte in einem venture-gerechten Zeitrahmen hervorbringen und venture-gerechte Erträge abwerfen«. Ja, »in Risiko-Unternehmen, die auf nobelpreiswürdigen wissenschaftlichen Fundamenten aufbauen« ... »müssen neue Paradigmen wertschöpfende Erträge und Gewinne abwerfen«. Der wichtigste Teil des Prospekts ist ein vierseitiger Anhang, der die Erträge der KP-Investitionen detailliert auflistet. Er ist eine Art Finanzpornographie: Die Tabellen können die Begierde des profitgeilsten Investors stillen.

Doch was ist mit all dem Gerede über Weltveränderung? »Wir verlieren nur wenige [Projekte], die wir übernehmen«, erläutert KP seinen Investoren. Mehr noch: »Wir suchen nach neuen Industrien, in denen Werte von mehreren Zehn oder Hundert Milliarden Dollar im Laufe von einem Jahrzehnt geschaffen werden können.« Ich auch! Ich verstehe mich nur nicht so gut darauf, noch kann ich behaupten, ich brächte »Erfahrung und eine ausgewiesene Erfolgsbilanz mit hervorragendem Sachverstand und einer von kenntnisreichen VCs gesteuerten Begeisterungsfähigkeit« zusammen, sodass eine »einzigartige Mischung aus erfahrenen Managern«, und »jungen, aufstrebenden Unternehmertalenten« entstünde. (Kein Wunder, dass KP große Anstrengungen unternimmt, um diese Unterlagen nicht in die Öffentlichkeit gelangen zu lassen. Die begeisterten Fans würden ihnen die Tür einrennen.)

An den 328 Millionen Dollar von KPCB VIII ist am bemerkenswertesten, dass elf Prozent seines Kapitals – 37,4 Millionen Dollar – von KP-Partnern stammt. Das ist ein weit höherer Prozentsatz als bei jedem anderen größeren Venture-Fonds in Silicon Valley. Darin drückt sich aus, wie gut die KP-Geschäfte in den letzten zehn Jahren gelaufen sind, und es signalisiert den Investoren, dass die Partner auch ihr eigenes Geld aufs Spiel setzen, wenn sie mit dem Geld anderer Leute spekulieren. Beim ersten K&P-Fonds im Jahr 1972 haben Gene Kleiner und Tom Perkins jeder 100 000 Dollar eingebracht. Auf die sieben vollberechtigten Partner von KPCB VIII verteilt – einige der anderen KP Partner haben nur »Junior-Status« –, ergibt das einen Durchschnitt von 5,34 Millionen Dollar. Nicht viel für Doerr oder Byers, die weit mehr aufbringen könnten. (Vor einigen Jahren konnte einer der damals jüngeren Partner keinen Scheck über die volle Summe seiner Einlage ausschreiben und musste einen Kredit bei der Partnerschaft aufnehmen. Obwohl er Millionen verdient hat, beklagt er sich seither unablässig darüber.) Es ist daher sogar vorstellbar, dass die KP-Partner eines Tages ganz auf außenstehende Investoren verzichten, denn sie brauchen ihr Geld eigentlich gar nicht mehr.

Zu den Hauptinvestoren von KPCB VIII – einundneunzig an der Zahl – gehören viele der üblichen Verdächtigen: Freunde von Doerr und Byers, gut betuchte Privatpersonen und Institutionen, von denen Sie und ich noch nie gehört haben. Wie die Mitglieder eines exklusiven Klubs möchten sie nicht, dass ihre Beteiligung am KP-Fonds ruchbar wird. Schließlich geht es niemanden etwas an, wo sie ihre Millionen investieren. Um ihrem Wunsch zu genügen, aber auch vom eigenen Hang zur Geheimniskrämerei getrieben, gibt Kleiner Perkins weder die Namen seiner Investoren noch die Höhe der Investitionen preis. Beide Listen aber verteilt die Firma an die Investoren selbst. Es gibt keine rechtliche Notwendigkeit für KP, so unvorsichtig zu handeln. Warum dann diese Maßnahme?

Wenn man sieht und weiß, wer noch zum Klub gehört, dann genießt man es natürlich um so mehr, dabei zu sein. Den Versand der Listen begleitet KP mit barschen Verboten, die Listen zu fotokopieren. Doch die Hackordnung, die durch die Größe der Anteile hergestellt wird, löst große Rivalität unter den Investoren aus, alles Leute von höchster Bonität. Einige geben sich große Mühe, ihre Identität zu verheimlichen. So verbirgt sich der Pensionsfonds von AT&T hinter einem Gebilde, das sich Leeway and Company nennt und nur in der State Street Bank in Boston existiert. Der sportliche Reiz, diese Identitäten zu lüften, entspricht wahrscheinlich dem Eifer, das die Urheber dieses Versteckspiels an den Tag gelegt haben.

Die fünf größten Investoren von KPCB VIII, die je 20 Millionen Dollar eingebracht haben, sind die Yale University, der Pensionsfonds von AT&T, die University of California, der Horsley Bridge Fund (ein gemeinsamer Pensionsfonds von Xerox, Kodak, Exxon, John Deere und drei Universitäten) und die Harvard University

(19 Millionen Dollar aus der Universitätsstiftung und eine Million Dollar aus dem Pensionsfonds für Dozenten und Professoren).

Dann folgen mit je 15 Millionen Dollar die Stanford University, die Ford Foundation und der Common Fund (ein gemeinsamer Stiftungsfonds von Dutzenden verschiedener Hochschulen, unter anderem Cornell, Dartmouth, Emory, Juilliard, Exeter, Hotchkiss und Sidwell Friends).

Je zehn Millionen Dollar stammen von der Duke University, dem Massachusetts Institute of Technology, General Motors, der Andrew Mellon Foundation und dem Pensionsfonds von Hewlett-Packard.

Für je fünf Millionen Dollar zeichnen die University of Michigan, die Vanderbilt University, die Stiftung von Bill Hewlett, dem Mitbegründer von HP, und Michael Dell, der Gründer von Dell Computer. Dell hat den größten KPCB-VIII-Privatanteil und hätte gern 20 Millionen Dollar eingezahlt. Offenbar möchte er nicht, dass die anderen Investoren von seiner Beteiligung wissen: In einigen der KP-Unterlagen verbirgt sich seine Identität hinter einer texanischen Holdinggesellschaft namens Kiralexa. Jetzt wissen alle über seine fünf Millionen Dollar Bescheid. Jim Clark, Mitbegründer von Netscape, wollte den gleichen Betrag investieren, der wurde ihm aber nicht zugebilligt – da hat er gar nichts investiert. Dagegen hat Steve Jobs überhaupt kein Interesse an Venture-Investitionen – weder bei KP noch bei anderen VCs.

Georgia Tech (wo Brook Byers studiert hat) durfte vier Millionen Dollar in KPCB VIII investieren. Der Rice University (John Doerrs Alma Mater) wurden zwei Millionen Dollar zugestanden, desgleichen Notre Dame und der Rockefeller University. Der Pensionsfonds von Monsanto, wo Doerr einst gearbeitet hat, steuerte 1,7 Millionen Dollar bei (und verbarg seine Identität dabei abwechselnd hinter einer Firma namens How and Company und »Chancellor F/B/O #24«, einer Management-Organisation). Das Fehlen vieler Großunternehmen zeigt, dass sich KP erlauben kann, wählerisch zu sein. Mit der Entscheidung für diese Institutionen hofft die Firma auf informelle unternehmerische Kontakte, auf die eine oder andere Empfehlung eines guten Geschäfts und, nicht unwichtig, auf die Möglichkeit, irgendwann eine Unternehmensgründung direkt zu finanzieren (in einer Weise, die KPs begrenzte Fonds-Ressourcen oft nicht zulassen).

Alle diese Einlagen – zwei bis zwanzig Millionen Dollar – machen ungefähr 55 Prozent von KPCB VII aus. Doerr, Byers und die KP-Partner bringen weitere 11 Prozent ein. Das verbleibende Drittel kommt von den RRPs – *Really Rich People*, wirklich reichen Leuten. Zumeist sind es Privatleute, die mit einem erfolgreichen KP-Geschäft zu tun gehabt oder irgendeinen Erfolg im Hightech-Bereich gelandet haben, ohne KPs Hilfe in Anspruch zu nehmen. Die Liste dieser Privatanleger von KPCB VIII zu recherchieren, ist weit interessanter, als die Namen auf der institutionellen Ebene herauszufinden. Wer dabei ist und wer nicht, vermittelt einen Eindruck davon, wie KP die Starriege des Valleys beurteilt (und wer eine Million Dollar Taschengeld erübrigen kann) – die Hackordnung eines Ortes, der nie müde wird, solche Rangfolgen festzulegen.

Für eine Investition von zwei Millionen Dollar stehen Steve Case, Chef von America Online, und Bill Joy, Mitbegründer von Sun Microsystems und Doerrs Kumpel in Aspen. Eine Million Dollar haben aufgebracht:

MARC ANDREESSEN, Wunderknabe von Netscape

ANDY BECHTOLSHEIM, Mitbegründer von Sun

JIM BARKSDALE, ehemaliger Chef von Netscape

HOWARD BIRNDORF, Mitbegründer von Hybritech und Chef von Nanogen, das die Halbleiter-Technik mit Techniken für die DNA-Diagnose verbindet

FRANK CAUFIELD, einer der im Firmennamen genannten Partner von KP

JOHN CHAMBERS, Chef von Cisco Systems

ANDY GROVE, Aufsichtsratsvorsitzender bei Intel (der über das Venture-Kapital lästerte, als Doerr einst Intel verließ)

ERIC HAHN, ehemaliger technischer Direktor von Netscape

TOM JERMOLUK, Chef von @Home Network

JEREMY JAECH, Gründer von Visio Corp., das Grafikprogramme entwickelt

MITCH KAPOR, Gründer von Lotus Development, Sponsor von GO (und heute VC-Konkurrent)

TIM MOTT, Mitbegründer von Electronic Arts, dem Unternehmen für Computerspiele

GORDON MOORE, Mitbegründer von Intel und Fairchild Semi-
conductor
TOM PERKINS, Mitbegründer von KP
BOB PITTMAN, Präsident von AOL und ehemaliger Präsident von
MTV Networks
MICHAEL SCHULHOF, ehemaliger Präsident von Sony USA
WESLEY STERMAN, Mitbegründer von Heartport, einem Herstel-
ler von chirurgischen Instrumenten für kardiovaskuläre Eingriffe
BOB SWANSON, Mitbegründer von Genentech

Dann kommen die Nachzügler. Die 500000-Dollar-Investoren:
Eckhard Pfeiffer, Chef von Compaq, Scott McNealy, Chef von Sun,
Jerry Kaplan, Mitbegründer von Onsale und GO, Mike Homer,
Vizepräsident von Netscape, Les Vadasz, Vizepräsident von Intel,
Morton Meyerson, die rechte Hand von Ross Perot, und John Ste-
vens, Mitbegründer von Heartport und Professor der Stanford
Medical School. Noch weiter hinten reihen sich ein: Bill Campbell,
ehemaliger Vorstandsvorsitzender von Intuit und ehemaliger Chef
von GO, mit 400000 Dollar, Jerry Yang, Mitbegründer von Yahoo,
mit 250000 Dollar, Ted Leonsis, ein Spitzenmanager von America
Online, mit 250000 Dollar, Peter Currie, Leiter der Finanzabteilung
bei Netscape, mit 250000, Scott Cook, Mitbegründer von Intuit, mit
200000 Dollar, Kirk Raab, ehemaliger Chef von Genentech, mit
200000 Dollar, und T. J. Rodgers, Gründer von Cypress Semiconductor, mit 200000 Dollar. Die Beteiligung von Jerry Yang ist
bemerkenswert, weil KP nicht Yahoo sponserte, sondern Excite,
einen Konkurrenten.

Obwohl KPCB VIII stattliche 328 Millionen Dollar aufweist, ist
es den KP-Partnern gelungen, sich ihren 30prozentigen Anteil an
den Gewinnen zu bewahren. Bei anderen wichtigen Fonds liegt
dieser Anteil nur bei 20 oder 25 Prozent. Wenn man bedenkt, dass
30 Prozent der Gewinne eines 328-Millionen-Dollar-Fonds erheblich umfangreicher sind als der entsprechende Prozentsatz bei
einem Fonds von acht Millionen oder auch 150 Millionen Dollar,
und wenn man bedenkt, dass sich die Größe der Partnerschaft im
großen und ganzen nicht verändert hat, so folgt daraus, dass die
KP-Partner daran als bloße »Dienstleistungsanbieter«, wie Byers
bescheiden sagte, ein Vermögen verdienen.

Für Doerr und Byers ist die Rendite besonders gut. Sie weisen gerne darauf hin, dass in der KP-Partnerschaft demokratische Regeln herrschen, in der jede Stimme Gehör findet und niemand die Projekte vorschreibt. Das mag sein, aber einige Partner sind gleicher als die anderen. Doerr und Byers bekommen ein wesentlich größeres Stück vom Kuchen als die anderen – Doerr, weil er ein Recht darauf hat, und Byers, weil er schon so lange in der Firma ist. In einem einzigen guten Jahr hat Doerr mit seinen Erträgen aus der Partnerschaft und privaten Investitionen fast 100 Millionen Dollar verdient, so jedenfalls lassen Quellen verlauten, die mit seiner Finanzsituation vertraut sind. Schließlich braucht er ein paar Dollar Kleingeld für seine beiden kleinen Jets (einen teilt er sich mit Jim Barksdale von Netscape, den anderen mit Marc Andreessen von Netscape) und den Chauffeurdienst, der im Sommer seine Haustiere nach Aspen fährt. (*So* groß sind die Flugzeuge auch wieder nicht.) Byers muss sich nur um das prächtige Château in den Hügeln von Woodside Gedanken zu machen – ein Anwesen von jener Art, die Gene Kleiner spöttisch »KP-Häuser« nennt, Bauwerke, in denen sich Reichtum mit dem Anspruch präsentiert, ein ästhetischer Wert zu sein. Auch nachdem Kleiner reich geworden war, blieb er seiner Sparsamkeit treu, was seine Partner amüsierte. Als Kleiner sah, dass der Preis für Crest-Zahnpasta im örtlichen Drugstore herabgesetzt worden war, kaufte er eine ganze Kiste. »Wenn du mit Rohstoffen spekulieren würdest«, zog ihn Frank Caufield auf, »hättest du jetzt eine ›Long-Position‹ in Crest.«

Caufield, der 1989 aus der Firma ausschied, aber wie Perkins ein Büro in der kleinen Dependance in San Francisco behalten hat, weiß, wie sehr sich das VC-Geschäft verändert hat. »Damals verdienten sich VCs einen hübschen Lebensunterhalt – ein paar Hunderttausend Dollar«, sagt er. »Aber nicht wie heute. Es gab nicht soviel Geld. Die Leute investierten weniger und verdienten weniger. Was die VCs heute aus einem einzigen Geschäft rausholen, das verdiente ein VC damals im ganzen Leben. Das Geld hat heute eine andere Geschwindigkeit.« Mit der einen Million Dollar in KPCB VIII und in früheren Fonds streicht Caufield heute möglicherweise mehr Geld ein, als er früher verdiente, als er zwanzig Jahre lang ackerte. Einem eifrigen Bewerber sagte Perkins einst: »Wenn Sie wirklich reich werden möchten, sollten Sie Unternehmer werden und kein Venture-Kapitalgeber.« Der zweiunddreißigjährige Anwärter war Mike Moritz, ein ehemaliger *Time*-Journalist, der eine eigene Finanzzeitschrift gegründet hatte und nun VC werden wollte. Er schlug Perkins Rat in den Wind und wurde Partner bei Sequoia Capital, wo er die beiden Studenten entdeckte, die Yahoo gründeten.

Neben seinen Megafonds richtete KPCB in den Achtzigerjahren auch eine Reihe von kleineren Fonds ein, die weniger dazu bestimmt waren, Betriebskapital anzusammeln, als vielmehr einen Stamm von guten Beratern zu schaffen. Jeder, der an der Quelle sitzt, hat eine gute Chance, als Erster zu hören, was als Nächstes anliegt und das große Geld bringt. Wer aufgefordert wird, in diese »Zaibatsu-Fonds« einzusteigen, bekommt damit ein Angebot, das er schlechterdings nicht ablehnen kann. Perkins:»Wir denken und ich denke, dass sie denken, dass wir ihnen einen Gefallen tun, wenn wir sie aufnehmen. Da geht es gar nicht ums Geld.« Auch die Zaibatsus dienen KP dazu, seinen Ruf als bester Zuchtstall des Valleys für Vollblutunternehmer zu festigen. Wie die alten Hollywood-Zaren ihre Macht erwarben, indem sie Schauspieler und Regisseure an sich banden, versucht auch KP, Stars zu horten – durchaus mit Michael Ovitz zu vergleichen, ungeachtet der angeblichen Unabhängigkeit der Valleyaner. Doch mag KP auch die Spinne in der Mitte des Valley-Netzes sein, es bleibt auf andere angewiesen, die ihm die Nahrung bringen.

Die Anteile an den Zaibatsu-Fonds betragen fast immer nur 100 000 oder 200 000 Dollar – Taschengeld nach heutigen Valley-Maßstäben. »Zaibatsu« ist japanisch, heißt »Geldklüngel« und bezeichnet die alten Familienkonzerne wie Mitsubishi und Sumitomo. Mitsubishi zum Beispiel hat eine eigene Bank, eine eigene Schwerindustrieabteilung und einen eigenen Autohersteller – ein Höchstmaß an vertikaler Verflechtung. Seit jeher räumen japanische Regierungen den Zaibatsus wirtschaftliche Sonderrechte ein – Subventionen und Steuererleichterungen. Das sich das alles natürlich für Kleiner Perkins ein bisschen zu sehr nach Kartell anhört, bezeichnen sie die Zaibatsus daher lieber als eine »Familie von engen Freunden«. Denn Zaibatsu-Fonds verschaffen ihren Mitgliedern Ansehen. Die Investoren brauchen den KP-Partnern auch nur die Hälfte der üblichen 30 Prozent von den Gewinnen zu überlas-

sen, allerdings sind die zwei Prozent Management-Honorar in
voller Höhe zu entrichten – Geschäft ist Geschäft, auch unter
Freunden. Die Zaibatsu-Fonds sind immer ein Spiegelbild der
großen Fonds, wenn auch in einem sehr viel bescheideneren finanziellen Rahmen.

Der erste Fonds, Zaibatsu I im Jahr 1987, umfasste sechs Millionen Dollar. Im Jahr 1995 kamen Zaibatsu Life Sciences mit fünf Millionen Dollar und Zaibatsu Information Sciences mit 12 Millionen
Dollar. (»Biotech« und »Hightech« hätten es auch getan.) Die Zai-
batsu-Mitgliederliste vermittelt, wie das Personenverzeichnis von
KPCB VIII, einen Eindruck davon, welche fünfzig oder sechzig
Valley-Größen KP besonders am Herzen liegen. 1995 waren es beispielsweise viele Netscape-Namen, was zweifellos an dem eindrucksvollen Debüt des Unternehmens lag. Angesichts der Probleme, mit denen Netscape in letzter Zeit zu kämpfen hat, ist damit
zu rechnen, dass viele von ihnen in den nächsten Zaibatsu nicht
mehr vertreten sind. Viele Namen kennen wir schon vom KPCB
VIII: Andy Grove, Scott McNealy, Marc Andreessen, Frank Caufield, Scott Cook, T. J. Rogers, Jerry Kaplan, Bill Campbell, Tom
Jermoluk, Bill Joy, Mike Homer, Ted Leonsis und Peter Currie.

Doch einige Zaibatsu-Investoren gehören nicht zum KPCB-VIII-
Kreis, woraus zu schließen ist, dass sie nicht zur Beteiligung aufge-
fordert wurden oder nicht bereit waren, das Geld zu investieren.
Dazu gehören: John Malone, Vorstandsvorsitzender von TCI, dem
Telekommunikationsgiganten, Eric Schmidt, Vorstandsvorsitzender von Novell, Gordon Eubanks, Chef von Symantec und ehemalige rechte Hand von Gary Kildall, Bill Harris, Chef von Intuit,
David Beirne, einst ein gefürchteter Headhunter und jetzt ein VC-
Konkurrent, Trip Hawkins, Aufsichtsratsvorsitzender von 3DO,
dem Unternehmen für Online-Spiele, David Dorman, ehemaliger
Chef von Pointcast, dem Online-Nachrichtendienst, Larry Sonsini,
der Staranwalt des Valleys, John Sculley, ehemaliger Apple-Chef
und Nemesis von Steve Jobs, Randy Komisar, ein Unternehmensberater von WebTV und anderen Jungunternehmen, Todd Rulon-
Miller, ehemaliger Verkaufschef von Netscape, Eric Benhamou,
Vorstandsvorsitzender von 3Com, Richard Schell und James Sha,
Vizepräsidenten von Netscape, Bruce Ravenel, ein Doerr-Freund
aus Intel-Tagen, der später die Leitung des Internet-Handels von

TCI übernahm, Eric C. W. Dunn, Leiter der technischen Abteilung von Intuit, David Cole, Leiter der Internet-Dienste bei AOL, und Naomi Seligman, die »Königin« des Research Board, einer kleinen, supergeheimen Bruderschaft für technische Führungskräfte von Fortune-500-Unternehmen.

Eine Veränderung gegenüber früheren Zaibatsu-Listen ist besonders erwähnenswert. Dem ersten Fonds, der 1987 zusammengestellt wurde, gehörte ein Herr namens Bill Gates an, der damals 100 000 Dollar beisteuerte. Doch er ist weder in den neueren Zaibatsus noch in KPCB VIII zu finden. Wohlgemerkt, KPCB VIII umfasst auch Leute wie Michael Dell, eine andere Macht in der Computerindustrie, die relativ wenig mit KP zu tun hat. Ist der Ausschluss von Gates möglicherweise eine symbolische Geste, die darauf zurückzuführen ist, dass viele Jungunternehmen von KP auf Microsoft fluchen (zumindest so lange, bis sie an Microsoft verkaufen)? KP behauptet, es habe Chairman Bill einen Platz in seinen jüngeren Fonds angeboten. Vielleicht spart er das Geld ja für etwas anderes.

Zwei Zaibatsu-Investoren der besonderen Art sind sehr gut unterrichtete Herausgeber von »Branchen-Beobachtern«. Esther Dyson, die am Zaibatsu »Information Sciences« mit 200 000 Dollar beteiligt ist, hat eine verzweigte Heimindustrie – sie gibt einen angesehenen Computer-Newsletter heraus, organisiert das jährliche PC-Forum, die wichtigste Branchenkonferenz, fungiert als Regierungsberaterin und wird von *Vanity Fair* zum »Neuen Establishment« gerechnet. Dick Shaffer, der am selben Zaibatsu mit 50 000 Dollar beteiligt ist, leitet Technologic Partners, das er zusammen mit Mike Moritz gegründet hat und das mehrere einflussreiche Newsletter herausgibt, auch einen für die VC-Branche, wo KP häufig zur Sprache kommt. Außerdem ist er ein Kolumnist für die Zeitschrift *Fortune*. Jedes Jahr setzt die Zeitschrift *Upside* die Namen von Dyson und Shaffer auf ihre Liste »Elite 100« mit den 100 erfolgreichsten Leuten aus der Branche, was die Frage aufwirft: Dürfen sie bei KP investieren, weil sie es auf die Liste geschafft haben, oder haben sie es dank KP auf die Liste geschafft?

Dyson und Shaffer haben einen untadeligen Ruf. Niemand stellt ihre Unbescholtenheit in Frage. Dennoch macht ihre Aufnahme in KP's »Familie der Freunde« nachdenklich: Wie sollen sie unparteiisch bleiben, wenn sie über die Venture-Branche urteilen, wenn sie sich zu Unternehmen in KPs Portfolio äußern oder mit ihnen konkurrieren. Wenn Dyson oder Shaffer Aktien von, sagen wir, Microsoft oder Intel hätten, könnte auch das problematisch sein. Nun wären solche gewaltigen Vermögen aber kaum durch isolierte Kommentare zu beeinflussen. Anders verhält es sich bei jungen Unternehmen oder Branchen, deren Schicksal unter Umständen genau von jener Art von Gerüchten abhängt, die Dyson oder Shaffer in die Welt setzen können. In seinen *Fortune*-Kommentaren offenbart Shaffer alle Finanzholdings, die mit seinen Themen zu tun haben. Doch im Impressum seines Newsletters findet sich nur der stereotype Hinweis, dass jeder Mitarbeiter Aktien der behandelten Unternehmen besitzen könnte. Dyson sagt, viele ihrer Kommentare beträfen nur Privatunternehmen, sodass kein öffentlicher Markt davon betroffen sein könnte. Wie immer man über die potenziellen Interessenkonflikte denken mag, die aus der Zaibatsu-Beteiligung von Dyson und Shaffer erwachsen mögen, an dem taktischen Geschick von KP und an dem inzestuösen Zustand des Valley kann kein Zweifel bestehen. Wirklich schade, dass KP niemandem vom *Wall Street Journal* gewinnen konnte.

Dass KP von seiner »Familie« spricht, ist durchaus einleuchtend. Es hat ein Geflecht aus Unternehmensallianzen, sich überlappenden Führungspositionen und persönlichen Verbindungen geschaffen, die aussehen wie der weitverzweigte Stammbaum eines alten Adelsgeschlechts. Kleiner Perkins hat sogar einen Namen dafür. Neben den exotisch klingenden KP-Zaibatsus gibt es auch einen KP-»Keiretsu«. Wie andere Organisationen in Silicon Valley scheint Kleiner Perkins eine Schwäche für alles Japanische zu haben, und das, obwohl Japan unermüdlich versucht, das Valley auf seinem ureigensten Gebiet, der Hightech-Entwicklung, zu schlagen. Ursprünglich bedeutet »Keiretsu« im Nachkriegsjapan ein loses, strategisches Netz von Unternehmen – in der Regel Zulieferer und Hersteller –, die durch vielfältige Verbindlichkeiten wie Indossamente und Lizenzregelungen miteinander verbunden sind. Kurzum, Keiretsu bedeutet Kooperation in höchstem Maße und geht viel weiter als der Wallstreet-Begriff der Kollegialität. Keiretsu setzt formelle Beziehungen voraus, die vom Informationsaustausch bis zu einander überschneidenden Eigentumsverhältnissen reichen. In Japan ist das Zentrum des Netzes eine Bank, bei Kleiner Perkins ist es Kleiner Perkins. Ein Zyniker würde Keiretsu ein Kartell nennen, das die Konkurrenz ausschaltet und alle Mitglieder an den Führer bindet, dessen Gravitationskraft unwiderstehlich ist.

Nach eigener Zählung besteht KPs Keiretsu aus 175 Unternehmen und Tausenden von Führungskräften, die in den Kategorien *Bits and Bytes* oder *Bugs and Drugs* organisiert sind. KPs neuester Investmenttopf – der Java-Fonds mit 70 Millionen Dollar, der 1996 eingerichtet wurde – ist eigentlich nur ein Konsortium von KP-Partnern. Zweck des Vorhabens ist die Förderung von Java, Suns Programmsprache für das Internet, die nicht auf Microsofts Betriebssystem angewiesen ist. Dem Keiretsu liegt die Theorie zugrunde, dass viele Halme am stärksten sind, wenn sie zu einem Bündel zusammengebunden werden. Man lernt Leute kennen, tauscht Klatsch aus, vergibt Lizenzen – alles im Namen des gemeinsamen Eigennutzes. Der Schuss kann auch nach hinten losgehen. Seine Stärken zu teilen, heißt unter Umständen auch, seine Schwächen zu addieren. Das Ganze kann sogar ziemlich gemein sein – etwa wenn KP Jungunternehmen finanziert, die sich dann gegenseitig Konkurrenz machen. Doerr pflegt zu sagen, wenn es »keinen Konflikt« gebe, habe er auch »kein Interesse«.

KP glaubt an Halme und macht kein Geheimnis aus dem Netz, das es aus ihnen geflochten hat. Die Firma sagt, es gebe keine wirklich unabhängigen Hightech-Unternehmen mehr. Wie Doerr in seinem Diavortrag wortreich betont, gehört Keiretsu zu den Dingen, die zum Erfolg seiner Firma beitragen (und die Doerr, wie er zumindest privat zugibt, zum Führer der Anti-Microsoft-Kabale im Valley macht). Wenn Kleiner Perkins der Franchise-Geber ist, dann ist Keiretsu sein Marketing-Mantra. Betrachten wir Netscape, den Shootingstar unter den Internet-Software-Unternehmen und nach wie vor Doerrs bekanntestem Erfolg. Nachdem es 1994 mit KP-Geld gegründet wurde, ging es Partnerschaften mit mindestens einem Dutzend anderer KP-Unternehmen ein, unter anderem mit Intuit, Sun, America Online, @Home und Excite (einem von Yahoos Hauptkonkurrenten, der sich 1999 damit einverstanden erklärte, mit @Home zu fusionieren). Doerr ist Aufsichtsratsmitglied bei Netscape, Intuit, Sun und Amazon.com. Solche vielfältigen Aufsichtsratsverpflichtungen haben auch andere KP-Partner. Netscapes erster Vollzeitvorstandsvorsitzender Jim Barksdale sitzt auch im Aufsichtsrat von @Home. Netscapes Mitbegründer Jim Clark ist zugleich Mitbegründer von Healtheon, einer weiteren Firmengründung von KP. Frank Caufield sitzt im Aufsichtsrat von AOL. Und so fort. Entscheidend ist, dass KP nach Netscapes Gründung damit begann, andere Internetfirmen zu schaffen oder zu fördern. Von einem Infrastruktur-Unternehmen wie @Home (das über Fernsehkabel raschen Internetzugang bietet) bis hin zu Online-Händlern wie dem Auktionshaus Onsale und dem Buchvertrieb Amazon.com. versuchte Kleiner Perkins, neue Unternehmen im Internet zu etablieren, die von den bereits vorhandenen profitieren und sie unterstützen konnten. Onsale und Amazon.com (die beide satte Zehn-zu-eins-Erträge für die Investoren brachten) sind ausgewiesene Mitglieder des Keiretsu. Jerry Kaplan gehört zum Zaibatsu von 1995 und Sie können sicher sein, dass Jeff Bezos von Amazon.com das nächste Mal einen hübschen Batzen abbekommen wird.

Die Zeitschrift *Fortune* hat versucht, den KP-Keiretsu grafisch darzustellen. Die Einzelheiten der beiden Tabellen – die KP-Beteiligungen an Unternehmen und die KP-Sitze in Aufsichtsräten – sind nicht so wichtig, was zählt, ist die schwindelerregende Vielfalt von Verflechtungen. KP gleicht einem vielarmigen Polyp.

Kleiner Perkins nahm irgendwann im Jahr 1999 KPCB IX in Angriff – »IX in 99« lautete der Arbeitstitel. Die 400 bis 500 Millionen Dollar, die dabei vermutlich zusammenkamen, sind nach heutigen Maßstäben nicht besonders viel Geld, stellen aber die bescheidenen acht Millionen Dollar, mit denen Gene Kleiner und Tom Perkins einst anfingen, doch weit in den Schatten. Der Erfolg der Firma und die Konkurrenz, die sie auf den Plan gerufen hat, haben die Geschäfte erheblich verteuert. (Einstige Unternehmer, die reich geworden sind und ihr Glück nun lieber als VCs versuchen, sodass sie denen Konkurrenz machen, von denen sie früher unterstützt wurden, heißen im Valley-Jargon »Engel-Investoren« – Engel, wie Luzifer einer war.) Obwohl man keine Anzeigen für KPCB IX entdeckt und Sie auch keine Anrufe zur Dinnerzeit erhalten haben, in denen Ihnen eine Teilnahme an dem Fonds angeboten wurde, wird

KPCB IX trotzdem der Überflieger unter den privaten Investment-fonds Amerikas werden.

Wie weit hat es KP seit seiner Gründung im Jahr 1972 gebracht? Sein Reichtum ist außerordentlich, doch sein Erfolg lässt sich nicht allein in Dollars messen. Gewiss, Doerrs Reichtum ist auch für Silicon-Valley-Verhältnisse sehr stattlich – die meisten Tycoons geben sich mit einem Flugzeug zufrieden –, aber nichts im Vergleich zu seinem Einfluss. Steve Jobs ist eine Landplage, Larry Ellison ein Clown, Andy Grove ein geachteter Manager, aber nur in einem Unternehmen. Es gibt andere hervorragende Venture-Firmen wie Sequoia und Mayfield und Accel Partners. Doch diese Firmen sind nicht KP und niemand ist wie Doerr. Doerr ist überall – und damit auch KP. Abgesehen davon, dass er Zugang zu fast unbegrenztem institutionellem Kapital besitzt und so viele Freunde in Washington hat, dass die Frage »Gore & Doerr in 2004?« zum stehenden Witz geworden ist, ist Doerr ein ungeheurer Publikumsmagnet. Egal ob er an der Stanford Business School, in der Bücherei von Palo Alto oder bei einer Podiumsdiskussion spricht, stets sind nur noch Stehplätze zu ergattern, als erwarteten die Menschen, dass er ihnen in seiner unendlichen Weisheit direkte Ausblicke auf die Hightech-Zukunft eröffnen würde. Im Valley zählt das, was morgen kommt, allemal mehr als der Erfolg von gestern.

Wahrscheinlich ist die KP-Magie jedoch gar nicht an dem acht-undvierzigjährigen Doerr, dem rastlosen Motor der Firma, zu messen, sondern an Tom Perkins, der den ursprünglichen Geist verkörpert. Obwohl er heute auf die Siebzig geht, ist er immer noch eine wichtige Größe des Valley-Lebens. Er nimmt noch teil am Geschick von KP, investiert in eigene Geschäfte und als Teilhafter in die KPCB-Fonds, er besitzt ein von einem Graben umgebenes Herrenhaus in East Sussex und er gehört zur Society von San Francisco. Er hat ein Stahlschiff restauriert, das bei der Evakuierung der alliierten Truppen in Dünkirchen benutzt wurde, wurde wegen seines philanthropischen Wirkens in Norwegen von dessen König zum Ritter geschlagen und segelt einen Herreshoff-Schoner aus dem Jahr 1915 – einen 33 Meter langen Aristokraten der Meere – auf Regatten im Mittelmeer. Den Rest seiner Zeit nutzt er dazu, den Globus auf seiner 46-Meter-Jacht *Andromeda La Dea* zu befahren und so entlegene Orte wie die Antarktis aufzusuchen. Andromeda war die Frau des Perseus, der sie vor einem Seeungeheuer errettete. Für Perkins ist sie mit ihren fast 100 Quadratmetern Segelfläche das schönste Geschöpf auf dem Wasser. Im Hafen von Newport bin ich zufällig auf sie gestoßen, als ich die *Sakura* suchte, Larry Ellisons schwimmenden Palast, der zwar viel länger ist, aber nicht an die Eleganz von Perkins Jacht heranreicht. (Im Sommer ist Newport das Hollywood der Segelschikeria und der Hafen ist voller Stars.) Perkins war nicht an Bord, aber die Mannschaft machte das Boot fertig für eine geplante Kreuzfahrt. Nach der *Sakura* und der Hängebrücke von Newport war das Schiff das größte Objekt weit und breit.

Die tiefblaue, unter der Flagge von Bermuda segelnde *Andromeda* würde 30 Millionen Dollar oder mehr kosten, wenn man sie heute bauen würde. (Allein das Ein-Meter-Modell, das Perkins für sein Arbeitszimmer hat anfertigen lassen, kostete 4200 Arbeitsstunden und 126 000 Dollar.) Die erste *Andromeda*, knapp vier Meter kürzer und auch von Fabio Perini in Italien gebaut, entsprach nicht seinen Vorstellungen. Ein Segelboot aus noch früheren Tagen befindet sich heute im Besitz von Doerr, der vielleicht versucht, seinem Mentor nachzueifern. Die *Andromeda* spielt auch eine Rolle in einer der vielen freundlichen Gesten von Perkins. In diesem Fall spürte er seinen Lieblingsautor auf – Patrick O'Brian, der historische Romane über die Napoleonischen Krieg geschrieben hat – und bot ihm die freie Nutzung des großen Windjammers an. (Als O'Brian das Angebot von Perkins erhielt, schrieb er ihm aus Frankreich zurück: »Es kann gut sein, dass ich Ihre Einladung mit unanständiger Eile annehme.«)

1994 starb Perkins Frau Gerd Thune-Ellefsen nach vierunddreißigjähriger Ehe an Krebs. Letztes Jahr hat er wieder geheiratet – Danielle Steel, die Autorin, die mehr Bücher (400 Millionen) verkauft hat als irgendjemand anders in der Geschichte, vom lieben Gott abgesehen. Die gleiche Frau, die, wie uns die erbarmungslose Boulevardpresse unablässig ins Gedächtnis ruft, zuvor mit dem Investmentbanker Claude-Eric Lazard verheiratet war, dem Sohn des Mannes, der Lazard Frères gegründet hat, dann mit Danny Zugelder, einem verurteilten Bankräuber (den sie kennen lernte, als sie einen anderen Häftling besuchte, und den sie im Zuchthaus heiratete), dann einen Heroinsüchtigen und Einbrecher, dann einen Großreeder. Perkins ist also die Nummer fünf und der Mann, dem einer ihrer letzten Romane gewidmet ist. Jetzt kann sie versuchen, ihr ramponiertes Image als elegante Society-Erscheinung der Bay-Area und liebevolle Mutter von neun Kindern wieder herzurichten. »Wenigstens ist sie nicht hinter meinem Geld her«, witzelt Perkins. Sie sagt das Gleiche von ihm. Immerhin dürfte er noch ein bisschen mehr haben als sie.

Vor fünfzig oder auch fünfundzwanzig Jahren wäre die Heirat mit einem Venture-Kapitalgeber kaum als gute Partie angesehen worden. Bei der Steel-Perkins-Verbindung, die von der Regenbogenpresse nach allen Regeln der Kunst ausgeschlachtet wurde, wurde ihm genauso viel Aufmerksamkeit geschenkt wie ihr. John Doerr dürfte das wohl das Herz gebrochen haben.

KAPITEL ACHT

Mozilla

Flugzeuge, Eisenbahnen, Autos und Schiffe – was macht ein Millionär, der schon alles hat, um der Langeweile zu entfliehen? Er lernt, einen Hubschrauber zu fliegen. Genau das was Jim Clark getan hat.

Jeder kann eine Gulfstream fliegen oder über den Südpazifik segeln. Jeder hat einen NSX – Larry Ellison hat vier gekauft. Doch um einen Hubschrauber zu fliegen, braucht man Mut – oder Dummheit, je nachdem, wie man die Sache betrachtet. Klar, er kann die Baumwipfel »rasieren« und auf einem kleinen Bergplateau landen. Und ganz gewiss hat er eine steilere …, nun, nennen wir es Lernkurve. Flugzeuge haben Flügel – Tragflächen –, sie sind zum Fliegen geschaffen. Ein Hubschrauber dagegen ist kaum mehr als ein Stein, der an einem wirbelnden Rotor befestigt ist – »tausend Teile, die sich alle verschwören, dich umzubringen«, sagt man. Ein Hubschrauber hat kein gesteigertes Interesse daran, oben zu bleiben, und ist Fehlern gegenüber viel unnachsichtiger als andere Flugmaschinen. Er ist ein tödliches Gerät, das zu fliegen, eine Cowboy-Mentalität voraussetzt. Kurzum, er ist das ideale Spielzeug für Clark, den Serien-Unternehmer von Silicon Valley, dessen Motto sehr gut lauten könnte: »Wenn du einmal Erfolg gehabt hast – dann versuch es immer und immer wieder.« Clark ist John Doerr ohne dessen Allüren. Silicon Graphics Inc. (SGI), Netscape, Healtheon und einige andere Unternehmen, von denen Sie noch nie gehört haben – das ist Jim Clark. Wenn mit irgendeiner Sache im Valley Hightech-Geld gemacht werden kann, dann ist die Chance groß, dass Jim Clark bereits darüber nachdenkt. Und noch hat er keine Bruchlandung gemacht.

An einem heißen Samstagmorgen im September bereitet sich Clark in der Nähe des San Jose Airport auf die Flugstunde in seinem sechssitzigen Boeing MD600 vor, dem eine Million Dollar teuren Kleinbus unter den Hubschraubern. Groß, jungenhaft, blond und blauäugig ist Clark, was seine Kleidung angeht, eine merkwürdige Mischung aus Eleganz und Gleichgültigkeit: Mephisto-Tennisschuhe, Lederhandschuhe, grüne Socken, schwarzes T-Shirt, beigefarbene Ralph-Lauren-Shorts, Gürtel von Il Moro di Venezia, Pilotensonnenbrille und eine Rolex. »Meine Frau sagt, ich sehe aus wie ein Tölpel«, sagt Clark, »währen Larry Ellison vom *Playboy* zu den bestangezogenen Männern des Landes gezählt wird.« Merkwürdig, dass Clark darauf zu sprechen kommt. Vor Clarks erneuter Heirat spukte ihm Ellison, der ungefähr gleich alt ist, offenbar im Kopf herum. Eines Abends saß er im Gordon Biersch Brewing in Palo Alto, als ihm ein Bekannter sagte, Ellisons damalige Freundin Kathleen O'Rourke stehe am anderen Ende der Bar – und weit und breit kein Larry. Bis zu diesem Augenblick hatte Clark überhaupt nicht auf sie geachtet. Minuten später baggerte er sie an. »Typisch, diese Burschen sind so was von konkurrenzbesessen«, meint der Freund amüsiert.

Sogar während Clark sein neuestes Spielzeug vor dem Start durchcheckt, springt er von einem Thema zum anderen, als reichte ein einziges nicht aus, seine Aufmerksamkeit zu fesseln. Warum kaufen einige seiner wohlhabenden Freunde ihre Anzüge von der Stange? Ist es zu glauben, dass Eddie DeBartolo, Besitzer der San Francisco 49er, mit Spielern in New Orleans gemeinsame Sache gemacht hat? Natürlich hat Bill Clinton an »dieser anderen Frau«, Kathleen Willey, rumgemacht. Clarks Lehrer John Quayle, ein siebenundvierzigjähriger Polizeibeamter aus San Jose, versucht, seine Aufmerksamkeit wieder auf das Nächstliegende zu lenken. »Noch hast du keinen Scheiß gebaut«, sagt er, »aber du wirst allmählich übermütig.«

Das Abheben ist ein Abenteuer. Als Clark sich nach rechts neigt, erfasst ihn der heftige Windstoß einer Cessna und der Hubschrauber sackt ab. Quayle schnappt sich seinen Steuerknüppel und bringt die Maschine wieder auf Vordermann. Na bitte! Clark lenkt den Hubschrauber in den blauen Himmel über dem Valley und die beiden Männer nehmen ihr Geplauder wieder auf. Eigentlich überraschend, dass sie überhaupt miteinander reden können. Clark ist ein Mann, der mal knapp über, mal knapp unter der Dollarmilliardengrenze liegt, dem ein Kunstflugzeug für 300000 Dollar gehört, der eine gecharterte Gulfstream fliegt, die raffinierteste Hightech-Jacht besitzt, die je gebaut wurde, und riesige Häuser in Atherton und Palm Beach sein Eigen nennt. (Als Wohnsitz gibt er Florida an, weil es dort keine staatliche Einkommenssteuer gibt, obwohl er sich darüber beklagt, dass seine Nachbarn keine andere Sorgen hätten, als rechtzeitig ihre Pillen reinzuschmeißen.) »Ich bin als richtiges Armeleutekind aufgewachsen«, hat mir Clark einmal erzählt, ohne den Versuch zu machen, sich für seinen eigenartigen Geschmack zu entschuldigen. »Wenn du es dann schaffst, denkst du, du kannst dir alles leisten.«

Clark kriegt von der Fliegerei nicht genug. »Das ist keine Zauberei«, sagt er später und kaut auf einem Burrito herum. Wir sind in Beeb's Sports Bar and Grill in der Nähe von Livermore, Kalifornien. »Es ist, als ob du Fahrrad fährst, nur wenn du runterfällst, sind die Konsequenzen ein bisschen unangenehmer.« Er spielt nicht sehr gut Tennis, seine schwachen Fußgelenke verbieten ihm das Skifahren und Golf kommt nicht in Frage, weil er sich in seiner kargen texanischen Jugend Geld als Caddy verdient hat und die Demütigung noch nicht verschmerzt hat. Was bleibt da noch … außer einen Hubschrauber fliegen, der es auf 155 Knoten bringt? »Stellen Sie sich vor, wie es ist, in der Luft zu stehen. Oder exakte geometrische Figuren im dreidimensionalen Raum zu beschreiben. Oder 360-Grad-Wendungen auszuführen.« Oder noch besser: »900 Meter in der Minute mit abgeschalteten Motoren zu fallen.« Wenigstens redet Clark nicht davon, den Hubschrauber auf dem Kopf zu fliegen.

Über die Schluchten der Hayward Fault, vorbei am Haus des Rap-Stars M. C. Hammer in der East Bay, in sicherem Abstand über den elektrischen Leitungen, die hellorange gestrichen worden sind, nachdem ein anderer Hubschrauber in sie hineingeflogen ist – packt Clark der Übermut, und er hüpft mit seinem Hubschrauber durch die Luft wie ein Delfin durchs Wasser. Mit seiner impulsiven, verspielten, kindlichen Art wirkt Clark ein bisschen verrückt. Kein Wunder, dass dieser ungebärdige Mann Silicon Valley – und die Welt – ins Internet-Zeitalter katapultiert hat. Was das Telefon und das Fernsehen für das 20. Jahrhundert war, verspricht das Netz für das 21. Jahrhundert zu werden.

Auf der Zeitleiste der modernen Technik ist das Internet gar nicht so neu. Immerhin tauchte es dort bereits in den Sechzigerjahren auf. Doch Jim Clark und andere haben sich überlegt, wie man dieses weltweite Computernetz kommerziell nutzen kann – ein Gebilde, das einst nur von Wissenschaftlern und Militärs verwendet wurde. Anfang 1966 stürzte sich keine Organisation stärker auf Computer als die US-Regierung und war keine amerikanische Behörde mehr interessiert an ihnen als das Pentagon. Der vierunddreißigjährige Bob Taylor war Leiter der Forschungs- und Entwicklungsabteilung der Advanced Research Projects Agency. Die ARPA war die Antwort des Verteidigungsministeriums auf den Start des russischen Sputniks im Oktober 1957. Die Behörde hatte den Auftrag, die wissenschaftliche und technische Entwicklung für militärische Zwecke zu nutzen. Taylor war kein Hacker, kein Vorläufer von Wozniak, den die technischen Spielereien reizten. Er war ein Pentagon-Bürokrat und gelernter Psychologe. Sein kleines elektronisches Reich im dritten Stock des Pentagons war der Traum jedes Ingenieurs – Computerterminals, die mit allen großen Universitäten und Technikzentren verbunden waren. Es gab eine Verbindung zum MIT, eine andere nach Berkeley und eine zu einem IBM-Rechner in Südkalifornien, der auf den hübschen Namen »AN/FSQ32XDIA« hörte und die Informationen des Strategischen Luftkommandos verarbeitete.

Später hieß es, Taylors ARPA-Netz sei von den Militärs als ein postapokalyptisches Kommunikationssystem geplant gewesen, das einen Atomschlag überstehen sollte. Selbst wenn die Russen ein paar Schaltstationen zerstört hätten, wären nach dieser Theorie genügend Rechner übriggeblieben. Doch diese angebliche Motivation des Netzes war eher eine nachträgliche Idee des Pentagons. Wie Katie Hafner und Matthew Lyon in ihrer Geschichte des Internets – *Apra Kadabra oder die Geschichte des Internet* – gezeigt haben, hatte das Netz eine viel sachlichere Aufgabe. Es sollte maßgeblichen Forschern im privaten wie im öffentlichen Bereich die Möglichkeit geben, Daten und Ideen auszutauschen.

Doch Taylors Terminals im Pentagon waren wahre Frustmaschinen. Jede hatte ihr eigenes Betriebssystem und Programmiersprache und jede hatte ihre eigene Art der Anmeldung. Hafner und Lyon verglichen Taylors Problem mit einem »Zimmer, das vollgestopft ist mit mehreren Fernsehapparaten, die alle auf andere Kanäle eingestellt sind«. Taylor überredete seine Behörde, eine Methode zu entwickeln, mit deren Hilfe man die Verständigung zwischen verschiedenen Computern ermöglichen könnte. In einem zwanzigminütigen Vortrag veranlasste er seinen Chef, sein Budget um eine weitere Million Dollar zu erhöhen. Mit Glück und Verstand wurde es eines der besten Projekte, die die Bundesregierung je finanziert hat, ein Modellfall für das, was eine kluge Investition in der Wissenschaft bewirken kann. Seit die Regierung den Russen Alaska abgekauft hat, hat sie kein besseres Geschäft gemacht.

1969 – als Forscher in aller Welt mit Netzhardware und Switches experimentierten, die gemietete Telefonleitungen benutzten – war es gelungen, Taylors Idee eines ARPA-Netzes erfolgreich umzusetzen, sodass nun Computer der University of California in Los Angeles, der University of California in Santa Barbara, der University of Utah und des Stanford Research Institute miteinander verbunden waren. Das war das ARPANET, der Grundstein des Internets und der digitalen Kultur, die sich ein Vierteljahrhundert später explosionsartig ausbreiten sollte. Die erste Nachricht, die im Oktober 1969 online übertragen wurde, war nicht etwas so Bedeutendes wie »Kommen Sie her, Mr. Watson. Ich brauche Sie.« Stattdessen übermittelte Charley Kline – ein Studienanfänger an der UCLA und Freund von Stuart Feigin, der es später bei Oracle zu Ruhm und Reichtum bringen sollte – einfach die Buchstabenfolge: »L-O-G.« Computerfreaks sind keine Poeten. Er war davon ausgegangen, dass der Computer den Rest – nämlich I-N – erkennen würde, doch es gab einen Programmfehler und das System stürzte zum ersten Mal ab. Am Nachmittag war allerdings alles schon wieder behoben, sodass die UCLA und das Stanford Research Institute Verbindung aufnehmen konnten.

Das Geheimnis dessen, was zur Grundlage des weltweiten interaktiven Netzes wurde, war ein erwartungswidriges Konzept mit dem Namen »Paketvermittlung«. Statt die Daten in einem einzigen digitalen Klumpen zu verschicken – wie es das Telefon macht –, zerlegte das Netz die Information in gleich große Stücke, die sich verschiedene Wege durch das Netz suchten und am angegebenen Zielort wieder zusammengefügt wurden. Das war ein neues, effizienteres Übertragungssystem. Stellen Sie sich vor, Sie würden alle Menschen, die sich miteinander unterhalten wollen, in einen Raum bringen. Das geht mit einer kleinen Gruppe, doch irgendwann wird es in dem Raum zu laut. Machen Sie den Raum zu groß, sind die Menschen zu weit voneinander entfernt, um sich noch zu hören. Und natürlich wird es einigen Leuten nicht gefallen, dass alles, was sie sagen, von allen anderen gehört werden kann. Die»Routen«, die für die»Paketvermittlung« und für die Verbindung digitaler Netze benutzt wurde, löste diese drei Probleme der Kapazität, der Entfernung und der Sicherheit. Anfang der Siebzigerjahre war das ARPANET mit dreiundzwanzig Sites oder Standorten verbunden, die alle in irgendeiner Weise mit der staatlich geförderten Computerforschung zu tun hatten. Außerdem waren MIT, Harvard, NASA und die Rand Corporation mit von der Partie, genauso wie Bob Taylors alter Computerraum im Pentagon. Dann kamen die ersten internationalen Sites hinzu, das University College in London und die Königlichen Radarstationen in Norwegen. 1976 gab es 100 ARPANET-Sites, 1984 mehr als 1000, 1989 100000. Dabei war das Netz nicht wie ein Rad aufgebaut – Speichen, die mit einer zentralen Nabe verbunden waren –, sondern bestand einfach aus einer Anzahl miteinander verflochtener Verbindungen.

Taylor ging an die University of Utah, wo Nolan Bushnell vor kurzem sein Ingenieursstudium abgeschlossen hatte und sich nun anschickte, Atari zu gründen. Als Larry Roberts die Nachfolge von Taylor antrat, begann er zusammen mit einer Reihe anderer Wissenschaftler im ganzen Land – darunter Bob Metcalfe, Vint Cerf, Bob Kahn, Len Kleinrock, Ray Tomlinson, Doug Engelbart und Jon Postel –, das Netz auszuweiten.

Dabei stand das Netz vor zwei Problemen – einem soziologischen und einem technischen. Einige Wissenschaftler missbilligten die Demokratisierung der Einrichtung. Zugang zu Computern bedeutete Macht; wenn man also zweitklassigen Institutionen erlaubte, sich ins Netz einzuwählen, dann war das in ihren Augen, als ließe man die Kreisklasse mit der Bundesliga spielen. Die wichtigere Frage für das ARPANET lautete, wie man die Verbindung zur Matrix anderer Netze herstellen könnte, die in den Vereinigten Staaten und auf dem ganzen Globus entstanden. Nicht jeder gehörte zum ARPA. Die Entwicklung universeller technischer Standards – so genannter »Protokolle« – zur Datenübertragung *zwischen* Netzen war der nächste entscheidende Entwicklungsschritt dessen, was ab Ende der Achtzigerjahre als Internet bezeichnet werden sollte. Schließlich heißt »Internet« ja *inter-network of communication*, also ein Netz für die Kommunikation *zwischen* Netzen – ein Netz der Netze, das ein Höchstmaß an menschlichem Bewusstsein herstellen sollte. Die miteinander verbundenen Computer waren von denkbar verschiedener Größe und Machart, doch das machte nichts. Die Schönheit des anarchischen Netzes lag darin, dass es sich jedem Rechner anpasste – solange der Rechner mit den Protokollen zurecht kam, die keinen politischen oder normativen Inhalt hatten. Das Ganze hatte eine gewisse Ähnlichkeit mit der englischen Sprache, wie der Sciencefiction-Autor Bruce Sterling in seiner Online-Geschichte des Internets schrieb. »Niemandem gehört das Englisch«, heißt es dort. »Jeder kann sich einklinken und irgendwie entwickelt es sich von allein und erweist sich als funktionsfähig … ›Englisch‹ als Institution ist öffentliches Eigentum.«

Als das ARPANET mehr und mehr Sites erfasste, fand es schließlich von alleine eine zentrale Verwendungsweise. Doch das war nicht der hehre Datenaustausch zwischen Büchereien und Datenbanken, an den man noch einige Jahren zuvor gedacht hatte, und auch nicht ein Stanford-Rechner, der mit Associated Press verbunden war. Die »Killer-Anwendung« war die Nutzung des Netzes für E-Mails, an denen damals noch niemand verdiente. Bereits 1976 erklärte ein Sprecher des amerikanischen Postministeriums: »Wir werden technisch überholt.« Im gleichen Jahr verschickte Queen Elizabeth II. ihre erste E-Mail. Noch heute ist die häufigste Funktion des Internets der Austautausch von Nachrichten – häufiger als der Online-Aktienhandel und die Gelegenheit, sich Fotos von nackten Frauen anzuschauen. Allein in den Vereinigten Staaten werden täglich mehr als zwei Milliarden E-Mails verschickt – bei einigen Menschen haben sie schon das Telefon als häufigstes Kommunikationsmittel ersetzt –, und man erwartet, dass sich diese Zahl bis zum Jahr 2002 vervierfacht hat.

Die Elektronische Post (*mail*) verbindet die Spontaneität des Sprechens mit der Besonnenheit des Schreibens. Die E-Mail, die ursprünglich *network mail* hieß, führte zu einer raschen Verbreitung des @-Zeichens, der »Emoticons« wie dem Smiley, von Diskussionsgruppen und »virtuellen Gemeinschaften«, die heute ein wesentlicher Teil des Cyberspace sind. (Nach einer Schätzung gibt es 90 095 verschiedene *Mailing-Listen* im Internet, von denen manche mehrere Zehntausend Namen umfassen.) So machte es das Wunder des Networking möglich, dass 1986 eine beliebte Online-Gruppe der Bay-Area, The Well, ein Diskussionsforum über die Kultband Grateful Dead ins Leben rief.

Wie so viele Online-Entwicklungen entstanden die E-Mail-Konventionen im Netz und nicht per Verordnung durch irgendeine zentrale Regierungsbehörde. Sie waren das Werk von Wissenschaftlern und Hackern, die herumexperimentierten und abwarteten, was die anderen übernahmen. Einfluss auf das Netz hatten nur die Leute, die es benutzten. Das Computernetz entwickelte sich, so schrieben Hafner und Lyon, »zu einem Ort, wo man gemeinsam arbeiten, Freundschaften schließen und offenere Kommunikationsmethoden praktizieren konnte. Amerikas Liebe zum Highway entstand nicht, weil sich jemand einfallen ließ, eine Straße zu begradigen und zu asphaltieren … sondern weil jemand entdeckte, dass man die Route 66 wie James Dean im offenen Kabrio entlang fahren und dabei laut Radio hören konnte.«

Als das Jungunternehmen Sun Microsystems in den Achtzigerjahren begann, Workstations zu verkaufen, lieferte es sie mit kostenloser Netz-Software (die dazu beitrug, dass die Sun-Rechner sofort zum Renner wurden.) Mittlerweile waren so viele Menschen online, dass sich Übermittlungsstaus vor allem bei E-Mails zum Problem auswuchsen. Laut *Apra Kadabra* hatte jeder Host (»Wirt«-Computer) seine eigene Bezeichnung, aber viele Benutzer wollten den gleichen Namen haben, etwa Frodo the Hobbit aus dem *Herrn der Ringe*. »Sich durch die Frodos im Internet hindurchzuarbeiten«, schreiben Hafner und Lyon, »das war, als suchte man einen Jones im Telefonbuch von Cleveland oder einen Smith in Smithville.« Die Lösung kam 1983 mit dem Domain-Namensystem, das ein Adressensystem für das Internet einführte. Es gab sieben Domains oder Geltungsbereiche – com (für *companies* – Unternehmen), edu (für Schulen und Hochschulen), gov (für *government agencies* – Regierungsbehörden), mil (Militär), org (gemeinnützige Organisationen), net (Netz-Dienstleistungsanbieter) und int (Internationale Organisationen). Auch Länder bekamen später eigene Domains, darunter solche Brennpunkte des internationalen Geschehens wie Guernsey (gg), Osttimor (tp), die Christmas-Inseln (cx) und der Vatikan (va). Jede Adresse in jeder Domain hatte eine lange mit ihr verknüpfte Ziffernfolge, die ihrer Identifizierung diente. Das Domain-System lieferte eine Abkürzung für diese Sequenzen, die man unmöglich behalten konnte.

Das ARPANET teilte sich schließlich in ein militärisches und ein ziviles, der Computerforschung dienendes Netz auf. Die Koordinierungsfunktion der ARPA ging an die National Science Foundation über. (1971 ließ sich AT&T die Chance entgehen, das ARPANET zu übernehmen, eine unternehmerische Entscheidung, die in ihrer Klugheit und Weitsicht in etwa zu vergleichen ist mit IBMs Entschluss, Microsoft freie Hand bei der Lizenzvergabe für MS-DOS zu geben.) Ende 1989 wurde das ARPANET – das ursprüngliche vielfältig verflochtene Netzwerk – stillgelegt. Die ARPANET konstituierenden Sites wurden Teil anderer Netze, die in ihrer Gesamtheit als Internet bezeichnet wurden.

Die Bedeutung des Jahres 1989 lag nicht nur darin, dass das ARPANET sich verabschiedete. Am CERN, dem europäischen Labor für Teilchenphysik in Genf, entwickelte Tim Berners-Lee die Spezifikationen für ein neues Web (Netz, Gespinst) *innerhalb* der Netze. Er nannte es World Wide Web. Rein technisch entwickelte Berners-Lee ein neues System von Computerbefehlen und syntaktischen Regeln, die Computer erlaubten, miteinander zu sprechen und Daten auszutauschen. Die neue Sprache nannte er HTML – *HyperText Markup Language*, Hypertext-Seitenbeschreibungssprache –, deren Übertragung durch die neuen HTTP-Spezifikationen geregelt wurde (HTTP = *HyperText Transfer Protocol* – Hypertext-Übertragungsprotokoll). Außerdem entwickelte Berners-Lee noch so genannte URLs (*Uniform Resource Locators* – einheitliche Quellenlokalisierer), die als universelles Online-Adressensystem dienten. Wenn Sie im Internet sind und das vorangestellte »http://www.« eintippen, dann bedienen Sie sich der Erfindung von Berners-Lee, die Sie mit einer Adresse im World Wide Web verbindet. Nach dem Präfix kommt das Unternehmen oder die Universität, an die Sie sich wenden – beispielsweise »Stanford« – und schließlich der Domain-Name. Also: http://www.stanford.edu. Noch nie zuvor sind Ws zu dritt aufgetreten.

»Hypertext« war der Schlüssel zum Web. Wie ein Domain-Name eine lange Ziffernfolge ersetzte, die niemand jedes Mal aufs Neue eintippen wollte, war auch der Hypertext dank des Einfallsreichtums von HTML eine Abkürzung. Das Konzept des Hypertextes hatte seinen Ursprung in alten, ganz unspektakulären Fußnoten, wurde aber zum ersten Mal 1945 von Vannevar Bush angedacht, Roosevelts wissenschaftlichem Berater während des Zweiten Weltkriegs und dem ehemaligen Dekan des Fachbereichs Ingenieurswissenschaft am MIT. Für den *Atlantic Monthly* schrieb er den Aufsatz *As We May Think*, der inzwischen Kultstatus bekommen hat. Darin beschrieb Bush eine theoretische Maschine, die Menschen helfen sollte, Informationen zu organisieren. Also schon vor Jahrzehnten sprach er über Hypertext und Internet: »Der menschliche Verstand arbeitet mit Assoziationen. Wenn er ein Objekt erfasst hat, greift er augenblicklich nach dem nächsten, das ihm durch Gedankenassoziation nahe gelegt wird, und zwar in Übereinstimmung mit einem komplizierten Netz (*Web*) von Spuren, die die Gehirnzellen in sich tragen.« Mit anderen Worten, wenn man das eine Gehirn, von dem Bush spricht, durch Millionen Netzbenutzer ersetzt, hat man ein World Wide Web – das die Rechenkapazität einer Maschine mit der Intuition der Menschen verbindet.

In der Regel war Berners-Lees Hypertext ein Wort, das durch Unterstreichung oder Farbgebung hervorgehoben war und die Verbindung herstellte zu einem anderen Dokument, einer anderen Seite oder einem anderen Computer an einem möglicherweise weit entfernten Standort, für den ein ganz anderer Netzbenutzer zuständig war. Um dorthin zu gelangen, brauchte man nur das Wort oder den Satz »anzuklicken«. So konnte man sich hüpfend und springend endlos in verwandten und durch Querverweise verbundenen Informationswelten herumtreiben – von der, sagen wir, Sammlung über die Geschichte der Atomphysik in der Library of Congress zu einem Archiv der Oxford University über die Kriegszeit zu einem Computer in einem Labor von Los Alamos in New Mexico. Berners-Lee war ein vierunddreißigjähriger englischer Informatiker, der einfach nach einer vernünftigen Methode suchte, seine Recherchen in dem chaotischen Netz besser zu organisieren. Er hatte wohl kaum vor, es komplett zu erneuern. Doch das Web wurde zu einem neuen, sich ungeahnt entwickelnden Bereich des Internets, einer Fundgrube des Wissens, zu der jeder Computerbenutzer mit einigen Basiskenntnissen Zugang hatte. Berners-Lee veröffentlichte seine HTTP-Spezifikationen und dachte nie daran, ein Geschäft daraus zu machen.

Anfang der Neunzigerjahre wurde das World Wide Web ein neuer Teil der Internets. Das war der »Cyberspace«, den William Gibson 1984 in seinem Sciencefiction-Kultbuch *Neuromancer* entworfen hatte. Der Cyberspace war eine »konsensuelle Halluzination, die täglich von Milliarden legitimen Operatoren erlebt wurde … eine grafische Darstellung von Daten, die aus den Banken jedes Computers im menschlichen System abstrahiert wurden.« Das Web war eine Netzergänzung, die genauso wichtig war wie jede Online-Neuerung davor, einschließlich der E-Mail.

Im gleichen Zeitraum beseitigte die National Science Foundation die wenigen Hindernisse, die noch einer kommerziellen Nutzung des Internets im Wege standen. Doch die verschiedenen Versionen einfacher »Browser-Programme«, die entwickelt wurden, damit man im Netz »navigieren« – das heißt, sich hindurchbewegen und darin suchen – konnte, waren nicht für ein Massenpublikum bestimmt. Zum einen liefen sie nicht auf PCs und zum anderen setzten sie alle das Wissen um Zusatzbefehle und Protokolle voraus. Außerdem musste der Benutzer ergänzende Software installieren können. Wer ein Foto oder ein anderes Bild herunterladen wollte, musste wieder ein anderes Programm benutzen. Die meisten Browser waren text-basiert und unterstützten keine Multimedia-Anwendungen – kein Video, keine Grafik, keinen Ton, keine der anderen vielfältigen Reizdimensionen, von denen Vannevar Bush träumte. Tim Berners-Lee hatte kein Interesse an diesen Medien (und befürchtete auch – zu Unrecht –, sie könnten das Netz überlasten). Ferner waren die Browser unhandlich – schwierig auf einen Computer zu laden, absturzanfällig und nicht besonders intelligent. Wenn man beispielsweise eine Seite von einer Site abrief, die im Augenblick keine Anfragen bearbeitete, dann hängten sich viele Browser dort auf. Für einen Rechner ist die Ewigkeit wie eine Millisekunde. Trotz des ganzen Computerfachverstands, der bereits in das World Wide Web investiert worden war, blieb es ein unwirtlicher Ort für den Nichteingeweihten.

Doch auch so war das Universum der vernetzten Computer seit dem Tag, an dem Bob Taylor beschloss, seine Pentagon-Computer aufzurüsten, enorm expandiert. Weil das Netz dezentralisiert war und sich daher unbegrenzt vervielfältigen konnte und weil es so wenig kostete, besaß es die Möglichkeit, die Kommunikation zu demokratisieren und eine Informationsrevolution loszutreten – eine moderne Spielart der Gutenbergschen Druckerpresse. Im Vergleich zur Expansion des Netzes wird der Aufstieg der Personal Computer vielleicht eines Tages nur noch eine historische Fußnote sein. Doch eine Zeit lang blieb das Internet noch den Eingeweihten vorbehalten.

Der Urknall des Internets begann nicht mit einem kosmischen Plan, sondern mit einem Kuchen.

Weit weg von Silicon Valley besuchte Marc Andreessen im Spätherbst 1992 die University of Illinois und arbeitete als Teilzeitkraft im National Center for Supercomputing Applications der Universität. Für 6 Dollar 85 die Stunde schrieb er Programme für die staatlich finanzierten Hochleistungscomputer, die mit Unix liefen, einem Betriebssystem, das 1969 in den Bell Labs entwickelt worden war. Andreessen sah, dass das Internet nur den digital Initiierten offen stand und stellte sich einen weniger elitären Raum vor, der jedem Cyber-Laien gestattete, im Netz und, vor allem, im Web zu »surfen«.

Der damals einundzwanzigjährige Andreessen – der noch nicht einmal geboren war, als Bob Taylor im Pentagon vom ARPA-Netz träumte – schien das Programmieren im Blut zu haben; er hatte es schon als Halbwüchsiger gelernt. Doch seine Interessen waren weiter gespannt. Er las mehrere Tageszeitungen, sah eine ganze Reihe von Zeitschriften durch, entwickelte eine Methode, den TV-Nachrichtensender CNN auf seinem Computerbildschirm zu sehen, und schrieb jede Nacht Dutzende von E-Mails. Hin und wieder soll er sogar mit einem Telefonhörer gesehen worden sein. Kurzum, Andreessen war der perfekte Verschnitt aus PC und MTV. Er konnte riesige Informationsmengen aus der Technik- und der Popwelt aufnehmen, sodass er geradezu ideale Voraussetzungen besaß, um die Ehe zwischen Internet und Massengesellschaft, die Vereinigung von Computer und Kommunikation vorherzusehen.

Auch andere kluge Leute sahen es kommen. Heiligabend 1992 plauderten Venture-Kapitalgeber John Doerr und Bill Joy, Mitbegründer von Sun Microsystems, in Aspen am Kamin. »Eines Tages«, prophezeite Joy, »wirst du einen Achtzehnjährigen unterstützen, der Software schreibt, die die Welt verändert.« Joy war nur drei Jahre über dieses Alter hinaus, also wer will es ihm verdenken? Bill Gates hatte sein Harvard-Studium mit achtzehn geschmissen, um Microsoft zu gründen.

An einem Abend des gleichen Dezembers beschloss Andreessen im Espresso Royal Caffe in Champaign-Urbana, Illinois, die Welt zu verändern. Er kannte die Möglichkeiten des Web – seine Grafik und Faszination, die weit über E-Mails und textlastige wissenschaftliche Kommunikation hinausging. Obwohl das Web mit ein paar »Websites« noch in den Kinderschuhen steckte, hätte sein Potenzial eigentlich auch anderen auffallen müssen. Doch die meisten akademischen Bewohner des Cyberspace hatten nur ihre speziellen Bedürfnisse im Auge – ihnen gefiel die Exklusivität der elektronischen Brüderschaft, ganz ähnlich wie die frühen Verwender von MS-DOS die »Zeige-und-Klicke«-Technik der Macintosh- und Windows-Betriebssysteme beklagten. Die Wissenschaftler waren zufrieden, wenn sie ihre Informationen austauschen konnten, egal, wie unelegant der Zugang war. Ihnen genügte es, dass das Web ihnen die Sache ein bisschen erleichterte. Zumindest konnten sie jetzt durch das riesige, heterogene Netz navigieren, ohne ein unhandliches System von Protokollen benutzen zu müssen.

Andreessens Plan zur Vereinfachung der Web-Navigation gehörte zu jenen Epoche machenden Erleuchtungen, die von ihren Entdeckern zunächst gar nicht als solche erkannt werden. Insofern war er vergleichbar mit Bob Noyce, Steve Wozniak oder auch Larry Ellison. Doch am Ende wurde klar, dass Andreessens Idee die Geburt eines neuen Zeitalters markierte – den Beginn des Internetbooms und einer neuen Generation von Silicon Boys. Andreessens Browser, der für das Web bestimmt war, das das Internet verbesserte, das sich aus ARPANET entwickelt hatte, war das fehlende Glied in der Kette, die schließlich das Netzfieber auslösen sollte.

Angefangen hatte das Valley als Hardware-Mekka, indem es den Mikroprozessor und den Computer für professionelle Anwender erfand. Dann kamen die PCs und der Aufstieg der Software-Industrie. Nun wurde in einem Computerlabor fast 3000 Kilometer entfernt die dritte Dollarwelle ausgeheckt – und die ergiebigste noch dazu. Andreessen kam früh genug ins Valley, um der erste »Netrepreneur« zu werden – der erste Internet-Unternehmer. Später behaupteten das NCSA-Management und die Andreessen-Kritiker, er sei einfach ein weiterer Hacker, der Kapital aus einer Idee geschlagen habe, die gar keinen individuellen Urheber gehabt habe. Nach ihrer Rechnung haben sie vierzig Leute gleichzeitig gehabt. Die Zeitschrift *GQ* brachte einen Artikel mit dem griffigen Titel *Imposter Boy* (»Jugendlicher Hochstapler«) und zählte eine Beschuldigung nach der anderen auf, wobei sie sich größtenteils auf NCSA-Quellen berief. Zwar haben Prioritätsgeschichten immer unterschiedliche Versionen, doch die NCSA-Darstellung von der Idee-die-in-der-Luft-lag klingt allzu sehr nach Neid und Missgunst. Viele andere Programmierer, die sicherlich genügend Grund hätten, es zu bestreiten, erklären unumwunden, dass Andreeessen der Entdecker ist.

Anfangs musste Andreesens Idee für Unix umgesetzt werden, das Betriebssystem für Hochleistungs-Workstations. Er wandte sich an seinen NCSA-Kumpel Eric Bina, der weit mehr Interesse am Programmieren hatte. Der dreißigjährige Bina war Woz, Andreessen Jobs. Während Andreessen sich über eine neue Weltordnung und ihre Vermarktung den Kopf zerbrach, war Bina damit zufrieden, das Internet für grundlegende Dinge wie die Forschung zu nutzen. Doch Andreessens Projekt hörte sich an, als würde es Spaß machen – jedenfalls mehr als ihre Arbeit für die Uni. Drei Monate lang waren sie praktisch unzertrennlich. Sie arbeitete achtzehn Stunden am Tag und stritten sich dabei nicht nur über Computerprogramme, sondern auch über Regierungspolitik, Musik und das Junkfood, das sie sich im Schnellimbiss holten.

Wie sich herausstellte, war es gar nicht so schwer, Andreessens Idee umzusetzen. Audioclips und Bilder gab es beispielsweise schon vorher. Andreessens Beitrag bestand nun darin, dass er das

Format für Inhalte standardisierte, sodass Benutzer rascheren Zugang hatten. Wie bei anderen bahnbrechenden Ideen lag der Wert seines Einfalls in der Konzeption. Als Programm belief sich Andreessens Idee gerade mal auf 9000 Programmzeilen – im Vergleich zu, sagen wir, den 800 000 Programmzeilen von Windows 98. Andreessen und Bina nannten das Programm Mosaic – ein einfaches, anschauliches grafisches »Overlay« für das World Wide Web. Anders als frühere Browser war Mosaic ein Universalprogramm. Es besaß nicht nur die Zeige-und-Klicke-Einfachheit – dank derer der Benutzer sich durch den Hypertext bewegen konnte, ohne lange Ziffernfolgen einzutippen –, sondern auch die Fähigkeit, ansprechende Grafiken und andere Multimedia zu zeigen, Ton wiederzugeben und Abstürze zu vermeiden. Die Benutzeroberfläche war elegant, voller Farben und anderen grafischen Elementen, wie Schaltflächen – virtuellen Knöpfen, auf denen »vor« und »zurück« stand und die über den ganzen Bildschirm verteilt waren. Und am schönsten war, dass niemand zu wissen brauchte, was HTTP, HTML oder *Transmission Control Protocol* (Übertragungssteuerungsprotokoll) bedeutete, um Mosaic zu installieren. So leistete es für das Internet, was das Zweite Vatikanische Konzil für die römisch-katholische Kirche geleistet hatte: Es öffnete Unix für die Sprache des Laien.

Im Laufe der Zeit machte Mosaic mit dem gesamten Netz, was der Macintosh für die PCs getan hatte – es machte das Netz benutzerfreundlich. Der Name »Mosaic« brachte zum Ausdruck, dass die Software letztlich auf vielen verschiedenen Rechnern laufen sollte. »Browsing« bedeutete jetzt, dass man ein Hypertext-Link nur noch anklicken musste und – virtuell – an jeden gewünschten Ort befördert wurde. Die Möglichkeiten waren grenzenlos, ein unendliches Labyrinth.

Kaum ließ sich Mosaic kostenlos aus dem Netz herunterladen – als »Freeware«, wie der Fachausdruck lautet – schlug es ein wie eine Bombe. Es war nicht besonders schnell, zuverlässig oder sicher – aber es war *lebendig*, es stattete die flache, digitale Wüste mit Tiefe und Dynamik aus. Im Frühjahr 1993 wurden andere NCSA-Ingenieure eingespannt, um Mosaic für Microsoft-Windows- und Apple-Macintosh-Rechner zu schreiben. Jon Mittelhauser, Chris Wilson und Aleksandar »Mac Daddy« Totic – alle noch keine dreißig – hatten diese Versionen bis Thanksgiving fertig und online. Die Nachricht verbreitete sich in einschlägigen Kreisen wie ein Lauffeuer. »Am ersten Tag, als der Zugriff auf diese Versionen möglich wurde«, sagt Mittelhauser, »brach der Server zusammen« (er meinte den Mosaic-Zentralrechner, von dem die Internetbenutzer den Browser herunterladen konnten). Das Web stand nun jedem offen, der über einen PC verfügte.

Schon bald hatten eine Million Menschen Mosaic, was ihnen nicht nur ermöglichte, Daten aus entlegenen Bibliotheken abzurufen, sondern auch untereinander Informationen auszutauschen, sobald sie gelernt hatten, entsprechend mit dem Web umzugehen. Nach einer Schätzung beträgt die jährliche Wachstumsrate des Webverkehrs 342 000 Prozent. Das Internet wurde zu einem riesigen Organismus, der durch eine ständig wachsende Zahl von Menschen und Rechnern belebt wurde. Eine Liste, wo es Pudel oder Pornos zu kaufen gab, Sammlungen von Telefonbüchern und Straßenkarten, einen Reliquienschrein für Karen Allen oder andere Promis, literarische Träumereien und Familienalben und Listen mit Listen mit solchen Dingen. »Websites« und »Homepages« begannen überall im Web aus dem Boden zu schießen. Jeder Nutzer mit rudimentären Computerkenntnissen konnte ohne wirtschaftliche Hindernisse, staatliche Zensur oder künstlerische Hemmnisse an dieser Öffentlichkeit teilnehmen. Es war eine universelle, grenzenlose Informationsbücherei und ein egalitäres Publikationsmedium, eine Welt ohne Kontrolle!

Wie schon die E-Mail so war auch das spektakuläre Wachstum des Web ein Beweis für Metcalfes Gesetz (jeder Mensch, der zum Netz hinzukommt, erhöht den Wert des Netzes exponenziell). Mosaic-Kritiker hatten skeptisch gefragt, warum die Massen Zugang zum Netz wünschen sollten, da doch seine Inhalte so uninteressant seien. Doch die Benutzerfreundlichkeit des Browsers *erzeugte* Inhalte. So wie Straßenplaner die erforderliche Größe einer Brücke nicht bestimmen können, indem sie die Schwimmer im Fluss zählen, ließ sich das Interesse am Netz nicht messen, bevor es vorhanden war.

Anfang 1993 gab es ungefähr fünfzig kommerzielle Websites; Ende des Jahres waren es schon mehr als zehntausend. Die Leute konnten geographisch weit getrennt sein, aber die Technologie des

Netzes einte sie. Und da die Grenzkosten mit jedem neuen Benutzer des Netzes geringer wurden, war die kritische Masse für den entscheidenden Entwicklungssprung des Netzes rasch erreicht. Das hatte das Fernsprechsystem schon Jahrzehnte zuvor unter Beweis gestellt. Wenn man ein Telefon kaufte, konnte man den Vorteil nutzen, dass es bereits eine Milliarde Telefone überall in der Welt gab.

Wie George Gilder, der scharfzüngige Fachkritiker, in der Zeitschrift *Forbes* dargelegt hat, betrifft Metcalfes Satz das »Gesetz des Telekosmos« – die Konvergenz von Telekommunikation und Computer –, während das nicht weniger prophetische Gesetz von Moore, das die Leistungsfähigkeit von Mikroprozessoren beschreibt, nur den »Mikrokosmos« betrifft. Die *Leistungsfähigkeit* des Internets – die »Magie der Interkonnektivität«, wie Gilder formuliert – begann eine ungeheure Eigendynamik zu entwickeln. Das Mooresche Gesetz perfektionierte Altes und Bekanntes – bessere Methoden des Rechnens, Organisierens, Verwaltens. Das Metcalfesche Gesetz, verkörpert das Internet, das dank Mosaic einer breiten Öffentlichkeit zugänglich wurde, versprach Dinge, die völlig neu waren – neue Formen der Kommunikation, der Ausbildung und der Regierung, ganz zu schweigen von den wirtschaftlichen Möglichkeiten und dem märchenhaften Reichtum, den es vielen Leuten verschaffen sollte.

All das vollbrachte es mit nie da gewesenem Tempo. Während andere Netze, etwa das Telefonsystem, ständig ihre Infrastruktur aufrüsten und erneuern müssen – Kabel, Schalter, Masten und die Arbeiter, die das alles installieren – war das World Wide Web schon weitgehend vorhanden, als Mosaic erfunden wurde. Wer einen Computer hatte, brauchte lediglich ein Modem und irgendeinen Provider wie America Online oder Prodigy, um Zugang zum Netz zu bekommen. Diese Provider gab es schon vor Mosaic, doch waren sie ursprünglich geschlossene, proprietäre Dienste, die außerhalb des Web operierten. Alles, was man für sein Geld von AOL bekam, war die Möglichkeit, mit anderen AOL-Benutzern Nachrichten auszutauschen. Doch im Laufe der Zeit akzeptierten auch sie die offenen Standards des Netzes und boten ihren Kunden unbeschränkten Zugang. Eines Tages, sagen die Propheten, werden alle Dinge in der physischen Welt – Milchtüten, Flugzeuge,

Laternenpfähle, wir selbst – mit dem Netz verbunden sein, das die Informationen überträgt und korreliert. Die konkreten Geräte – Computer, Telefone oder Armbanduhren – werden keinerlei Bedeutung mehr haben. Einzig die Informationen, die sie verbinden, werden noch zählen.

Im Dezember 1993 machte Andreessen seinen Abschluss an der University of Illinois. NCSA bot ihm eine Stelle an – unter der Bedingung, dass er das Mosaic-Team verließ, das inzwischen auf einige Dutzend Mitglieder angewachsen war. Die NCSA-Oberen meinten, eine »einheitliche Leitung« sei erforderlich, um die nächste Entwicklungsstufe von Mosaic einzuleiten, vor allem, als sich herausstellte, dass der Siegeszug von Mosaic unaufhaltsam war. Doch diese Management-Methoden führten lediglich dazu, den Computerfreaks jede Lust zu nehmen. »Ständig hockten so vier, fünf von uns bis zwei Uhr bei Pizza und Cola zusammen«, sagte Mittelhauser. »Jetzt fanden große Besprechungen statt. Also praktizierten wir passiven Widerstand – wir ignorierten sie einfach.«

Offenbar versuchte NCSA die Rolle der Ingenieure, die für Mosaic verantwortlich waren, herunterzuspielen. Ein langer Artikel in der *New York Times* beschrieb die neue Software und brachte ein Foto des hochgelobten NCSA-Direktors Larry Smarr, der Mosaic als das »erste Fenster in den Cyberspace« bezeichnete. Das nahm Andreessen jede weitere Lust. Die Borniertheit des NCSA-Management bereicherte die amerikanische Hightech-Geschichte um eine weitere folgenreiche Fehlentscheidung. Marc Andreessen ziehen zu lassen war eine himmelschreiende Dummheit.

Mit zweiundzwanzig und nach der Behandlung, die er von der NCSA erfahren hatte, fühlte sich Andreessen ausgebrannt. Er holte sich noch nicht einmal seine Examenszeugnisse ab, sondern machte sich stracks auf den Weg nach Silicon Valley, wo er als Programmierer bei einem kleinen Unternehmen in Palo Alto anfing. Enterprise Integration Technologies entwickelte Methoden zur Sicherung des E-Commerce (und stellte außerdem die Regel unter Beweis, dass kein Unternehmen dessen Name so viele Silben besitzt, Erfolg haben kann). Hier fand Andreessen zwar kaum die Herausforderung, die ihm Mosaic geboten hatte, aber es hatte ein bezahlten Job in Nordkalifornien, nur wenige Kilometer vom Peninsula Creamery and Grill entfernt, wo es die beste Schokomilch gab, die die menschliche Zivilisation hervorzubringen vermochte. »Ich hatte den vagen Plan, ein Unternehmen zu gründen«, sagt Andreessen, »aber ich wusste noch nicht einmal, was ein VC ist.«

Bei seiner Ankunft war das Valley auf einem wirtschaftlichen und emotionalem Tiefpunkt angelangt. Das war nicht mehr das Valley früherer Tage. Die PC-Ära hatte ihre Sturm- und Drangzeit hinter sich und war lange nicht mehr der Finanzturbo von einst. Von Intel abgesehen, hatten nur noch wenige Unternehmen die Gewinnspannen aufzuweisen, die die Wallstreet verlangt. Seit Jahren hatte niemand mehr eine wirklich zündende Idee gehabt, wenn man einmal absieht von Larry Ellisons Entschluss, sich einen Bart stehen zu lassen. Die Unternehmer bildeten sogar eine Art Handelskammer, um einen Ausweg aus der Flaute zu finden. »Alle wirkten sie ziemlich grämlich«, sagt Andreessen. »Sie schauten sich an und fragten sich, warum im Valley nichts Aufregendes mehr passierte.«

Andreessen ist einer Kleinstadt in Wisconsin geboren und aufgewachsen – die Mutter war Kundendienstvertreterin für den Textilversand Land's End –, aber er war kein naives Landei. Vielleicht hat er ein bisschen so ausgesehen, mit seinen korpulenten eins neunzig und seinem treuherzigen Lächeln, aber Andreessen hatte nicht der Zufall nach Silicon Valley verschlagen. Er war schlau und ehrgeizig. Vielleicht hat er damals wirklich nicht gewusst, was ein VC ist, aber er hatte eine gute Idee. Obwohl ihn seine Kollegen bei EIT als recht nett in Erinnerung haben, spürten sie innere Anspannung, unter der er stand. Den Chef des Unternehmens erinnerte er an einen »Steve Jobs, der noch übt«.

Ein kurzes Stück weiter am Highway 101 gab es ein weiteres Opfer des Burnout-Syndroms, auch das im Begriff, seinen nächsten Schritt vorzubereiten. Jim Clark war Andreessen zwar ein gutes Stück voraus, hatte er doch Silicon Graphics gegründet – den Pionier auf dem Gebiet der 3-D-Graphik, der die digitalen Dinosaurier für *Jurassic Park* geliefert hatte –, doch auch dieser Jim Clark war frustriert und wollte aussteigen. Er leitete das Unternehmen nicht mehr, es gab Streit um seine Abfindung und er sehnte sich nach einem Betätigungsfeld für seine rastlose Energie. Anders als andere in ruhigere Gewässer gelangte Unternehmer wie Larry Ellison, Gordon Moore oder auch Steve Jobs suchte er nach einer neuen Kanonenkugel, auf der er reiten konnte. Für Clark lag der Reiz in der Gründungsphase – sich aus alten Verpflichtungen zu lösen und etwas Neues zu beginnen. Nachdem er unter Beweis gestellt hatte, dass er ein Unternehmen aus dem Nichts aufbauen konnte, wollte er sich und allen anderen beweisen, dass es auch kein Zufall war. Die Jagd machte mehr Spaß als die Beute (obwohl es auch nicht schlecht war, sie aufzuteilen). Und abgesehen davon besaßen die Venture-Geier, die ihm geholfen hatten, Silicon Graphics aufzubauen, so viel von dem Unternehmen, dass ihm für seine Mühe nur 30 Millionen Dollar blieben. Clark wollte richtiges Geld verdienen.

Ende Januar 1994 wandte sich Clark an einen Matketing-Mann von SGI, den achtundzwanzigjährigen Bill Foss, den Clark für einen Kenner der Hightech-Szene hielt. Clark suchte nach einem Rohdiamanten, nach jemandem, der, wie George Gilder sagte, »Technik und Wirtschaft eine neue Richtung geben konnte«. Foss hatte von Mosaic gehört und er nannte nur einen einzigen Namen.

»Wie komme ich an diesen Andreessen?«, fragte Clark. Foss lud Mosaic auf Clarks Workstation herunter und fand Andreessens Homepage im Web, die nur sein etwas raubeinig aussehendes Passfoto und seine E-Mail-Adresse enthielt. »Da findest du ihn.«

Clark stand nicht in dem Ruf großer Bedächtigkeit. Er hatte seinen Lehrstuhl nicht nur deshalb aufgegeben, weil er reich werden wollte, sondern auch weil ihm seine Lehrtätigkeit sinnlos erschien. »Als Junge wollte ich etwas in der Welt bewirken, einen echten Beitrag zum Wissen oder Fortschritt der Menschheit leisten«, sagt er. »Ich dachte, das sei am ehesten an der Universität möglich. Aber als ich dann dort war, sah ich, dass alles in Politik, Intrigen und Geldgier erstickt. Die Leute klauen einem Ideen und heimsen die Anerkennung dafür ein. Ich stellte fest, dass mir das Geschäftsleben besser gefällt, die Verhältnisse sind sehr viel übersichtlicher. Entweder machst du Geld oder du machst keins. Die VCs sagten immer, ein Misserfolg schadet nichts. Das stimmt ganz und gar nicht.« Clark hatte noch nie von Mosaic gehört – er war nicht online-süchtig –, aber nun setzte er sich sofort an die Tastatur. »Sie werden mich vielleicht nicht kennen«, tippte er an Andreessen, »ich bin der Gründer von Silicon Graphics. Dort habe ich gekündigt und möchte ein neues Unternehmen ins Leben rufen. Hätten Sie Lust, mal mit mir zu sprechen?«

»Klar«, erwiderte Andreessen und bastelte einen seiner längeren Online-Sätze zusammen.

Sie trafen sich zum Frühstück, verstanden sich auf Anhieb und aus dem ersten Treffen wurde im Laufe der nächsten acht Wochen eine Vielzahl – »Schnuppertreffen«, nannte Clark sie. Foss und andere Ingenieure nahmen teil, doch die Hauptakteure waren Clark und Andreessen. »Jim hat Marc unter die Lupe genommen, wie ein Schlosser sich ein Werkzeug ansieht, als Mittel zum Zweck«, sagt Foss. Sie trafen sich bei Clark zu Hause in Atherton und trieben seine Frau in den Wahnsinn. Morgens begannen sie mit Kaffee und abends räuberten sie im Weinkeller (obwohl Andreessen noch immer auf Schokomilch schwor). »Clark war wild entschlossen, ein Milliarden-Unternehmen zu gründen. Irgendwie zäumte er das Pferd vom Schwanz auf«, sagt Foss und fügt hinzu: »Gott segne ihn dafür.« Foss wurde später Mitarbeiter Nr. 3 des neuen Unternehmens und verdiente ein hübsches Stück Geld an ihm.

Ursprünglich hatte Clark an Spiele und interaktives Fernsehen gedacht, eine Art Online-Nintendo. Interaktives Fernsehen, Filme »on-demand«, fünfhundert Kanäle über Glasfaserkanäle – das waren die Schlagworte des Information Highway, von dem die Leute 1993 und 1994 sprachen, allen voran der Technik-Freak Bill Clinton. Es war die angesagte Technologie und Clark wollte seinen Zubringer zur Datenautobahn haben. Andreessen war nicht scharf auf ein Nintendo-Netz und außerdem erkannte Clark, dass die Unternehmensallianzen, die sie in diesem Fall schließe mussten, Interessenskonflikte mit seinem vorherigen Arbeitgeber Silicon Graphics heraufbeschwören würde. Stattdessen begannen sie über Mosaic zu reden.

»Weißt du, Jim«, sagte Andreessen eines Nachmittags über einem Glass von Clarks bestem Burgunder, »einige Leute glauben, dass es den Information Highway schon gibt und dass er Internet heißt.«

Aufgrund einer ähnlichen Überlegung hatte Foss vor einigen Monaten 50 000 Dollar von Clark geliehen und eine Online-Immobilienfirma eröffnet. Auf der Suche nach einem Haus war Foss jedes Wochenende stundenlang mit seiner Frau und einem Immobilienmakler durch das Valley gefahren. Er glaubte, das Web könnte diese Prozedur mit Hilfe von Mosaic abkürzen, besonders wenn man Fotografien der zum Verkauf stehenden Anwesen ins Netz stellte.

Vielleicht bestand die Zukunft ja nicht in fünfhundert Fernsehkanälen, sondern in fünfzig Millionen Web-Homepages – diesen elektronischen Daten- und Bildersammlungen der bunten Webgemeinde, von dem Vierzehnjährigen in Idaho bis zum Leiter der Informationsabteilung von General Motors. Schon jetzt explodierte die Benutzerzahl des Internets dank Mosaic. Um am Net teilzunehmen, mussten keine Fernmeldetechniker kommen, um einem Löcher in den Keller zu bohren und Kabel zu verlegen. Die Vielzahl von Windows- und Mac-Versionen von Mosaic bewirkten das, was Andreessen eine »Art positiver Rückkopplungsschleife« nannte – mehr Benutzer produzierten mehr Inhalte, die mehr Benutzer anzogen, und so fort.

Zunächst hatte Andreessen Clark die Führung überlassen, aber jetzt übernahm er sie allmählich selbst. Er erzählte von seinen Freunden in Illinois, die NCSA verlassen wollten und auf Jobsuche waren. Und ihm schwante, dass das Internet tatsächlich Jim Clarks Information Highway sein könnte.

»Du schaust, was du tun kannst«, instruierte Clark Andreessen, »und ich bezahl es.«

»Wir können ja einen Mosaic-Killer entwickeln – das Programm richtig schreiben«, antwortete Andreessen. Ihn hatte es schon immer geärgert, dass Mosaic so viele Fehler enthielt und ungeachtet seines Erfolgs eigentlich nur zweitklassige Software war. Dass er es den Leuten bei NCSA damit so richtig zeigen konnte, war auch kein Nachteil. Rache ist kein schlechtes Motiv.

»Gott weiß, ob wir damit Geld machen«, gab Clark zurück, »aber okay. Lassen wir die anderen Jungs kommen.« Clark hatte den Instinkt des Unternehmers und für ihn lag der Reiz des Internets nicht zuletzt darin, dass noch niemand Geld an ihm verdiente. Andere sahen sich die ökonomischen Fakten an und ließen sich abschrecken. Clark erblickte stattdessen die Chancen, die ihm angesichts des lawinenartigen Wachstums des Web gigantisch erschienen. Clark entwarf ein Bild des Internets, an das vor ihm noch nie jemand gedacht hatte – ein Bild in Dollargrün. Noch nicht einmal John Doerr war bisher auf die Idee gekommen, aus dem Web Kapital zu schlagen. Abgesehen von Unternehmen wie Cisco – das die Infrastruktur für die Internetrouten anlegte – oder Sun – das die Server fertigte, die leistungsfähigen Rechner, die für die Organisation der Netze zuständig waren –, hatten die Venture-Kapitalgeber keine Ahnung, wie oder wo sie investieren sollten.

Gemessen am Valley-Gerede von der Weltverbesserung war Clark erstaunlich unverblümt, was seine Ziele anging. »Ich war auf schnelles Geld aus«, erklärte Clark unbefangen. »Klar, von einem bestimmten Punkt an zählt das Geld nicht mehr. Ich habe einen halben Hektar in Florida und einen halben Hektar in Kalifornien, aber was ist, wenn ich irgendwo hundert oder eine Million Hektar haben möchte? Ich möchte nicht erleben, dass mein Vermögen auf 150 Millionen Dollar schrumpft und ich irgendwelche Sachen zu Geld machen muss.« Clark war kein Grünschnabel wie Wozniak oder auch Jobs, als die ihre Revolution lostraten. Er wusste genau, was er am Ende des Regenbogens finden würde.

Und so wurde Mozilla geboren – der »Mosaic-Killer«.

Andreessen schlug vor, dass sie seine Freunde zu einem Gespräch an die Westküste einluden. Doch Clark befürchtete, dass andere Unternehmer auf die gleiche Idee kommen könnten – Mosaic zu verbessern. In der folgenden Woche flogen er und Andreessen selbst nach Illinois. Egal, was Clark tat, er tat es mit Volldampf.

Die zurückgebliebene Mosaic-Truppe hatte ihre Führung in den zurückliegenden Monaten vermisst. »Wir waren nur die Klempner«, sagt Mittelhauser. »Um ein großartiges Haus zu bauen, brauchst du einen großartigen Architekten. Marc hat uns gezeigt, wo all die Badezimmer hinsollten.« Obwohl Mittelhauser und die anderen mit Andreessen in Kontakt geblieben waren, waren sie ziemlich überrascht, als er ihnen mailte: »Hier bereiten sich große Dinge vor – haltet euch bereit.«

Clark und Andreessen kamen in einem üblen Frühlingsblizzard an. Am folgenden Tag traf sich Clark im University Inn einzeln mit Bina, Mittelhauser und Totic, dazu noch mit drei anderen Ingenieuren, die nicht an dem ursprünglichen Programm mitgearbeitet hatten. Rob McCool hatte für das NCSA einen Mosaic-Server gebaut und Chris Houck hatte an verschiedenen Projekten gearbeitet. Schließlich war da noch Lou Montulli, ein Student an der University of Kansas, der Lynx entwickelt hatte, einen leistungsfähigen Nur-Text-Browser. Andreessen legte Wert auf seine Mitarbeit. Montulli, der sich zum fraglichen Zeitpunkt Hunderte von Kilometer entfernt aufhielt, musste sich das Geld für den Flug zusammenborgen und schaffte es nur mit großer Mühe rechtzeitig zum Treffen. Montulli gehörte später zur frühen Web-Prominenz, weil er das Amazing Fish Cam bestückte, ein sehr beliebtes Aquarium im Cyberspace. Seine Popularität war kein Strohfeuer. Es verzeichnete mehr als 40 000 Besucher am Tag.

Clark wusste, dass die Gruppe große Verdienste besaß. Aber ihn interessierte auch, wie groß Andreessens Einfluss auf sie war. »Jeder von ihnen erzählte eine andere Geschichte«, erinnert sich Clark. »Aber jede Geschichte begann mit Marc. Das reichte mir.«

Alle sechs bekamen Stellenangebote. Clark besprach mit ihnen das Gehalt (rund 80 000 Dollar), Sozialleistungen und die unwesentliche Frage der Aktienoptionen – pro Nase rund ein Prozent des neuen Unternehmens. Das war ein großzügiger Prozentsatz, gemessen an dem, was andere Unternehmen bewilligten. Clark sagte, wenn das Unternehmen Erfolg hätte, könnte eine Menge Holz dabei herauskommen. Er hatte Recht. Die restlichen Mosaic-Mannen, die nicht wie Andreessen in die Schlagzeilen kamen, waren nach dem Börsengang trotzdem vielfache Millionäre. »Wir haben alle noch oft an das Treffen mit Jim zurückgedacht«, sagt Montulli. »Ich fragte mich damals, ob ich mir alle fünf Jahre einen PC leisten könnte.«

Montulli und die anderen sagten auf der Stelle zu. Um das Ereignis gebührend zu feiern, zogen sie in Gully's Pool Bar, wo ihnen Andreessen offizielle »Einstellungsschreiben« überreichte. Clark, der sich noch in seinem Hotelzimmer befand, hatte eines auf seinem Laptop getippt und es sechsmal in die Hotellobby gefaxt. »Wir haben uns schlapp gelacht und konnten es nicht fassen, dass wir nach Kalifornien gingen«, sagt Mittelhauser. Innerhalb weniger Wochen hatten sie ihre Habseligkeiten gepackt und waren fort, bis auf Bina, der zwischen seiner neuen Wirkungsstätte und Illinois pendelte, weil seine Frau dort einen Lehrstuhl hatte.

Nach der Party flogen Clark und Andreessen nach Kalifornien zurück, um das neue Unternehmen in Mountain View aufzubauen. Beiden war klar, dass Online-Firmen für einen bestimmten Bereich – etwa das Immobilien-Unternehmen von Foss – kleine Fische waren im Vergleich zu dem, was sie vorhatten: ein Universalwerkzeug zu entwickeln, das für *alles* zu verwenden war, was online geschah. Auch Foss wusste das, aber begriff nicht, dass sein Immobilien-Geschäft abgeschrieben war, bis Andreessen auf dem alljährlicher Easter Beer Hunt von Foss – man sucht nach Budweiserflaschen, statt nach Ostereiern – auftauchte und nebenbei erwähnte, dass Clark seine 50000 Dollar zurückhaben wolle. Foss war immerhin so enttäuscht, dass er bei der Biersuche letzter wurde.

Clark und Andreessen nannten ihr neues Unternehmen zunächst Mosaic Communications, änderten den Namen aber in Netscape, nachdem das NCSA mit rechtlichen Schritten gedroht hatte. »Mozilla« wurde als Firmenbezeichnung erwogen, bis einundfünfzigjährige Erwachsene wie Jim Barksdale die Geschicke des Unternehmens bestimmten. »Netscape«, in dessen Klang die Bedeutung von Internet und einer virtuellen Landschaft ohne Grenzen mitschwang, passte einfach besser zu einem seriösen Unternehmen. Barksdale war der Chef von McCaw Cellular (das mit AT&T Wireless Services fusionierte) und hatte davor zur Führungsspitze von Federal Express gehört; zweimal hatte er das Angebot abgelehnt, die Nummer zwei bei Microsoft zu werden. Er wollte nicht Erster Offizier sein, schon gar nicht auf einem Schiff, das von Kapitän Gates befehligt wurde.

Im Januar 1995 kam Barksdale als Vorstandsvorsitzender zu Netscape, um ein Unternehmen an die Kandare zu nehmen, das wie ein junges Pferd kurz vor dem Durchgehen war. Von seiner Zeit bei SGI wusste Clark, dass er weder von seinem Temperament noch seinem Organisationstalent her geeignet war, weiter der Unternehmenschef zu sein. Er war zu launisch und zu unbeherrscht. Foss erzählt gerne, wie Clark noch ganz zur Anfangszeit von Netscape in Chicago war, um ein Geschäft mit Christie Hefner vom *Playboy* abzuschließen. Der Playboy beabsichtigte, einen Online-Shop zu eröffnen, und Clark erklärte sich bereit, ihm gegen 15 Prozent der Gewinne dafür Netscapes Server zur Verfügung zu stellen. Clark und Hefner besiegelten die Vereinbarung durch Handschlag. Doch Minuten später, als sie in ihre Limousine stiegen, meinte Clark zu Foss: »Wir können doch nicht gemeinsame Sache mit dem *Playboy* machen, oder? Das ist nicht das richtige Image.« Das Geschäft kam tatsächlich nicht zustande. Clark war intelligent genug, um sich über die eigenen Erwartungen klar zu sein. »Ich habe nach einer Möglichkeit gesucht, reich zu werden, und das sofort. Das ist ein bisschen heftig, aber ich wollte die Dinge auf den Weg bringen, damit ich mich anderen Aspekten in meinem Leben widmen konnte, die nichts mit der Leitung von Unternehmen zu tun haben. Ich wusste, dass wir bald an einem Punkt sein würden, wo ich jemanden brauchte, der mehr Talent zum Manager hatte.«

Barksdale wurde zu den besten fünf oder sechs Führungskräften im Land gezählt, und John Doerr, der sich für Clark um die Sache kümmerte, ließ ihn durch einen Headhunter anwerben. Barksdale hatte zwar ausgesorgt, wollte aber noch einmal den sprichwörtlichen »Homerun« haben, den nur ein Jungunternehmen bieten konnte. Doerr hatte mit dem Gedanken gespielt, die Unternehmensleitung selbst zu übernehmen – eine Vorstellung, bei der einige seiner Partner in schallendes Gelächter ausgebrochen waren –, aber wollte seine Position bei KP nicht aufgeben. Als Gegenleistung dafür, dass er Vorstandsvorsitzender bei einem relativ unbekannten Unternehmen wurde, erhielt Barksdale – der noch nicht einmal ein Gründer war – stattliche 12 Prozent, mehr als viermal so viel, wie Andreessen bekommen hatte. Neben Clark hatte Barksdale damit das größte Stück vom Kuchen.

Barksdale, der in Jackson, Mississippi, geboren und aufgewachsen ist, pflegte das Image ländlicher Schlichtheit, indem er bei jeder Gelegenheit Südstaatensentenzen vom Stapel ließ – meist mit Rückgriff auf die heimische Tierwelt. »Wenn du eine Schlange siehst, zertritt sie«, sagte er. »Schlangen« waren natürlich ein allgegenwärtiges Problem in einem Hightech-Unternehmen. Schlangen, Hunde, Kaninchen – sie wurden zum vertrauten Umgang in Mountain View. »Wenn du nicht mit den großen Hunden laufen kannst, bleib auf der Veranda«, war die Redensart, mit der er Risikobereitschaft zu rühmen pflegte. »Wenn ich den Leuten sage, dass Hühner Züge ziehen können, dann müssen sie sie eben davor spannen«, sollte heißen, dass er von seinen Truppen Gehorsam erwartete.

Netscape wuchs – von drei Angestellten im April 1994 auf 100 zu Weihnachten und auf 2600 nach drei Jahren. Sogar Clark hatte Ende 1994 Zweifel, was die zu erwartenden Erträge seines Unternehmens anging, und drosselte die Einstellungen, doch kaum war Barksdale da, walzte dieser allen Widerspruch nieder und erklärte, das Unternehmen müsse mit Volldampf Kurs auf Expansion nehmen. Unter Barksdale wurde Netscape zu einem der aggressivsten Unternehmen in der Geschichte des Valleys. Obwohl »Marc« nun neben »Bark und Clark« eine für Chefs reservierte Bürozelle innehatte, blieb er der Software-Guru und Medienliebling. Seine Khakishorts und Schottenhemden mit Fertigschlips wurden zu seinem Markenzeichen, wie die Zweireiher es für Larry Ellison waren.

Der Auftrag des Unternehmens lautete, bei Null anzufangen und einen neuen und verbesserten Browser vorzulegen. Jede Verwendung von Teilen des ursprünglichen Mosaic-Programms würde rechtliche Probleme schaffen, weil sich das NCSA und die University of Illinois auf den Standpunkt stellte, alles, was Andreessen und die anderen beim NCSA gemacht hätten, sei auch Eigentum des NCSA. Doch wie sehr sich Netscape auch bemühte, einen vollkommen neuen Browser zu entwickeln, NCSA beanspruchte ihn als sein geistiges Eigentum und verlangte pro Exemplar fünfzig Cents von den Lizenzgebühren. NCSA hatte beschlossen, selbst in das Browser-Geschäft einzusteigen und ließ das ursprüngliche Mosaic nur gegen Lizenzgebühren von einem Unternehmen namens Spyglass vertreiben. Doch NCSA wollte auch einen Anteil von dem, was in Silicon Valley geschah, wobei es diese Auffassung zum einen öffentlich in der Presse vertrat und zum anderen mit finsteren Briefen, in denen Clark Unterlassungsklagen angedroht wurde.

In einem Präventivschlag strengte Clark einen Prozess gegen NCSA vor dem kalifornischen Bundesgericht an. Das Gericht sollte alle urheberrechtlichen Ansprüche von NCSA prüfen und außerdem über eine Verleumdungsklage von Netscape gegen die University of Illinois entscheiden. Barksdale hatte erklärt, er würde nicht kommen, bevor nicht alle rechtlichen Unklarheiten beseitigt seien. Kurz vor Weihnachten 1994 schloss Netscape einen Vergleich mit NCSA, indem es fast drei Millionen Dollar in bar bezahlte. Noch einen letzten Fehler machte NCSA, als es sich weigerte, die Vergleichssumme in Netscape-Aktien zu akzeptieren – fünfzigtausend Aktien. Als Netscape neun Monate später an die Börse ging, stellte NCSA fest, dass es mit dieser Entscheidung ein Vermögen verschenkt hatte. Ganz zu schweigen, wie Andreessen anmerkte, »von den vielen Millionen Dollar an Schenkungen, die von Jim, mir und den anderen Ehemaligen der University of Illinois zu erwarten gewesen wären«. Einige Jahre später war der ursprüngliche Mosaic-Browser nur noch ein Relikt – fast niemand im Cyberspace verwendete ihn noch.

Netscape brachte seinen ersten Browser, der Navigator hieß, im Oktober 1994 auf den Markt. Das Programm, das schneller war und viele Extras aufwies, wurde ein noch größerer Hit als Mosaic – für Unix-Rechner, für Macintoshs und, vor allem, für PCs, die unter Windows liefen. Das wichtigste Medium zum Vertrieb der Software war das Internet selbst. Umsonst erhältlich wie sein Vorgänger – eine Strategie, die so brillant wie scheinbar widersinnig war – ergriff der Navigator sofort vom Netz Besitz, eroberte 70 Prozent des Browser-Marktes und wurde von zwei Millionen Menschen verwendet. Im Sommer darauf hatte sich die Zahl verfünffacht. Damit war das World Wide Web zur Hauptverkehrsstraße im Internet geworden. Die Web-Begeisterung erwies sich als grenzüberschreitend und grassierte vor allem in Japan. Die etwa hundert Internet-Hosts von 1976 waren auf gut sechs Millionen angewachsen. Netscape behauptete, dass 70 Prozent der Fortune-100-Unternehmen – darunter AT&T, das Telekommunikationsunternehmen MCI und Hewlett-Packard – sein Produkt verwendeten. »Es war diese gähnende Lücke auf dem Markt«, sagt Todd Rulon-Miller, damals Vizepräsident der Verkaufsabteilung. »Es war wie Oklahoma im Jahr 1840. Alle Planwagen waren an der Grenze aufgereiht. Dann gab der Marshal den Startschuss und die Wagen rollten in die Ebene.«

Nach dem Metcalfeschen Gesetz musste die *kostenlose* Verfügbarkeit des Browsers letztlich seinen Wert *erhöhen*. Je mehr Menschen im Netz waren, desto nützlicher war es, ins Netz zu gehen, was noch mehr Menschen veranlasste, ins Netz zu gehen. Anfangs bedeuteten Browser für Clark und Andreessen das Gleiche wie Rasierapparate für Gilette – verschaff dir mit ihnen einen Markennamen und erwirtschafte die Gewinne mit anderen Produkten. Clark und Andreessen hatten allerdings noch keine Ahnung, was ihre Rasierklingen sein würden. Sollten sie ihr Geld damit verdienen, dass sie Anteile von den Transaktionen nahmen, die über das Netz abgewickelt wurden, oder von den Dienstleistungen, die Firmen für andere Firmen erbrachten, oder von der traditionellen Werbung? Sie wussten es nicht. Trotzdem gingen sie davon aus, dass sich in irgendeiner Weise an ihrem neuen Software-Tool verdienen ließe. Im Augenblick wollten sie den Markt nur vorbereiten. »Ich war davon überzeugt, dass sich mit der Welle, die wir ausgelöst hatten, schon irgendwie Geld verdienen ließe«, sagt Clark. »Nachdem so viele Leute im Internet waren, dachte ich: ›Wie soll man da kein Geld verdienen?‹«

Schon bald beschloss Netscape, dass Firmen die Browser kaufen mussten und dazu die kompliziertere Server-Software, die der Schlüssel zu kommerziellen Websites war – Produkte, für die Großunternehmen einige Hunderttausend Dollar bezahlen mussten. Die Wirtschaft erkannte rasch, welche Möglichkeiten das Web bot. Vom bloßen Versenden der Jahresberichte, über »Inhalts«-Sites, die existierende Publikationen ins Internet stellten, bis hin zu wirklich interaktiven Sites, die Kunden ermöglichten, ihren Kontostand abzurufen oder den Weg eines UPS-Frachtstücks zu verfolgen – das Web versprach Größenordnungen und Geschwindigkeiten, die alles übertrafen, was die herkömmlichen Netze und Datenbanken zu bieten hatten. (Amazon.com hält beispielsweise elektronisch ein Sortiment an Büchern bereit, mit dem sich das Angebot keiner traditionellen Buchhandlung messen kann.) Durch Verschlüsselung wurde das Web so sicher, dass man unter Verwendung von Kreditkartennummern online kaufen und verkaufen konnte. Netscape machte also Umsätze, indem es seine Software an Firmen verkaufte, musste sich aber gleichzeitig auf die Schlacht mit einem anderen, größeren Unternehmen vorbereiten, einer Firma namens Microsoft, die schon bald das Web als neues Betätigungsfeld entdeckte.

Andreessen hatte sich dafür eingesetzt, den Netscape-Browser kostenlos anzubieten. Doch die Verkaufsabteilung fand Barksdales

Unterstützung, als sie erklärte, das Unternehmen dürfe sich auf keinen Fall die vielen Millionen Dollar entgehen lassen, die aus dem Verkauf an Unternehmen zu erwarten waren. Als Gegenleistung für die Bezahlung – neununddreißig bis neunundvierzig Dollar pro Kopie – sollten die Unternehmen jene Art von technischer Hilfe erhalten, die der durchschnittliche Anwender, der sich die Software kostenlos herunterlud, nicht erwarten konnte. Netscapes Kritiker meinten später, die Entscheidung, den Browser an professionelle Anwender zu verkaufen, sei ein Fehler gewesen, weil Microsoft seine Browser später kostenlos lieferte. Wenn Netscape es von Anfang an genauso gemacht hätte, so diese Kritiker, dann hätte Microsoft auf diesem Markt unter Umständen nie Fuß gefasst. Doch selbst wenn man außer Acht lässt, dass Microsoft den natürlichen Vorteil hatte, seinen Browser mit seinem Flagschiff, dem Betriebssystem Windows, zu verknüpfen, darf man nicht vergessen, dass Netscape unter diesen Umständen nicht die Einkünfte gehabt hätte, die es brauchte, um ein leistungsfähiges Unternehmen aufzubauen und seine Mitarbeiter zu bezahlen – die Umsätze stiegen von einer Million Dollar im ersten Quartal auf 40 Millionen im fünften, von 85 Millionen im ersten Jahr auf fast 350 Millionen Dollar im folgenden. Die Browser waren für mehr als die Hälfte der Umsätze aus diesen beiden ersten Jahren verantwortlich. »Die eigenen Produkte zu verschleudern, kann eine tolle Strategie sein«, sagt Barksdale, »es sei denn, sie bringt die Firma um.« Selbst mit den Einnahmen aus den Browsern kam Netscape nur in den wenigsten Quartalen in die Gewinnzone. Angesichts der Marktposition von Microsoft war Netscape verdammt, egal, ob es seinen Internet-Browser verkaufte oder verschenkte.

Clark steckte 4,25 Millionen Dollar seines eigenen Geldes – rund ein Siebtel seines Vermögens – in das neue Unternehmen. Angesichts dieser Summe betrachtete er sich »genauso als Venture-Kapitalgeber wie als Unternehmer«, obwohl er das Gefühl hatte, letzteres nur dem Namen nach zu sein. Doch angesichts der Ausgaben von Netscape erkannte er rasch, dass er mehr Geld brauchte, außerdem ging es ihm um die Valley-Verbindungen und die Absegnung des Unternehmens durch eine gestandene Venture-Firma. Er wusste, dass Netscape ein erfahrenes Führungsteam und einen Unternehmensplan brauchte und dass er beides nicht zustande bekommen würde. Diese Einsichten führten Clark zu John Doerr, 2750 Sand Hill Road. Keiretsus, Zaibatsus, Unternehmens-Jiu-Jitsus – das alles stand Clark zur Verfügung.

Die beiden kannten sich schon seit 1979, als Clark noch in Stanford war und sich anschickte, Silicon Graphics zu gründen. Da Kleiner Perkins Caufield & Byers bereits Sun Microsystems finanziert hatten, kam die Firma zu dem Schluss, sie könne nicht auch noch SGI unterstützen. Doch Doerr und Clark blieben in Kontakt und hatten sich vorgenommen, irgendwann einmal zusammenzuarbeiten. Sie waren von ähnlicher Rastlosigkeit und ähnlicher Mentalität. Wenn sie nebeneinander standen – bei einem Größenunterschied von fünfzehn Zentimeter – sahen sie aus wie Pat und Paterchon. Clark kannte auch Tom Perkins, den im Ruhestand lebenden KP-Partner, mit dem er zwischen den Fiji-Inseln gesegelt war.

Clark hatte wenig übrig für die VC-Leute und hatte sich jahrelang über SGI geärgert. »Wenn es nicht um Netscape gegangen wäre«, sagt Clark, »hätte ich es nicht getan.« Er fand, die VCs hatten sich seine Unerfahrenheit zunutze gemacht, indem sie sich vierzig Prozent von SGI unter den Nagel gerissen und ihm lächerliche 15 Prozent gelassen hatten, die zur Zeit des Börsengangs schließlich auf drei Prozent zusammengeschrumpft waren. (In der kleinen Welt von Silicon Valley war übrigens Clarks erster Finanzier kein Venture-Kapitalgeber gewesen, sondern Frank Caufields Ex-Frau, die Clark 25 000 Dollar geliehen hatte. »Das Schlimmste, was Ihnen passieren kann, ist, dass Sie 25 000 Dollar verlieren«, hatte Caufield ihr erläutert.) Als Clark erkannte, dass die VCs ihm das Fell über die Ohren gezogen hatten, hatte er große Ähnlichkeit mit dem Kalb, das herausfand, was es mit dem Wiener Schnitzel auf sich hat.

Bis zu einem gewissen Grad mag an Clarks Bitternis auch Neid beteiligt gewesen sein. SGI ging im gleichen Jahr an die Börse wie Microsoft. »Meine Aktien waren ungefähr zehn Millionen Dollar wert«, erinnert sich Clark. »Hätte ich alle in Microsoft gesteckt, dann hätte ich zehn Milliarden Dollar gehabt und wäre einer der reichsten Menschen der Erde gewesen. Damals dachte ich, Software sei ein schlechtes Geschäft, weil sie sich so leicht kopieren lässt. Ich hatte keine Ahnung von Urheberrecht.« Tatsächlich hätte er nur 2,5 Milliarden Dollar gehabt, aber im Prinzip hat er Recht.

Wenn Clark über die Sand-Hill-Leute spricht, benutzt er das Wort »Venture« nur selten, meist sagt er »Vultures« (Geier), »Velociraptor« oder »Vampire«. »Dieselbe Chose«, sagt er, »fängt alles mit *V* an.« Clark wollte sich auf keinen Fall noch einmal über den Tisch ziehen lassen. Trotz seiner Sympathie für Doerr war Clark misstrauisch, denn KP hatte ihm einmal jemand vor der Nase weggeschnappt, den er bei SGI hatte einstellen wollen. Dieses Mal sollten die VCs in ihm einen Verhandlungspartner finden, der ihnen eher gewachsen war.

Neben Kleiner Perkins hatte Clark Netscape auch zwei anderen Venture-Firmen angeboten – dem Mayfield Fund und New Enterprise Associates (NEA) –, die in den Achtzigerjahren SGI finanziert hatten. Der Gedanke, dass KP nicht die erste und einzige Wahl für Clark gewesen war, gefiel Kleiner Perkins nicht: In ihrer Werbebroschüre für den Zaibatsu Information Sciences Fund von 1995 hieß es schlicht und ergreifend, Clark habe Doerr angerufen und die beiden hätten die Sache »per Handschlag besiegelt«.

Jedem Interessenten musste Clarks ursprüngliche Preisforderung kühn erscheinen, vor allem da das Unternehmen kaum einen Unternehmensplan hatte, von erwähnenswerten Einkünften ganz zu schweigen. Clark gab Netscapes Wert mit fast 20 Millionen Dollar an. Wenn ein VC nur, sagen wir, ein Viertel erwerben wollte, musste er dafür fünf Millionen Dollar zahlen. Die Bewertung von personenbezogenen Kapitalgesellschaften ist immer ein wenig exaktes Unterfangen, weil erst die Börse einen objektiven Wert liefert. Doch egal, wie man die Sache betrachtet, Clarks Forderung war aberwitzig. Er verlangte von den VCs dreimal so viel, wie er aus der eigenen Tasche bezahlt hatte. Mayfield und NEA wollten nicht anbeißen. Clark konnte sie noch nicht einmal dazu überreden, sich Andreessen anzuhören, den Mega-Super-Wunderknaben. (Dabei hätte Clark NEA eigentlich ein bisschen mehr Entgegenkommen geschuldet. Vor ein paar Jahren hatte Clark in ihren Büros Nancy Rutter getroffen, eine Journalistin der Zeitschrift *Upside*, die auf der Suche nach Klatschgeschichten für einen kritischen Artikel über KP war. Dick Kramlich, der geschäftsführende Partner von NEA, hatte sie mit Clark bekannt gemacht und wenig später waren die beiden verheiratet. »Wir sind eben ein vielseitiger Dienstleister«, sagt Kramlich, der in den Verhandlungen mit Clark über Netscape großzügig vorgeschlagen hatte, KP als weiteren Investor heranzuziehen.)

Am Ende machte Kleiner Perkins dann das Geschäft allein, sehr zur Überraschung der beiden anderen Firmen. »Ich habe KPs Interesse genau zum richtigen Zeitpunkt geweckt«, sagt Clark. »Außerdem habe ich John und Marc nicht zu früh miteinander bekannt gemacht. Ich hatte zwar Vertrauen zu John, aber ich war vorsichtig.«

Andreessen, der nicht gerade ein Mauerblümchen ist, hatte den Eindruck, Doerr sei von einem anderen Stern. »Er hat 200 Sachen drauf, während du mit 50 vor dich hin tuckerst.« Andreessen sagt, am besten waren die Mahlzeiten, die von einem Partyservice gebracht wurden. »Ich dachte, da muss eine Menge Geld im Spiel sein, wenn sie sich jeden Tag solche Sachen leisten können. Und du hast bei ihnen jedes alkoholfreie Getränk gekriegt, das jemals hergestellt worden ist.« Andreessen machte großen Eindruck auf die Partner. Später gingen er und seine Freundin mit Brook Byers und seiner Frau ins Kino. »Leider«, sagt Andreessen lächelnd, »gab es *Tödliche Weihnachten*, einen der blutigsten, gewalttätigsten Filme des Jahres.« Auch einer der größten Flops des Jahres, aber Andreessen und seiner Freundin gefiel er. Den Byers offenbar nicht. Sie sind nie wieder mit den Andreessens ausgegangen.

Doerr stürzte sich mit dem für ihn charakteristischen Elan auf den Plan von Clark und Andreessen und fand aus verschiedenen Gründen an ihm Gefallen. Kleiner Perkins hatte schon früh in AOL investiert – Frank Caufield saß noch immer im Vorstand des Unternehmens –, und Netscape versprach, eine weit größere Zielgruppe anzusprechen. KP hatte nicht gerade ein strahlendes Jahr hinter sich und war bestrebt, die Scharte auszuwetzen. Und technische Risiken von der Art, wie sie KP verabscheute, gab es so gut wie keine. Im Herbst 1994, nach den üblichen fünfundvierzig ihrer regelmäßigen Montagmorgenbesprechung stimmten Doerr und seine Partner Clarks Bedingungen zu. Aus Clarks Sicht und angesichts der Art und Weise, wie er zuvor von den VCs behandelt worden war, handelte es sich um einen glänzenden Erfolg.

KP investierte 5 Millionen Dollar und erhielt dafür 20 Prozent des Unternehmens. Doerr überlegte ganz richtig, dass ein paar

Millionen mehr oder weniger keine Rolle spielten, wenn Netscape ein Homerun würde. Und tatsächlich wurden KPs fünf Millionen Dollar 765 Millionen Dollar wert, mehr als doppelt so viel wie das gesamte Kapital von KPCB VII, dem Fonds, der Geld in Netscape investiert hatte. »Wir wussten, dass es ein stolzer Preis war«, erinnert sich Caufield, »zumal der von Jim Clark so gepriesene Technik-Guru, der hinter der ganzen Sache steckte, wie ein Zwölfjähriger wirkte. Trotzdem wollten wir alle das Geschäft machen.« Als Netscape Ende 1994 einige Schwierigkeiten hatte, versuchte KP den Vertrag neu zu verhandeln, biss aber bei Clark auf Granit. Er wollte ein Drittel des Unternehmens behalten, weit mehr, als ihm von Silicon Graphics geblieben war. Es war das erste von vielen Internet-Geschäften, die Kleiner Perkins tätigte. Aber Netscape war der Schlüssel. Von nun an war klar, dass der Motor des Internets die Wirtschaft und nicht die Wissenschaft war.

Eine Zeit lang fühlte sich NEA hintergangen, weil KP das Geschäft allein gemacht hatte. Mag auch in der Liebe und im Geschäftsleben alles erlaubt sein, VCs verstehen sich als ritterliche Streiter und nicht als Halsabschneider – zumal NEA der Meinung war, es hätte KP überhaupt erst ins Spiel gebracht. NEA beruhigte sich am Ende wieder, nicht aber ein Partner des gleichfalls ausmanövrierten Mayfield Fund.

Glenn Mueller war einer der beiden Venture-Kapitalgeber, die Silicon Graphics finanziert hatten (der andere war Kramlich) – und der Mann, dem Clark vorwarf, er habe ihm, Clark, bei SGI einen viel zu kleines Aktienpaket gelassen. Sie blieben zwar Freunde, doch als Mueller um eine Beteiligung am Netscape-Geschäft bat, da lehnte Clark ab, weil er die alte Geschichte noch längst nicht vergessen hatte. Auch die Worte, die Mueller daraufhin an ihn richtete, vergaß Clark nie wieder: »Wir sollten SGI endlich begraben. Wenn du mich nicht investieren lässt, bringen mich meine Partner um.« Mueller hatte in den Neunzigerjahren ein paar gute Treffer gelandet und seine Frau hatte selbst ein sehr erfolgreiches Unternehmen gegründet. Nancy's Specialty Food wurde der größte Hersteller von tiefgefrorenen Quiches in den Vereinigten Staaten. Mueller schlug sich dann mit einer Reihe psychologischer Probleme herum – »wachsende Paranoia«, nannte Kramlich es später –, obwohl damals niemand begriff, wie ernst sein Zustand war.

An dem Tag, an dem sich Netscape offiziell als Kapitalgesellschaft konstituierte – 4. April 1994 – befand sich Mueller auf seinem Motorboot *Sirena* in Cabo San Lucas, Mexiko. Er hatte zuvor mit seiner Frau gesprochen und mit ihr verabredet, dass sie ihn am Flughafen in San Francisco abholte. Doch irgendwann an diesem Abend ging der zweiundfünfzigjährige Glenn Mueller in die Kabine seines Bootes und jagte sich eine Kugel in den Kopf. Die Polizei fand nur den Revolver neben der Leiche, keinen Abschiedsbrief.

Der Selbstmord erschütterte das Valley. »Wir fragten uns, ob es etwas über *uns* aussagte«, erzählt Bob Metcalfe, der sein Unternehmen 3Com mit Mayfields Geld gegründet hatte. »War es eine geistige Leere, ein Mangel an Sinn? Waren wir wie er und hatte es ihn nur als Ersten erwischt?«

Clark fragte sich, ob er irgendwie für Muellers Tod verantwortlich war. »Ich fühlte mich schuldig und nach der Beerdigung habe ich Mayfield einen Besuch abgestattet«, sagt er. »Sie trugen mir überhaupt nichts nach. Da war ich mein Schuldgefühl los.«

Seine Fähigkeit, mit VCs Klartext zu reden, zahlte sich bald erneut aus. Als Doerr mit der Gründung von @Home Network beschäftigt war, einem Unternehmen, das einen Hochgeschwindigkeits-Internet-Zugang bieten sollte, bat er Clark, ihm bei der Anwerbung von Tom »TJ« Jermoluk, der damals noch bei SGI war, als Vorstandsvorsitzenden für das neue Unternehmen zu helfen. »Du bist doch ein guter Freund von TJ, nicht wahr?«, fragte Doerr.

»Richtig«, sagte Clark.

»Kannst du uns helfen, ihn anzuwerben?«

»Klar.« Wenn der Preis stimmte.

Am Ende bekam Clark ein Prozent des Unternehmens, das sich am Ende als einige zehn Millionen Dollar herausstellte.

Ganz gleich, auf welchen Unternehmensplan man sich schließlich einigen würde, Netscape musste rasch ins Geschäft kommen. Früher dauerte es manchmal jahrelang, bis ein neu gegründetes Halbleiter-Unternehmen Fabriken errichtet und ein Produkt auf den Markt gebracht hatte – das nannte man dann ein Unternehmen *aufbauen*. Sogar Oracle, einer der Software-Pioniere, konnte im ersten

Jahr seiner Existenz mit keinem Produkt aufwarten. Diesen Luxus konnte sich Netscape nicht leisten. Die ökonomischen Gesetze des Internets ließen es nicht zu. Das Internet bot die Möglichkeit, Software augenblicklich zu vertreiben. Es gab zwar noch den Einzelhandel und die Hardware-Hersteller, aber das Netz war doch etwas ganz Neues. Das erste Unternehmen, das einen besseren Browser entwickelte oder das Web auf andere Weise nutzte, würde einen großen Vorteil haben, vor allem wenn es ihm gelang, sich als Markenzeichen zu etablieren und sich einen Marktanteil zu sichern. Doerr und Clark setzten sich das Ziel, in 120 Tagen ein Führungsteam zusammenzustellen. Clark konnte sich an SGI halten, Doerr konnte auf das viel gerühmte KP-Network zurückgreifen. So wurde Mike Homer, der früher bei Apple Computer und dem glücklosen GO gewesen war, als Leiter der Marketingabteilung eingestellt. Und dann war da noch Todd Rulon-Miller, dessen stürmische Hochzeit mit Netscape demonstrierte, nach welchen Regeln, diese neuen Geschäftsverbindungen eingegangen wurden und in welcher Weise John Doerr dabei verfuhr.

Ende September frühstückte Rulon-Miller mit Kevin Compton, der ein alter Freund von ihm und ein Partner von Doerr war. »Ich habe gehört, du kannst den Eskimos Eis verkaufen«, schmeichelte er ihm. Rulon-Miller, der damals Chef eines kleinen Software-Unternehmens war und früher einmal als stellvertretender Verkaufsleiter bei NeXT unter Steve Jobs gedient hatte, erklärte, er sei nicht zu haben.

Zwei Tage später fand Rulon-Miller auf seinem Anrufbeantworter zu Hause eine Nachricht vor. »Hier ist John Doerr«, hieß es dort, in einem solchen Tempo vorgetragen, dass Rulon-Miller es zweimal abhören musste. »Ich habe gerade mit Kevin Compton gesprochen und er sagt, Sie würden sich hervorragend für Mosaic eignen. Jim Clark und ich kommen in zwei Tagen um 20 Uhr 32 mit Delta Flight 105 aus Atlanta an. Treffen wir uns auf dem Flughafen in San Francisco.« Clark und Doerr kamen an diesem Abend von der ersten Internet World Conference zurück, wo sie am Netscape-Stand zugegen gewesen waren.

»Wer war denn das?«, fragte Rulon-Millers Frau.

»Ich sagte ihr, es sei jemand aus *Mission Impossible* und das Band werde sich gleich selbst vernichten.«

Rulon-Miller war Doerr noch nie begegnet, kam aber zu dem Ergebnis, er dürfe sich die Gelegenheit nicht entgehen lassen. Er fuhr also zum Flughafen und holte sie am Gate ab. (Damals backten sie noch kleine Brötchen und mussten mit Linienflugzeugen reisen.) Sie unterhielten sich in einem Bistro, was bedeutete, dass Doerr fast ständig sprach und die anderen zuhörten. Am folgenden Tag trafen sich Clark und Rulon-Miller in Palo Alto. Rulon-Miller dachte, nun würde das »richtige« Einstellungsgespräch kommen. Doch Clark »verbrachte fünfundvierzig Minuten damit, auf die hundsgemeinen Steuergesetze der Vereinigten Staaten zu fluchen und zu erklären, dass es verdammt noch mal die Unternehmer seien, die den neuen Reichtum zustande brächten und den Durchblick hätten.« Anschließend hatte Rulon-Miller dann doch noch zwei konventionellere Einstellungsgespräche. Eines mit Andreessen, bei dem der junge Programmierer das Videospiel »Doom« spielte. Das andere mit Barksdale. Barksdale und er hatten eine ähnliche Biografie – beide hatten sie in der Verkaufsabteilung von IBM begonnen – und sprachen eine ganz andere Sprache als die Ingenieure. Egal was für technologische Kreuzzüge die Programmierer im Sinn hatten, eines war Rulon-Miller klar, Barksdale würde dafür sorgen, dass das Unternehmen Umsatz machte. Offenkundig war auch, dass Barksdale ein gewaltiges Tempo vorlegen würde.

»Haben Sie was mit dem Herzen?«, fragte er Rulon-Miller.

»Nein. Warum fragen Sie?«

»Mir gefällt es, dass Sie so dynamisch sind, aber ich möchte nicht, dass ihnen in sechs Monaten die Puste ausgeht.«

Am Abend rief Clark Rulon-Miller und bot ihm offiziell eine Stellung an. Seine Aktienoption sollte ein Prozent des Unternehmens betragen. »Am nächsten Tag ging ich in einen Copy-Shop, rief ihn von einem Münzfernsprecher an und gab ihm die Faxnummer«, sagt Rulon-Miller. »Ich wollte die Sache absolut vertraulich behandeln und scheute mich deshalb, den Apparat in meinem Büro zu benutzen. Das Fax kam, ich unterschrieb und faxte das Schreiben zurück.« Rulon-Miller hat oft die Arbeit für Jim Clark mit der für Steve Jobs verglichen. »Berechenbares Verhalten ist keine Eigenschaft von dynamischen, leidenschaftlichen Unternehmerpersönlichkeiten«, sagt er. »Du darfst es nicht persönlich nehmen, wenn sich der Zorn über deinem Haupt entlädt. Das ist einfach Schicksal – als wenn thermonukleares Material durch ein Leck entweicht. Es haut dich kurz um, aber dann ziehst du die Blei-handschuhe wieder an und rappelst dich auf. Ich war bei NeXT als der Bursche bekannt, der eine Kernschmelze überlebt.« Wohlge-merkt, Rulon-Miller beklagt sich nicht.»Unternehmer haben auch ihre Vorzüge. Du kannst sie nicht mit normalen Maßstäben mes-sen.« (Oder wie es Mike Moritz von Sequoia Capitals gesagt hat: »Man muss einfach geisteskrank sein, um ein Unternehmen zu gründen.«)

In der neuen, beschleunigten Welt der »Internet-Zeit«, genügten elf Tage, um Rulon-Miller neugierig zu machen, zu umwerben und einzustellen.»Doerr und Clark haben die Internet-Zeit erfunden«, sagt Rulon-Miller. In der neuen Welt war das Internet-Jahr wie ein Hundejahr, das ja auch sieben Menschenjahren entspricht. Heute ein armer Schlucker, morgen ein Millionär. Es kommt nur auf deine Idee an – und auf das Glück. Sogar Clark gibt das zu.»Ich hatte doppeltes Glück«, sagt er,»obwohl es natürlich richtig ist, irgend-wie bis du auch deines Glückes Schmied – du stehst auf einem hohen Gebäude, hälst eine Eisenstange in der Hand und wartest auf den Blitz.«

1995 übernahm Barksdale offiziell das Ruder und Clark trat zurück. Netscape war auf dem Weg, die Software-Neugründung mit dem schnellsten Wachstum aller Zeiten zu werden. Vor allem dank Netscape legte das World Wide Web so an Tempo zu, dass es sogar die traditionellen Übertreibungen der Branchenbeobachter hinter sich ließ. Selbst der Heilige Stuhl konnte sich der Macht des neuen Mediums nicht verschließen und legte sich eine Website zu. Die Wachstumsraten – die Zahl der Benutzer verdoppelte sich *alle paar Tage* – hatte es in der Weltwirtschaft noch nie gegeben. Nie-mand wusste, wohin diese Zahlen noch klettern würden, und nie-mand in Silicon Valley wollte den Zug verpassen.

Andere Unternehmen begannen ihre Claims im Web abzu-stecken. Cisco stellte Hardware her, die hinter den Kulissen die Netzwerktechnologie anlegte, und entwickelte sich stürmisch. (Im Frühjahr 1999 schätzte die Wallstreet Cisco auf 175 Milliarden Dollar und machte es damit zu dem Unternehmen mit dem achtgrößten Wert in den Vereinigten Staaten.) Webdesigner und Programmierer boten ihre Dienste an und entwickelten Websites für Leute, die kaum wussten, was ein URL war. Dreidimensionale Objekte und Radiosendungen wurden im Netz heimisch gemacht. Noch entscheidender, Sun Microsystems erfand Java, die Internet-Programmiersprache, dank derer Web-Anwendungen auf allen Betriebssystemen gleich gut liefen. Es spielte keine Rolle, ob man sich von einem extrem leistungsfähigen Unix-Rechner, einem Macintosh oder, was meist der Fall war, von einem unter Windows laufenden PC einwählte. Wenn die besuchte Website Java-basiert lief, erschienen ihre Seiten auf dem Schirm des Benutzers in der ganzen Farbenpracht und grafischen Anmut, die ihr Schöpfer ersonnen hat.

Java war ein Erdbeben mittlerer Stärke, denn es schien die Hegemonie von Microsofts Betriebssystem zu erschüttern. Ein Vize-Präsident von Compaq sprach davon, dass Java »die Welt aus dem Gefängnis entlässt«. Wie MS-DOS, das es ersetzte, besaß Windows die absolute Vorherrschaft, nicht weil es gut war, sondern weil es – eben die Vorherrschaft besaß. Man benutzte es als das Zentralnervensystem seines PCs, weil man es musste – man konnte noch nicht einmal einen PC ohne Windows kaufen. Windows war wie das Freizeichen im Telefon. Man hatte das Produkt nicht wegen seiner Qualität, sondern wegen seiner Unvermeidlichkeit. Die Windows-Software gab es mit dem Rechner und mit gutem Grund – Anwendungen wie Textverarbeitungen und Flugsimulatoren wurden für Windows geschrieben (und oft genug liefen sie nur unter Windows). Ein Betriebssystem ist gewissermaßen die »Plattform« des Rechners, von der aus alle Anwendungen gestartet werden.

Da ein Betriebssystem von Natur aus zur Standardisierung tendiert und da Software-Entwickler wenig Sinn darin sahen, Anwendungen für zwei Konkurrenten zu schreiben, wurde Windows Vorherrschaft immer weiter zementiert (genauso wie die der Riesenzahl von Anwendungen, die speziell für Windows bestimmt waren). Windows war nun einmal das universelle Betriebssystem und daher wurde Software eben für dieses System geschrieben, wodurch diese Hegemonie noch verstärkt und alle konkurrierenden Betriebssysteme vom Markt verdrängt wurden. Es war ein Teufelskreis für alle außer Bill Gates und die glückliche Familie seiner Aktionäre. Windows war der Kontrollpunkt, den jeder Besucher von PC-Land zu passieren hatte.

Doch Java war konfessionslos und erteilt allen Betriebssystemen seinen Segen – es war die bevorzugte Sprache für »Applets«, die kleinen Anwendungen, die direkt über das Web verschickt werden. Wenn es sich tatsächlich durchsetzte und das Web eine eigene Plattform wurde – so wie sie der PC hatte –, dann würde Microsoft sein natürliches Monopol verlieren, das 80 bis 90 Prozent aller Tischrechner des Planeten umfasste. Gegenwärtig liefen Netscape und Java noch auf einem Betriebssystem (wie Windows oder Mac). Im Laufe der Zeit konnten sie möglicherweise das Betriebssystem *ersetzen* und als Hauptarbeitsfläche, als Desktop des Anwenders dienen (auf der eine Kombination aus Icons und Aktenordnern den Eindruck eines Schreibtisches – Desktop – hervorriefen). Das Netz wäre dann so etwas wie eine große Festplatte. Das Zeitalter der Mainframes und Minicomputer war der PC-Ära gewichen – jetzt ließ das Internet eine Welt jenseits des Personal Computers erahnen, eine Welt, in der es Milliarden preisgünstiger Informationsgeräte gab, die auf eine Vielzahl privater und professioneller Anwendungen zugeschnitten waren, eine Welt ohne Bill Gates und seine digitale Registrierkasse. Das Microsoft-Motto lautete: »Ein Computer auf jedem Schreibtisch und in jedem Haushalt, der mit Microsoft-Software läuft.« Diese Vision schien Netscape jetzt zu gefährden.

Der gleichzeitige Aufstieg von Netscape und dem Web war genau das, wovon Jim Clark im Jahr 1994 geträumt hatte, als er Silicon Graphics verließ und Marc Andreessen kennen lernte. Er hatte eine neue Revolution im Valley losgetreten, doch wozu der Transistor und der Mikroprozessor zwei Jahrzehnte gebraucht hatten, das schaffte Clark in weniger als zwei Jahren. Nun brauchte er nur noch abzusahnen.

»An die Börse gehen« war seit jeher die Lieblingsbeschäftigung im Valley – trotz Dennis Barnhart. Die Gründung eines Unternehmens war ein ziemlich unspektakulärer Vorgang, der in der Regel durch die Unterzeichnung eines juristischen Schriftstücks besiegelt wurde. »An die Börse gehen«, das war das für alle sichtbare Erwachsenwerden – der Debütantinnenball oder die Bar-Mizwa, was immer Sie vorziehen. An dem Tag, als Apple den Höchstbie-

tenden ein Stück von sich zum Verkauf anbot, verdiente Steve Jobs
155 Millionen Dollar. Larry Ellison besaß 93,5 Millionen Dollar auf
dem Papier, als Oracle den Börsengang wagte. Gordon Moore verdankte seine Milliarden der leidenschaftlichen Liebesbeziehung
zwischen der Börse und der Intel-Aktie. Genentechs Börsengang
im Jahr 1980 machte die Biotechnologie mit einem Schlage ge-
sellschaftsfähig. Mit keiner finanziellen Transaktion – von einer
Powerball-Lotterie abgesehen – kann ein einzelner Mensch mit
einem Schlage so reich werden. Das war die Antwort des 20. Jahrhunderts auf Sutter's Mill. Wenn der Reichtum kam, füllte er nicht
nur die Taschen der Gründer und der Venture-Firmen, die sie
finanziert hatten, sondern der »kleinen« Leute, die im Postversand
oder an den Telefonen saßen.

Doch selbst vor diesem historischen Hintergrund war das, was
mit Netscape Communications geschah, ohne Beispiel und sollte
zum Paradigma des modernen Silicon Valley werden. Das Unternehmen hatte beschlossen, an die Börse zu gehen, um Betriebskapital zu beschaffen (140 Millionen Dollar), um sein Image zu pflegen und … weil es dazu in der Lage war. Die Umsätze, wenn auch
nicht die Gewinne, schossen in die Höhe und die Aussichten für
die nahe und die fernere Zukunft waren einzigartig. Dabei spielte
es keine Rolle, dass es das Unternehmen erst seit sechzehn Monaten gab – Microsoft ging erst elf Jahre nach seiner Gründung an die
Börse. Netscape hatte nichts zu verlieren und alles zu gewinnen –
nicht zuletzt eine Menge Geld für Clark, Andreessen, Barksdale,
Rulon-Miller und Dutzende andere. Es ist eine Sache, Anteile an
einer neu gegründeten personenbezogenen Kapitalgesellschaft zu
besitzen – die keine liquiden Mittel besitzt –, und eine ganz andere,
Aktien eines an der Börse gehandelten Unternehmens zu besitzen.
Die Vorschriften der Börsenaufsicht und die Unternehmenspolitik
hinderten die »Netscaper« zwar daran, ihre Aktien massenhaft
abzustoßen, doch das galt nur einige Monate lang. Abgesehen
davon, dass das Unternehmen der Öffentlichkeit Einblick in seine
Bücher gewähren musste, war ein Börsengang – buchstäblich ein
Mittel, Geld zu drucken – ein Selbstläufer.

Am 8. August 1995 mussten Netscape und sein Emissionskonsortium den Kurs für die fünf Millionen Aktien festsetzen, die am
folgenden Tag an der Börse gehandelt werden sollten. In den vo-

rangehenden Wochen war die Zielvorgabe zwölf bis vierzehn Dollar gewesen, die Größenordnung der meisten Emissionskurse. Wenn der Kurs zu niedrig angesetzt war, machte das Unternehmen einen schlechten Eindruck, war er zu hoch, schreckte er vorsichtige Anleger ab. Doch das Emissionskonsortium wurde mit Anrufen bezüglich der Netscape-Emission überschüttet – nach Presseberichten von Branchenblättern hatten einige Anleger vor, Riesensummen zu investieren. Daraufhin verdoppelte man den Kurs und setzte ihn auf achtundzwanzig Dollar fest. Mit dieser Zahl stieg der Marktwert des Unternehmens auf eine Milliarde Dollar – erstaunlich für ein Unternehmen, das noch in den Kinderschuhen steckte und keine Gewinne machte. »Sie wollten den Kurs sogar auf einunddreißig setzen«, meint Barksdale. »Ich sagte: ›Das ist verrückt.‹«

Er hatte Recht. Am nächsten Morgen versammelten sich hochgestimmte Mitarbeiter vor ihren Computerterminals und warteten auf die Börseneröffnung in der Wallstreet, auf der anderen Seite des Kontinents. Infolge der Zeitverschiebung war es in Kalifornien 6 Uhr 30. Clark hatte daran gedacht einen Partyservice zu bestellen, der der Belegschaft auf dem Parkplatz Espresso und Bagels servierte. Doch bei Börseneröffnung wurde Netscape nicht gehandelt. Die Aktie wurde derart nachgefragt, dass man mit dem Angebot nicht nachkam und sich der Handel neunzig Minuten verzögerte. Es war wie einst, als die Leute am Radio saßen und gebannt lauschten, ob ihrem Baseballstar der große Schlag gelungen war oder nicht. Und dann, endlich, erschien das Netscape-Symbol auf dem Ticker – mit einer »71« dahinter. Das Gesetz von Angebot und Nachfrage in schönster Ausprägung – Eldorado! Selbst in diesem Tal, in dem schon viel Geld verdient worden war, hatte dieser Börsengang eine Aura von Fin de Siècle.

Sogar in dem geldverwöhnten Valley hatte niemand in seinen kühnsten Träumen damit gerechnet, dass Netscape mit mehr als dem Zweieinhalbfachen seines Emissionskurses eröffnen würde. Schon bald darauf erreichte der Kurs mit 74 3/4 den höchsten Stand dieses Tages. Das allgegenwärtige blau-grüne Logo des Unternehmens, ein *N*, das in eine virtuelle Stratosphäre aufragt, wurde zum Symbol seines Marktwertes. Biedere Gelegenheitsanleger, die noch nicht einmal den Unterschied zwischen Megabyte und Megaphon kannten, tauchten in Netscapes Firmensitz in Mountain View auf, in der Hoffnung, ein paar Aktien ergattert zu können. (Sie wurden mit einem T-Shirt fortgeschickt.) Am gleichen Tag beklagte man in San Francisco den Tod von Jerry Garcia von den Grateful Dead. Doch im Tal der Glückseligen machte ein Witz die Runde: Was waren Jerrys letzte Worte vor seinem Herzinfarkt? Antwort: »*Bei wie viel* hat Netscape eröffnet?«

So wenig, wie die Wallstreet vom Internet verstand, so wenig Ahnung hatten die Netz-Freaks von der Wallstreet. Einer rief in der Zentrale von Netscape an und wollte Aktien haben. Man sagte ihm, er müsse sich an das Emissionskonsortium Morgan Stanley oder Hambrecht & Quist wenden. Er wählte die angegebene Nummer und fragte: »Ist da Hamburger Kissed?« Völlig ungerührt wollte er daraufhin mit »Mr. Stanley« sprechen. Chris Holten, die Leiterin der Netscape-Werbeabteilung, die sich selbst um die lustigsten Anrufe kümmerte, wurde mehrfach gefragt, ob sie verheiratet sei.

Der opulente Netscape-Börsengang wurde selbst zu einem Marketing-Instrument, das für das Unternehmen ebenso wertvoll war wie das Kapital, das er ihm brachte. Netscape verkaufte nicht nur eine wirtschaftliche Realität, sondern auch einen Traum. Die Anleger erwarben die Aktie nicht in Erwartung von Unternehmensgewinnen, sondern weil sie annahmen, dass ihnen ein anderer Käufer eines Tages einen höheren Preis dafür bezahlen würde. Ein Musterbeispiel für die Theorie vom größeren Trottel – eine sehr gewinnträchtige Pyramide, ausgenommen für die Trottel, die die Aktien am höchsten Punkt der Preispyramide kauften. Beim Broker Charles Schwab wurde die automatische Telefonvermittlung ergänzt: »Drücken Sie die 1, wenn Sie wegen Netscape anrufen.« Obwohl ein paar Marktanalysten und Fernsehkommentatoren einräumten, dass das Unternehmen rosige Aussichten habe – in seinem Vierteljahresbericht im folgenden Monat konnte es sogar einen kleinen Gewinn vermelden –, verglichen sie das Börsenfieber mit der Tulpenmanie im 17. Jahrhundert.

Abends war der Kurs auf 58 1/4 abgesackt, was immer noch eine Börsenkapitalisierung von 2,3 Milliarden Dollar bedeutete – doppelt so viel, wie Apple Computer am Tag seines Börsengangs wert war und zweiundneunzigmal so viel wie der Wert, von dem Kleiner Perkins ein Jahr zuvor ausgegangen war. Das war mehr als Eastman Kodak, mehr als Microsoft in seinen Jugendtagen, mehr als einige Hightech-Unternehmen über die ganze Dauer ihrer Existenz. Amdahl, Cypress Semiconductor, Intuit, Tandem Computer – keine dieser Firmen hatte es auf diesen Wert gebracht. Das war nicht nur der Beginn der Internet-Zeit, sondern auch der Internet-Finanz. Diese aberwitzige Bewertung von Netscape ergab an allen traditionellen Marktkriterien gemessen überhaupt keinen Sinn. Sie hatte eher Ähnlichkeit mit dem Erscheinen eines Kometen, der auftaucht, seine prächtige Bahn am Himmel beschreibt und dann wieder im Dunkel des Weltalls verschwindet.

Allein Jim Clarks Anteil hatte einen Wert von 544 Millionen Dollar (seine Aktienoptionen gar nicht gerechnet), damit hatte er sein bekundetes Vorhaben, den Jackpot zu knacken, mehr als erfüllt. Barksdale besaß 224 Millionen Dollar, Kleiner Perkins kam auf 256 Millionen (bei einer Investition von fünf Millionen Dollar) und Andreessen auf 58 Millionen Dollar. Das war ein hübscher Batzen für den jungen Mann aus Wisconsin, der noch vor zwei Jahren 6,85 Dollar die Stunde verdiente, aber war es nicht ein bisschen wenig im Vergleich zu dem, was Clark abgestaubt hatte? Und ließ sich Clark nicht vorwerfen, dass er mit Andreessen genau das angestellt hatte, was Clark ein paar Jahre zuvor bei Silicon Graphics Raketenstart angetan worden war? Solche Fragen tut Andreessen mit einem Lachen ab und weist darauf hin, dass er ohne Clark nie in der Lage gewesen wäre, ein Browser-Unternehmen zu starten. Auch Clark findet die Vorstellung lächerlich, dass ein vierundzwanzigjähriger Grünschnabel, egal, was er theoretisch auf dem Kasten hat, Anrecht auf eine Beteiligung in seiner eigenen Größenordnung haben soll. Die bessere Frage wäre vielleicht, warum es Tim Berners-Lee beispielsweise nicht gelungen ist, einen Cent an dem Markt zu verdienen, den sein Web ins Leben gerufen hat.

Der Wirbel um diesen Börsengang drang weit über Silicon Valley hinaus. Erst hallte er in allen großen Medien des Landes nach, dann in der Finanzwelt und schließlich in den Teilen des Blätterwalds, der sich immer etwas verspätet. WARUM BILL GATES DER NÄCHSTE MARC ANDREESSEN WERDEN MÖCHTE!, titelte die Zeitschrift *Wired*, sobald sie herausgefunden hatte, wie sein skandinavischer Name geschrieben wurde. *Time* brachte ihn auf seinem Titelblatt – barfuß, eine Ehre, die sonst nur Jesus und Gandhi zuteil wird. Es war eine Geschichte, die ankam – Millionen, die plötzlich vom Himmel regneten, der Knabe und der gestandene Unternehmer, der ihn entdeckte, und ein Unternehmen, das eines Tages Microsoft überflügeln konnte. Selbst die Wallstreet-Leute, von denen man kühleres Blut erwartet hätte, reagierten nicht besser. Im November riet Goldman Sachs zu Netscape – nur wenige Tage, nachdem es bei Microsoft Zurückhaltung empfohlen hatte, zum ersten Mal, seit Gates das Unternehmen an die Börse gebracht hatte. Die Symbolträchtigkeit dieses Vorgangs blieb niemandem verborgen. Microsofts Aktie verlor. Netscape ging nach oben, erreichte die 100-Marke zu Thanksgiving 1995 und ließ zwei Wochen später mit 174 alle Erdenschwere hinter sich. Die Wallstreet hatte entschieden, dass Netscape das nächste Microsoft werden sollte, selbst wenn die Bilanz dem widersprach.

Diese astronomischen Zahlen waren, mehr als das hübsche Software-Produkt fürs Internet, dafür verantwortlich, dass Silicon Valley wieder ein Gegenstand des öffentlichen Interesses wurde, und zwar in einem Maße, wie man es seit den Apple-Tagen von Jobs und Woz nicht mehr erlebt hatte. Clark war nun im Besitz von schwindelerregenden 1,6 Milliarden Dollar, Andreessen von 174 Millionen Dollar. Nach der Gründung von Microsoft musste Gates zwölf Jahre warten, bis er in den Milliardärsklub Eingang fand. Clark sah sich auf überwältigende Weise in seiner Entscheidung bestätigt, SGI zu verlassen und gegenüber Kleiner Perkins eine härtere Gangart einzuschlagen. Auch hatte er jetzt das Gefühl, mit Gates ebenbürtig, dessen privilegierte Herkunft so ganz anders war als Clarks texanische Kindheit. Clark wurde nie müde, darauf hinzuweisen, dass Gates »der Weg nach Harvard mit Geld geebnet wurde«. Die Unsicherheit, die Clarks Verhältnis zur Kindheit und ihren wirtschaftlichen Umständen prägte, erinnerte stark an Ellison und ein bisschen auch an Steve Jobs. Die Frage drängt sich auf, ob reich werden nicht auch eine Art psychologische Kompensation sein kann.

Natürlich hat das Geld die Netscape-Kultur verändert. Den firmeneigenen Zahnarzt kann man noch als eine feinsinnige Methode verstehen, die Betriebstreue der Belegschaft zu fördern, aber die Autowäsche auf dem Parkplatz für 150 Dollar – »Rundumpflege«, nennt sie sich, doch Motorwäsche kostet extra – lässt auf eine gewisse Veränderung des Lebensstils schließen. Der einunddreißigjährige Marc Coelho war einer der ersten Angestellten und kümmerte sich um die verschiedenen Netscape-Gebäude. Mit mehreren Millionen Dollar auf seinem Konto leistet er sich jetzt einen '56 DeSoto, einen Range Rover und sechs Motorräder, darunter eine Ducati 955SP. Doch sein normales Beförderungsmittel ist ein schwarzer Dodge Viper RT/10 für 65 000 Dollar, ein zweisitziges Geschoss, das praktisch ein 600-PS-Motor auf vier Rädern ist. »Ich fahr gern schnell«, erläuterte er mir, als wir auf der Auffahrt zum Highway 101 in sieben atemberaubenden Sekunden von 0 auf 120 beschleunigen. Lou Montulli, einer der Gründer, kaufte sich weniger Spielzeuge und reagierte eher philosophisch auf seinen plötzlichen Reichtum. »Ich habe immer gesagt, dass man auf ehrliche Art nicht mehr als eine Million Dollar verdienen könnte«, meinte er ein paar Monate nach dem Börsengang. »Das war eine Art Marxismus.« Er bekam noch reichlich Gelegenheit, seine latente Ambivalenz gegenüber dem Kapitalismus aufzuarbeiten: Ein Jahr später heiratete er Jim Clarks Tochter (ließ sich aber schon zwei Jahre danach wieder scheiden).

Barksdale beklagte die magischen Millionen und die Zügellosigkeit, die sie seiner Meinung nach begünstigten. »Sicher, es war ein Homerun«, sagte Barksdale damals, »aber das war nicht unser Verdienst, der Ball kam direkt auf uns zu und wir waren zufällig am Schlag. Ich hoffe nur, dass sich die Leute hier nicht durchs Wohlleben korrumpieren lassen.« In *Newsweek* erschien ein Foto von Coelho und seinen Spielzeugen, das Barksdale auf die Palme brachte. Es mochte ja ganz amüsant sein, wenn Mitarbeiter von Freunden gefragt wurden, wann sie sich die Traumvilla in Woodside mit eigener Spielhalle und Surround-Sound-Sauna kaufen würden – doch beim elften Mal hatte es viel von seinem Witz verloren. Den Burschen mit dem NSCP-Nummernschild an seinem Porsche forderte Barksdale auf, es zurückzugeben. Er untersagte den Mitarbeitern auch, am Arbeitsplatz über die Aktienkurs zu sprechen, was aber einen cleveren Programmierer nicht davon abhielt, seinen PC so zu programmieren, dass er den NSCP-Kurs jeden Tag um vier Uhr auf den Bildschirm zauberte. *Jim hat »spre-chen« gesagt, von »gucken« war nicht die Rede.* Barksdales eigene Sekretärin kaufte einen elektronischen Ticker für die Wand in ihrer Bürozelle, wo er den ganzen Tag blinkte. Barksdale wollte seinen Augen nicht trauen.

»Haben Sie nicht gehört, was ich gesagt habe?«, fragte er sie.

»Ja«, antwortete sie, »aber ich wusste nicht, dass Sie es ernst meinen.«

Für Barksdale selbst schien die Regel nicht zu gelten, denn er trug einen Pieper, der ihm immer die neuesten Marktdaten lieferte. Doch niemand schien ihm – oder Andreessen oder Clark – die Pri-vatjets wieder wegnehmen zu wollen. Alle standen unter Strom.

Die Schattenseite an Netscapes meteoritenhaftem Start war der Umstand, dass die Enttäuschung vorprogrammiert war. Der Bekanntheitsgrad war hervorragend – etwas, was in diesem Maße selbst die beste PR-Maschine nicht hätte hervorbringen können. Aber Markt und Medien erzeugten Erwartungen, wie sie sich bis-her nur auf wenige Unternehmen in der Geschichte des Kapitalis-mus gerichtet hatten. »Es gab keine Chance, den Aktienkurs auf 174 Dollar zu halten«, sagt Barksdale, der witzelte, die Aktienzerti-fikate würden wohl mit Sicherheitsgurten geliefert, damit die Besitzer für die anschließende Achterbahnfahrt gerüstet wären. »Es war einfach nicht zu schaffen. Wir versuchten, das Unterneh-men Schritt für Schritt aufzubauen, doch es war klar, dass wir von nun an immer an dieser Anfangsphase gemessen werden würden. Der Kurs hatte sich völlig von der Wirklichkeit gelöst. Das Ganze hatte sich in eine Showveranstaltung verwandelt, die nicht mehr viel mit soliden Geschäften zu tun hatte. Die Leute, die General Motors leiten, kriegen in ihrem ganzen Leben nicht so viel Presse wie ich in einer Woche.«

Mehr noch, im Schmelztiegel von Silicon Valley konnten die Konkurrenten es gar nicht erwarten, den neuesten Helden ausei-nander zu nehmen. »Netscape gegenüber waren die Leute immer ambivalent«, berichtete mir Andreessen einige Jahre später. »Du hast immer zwei Fragen gehört: Wie groß könnt ihr werden? Und wann ist es vorbei mit euch? Wir waren in dem Anlegermagazin *Barron's* ständig ›die am meisten überbewertete Aktie‹ – bis wir die ›am meisten unterbewertete‹ wurden. Immer gab es eine Kehrseite.« Die Netscape-Büros waren in der Regel billige Fertigbauten, hatten aber doch eine bemerkenswerte Eigenschaft. Sie waren auf dem gleichen Grundstück erbaut, auf dem eine andere Valley-Legende der Vergessenheit anheim gefallen war – Fairchild Semiconductor. Der Boden darunter war auch reich an Industriegeschichte, das heißt, reich an giftigen Abfällen – eine Ironie, die Andreessen amüsierte, der einen Sinn für Geschichte hatte, wenn auch nicht immer die Fähigkeit, die richtigen Schlüsse aus ihr zu ziehen.

Der böse Geist des Valleys, der seine Kinder frisst, ist nur eine andere Art, den Gang der Ereignisse zu beschreiben. Der Darwin-'sche Kampf ums Dasein sorgt immer dafür, dass die stärksten Nachkommen überleben. Doch Barksdale hat eine sehr nüchterne Einstellung zum Geist des Valleys. »Es gibt nur zwei Stücke – die vom strahlenden Helden und die vom kläglichen Versager«, sagt er. »Wir haben zunächst im ersten gespielt. Alle hier beten den Erfolg an, aber es gibt eines, was noch schöner ist: Wenn einer scheitert.« Nicht die natürliche Selektion ist die Triebfeder von Silicon Valley, sondern das, was das schöne deutsche Wort *Schadenfreude* zum Ausdruck bringt.

KAPITEL NEUN

Godzilla

1969 gab es einen Trickfilm, der Kult war – *Bambi Meets Godzilla*. In diesem Streifen sieht man ein Kitz fröhlich und friedlich im Wald herumtollen, nichts Böses ahnend, äst es hin und wieder ein wenig. Dann erscheint zu den Klängen der Wilhelm-Tell-Ouvertüre ohne Vorwarnung der riesige Fuß von Godzilla und – *Platsch*, Bambi ist Matsch. Ende. Der Film besteht aus diesem einen Gag und ist zwei Minuten lang – der Abspann ist länger (Script: Marv Newland, Regie: Marv Newland, Kostüme: Marv Newland usw.) Dreißig Jahre lang hat *Bambi Meets Godzilla* die Besucher von Filmfestivals zu Begeisterungsstürmen hingerissen. Der Film scheint auch ein Spiegelbild der Beziehung zwischen der Microsoft Corporation und seinen Konkurrenten in Silicon Valley zu sein, zumindest mit den Rehaugen dieser Konkurrenten betrachtet. Auf der Suche nach einer filmischen Metapher für Microsoft und seinen dreiundvierzig-jährigen Chef Bill Gates schwankt Marc Andreessen zwischen *Bambi Meets Godzilla* und *Der Pate*. Als sich Intuit 1994 bereit erklärte, an Microsoft zu verkaufen – *ohne Druck*, wie es hieß – bezeichnete Mitbegründer Scott Cook das Unternehmen von Gates als Godzilla. Nachdem Microsoft jahrelang versucht hatte, Intuit niederzutrampeln, gab Cook am Ende auf. In einer Aktennotiz an die Vorstandsmitglieder erklärte Cook, Intuits »Zukunftsaussich-ten sind durch Godzillas Macht sowohl gefährdet als auch gestie-gen«. (Die Bundesregierung brachte das Geschäft ein Jahr darauf zu Fall.)

Godzilla, Schlange, Bär, Schakal, tonnenschwerer Gorilla, Unge-heuer von Redmond, Don Corleone, Great Satan, die Borgs, der Leviathan, der Antichrist, der Fürst der Finsternis, Der Weiße Hai,

der Raubritter des 21. Jahrhunderts, »Leona Helmsley der Technologie«*, die chinesische Armee, Darth Vader, das Imperium, der
Tote Stern – die Liste mit Vergleichen aus dem Reich des Bösen
wächst unaufhaltsam, solange Jim Clark, Larry Ellison oder Scott
McNealy weiterhin nach klangvollen Bezeichnungen für das
reichste Unternehmen in der Menschheitsgeschichte suchen. In
der schier endlosen Folge von Star-Wars-Anspielungen titulieren
Clark und McNealy Bill Gates nicht nur als das Imperium, sondern
bezeichnen ihre Unternehmen auch als Führer der Rebellen-Al-
lianz. Microsoft mag ja das größte US-Unternehmen nach dem
Zweiten Weltkrieg sein, aber eben auch, wie Jim Clark ständig in
Interviews beteuert, »ein von Grund auf böses Unternehmen«.
Selbst der noble Gordon Moore windet sich und lächelt viel
sagend, wenn er nach Microsoft gefragt wird, bevor er das obliga-
torische Statement von der »großen Hochachtung« abgibt, die er
für das Unternehmen hege. Moore ist nicht umsonst der reichste
Mann in Kalifornien; wenn auf dem eigenen Namensschild »Intel«
steht, dann ist man gut beraten, wenn man nur freundliche Dinge
über Redmond verlauten lässt.

Manchmal wird die Schlammschlacht trivial – und höchst amüsant. In den Achtzigerjahren hatten sich Steve Jobs und Bill Gates
ständig in den Haaren, wobei es um so wichtige Dinge ging wie die
Frage, wer zuerst auf die Titelseite von *Time* kam. (Jobs schaffte es,
aber Gates war insgesamt häufiger vertreten.) In den Neunzigerjahren hatte Gates seinen Konkurrenten, was den geschäftlichen
Erfolg anging, eindeutig aus dem Feld geschlagen, aber die Anerkennung dafür blieb ihm versagt. In einem *Fortune*-Interview antwortete Andy Grove auf die Frage, wer ihm Bewunderung ein-
flöße: Steve Jobs. »Schauen Sie sich seine Geschichte an«, sagte
Grove. »Er hat als Erster erkannt, was es mit dem PC auf sich hat.
Auch die Bedeutung anderer Entwicklungen ist ihm zuerst klar
geworden – des Laserdruckers, der grafischen Benutzeroberfläche … Und jetzt Pixar, sein Unternehmen für computerani-
mierte Filme und Spiele, damit ist er ein Pionier auf dem Gebiet
echter digitaler Unterhaltung. Nicht schlecht für vierzig Jahre.

---

* Leona Helmley ist Herrscherin über ein Immobilienimperium in den New
  Yorker Elendsvierteln.

Klar, er hat Fehler gemacht, aber die haben ihn nicht davon abbringen können, an die eigene technologische Vision zu glauben.« Als Gates das Interview las, wurde er außerordentlich wütend, rief Groves an und lamentierte lautstark. »Und was ist mit all dem, was *ich* getan hab?«, beklagte er sich. Als Grove die Geschichte Jim Barksdale erzählte, meinte er, Gates Heftigkeit habe ihn überrascht, und verglich sein Verhalten mit dem eines Kindes, das miterleben muss, wie der Vater einen Bruder ein bisschen zu laut lobt.

Vielleicht ist Gates' Reaktion verständlich. Hat er nicht auch Anspruch auf ein wenig Anerkennung? Doch das ist nicht das vorherrschende Empfinden des Valleys gegenüber seinem Unternehmen. »In der Branche gilt Microsoft als so etwas wie die Mafia«, erklärte Andreessen dem *New Yorker*. »Man sagt nicht Nein zur Mafia, man reizt sie nicht, aber man lässt sich im Allgemeinen auch nicht mit ihr ein.« Aber natürlich ist die Mafia nicht so reich. Anfang 1999 hat die Börsenkapitalisierung 435 Milliarden Dollar überschritten, plus/minus der Rechnungen, die irgendwelche Antitrust-Juristen aufmachen. Wie kann das sein, wenn Microsoft von den Umsätzen her kaum unter die ersten 150 der Fortune-500 kommt? Das macht das Monopol – und die beste Gewinnspanne des Landes.

Wenn Microsoft in Silicon Valley als Unternehmen angegriffen wird, nimmt Bill Gates es persönlich. Einmal hat die Finanz-Software seines Unternehmens nicht genügend Stellen ausgewiesen, um seinen eigenen Reichtum einzugeben. Im Januar 1999 brachte Gates es auf 100 Milliarden Dollar – mehr Geld, als irgendein Mensch vor ihm jemals zusammengetragen hat, mehr als Gordon Moore, Larry Ellison, Steve Jobs, Jim Clark, Jerry Yang, Marc Andreessen, George Lucas, Andy Grove, Steve Wozniak, Scott McNealy, John Doerr, Brook Byers und Tom Cruise *zusammen* haben. Gates persönlich besitzt mehr als *Unternehmen* wie Oracle, Apple und Yahoo. Wenn Sie 1986, am Tag des Börsengangs von Microsoft, Aktien im Wert von 2700 Dollar gekauft hätten, dann hätten Sie für die Weihnachtseinkäufe von 1998 eine Million Dollar zur Verfügung gehabt. Hätten Sie das gleiche Geld in, sagen wir, Intel investiert, dann wären nur 132000 Dollar dabei herausgekommen. Im Bannkreis von Silicon Valley macht man sich mit solchen Reichtümern nicht beliebt (obwohl man seinen Bewohnern damit doch eine Art widerwilliger Anerkennung abnötigt). Bill Gates Beifall zu zollen, das ist, als würden Sie dem Finanzamt applaudieren.

Das Valley mag eine bunte Mischung aus Unternehmen sein – Halbleiter, PCs, periphere Geräte, Software- und Internet-Handel –, doch seine einigende Kraft ist das mehr als tausend Kilometer nördlich gelegene Microsoft. Microsoft ist wie Sauerstoff. Es ist überall. Wenn Sie im Valley Ihr Geld verdienen, dann können Sie nicht einatmen, ohne eine gehörige Portion Microsoft zu inhalieren. Viele Unternehmer hoffen, das »innovative« Microsoft werde eines Tages an ihre Tür klopfen und sie für ein Vermögen aufkaufen. So erging es 1997 WebTV; seine drei Gründer verdienten daran jeder zehn Millionen Dollar. Ein fetter Scheck von Bill Gates ist die zweitschönste Sache auf der Welt – nach einem Börsengang. »Niemand will heute noch ein Hewlett-Packard, Intel oder Apple aufbauen«, sagt Steve Jobs. »Heute lassen sich die Leute irgendeine schlaue Idee einfallen und versuchen die Firma so weit zu bringen, dass sie sie verkaufen können.«

Wenn keine Aussicht auf einen Bankscheck besteht, dann herrschen in Bezug auf Microsoft Gefühle wie Angst und Abscheu vor. Unternehmen definieren sich *über* Microsoft. Etwa: »Wir entwickeln Software, die Microsoft nicht hergestellt hat, nicht herstellt und, so Gott will, niemals herstellen wird.« Unternehmensgründungen, die ihre Existenz erst *planen*, stellen die gleichen Überlegungen an. In den letzten Jahren haben sich die Partner von Kleiner Perkins und anderen führenden Venture-Firmen regelmäßig mit leitenden Angestellten von Microsoft zusammengesetzt, um zu hören, welche Pläne das Unternehmen hat – wobei sie hofften, dass es sich bei dem, was Microsoft ihnen erzählte, nicht um vorsätzliche Desinformation handelte. Prinzipiell bemühen sich die VCs, nicht in der Schusslinie zu stehen – daher ihr Interesse herauszufinden, in welchem Geschäftsbereich sich Microsoft *nicht* zu betätigen gedenkt. Sarkastisch meinte einer dieser Venture-Leute zur *New York Times*, Microsoft begnüge sich mit einer winzigen Nische … der Software. »Ich denke, dann bleiben uns die Waschmaschinen und die Toaster«, sagte Ruthann Quindlen.

Die Wurzeln dieser Feindschaft reichen zwei Jahrzehnte zurück. Jeder Redmond-Sieg musste absolut und endgültig sein. Von taktischer Zurückhaltung hat Microsoft noch nie etwas gehalten: Dem Unterlegenen wurde noch nicht einmal das letzte Hemd gelassen. Gary Kildall war schon lange tot, aber die Erinnerung an die Art und Weise, wie Gates ihm mitgespielt hatte, lebte fort. Zur Ähnlichkeit zwischen Kildalls CP/M-Betriebssystem und Gates MS-DOS, das zum Industriestandard wurde, schrieb Kildall in seiner unveröffentlichten Autobiografie: »Gates DOS war die widerrechtliche Aneignung von geistigem Eigentum – meiner ganz persönlichen Arbeit und Leistung.« Starke Worte.

Weder Microsofts Geschäftsgebaren noch seine Unternehmenskultur zeichnet sich durch Bescheidenheit oder übertriebenes Ehrgefühl aus. Wie verteidigte Microsofts Chefanwalt das Unternehmen zu Anfang der Antitrust-Verhandlung 1998/99 in Washington? »Die Antitrust-Gesetze sind keine Höflichkeitsregeln für die Geschäftswelt«, lauteten seine Eröffnungsworte. Was nicht gerade für Microsofts Unternehmensphilosophie sprach. Das Monopol an sich war gar nicht das Problem. Intels Position auf dem Markt für Mikroprozessoren war fast genauso beherrschend wie Microsofts Stellung im Bereich der Betriebssysteme, trotzdem ist Intel nie auf ähnliche Weise als der böse Feind betrachtet worden. Tatsächlich hat Intel die Hightech-Szene so nachhaltig beherrscht, dass das Unternehmen eigentlich viel größere Gefahr lief, verteufelt zu werden, denn das Tempo auf dem PC-Markt wurde im Grunde genommen von Andy Groves Chips diktiert. Grove, der 1998 vom Posten des Intel-Chefs zurücktrat, hätte zu seiner Zeit durchaus als Tyrann gelten können, wurde in Wahrheit aber als Vaterfigur verehrt, von Larry Ellison genauso wie von Jim Barksdale. (Der erinnert sich noch an seine erste Begegnung mit Grove. »Andy hat mich wie einen kleinen Jungen behandelt«, erzählt Barksdale. »Ich sagte ihm, noch nicht mal mein Vater dürfte so mit mir reden.«)

Einmal wäre Microsoft fast ins Valley verlegt worden. 1978 wurde den Microsoft-Gründern Bill Gates und Paul Allen klar, dass sie ihr wachsendes Unternehmen nicht in Albuquerque lassen konnten. Der einzige Grund, warum Microsoft in der Wüste von New Mexico saß, war die Tatsache, dass der Hersteller des Personal Computers Altair dort saß. Als diese Beziehung in die Brüche ging und Microsoft andere Geschäftsverbindungen knüpfte, gab es kaum noch einen Grund zu bleiben, zumal Silicon Valley der Mittelpunkt der Hightech-Welt wurde. Doch Allen zog es wieder in die Region Pacific Northwest und auch Gates wurde von seiner Familie gedrängt, nach Hause zurückzukehren. Trotzdem bot sich das Valley an, weil es Programmierer und Kunden in Hülle und Fülle zu bieten hatte. Es war die Zeit vor MS-DOS, als Microsoft sich noch um das Geschäft bemühen musste und als die Nähe zum Kunden sehr wichtig war.

Im Endeffekt zog Microsoft aber doch in die Region von Seattle. Und nicht, damit Allen angeln gehen konnte. Die Entscheidung kam vor allem von Gates, dem es hier, wie immer, ums Geschäft ging. In Silicon Valley war die Konkurrenz einfach zu groß. Gates hatte Angst, dass er talentierte Programmierer nicht würde halten können. Schon Ende der Siebzigerjahre gab es im Valley so viele Unternehmen, dass jeder, der unstet und ehrgeizig war, einen neuen Arbeitsplatz finden konnte. Daher hielt Gates es für vorteilhafter, Programmierer davon zu überzeugen, dass es sich lohne, nach Washington State zu kommen. Dann brauchte er sich nämlich keine Sorgen zu machen, dass sie schon ein Jahr darauf ihre Gunst einem anderen Unternehmen schenken würden. Damals hatte sich noch nicht viel Hightech-Industrie am Puget Sound angesiedelt. Auch fehlte der Sonnenschein des Valleys, der die Leute verlocken konnte, nach draußen zu gehen und sich zu amüsieren.

Wie so viele andere Gates-Entscheidungen erwies sich auch diese als schlitzohrig oder glücklich oder sogar beides. Rechnet man die fest angestellten Verkäufer und die Leute von WebTV zusammen, dann sind heute fast tausend Microsoft-Mitarbeiter in Silicon Valley beschäftigt. In Seattle sind es jedoch fünfzehntausend mehr. Wer die Firma verlässt, geht nicht zu einer anderen Firma, er geht in den Ruhestand. »Schon Ende der Siebzigerjahre«, sagt Charles Simonyi, Microsofts Leiter der Software-Entwicklung, der das Valley 1980 verließ, um bei Microsoft anzufangen, »hat Bill vorhergesehen, was passieren würde. In Seattle würde die Belegschaft beständig sein.« Es war eine erzwungene Betriebstreue – jene Art von Treue, die Patienten in einer Kleinstadt dem Hausarzt gegenüber beweisen. (Merkwürdig, dass Microsoft die Entwicklung auf dem Arbeitsmarkt schon vorhersah, als die Leute noch lange nicht so viele Wahlmöglichkeiten hatten.)

Wäre Microsoft nach Kalifornien statt nach Washington gezogen, wäre die Animosität, die so viele Unternehmen in Silicon Valley gegenüber dem Unternehmen von Gates hegen, vielleicht lange nicht so ausgeprägt. Die Leute, die bei Buck's die gleichen Hamburger essen wie man selbst, sind schwerer zu hassen. Vielleicht hätte Microsoft, wenn es nicht so isoliert gewesen wäre, nicht all die pathologischen Züge entwickelt, die seiner Finanzlage so gut bekommen sind. Das Paralleluniversum, das Redmond, Washington, darstellt, hätte sich nie in dieser Form herausgebildet, wenn es ein paar Autominuten von Oracle entfernt und in der gleichen Straße wie Apple läge. Obwohl Microsoft vorhat, demnächst einen Valley-Außenposten zu errichten – in Mountain View, bei einer Müllkippe –, wird es nie zum geistigen Kern des Valleys gehören.

Egal, welche Feindseligkeiten es im Valley gibt, die Rivalität zwischen Microsoft und Netscape Ende der Neunzigerjahre hat neue Maßstäbe gesetzt. Microsoft hat prinzipiell etwas gegen Wettbewerb (es sei denn, es geht um den Wettbewerb zwischen Windows 95 und Windows 98). Alles, was sein Betriebssystem bedroht, bedroht das Unternehmen selbst. Das Dreigespann Marc, Bark und Clark stürzte sich auf jede Möglichkeit, die einen »Plattformwechsel« oder »Paradigmenwechsel« in der Software-Industrie weg von PCs und hin zum Internet versprach. Der Branchen-Guru George Gilder prophezeite, das »Desktop-Imperium« werde im Schatten »der telekosmischen Weiten des Internets verblassen und welken«. In dieser Welt würden die Software-Standards offen und der Cyberspace angefüllt sein mit Programmen wie Suns Java und Netscapes Navigator. Proprietäre Software wie das monopolistische Windows würde sich nicht halten können. Solche Zukunftsentwürfe schmeckten Microsoft natürlich nicht. Es musste reagieren. Wenn das Internet allgemeine Anerkennung fände, so Jim Allchin, Vizepräsident von Microsoft, einige Jahre später, dann könnte Netscape ein »echter Konkurrent« werden, der in der Lage sei, »das Betriebssystem zu ersetzen«, statt nur unter ihm zu laufen. »In seinen Anfängen wäre es nur eine Anwendung«, sagte Allchin, »aber im Handumdrehen wäre es eine Plattform.«

Was die Microsoftianer besonders erboste, war die anfängliche Arroganz der Netscaper (wer im Glashaus sitzt ...). Genüsslich tat Andreessen Bill Gates als »Branchenbeobachter« ab. Als Netscapes erster Marketingleiter 1994 wegen des Browsers von Microsoft kontaktiert wurde, schickte er eine herablassendes »Wir lassen Sie wissen« als Antwort. Netscape führte sich auf, *als wäre* es das marktbeherrschende Unternehmen. Es machte keine Anstalten, Microsoft aus dem Wege zu gehen, sondern wählte einen direkten Konfrontationskurs. Als die beiden Unternehmen im Herbst erneut Gespräche aufnahmen, um die Frage zu klären, wie Navigator problemlos unter Windows 95 laufen könnte, sah Brad Silverberg, Vizepräsident bei Microsoft, sein E-Mail-Archiv durch und fand die früheren wenig freundlichen Nachrichten von Netscape. Schlitzohrig schickte er sie an seine Gesprächspartner bei Netscape zurück, womit er sie sofort in die Defensive drängte.

Schließlich trafen sie sich alle in Mountain View – und erreichten wenig. Andreessen machte sich bei den meisten Fragen von Silverberg nicht die Mühe zu antworten. Die anderen Führungsleute von Netscape lehnten Microsofts Vorschlag, das Programm von Navigator zu erwerben, rigoros ab. Netscape hätte sein Alleinverkaufsrecht wahrscheinlich unter gar keinen Umständen aufgegeben, und auch ganz sicher nicht für die lächerliche eine Million Dollar, die Microsoft im Sinn hatte. Als er später vor Gericht gefragt wurde, warum er denn nicht auf das Angebot eingegangen sei, erwiderte er Microsofts Anwalt spöttisch: »Man merkt, dass Sie kein Geschäftsmann sind.« (Später scherzte Clark, er hätte gerne an Microsoft verkauft – allerdings nur für eine *Milliarde* Dollar.)

Während der Mittagspause telefonierte das Microsoft-Team per Handy mit Redmond – sie weigerten sich, Netscape-Telefone zu benutzen – und kehrte in kriegerischer Stimmung zurück. »Es war eine Kehrtwendung um hundertachtzig Grad«, erinnert sich Todd Rulon-Miller von Netscape. »Sie sagten: ›Wir machen euch platt. Arbeitet mit uns zusammen und wir überlegen es uns vielleicht noch mal.‹« Netscape wollte es nicht und Microsoft tat es nicht.

Der gereizte Redmond-Bär war also entschlossen, ins Browser-Geschäft einzusteigen – so oder so. Wenn Netscape ihm einen Korb gab, würde er sich eben jemand anderes suchen. Microsoft war unersättlich und das Internet bot eine Million Mahlzeiten. Doch Netscape hatte den Bären verhöhnt und das machte ihn nur noch gefährlicher. Microsoft wollte nicht einfach gewinnen, es wollte dem Gegner eine Niederlage beibringen. War der andere großspurig, dann war das Vergnügen, ihn fertig zu machen, umso größer. Das Gerangel um die Macht glich einem Duell mit tödlichen Waffen.

Offenkundig wollte Microsoft Einblick in das Navigator-Programm von Netscape haben. Das gehörte zur Geschäftspraktik in Redmond: Man versuchte so viel wie möglich über die Beute herauszufinden – bevor man sie verschlang. Aber Netscape hatte auch etwas zu gewinnen. Microsoft plante, Windows 95 im folgenden Sommer auf den Markt zu bringen, und Netscape wollte sicher sein, dass sein Browser und seine Server-Software kompatibel waren. Der Informationsstrom zwischen Mountain View und Redmond hätte daher auch in beide Richtungen laufen können. Verschiedentlich sprachen die Firmen zwischen Ende 1994 und Juni 1995 auch miteinander. Kurz nach seinem Eintritt bei Netscape traf Barksdale Dan Rosen von Microsoft bei einer Konferenz von Hambrecht & Quist in Snowbird, Utah. Rosen war bei Microsoft zuständig für die strategischen Beziehungen im Bereich der Kommunikationstechnologien, einschließlich des Internets. Barksdale hatte die Hoffnung, dieses erste Gespräch könnte der Anfang einer freundlichen Beziehung zu Redmond sein.

Doch während der ersten fünf Monate des Jahres 1995 begegneten sich die Unternehmen mit unvermindertem Argwohn. Microsoft hatte bereits bekannt gegeben, dass es einen eigenen Browser herausbringen werde. Daher hütete sich Netscape, irgendeinen etwaigen Wettbewerbsvorteil dadurch zu verschenken, dass es Microsoft über neue Merkmale von Navigator 2.0 informierte. Netscape wollte mit Microsoft, dem Betriebssystem-Hersteller, kooperieren, aber nicht mit Microsoft, dem Anwendungsunternehmen. Dieses Dilemma schien Microsofts unangefochtene Stellung auf dem Software-Markt weiter zu festigen.

Trotz seiner Bedenken erklärte sich Barksdale zu einem erneuten Treffen mit Rosen bereit. Anwesend waren auch Nathan Myhrvold und Paul Maritz, zwei weitere einflussreiche Vizepräsidenten von Microsoft. Am 2. Juni 1995 flog Barksdale nach Redmond. Er erfuhr, dass Microsoft prinzipiell daran interessiert war, dass Netscape bei Navigator eine Reihe von Merkmalen aufnahm, die »Microsoft-Inhalte unterstützen« würden, wie Barksdale in einer schriftlichen Aussage für den Antitrust-Prozess festhielt, der 1998 vom amerikanischen Justizministerium und zwanzig Bundesstaaten gegen

Microsoft eröffnet wurde. Barksdale seinerseits machte deutlich, wie wichtig die Lizensierung von Navigator für Netscapes Umsätze war – vor allem bei einer Version für Windows 95. Er schlug sogar vor, dass Windows den Browser in sein Betriebssystem für PCs aufnahm.

Machte sich Barksdale Sorgen wegen des Bären? Im Augenblick noch nicht. Barksdale: »Microsoft hatte ja seine Absicht noch nicht verraten, Netscape vom Markt zu verdrängen, indem es einen eigenen Browser entwickelte, ihn an sein Betriebssystem koppelte und uns verschiedene Browser-Vertriebskanäle versperrte.« Microsoft schien Netscape mit ins zu Boot nehmen und nicht vernichten zu wollen. Doch diese Auffassung revidierte Barksdale gründlich, als ein paar Wochen später ein Folgetreffen in Mountain View stattfand. Da zeigte sich, dass gar nicht daran zu denken war, den Bären zu besänftigen.

Am 21. Juni trafen sich Barksdale, Andreessen und der Marketingchef Mike Homer mit Rosen und fünf weiteren Microsoftianern. Im Wyeth-Vorstandszimmer hinter Barksdales Bürozelle im zweiten Stock von Netscapes Hauptgebäude gingen sie verschiedene technische Punkte durch, bevor die Microsoft-Gesandtschaft angeblich eine eher strategische Frage anschnitt. Zwar sei Microsoft bereit, in bestimmten Bereichen zu kooperieren, so stellte Rosen klar, es wünsche aber nicht, dass Netscape einen Browser für Windows 95 entwickle, das zwei Monate später auf den Markt kommen sollte. Diesen Riesenmarkt beanspruche Microsoft für sich; Netscape könne haben, was übrig bleibe. Zumindest war das die Version, die Barksdale drei Jahre später in dem Antitrust-Prozess ausführlich zu Protokoll gab.

»Microsoft hat vorgeschlagen, eine ›Grenzlinie‹ zu ziehen zwischen den Bereichen, in denen wir Produkte entwickelten und konkurrierten, und dem Bereich, in dem sie Produkte entwickelten«, sagte Barksdale in seiner schriftlichen Zeugenaussage, womit er im Prinzip einen Modellfall von geheimer Absprache beschrieb, der eine Verletzung von Antitrust-Gesetzen sowohl auf bundeswie einzelstaatlicher Ebene darstellte. Laut Barksdale schlug Microsoft vor, den Markt »gemäß einer besonderen Beziehung« aufzuteilen. »Sie wollten uns gestatten, weiterhin Browser für *andere* Betriebssysteme herzustellen, solange wir nicht versuchten, mit ihnen zu konkurrieren, indem wir einen Browser für die Windows-95-Plattform entwickelten.« Das ist etwa so, als überließe das organisierte Verbrechen den ehrlichen Müllabfuhr-Unternehmen die spärlich besiedelten Randgebiete von New York, während es sich selbst Brooklyn und Queens vorbehält. Microsoft wäre sogar bereit gewesen, Netscape die gewünschten technischen Angaben über Windows 95 zu liefern. Alles hänge davon ab, wie einer der Microsoft-Leute sagte, »wie wir heute aus diesem Raum hinausgehen«.

Barksdale hatte kein Interesse, auf die kaum verhüllte Drohung einzugehen, und bekannte, zumindest später, er habe sich in einer Art Schockzustand befunden. »In meiner dreiunddreißigjährigen Erfahrung als Geschäftsmann habe ich noch nie erlebt, dass ein Konkurrent so unverblümt deutlich gemacht hat, wir sollten entweder aufhören, ihm Konkurrenz zu machen, oder er würde uns ruinieren«, wetterte Barksdale vor dem Bundesrichter, der den Antitrust-Prozess leitete. »In all den Jahren, die ich im Geschäft bin, ist mir noch nie ein so unverfrorener Versuch zur Aufteilung des Marktes begegnet.« Andreessen nannte die Besprechung das Äquivalent eines »Silicon-Valley-IQ-Tests« – wenn du bereit bist, mit Microsoft zusammenzugehen, verdienst du dein Schicksal, denn es läuft auf einen kollektiven Selbstmord des Unternehmens hinaus. In Übereinstimmung mit seiner Drohung verzögerte Microsoft die Herausgabe der technischen Daten von Windows 95 so lange, bis das Betriebssystem auf den Markt kam. Netscape behauptete später sogar, das System habe Fallen enthalten, die zu Konflikten mit dem Navigator führten. (Bekannt geworden ist Netscapes Nachweis, dass sich mit Navigator kein Zugang zu Microsofts Homepage im Web finden ließ.) Allerdings hatte Netscape in diesem Fall nicht ganz so viel Grund zur moralischen Entrüstung, weil Webseiten, die mit *seinen* elektronischen Publishing-Werkzeugen entwickelt worden waren, geheimnisvollerweise besser mit Navigator arbeiteten als mit anderen Browsern. Aber immerhin haben sie noch funktioniert.

Auf dieser entscheidenden Sitzung vom 21. Juni – die der ehemalige Bundesrichter Robert Bork, der später zurücktrat, um Netscape-Berater zu werden, das »Don-Corleone-Treffen« nannte – hat Microsoft außerdem vorgeschlagen, es wolle zwanzig Prozent der Netscape-Aktien erwerben und einen Sitz im Vorstand übernehmen. Das ist eine bewährte Strategie von Unternehmen wie Microsoft, die in Geld schwimmen. Wozu Energie verschwenden, um einen Konkurrenten aus dem Felde zu schlagen, wenn man ihn einfach kaufen kann? Gates hatte diese Enzyklika drei Wochen zuvor an Rosen, Maritz, Myhrvold und Silverberg abgeschickt. »Wir können ihnen im Rahmen dieses Geschäft sogar Geld bezahlen oder ein Stück von ihnen kaufen oder dergleichen«, erklärte Gates. »Mir wäre eine solche Lösung wirklich sehr lieb!«

Doch in seiner Aussage von 1998 erklärte er: »Zu dieser Zeit wusste ich nicht, was Netscape tat.« Daher habe er bei der Festlegung der Strategie für das Treffen von 21. Juni auch keine Rolle gespielt. Weiter gab er an, er könne sich nur schwach erinnern, vorgeschlagen zu haben, dass Microsoft einen Anteil von Netscape kaufen sollte – obwohl sich andere daran erinnerten, dass die Microsoftianer am 21. Juni von Netscape aus mit ihm telefoniert hatten. Gates Erinnerungsvermögen erschien bemerkenswert schlecht für einen Mann, dem so viel Geschäftssinn nachgesagt wird. Gates machte sich so sehr Sorgen um den Eindruck, den seine Aussage in der Öffentlichkeit hinterlassen hatte, dass er sich zu einem ungewöhnlichen Schritt entschloss: Er berief eine Pressekonferenz ein, um mitzuteilen, dass er tatsächlich *die Wahrheit gesagt* habe. Das warf allerdings ein schlechtes Licht auf das Vertrauen, das er in die eigene Glaubwürdigkeit hatte. (Er hätte besser ein bisschen von dem Witz an den Tag legen sollen, den er bewies, als er und Barksdale 1998 während einer Pause der Antitrust-Anhörung vor dem Senat auf die Toilette zustrebten und Gates, der die Tür zuerst erreichte, sagte: »Ich habe ein Exklusivrecht darauf.«)

Der Bericht, den Barksdale von der Sitzung am 21. Juni 1995 lieferte, wurde von den Gesprächsnotizen bestätigt, die Andreessen auf seinem Laptop machte. (Andreessen war nicht nur wegen seiner Essgewohnheiten berühmt, sondern auch wegen seiner atemberaubenden Tippgeschwindigkeit.) Doch Microsoft konterte, die Aufzeichnungen seien eine Fälschung. In einer eidesstattlichen Aussage vor dem texanischen Justizminister, der einen Prozess des Staates Texas gegen Microsoft anstrengte, erklärte Andreessen, er habe sich so ausführliche Notizen gemacht, weil »ich dachte, sie könnten noch einmal Gegenstand von Gesprächen mit der amerikanischen Regierung über Antitrust-Fragen sein« Ferner schickte ein Netscape-Anwalt zwei Tage nach dem Treffen vom 21. Juni einen vierseitigen Brief an das Justizministerium, dem eine Kopie von Andreessens Aufzeichnungen angehängt war. All das sähe, so Microsoft, nach einer Falle aus, die Netscape und das Justizministerium für Microsoft aufgebaut hätten – eine denkwürdige Verteidigung.

Und wenn? Anstiftung ist keine Entschuldigung für geheime Absprachen. Wenn Microsoft die Auffassung vertreten wollte, seine Taktik am 21. Juni und danach sei einfach knallharter Wettbewerb gewesen, dann macht die Behauptung durchaus Sinn, Netscape habe sie ausgetrickst, so unangenehm dieses Eingeständnis auch sein mag. Wie du mir, so ich dir.

Microsoft hat auch behauptet, zum Treffen am 21. Juni sei es wegen einer E-Mail gekommen, die Jim Clark Dan Rosen sechs Monate zuvor, am 29. Dezember 1994, geschickt habe. »Wir würden uns gern mit Ihnen treffen«, schrieb Clark in einem ganz anderen Ton, als ihn einige seiner Untergebenen gegenüber Redmond angeschlagen hatten. »Eine Zusammenarbeit liegt sowohl in Ihrem als auch in unserem Interesse. Wenn Sie möchten, können Sie einen Anteil an Netscape erwerben.« Das schrieb Clark zu einem Zeitpunkt, als der Umsatz von Netscape gesunken war und man Mitarbeiter entlassen musste. Er war ziemlich verzweifelt und Barksdale sollte seinen Posten erst in der folgenden Woche antreten. »Angesichts der Bedenken, die bestehen, weil Microsoft in praktisch allen Bereichen dominiert, könnten wir eine gute indirekte Möglichkeit darstellen, Zugang zum Internet-Geschäft zu bekommen«, schrieb Clark und fügte hinzu: »Wir haben nie vorgehabt, mit Ihnen zu konkurrieren.«

Bei Barksdales Kreuzverhör während der Antitrust-Verhandlung meinte Microsofts Anwalt, Rosen habe sich nur an Clarks Nachricht gehalten. Das Problem dieses Arguments ist indessen Clark selbst. »Niemand in meinem Unternehmen weiß von dieser Nachricht«, schrieb er, was angesichts seiner impulsiven Art durchaus glaubhaft ist. Clark schickte die E-Mail um drei Uhr morgens ab. Barksdale sagte aus, er habe von dieser Nachricht erst dreieinhalb Tage zuvor, bei den Vorbereitungen auf den Prozess erfahren. Diese verspätete Entdeckung erwies sich als taktischer Vorteil, doch damals war Barksdale empört. Nach seiner Auffassung war Clarks E-Mail

genau jene Art von Spontanreaktionen, die ihn vollkommen ungeeignet machten, ein Unternehmen zu leiten. Es war eine jener
Aktionen, über die sich die Leute, die Silicon Graphics leiteten, oft
bei Clark beklagt hatten. »Für einen Ingenieur und Wissenschaftler
überlegt sich Jim häufig nicht genügend, was er sagt und tut«,
erklärte Glenn Mueller Anfang 1994 gegenüber der San Jose *Mercury News*. »Die Leute hatten immer Manschetten, wenn Jim
wütend war. Dann sagte er, was ihm durch den Kopf ging.«

Mit dieser E-Mail von Clark konfrontiert, wurde Barksdale von
Microsofts Anwalt nach seiner persönlichen Meinung über Netscapes Vorsitzenden befragt: »Halten Sie ihn für einen wahrheits-
liebenden Mann?«

Nach einer kurzen Pause meinte Barksdale trocken: »Ich halte
ihn für einen Verkäufer«, womit er schallendes Gelächter im
Gerichtssaal erntete. Auch Clark bereitete sich auf den Prozess vor –
er zog sich in den schalldichten Raum eines Stereoladens in Palo
Alto zurück und ging noch einmal seine Aussage durch. Er war
nicht sehr optimistisch. »Wenn du ertrinkst«, sagte Clark damals,
»darfst du die Rettung nicht unbedingt von der Antitrust-Behörde
erwarten.«

In Redmond lag Microsofts Frust zum Teil daran, dass es im Internet-Geschäft so weit hinter Netscape zurückblieb. Als Netscapes
Navigator im World Wide Web erschien, saßen bei Microsoft erst
einige wenige Ingenieure an der Entwicklung eines neuen Browsers.

Bill Gates war kein Narr. Er hat nie ein Hehl daraus gemacht,
dass Microsoft seine Erfolge auf Kosten von IBM erzielt hat. Hätte
Big Blue nicht so selbstgefällig auf die ersten Erfolge des PC reagiert – und hätte es nicht eine so nachlässige Lizenzregelung mit
Microsoft getroffen –, dann wäre Gates heute vielleicht nicht eine
internationale Ikone der Computerindustrie. Gates schwor, egal,
wie groß und etabliert Microsoft auch würde, er werde nie den
gleichen Fehler begehen wie IBM. Man muss ihm zugute halten,
dass er nie zögerte, den Kurs seines unternehmerischen Schlacht-
schiffs zu ändern, wenn der Krieg es verlangte. Godzilla, ja – aber
kein Dinosaurier. Selbst mit Milliardenumsätzen und dem Monopol bei den Betriebssystemen sah sich Microsoft immer als Jung-

unternehmen, für das jede neue Unternehmensgründung nach wie vor eine Bedrohung darstellte. 1995 war Netscape die unübersehbare Gefahr.

Das Internet war kein ganz unbekanntes Gelände für Microsoft. Als im April 1994 das Unternehmen Mosaic Communication gegründet wurde, hielt Microsoft seine erste größere Internet-Tagung ab. Die eintägige Klausur der Unternehmensleitung im alte Shumway Mansion war keine Reaktion auf Mosaic, da Gates und seine Gefolgsleute noch gar nicht wussten, dass sich Jim Clark und die NSCA-Abtrünnigen zusammengeschlossen hatten. Zu dieser Tagung kam es, weil einige Mitarbeiter darauf drängten, dass Microsofts Interesse am Netz sich nicht auf die Gründung eines eigenen Online-Service beschränken dürfe. Gates hatte nichts dagegen, in das Internet zu investieren, blieb aber skeptisch, was die Verdienstmöglichkeiten anging. Schließlich war das besondere Erkennungszeichen des Internets nach wie vor, dass es umsonst war – abgesehen von den Gebühren, die Provider wie AOL, Prodigy und CompuServe einstrichen, die insgesamt einige Millionen Kunden hatten. Außerdem würde jedes Online-Geschäft, an dem sich Microsoft beteiligte, zum Gegenstand heftiger Konkurrenz werden. Der E-Commerce hatte keine Zugangsbeschränkungen – alles, was man brauchte, war ein Produkt zum Verkaufen, eine Computerausrüstung und die Fähigkeit, eine Web-Seite zu erstellen. Diese Art des offenen Wettbewerbs war Microsoft ein Gräuel, denn schließlich beruhte die Geschäftsphilosophie des Unternehmens auf dem Monopol, das ihm das Betriebssystem verschaffte. Trotzdem kamen Gates und seine Führungsriege bei der Aprilkonferenz überein, dass die neue Windowsversion einige Internet-Anwendungen enthalten sollte.

Später im Jahr gab Microsoft bekannt, es werde seinen eigenen proprietären Online-Service MSN (Microsoft Network) entwickeln, der natürlich mit dem nächsten Betriebssystem gekoppelt sein sollte – mit einem Klick und gegen eine monatliche Gebühr konnte ein Windows-95-Benutzer dann Mitglied bei MSN werden. Nach dem Erscheinen des Navigators von Netscape schloss Microsoft darüber hinaus ein Abkommen mit Spyglass und NCSA, die ihm eine Lizenz für den ursprünglichen Browser Mosaic erteilten. Das Quellenprogramm dieses Browsers benutzte Microsoft als

Ausgangspunkt für die Entwicklung seines eigenen Browsers – des Internet Explorers (IE) – den es im August 1995 herausbrachte. Das war der Beginn der offenen Feindseligkeiten mit Netscape. Doch damals, in der zweiten Hälfte des Jahres 1994 musste Microsoft erst noch begreifen, dass das Internet eine fundamentale Bedrohung für seine Geschäft war.

Dabei hätte das Unternehmen durchaus eine Ahnung davon haben können, welche Macht dem Internet-Phänomen innewohnte – einem Gebilde, das so viele Menschen so schnell erreichen konnte. Zwei Wochen vor Weihnachten 1994 richtete ein Web-Witzbold eine Art schwarzes Brett ein, auf dem er verkündete, Microsoft habe »die katholische Religion erworben«. In typischer Internet-Manier verbreitete sich die Nachricht wie ein Lauffeuer. Mit der Datumszeile »Vatikanstadt« und Associated Press zugeschrieben, hieß es in der Nachricht, Gates erhalte die exklusiven digitalen Rechte am Neuen Testament, man werde die Möglichkeit zur Online-Beichte schaffen und der Papst würde Vizepräsident von Microsoft. (Kein Wort über seine Aktienoptionen.) »Wir erwarten in den nächsten fünf oder zehn Jahren ein enormes Wachstum auf dem religiösen Markt«, wurde Gates täuschend echt zitiert. »Die gemeinsamen Mittel von Microsoft und der Katholischen Kirche geben uns die Möglichkeit, die Katholische Religion für ein breites Publikum leichter zugänglich und *unterhaltsamer* zu gestalten.« Das Ganze war natürlich ein Scherz, allerdings nicht für Microsoft, das ein bierernstes Dementi veröffentlichte.

Die unerklärliche Langsamkeit, mit der Microsoft auf das Internet reagierte, endete schließlich im folgenden Frühjahr. Gates schickte seiner Führungsriege eine neunseitige Aktennotiz, die den imposanten Titel »Die Internet-Flutwelle« trug, und skizzierte dort einen neuen Unternehmenskurs für eine Entwicklung, die er für die zweite PC-Revolution hielt. Während die letzten beiden Jahrzehnte auf »exponentiellen Verbesserungen der Computerkapazität« beruht hätten, die der Software »große Bedeutung« verliehen hätten, so Gates in der Aktennotiz vom 26. Mai 1995, werde »in den nächsten zwanzig Jahren die Verbesserung der Computerleistung hinter den exponentiellen Verbesserungen der Kommunikationsnetze zurückbleiben«. Das sei der Triumph des Metcalfeschen Gesetzes, welches das Mooresche Gesetz nicht ersetze, aber an kommerzieller Bedeutung übertreffe. »Das Internet bildet die Speerspitze dieser ganzen Entwicklung«, fuhr Gates fort, »und die Entwicklung im Internet wird auf lange Zeit den Kurs unserer Branche bestimmen.« »Bei Microsoft«, sagte er, »lässt sich alle Arbeit, die wir hier leisten, auf die HTTP/Web-Welt umlenken.« Kurzum, das Internet sollte die nächste Technologie werden, die dem Microsoft-Imperium einverleibt wurde.

Gates räumte ein: »Meine Auffassung über die Bedeutung des Internets hat sich in mehreren Etappen herausgeschält.« Unumwunden erklärte er, nun ein gläubiger Anhänger zu sein – aber einer, der sich Sorgen mache. Sein Augenmerk galt Netscape. Er erwähnte das Unternehmen namentlich, berichtete von seiner »Geburt« im Internet und seinem Wunsch, »das zu Grunde liegende Betriebssystem zu vertreiben«. Das wäre Microsofts Todesurteil. Es war kein Zufall, dass die Aktennotiz von Gates nur einige Wochen vor dem historischen Treffen zwischen Microsoft und Netscape am 21. Juni in Mountain View in Umlauf gebracht wurde.

»Heute messe ich dem Internet höchste Bedeutung zu«, schrieb Gates, der Gesetzgeber. »Ich möchte deutlich machen, dass die Ausrichtung auf das Internet für jeden Unternehmensbereich zwingend erforderlich ist … Das Internet ist eine Flutwelle. Es verändert die Regeln.«

Als Gates auf den fahrenden Zug aufsprang und eine Reihe hellsichtiger Überlegungen über die Bedeutung anstellte, die Microsofts erweiterte Webpräsenz in den kommenden Jahren gewinnen würde, handelte Gates, der Geschäftsmann, wie er immer gehandelt hatte. Er löste keinen »Paradigmenwechsel« aus – dieses Verdienst kommt Berners-Lee und der Andreessen-Truppe zu –, aber er nahm die Sache jetzt mit der legendären Gates-Entschlossenheit in Angriff. Wie Microsofts Betriebssystem für PCs Gary Kidalls CP/M niedergewalzt hatte, wie Windows grafische Benutzeroberfläche Apple seinen Marktanteil streitig gemacht und entwunden hatte, wie Microsofts Anwendungen für Tabellenkalkulation und Textverarbeitung Nachzügler waren – so richtete Gates jetzt seinen begehrlichen Blick auf das Internet. Er behauptete gerne, sein Unternehmen sei »innovativ«, doch seine beste Innovation war Imitation – herauszufinden, was andere gemacht hatten und sich diese Neuerung im richtigen Moment zunutze zu machen.

Andere bahnten den Weg. Er folgte ihnen, häufig in ihrem Windschatten.

Als Jerry Kaplan seine Erfahrungen mit dem GO-Pencomputer aufarbeitete, traf er sich auch mit Microsoft-Repräsentanten und versuchte sich über die Strategie des Unternehmens klar zu werden. »Statt sich auf eine Sache zu konzentrieren, entwickelte die Firma die Fähigkeit, viel versprechende Marktnischen zu entdecken, die von schwächeren Konkurrenten besetzt waren«, schrieb Kaplan in *Startup*. »Eingehend studierte sie die Produkte und Strategie des Konkurrenten, dann versuchte sie, seine Stellung mit einem starken Produkt und einer aggressiven Preispolitik zu untergraben. Manchmal schlug Microsoft irgendeine Form von Kooperation oder gemeinsamer Entwicklung vor, um den Markt besser kennen zu lernen, bevor es den eigenen Eintritt vornahm. Es war die Jagdtechnik des Geparden auf die Unternehmenswelt übertragen: Behalte die Beute fest im Auge, schleich dich an und dann sei schneller als sie. Wie der Gepard passte sich Microsoft diesem Spiel hervorragend an: schnell und schlau, gerissen und gefährlich. Und der erste Hinweis auf seine Gegenwart war oft ein unerklärliches Rascheln im hohen Gras.«

Die Vorgehensweise von Gates war gemäß seiner berühmten Formel »embrace and extend« (erfassen und erweitern) die Wirtschaftsversion des Dogmas vom Manifest Destiny, jener chauvinistischen Doktrin, nach der die Eroberung des nordamerikanischen Kontinents durch die USA unvermeidlich und gottgewollt war. Ob die Handlungsweise von Gates moralisch oder rechtlich einwandfrei war, war strittig – und Gegenstand wiederholter Antitrust-Untersuchungen durch die Bundesregierung –, doch dass sie erfolgreich war, ist unstrittig. Ein Gemeinplatz des Wirtschaftslebens besagt, dass Großunternehmen sich nicht leicht umstellen, weil sie definitionsgemäß in dem, was sie getan haben, sehr erfolgreich waren. Dieser Gedanke war der Ausgangspunkt eines viel gelesenen Buchs – *The Innovator's Dilemma: When New Technologies Cause Great Firms to Fail*. Microsoft bewies das Gegenteil, indem es einen radikalen Kurswechsel vornahm, neuen Herausforderung entgegenfieberte und sich in die nächste Schlacht stürzte. Spöttisch hat Bob Metcalfe die Microsoft-Formel »erfassen und erweitern« umformuliert in »aushorchen und vierteilen«.

Microsoft ist unter anderem deshalb ein Problem, weil es die lebende Widerlegung vieler wirtschaftswissenschaftlicher Theorien ist. In der totalen Abwesenheit von Konkurrenz, die seine Kritiker beklagen, müsste Microsoft eigentlich träge und sorglos werden – unfähig und nicht bereit, den Markt zu antizipieren und auf ihn zu reagieren. Doch Gates hat eine permanente Gründungsatmosphäre geschaffen, die von der Angst vor dem Absturz lebt. Bill Gates hat das Grovesche Gesetz, das besagt, dass »nur die Paranoiden überleben«, in den Rang einer Religion erhoben – »konstruktive Paranoia« nennt man sie in Redmond. Furcht ist eine noch bessere Motivation als Geldgier.

Am 9. August hatte Netscape seinen grandiosen Börsengang, der das Unternehmen auf die Titelseite fast jeder Zeitung im Lande brachte. Wenn irgendjemand in Redmond noch die Bestätigung brauchte, dass das Internet Teil der allgemeinen Kultur geworden war, dann hatte er sie damit bekommen. Allein die Tatsache, dass eine solche erdrutschartige Entwicklung in der Computerlandschaft praktisch ohne Microsofts Beteiligung stattfinden konnte, reichte aus, um den Bären in Redmond zu reizen. Bill Gates Reaktion erfolgte zwei Wochen später: Windows 95 wurde zusammen mit einer Online-Version des Internet Explorers ausgeliefert.

Dass die aktualisierte Fassung eines Betriebssystems für PCs auf den Markt kam, war kaum ein revolutionäres Ereignis. Im Vergleich zu dem, was Macintosh zehn Jahre früher zustande gebracht hatte, war Windows 95 kaum mehr als eine hervorragende Überarbeitung eines bereits vorhandenen Produkts, Windows 3.1, und das mit zweijähriger Verspätung. Doch der Werberummel, der die Windows Einführung begleitete, war unglaublich, ein Beweis dafür, was man mit einer Marketingstrategie für 250 Millionen Dollar bewirken kann. In Redmond empfing Jay Leno 2500 Gäste – Freunde von Bill Gates, Branchenvertreter und Medienleute. Es gab fünfzehn Zelte, ein Riesenrad, Ballons, Essen, Musik, eine Ausstellung, auf der sogar Mrs. Gates zu bewundern war. Auch andere Software- und Hardware-Unternehmen waren mit ihren Erzeugnissen gekommen. Sie hatten Millionen in ihre mit Windows 95 gekoppelten Produkte investiert. Das Ganze hatte eine Aura von Unvermeidlichkeit: Wie konnte irgendein PC-Benutzer, der bei klarem Verstand war, *nicht* Windows 95 kaufen?

Auf der ganzen Welt arbeitete Microsofts Werbemaschine auf vollen Touren. In New York erstrahlte das nächtliche Empire State Building in den Windowsfarben. In Toronto präsentierte der 540 Meter hohe Canadian National Tower eine fünf Stockwerke hohe Leuchtreklame. In England mietete Microsoft die Druckerpresse der Londoner *Times* und stattete 1,5 Millionen Zeitungen mit einer Windows-95-Beilage aus. Und außerdem ertönte überall zum Windows-95-Spot das »Start Me Up«, für das Microsoft den Rolling Stones eine Summe zwischen zwei Millionen und zwölf Millionen Dollar bezahlt hat, je nachdem, wen man fragt. Jeder hat seinen Preis – auch die Stones.

Alles das ... für eine Programm-Aktualisierung, die 109 Dollar kostete (so die Preisempfehlung, obwohl die Sache auch mehr kosten konnte – wenn man nämlich seinen Rechner aufrüsten musste). Der ganze Wirbel verfehlte seine Wirkung nicht. Vor vielen Einzelhandelsgeschäften bildeten sich ab Mitternacht Schlangen von Kunden, die es gar nicht abwarten konnten, ihr Windows 95 zu bekommen. *Sie standen an?* Konnte man sich das Programm nicht auch am folgenden Tag besorgen? Viel besser hätte man daran getan, sich ein schnelleres Modem für die Verbindung mit dem Internet zu kaufen. Selbst Autonarren brauchen das neue, glänzende Modell nicht an dem Tag, an dem es herauskommt. Nie hat ein Computerprogramm am ersten Verkaufstag die Kassen lauter zum Klingeln gebracht. Die Windows-95-Show hat wenig Zweifel daran gelassen, dass Microsoft ein Flutwelle auslösen konnte, selbst wenn es nicht ums Internet ging. Natürlich kaufte niemand Windows 95, um den Microsoft-Browser zu bekommen – obwohl er kostenlos mitgeliefert wurde, auch an professionelle Anwender. Von allen Merkmalen die Windows 95 hatte, war die merkwürdigste – oder vielleicht auch gar nicht so merkwürdige –, dass es den Netscape Navigator lahm legte. Wenn man Windows 95 auf dem Rechner installierte, funktionierte der Navigator nicht mehr richtig oder überhaupt nicht. Microsoft bestritt, sein Betriebssystem und den Internet Explorer so präpariert zu haben, dass sie einen Konkurrenzbrowser beeinträchtigten – wer würde auch auf so etwas kommen? –, räumte aber ein, dass es »Kompatibilitätsprobleme« gab.

Im Herbst 1995 hielt Netscapes Aufstieg unvermindert an, ebenso wie Microsofts Unmut, das Konkurrenzunternehmen nicht

»zu schaffen«. In Redmond war man bereits eifrig damit beschäftigt, die Strategie zu ändern – Gates hatte seine »Flutwellen«-Analyse bereit ein halbes Jahr zuvor geschrieben. Doch noch immer schienen die Ereignisse Microsofts Handeln zu bestimmen, nicht umgekehrt, wie Gates das eigentlich gewöhnt war. All das änderte sich am 7. Dezember 1995, einem Tag, den Microsoft absichtlich gewählt hatte, denn er hatte tiefere historische Bedeutung.

Fünfundvierzig Jahre zuvor hatten die Japaner in einem Überraschungsangriff Pearl Harbor bombardiert und die Vereinigten Staaten in den Zweiten Weltkrieg hineingezogen. Der Mann, der diesen Überfall geplant hatte, der kaiserliche Admiral Isoroku Yamamoto, warnte: »Wir haben einen schlafenden Riesen geweckt und eine tödliche Entschlossenheit in ihm hervorgerufen.« In einer sorgfältig formulierten Rede zitierte Gates auf Microsofts Internetstrategie-Workshop diese Worte und meinte, auch Microsoft sei ein »schlafender Riese«. Wenn es noch Zweifel an seiner Entschlossenheit gegeben hatte, sich im Cyberspace zu behaupten, Gates zerstreute sie. In seiner Rede vor Hunderten von Börsenanalysten und Journalisten im Seattle Center umriss Gates – in der besten Roosevelt-Imitation, zu der er fähig war – verschiedene Angriffspläne, die die Ehre seines Unternehmens wiederherstellen sollten.

Das Internet sei keineswegs eine Bedrohung für Microsoft, sagte Gates, vielmehr halte er es für die zweite Chance in seinem Leben. Im Mittelpunkt der Microsoft-Strategie werde der neue Browser, der Internet Explorer, stehen. Microsoft werde eine Version des IE nicht nur für Windows 95 verfügbar machen, sondern auch für frühere Versionen von Windows und Macintosh, die alle aus dem Netz heruntergeladen werden könnten. Auf diese Weise ziehe Microsoft mit Netscape gleich, dessen Browser bereits mit allen Arten von PCs kompatibel sei. Noch wichtiger: Microsofts IE würde vollkommen kostenlos sein, der ihn bei ansonsten gleichen Bedingungen attraktiver machen würde als den Navigator. (Rein zufällig würde damit auch die Haupteinnahmequelle des Jungunternehmens zum Versiegen gebracht.) Um seine Kronjuwelen – das Betriebssystem Windows – zu verteidigen, war Gates auch bereit, auf Geld zu verzichten, nur um sicher zu sein, dass auch der Konkurrent nichts verdiente. Selbst wenn seine Befürchtungen hinsichtlich der Verdienstmöglichkeiten, die die »Flutwelle« bot, stimmten, musste Windows unter allen Umständen geschützt werden.

»Wenn wir sagen der Browser ist kostenlos, dann meinen wir damit etwas anderes als andere Leute«, erklärte Gates in deutlicher Anspielung auf Netscape. »Wir sagen nicht: ›Sie können es neunzig Tage lang benutzen‹ oder ›Sie können es benutzen, wenn Sie kein Unternehmen sind‹ oder ›Sie können es benutzen und im nächsten Jahr präsentieren wir Ihnen dann eine gepfefferte Rechnung.‹« Netscape konnte schwerlich vorbringen, es sei von der Entwicklung überrascht worden. Schon 1995 hatte das Unternehmen in seinem zum Börsengang herausgegebenen Prospekt von dem »hohen Risiko« gesprochen, dass Microsoft einen Konkurrenzbrowser entwickeln und ihn mit Windows 95 »koppeln« könnte, was »wahrscheinlich Netscapes Fähigkeit, den Navigator zu verkaufen, sehr nachteilig beeinflussen würde«.

Mit seiner Entscheidung verzichtete Microsoft nicht wirklich auf möglich Einkünfte. Da Windows 95 rasch die vorherrschende Windows-Version wurde – und da der IE in neue PCs, die von Unternehmen wie Compaq verkauft wurden, schon vorinstalliert wurde –, konnte Microsoft ihn sich doch bezahlen lassen. Es konnte behaupten, nichts für ihn zu nehmen, doch da es den Preis für Windows 95 festlegte, ließ sich der Wahrheitsgehalt der Behauptung nicht überprüfen.

Abgesehen davon, dass der Navigator kostenlos war, hatte er noch einen anderen Vorteil gegenüber Netscapes Navigator. Da der IE ab Oktober 1996 mit allen Kopien von Windows 95 gekoppelt wurde (auch bei der einzeln verkauften Version im folienverschweißten Pappkarton) und später nahtlos in Windows 98 integriert wurde – das war ein Teil jener Strategie, die Gates meinte, als er davon sprach, das Internet »zu erfassen und zu erweitern« –, durfte man wohl mit Fug und Recht davon ausgehen, dass die durchschnittlichen Windows-95-Benutzer den IE einfach als ihren Browser »wählten«. Tatsächlich wirkte das Betriebssystem für den Benutzer fast wie das Netz. Also warum sollte jemand für den Navigator im Geschäft zahlen oder sich die Mühe machen, ihn aus dem Netz herunterzuladen (eine ziemlich umständliche Prozedur)? Auf lange Sicht musste sich der IE durchsetzen, was Microsoft Vorteile im E-Commerce verschaffen und auch andere Möglichkeiten eröffnen würde, online Geld zu verdienen. Früher wurde »niemand entlassen, weil er IBM kaufte«, und heute in den Neunzigern kommt niemand in große Schwierigkeiten, wenn er sich für Microsoft entscheidet.

In seiner Rede kündigte Gates ferner an, dass MSN kein proprietärer Online-Dienst mehr sein würde – er war nie richtig angekommen – und dass Microsoft ein Lizenzabkommen mit Sun Microsystems zur Übernahme von Java geschlossen hatte. (Es handelte sich allerdings um eine kurzlebige Ehe, denn Sun ging schon bald darauf vor Gericht und verklagte Microsoft, weil es Java »kontaminiert« habe.) »Microsoft ist wild entschlossen, sich dem Internet zuzuwenden«, erklärte Gates. Ein Jahr zuvor hatte nur eine Hand voll seiner Programmierer an der Browser-Technologie gearbeitet – jetzt entwickelten Hunderte neue Versionen des IE. Viele Tausend weitere wurden an andere Internet-Projekte gesetzt – mehr Mitarbeiter als Netscape oder irgendein anderes aufstrebendes Unternehmen insgesamt angestellt hatte. Und Millionen Dollar wurden in die Werbung und den Vertrieb des IE gesteckt. Microsoft mochte etwas spät auf der Party erschienen sein, doch als es dann da war, räumte es das kalte Büffet ab. Trotz der Größe des Unternehmens, trotz seiner Verhaftung in der »alten« Technologie ließ Gates nicht zu, dass seinem Unternehmen mitgespielt wurde, wie er selbst einst IBM mitgespielt hatte.

Stattdessen schickte er sich an, das Jungunternehmen zum Frühstück zu verspeisen – obwohl er nie zugab, dass Verdrängungswettbewerb dabei die geringste Rolle gespielt habe. In der Zeitschrift *Upside* spottete Larry Ellison über die »vier Stadien«, denen Microsoft folge, wenn es jemandem eine Idee stehle. Stadium 1 bestehe darin, »die Idee lächerlich zu machen«. Stadium 2 sei die Bemerkung: »Na ja, die Sache hat ein paar interessante Aspekte.« Dann Stadium 3: »Na gut, ihre ist besser als unsere.« Und schließlich: »*Wir* haben die Idee zuerst gehabt!« Das erinnert an den alten Witz vom Biber und Kaninchen, die neben einem großen Staudamm sitzen. Sagt der Biber zu seinem Freund: »Ich habe ihn zwar nicht wirklich gebaut, aber er beruht auf *meiner* Idee.«

Der Wallstreet war die Pearl-Harbor-Rede von Gates nicht entgangen. Am Tag zuvor war Netscape auf 174 geklettert – damals sein höchster Stand überhaupt –, bevor es bei Börsenschluss wie-

der auf 164 1/4 zurückging. Nachdem Gates und seine Führungsleute gesprochen hatten, fiel der die Aktie um 28 3/4, ein Vorbote
des Schicksals, das Netscape erwartete (obwohl das Unternehmen
auch jetzt noch über eine Börsenkapitalisierung verfügte, die größer war als die von Apple und manch anderem etablierten Unternehmen). Die Microsoftianer beklagten allerdings, dass Netscape
dem Zug der Schwerkraft nicht weiter gefolgt war. Unter der Schlagzeile SCHLACHTPLAN FÜR DAS INTERNET: VERNICHTUNG
DER KONKURRENZ berichtete die *Seattle Times* auf ihrer Titelseite über die Microsoft-Konferenz und schrieb, zwei Microsoft-
Führungskräfte hätten sich unverhohlen über den zweistelligen
Kursverlust von Netscape amüsiert, als sie von einem Kollegen
unterbrochen worden seien, der barsch eingeworfen habe:»Das ist
noch nicht genug.«

Als Jim Barksdale nach Gates kriegerischer Rede in Seattle
gefragt wurde, erwiderte er, er erwarte einen»erbitterten Kampf«,
fügte aber hinzu:»Gott ist auf unserer Seite.« Leider ließ sich
Microsofts Vorsprung damit nicht aufholen. Gott ist weit entfernt
von einer marktbeherrschenden Position und sein Betriebssystem
kommt lange nicht so gut an. Tapfer – oder auch nur stolz – verwies
Barksdale auf einen fernen Vorfahr namens William Barksdale,
eine Brigade-General der Konföderierten. Jener Barksdale hatte
eine Attacke angeführt, die ein General der Union 1863 bei Gettys-
burg beschrieb»als den großartigsten Angriff, der je von Sterblichen ausgeführt wurde«. Barksdale kam dabei ums Leben.

Allen tapferen Worten zum Trotz bemühte sich Netscape nun
nach Kräften, dem Riesen aus Redmond aus dem Weg zu gehen.
Trotz marktbeherrschender Position des Navigators auf dem Browser-Markt – nach einer Schätzung im Frühjahr 1996 87 Prozent,
denen vier Prozent des IE gegenüberstanden –, musste Netscape
davon ausgehen, dass es an Boden verlieren würde, sobald Microsoft richtig zum Angriff ansetzte. Der Navigator mochte fast
40 Millionen Benutzer haben, doch das Betriebssystem Windows 95
konnte schon nach einem Jahr die doppelte Zahl vorweisen und es
war anzunehmen, dass viele Anwender mit dem mitgelieferten
Browser vollkommen zufrieden sein würden.

Die Lizensierung von Netscape war die Haupteinnahmequelle
von Netscape – die Einkünfte stiegen von 2,3 Millionen Dollar im

ersten Quartal 1995 auf 58,5 Millionen im letzten Quartal 1996. Aber das Geld bot keine Sicherheit. Netscape war gewarnt. Es konnte sehen, was mit Spyglass und den Leuten vom NCSA in Illinois geschehen war. Als Gates verkündete, Microsofts Browser sei fortan frei erhältlich, war das für Spyglass der Todesstoß. Neben der Lizenz, die das Unternehmen Microsoft erteilt hatte, hatte es sie auch an dutzende anderer Firmen verkauft, darunter auch IBM. Aus diesen Geschäften war nun kein Geld mehr zu erwarten – warum etwas kaufen, das Microsoft verschenkte?

Gates, dessen Unternehmen in Geld schwamm, erklärte gegenüber der *Financial Times* in London: »Unser Geschäftsmodell funktioniert auch dann, wenn jede Internet-Software kostenlos ist«, denn »wir verkaufen ja weiterhin unsere Betriebssysteme«. Es herrschte das Gesetz des Dschungels und Gates stellte die rhetorische Frage: »Und wie sieht Netscapes Geschäftsmodell aus?« Seine Antwort: »Nicht sehr gut.« Es machte kaum Gewinne, während Microsoft ein paar Milliarden erwirtschaftete. Statt sich also ganz auf einen Geschäftsbereich zu verlassen, der vom Browser abhing, begann Netscape 1996 daher zu diversifizieren. Es ging Partnerschaften mit anderen Unternehmen im Valley ein und kaufte, mit dem Geldsegen seines Börsengangs, einige kleinere Firmen auf, um seine technologischen Lücken zu schließen. Auf seiner Web-Seite verkaufte es Anzeigen und E-Commerce-Hyperlinks. Um sich von dem Erlös des Browser-Verkaufs an professionelle Anwender unabhängig zu machen, intensivierte Netscape den Verkauf anderer Arten von »Server«-Software. Mehr als ein Drittel der Netscape-Einkünfte stammten bereits aus Software, unter der die Server vieler Unternehmen liefen, also jene Rechner, die die Arbeitsplatzrechner innerhalb einer Firma mit dem Web verbanden.

Einen entscheidenden Markt hoffte Netscape mit den »Intranets« für sich zu erobern, den privaten, betriebseigenen Netzen, die immer mehr Unternehmen nutzten. Wie das Internet die Computer weltweit zusammenschloss, ermöglichte ein Intranet den Mitarbeitern *innerhalb* einer Firma, nicht nur E-Mails, sondern viele andere Informationen und Daten auszutauschen – Termine, Finanz- und Pensionspläne. Die Daten wurden in HTML erzeugt, sodass die Anwender eines Unternehmens im betriebsinternen Netz genauso leicht navigieren konnten, wie sie sich im Web bewegten. Zulieferer und Kunden konnten ebenfalls mit einem solchen Internet verbunden werden, sodass es ein sehr wirksames Kommunikationsinstrument darstellte. Während das Internet eine unvergleichlich größere Reichweite hatte, brachte das Intranet unter Umständen einen größeren praktischen Nutzen, denn Kollegen haben sich mehr mitzuteilen als vollkommen Fremde. Informationen konnten schneller übermittelt werden und mit Hilfe bestimmter Sicherheitsmerkmale ließ sich ein Intranet auch so programmieren, dass es den Zugriff auf bestimmte Bereiche einschränkte. Für diesen professionellen Markt hatte IBM seine Software Lotus Notes entwickelt, was Barksdale später zu der Äußerung veranlasste, er betrachte IBM und nicht Microsoft als Netscapes Hauptkonkurrenten. Dank der Intranet-Umsätze erreichten Netscapes Einnahmen 1996 346 Millionen Dollar. (Microsoft kam auf Zahlen dieser Größenordnung erst zehn Jahre nach seiner Gründung.) Zu Netscapes Intranet-Kundenkreis gehörten mehr als zwei Drittel der Unternehmen in den Forbes 100.

Ferner verbesserte Netscape jene Produkte, die Unternehmen halfen, eigene Web-Seiten anzulegen, und mit denen man Internet-Anwendungen auf den eigenen Bedarf zuschneiden sowie E-Commerce betreiben konnte. Diese verstärkten Bemühungen von Barksdale, sich aus Microsofts Bannkreis zu entfernen, waren durchaus sinnvoll. Allerdings verkannte Barksdale nicht, wie entscheidend der Netscape-Browser für das Unternehmen war. Unabhängig von den Einnahmen verlieh der Browser dem Unternehmen seine Identität – er war für den Namen der Firma verantwortlich und er hatte dazu beigetragen, dass sie auch andere Produkte vertreiben konnte. Im Sommer 1996 kamen Netscape und Microsoft beide mit 3.0-Versionen ihrer Browser heraus und diesmal war der IE dem Navigator in jeder Hinsicht ebenbürtig – das galt sowohl für die Leistung wie für die Bedienung. Wenn Netscape der Welt bis dahin verkünden konnte, sein Browser sei besser und rechtfertige die Mühe, ihn auf Windows-95-Rechnern zu installieren, so war dieses Argument nun hinfällig geworden. Der Internet Explorer 3.0 war auch die erste Version, die mit dem einzeln vertriebenen Windows-Paket gekoppelt war.

Inzwischen war Microsoft zu der Überzeugung gelangt, es reiche nicht, die Hände in den Schoß zu legen und abzuwarten, bis

sich der natürliche Vorteil von Windows 95 auf dem Markt auswirkte. Vielleicht würde es so kommen, aber vielleicht auch nicht.
Schließlich war es MSN nicht gelungen, andere Online-Dienste wie
AOL zu verdrängen. Der »Browser-Krieg« bedurfte eines Vor-
stoßes an anderen Fronten – zumindest sahen es die Strategen in
Redmond so. Der griffige Satz, den das Justizministerium später
Paul Maritz von Microsoft zuschrieb, bezeichnete dieses Vorgehen
als »ihnen die Luftzufuhr abschneiden«. Oder: »Die Umweltver-
schmutzung Netscape muss beseitigt werden«, wie Jeff Raikes, ein
anderes Mitglied der Führungsriege von Microsoft, es formulierte.
Wie Microsoft sein Betriebssystem dazu benutzte, seinen Browser
durchzusetzen, zeigt ein typisches Beispiel vom Sommer 1996. Das
Ziel war das Unternehmen Compaq, das mehr PCs montierte und
verkaufte als irgendein anderer Hersteller der Welt, was auf die
Feststellung hinausläuft, dass es mehr PCs mit dem Betriebssystem Windows verkaufte als irgendein anderes Unternehmen.

Compaq hatte beobachtet, dass der Browser von Netscapes
beliebter war, und daher folgerichtig entschieden, den Navigator
auf einem PC-Modell vorzuinstallieren. Mehr noch, obwohl IE mit
dem Betriebssystem Windows 95 gekoppelt war, entschloss sich
Compaq dazu, das IE-Icon von der Arbeitsfläche zu entfernen, die
die Anwender sahen, wenn sie den Rechner einschalteten. Microsoft antwortete mit seiner Version einer Todesdrohung: Wenn
Compaq auch weiterhin das IE-Icon entferne, werde Microsoft
Compaq die Lizenz für Windows 95 entziehen. Compaq war zwar
nicht unerheblich für Microsofts Einnahmen, doch Microsoft war
unentbehrlich für Compaq. Gewiss, es brauchte ein Kunststoffge-
häuse für den Computer, und, ja, es brauchte Mikroprozessoren
von Intel oder einem anderen Chip-Hersteller. Doch wenn Compaq keine Lizenz mehr bekam, auf seinen Rechnern das einzige
Betriebssystem für den Massenmarkt zu installieren, dann konnte
es seinen Laden dichtmachen.

Compaq hatte begriffen. Der Microsoft-Browser blieb. Dem Vernehmen nach haben andere PC-Hersteller Abschläge auf Microsoft-Software oder Gelegenheit zu Kopplungsgeschäften bekommen – vorausgesetzt, auf ihren Rechnern war der IE vorinstalliert.

Es gab auch versteckte Versuche, Unternehmen gefügig zu
machen. Intuit, das Quicken herstellte, die bekannteste Finanz-

Software, erwog 1996, Navigator zusammen mit seinem Produkt zu verkaufen. Im Gegenzug wollte Netscape Intuit die Möglichkeit bieten, seinen Browser in Quicken zu integrieren, was Intuit dringend wünschte. Doch am Ende schloss Intuit einen Exklusivvertrag mit Microsoft, wofür Intuit auf die Windows-Arbeitsfläche gesetzt wurde. Wie es zu diesem Geschäft gekommen war, zeigte ein peinliches E-Mail von Gates, das während des Antitrust-Prozesses der Bundesregierung ans Licht kam. Darin berichtete Gates über ein Gespräch, das er am 23. Juli 1996 mit dem Intuit-Chef Scott Cook geführt hatte. »Ich bin ganz offen mit ihm gewesen«, stellte Gates etwas abgehackt fest, »dass wir, wenn er einen Gefallen wüsste, der so etwa eine Million Dollar kostet ... als Gegenleistung dafür, dass er in den nächsten Monaten die Browser wechselt, ich dazu bereit wäre.« (So schlau wie Microsoft sich verhielt, sollte man meinen, dass es auch clever genug war, um zu wissen, wie man belastende E-Mails aus den eigenen Computern entfernt.)

Bei Netscape und in der Presse gab es haufenweise Geschichten über Microsofts Ideenreichtum, unliebsame Konkurrenz auszuschalten. Laut dem *Wall Street Journal* rief Steve Ballmer, die Nummer zwei nach Gates, den Chef von PacBell Internet Services an, nachdem das Unternehmen einen Vertrag mit Netscape geschlossen hatte. Ballmer informierte den Unternehmenschef darüber, dass er ab sofort von Microsoft als »Feind« angesehen werde. Auch auf wesentlich größere Unternehmen wurde Druck ausgeübt. Disney wurde mitgeteilt, es werde keine Online-Werbung von Microsoft erhalten, wenn es Geschäfte mit Netscape mache. Laut Barksdale hat eine Führungskraft von Hewlett-Packard berichtet, Gates und Ballmer hätten angerufen, um ihrem Ärger Luft zu machen, nachdem Netscape und HP ein Abkommen über ein gemeinsames Marketingprojekt bekannt gegeben hatten. Apple Computer behauptete, es sei gezwungen gewesen, den IE auf seinen Rechnern zu installieren, weil Gates gedroht habe, die Textverarbeitung und andere Programme für den Mac nicht mehr zu aktualisieren. »Die Drohung, Mac Office 97 zu streichen, ist sicherlich das stärkste Verhandlungsargument, das sich vorstellen lässt, denn das würde Apple augenblicklich erheblichen Schaden zufügen«, schrieb ein Microsoft-Manager in einer E-Mail an Bill Gates. (Gates behauptete später, er könne sich nicht erinnern, die Nachricht erhalten zu haben.)

Gates hatte diese Maßnahmen in seiner »Flutwellen«-Aktennotiz von 1995 bereits vorhergesehen, denn dort hatte er seine leitenden Mitarbeiter gedrängt, mit Unternehmen zusammenzuarbeiten, die »ihr [Netscapes] Produkt in Erwägung ziehen«. Selbst das große und mächtige Intel – das einzige Unternehmen im Valley, das eine Partnerschaft mit Microsoft überlebt hat – konnte dem starken Arm aus Redmond nicht widerstehen. Intel stellte für die meisten PCs, die unter dem Betriebssystem Windows 95 liefen, die Mikroprozessoren her und war insofern ein echter Partner von Microsoft, soweit Microsoft überhaupt einen Partner haben kann. Ein »Wintelcomputer« war zur Hälfte von Intel. Doch als Intels Software-Abteilung eine eigene Forschungs- und Entwicklungsabteilung für Internet-Programme einrichtete, intervenierte Gates. Eine interne Aktennotiz, in der von »vagen Drohungen« die Rede war, die Gates ausgestoßen habe, brachte Andy Grove selbst auf den Plan. Intel reihte sich wieder ein. Zwar schadete das Netscape nicht, doch es zeigt, welchen Einfluss Microsoft hatte.

Manchmal war Netscape auch unmittelbarer von Microsofts Strategie betroffen. Im März 1996 dachte Netscape, es habe ein Abkommen mit America Online geschlossen – dem größten Unternehmen, das Wählzugriff auf das Internet anbietet und ein eingefleischter Gegner von Microsoft war. Danach sollte der Navigator in das Dienstleistungsangebot von AOL integriert werden. Doch Microsoft hatte ebenfalls mit AOL verhandelt und diesem vorgeschlagen, seinen Kunden doch einfach die Wahl zu lassen. Laut Barksdale war AOL keinesfalls bereit, den einen Browser auf Kosten des andern zu integrieren. Am 11. März gab AOL von seinem Firmensitz vor den Toren von Washington aus das Lizenzabkommen mit Netscape bekannt. Es hatte den Anschein, als würde der Navigator der Hauptbrowser für die begehrten sechs Millionen AOL-Kunden – und nicht, wie die freudestrahlenden Netscape-Mitarbeiter annahmen, der IE von Microsoft. Als die Börse am Nachmittag schloss, war der Netscape-Kurs um 15 Prozent gestiegen.

Doch das Lizenzabkommen gewährte Netscape keine Exklusivrechte bei AOL. Es wurde nur für die Navigator-Browser bezahlt, die die AOL-Kunden tatsächlich auswählten. AOL konnte auch mit anderen Browsern arbeiten – was es auch unverzüglich tat. Nach einer schlitzohrigen Kehrtwendung, die Bill Gates alle Ehre gemacht hätte, gab AOL bekannt, es habe einen Vertrag mit Microsoft abgeschlossen, nach dem es nicht nur seinen Browser in Lizenz übernehme, sondern auch zur *Standardeinstellung* der AOL-Kunden mache (»Zwangsernährung« nannte Barksdale es). Wenn die Kunden nicht speziell den Navigator auswählten, gingen sie über den IE ins Web. Die typischen AOL-Kunden waren Computerneulinge, die sicherlich keinen anderen Browser aussuchten, falls sie überhaupt wussten, was ein Browser ist. Diesmal fuhr Netscape in der Wallstreet-Achterbahn talwärts.

In gewisser Hinsicht war Microsoft für AOL ein besserer Partner als Netscape, trotz AOLs tief verwurzelten Hasses auf Redmond. Microsoft berechnete nichts für seinen Browser und bot bessere technische Unterstützung, die dafür sorgte, dass die Software beider Unternehmen kompatibel war. Doch der entscheidende Punkt für AOL war der Umstand, dass Microsoft sich bereit erklärte, AOLs Icon auf die Arbeitsfläche von Windows 95 zu setzen. Durch dieses Zugeständnis von Microsoft befand sich AOL auf der Windows-Oberfläche gleichberechtigt neben Microsofts eigenem Online-Dienst MSN. (Ironischerweise war AOL ein Jahr zuvor über das MSN-Icon auf der Windows-Oberfläche so verärgert gewesen, dass es eine Klage bei der Antitrust-Abteilung des Justizministeriums eingereicht hatte.) Gates war sogar bereit, MSN zu opfern, wenn sein Browser Netscape entscheidende Marktanteile abjagen konnte.

AOL wusste, welchen Vorteil Microsofts Betriebssystem bot. Deshalb verriet es Netscape schon einen Tag, nachdem es einen Vertrag mit ihm geschlossen hatte. Die Ratte ist, wenn sie das Gesetz des Dschungels kennt, genauso überlebensfähig wie der Tiger. Andere Internet-Provider – darunter AT&T, MCI, Netcom und CompuServe – folgten AOLs Beispiel und taten sich mit Microsoft zusammen. Einige der Verträge, so behauptete Netscape später, seien so abgefasst gewesen, dass sie den Navigator als Konkurrenten ausschlossen. Andere Verträge boten den Microsoft-Browser nicht nur kostenlos an, sondern stellten auch »Belohnungen« für den Fall in Aussicht, dass die Provider ihre Kunden dazu bewogen, andere Microsoft-Dienste in Anspruch zu nehmen.

Schuldbewusst schrieb der Präsident des Internet-Providers Global Telecosm im Sommer 1996 an Netscape, er könne den Navigator nicht mehr vertreiben, weil »Microsoft mir ein Geschäft angeboten hat, das ich einfach nicht ausschlagen kann ... Ich weiß, dass Netscape besser ist, aber der Browser ist kostenlos, da kann ich einfach nicht Nein sagen.« Ein anderer kleiner Provider, der 1997 vor Microsoft kapitulierte, erklärte: »Wir habe uns gewehrt, solange es ging, aber wir können die Gebühren nicht mehr aufbringen«, zumal »Microsoft kostenlos einen Luftschiff mit unserem Namen in die Luft schicken will«. Mit Content-Providern wie dem *Wall Street Journal* folgten Abkommen, die IE-Benutzern freien Zugang gewährten, während alle anderen Gebühren entrichten mussten (wie zum Beispiel Benutzer, die mit dem Navigator dorthin gelangten). Andere Web-Sites wurden von Microsoft mit Samthandschuhen angefasst, solange sie jeden Hinweis auf den Hyperlink zu Netscape vermieden.

Das AOL-Geschäft bot Microsoft eine solide Plattform, um seinen Marktanteil auszubauen. Im Herbst 1996 hatte es ihn von praktisch null auf 20 Prozent erhöht. Ein Jahr darauf hatte es ihn mit 39 Prozent fast verdoppelt, während Netscape auf 51 Prozent abgesackt war. Der Trend war nicht zu übersehen und schien unausweichlich zu sein. Allzu optimistisch hatte John Doerr »die gewaltigste Schlacht um Marktanteile aller Zeiten« vorhergesagt – größer als die zwischen Coca-Cola und Pepsi –, doch sie verlief bereits im Sande.

In Mountain View konnten Netscapes Buchhalter bereits die Auswirkungen von Microsofts Attacken in ihren Büchern lesen. 1997 gingen die Navigator-Einnahmen in den Keller. Von den stolzen 58,5 Millionen Dollar im letzten Quartal 1996 stürzten die Netscape-Einkünfte auf 18,5 Millionen Ende 1997 ab – ein Rückgang um 68 Prozent und einer der Gründe für Netscapes katastrophalen Jahresabschluss (ein vierteljährlicher Verlust von 88 Millionen Dollar, der zur Entlassung von dreihundert Mitarbeitern und einem Aktienkurs von 80 Prozent unter dem Höchststand führte). Der endgültige Zusammenbruch kam 1998, als Netscape eingestand, es könne für seinen Browser keine Gebühren mehr nehmen und sogar das Quellenprogramm des Navigators veröffentlichte. Seine Einnahmen für den Navigator im Jahr 1998 waren gleich null gewesen. Im Sommer hatte IE dem Navigator die Marktvorherrschaft abgenommen – mit 44 Prozent gegenüber 42 Prozent. Dieser Vorsprung musste größer werden, da sich Netscape viel zu spät entschlossen hatte, den Navigator kostenlos abzugeben. Wie angekündigt war Microsoft unbarmherzig vorgegangen – und, wie ihm seine Kritiker vorwarfen, auch illegal. Keine drei Jahre nach Gates Rede am Tag von Pearl Harbor hatte sein Unternehmen Netscape offiziell überflügelt.

Die Ironie des Vorgangs lag darin, dass Microsoft sein Vorhaben mit kostenloser Software verwirklicht hatte. Es hat eine Zeit gegeben, als kostenlose Software die Regel war. Doch dann hatten IBM und andere Unternehmen die schlaue Idee, solche Computerprogramme zu verkaufen. Im Januar 1976, als Bill Gates und Paul Allen noch sehr jung waren und Microsoft gerade erst gegründet hatten, schrieb Gates in einem »Offenen Brief an Computer-Amateure« (der im *Homebrew Computer Club Newsletter* und andernorts veröffentlicht wurde). Dort las Gates den Hackern, die keine Lizenzgebühren bezahlten, gehörig die Leviten und bezeichnete sie als Diebe. Doch abgesehen davon, dass sie ihm vorenthielten, was ihm zustehe, so schrieb Gates, wirke sich ihr Verhalten auch nachteilig auf die Innovationsbemühungen aus. »Unter anderem verhindert ihr, dass gute Software geschrieben wird«, schimpfte er. »Wer kann es sich leisten, gute Arbeit umsonst zu machen? Wer kann drei Jahre in das Schreiben eines Programms, die Fehlerbeseitigung und die Dokumentation des Produkts investieren, um es dann kostenlos abzugeben?«

Sehr richtig. Doch wie wollte er dann seine Preispolitik für den Internet Explorer rechtfertigen? Natürlich hat niemand Netscape ausgeraubt, wie es die Computerfreaks 1976 angeblich mit ihm getan haben. Doch seine Ausführungen über die Möglichkeit oder – besser – die Unmöglichkeit der Innovation deckten sich haargenau mit Netscapes Klagen. Wie schön für Gates, dass er kein Freund der Ironie ist.

Gegen Microsofts Internet-Erfolg als realpolitisches Ereignis ließ sich natürlich nichts einwenden. Kartellgesetze sind jedoch eine andere Sache. Egal, ob Marc Andreessen an jenem 21. Juni 1995, als er sich so ausführliche Notizen über das wichtige Treffen mit

Microsoft machte, schon an ein Antitrust-Verfahren gedacht hat oder nicht, jedenfalls begann die Führungsriege von Netscape im Laufe des folgenden Jahres, Unterlagen zusammenzustellen über »unterschiedlichste Maßnahmen im Rahmen von Microsofts Verdrängungswettbewerb und Wettbewerbsbeschränkungen«, wie Barksdale formulierte. Mit diesem Material wandten sich Netscapes Juristen im August 1996 an das Justizministerium. Barksdale war kein Freund von staatlicher Regulierung – er hielt sie für den falschen Weg –, doch er war davon überzeugt, dass Netscape auf dem Markt keine faire Chance gegen ein Unternehmen haben würde, welches das grundlegende Betriebssystem für PCs beherrschte. Clark hätte gerne vorher eingegriffen, wollte aber nicht über staatliche Organe gehen. »Wenn ich das Unternehmen leiten würde«, sagt er, »würde ich Microsoft selbst verklagen. Im Rahmen der Wirtschaftsgesetze ist Microsoft nicht zu kriegen, daher würde ich vor Gericht gehen und genauso gnadenlos sein. Es stimmt mich nicht zuversichtlich, dass die Regierung die Sache in die Hand genommen hat.«

Das Justizministerium hatte schon einige Erfahrung mit Beschwerden über Microsoft – von Lotus über Novell (das Gary Kildalls einst so stolzes Betriebssystem erwarb) bis hin zu Jerry Kaplans GO. Gemeinsam ermittelten die Beamten des Justizministeriums und der Federal Trade Commission, der obersten Wettbewerbshüterin, seit Ende der Achtzigerjahre gegen Microsoft. Bei jeder neuen Verhandlung kam ein Vergleich heraus, der Microsoft in die Lage versetzte, seine Marktposition noch geschickter auszunützen. Die einzige Ausnahme war das Frühjahr 1995, als das Justizministerium Microsofts Versuch stoppte, Intuit für zwei Milliarden Dollar zu kaufen. (Die Mitarbeiter von Intuit feierten eine Party, als das Geschäft platzte.)

Im Oktober 1997 kam es zu einer neuen Klage der Vereinigten Staaten gegen Microsoft. Das Justizministerium brachte vor, das Unternehmen habe gegen eine Unterwerfungsentscheidung aus dem Jahr 1994 verstoßen, mit der ein früherer Antitrust-Streitfall beigelegt worden war. Damals ging es darum, dass Microsoft die PC-Hersteller zwang, den IE-Browser zu installieren, wenn sie eine Windows-95-Lizenz haben wollten. Zwei Monate später erließ der US-Distriktrichter Thomas Penfield Jackson eine einstweilige Verfügung, in der Microsoft verboten wurde, die Computerhersteller weiterhin unter Druck zu setzen. Drei Monate danach lockerte Microsoft die Zwangsmaßnahmen, mit denen es Internet-Provider bis dahin dazu gebracht hatte, keine Netscape-Browser zu vertreiben. Doch damit drehte Microsoft den Wasserhahn erst zu, nachdem das Kind schon längst in der Badewanne ertrunken war: Im März 1998 war der Marktanteile von Netscape im Browser-Krieg wieder immens zurückgegangen.

Der Streit um die frühere Unterwerfungsentscheidung war notwendigerweise nur von begrenzter Wirkung. Wie ein Berufungsgericht im Mai 1998 feststellte, galt keine Auflage, die diese Entscheidung und Richter Jacksons machten, für die bevorstehende Auslieferung von Windows 98. Kurzum, die Ergebnisse des Prozesses, den das Justizministerium führte, würden schon bald hinfällig sein. Für Barksdale und jeden, der davon überzeugt war, dass Microsofts Macht beschnitten werden musste, war klar, dass ein neuer und grundsätzlicherer Antitrust-Prozess erforderlich war.

Nach lautem Gezeter in der Software-Industrie und im Justizministerium war es am 18. Mai 1998 endlich so weit. Die Bundesregierung strengte eine neue Klage gegen Microsoft an, diesmal fügten zwanzig Bundesstaaten eigene Anklagepunkte hinzu. Im Mittelpunkt stand Microsofts Krieg gegen Netscape, doch es wurde auch eine Reihe weiterer Punkte verhandelt, die alle den Vorwurf betrafen, dass Microsoft sein Windows-Monopol mit illegalen Mitteln aufrechterhalte. Dazu gehörten Maßnahmen gegen Sun, Apple und andere Konkurrenten. Larry Ellison feierte die Antitrust-Klageerhebung, indem er den Oracle-Mitarbeitern eine Freikarte für den neuen *Godzilla*-Film spendierte. Dort wird das Ungeheuer am Ende abgeschlachtet, wenn auch nicht von Regierungsjuristen.

Der Zivilprozess 98-1232, *United States of America gegen Microsoft Corporation*, war der ehrgeizigste Antitrust-Prozess des Justizministeriums seit Ende der Sechzigerjahre, in dem es einen anderen Hightech-Giganten im Visier gehabt hatte. Diese dreizehn Jahre währende Schlacht gegen ein Unternehmen namens IBM gab die Regierung schließlich auf und stand am Ende mit leeren Händen da. Doch das spielte eigentlich gar keine Rolle mehr. Der Markt selbst hatte längst angefangen, IBMs Vorherrschaft zu untergraben – vor allem dank einem Jungunternehmen in Albuquerque, das von Bill Gates und Paul Allen gegründet worden war. Nun zitierte dieses Jungunternehmen die eigene Geschichte als Schulbeispiel für die Weisheit der sich selbst regulierenden Marktkräfte und die Dummheit staatlicher Eingriffe.

Microsofts Auffassung: Das freie Spiel der Kräfte, der darwinsche Kampf ums Dasein, sollte über das Gejammer von Schwächlingen wie Netscape entscheiden. Das Gesetz des Dschungels solle gelten, nicht der verstaubte Sherman Antitrust Act. Womit wollte Netscape denn seine hochfliegenden Pläne begründen? Microsoft hatte insofern Recht, als zumindest einige von Barksdales Anschuldigungen auf Nörgeleien hinausliefen. »Microsofts Aussagen über Netscape sollen Zweifel an Netscapes Konkurrenzfähigkeit wecken«, sagte Barksdale aus. »Es war nichts Ungewöhnliches, dass ein Kunde sich fragte, ob es überhaupt Sinn habe, mit Netscape Geschäfte zu machen, da Microsoft doch öffentlich verkündete, es werde Netscape ruinieren.« Was erwartete er denn? Das Microsoft erklärte, es werde Netscape *helfen*? Im Prinzip waren die Venture-Kapitalgeber im Valley sicherlich einer Meinung mit Microsoft, doch hier ging es um ein von ihnen finanziertes Unternehmen, so konnten sie schlecht etwas sagen, vor allem John Doerr nicht.

Microsoft sah den Prozess schon seit Monaten kommen. Da das Unternehmen davon ausging, dass es das Justizministerium nicht für sich gewinnen könne, reagierte es auf die einzige Weise, die es kannte – mit einer Marktkampagne. Gates selbst rührte die Reklametrommel. Zuerst ließ er sich von Barbara Walters interviewen. Sie stellte keine unbequemen Fragen über Compaq, Intuit oder dieses so töricht missverstandene Treffen mit Netscape. Stattdessen wünschte sie sich von Billy zur schönsten Sendezeit das Lied »Twinkle, Twinkle, Little Star«. Billyboy ist kein Spielverderber – er ist der gute Onkel, der uns Gutenachtlieder singt!

Und dann wagte sich Gates in die Höhle des Löwen – er besuchte Silicon Valley. Nicht zufällig veröffentliche Netscape zur gleichen Zeit seinen schlechtesten Quartalsbericht überhaupt. Hier versuchte Gates, seinen großen Fuß ganz vorsichtig aufzusetzen, in einer Weise, an der selbst Bambi nichts auszusetzen gehabt hätte. Doch selbst der reichste Mann der Welt kann, unterstützt von zwölf seiner Generäle und diversen PR-Leuten, nicht das Unmögliche möglich machen. Versuchen Sie, sich den Rummel beim Fototermin vorzustellen – in der dritten Klasse der Cesar Chavez Academy in East Palo Alto. Im Schatten von John Doerrs »größter legaler Wertschöpfung der Menschheitsgeschichte« wohnte hier der Plebs von Silicon Valley. Jenseits der Eisenbahnschienen von Palo Alto, in der Stadt, die noch vor wenigen Jahren die höchste Mordrate in den Vereinigten Staaten hatte, erschien Bill Gates, um zu zeigen, dass er ein Herz für die Unterprivilegierten dieser Welt hat und ihnen Microsoft-Software schenkt (und den passenden Browser dazu!).

Als die Filmteams der lokalen Nachrichtensender genügend Material im Kasten hatten, zog er weiter zur Stanford University, wo er sich einem seelenverwandten Auditorium von Betriebswirtschaftsstudenten gegenübersah. Die Öffentlichkeitsabteilung der Universität hatte ihr Bestes getan, um für Gates einen roten Teppich auszurollen. (Würden Sie anders handeln, wenn es um den Mann geht, der bereits ein Institutsgebäude gestiftet hat und vielleicht noch ein Dutzend weitere folgen lässt?) Doch die Abteilung war verärgert, nicht nur über die Riesenzahl von Microsoftianern, die als Vorausabteilung auf den Campus geschickt worden waren – mehr, als das Weiße Haus entsendet, wenn sich Bill Clinton ansagt, um Chelsea zu besuchen –, sondern auch über die maßlosen Forderungen, die sie stellten. Gates bestand darauf, dass der Dekan der Business School ihn bei Ankunft der Autokolonne draußen – im Regen – begrüßte, obwohl der Auftritt von Gates von Wirtschaftsstudenten organisiert worden waren, die sich es nicht nehmen lassen wollten, Gates ins Gebäude zu begleiten. »Selbst Ellison hat das nicht verlangt«, meinte ein Vertreter der Universität. Ferner machte Gates zur Bedingung, dass keine Medienvertreter Zutritt haben sollten, weil sie den Studenten die begehrten Plätze wegnehmen würden (da stellt sich die Frage, wie die Botschaft von Gates in die Öffentlichkeit gelangen sollte, wenn die Presse sie nicht vernehmen durfte). Das Audimax fasst 1800 Besucher. Stanford lehnte das Ansinnen ab.

Drinnen nahm Gates, leger in Stanford-T-Shirt gekleidet, bescheiden auf einem Stuhl auf dem Podium Platz und philosophierte über die Verteidigungsstrategie seines Unternehmens. »Ja, Microsoft hat eine Marktposition, die ihm die besten Erfolgsaussichten eröffnet«, sagte er, »aber es gibt keine Erfolgsgarantie im Software-Geschäft. Einer der aufregendsten Aspekte jedes Arbeitstages ist das Bewusstsein, dass du die Firma kaputtmachen kannst.« Beispielsweise sei Microsoft vom Internet »kalt erwischt« worden – wer weiß, was geschehen wäre, wenn Netscape seine Führung noch weiter ausgebaut hätte? Und noch einen Fehler gab er zu: »Kritik ist auch angebracht, weil Microsoft nicht rechtzeitig erkannt hat, dass einige unserer Konkurrenten wieder einmal in Washington versucht haben, unseren Erfolg als etwas Verwerfliches hinzustellen.« So viel zu dem eher seltenen, dem selbstkritischen Bill. Zum Schluss zeigte sich dann doch der alte, der wahre Bill, der seinem Unmut über die Justiz freien Lauf ließ. »Zu den Privilegien der Erfolgreichen in diesem Lande gehört, dass sie von der Regierung unter die Lupe genommen werden«, sagte er. »Das ist schon okay. Unsere Industrie ist schließlich sehr sexy. Wenn Sie im Justizministerium arbeiten würden, was würden Sie lieber untersuchen – Brot oder Software?« Im Vergleich zu treulosen Ehemännern und lügenden Präsidenten klingt beides ziemlich langweilig, trotzdem hat er sicherlich Recht.

Später vor einer Zuhörerschaft von Journalisten und Reportern im Gebäude der San Jose *Mercury News* wurde der Ton von Gates ziemlich herablassend, als hätte er die PR-Mission vergessen, die ihn eigentlich ins Valley geführt hatte. Er zeigte sich ausgesprochen unkooperativ, als er den *Mercury News* untersagte, die Pressekonferenz als Audio-Datei ins Web zu stellen (offenbar war er der berechtigten Meinung, dass er sich besser las als anhörte, außer er sang »Twinkle Star«). Die quäkende Stimme war sicherlich kein Aktivposten, doch das Problem war eines des, wie es in der Websprache so schön heißt, »Content«, also des Inhalts. Gates hatte nämlich die Microsoft-Linie verlassen, die da lautet, das Unternehmen könne gar kein Monopol haben, da es lediglich einen Anteil von vier Prozent am gesamten Software-Umsatz habe. Der Umstand, dass der mit einem Betriebssystem erzielt wurde, das fast alle PCs kontrollierte, spielte nach Redmonder Auffassung keine Rolle.

Das Argument untergrub Gates Glaubwürdigkeit. Es ist töricht, zu behaupten, es gäbe kein Monopol, wenn die Tatsachen so eindeutig liegen – umso mehr, als die bloße Existenz eines Monopols gar nicht illegal ist. Solange man ungesetzliche Handlungen vermeidet – Verdrängungswettbewerb, Preisabsprachen, Ausschließlichkeitsverträge, Kopplung bestimmter Produkte mit den Erzeugnissen, in denen man ein Monopol hat –, spricht nicht das Geringste dagegen, ein Monopol zu haben. Das wusste Gates schon lange Zeit vorher. »Eines muss ich sagen«, bekannte er im Mai 1981 auf einer Computerkonferenz, in der es um die Standardisierung von Betriebssystemen ging, »in gewisser Weise führt diese Entwicklung in einzelnen Produktkategorien zu einem natürlichen Monopol.« Das sagte er, bevor ein Heer von Anwälten auf seiner Lohnliste stand.

Auftritte wie der in Silicon Valley erweckten den Eindruck, dass Gates sich doch *irgendwie* schuldig gemacht hätte, was bemerkenswert war, weil er sich bisher in seiner gesamten Karriere als perfekter Taktiker erwiesen hatte. Wenn es je ein Unternehmen gegeben hat, dessen Verhalten tatsächlich dringend einer Verhaltenskorrektur bedurfte – selbst wenn wir Barksdales Vorwürfe außer Acht lassen und uns nur an das halten, was Microsoft als »hartes Verhandeln« bezeichnet –, dann ist es sicherlich das Unternehmen aus Redmond. Obwohl natürlich zu bewundern ist, dass hier in weniger als einem Vierteljahrhundert ein Imperium aus dem Boden gestampft wurde, welches das größte Unternehmenskapital aller Zeiten zusammengetragen hat, so erschien Microsoft doch als ein Ungeheuer, dessen Größe beschnitten werden musste. Doch ob Microsofts unternehmerischer Aggressivität nur durch einen fragwürdigen Antitrust-Prozess beizukommen war, ist eine weit schwierigere Frage.

Im Prinzip sind die Antitrust-Bestrebungen nicht sehr kompliziert. Ungeachtet aller politischen Rhetorik zum Ruhm des freien Unternehmertums, ist klar, dass es ohne einen vernünftige Verbraucherschutz nicht geht, welcher auf dem Grundsatz beruht, dass der freie Markt es manchmal doch nicht am besten weiß und dass dann der Staat eingreifen muss. Es ist sicherlich schön und richtig, Leute wie John D. Rockefeller und William H. Gates zu verteufeln – ihnen ihre Macht und deren Missbrauch vorzuwerfen –, aber das allein ist noch keine Antitrust-Politik.

Tatsächlich waren die Anklagepunkte gegen Microsoft überzeugend. Im Wesentlichen waren es drei:

- Wettbewerbsverdrängung. Die kostenlose Abgabe des IE-Browsers waren das, was Sherman und Clayton einst mit ihren Antitrust-Gesetzen im Sinn hatten – ein weit überlegenes Monopolunternehmen, das seine Kapitalreserven dazu benutzt, um Waren weit unter dem Selbstkostenpreis auf den Markt zu bringen. Dieser Praxis verdankt Standard Oil seinen schlechten Ruf. Mit einem Marktanteil, der groß genug ist, lässt sich jeder potenzielle Konkurrent aus dem Feld schlagen oder schon frühzeitig aufkaufen, was beides ... zu einem noch größeren Marktanteil führt. Microsoft hatte es schon vorher versucht. Tom Rolander, der Gary Kidalls Partner bei Digital Research war und heute eine kleine Software-Firma leitet, versucht sich jeden Tag aufs Neue daran zu erinnern, auf keinen Fall mit Microsoft zu konkurrieren: Auf seinem Schreibtisch steht in einem folienverschweißten Karton ein altes Produkt, »Microsoft Money«, das Intuits Finanz-Software Konkurrenz machen sollte. Die Schachtel ist mit 9 Dollar 99 ausgezeichnet – bei 10 Dollar Rabatt.

- »Kopplung«. Es besteht praktisch kein Zweifel daran, dass Microsoft seine Vorherrschaft im Bereich der Betriebssysteme – sein Monopol, um einen anderen Namen zu verwenden – dazu benutzt hat, den IE-Vertrieb durchzusetzen. Das hatte große Ähnlichkeit mit dem Vorgehen von Kentucky Fried Chicken, das seine Franchise-Unternehmer nicht nur dazu zwang, die Gewürze von ihm zu kaufen – das war berechtigt, denn der Geschmack war entscheidend für das Produkt –, sondern auch die Servietten und Papiertüten. Keine Tüten, keine Hähnchen. Das ist illegal. Entsprechend wurden PC-Benutzer gezwungen, den IE zu nehmen, wenn sie Windows haben wollten; das war zwar nicht mit einer direkten Preiserhöhung verbunden, doch vermutlich rechnete Microsoft seine Browser-Kosten in den Preis für Windows hinein. Zwar konnte Microsoft vorbringen, dass seine Einflussnahme keine Garantie sei: MSN floppte trotz seiner günstigen Positionierung auf der Windows-Arbeitsfläche. Doch die interessantere Frage ist juristischer Natur – ob die Kopplungsgeschäfte mehr waren als nur eine logische Verknüpfung verwandter Technologien, nämlich Maßnahmen, die das Ziel hatten, Netscape aus dem Markt zu drängen.

- Ausschließlichkeitsverträge. Es ist möglich, dass sich Compaq, Apple, Disney, Intuit oder America Online für den IE entschieden, einfach weil er so gut war – vielleicht funktionierte er besser, war schneller oder hatte ansprechendere Farben. Doch angesichts der Drohungen, mit denen Bill Gates die Vorstandsvorsitzenden von Intuit und AOL unter Druck setzte, erscheint es ziemlich unwahrscheinlich, dass das Betriebssystem Windows hierbei keine Rolle gespielt haben soll. Ohne seine Monopolstellung hätte Microsoft niemals alle diese Verträge schließen können. Während den meisten Firmen ein gewisser Spielraum bei solchen Ausschließlichkeitsverträgen zugestanden wird, gilt dies nicht für Monopolunternehmen.

Die Art und Weise, wie Microsoft sich gegen diese drei Anschuldigungen wehrte, grenzte teilweise schon an Dreistigkeit. Zum Vorwurf der Wettbewerbsverdrängung erklärte es, Netscape habe seinen Browser ebenfalls kostenlos an nicht professionelle Anwender abgegeben – und ab 1998 an alle Kunden. Der letzte Punkt ist töricht – er unterstreicht nur die Wettbewerbsverdrängung. Der zweite wäre plausibel, wenn es nicht Microsofts erklärte Zielsetzung gäbe, unter allen Umständen Marktanteile zu gewinnen, und zum anderen die Millionen, die Netscape mit den Browser-Verkäufen eingenommen hat.

Zum Vorwurf der Kopplung brachte Microsoft vor, es habe sein Betriebssystem einfach um eine weitere Eigenschaft ergänzt, so wie viele Autohersteller Lenkräder und sogar Becherhalter mitliefern. »Integration« wurde zum Gateschen Mantra, besonders bei der Einführung von Windows 98: Aus dem neuen Betriebssystem ließ sich der IE genauso wenig aussondern, wie man Plymouth dazu bringen konnte, den Kilometerzähler im Armaturenbrett fortzulassen. Muss nicht der Hersteller entscheiden, was die Verbraucher wünschen? Das ist zwar kein schlechtes Argument, aber letztlich auch nicht überzeugender als das, nach dem die Kunden leicht einen Internet-Browser laden konnten, nachdem sie den Rechner gekauft hatten, oder besser noch, zum Zeitpunkt des Kaufes zwischen Navigator und IE entscheiden konnten. Wie hohl das »Integrations«-Argument von Microsoft ist, erkennt man, wenn man sich die IE-Versionen ansieht, die für den Macintosh und ältere Windows-Versionen entwickelt wurden. Diese Produkte hatten nichts mit Windows 95 oder 98 zu tun. Trotzdem stellte Microsoft einen Internet-Browser für sie her – und gab ihn kostenlos ab. Der einzige Grund war die Eroberung von Marktanteilen. Freier Vertrieb des IE für diese Betriebssysteme bedeutete keine verdächtige »Kopplung«, sondern entlarvte die Integration schlicht als Vorwand.

Zum Vorwurf der Ausschließlichkeitsverträge erklärte Microsoft trotz der überwältigenden Beweislage, seine verschiedenen Geschäftspartner hätten den IE gewählt, weil er der beste Browser sei. Das war einfach eine andere Art, Corleones Entscheidungstheorie zu formulieren. Nehmen wir an, Compaq oder AOL seien der Meinung gewesen, sie hätten keine andere Wahl, als Microsofts Angebot zu akzeptieren, dann hätte das betreffende Unternehmen natürlich erklärt, es halte das Produkt von Bill Gates für das bessere. Es hätte schließlich nicht sehr gut ausgesehen, in der Presseerklärung mitzuteilen: »Unser Unternehmen freut sich, heute eine besondere Partnerschaft bekannt geben zu können, nicht weil uns ihr Zeug gefällt, sondern weil Bill gedroht hat, uns sonst aus dem Markt zu drängen.«

In einer Pauschalantwort auf die grundlegende Anschuldigungen, es fange Streit mit jedem an, griff Microsoft zur ältesten aller Kinderausreden: »Aber Mama, die anderen tun es doch *auch*!« Netscape, Sun, Oracle, IBM – sie alle würden sich gegen Microsoft verbünden. Den Markt aufteilen? Das sei nichts anderes als »die Möglichkeit zu erkunden, in bestimmten Bereichen eine strategische Partnerschaft einzugehen«. So jedenfalls die offizielle Microsoft-Version vom 21. Juni 1995, dem Treffen mit Netscape. Einschüchtern von Konkurrenten? Mein Gott, jeder macht das im Hightech-Geschäft. Produktkopplung? Bitte schön, Netscape hat eine E-Mail-Anwendung in seine Browser-Software eingebunden. Auf diesem Niveau bewegte sich Microsofts Verteidigung über große Strecken. Anfang der Neunzigerjahre gab sich Microsoft zurückhaltend in seinen Antitrust-Auseinandersetzungen mit dem Justizministerium und der FTC, indem es erklärte, sein Stil sei es nicht, »zu schwebenden Verfahren in der Presse Stellung zu nehmen«. Doch in dieser letzten Runde entschied sich Bill Gates für die Rolle des Propheten, der im eigenen Land nichts gilt, und nannte das Ganze eine »Hexenjagd«.

Wäre der Antitrust-Prozess allein auf Grund von Fakten entschieden, hätte Microsoft wohl mit einer sicheren Niederlage rechnen müssen. Doch es ging hier auch um raffinierte juristische Kniffe und Schliche und da hatte das Unternehmen einen weit besseren Stand. Was für einen Schaden hatten die Verbraucher denn erlitten? Vielleicht wäre Windows 95 oder 98 ohne einen Browser ein bisschen billiger gewesen und vielleicht wäre die Summe, die der Verbraucher dabei eingespart hätte, größer gewesen, als er es für einen anderen Browser hätte ausgeben müssen. Aber da das niemand genau sagen konnte, stand da nicht der Antitrust-Prozess auf tönernen Füßen? Vielleicht sähe das gesamte Internetgeschäft – weit über Netscapes kleinen Anteil hinaus, also auch E-Commerce und alternative Plattformen – ganz anders aus, wenn Microsoft nicht so viel Macht hätte. Aber wer weiß das schon? Möglicherweise wären trotz der natürlichen Tendenz zu einem einheitlichen Standard verschiedene Betriebssysteme auf dem Markt, die alle leichter zu bedienen wären als Windows. Aber wer kann es sagen?

Hatte es Sinn, dass ein Bundesgerichtshof in einer Branche, die sich so rasch veränderte – in der ein winziges Jungunternehmen aus Albuquerque IBM im Laufe von zwanzig Jahren verdrängte – eingriff und den Markt umstrukturierte, wo doch damit zu rechnen war, dass die meisten Maßnahmen schon nach Monaten überholt waren? Richter haben genug damit zu tun, über die Einhaltung der Gesetze zu wachen, ohne sich auch noch Produktdesign und Preispolitik aufzuhalsen.

Sogar die Antitrust-Version der Todesstrafe – Microsoft in eine Reihe von »Baby Bills« aufzuteilen (zum Beispiel in mehrere kleinere Unternehmen von gleicher Struktur oder in ein Unternehmen, das Anwendungen entwickelt, und ein anderes, welches das Betriebssystem herstellt) – würde dem Wettbewerb nicht unbedingt auf die Beine helfen. Zwar würde die dauerhafte Trennung des Betriebssystems Windows von der Abteilung, die für Anwendungsprogramme zuständig ist, die Einnahmen von Microsoft beschneiden. Bill Gates würde dann vielleicht nie ein Nettovermögen von einer Billion Dollar zusammenraffen. Und statt eines Großunternehmens, das viertausend Millionäre aufweist, gäbe es dann vielleicht zwei kleine Unternehmen, die zusammen nur ein oder zweitausend Millonare auf die Beine stellten. Würde aber die Zerschlagung notwendigerweise zu mehr Wettbewerb führen oder würde sie einfach weniger Effizienz bedeuten? Würden die Kunden nicht vielleicht weiterhin nach einer Produktfamilie verlangen, die von einem Hersteller stammt? Würde die Teilung nicht einfach den Aufstieg eines anderen Monopol-Unternehmens begünstigen und die nächste Runde der Antitrust-Prozesse eröffnen? Wollte man Microsofts Partei ergreifen, so könnte man behaupten, Firmen wie Netscape würden Antitrust-Klagen einfach als Ersatz für Konkurrenzfähigkeit benutzen. Doch jeder ehrliche Wirtschaftswissenschaftler wird Ihnen sagen, dass der Versuch, die Wirkung von Maßnahmen zur Marktregulierung vorherzusagen, ein Glücksspiel ist. Mehr als alle ökonomischen Prinzipien wird das Ergebnis vom Gesetz der nicht beabsichtigten Konsequenzen bestimmt.

Ganz einfach betrachtet, ist das Antitrust-Gesetz ein Paradox. Kein Unternehmen setzt sich bewusst weniger als 100 Prozent Marktanteile zum Ziel – was hatte Netscape denn im Herbst 1994, als es den ersten Navigator auslieferte, anderes im Sinn als Marktbeherrschung? Es hat schon seinen Grund, dass Parker Brothers sein beliebtes Spiel »Monopoly« genannt hat. Dem tragen die Gerichte bei der Anwendung von Antitrust-Gesetzen Rechnung. Die Erringung oder Verteidigung eines Monopols ist an sich nicht illegal. Doch wenn einem Unternehmen dies gelingt, hat es sich an eine Reihe von Regeln zu halten, die für andere Unternehmen nicht gelten. Die Art von missbräuchlichen Maßnahmen die Microsoft zum Vorwurf gemacht werden, gibt es in jedem Wirtschaftsbereich. Microsofts Verstoß liegt lediglich darin, dass es diese Maßnahmen sehr effizient anwendet.

So virulent die Microsoft-Krankheit auch zu sein scheint, eine gerichtlich verhängte Kur würde am Ende alles wohl nur noch schlimmer machen. Zwar hat das Unternehmen den freien Wettbewerb sicherlich eingeschränkt, trotzdem ist nicht daran zu deuteln, dass es die erfolgreichste Branche beherrscht, die Amerika seit Generationen erlebt hat. Statt diesen Umstand zu beklagen, täten die sonst so liberal eingestellten und technikversessenen Unternehmen in Silicon Valley besser daran, Microsoft nachzueifern. Feuer muss man mit Feuer bekämpfen. Vielleicht wird der Tag kommen, da Microsoft selbst verschuldet das Schicksal von Standard Oil und Ma Bell teilt, doch eher ist damit zu rechnen, dass ihm eines Tages das zugefügt wird, was es anderen zugefügt hat.

1998 und Anfang 1999 hatte es den Anschein, als könnte das kostenlos angebotene Betriebssystem Linux dafür sorgen. Gewiss, ein besseres Betriebssystem braucht kompatible Software-Anwendungen wie Textverarbeitungen und Tabellenkalkulationen – und solche Programme wiederum brauchen hohe Investitionen für Entwicklung und Vertrieb. Gewiss, Microsoft, das den Markt mit seinen Anwendungen beherrscht und eine Kriegskasse von zehn Milliarden Dollar sein Eigen nennt, könnte sehr gut in der Lage sein, auf einem vollkommen freien Markt alle solche Angriffe zurückzuschlagen. Auf der anderen Seite winkt jedem, dem es gelingt, Microsofts Dominanz in Sachen Betriebssysteme zu brechen, eine so fette Beute, dass kaum anzunehmen ist, es könnte nie gelingen. Zumal es keine Garantie dafür gibt, dass PCs in fünf Jahren noch die bevorzugte Rechnerart sein werden. Palmpilots und Handhelds feiern bereits große Erfolge. Der Microsoft-Hasser Nummer eins, Larry Ellison, stellt klar: »Microsoft hat keine Freunde.« Nach Windows sei sein Haupterzeugnis Antipathie. »Niemand wird ihnen zur Hilfe kommen, wenn sie jemals in Schwierigkeiten geraten sollten.« Das wäre noch ein weiterer Grund für die Regierung, sich aus der Sache herauszuhalten und es Microsoft zu überlassen, sich zu ruinieren.

Was immer Microsoft zustößt, für Netscape spielt es keine Rolle mehr. Etwa zu der Zeit, da das Justizministerium seinen Prozess vorbereitete, nahm Netscape Gespräche auf, die es aus seinem Elend herausführen sollten. Schon einmal, im Jahr 1994, hatte Steve Case, der Chef von America Online, großes Interesse daran gezeigt, einen Teil von Netscape zu erwerben. Passenderweise war sein Bruder dabei, die Leitung von Hambrecht & Quist zu übernehmen, Netscapes Investmentbank. Allerdings wollte Netscape keinen Anteil an AOL, nicht nur weil es befürchtete, das könnte ein Hindernis für seine Partnerschaft mit anderen Internet-Providern sein, sondern auch weil ihm AOL nicht nobel genug war. AOL war der Chevrolet des Internets, Netscape der Ferrari. Im Herbst des Jahres 1995 machte Case Netscape neuerliche Avancen, diesmal für eine Zusammenarbeit, »um den gemeinsamen Feind anzugreifen« –

den »Hitler« aus Redmond. Wie sich Netscape Sorgen um seinen Browser machte, so schreckte AOL der Gedanke, es könnte von Microsofts MSN aus dem Online-Geschäft gedrängt werden. »Hochgeschätzter Genosse Barksdale«, schrieb Case an Netscapes Firmenchef, wobei er sich selbst als »Franklin D.« und Barksdale als »Stalin« bezeichnete. In seiner Erwiderung wählte Barksdale, der geschichtlich ein bisschen beschlagener war, das respektablere »Winston C.«. Die Gespräche brachten wenig außer der Erkenntnis, dass beide Männer größte Hochachtung füreinander hatten.

1996 erfolgte dann AOLs opportunistischer und so plötzlicher Sinneswandel in Bezug auf die Browser von Microsoft und Netscape, womit die Atmosphäre vergiftet und jeder engere Zusammenschluss unmöglich war. Nützlichkeitserwägungen ließen dann natürlich jeden Groll vergessen. 1998 war AOL Amerikas größter Online-Dienstleister geworden, der Internetzugang gewährte und Web-Inhalte für den Geschmack des großen Publikums bot, unter anderem Chat-Räume zu jedem nur denkbaren Thema. Ein Netzneuling konnte sich wirklich fragen, ob diese Einrichtung geschaffen worden war, um Hunderten von freiheitsliebenden Amerikanern Gelegenheit zu geben, über die Frage zu diskutieren, ob die Filmschauspielerin Calista Flockhart wirklich noch ein paar Cheeseburger verspachteln sollte. AOLs »Bombenteppich« zur Anwerbung neuer Kunden – eine AOL-Diskette oder CD-ROM in jeden Briefkasten – verschaffte dem Dienst flächendeckende Präsenz. »Sie haben neue Post!« Wahrhaftig.

Obwohl Netscape den Browser-Markt verloren hatte, war es immer noch führend im Bereich von Internet-Technologien, mit einer langen Liste von treuen Kunden und einem beliebten »Online-Portal« namens Netcenter. Portale – insbesondere Yahoo – wurden, wie der Name sagt, zu Toren in das kommerzielle Internet. Sie waren Ausgangspunkte für die Navigation im Netz und oft auch selber Zielorte. Man konnte seinen Browser so programmieren, dass er automatisch die Verbindung zu einem Portal herstellte, das sich seinerseits an die persönlichen Wünschen und Bedürfnisse des Anwenders anpassen ließ. Portale trugen auf einer Seite alle Arten von kostenloser Information zusammen: Suchmaschinen, E-Mail, Kurznachrichten (Politik, Hollywood, afghanische Truppenbewegungen), Sport, Horoskope. Wettervorhersagen, Straßenkarten, neue Filme, aktuelle Börsenkurse, Telefonverzeichnisse, schwarze Bretter, Spiele und Hyperlinks zu anderen Sites (vielleicht wünschte jemand schon beim Einschalten eine Liste mit Garten-Sites oder eine Liste mit jeder Fan-Seite, die dem Film *The Adventure of Rocky and Bullwinkel* galt). Neben dem gedruckten Wort hatte man auch Zugang zu Audio- und Video-Unterhaltung. Eines kommenden Tages könnte das Portal vielleicht der Ort sein, von wo aus man Rechnungen bezahlen, seine persönlichen Finanzen regeln und Telefonanrufe erledigen kann. Der Reiz einer solchen persönlichen, alle Bereiche abdeckenden Web-Seite lag darin, dass sie im Unterschied zu einer Zeitung oder Fernsehstation speziell auf die Interessen des Benutzers zugeschnitten war.

Deshalb zogen Portale Web-Benutzer an – und natürlich Werbetreibende, die hier ihre Zielgruppen genauer anvisieren konnten. Wenn Millionen Menschen sich anschickten, im Netz zu surfen, dann durfte man ihnen natürlich nicht gestatten, das in Frieden zu tun. Man musste ihnen etwas verkaufen, ihnen sagen, welche Dinge sie unbedingt brauchten, sie mit Slogans und Markennamen bombardieren. Wenn diese Methode gut genug für Straßen und Hausdächer, Fernsehen und Radio, Zeitschriften und Zeitungen war, dann war sie auch gut für den Cyberspace. Richtig in Schwung kam die Web-Werbung 1996 und 1997 und geisterte fortan über die Ränder der Webseiten. Wenn man die Werbung von Amazon.com oder einer konventionelleren Site wie General Motors anklickte, gelangte man auf die Homepage dieses Unternehmens, wo man mehr Daten abrufen oder einen Kauf tätigen konnte. Über die Werbung bekamen die Portale ihre Haupteinnahmen, außerdem erhielten sie Provisionen aus den Geschäften, die sie eingeleitet hatten. (Sie kaufen ein Buch bei Amazon.com und Amazon gibt dem Portal, das den Kunden per Hyperlink weitergeleitet hat, einen Anteil ab.) Da immer mehr Benutzer ihre Web-Reisen an einem Portal begannen, waren Werbetreibende bereit, für die Möglichkeit zu bezahlen, Kunden gezielt anzusprechen. Wie es anfangs nur wenige Fernsehsender gab, so entwickelten sich zunächst auch nur wenige Internet-Portale als Eingänge in das elektronische Universum.

Netcenter (sowie AOLs Hauptseite) gehört zu den fünf meistbesuchten Portalen. Netscape hatte seine ursprüngliche Homepage weitgehend beibehalten, doch anfangs hatte sie nur langweilige Produktinformationen gezeigt. Sie sollte Benutzern vor allem einen Ort zu bieten, von wo sie den Navigator herunterladen konnten – was umso notwendiger war, als er ja auf den meisten PCs nicht vorinstalliert war. Während die Netscape-Website also einen Dornröschenschlaf hielt – in völliger Verkennung der Sachlage hatte Barksdale Kollegen erklärt, die Werbeeinnahmen würden seiner Meinung nach »nebensächlich« bleiben – rückten andere Jungunternehmen, wie zum Beispiel Yahoo, in diese Lücke. Hätte Netscape vorausgesehen, dass der Web-Verkehr sich auf wenige Sites konzentrieren würde, wäre es vielleicht der unumstrittene Portal-Führer geworden. Doch das war 1994 oder 1995 kaum zu ahnen und Netscape hatte alle Hände voll mit einem Geschäftsbereich zu tun, sodass es keine Lust hatte, sich noch einen zweiten aufzuhalsen. Das schien eine vernünftige Entscheidung zu sein: Da das Web den unbegrenzten Fluss von Informationen ermöglichte – ganz anders als das zentralisierte Modell des Fernsehens –, widersprach die Idee des Portals allem, wofür das Internet stand.

Trotzdem gehört die Tatsache, dass Netscape diese Chance nicht genutzt hat, zu den vielen Fehlern, die Kritiker dem Unternehmen ankreiden und dafür verantwortlich machen, dass es den Vorschusslorbeeren des Börsengangs nicht gerecht wurde. Gewiss, Microsoft hat seine Torpedos abgeschossen, aber Netscape hat sich auch selbst Wunden zugefügt. Viele von ihnen haben die beiden Professoren Michael Cusumano vom MIT und David Yoffie von Harvard in Ihrem Buch *Competing on Internet Time: Lessons from Netscape and Its Battle with Microsoft* zusammengetragen. Netscape-Leute selbst haben berichtet, dass die Programme teilweise schlampig geschrieben wurden und sich die Geschäftsstrategie hochmütig auf den Lorbeeren des frühen Erfolges ausruhte. Zwischen zu lange zu warten, um ein Produkt zu vervollkommnen, und es auszuliefern, bevor es wirklich fertig ist, liegt oft nur eine schmale Grenzlinie. Diese Gratwanderung ist Netscape nicht immer gelungen (so wenig wie Oracle mit seinem unvollkommenen Netcomputer). NETSCAPES VORSTANDSCHEF ZEIGT UND KLICKT, hieß es beißend in einer Schlagzeile des *New York Observer*, UND MILLIONEN SIND VERSCHWUNDEN. Barksdale hatte Recht: Die Euphorie des Börsengangs verschaffte dem Unternehmen augenblickliche Anerkennung, rückte es aber auch in den Mittelpunkt des Medieninteresses.

Die Dreistigkeit, mit der es Microsoft zunächst verhöhnt hatte, hatte vor allem Kunden verärgert. Einige, die Cusumano und Yoffie für ihr Buch interviewten, gingen sogar so weit, Netscape mit Microsoft zu vergleichen. Einer Beschwerde eines Kunden nachgehen? Dazu hätte man ja den Telefonhörer abnehmen müssen. Laut Andreessen hat Steve Jobs die Firma 1996 besucht, sich mit der Führungsriege getroffen und ihr »zwei Stunden lang erklärt, wie bescheuert wir sind«. Jobs, der wusste, dass die »Arroganz von Apple« sprichwörtlich war, hatte anschließend öffentlich erklärt, mit Netscape sei einfach kein Auskommen. Wer im Glashaus sitzt ...

In der Chefetage von Netscape schien man sich ständig neue Strategie auszudenken. Vom Browser-King zum Internet-Meister zum Pionier des »Extranet« (E-Commerce Business-to-Business, also der elektronische Handel zwischen Unternehmen) zum Marktführer der Online-Portale. Alle sechs Monate schien Netscape ein neues Unternehmen zu sein. Angesichts der Übermacht der Microsoft-Flotte nur zu verständlich, aber Netscape handelte sich damit das Image ein, keine klare Linie zu haben. Ein Lieblingsthema bei Vorstandssitzungen war, wie Clark sagt, die Frage, »was zu tun sei, um nicht in die Schusslinie von Microsoft zu geraten«. Nach Ablauf der Frist, die die Börsengesetze bestimmten, tat Clark selbst sein Bestes, um aus dieser Schusslinie herauszukommen – er verkaufte drei Millionen seiner Aktien. »Keine Insiderinformationen«, erläuterte Clark, »einfach Instinkt. Wenn ich sie alle hätte verkaufen können, hätte ich es getan ... Es war klar, dass Microsoft uns ausradieren wollte.« Andreessen verfuhr ähnlich, er stieß 1997 und 1998 fast die Hälfte seines Aktienpakets ab.

Zusammen würden AOL und Netscape ein mächtiges Medienimperium bilden – und Microsofts MSN noch tiefer demütigen – können, vor allem, wenn sich noch ein drittes Unternehmen fand, das Netscapes Hochleistungs-Software an professionelle Anwender vertrieb. Mit den 19 Millionen AOL-Kunden und den 20 Millionen monatlichen Besuchern des Netcenters würde ein Unternehmen AOL-Netscape mehr Online-Einnahmen erhalten – durch Werbung und E-Commere-Kommisionen – als irgendeine andere Firma, auch als der Bär von Redmond und als Yahoo. »Größenordnung« war das Zauberwort bei AOL und der Erwerb von Netscape musste eine Vergrößerung des Unternehmens bedeuten, die kein noch so dichter Bombenteppich bringen konnte. Damit würde AOL beide Extreme des demographischen Spektrums im Cyberspace kontrollieren, von den Elektronikfreaks, die sich im Netz auskannten und treue Parteigänger von Netscape waren, bis hin zu den »Neulingen« und den Familien, die das Internet beim letzten Weihnachtsfest entdeckt hatten, als ihnen das Christkind einen neuen PC auf den Gabentisch gestellt hatte (leider ohne verständliche Bedienungsanleitung). Am schönsten aber war, dass Netscape zu einem vernünftigen Preis zu haben war – weit unter dem Gipfel des Börsengangs.

Die Fusion von Netscape mit AOL war so nahe liegend, dass ihre Realisierung nicht lange auf sich warten ließ. Ende November 1998 vereinbarte AOL – während der Antitrust-Prozess gegen Microsoft vorangetrieben wurde –, Netscape für ungefähr neun Prozent der AOL-Aktien zu erwerben, was vier Monate später, als das Geschäft tatsächlich zustande kam, einer Summe von 9,8 Milliarden Dollar entsprach. In einer Nebenabsprache erklärte sich Sun Microsystems bereit, Netscapes Internet-Geschäfte und die Server-Software zu übernehmen.

In gewisser Hinsicht unterhöhlte diese Dreierallianz den Antitrust-Prozess der Bundesbehörde, der von allen drei Unternehmen unterstützt wurde. Nach herkömmlichen Verständnis bedeutete die Fusion von AOL-Netscape ein erhebliches Hindernis für Microsofts Vordringen ins Internet. Vielleicht mochte es tatsächlich so kommen. Entscheidend war, dass der Markt und keine staatlichen Interventionen die drei Unternehmen dazu veranlasst hatte, sich zusammenschließen, um Microsoft besser Paroli bieten zu können. Der vorsitzende Richter sprach von der Möglichkeit, dass »sich sehr erhebliche Veränderungen auf dem zur Diskussion stehenden Geschäftsfeld ergeben haben, die durchaus direkte Auswirkungen auf den Markt haben könnten«. Zum Jahresende, Monate bevor der Erwerb von Netscape unter Dach und Fach war, bewertete die Wallstreet AOL mit 75 Milliarden Dollar – weit mehr als Oracle und fast so hoch wie das ehrwürdige Hewlett-Packard. Nur kurze Zeit später, im Frühjahr 1999, verdoppelte sich AOLs Wert auf fast 150 Milliarden Dollar. War Microsoft so unangreifbar, dass man nicht auf die Selbstregulierungskräfte des Marktes vertrauen konnte?

Netscape antwortete darauf, das Geschäft mit AOL habe doch nur gezeigt, wie Recht es habe. Es hatte versucht, Godzilla die Stirn zu bieten, und war, wie alle anderen Bambis zuvor, zertreten worden, zur Westküstenfiliale eines Unternehmens degradiert, das die Technikfreaks verächtlich als die »Kakerlake des Cyberspace« bezeichneten. Larry Ellison verglich Netscape mit »Little Nell, die an die Eisenbahnschienen gefesselt ist«. Eine der alten Netscape-Mitarbeiterinnen sprach für viele, als sie sagte, sie habe das Gefühl, die vier Jahre höchster Einsatz seien für die Katz. »Zumindest die Altgedienten unter uns sind zu Netscape gegangen, um die Welt zu verändern«, sagt sie. »Vom Imperium vernichtet, von einem Großunternehmen geschluckt zu werden – das ist so unsagbar traurig.« Die Tatsache, dass es AOL war, das sie schluckte, machte die Sache noch schlimmer. Ein härterer Zusammenprall von Unternehmenskulturen war kaum vorstellbar. Ein Netscape-Mitarbeiter würde ebenso wenig auf die Idee kommen, bei America Online Kunde zu werden, wie es Jim Clark einfiele, Wein aus dem Supermarkt zu trinken.

Das mag verständlich sein: Netscape hatte den Traum von Silicon Valley verkörpert – und nun war es das Symbol seiner schmählichen Niederlage. Doch es gibt kein Grundrecht, das einem Unternehmen seine Unabhängigkeit und Identität garantiert, vor allem wenn dem Unternehmen durch einen Verkauf besser gedient ist. Hinzu kam, dass Netscapes Aktienkurs Ende 1998 zwar kaum noch die Hälfte seines Höchststandes ausmachte, dass aber viele seiner Mitarbeiter beim Börsengang trotzdem gut verdient hatten. Marc Andreessen besaß zwar keine 200 Millionen Dollar mehr, trotzdem blieb ihm noch genug, um seine Bulldoggen zu füttern und den Tank seines Mercedes 600S zu füllen. Er plante, das Valley zu verlassen und in Virginia für AOL zu arbeiten. Jim Barksdale hatte trotz seines symbolischen Ein-Dollar-Gehaltes ein paar Hundert Millionen Dollar übrig behalten, saß nun im Vorstand von AOL und hatte nicht mehr den Ärger am Hals, den die Leitung eines ausgelaugten Unternehmens brachte. Netscaper, die wie Barksdale und anders als Clark und Andreessen an ihren Aktien festgehalten hatten, hatten daran mehr als gut getan. Kurz bevor die Fusion mit AOL zum Abschluss kam, erreichte der Netscape-Kurs den höchsten Stand aller Zeiten, was hauptsächlich an dem Boom lag, den alle Internet-Aktien erlebten.

Kleiner Perkins Caufield & Byers, die am Zustandekommen des Geschäfts mitgewirkt hatten, verdienten von allen am besten an Netscape. Bei ihrem Jahrestreffen für Vorstandsvorsitzende Mitte Juni in Aspen sah man Case und Barksdale in intensive Gespräche vertieft, an denen die KP-Partner teilnahmen, die verständlicherweise großes Interesse hatten. Die Firma hatte ihre fünf Millionen Netscape-Investitionen nicht nur mehr als hundertmal vervielfacht, sondern ihre »Keiretsu«-Partner – AOL und Sun – durften auch den Leichnam ausschlachten. Bill Gates mochte der Pate sein, doch auch John hatte seine eigene kleine Mafia. Und Kleiner Perkins brauchte noch nicht einmal Rücksicht auf Antitrust-Gesetze zu nehmen.

Einen Monat bevor AOLs Fusion bekannt gegeben wurde, gab der Mann der an Netscapes Sturz mehr als jeder andere verlor – nämlich seinen Status als *Milliardär* – eine Party. Jim Clark war immer noch im Vorstand – und etwa 500 Millionen Dollar schwer –, aber innerlich war er schon längst auf dem Weg zu neuen Ufern. »Ich wusste, dass wir erledigt waren, als das Justizministerium 1996 nichts unternahm«, sagt er rückblickend. »Vor den Trümmern einer solchen Pleite stehen meistens Leute, die sagen: ›Wir müssen da durch, egal was kommt.‹ Und dann kommt es meistens dicke.«

Die Firma, die es auf Biegen oder Brechen versuchte, war Barksdales Unternehmen gewesen. Und Andreessen, der Grünschnabel, mit dem Clark das Zeitalter des Internets eingeläutet hatte, war nur noch eine Erinnerung. Trotzdem war es keine Jobs-Wozniak-Beziehung. Mussten da nicht noch ein paar freundschaftliche Gefühle übrig sein, nachdem sie gemeinsam so viel erreicht hatten? »Es ist weder eine gute noch eine schlechte Beziehung«, meinte Clark eines Nachmittags zu mir, als wir auf der Veranda seiner Villa Quinta Marina in Palm Beach saßen und er sich über die Entfernung zu Silicon Valley beklagte. »Es ist eine ›Nicht-Beziehung‹. Ja, ich habe ihn benutzt, aber wir waren zu Anfang trotzdem ziemlich gute Freunde und gingen in der Woche mehrmals gemeinsam zum Essen.«

Im Laufe der Zeit sei Andreessen, sagt Clark, größenwahnsinnig geworden, eine Tendenz, die er schon immer gehabt habe. »Marc ist ein seltsamer Typ. Er ist reizbar, ungeduldig und er hat Forderungen an Barksdale gestellt, die von höchster Unreife zeugten. Ich glaube er hat sich vollkommen überschätzt – er dachte wohl wirklich, die ganze Firma ruhe auf seinen Schultern. Doch wenn ich nicht gewesen wäre, hätte er es überhaupt nicht geschafft. Ich kannte mich im Marketing genügend aus, um zu wissen, dass dieser Knabe der Netscape-Star werden würde und dass wir ihm dabei helfen mussten, statt wie Larry Smarr bei NCSA zu handeln, der versuchte den Ruhm für sich einzuheimsen. Den Fehler wollte ich auf keinen Fall begehen. Mich interessierte nicht der Ruhm und nicht der Ego-Trip, sondern nur das Geld. Also machten wir Marc zur Lichtgestalt. Jetzt glaubt er, er werde eines Tages ein Unternehmen leiten – er ist ein Egomane wie Jobs oder Ellison. Eine Führungspersönlichkeit braucht Intelligenz und Marc ist sehr, sehr intelligent. Aber sie muss auch Bewunderung und Hochachtung einflößen können. Marc ist sehr arrogant aufgetreten und hat sich damit die Sympathien der anderen Ingenieure verscherzt.«

In mancherlei Hinsicht war Andreessens Scheitern vorprogrammiert. Ursprünglich war er ein einfacher Ingenieur gewesen, nun gehörte er zum Führungsstab des Unternehmens. Die Shorts und T-Shirts wichen Anzügen von Ermenegildo Zegna. Der »fürstliche Freak«, barfüßig auf einem Thron sitzend, wie ihn *Time* auf der Titelseite abgebildet hatte, stand nun mit stolz geschwellter Brust in *Business Week* und gab Management-Weisheiten von sich. Musste das Programmiererfußvolk da nicht die Überzeugung gewinnen, dass er ein Verräter und Überläufer war?

Und dann wurde Clark doch etwas persönlicher. »Seit Marc aus Kalifornien fort ist, hat er nicht mehr mit seinen Eltern gesprochen. Sie haben mich angerufen und mich um Hilfe gebeten. Und ich habe gesagt: ›Hören Sie, ich weiß nicht, was ich da machen soll.‹ Sie waren verzweifelt. Vor kurzem hat mich Marcs Freundin angerufen und mich gefragt, wie man ein Boot chartert. Es wäre eine gute Gelegenheit für Marc gewesen, mich persönlich anzurufen. Aber ich glaube, er redet sich ein, er habe zu viel zu tun.« Erst Andreessens Eltern, dann Clark? »Das Muster wiederholt sich, wenn Sie so wollen. Er lässt seine Eltern und Vaterfiguren hinter sich«, sagt Clark. »Ich stehe da wirklich vor einem Rätsel.«

Andreessen lehnt es ab, über diese Dinge zu sprechen. Wer will da noch behaupten, dass Geschäftsbeziehungen einfach sind?

Getreu seinem Ruf als Serien- und Rückfallunternehmer von Silicon Valley war Clark bereits wieder mit einer Firmengründung namens Healtheon beschäftigt – ein Internetsystem für Ärzte, dazu bestimmt, die riesigen Datenberge des Billionen-Dollar-Unternehmens Gesundheitswesen zu verwalten. Clark hatte 16 Millionen Dollar von seinem eigenem Geld in das Unternehmen gesteckt und das Gütesiegel der Venture-Welt durch eine Investition von Kleiner Perkins erhalten.

Healtheon sollte im Herbst 1998 an die Börse gehen, verschob den Termin aber, weil die Investoren nur lau reagierten (ein Verlust von 73 Millionen Dollar in einem Zeitraum von drei Jahren war auch nicht hilfreich) und die Börse Turbulenzen zeigte. »Healtheon wird mir vielleicht noch mehr Geld bringen als Netscape«, sagt Clark. »In der Wirtschaft geht es darum, Geld zu verdienen, daher sollte man das Geld ganz oben auf die Prioritätenliste setzen. Bei mir ist das der Fall. Ich bin als armer Leute Kind aufgewachsen und ich habe gelernt, dass das Geld dich sehr viel glücklicher mache kann. Egal, wie viel Geld du hast, es gibt immer den nächsten Wunsch, den du dir erfüllen möchtest.« Und er ist großzügig mit seinem Geld umgegangen. Millionen hat er an die Geschwister und seine Mutter verschenkt – allerdings nicht an seinen Vater, den er für die Schwierigkeiten in seiner Kindheit verantwortlich macht. (Wenn Clark sich über seinen Vater beschwert, fühlt man sich an Ellison erinnert.) »Meine Mutter lebt noch immer in Texas«, sagt Clark. »Das überrascht mich. Wer zum Teufel hat Lust, in Texas zu bleiben, wenn er sich leisten kann, fortzuziehen?« Clarks persönlicher Mitarbeiterstab von zwölf Leuten – darunter ein Koch, eine Haushälterin und zwei Piloten – hat auch von seinen Erfolgen profitiert. Er hat sie aufgeordert, sich auf fünf Jahre zu verpflichten, und ihnen dafür ein Paket von fünftausend Healtheon-Aktien angeboten. Doch Clark hat schon Pläne, die über Healtheon hinausgehen: Er denkt über das weite Feld des Biocomputing und des verdrahteten Gehirns nach – »die engste Form eines Mensch-Maschine-Interfaces und der Nanomechanik. Damit lassen wir die plumpen Formen unserer heutigen Kommunikation weit hinter uns.«

Und was ist mit der Möglichkeit, die Welt noch einmal zu verändern – ein dritter Akt (nach Silicon Graphics und Netscape), wo doch den meisten Sterblichen noch nicht einmal zwei zugebilligt werden? »Klar, das auch«, sagt er. Geld ist der Erfolgsmaßstab im Valley und man kann sich damit wirklich hübsche Spielzeuge kaufen. So zum Beispiel das *Boot* – den herrlichen 47 Meter langen weißen Kutter *Hyperion* mit 298 Bruttoregistertonnen, der auf der berühmten Königlichen Huisman-Werft in einem kleinen Dorf in der Nähe von Amsterdam gebaut wurde. »Ein riesiger Computer mit Segeln«, schrieb die Zeitschrift *Fortune* in ihrer jährlichen Rubrik »Das Leben außerhalb des Büros«. Clark posierte für die Titelseite über dem 60 Meter hohen Mast, eine Zigarre in der Hand. Wenn ihm die Kritiker vorgehalten haben, er habe Netscape zu hart am Wind gesegelt, dann beweisen die technischen Errungenschaften, die in sein Boot eingebaut worden sind, dass er gerne etwas riskiert. Eine Jachtzeitschrift meinte, es sei ein »schwimmendes ›1984‹«. Clark selbst bezeichnet es einfach als ein »Freizeitgefährt« – »ein autarkes, sehr hochentwickeltes Gefährt, das für eine raue Umwelt gebaut worden ist« (mit einem Picasso, einem Monet und einem Renoir zur Verschönerung der Kabine). Der Hubschrauber Boeing MD600 war ein Zeitvertreib, *Hyperion* sollte ein Fixpunkt werden.

Nach dreijährigem Bau war die *Hyperion* das großartigste Segelschiff seit der *Niña, Pinta und Santa María*. Sie hatte das größte Hauptsegel aller Zeiten – mit einem Gewicht von mehr als fünfhundert Kilo – und insgesamt der doppelten Segelfläche von Tom Perkins *Andromeda La Dea*. Clark kannte die Vergleichszahlen auswendig. *Hyperions* Mast ist so hoch, dass ihm, wenn Clark das Schiff in den Heimathafen segelt, zur Höhe der Golden Gate Bridge nur neun Meter fehlen. Der Mast hätte also noch acht Meter höher sein können, doch dann hätte er nicht mehr unter den Brücken des Panamakanals hindurchgepasst. Larry Ellisons *Sayonara* war schnell, hatte aber die Behaglichkeit einer Gefängniszelle. *Andromeda* war außerordentlich elegant, besaß aber nicht die technischen Finessen, die Clark haben wollte. Bill Gates? Er besaß nur ein großes, hässliches Motorboot – ein tumbes Schiff für Proleten.

Für einen Preis von 30 bis 55 Millionen Dollar – es gibt unterschiedliche Schätzungen – sollte *Hyperion* Luxus, die Handwerkskunst der Alten Welt und die modernste Technik in einer Weise vereinen, die sich für eine Silicon-Valley-Legende geziemte.

Die achtköpfige Besatzung des Schiffes ist nichts Besonderes – jeder Tycoon, der auf sich hält, hat das zu bieten. Gleiches gilt für den Wald von honduranischen Mahagonibäumen, die für Deck und Inneneinrichtung ihr Leben lassen mussten. Clark hat ein regelrechtes Supersystem entworfen, um sein Traumboot zu bedienen. Nicht durch Fernsteuerung oder dergleichen – nach Presseberichten segelte er seine Jacht von seiner Bürozelle bei Netscape aus, was natürlich eine lächerliche Unterstellung war und schließlich auch nicht in die Rubrik »Das Leben außerhalb des Büros« gepasst hätte. Vielmehr handelte es sich um ein bordeigenes Informationssystems, das sogar mit virtuellen Instrumenten arbeitete. Von fünfundzwanzig Touchscreens, die im ganzen Schiff verteilt waren, konnten Clark oder die Besatzungsmitglieder Daten über Mast, Baum, Taue und Schoten abrufen – um den Ballast und die Kraftübertragung der Segel zu optimieren. Ballast ist ein wichtiger Aspekt, wenn die Segel eine solche Fläche aufweisen. Im Übrigen ist die Belastbarkeit ihres Weltraummaterials noch nie einer ernsthaften Probe unterzogen worden. Der riesige, revolutionär neue Mast aus Kohlenstofffasern? Tom Perkins, der schon alle Weltmeere befahren hat, winkt ab und schnalzt dann einmal mit dem Finger.

Wenn der Mast hält, wird das Computersystem die Leistung des Bootes aufzeichnen und so mit der Zeit herausfinden, welche Takellage und Segelkonfiguration die besten Erfolge erzielt. Das Internet wird Clark ermöglichen, aus der Ferne zu verfolgen, wie es der Besatzung an Bord der *Hyperion* ergeht. Wenn das Bild einer Kaffeekanne der Cambridge University einen festen Platz im Internet hat und wenn der Schalk Steve Wozniak eine Webkamera auf sein Büro gerichtet hat, warum nicht dann auch eine Webcam für das beste Segelboot der Welt? Wenn das Netz versagt, kann Clark ja immer noch mit der Besatzung telefonieren – *Hyperion* hat sein eigenes Telefonnetz.

Mit seinen zwanzig Computern von Silicon Graphics und einem Speicher von fünfhundert Gigabyte ist die *Hyperion* ein eigenes nautisches Netzwerk, das Maschine, Treibstoff, Trinkwasser, Ruder, nautische Instrumente, Satellitenschüsseln, Überwachungsvideo, Heizung und Klimaanlage, Bordkino und vielleicht auch die Einrichtung des Salons überwacht, während es gleichzeitig eine drahtlose Verbindung zum World Wide Web aufrechterhält. Passagiere können mit Touchscreens aus einer großen CD-Sammlung und Videothek auswählen, sich einen Wein aus dem Keller bestellen und die beheizten Handtuchständer im Bug aktivieren.

Unter dem Teakdeck befindet sich im Aluminiumrumpf die Anatomie des Systems: sechzig Kilometer Glasfaser und konventionelles Kabel. Zur Entwicklung der Software, die das Nervensystem des Bootes steuert, war eine eigene kleine Firma erforderlich, die natürlich von Clark gegründet wurde. Seascape Communications beschäftigt einige Programmierer in Menlo Park – sie arbeiten in einem bescheidenen Büro, das Clark über einem Diätcenter angemietet hat. Clark selbst hat Hunderte von Stunden damit verbracht, dieses weltumsegelnde Netzwerk zum Funktionieren zu bringen. Seascape ist aller Wahrscheinlichkeit nach nicht mehr als ein Dienstleistungsbetrieb für *Hyperion* gewesen, doch Clark, der unternehmerische Tausendsassa, träumte natürlich davon, dass eines Tages daraus ein Großunternehmen erwüchse, das Systeme für Geschäftsgebäude, Musterhäuser und komplexe Industrieanlagen wie Ölraffinerien entwickelte.

Alle von Seascape programmierten Informationen werden ebenso wie die Baupläne zum elektronischen Logbuch des Schiffs gehören, falls ein Techniker eines Tages nachvollziehen muss, wie die Datenbank erstellt wurde. Das würde notwendig sein, wenn das System einen Fehler hat. Dann wäre das System nicht mehr in der Lage, die erforderlichen Informationen zu liefern – doch was soll's, ich habe sowieso nicht vor, in den nächsten Jahren eine Reise auf dem Boot zu machen.

Als die Taufe der *Hyperion* bevorstand, beschloss Clark, eine Wochenendparty für dreihundert Freunde zu geben, die aus aller Welt einflogen. Selbst Tom Perkins und Danielle Steele erschienen, um die neue Königin der Meere in Augenschein zu nehmen. »Alle, die kamen, sagten, es sei die holländische Version eines Fellinifilms«, sagt Clark. »Also merkwürdig und etwas unheimlich.« Das Menü:

erst chinesisches Essen und dann auf der Werft eine Mischung aus französischem Büffet und indonesischer Reistafel. Partyliebling: die Austernlady. Eine junge Kellnerin in knappen Lederhöschen, schwarzen Stiefeln und Metallhandschuhen, der man das Tablett mit frischen holländischen Austern an der Hüfte festgebunden hatte, sodass es mit jedem Schritt schlingerte. Mit Gewürzen musste man sich selbst bedienen.

»Wenn Sie mit nach Silicon Valley kommen«, sagte ein Gast namens Rich Green zu ihr, »mache ich Sie zu einer reichen Frau.«

»Sie sind schon der fünfte, der mir das sagt«, erwiderte sie. Green war Miteigentümer des Audible Difference, einem noblen Stereoladen in Palo Alto, den ihm Ed Oates von Oracle nach intensiver Überzeugungsarbeit finanziert hatte. Clark war ein ständiger Kunde und guter Bekannter und hatte Green zur Amsterdamer Party eingeladen. Green hatte das Audio-Videosystem für das Boot entwickelt – noch ein Ladenbesitzer, der ein hübsches Sümmchen an den Goldgräbern verdiente. Clarks unternehmerische Instinkte hatten, ungeachtet des Misserfolgs bei der Austern-Lady, auf Green abgefärbt.

Eine weitere Kandidatin für den Titel des Partylieblings: die barbusige Seejungfrau, die lang ausgestreckt auf dem französischen Büffet lag, den Körper in fröhlichem Grün und Blau bemalt und mit Glitzergel geschmückt. Sie bekam keine Austern. Auch ihre »Seejungmannen« nicht. Dann gab es noch eine Musikzug auf Rädern, dessen Mitglieder Holzschuhe trugen und im strömenden Regen »Louie Louie« spielten.

Für armer Leute Kind aus dem texanischen Panhandle hatte es Clark weit gebracht in der Seefahrt. In der Gegend, wo er seine Kindheit verbracht hatte, muss man weite Wege gehen, um schiffbare Gewässer zu finden, wozu einem aber meist die Energie fehlt, wenn man seine Highschool-Zeit mit heimlichen Saufgelagen und Dragster-Rennen an Samstagnachmittagen verbringt. Dieses Rivalitätsverhalten hat Clark nie abgelegt. Einer seiner besten Freunde ist der 650fache Millionär Bill Koch – Ölerbe, America's Cupteilnehmer, Kunstsammler und Weinkenner. Koch und Clark kannten sich aus Seglerkreisen. Um Clark näher kennen zu lernen, lud Koch ihn in sein Sommerhaus auf Cape Code ein. Clarks Frau, die Koch für einen *Forbes*-Artikel interviewt hatte, neckte die beiden

Männer mit der Behauptung, sie würden noch vor Morgengrauen betrunken sein. Sie hatte Recht.

Koch führte Clark in seinen exquisiten Weinkeller, der mit Rot- und Weißweinen im Wert von 15 Millionen Dollar bestückt ist, von denen einige bis in die Zeit von Thomas Jefferson zurückreichen. »Ich fühlte mich wie ein Kind im Süßwarengeschäft«, erinnert sich Clark, soweit er sich überhaupt an diesen Abend erinnert. Koch und Clark schafften sieben Flaschen – alle aus Frankreich und überwiegend aus dem 20. Jahrhundert. Vor Morgengrauen kam Clarks Frau, um nach ihrem Mann zu schauen, fand aber nur die leeren Flaschen und eine Spur von Kleidungsstücken, die zum Anleger neben dem Haus führte. Um drei Uhr Morgens waren Koch und Clark offenbar nach draußen gegangen, um sich Bills Sammlung von Holzbooten anzusehen, und hatten sich dann entschlossen, ein Ruderboot für eine kleine Spritztour zu Wasser zu lassen. »Ich übernehme die Ruder!«, verkündete Clark. Sie verfingen sich in einer kleinen Boje, worauf Koch sich seiner restlichen Kleidung entledigte und ins Wasser tauchte, um die Leine mit einem Taschenmesser zu durchschneiden. Das klappte nicht, und als Koch wieder ins Boot krabbelte, fror er so sehr, dass er sich auf den Rücksitz legte und Clark sich auf ihn, um ihn zu wärmen. Clark schlief ein. »Bill sagte, ich hätte fürchterlich geschnarcht.« Bei Sonnenaufgang wurden sie von einem Fischkutter auf den Haken genommen und zu Kochs Haus geschleppt. Heute sind sie Nachbarn in Palm Beach und die besten Freunde.

Clarks Interesse am Segeln begann, als er die Higschool abbrach und zur Navy ging. Dort erwarb er sich auch die elektronischen Kenntnisse, die ihn schließlich dazu führten, an der University of Utah in Informatik zu promovieren. Es folgten Lehraufträge an der University of California in Santa Cruz und in Stanford und dann der Aufbruch in die Hightech-Welt. Als Silicon Graphics 1986 an die Börse ging, kaufte er sich das erste Boot, tauschte es dann gegen eine 30-Meter-Schönheit ein, die drei Jahrhunderte niederländischer Schiffsbaukunst verkörperte. Clark wollte das Beste, was Holland zu bieten hatte, aber dazu brauchte er mehr Geld, als sich ein SGI-Gründer leisten konnte. Das war der Hauptgrund dafür, dass er ein Unternehmen wie Netscape gründete. Als es den Jackpot geknackt hatte, fuhr Clark wieder zur Huisman-Werft und öffnete sein Scheckbuch.

So kam es zur *Hyperion* und der Faszination, die sie auf manche Menschen ausübt. Zu Clarks besonderem Charme gehört seine brutale Offenheit, die manchmal auch vor ihm selbst nicht Halt macht. »Klar, ich bin nicht wie andere«, sagt er und erzählt, wie er durchdrehte, als er eines Tages die Werft aufsuchte und feststellte, dass zwischen dem unterem Salon und der Kombüse zwei Stufen eingebaut worden waren, statt dreier, wie es ursprünglich vorgesehen war. »Ich sagte ihnen: ›Ich verstehe das nicht. Haben die Leute nicht gehört, was ich ihnen bei meinen letzten beiden Besuchen gesagt habe? Ich möchte drei Stufen haben, nicht zwei. Wenn du mit vollen Händen in die Kombüse hinabsteigst, dann darf es nicht sein, als wenn du eine Leiter hinabsteigst. Ich zahle die Rechnung. Das ist mein Boot und ich möchte drei Stufen haben!‹« Und warum haben sie zwei Stufen eingebaut? »Keine Ahnung. Vielleicht weil sie Holländer sind – da gibt es nicht viel Platz. Die mussten schon immer in die Höhe bauen.«

Aber nicht so sehr, dass er nicht aus der Netscape-Erfahrung gelernt hätte. »Ich werde nie wieder etwas anfangen, womit ich in die Schusslinie von Microsoft geraten könnte«, sagte Clark, der jetzt schon Angst hat, der Bär von Redmond könnte sich entschließen, sich um den Markt zu kümmern, in dem Healtheon tätig ist. »Bill Gates ist größenwahnsinnig.«

Nur gut, dass er nicht segeln kann.

KAPITEL ZEHN

Yahoo

Wege, für die man sich nicht entscheidet, können einen teuer zu stehen kommen.

Im Frühjahr des Jahres 1995 schloss ich ein Journalismus-Stipendium an der Stanford University ab. Abgesehen davon, dass es mich davon überzeugt hatte, dass Golf ein Spiel ist, dass man besser Leuten überlässt, die Skip heißen, hat mich das Einjahresprogramm in einer Weise mit Silicon Valley vertraut gemacht, das zu diesem Buch führte. Neben vielen anderen Valley-Bewohnern lernte ich auch einen sechsundzwanzigjährigen Doktoranden der Elektrontechnik kennen, der Jerry Chih-Yuan Yang hieß und gerade eine Internetgesellschaft gegründet hatte. Ich habe viel Zeit mit Yang verbracht, einem Technikfreak und Propheten, der als Büro ein winziges Loch in Mountain View hatte. Dort zeigte er mir seine Firma und machte mich mit seinem Partner David Filo bekannt, der ebenfalls noch studierte. Sie hatten gerade ein Kaufangebot von einer Million Dollar pro Nase für die Firma abgelehnt.

»Das ist viel Geld«, wunderte ich mich.

»Wir glauben, das wir viel mehr verdienen können«, sagte Yang, »wenn wir einen richtigen Unternehmensplan entwickeln und eines Tages an die Börse gehen.«

Yang führte mich in dem fensterlosen Räumen herum, die voll gestopft waren mit Essensresten, Schlafsäcken, Rennrädern und den wenigen anderen Mitarbeitern. Der einzige Hinweis darauf, dass es sich um ein richtiges Unternehmen handelte, fand sich in einem abgedunkelten Raum, in dem auf Regalen Computer ohne Monitore standen. Das war der Ort, den Tausende von Benutzern des World Wide Web jeden Tag virtuell aufsuchten.

Als ich gehen wollte, fragte Yang beiläufig: »Hast du Lust für uns zu arbeiten?«

Ich erklärte ihm, dass ich doch lieber zu meiner Zeitschrift zurückkehren würde. Das schien mir klüger zu sein als die abenteuerliche Entscheidung, mit meiner Familie ins Valley umzusiedeln und für zwei Studenten in einem Unternehmen zu arbeiten, das keine Gewinne, keine Einnahmen und noch nicht einmal einen Namen an der Tür hatte.

Und das ist der Grund, warum ich es nie unter die Forbes 400 oder auch nur die Forbes 400 000 bringen werde. In den vier Jahren, die seither vergangen sind, hat Yang mich häufig daran erinnert, was mich mein mangelnder Weitblick gekostet hat. Nehmen wir an, ich hätte eine Funktion als PR-Mann oder Content-Entwickler übernommen – Himmel, ich hätte noch nicht einmal HTML dafür können müssen. Und nehmen wir weiter an, ich hätte einen bescheidenen Zehntelprozent-Anteil an dem Unternehmen bekommen – Peanuts zu diesem frühen Zeitpunkt, ein Jahr vor dem Börsengang.

Natürlich hieß Yangs Unternehmen Yahoo und wurde Mitte Januar 1999 von der Wallstreet mit 44 Milliarden Dollar bewertet – womit es Oracles Börsenkapitalisierung (und die gesamte Volkswirtschaft von Kuwait) in den Schatten stellte. Mein winzig kleines Stück wäre dann 44 Millionen Dollar wert gewesen. Nehmen wir nun noch an, dass ich bessere Bedingungen ausgehandelt hätte – sagen wir ein halbes Prozent. Das hätte 220 Millionen Dollar bedeutet, genug, um Larry Ellisons Nachbar in Woodside zu werden und immer noch genügend übrig zu behalten, um mir ein eigenes Baseball-Team zu kaufen. Nix da, ich war zu schlau dafür. Wie gewonnen, so zerronnen. Yahoo, buh-buh.

Im Frühjahr 1994, etwa zur gleichen Zeit, als Jim Clark und Marc Andreessen Mosaic Communications gründeten, waren Jerry Yang und David Filo Doktoranden und suchten nach einer Beschäftigung, der sie neben ihren Dissertationen nachgehen konnten. In einem überfüllten Wohnwagen auf dem Campus der Stanford University – hinter dem im Bau befindlichen Institutsgebäude von Bill Gates und nicht weit entfernt von den Labors, in denen Sun Microsystems, Cisco und Silicon Graphics angefangen hatten –

verbrachten Yang und Filo ihre Nachmittage und Abende damit, sich durchs Web zu hacken. Filo hatte den Mosaic-Browser kurz nach seiner Veröffentlichung im Web entdeckt und Yang war sofort fasziniert. Beide schrieben sie ihre eigenen Homepages, die so weltbewegende Informationen enthielten wie Yangs Handicap und ihrer beider Interesse für Sumo-Wettkämpfe.

Um über diese und andere Lieblings-Sites auf dem Laufenden zu bleiben, begannen Yang und Filo eine Liste mit Hyperlinks anzulegen – nach Themen geordnet – und sie ins Web zu stellen. Sie nannten sie »Jerrys Fast Track to Mosaic« (Jerrys schneller Weg zu Mosaic). Da gab es Kategorien wie Nachrichten, Gesundheit, Wissenschaft, Kunst, Freizeit, Wirtschaft sowie dreizehn weitere Rubriken. Es war eine ganz normale Hierarchie – ähnlich den Gelben Seiten. Am Ende der Verzweigungen in Kategorien, Subkategorien und Subsubkategorien – eine Folge, die sich über ein halbes Dutzend Ebenen erstrecken konnte – standen einzelne Web-Sites. Die Online-Reise konnte erhellend oder nervig sein. Auf dem Weg zu der Information, die man brauchte, musste man unter Umständen Umwege in Kauf nehmen, die einen an völlig irrelevanten Daten vorbeiführten.

Unter Unterhaltung stand beispielsweise Humor, dann Wörter und Wortspiele, dann Palindrome von Sprachwissenschaftlern aus aller Welt, die offensichtlich zu viel Zeit hatten. Oder unter Computern stieß man auf die überaus beliebten Webcams, die Kameras, die mit dem Netz verknüpft waren. Sie hatten es mittlerweile schon auf stattliche 700 gebracht, darunter eine Entenfarm, ein Whirlpool, acht Getränkeautomaten, 19 Roboter und 613 Kameras, die auf Objekte gerichtet waren wie Erde, Mars, Tulsa, eine Rolle Isolierband, einen Seismographen in Los Angeles, eine Toilette im südafrikanischen Parlament und den weltgrößten Bandwurm.

In diesem Register ging es nicht um Inhalt – sondern um Kontext. Während der integrierte Schaltkreis oder der Personal Computer technische Pioniertaten waren, stellte »Jerry's Fast Track to Mosaic« einfach eine Dienstleistung für Verbraucher dar – nicht mehr als ein taxonomisches Register, auf das jeder Zugriff hatte, der die Adresse des Internetführers im Stanford-Computernetz kannte. Er bestand größtenteils aus Text, ohne tanzende Icons und Leuchtgrafik. Er war von Hand zusammengestellt – durch zeitauf wendige Suche von Webseiten, statt durch ein automatisches wort-spezifisches Katalogsystem. Selbst der Browser Mosaic, der von Andreessen und seiner Truppe in Illinois entwickelt worden war, beruhte auf einer proprietären Technologie einer gewissen Kühn-heit des Entwurfs. »Das war wirklich keine wissenschaftliche Großtat«, sagt Filo rückblickend. »Wir hatten keine Patente oder so etwas. Jemand, der sich mit den Ressourcen auskannte, hätte das Gleiche machen können.« Was für ein Unterschied zu den frühen Tages des Valley, als Bob Noyce und Gordon Moore in ihrem Labor alchemistische Wundertaten vollbrachten.

Doch die Genialität des unaufhaltsam wachsenden Registers von Yang und Filo lag darin, dass niemand sonst es zusammengestellt hatte. Das Geheimnis war, wie so oft in Silicon Valley, der richtige Zeitpunkt. Ein paar Jahre früher gab es im Web kaum etwas zu klassifizieren, ein paar Jahre später wäre Microsoft drauf gekommen. Yang und Filo begannen genau zum richtigen Augenblick, nämlich zu dem Zeitpunkt, als der Mosaic Anklang fand und Netscape gegründet wurde. Aus dem knappen Dutzend Web-Sites, die es 1990 gab – bald nachdem Tim Berners-Lee das Web eingeführt hatte –, waren Tausende geworden. (Ende 1998 gab es fast drei Millionen.) Es herrschte weitgehendes Chaos und das Web verlangte zwar nicht nach einem Verkehrspolizisten, aber doch nach einigen hilfreichen Verkehrsschildern. Sich durchs Web zu tasten, glich einer Autofahrt durch Boston – nie wusste man, wie man an einen bestimmten Ort zurückkommen konnte. Es gab keine Richtungen, keine Anweisungen, nur eine Folge scheinbar endloser Möglichkeiten.

»Jerry's Fast Trace to Mosaic« war eine Bezeichnung für Eingeweihte und die nachfolgenden Namensgebungen nicht viel besser: »Jerry Yang's Guide to WWW« und »Jerry and Dave's Guide to the World Wide Web«. Yang und Filo ersetzten sie schließlich durch ein Wort, das besser zum Geist ihres Verzeichnisses passte: Yahoo!, ein Wort, das auf die Raufbolde in *Gullivers Reisen* zurückgeht (nicht dass Yang und Filo Literaturwissenschaft im Hauptfach hatten). Yahoo – mit Ausrufezeichen, um Korrektoren fortan in den Wahnsinn zu treiben – bedurfte der Erläuterung. Daher fügten Yang und Filo an: Yet Another Hierarchical Officious Oracle (Noch ein anderes hierarchisches offiziöses Orakel), was in gewisser Weise parodistisch war. »Yet Another« stammte aus dem Programmiererwortschatz und das Verzeichnis war hierarchisch, aber der ganze Name war nicht ernst gemeint. Yang und Filo beließen es immer bei Yahoo. Das stellte sich als die beste Unternehmensentscheidung heraus, die sie je getroffen hatten – ein Firmenname, der innerhalb von zwei Jahren so bekannt war, wie irgendein anderer im Hightech-Bereich. Weitere Internetverzeichnisse folgten – Lycos, InfoSeek, Architext, WebCrawler und noch eine Reihe von Spezialverzeichnissen –, aber keines vermochte es mit Yahoo aufzunehmen, das unter den Netfreaks Kultstatus gewann.

Als ihr Verzeichnis stetig wuchs – zwanzigtausend Eintragungen im ersten Jahr –, taten Yang und Filo den nächsten Schritt zur Entwicklung eines Suchwerkzeugs, damit sie und die unzähligen Besucher von Yahoo sich nicht manuell durch endlose Kategorien und Subkategorien hindurcharbeiten mussten. Sie fügten eine »Suchmaschine« hinzu: Der Benutzer tippt ein Wort ein und erhält dann eine Liste von Hyperlinks, die das Wort enthalten. Geben Sie »Baseball« ein und unter den vielen Ergebnissen werden Sie mit Sicherheit den Namen ihres Lieblingsklubs und ihres Lieblingsspielers entdecken. Die Yahoo-Kombination aus Verzeichnis und Suchmaschine war unentbehrlich für jeden, der im Netz navigieren wollte. Netscape lieferte die Software, um zu Yahoo zu gelangen, aber Yahoo organisierte die Online-Inhalte und machte sie zugänglich. Yahoo zog viel mehr Besucher an als Netscape und auf die kam es den Werbetreibenden an.

Ende 1994 kletterte die Zahl der täglichen *Page Views* (der Zugriffe auf HTLM-Seiten) bei Yahoo auf über 100 000, während es im Mai noch nur ein paar Tausend gewesen waren. Yang und Filo durften mit aller Entschiedenheit erklären, dass auf ihren Seiten mehr Web-Aktivität stattfand als irgendwo sonst auf der Welt – und das ohne Marketing. (Ein Jahr später erreichten die täglichen Page Views eine Million und Ende 1998 die bemerkenswerte Zahl von 167 Millionen – mehr noch als die tägliche Zuschauerzahl der Talkshow von Oprah Winfrey.) Freunde und digitale Korrespondenten schickten Empfehlungen für Web-Sites ein. Yang und Filo fügten redaktionelle Kommentare in Form von Überschriften hinzu: »What's Cool« oder »What's New«. Was als Hobby begonnen hatte, war zur Obsession geworden. Yang und Filo wollten nun nicht mehr nur ihre Lieblings-Websites klassifizieren, sondern praktisch jede Seite, die irgendjemand interessieren konnte. Bei seiner Rückkehr von einem Sabbatjahr in Europa war ihr Doktorvater höchst erstaunt, als er vernahm, was seine beiden Doktoranden so getrieben hatten, während er fort war.

Yang und Filo hatten Yahoo aus einer Laune heraus gegründet. Doch als seine Beliebtheit unaufhaltsam wuchs und das Verzeichnis immer mehr Zeit in Anspruch nahm, dachten sie daran, daraus einen Broterwerb zu machen. Aber wie? Wer konnte es ihnen sagen? Yang und Filo hatten keinen Jim Clark, der sie an der Hand nahm und ins Land der Reichen führte. Wie sie sich unschwer vorstellen konnten, würde niemand, der das Verzeichnis benutzte, für die Dienstleistung zahlen – nicht einen einzigen Cent pro Tag. Genauso wenig wie die Privatpersonen oder Unternehmen, denen die aufgeführten Web-Sites gehörten. Am ehesten versprach die Werbung Einkünfte – dieses Modell hatte sich bei etablierten Medien wie Fernsehen und Radio gut bewährt. Doch die Cyberkultur hatte sich lange gegen die Kommerzialisierung ihres Mediums gewehrt (trotz AOL), besonders wenn es bedeutete, dass sich Bannerwerbung über den ganzen oberen Rand der Webseite erstreckte.

Yang und Filo wussten, dass sie nicht an der Stanford University bleiben würden, und ihnen war auch klar, dass das Computernetz der Universität für ihren Dienst nicht geeignet war. Sie waren schon von verschiedenen Venture-Firmen angerufen worden und hatten sich schließlich bereit erklärt, sich mit einigen Venture-Leuten zu treffen. Auch Kleiner Perkins zählte zu den Kandidaten. Doch KP hatte bereits in einen Konkurrenten namens Architext investiert – aus dem später Excite wurde – und die KP-Partner wollten Yahoo in diese Firma integrieren. Damit war ausgeschlossen, dass Yahoo und Kleiner Perkins zusammenkommen konnten. Die Tatsache, dass es KP nicht gelang, mit Yang und Filo ins Geschäft zu kommen, stellte sich als eine der großen verpassten Chancen der Venture-Firma heraus – was sie im Endeffekt viel mehr Geld kostete als ihre tatsächlichen Investitionen in GO und Dynabook.

Ein anderer führender Risikofonds, Sequoia Capital, war gerade dabei, die Chancen auf dem neuen Internetmarkt zu sichten. Die

Venture-Firma war 1972 von Don Valentine gegründet worden und befleißigte sich eines ganz anderen Stils als Kleiner Perkins. Abgesehen von Valentines Bentley aus dem Jahr 1950, der vor dem Gebäude 3000 Sand Hill Road parkte, war Sequoia – wie sein Name (Mammutbaum) – solide und schweigsam. Während KPs Büros aussahen, als wären sie für den Fototermin einer Schöner-Wohnen-Zeitschrift hergerichtet worden, gaben sich Sequoias Räumlichkeiten klein und spartanisch. Als Andreessen einmal zu Besuch war, hatte er sogar gefragt, ob die Büros neu und die Partner noch nicht eingezogen seien. Sie waren es, hatten die Räume aber seit fünfundzwanzig Jahren nicht renovieren lassen. KP ließ sich zur Mittagszeit von einem Partyservice verwöhnen; Sequoia stellte eine Schale mit Schokoriegeln in den Empfangsbereich. Allerdings konnte sich Sequoia den Hinweis nicht verkneifen, dass der Wert der von ihm finanzierten Unternehmen insgesamt 200 Milliarden Dollar betrug – 60 Prozent mehr als der Wert der KP-Unternehmen. Was Sequoia an Selbstdarstellung und Inneneinrichtung vermissen ließ, machte es durch Dollars wett.

Neben Cisco – Sequoias ganzem Stolz – hatte es auch Unternehmen wie Atari und Oracle finanziert. Nun sah es im Internet einen riesigen, neuen Markt. KP hatte bereits in Netscape investiert und das Geschäft hatte andere Firmen aufmerksam gemacht. Über den Branchenklatsch ließ sich Sequoia von Randy Adams unterrichten, einem mittleren Unternehmer, den die Venture-Firma schon vor langer Zeit finanziert hatte. Adams war Präsident des Internet Shopping Network in Menlo Park, dem ersten Online-Einzelhandel (der schließlich von Barry Diller aufgekauft wurde). Mike Moritz, ein vierzigjähriger Sequoia-Partner, rief Adams an.

Moritz ist in Wales aufgewachsen und hat einen Akzent, der ihm einen noblen Anstrich in der lärmenden, schrillen Welt des Valleys verleiht. Er ist intelligent und lebhaft und besitzt einen trockenen Witz – neben einem Magister der Oxford University und einem MBA der Wharton Business School –, hat aber weder den Ruf noch die Erfolgsbilanz eines John Doerr. Am bemerkenswertesten ist vielleicht die Tatsache, dass er früher Journalist bei *Time* war. Nach Stationen in Detroit und Hollywood – zwei anderen Wirtschaftsmetropolen – arbeitete er seit den Achtzigerjahren als Korrespondent für den Hightech-Sektor, ein Aufgabenbereich, der ihm eine

Ahnung von dem vermittelte, was das Valley zu bieten hatte. Unter anderem porträtierte er Arthur Rock und Tom Perkins. Als *Time* beschloss, Steve Jobs zum Mann des Jahres 1982 zu küren, schickte die Zeitschrift Moritz hin, um Jobs zu interviewen. Doch der fasste eine so tiefe Abneigung gegen Jobs – trotz dessen Versuche, ihn für sich einzunehmen, unter anderem durch einen unangekündigten Samstagnachmittagbesuch bei Moritz zu Hause –, dass *Time* sich entschloss, auf Jobs zu verzichten und stattdessen den PC zur »Maschine des Jahres« auszurufen. Das in der gleichen Ausgabe erscheinende Porträt von Jobs enthielt die denkwürdige Äußerung eines ehemaligen Angestellten von Jobs: »Er hätte einen ausgezeichneten König von Frankreich abgegeben.« Laut Moritz ging Jobs so weit, Henry Grunwald, den legendären Chefredakteur von *Time* anzurufen und zu verlangen, dass er Moritz entließe. Grunwald lachte ihn aus.

Jobs hat mir berichtet, der Vorfall habe entscheidend dazu beigetragen, dass er eine Vorstellung vom eigenen Bekanntheitsgrad bekommen habe. Es sei aber das erste Mal gewesen, dass er die hämische Behandlung durch die Presse erfahren habe, die ihm später noch oft zuteil werden sollte. »*Time* rief mich an und erklärte, es wolle mich zum Mann des Jahres machen«, erzählt er. »Ich war damals ein bisschen jünger und überheblicher. Ich dachte: ›Was für eine kluge Entscheidung.‹ Doch der Reporter, den sie schickten, war genauso alt wie ich und hatte ein Riesenproblem mit mir. So lieferte er ein bösartiges Elaborat über mich ab. Als die Redaktion das sah, fand sie: ›Den Typ können wir nicht zum Mann des Jahres machen.‹ Ich weiß noch, dass ich mit einer Freundin unterwegs war, als die Zeitschrift ausgeliefert wurde. Nachdem ich den Artikel gelesen hatte, musste ich beinah weinen. Nicht lange danach gelangte ich zu der Erkenntnis, dass Menschen Symbole brauchen und dass ich eines geworden war. Das Bild, das die Öffentlichkeit von mir hatte, musste ich wie einen berühmten Zwillingsbruder betrachten – denn das war nicht ich.«

Einige Jahre später hatte Moritz vom Journalismus und dem Newsletter-Verlag, den er gegründet hatte, die Nase voll und beschloss, Venture-Kapitalgeber zu werden. Er besuchte Tom Perkins. Moritz erinnert sich noch genau. Perkins – eine Zigarre rauchend, in seinem gläsernen Büro sitzend und von Schiffsmodellen umgeben – meinte zu ihm: »So, Sie wollen reich werden? Lassen Sie sich gesagt sein, niemand im Venture-Geschäft wird reich. *Bill Gates* wird reich.« Und das, sagt Moritz, sei in einer Zeit gewesen, »als 100 Millionen Dollar schon als großes Vermögen galten«. Perkins hatte keinen Job für ihn. Doch Sequoia gab ihm eine Chance.

Anfang 1995, als Moritz anrief, erzählte ihm Randy Adams von einem »schäbigen kleinen Dienstleister namens Yahoo«, mit dessen Hilfe er sich im Web orientieren könne. Adams sagte, er kenne die beiden Stanford-Studenten und könne ihn mit ihnen bekannt machen. Also statteten Moritz und Adams dem Wohnwagen auf dem Stanford-Campus einen Besuch ab, in dem Yang und Filo tagsüber arbeiteten und – seit sie Yahoos geworden waren – auch die meisten Nächte schliefen, umgeben von alten Klamotten und heiß laufenden Computern. *Fortune* nannte es »ein Eldorado für Kakerlaken«. »Wäre in Hollywood ein Drehbuch namens *Yahoo* geschrieben worden«, sagt Moritz, »dann hätte dieses Szenario ein bisschen weit hergeholt gewirkt. Und außerdem, wie konnte man bei klarem Verstand in ein Unternehmen investieren, das seine Dienste kostenlos anbot? Das war eigentlich nicht unsere Art. Wo war da ein Geschäft zu machen?« Bei Netscape sah es immerhin so aus, als würde es Einnahmen aus dem Verkauf seines Browsers und seiner Server-Software an Unternehmen erzielen. Zudem war denkbar, dass auch Netscape ein Online-Verzeichnis entwickeln und Yahoo verdrängen würde. O-Ton Moritz: »War Yahoo nicht ein einfaches Rechtschreibprogramm im Vergleich zu Netscapes Textverarbeitung?«

Und dann war da noch der alberne Name, der nichts mit der Welt der Technikfreaks zu tun zu haben schien. Zufällig hielt sich Fred Gibbons, der eine frühe und erfolgreiche PC-Software-Firma gegründet hatte, in den Büros von Sequoia auf, als die Partner über Yang und Filo beratschlagten. »Ich kann nicht glauben, dass ihr ein Unternehmen mit einem Namen wie Yahoo finanzieren wollt«, sagte Gibbons. Woraufhin Don Valentine erwiderte: »Vor langer Zeit haben wir zur Finanzierung eines Unternehmens beigetragen, das Apple hieß.« Andere VCs, mit denen sich Yang und Filo trafen, zeigten weniger Verständnis. Ihr Rat: Ändert den Namen.

Obwohl es noch keine Einnahmen gab, war Moritz fasziniert. »Wir können in allen Einzelheiten erklären, warum einige unserer

Unternehmen keinen Erfolg gehabt haben«, sagt Moritz, »denn wenn wir unseren Job auch nur halbwegs richtig gemacht haben, dann haben wir ihre anfänglichen Schwächen analysiert. Doch wir unterschätzen immer, wie erfolgreich unsere erfolgreichen Unternehmen werden können. Da liegen wir mit hundertprozentiger Sicherheit falsch.«

In Yahoos Fall dachte Moritz ständig an andere Massenmedien. »Vielleicht war das zu einfach, aber ich überlegte mir, dass man ja auch im Auto sitzt und umsonst Radio hört und dass man zu Hause umsonst CBS sieht. Warum sollte es im Internet also anders sein? Die Strategie musste sein, ein Publikum zu gewinnen und es an sich zu binden, dann würden die Werbetreibenden irgendwann von alleine kommen. Mit dieser Argumentation überzeugten wir die anderen bei Sequoia. Es spielt keine Rolle, ob man Luftschiffe oder Reklametafeln, Radio oder Fernsehen, Zeitschriften oder das Internet nimmt.« Das blieb sich alles gleich, solange man sein Publikum hatte. Und das hatte Yahoo.

Moritz, Yang und Filo waren sich einig in der Überzeugung, dass es zunächst wichtig war, sich die Treue der virtuellen Besucher zu sichern, und dass es noch einige Monate Zeit hatte, die Yahoo-Seiten in einen Online-Times-Square zu verwandeln, der mit Reklame gefüllt wurde. Yang und Filo kamen gut mit der Art von Moritz zurecht – seiner Direktheit und Schlichtheit, die sich erfreulich unterschied von dem luxuriösen Stil, das sonst in der Sand Hill Road herrschte. »David und ich waren von den KP-Büros gebührend beeindruckt«, sagt Yang. »Aber der Zynismus von Sequoia machte einen noch stärkeren Eindruck auf uns. Sie sind die abgebrühtesten VCs und drehen jeden Penny dreimal um wie David und ich. Es herrschte äußerste Entschlossenheit auf beiden Seiten.«

Natürlich gefiel Yang und Filo auch, dass Moritz ein Herz für Neulinge hatte. Dabei hatte Moritz zur sprichwörtlichen Firmengründung in der Garage eine utilitaristische Einstellung, die weit von jeder Romantik entfernt war. »Zwei Burschen kommen zur Tür herein. Wir haben die Wahl zwischen einem Mann, der schon zwei erfolgreiche Unternehmen aufgebaut hat und ein Haus in den Hügeln besitzt, oder dem anderen, dessen bescheidenes Häuschen bis zum Dachfirst mit Hypotheken belastet ist und der sich auf kei-

nen Fall eine Pleite leisten kann – wenn wir nur einen Scheck aus-
schreiben können, werden wir uns immer für den hungrigen
Unternehmensgründer entscheiden.« Moritz ist jede Form der
Faulheit zuwider.

Zunächst mussten Yang und Filo entscheiden, ob sie überhaupt
Venture-Kapital haben wollten. Die Alternative war, das ganze
Unternehmen zu verkaufen und das Geld einzustecken. Wie üblich brachte Microsoft sein Interesse zum Ausdruck. Doch konkrete
Angebote kamen von zwei anderen Unternehmen, America Online und Netscape – die Yang und Filo beide je eine Million Dollar
boten. Netscape hätte besser gepasst. (Der Witz an der Sache war,
dass das neue Unternehmen wie der Name des damaligen israeli-
schen Ministerpräsidenten geklungen hätte – Net-and-Yahoo.) Im
Unterschied zu AOL hatte Netscape das Web in seiner ganzen Aus-
dehnung erfasst und zudem bestand schon eine Beziehung zwischen Netscape und den beiden Firmengründern. Als Yang und
Filo Anfang 1995 den Wohnwagen auf dem Campus aufgaben,
brauchten sie einen neuen Standort. Marc Andreessen überredete
sie, die Server von Netscape zu benutzen, um den rasant wachsenden Internetverkehr von Yahoo zu steuern. Andreessen mochte
dabei einen Hintergedanken gehabt haben – Jim Clark wollte Yang
und Filo gerne für Netscape anwerben. Trotzdem handelte es sich
dabei um eine klassische Valley-Kooperation. Yahoo war geboren,
der größte URL der Post-PC-Ära.

Die Gründer liebäugelten mit dem sofortigen Reichtum. Als
Ingenieure verließen sich Yang und Filo nicht auf ihre Intuition,
sondern sammelten alle Informationen, die sie kriegen konnten.
Moritz wollte eine Antwort und ließ ihnen vierundzwanzig Stunden Bedenkzeit. »Letztlich«, sagt Moritz, »wollten sie nicht die
zweite oder dritte Geige oder gar das Fagott spielen«. Stattdessen
entschlossen sie sich für das Risiko – und Sequoias Geld – und
wollten probieren, ob sie ein Unternehmen auf die Beine stellen
konnten. Sie wollten es aus eigener Kraft schaffen – oder nicht. Es
war kein Ellisonscher Egotrip, aber das Ego war schon beteiligt.

Netscape war sauer, weil es die beiden nicht an Land gezogen
hatte. Andreessen und der Marketing-Chef Mike Homer verlangten, dass die Yahoo-Server aus ihren Gebäuden verschwanden.
Doch Bill Foss, einer der ersten Netscape-Mitarbeiter, versteckte

die Computer in einem verborgenem Stauraum unter dem Fußboden seines Büros – bis Yang und Filo eine andere Regelung getroffen hatten.

Hätte Netscape die Firma von Yang und Filo geschluckt, wäre es vielleicht ein ganz anderes Unternehmen geworden. Doch wahrscheinlich hätte es sich weiterhin auf Browser konzentriert und Yahoo vernachlässigt. Yang und Filo ihrerseits wären, ohne die Unabhängigkeit und die damit verbundene Furcht, wahrscheinlich einfach ein bisschen reicher geworden. Wie so viele Firmengründungen zuvor wurde Yahoo zu einem bedeutenden Unternehmen, weil verschiedene Faktoren zusammenkamen – Zeitpunkt und Zufall, Produkt und Technik. Trotz der Zurückweisung tat Netscape Yahoo den Gefallen, seinen Browser mit Yahoos Homepage zu verknüpfen – kostenlos. Wenn man die Schaltfläche »Internet Directory« (Internet-Verzeichnis) des Browsers anklickte, kam man zu Yahoo. Da fast alle neuen Besucher des Internets Netscapes Navigator benutzten – Microsoft tat erst seine allerersten Schritte auf dem Broser-Markt –, hieß das also, dass Jerry Yang und David Filo ihre Führer waren. Netscapes Browser war ein Mittel, online zu gehen. Yahoo half einem, sich dort zurechtzufinden. (Netscapes Großzügigkeit hielt fast das ganze Jahr an, bis der Firma klar wurde, dass ihre Directory-Schaltfläche echtes Geld wert war und sie sie an Excite vermietete, was anschließend zu wahren Preisschlachten zwischen Yahoo und anderen Suchmaschinen führte.)

Im Frühjahr 1995 investierte Sequoia eine Million Dollar in das Unternehmen und bekam dafür einen Anteil von 25 Prozent. Das war ein weit geringerer Preis als beispielsweise Kleiner Perkins für Netscape gezahlt hatte – fünf Millionen Dollar für 20 Prozent. (Geht man von diesen Zahlen aus, wurde der Wert von Yahoo ursprünglich auf vier Millionen Dollar, der von Netscape auf 25 Millionen Dollar geschätzt.) Nie sind in Silicon Valley eine Million Dollar so günstig investiert worden. Nach Yahoos Börsengang stieg der Wert dieser einen Million von 1995 auf fast acht *Milliarden* Anfang 1999. Aus Millionen mach Milliarden – die Magie des Valleys.

Einen Monat nach Sequoias Finanzspritze zog Yahoo bei Netscape aus und richtete sich eigene Büros in Mountain View in der

Nähe der Eisenbahngleise ein (dort, wo ich das Jobangebot Hohn lachend abgelehnt hatte). Yang und Filo schafften es sogar, eine Pappkarte mit dem Namen des Unternehmens an die Tür zu hängen.

Yang war das Aushängeschild des Valleys für den Erfolg von Einwanderern – Silicon Valley als das Ellis Island des späten 20. Jahrhunderts. Als er zehn war, ist er mit seiner Mutter und einem jüngeren Bruder aus Taiwan in die Vereinigten Staaten gekommen. (Sein Vater starb, als er zwei war.) Aufgewachsen ist er in San Jose. Zwar zeigte er nicht den technischen Drang eines Steve Wozniak, war aber ein ausgezeichneter Schüler und Redner und kam so an die Stanford University. Yangs Chinesisch ist genauso gut wie sein Englisch, am besten aber ist seine Medienwirksamkeit. Er ist der Sprecher seines Unternehmens und preist die Vorzüge des Web bei allen an, die bereit sind, ihm zuzuhören. Wenn die Wallstreet der Meinung ist, Yahoo sei das nächste große Medienunternehmen – *Medien–*, nicht Technologie-Unternehmen –, so liegt es nicht zuletzt an Yangs Wirkung auf Finanz- und Presseleute. Bei seinen häufigen Reisen in den Fernen Osten wird er wie eine Ikone gefeiert. Als er im Frühjahr 1998 Peking besuchte, wurde seine Limousine mit einer Motorradkolonne durch die Innenstadt geleitet – ein Vorgang, den er allerdings für lächerlich hielt. In seiner Heimat Taiwan musste er einmal in einem Hotel unter falschem Namen einchecken, um sich vor den Groupies zu retten.

Wenn Jerry das Yang von Yahoo ist, dann ist Filo das Yin. Er ist als fünftes von sechs Kindern in Lousiana aufgewachsen, ist so wortkarg wie der Kapitän eines Flussdampfers, aber nicht so gut gekleidet. In seiner Bürozelle bei Yahoo herrscht eine so fürchterliche Unordnung, dass es einer Schaufel statt eines Staubsaugers bedürfte, um den Fußboden zu entdecken. Einige Freunde nannten ihn liebevoll den Unabomber – nicht weil sie ihm unterstellten, dass er Briefbomben bastelte, sondern weil er so introvertiert war. Ein bisschen merkwürdig war er schon, so gab er den Konferenzräumen die Namen der zehn Plagen aus dem Alten Testament. Doch Filo fehlte es keinesfalls an Begeisterung oder Verständnis für das Yahoo-Produkt. Als Prinzessin Di im August 1997 ums Leben kam, erkannte Filo und nicht Yang die Bedeutung des Ereignisses. Innerhalb von zwei Stunden brachte er Di-Material auf Yahoos Web-Site. »Ihr Herz zuckte noch«, sagt Moritz, der unsentimentale Brite.

Filo und Yang waren intelligent genug, um zu erkennen, dass sie keine Manager waren. Moritz warb den dreiundvierzigjährigen Tim Koogle an, der als »erwachsene Aufsichtsperson« für die beiden »Youngster« die Leitung des Unternehmens übernahm. Koogle war geborener Virginier und ebenfalls Stanford-Ingenieur. Seine Karriere als Unternehmer begann er, indem er die Autos wohlhabenderer Klassenkameraden reparierte. Seither hat er in Tokio, Toronto, Chicago und Seattle an der Gründung verschiedener technologischer Unternehmen mitgewirkt und als betriebseigener Venture-Kapitalgeber für das etablierte Unternehmen Motorola gearbeitet. Aber er mochte das Valley – trotz der dort herrschenden »Neureichenallüren«, die, wie er meint, schon in den Siebzigerjahren begannen – und hat dort immer ein Haus behalten.

Abgesehen von seiner Erfahrung sprach für Koogle, dass er vollkommen einverstanden zu sein schien mit diesem merkwürdigen neuen Geschäft – oder eigentlich seiner Abwesenheit. Ihm war klar, dass die Einnahmen wahrscheinlich aus der Werbung kommen würden, aber er verstand auch, dass im Grunde noch niemand eine Ahnung hatte, wie es mit dem Unternehmen weitergehen würde. Das Publikum bei der Stange zu halten war offenkundig das vorrangige Ziel, aber davon abgesehen, gab er nicht vor, ein wirtschaftswissenschaftlich fundiertes Strategiekonzept zu haben. Er sagte: »Als ich anfing, hatte ich absolut keine Vorstellung« (aber fünf Prozent Anteil an dem Unternehmen). Koogle hatte eine sehr schlichte Unternehmensphilosophie – eine Eigenschaft, die Moritz und Sequoia besonders schätzten. Mit seinen gelben Turnschuhen und der Sammlung seltener Automobile traf Koogle also im Herbst 1995 ein, kurz nachdem Netscapes erdrutschartiger Börsengang die Hightech-Landschaft erschüttert hatte.

Nachdem Koogle die Führung übernommen hatte, unterstützt von Jeff Mallett, der die Dreißig auch schon überschritten hatte, trat Yang bereitwillig ins zweite Glied zurück. Filo, der technisch Beschlagenere der beiden, kannte sowieso kein größeres Vergnügen, als in seiner voll gestopften Bürozelle herumzuwerkeln, Programme auszutüfteln und ein höheres Tempo aus den Servern herauszukitzeln. (Da Yang sich gerne als »Chief Yahoo« bezeichnete, nannte sich Filo »Cheap Yahoo«. Koogle war jedoch zu erwachsen, um den Spitznamen »Chief Chief Yahoo« zu akzeptieren.) Und dann begannen die Werbeeinnamen zu fließen – von Unternehmen wie MasterCard, Wells Fargo, Toyota und Sony. Und Yahoos Web-Site expandierte. Statt nur als Busbahnhof zu dienen, von dem aus Besucher in alle Richtungen befördert wurden, wollte Yahoo selbst ein begehrter Zielort werden. Damit begann das Konzept des »One-Stop-Portals«. Zunächst sah das so aus, dass auf Yahoos Homepage Schaltflächen gesetzt wurden, über die man durch Anklicken Reuter-Nachrichten abrufen konnte. Doch daraus entwickelten sich schließlich Yahoo-eigene, stadtspezifische Hierarchien (zum Beispiel: Yahoo San Francisco Bay Area), Kleinanzeigen und eine vollkommen persönlich Homepage (www.my.yahoo.com), die ständig aktualisiert wurde.

Angesichts des Erfolgs, den Netscape mit seinem Börsengang erzielt hatte, war es durchaus vernünftig von Yahoo, diesem Beispiel zu folgen – um einige zehn Millionen Dollar Betriebskapital aufzubringen und um den Gründern und den Sequoia-Investoren Gelegenheit zu geben, Geld zu verdienen. So wurde für April 1996 ein Börsengang geplant; der Prospekt konnte über das Internet abgerufen werden, eine Börsenneuheit. Doch zunächst schloss Yahoo ein privates Geschäft ab, das die finanzielle Zukunft seiner Gründer absicherte. Kurz vor dem Börsengang verkauften Yang und Filo jeweils ein Fünftel ihrer Aktienpakete an Softbank, ein großes japanische Software- und Verlagshaus. Fünf Monate zuvor hatte Softbank unter dem Eindruck des wachsenden Internetmarktes zwei Millionen Dollar in Yahoo investiert. Dann erwarb es Ziff-Davis, einen Verlag für Computerzeitschriften. Jetzt wollte es einen sehr viel größeren Anteil an Yahoo haben – dadurch hätte Yahoo 64 Millionen Dollar an Kapital und einen strategisch wertvollen Partner auf dem japanischen Markt bekommen. Ferner hätte es Yang und Filo sofortigen Reichtum beschert – 12,5 Millionen Dollar in bar für jeden von ihnen. Yang und Filo mussten dafür jeder einen Teil ihrer Aktienpakete verkaufen, weil Yahoo, das Unternehmen, einfach nicht genügend eigene Aktien besaß. Die Frage lautete: Würden Yang und Filo verkaufen?

Man sollte meinen, dass zwei so junge Leute sich das Geld nicht entgehen lassen würde, vor allem da sie dann immer noch den größten Teil ihrer Yahoo-Aktien behalten hätten. Doch Yang und Filo waren unschlüssig. »Ich habe ihnen zugeredet, das sichere Geld zu nehmen und nicht alles aufs Spiel zu setzen, was sie hatten«, erinnert sich Moritz. Es gehe nicht nur um finanzielle Vorsicht, sagte er ihnen, sondern auch darum, sich innerlich frei zu machen und nicht »zu vorsichtig« zu sein. Erst das Geld und dann die Grundsätze. Aber Yang und Filo wollten gar nichts verkaufen – wenn nicht Sequia die gleiche Anzahl von Aktien verkaufte wie jeder von ihnen. Die Tatsache, dass die beiden nicht eine einzige Aktie verkaufen wollten, bezeugte eine erstaunliche Zuversicht – oder Tollkühnheit. Sie wollten bei potenziellen künftigen Aktionären nicht den Eindruck erwecken, sie hätten kein Vertrauen in die eigene Firma. Ein Zeichen ihrer wachsenden Reife, dass sie Moritz, ihrem Freund, Paroli boten und von ihm verlangten, dass er mit gutem Beispiel voranging.

Moritz erwiderte: »Hört zu, ihr beiden, uns ist das egal – wir haben unser Geld in vielen Aktien. Wenn Yahoo den Bach runtergeht, dann tut uns das nicht sehr weh. Aber ihr solltet dafür sorgen, dass ihr nicht euer gesamtes Geld in dem Unternehmen stecken habt.« Dann erzählte er ihnen eine Geschichte, die er von Tom Perkins hatte: Ein Unternehmen namens Imagic hatte in den frühen Tagen von Atari eine Videospielkassette entwickelt. Perkins bot an, einige Aktien von den Gründern zu kaufen, bevor sie an die Börse gingen. Die Gründer sagten Nein und erklärten, sie seien davon überzeugt, der Wert ihrer Aktien werde nach dem Börsengang steil in die Höhe klettern. Doch dann begann Ataris Aufstieg und Imagic ging nie an die Börse. Die Gründer konnten sich mit den Aktienzertifikaten das Badezimmer tapezieren. »Macht nicht den gleichen Fehler«, warnte Moritz die beiden.

Sie erklärten sich einverstanden – ließen aber nicht locker, was die Forderung anging, dass auch Sequoia verkaufen müsse. Und so geschah es dann auch. Yang und Filo erhielten jeder 12,5 Millionen Dollar von Softbank – für ein Aktienpaket, das, wie sich herausstellte, bei Yahoos Kursgipfel Anfang 1999 rund hundertmal so viel wert war –, behielten aber trotzdem noch genügend Aktien (zusammen besaßen sie 31 Prozent des Unternehmens). Young kaufte sich einen silberfarbenen BMW 540i mit einem sprechenden weltweit operierenden Navigationssystem und ein hübsches Haus mit Blick auf das Santa-Cruz-Gebirge viele Kilometer von Woodside entfernt. Er heiratete sogar. Filo ersetzte seinen Datsun, Baujahr 1980, lebte aber weiterhin in einer Wohngemeinschaft in der Stadtmitte von Palo Alto.

Nach dem Börsengang vom 12. April 1996 hatten Yang und Filo noch weniger finanzielle Sorgen. Wie bei Netscape stürzten sich die Käufer auf Yahoo-Aktien. Ursprünglich auf 13 Dollar pro Aktie festgesetzt, eröffnete Yahoo mit 24 1/2 und schoss dann auf 43, bevor sie mit 33 schloss. »Yahoo! Juhu!« titelte die San Jose *Mercury News*. Nur dreizehn Monate nach seiner Konstituierung als Unternehmen hatte Yahoo eine Börsenkapitalisierung von 849 Millionen Dollar. Yang und Filo hatten jeder ein Vermögen von 132 Millionen Dollar zusätzlich zu dem Geld von Softbank.

Der Kurs war im Laufe des Jahres erheblichen Schwankungen ausgesetzt und sank fast auf seinen ursprünglichen Wert ab. »Noch ein vollkommen überschätzter Wert!«, höhnte ein Online-Newsletter. Yahoo brauchte mehr Einnahmen, wenn nicht Gewinne, und das hieß mehr Werbung. Netscape – der andere Internet-Liebling – hatte selber wachsende Probleme, vor allem dank einem Störenfried namens Microsoft. Und Yahoo sah sich zunehmender Konkurrenz durch AOL und durch neue Suchmaschinen und Verzeichnisse gegenüber. Doch sie alle zusammen stellten keine Bedrohung wie Microsoft dar. Keine dieser Firmen hatte den Einfluss, den Microsoft dank seinem Monopol entfalten konnte, doch Microsoft war im Augenblick damit beschäftigt, Netscape seinen Geschäftsbereich abzujagen.

Daher blieb Yahoo bei seinem Unternehmensplan, ein Medienunternehmen für die Millionen und möglicherweise viele hundert Millionen Konsumenten des Cyberspace zu werden. AOL hatte mit seinen proprietären Diensten bereits einen Anfang in diese Richtung gemacht. Koogle definierte drei Standbeine des Internet-Marketings: »Inhalt, Vertrieb und Handelsnamen.« Inhalt war die leichteste Aufgabe – einfach das riesige Verzeichniss (das damals schon eine halbe Million Einträge aufwies) zu erweitern und neue »attraktive« Dienste anzubieten, die Besucher veranlassen konnten, auf den Yahoo-Seiten zu bleiben.

Entscheidend unter diesen neuen Diensten war das Angebot kostenlosen E-Mail-Verkehrs, das Yahoo machen konnte, weil es ein anderes Unternehmen gekauft hatte – eine von vielen Erwerbungen, die der Börsengang und das Geld von Softbank ermöglicht hatten. Diese neuen Merkmale lockten mehr Publikum an und das war natürlich genau das, was die Werbetreibenden wünschten. Das galt auch für Yahoos Verbreitung durch Partnerschaften. Das Unternehmen sorgte dafür, dass sein Name und Hyperlink auf andere Web-Sites kamen. So wie Yahoo Besucher zu anderen Orten im Cyberspace beförderte, konnte man von anderen Web-Sites zu Yahoo als Verzeichnis und Suchmaschine springen. Solche gegenseitigen Links stärkten Yahoos Position als meistbenutzter Webdienst. Das Internet als *Feld der Träume* war theoretisch eine plausible Vorstellung – wenn man es baute, würden sie schon kommen. Doch in der Praxis wurde der Verkehrsfluss nur durch ein paar privilegierte Portale kontrolliert.

Filo hatte natürlich Recht, wenn er sagte, Yahoo verkörpere weder die technische Innovation noch das proprietäre Wissen, die einem Intel oder Oracle die Fähigkeit verliehen, sich gegenüber der Konkurrenz durchzusetzen – Wirtschaftswissenschaftler sprechen in diesem Fall von »Marktzutrittsschranken«. Doch Yahoos Name und die Gewohnheiten der Anwender waren wichtige Vorteile. In der Welt des Konsums war der Handelsname von höchster Bedeutung. Das hatte nichts mit Logik zu tun, es war die emotionale Bindung – die Treue –, die zählte. *Mindshare* (›Geist‹ oder ›Seelenanteil‹ statt *Marketshare*, ›Marktanteil‹) nannte Yang es. »Wie fessle ich die Aufmerksamkeit und mache sie zu Geld?« Coca-Cola schmeckt kaum besser als andere Sorten, aber der Marktanteil lügt nicht.

Yahoo geizte nicht mit Geld, um seinen Handelsnamen zu etablieren. Während sich die Konkurrenten damit zufrieden gaben, online bekannt zu werden, bemühte sich Yahoo um das breite Publikum. Es gab eine Umfrage in Auftrag, um festzustellen, was Yahoo nach Meinung der Leute war. Nur acht Prozent wussten es. Weit mehr dachten, dieses extrem angesagte, unschlagbare Jungunternehmen in Silicon Valley sei ... Amerikas erfolgreichster Schokodrink. Um diese Vorstellungen zu korrigieren, gab das Unternehmen schon früh fünf Millionen Dollar für landesweite

Werbespots in Fernsehen und Radio aus. »Do You Yahoo?« (»Yahooen Sie?«) lautete der geschickte Aufhänger, der den Namen des Unternehmens in ein Verb verwandelte. Das rot-gelbe Yahoo-Logo wurde allgegenwärtig – in Sportstadien und auf Bauzäunen, auf den Deckeln von Getränkeflaschen, auf Fallschirmen, auf der Eismaschine im Eishockeystadion von San Jose und in großen Buchstaben auf dem Auto jedes Mitarbeiters. In der Fernsehserie *Emergency Room* war Yahoos Homepage auf dem Computer der Säuglingsstation zu sehen. Microsoft war ein intelligentes Unternehmen, hat aber diese Art von Einfallsreichtum nie gezeigt.

Natürlich kamen Yahoos Erfolge seinem Profil zugute. Yang und Filo, manchmal auch Koogle, zierten die Titelseiten von *Newsweek*, *Time*, *Business Week* und jeder anderen Fachzeitschrift. Marc Andreessen präsentierte sich auf den Titelseiten hoheitlich. Yahoo dagegen – Yang auf dem Surfbrett, Koogle mit dunkler Brille, alle von einem yahooifizierten Auto winkend (von diesem Bild existieren mindestens sechs verschiedene Versionen) – war immer kalifornisch, einfach cool. (Was heißt hier »Produktmanagement«? Wenn die Journalisten in einer Weise einsteigen, wie es das Valley seit den besten Tagen von Apple in den Achtzigerjahren nicht mehr erlebt hat, dann weiß man, dass man alles richtig gemacht hat.) Und die Botschaft war immer die gleiche: Yahoo war der digitale Ort, wo man eine digitale Verbindung zu allem und jedem bekam.

1997 und 1998 begann sich Netscapes Vermögen zu verflüchtigen. Yahoos kletterte unaufhaltsam in die Höhe. Die tatsächliche Finanzlage – an der sich die Börsenkapitalisierung einst orientierte – war eher bescheiden. So betrugen Yahoos Einnahmen 1998 203 Millionen Dollar (größtenteils durch mehrere Tausend Werbetreibende). Das war Kleingeld für ein größeres Unternehmen. Microsoft nahm das in *vier* Tagen ein. Yahoos größte direkte Konkurrenten – AOL und Netscape – brauchten dafür einen Monat.

Entsprechend hatte Yahoo 1998 nur einen Gewinn von 50 Millionen Dollar vorzuweisen (Anschaffungen nicht mitgerechnet). Das reichte unter normalen Umständen kaum, um unter die Fortune 5000 zu kommen, von den 500 gar nicht zu reden. Doch es gibt keine normalen Zeiten auf dem Markt. Keine Gewinne? Kein Problem. Das gehörte zum Märchen des Internets. (1998 machte ein Jungunternehmen mit Sinn für Humor das Geldverlieren beim

Sandkastenrennen auf der Sand Hill Road zum Gegenstand einer Werbeaktion: Es ließ einen Geldtransporter herumfahren und echte Dollarscheine verteilen, die mit seinem Firmenzeichen geschmückt waren.)

Doch die Investoren ließen sich von Yahoos Jahresbericht nicht abschrecken. Sie kauften keine Anteile an einem aktuellen Unternehmen – 1999 hatte Yahoo nur fünfhundert Mitarbeiter und fünfhundert Millionen Dollar auf der Bank –, sondern an einem Traum, der eines Tages vielleicht wahr werden würde. Drei überregionale Zeitungen, vier große Fersehsender, warum nicht auch noch einige wenige große Web-Portale mit Yahoo als Marktführer? Der aufgeblähte Marktwert von Unternehmen wie Yahoo ermöglichte ihnen, kleinere Konkurrenten aufzukaufen, sodass sich die Prophezeiung von der Existenz nur weniger marktbeherrschender Portale allmählich selbst erfüllte. Werbetreibende gaben Milliarden und Abermilliarden für die Präsenz in Printmedien und Fernsehen aus – warum nicht auch einen Teil davon online? Zumal damit zu rechnen war, dass eines Tages mehr Augen auf Computer als auf Zeitungen oder die Glotze gerichtet waren. Man schätzt, dass im Jahr 2000 fast die Hälfte der amerikanischen Haushalte Zugang zum Internet haben werden. Es ging nicht nur um die potenzielle Zahl. Internet-Kunden ließen sich gezielt nach örtlichen demographischen Merkmalen und nach Interessen ansprechen, weil sie bei ihrer Reise durch den Cyberspace eine elektronische Spur zurückließen. Wenn sie häufig Web-Sites über Autos besuchten, dann konnte es sein, dass ihre Yahoo-Seiten plötzlich eine Bannerwerbung für Ford brachten. Beim Anklicken erhielten sie die aktuellen Preise Ihrer örtlichen Autohändler.

Die Voraussagen bis zum Jahr 2003 waren atemberaubend: 300 Millionen Web-Benutzer weltweit, eine halbe Milliarde Rechner mit dem Netz verbunden, 3,2 Billionen Dollar Internetausgaben. Einkaufszentrum ade. Sei willkommen, kleines Warenkorb-Icon. Wer würde nicht lieber einfach auf eine Computermaus klicken, als sich mit einem kaugummikauenden, unverschämten Verkäufer herumzuärgern? Yahoo war bereits ein ansehnliches Unternehmen, doch schon bald würde es *das* Medienunternehmen des 21. Jahrhunderts sein. Millionen, Milliarden, Billionen – ach was, warum nicht ein paar Trillionen für die Investoren?

1997 gingen die Yahoo-Aktien 511 Prozent nach oben, im nächsten Jahre weitere 584 Prozent. Was am Tage des Börsengangs für 13 Dollar zu haben war, kostete im Januar 1999 1395 Dollar (Aktiensplitts nicht eingerechnet). Wer am 12. April 1996 9738 Dollar in Yahoo investiert hatte, der hatte drei Jahre später eine Million Dollar. So gut schnitten weder Apple noch Oracle ab, selbst Microsoft nicht. Netscape hatte in seinen besten Zeiten eine Börsenkapitalisierung von rund acht Milliarden Dollar. Im Januar 1990 war Yahoo bei 44 Milliarden Dollar angelangt. Intel hatte fast ein Vierteljahrhundert gebraucht, um es auf diesen Wert zu bringen. Mit dieser Börsenkapitalisierung kam Yahoo auf Rang zweiundsiebzig aller Unternehmen der Welt – das war fast der doppelte Wert von CBS und mehr als die New York Times Company, die Washington Post Company, Gannett und Dow Jones *zusammen*. Eine Zeit lang wurde Yahoo scherzhaft als Buzz Lightyear der Börse bezeichnet – das ist der Weltraumsheriff aus *Toy Story*. Yahoos Kurs fiel wieder in Erdnähe, erreichte aber keinen vernünftigen Wert nach irdischen Maßstäben. Yahoo war das Wunderding, das Netscape gerne geworden wäre. Beide hatten als Erste das Internet-Tor durchschritten, doch Yahoo hatte seine Führungsposition behauptet.

Das brachten auch die Vermögen von Yang und Filo zum Ausdruck. Moritz hatte sie dazu bewogen, vor dem Börsengang die 12,5 Millionen Dollar von Softbank zu nehmen. Doch anders als Marc Andreessen von Netscape oder typische Unternehmer, veräußerten sie keine weiteren Aktien. Fast drei Jahre nach Gründung des Unternehmens hatten sie, abgesehen von einigen Stiftungen für wohltätige Zwecke und Geschenken an die Familie, fast alle Aktien behalten – wie Larry Ellison Ende der Achtzigerjahre. »Wenn Yahoo untergeht«, sagt Yang, »bleibe ich auf der Brücke.«

Nicht dass er oder Filo das befürchten müssten. Auf Yahoos Kursgipfel besaß Yang ein Vermögen von 5,1 Milliarden Dollar, mehr als die Gehälter aller Spieler in der höchsten Baseball-Spielklasse zusammengenommen. Filo hat 5,2 Milliarden Dollar. Damit kommen sie beide unter die sechzig reichsten Leute der Welt – nicht schlecht für zwei Elektroingenieure, die im Prinzip Verkäufer geworden sind. Vielleicht werden eines Tages auch die Gewinne ihres Unternehmens mit den ihren gleichziehen.

Diese Erfolgsstory musste natürlich den Neid anderer Senkrechtstarter des Valleys erregen. So konnte Yang einige sehr amüsante Reaktionen beobachten. Andy Grove sagte zu ihm: »Ich habe Ihr Produkt verwendet, Ihr Produkt gefällt mir, aber Ihr Produkt ist scheiße – Sie hätten es viel besser machen können.« Ellison machte ein paar beleidigende Bemerkung in Bezug auf Yahoos »Überschätzung«. Yang hat nur gelacht und später gemeint: »Ich bin sicher, die Frauen waren beeindruckt.« Vielleicht gefiel es Ellison nicht, dass sich Yangs und Filos Kontostände dem seinen langsam annäherten.

Marktpuristen werden Ihnen sagen, dass eine Aktie definitionsgemäß das wert ist, »was die Leute für sie zahlen«. Das sagt auch Tim Koogle und er hat natürlich Recht. Doch die Gründer schienen die Absurdität des Dollarregens sehr wohl zu begreifen. Yang: »Yahoo hat mehr Reichtum für andere geschaffen als für uns selbst – für VCs, Broker, Aktionäre und Management.« Doch das ist eher das Pfeifen im dunklen Wald. »Meistens habe ich keine Ahnung, warum der Kurs nach oben oder nach unten geht. Wenn ich etwas weiß, fällt der Kurs in der Regel. Ich habe so viel Glück gehabt, dass ich mich manchmal kneifen muss. Ich weiß, dass sich das Blatt jederzeit wenden kann.«

Insbesondere macht ihm der Bambikiller Sorge. Wird das Ungeheuer von Redmond die Witterung des kleinen Unternehmens aufnehmen und es zerquetschen? Wenn Microsoft Geld riecht, ist es bald zur Stelle. Seine Versuche, ein Online-Portal zu schaffen, sind weitgehend fehlgeschlagen, doch Microsofts Geschichte zeigt, dass es gewöhnlich erst beim dritten oder vierten Anlauf Erfolg hat. Wer ein Monopol hat, kann sich diesen Luxus leisten. »Microsoft kann uns im Handumdrehen erledigen«, sagt Yang. »Ich habe schreckliche Angst vor ihnen. Wenn Bill Gates dreihundert seiner Leute in die Madison Avenue schickt und Anzeigen verkaufen lässt, sind wir in Schwierigkeiten. Aber ich glaube, gegenwärtig gilt seine Aufmerksamkeit anderen Märkten.« Laut Koogle ist Yahoo immer bemüht gewesen, dem Bär aus dem Weg zu gehen und ihn nicht zu reizen. Zweimal hat Yahoo es abgelehnt, sich der Anti-Microsoft-Allianz von Netscape, Oracle, IBM und Sun anzuschließen.

Bill Foss, einer der ersten Netscaper, sagt: »Jedes Mal, wenn ich mit Jerry Yang essen gehe, frage ich ihn, wie hoch sein Vermögen ist, und Jerry weiß es immer – obwohl er stets hinzufügt, dass die Zahl absurd sei. Einmal aßen wir in einem teuren französischen Restaurant und sprachen nicht viel über Geld – bis zu dem Augenblick, wo die Rechnung kam und er mit einem Lächeln meinte, es sei wohl gut für meine Moral, wenn ich sie übernähme. Ich tat es.« (Das nächste Mal zahlte er 6,95 Dollar für ein Nudelgericht.) »Ich weiß, dass wir kein Sechs-Milliarden-Dollar-Unternehmen sind«, erklärte Yang im Frühjahr 1998. Er hatte Recht: Es war ein 38-Milliarden-Dollar-Unternehmen – wenn man dem Aktienmarkt von 1999 Glauben schenken durfte.

Auch Mike Moritz hat Mühe, die ganze Entwicklung ernst zu nehmen. »Gelegentlich finde ich es schwer, mich nicht von allem zu distanzieren, was zwischen San Francisco und San Jose stattfindet«, sagt Moritz. »Ich bin eine Art Doppel-Fremdling. Nachdem ich in England aufgewachsen bin, hat es mich hierher verschlagen. Und ich komme aus einem anderen Beruf, stand also nicht in Diensten von Intel oder HP, bevor ich ins Venture-Geschäft eingestiegen bin. Auch gehe ich von Zeit zu Zeit ganz oben auf die Tribüne und betrachte das Spielfeld von dort aus.«

Und was sieht man da so? »Es ist einfach absurd. Es ist unser Spiel und wir spielen es gern. Ich kann mir nicht vorstellen, dass es irgendwo sonst eine solche Ansammlung von begabten, ambitionierten und absurden Charakteren gibt wie hier.« Aber er fügt hinzu, die Vorstellung, Unternehmen wie Yahoo könnten die Welt verändern, sei reichlich überzogen. »Jerry und David schaffen nicht viele Arbeitsplätze. Zu den kleinen, schmutzigen Geheimnissen des Valleys gehört die Tatsache, dass wir zwar gern über die Schaffung von Arbeitsplätzen reden, tatsächlich aber wohl weniger zustande bringen, als den drei großen Autohersteller in den letzten zehn Jahren zu verdanken waren. Mit einem Unternehmen fährt man in Silicon Valley am besten, wenn man die Personaldecke so dünn wie möglich hält. Schauen Sie sich unsere Unternehmen an. Vielleicht haben sie 100 000 oder 150 000 Arbeitsplätze geschaffen. Doch was für welche und für wen? Arbeitsplätze, für die 250 Millionen Menschen in diesem Land nicht die nötigen Qualifikationen mitbringen. Arbeitsplätze für Leute, die am MIT oder in Stanford waren. Arbeitsplätze, die in vielerlei Hinsicht die alten Industrien im Mittleren Westen und an der Ostküste unterhöhlen.

Geben wir den Nutzen, den diese Arbeitsplätze bringen, in irgendeiner Weise weiter? Ich weiß es nicht. In was investieren wir? In Unternehmen, die dafür sorgen, dass Menschen intensiver und länger arbeiten – jederzeit und überall. Man ist am Skilift, am Strand und im Flugzeug zu erreichen. Bringt das was für das Leben der Leute?« Moritz Nüchternheit ist ausgesprochen erfrischend inmitten von so viel Werberummel und Selbstdarstellung.

Aber was ist mit der »größten legalen Wertschöpfung der Menschheitsgeschichte«? »Würde ich nicht unterschreiben«, sagt Moritz. »Aber selbst wenn, na und?«

Man fragt sich fast, warum er, Jerry und David sich nicht erbötig erklären, ein paar Dollarmilliarden zurückzuzahlen.

Lincolnville 04849

Es liegt von Silicon Valley aus gesehen fast am anderen Ende von Nordamerika, wenn man Neufundland außer Acht lässt.

Von Portland, Maine – bereits über 5000 Kilometer vom Land der gigantischen Aktienoptionen und der Straußensalami für 18 Dollar das Pfund entfernt – fährt man mit dem Auto eine Stunde Richtung Norden nach Augusta, der Hauptstadt des Bundesstaates, und dann eine Stunde Richtung Osten in das Hinterland von Maine, voller Felder und Wälder und Neuengland-Landhäuser. In Belfast nimmt man die State Route 52 nach Südwesten, vorbei an der Faith Temple Church und am Dorfladen. Nach ein paar Kilometern kommt man nach Lincolnville, Maine, im Herzen von Waldo County. Einwohnerzahl: 2100, ausgenommen im tiefsten Winter, wenn die Menschen in den Süden fliegen. Gleich außerhalb des Ortes liegt die weitläufige Kelmscott Farm – 60 Hektar, von denen man einen Blick auf Pitcher Pond, Ducktrap Mountain und – in der Ferne – auf die Penobscat Bay hat. Das ist der Ort, wo Bob Metcalfe und seine Familie heute leben, zusammen mit hundert seltenen Cotswold-Schafen, drei nigerianischen Zwergziegen, fünf Schweinen der Rasse Gloucersterhire Old Spot, einem tückisch blickenden, spuckenden Lama, mehreren Dutzend Gänsen, Hühnern und Enten, einem riesigen Brauereipferd, zwei Kerry-Färsen, zwei Stallkatzen, einer Taube und einem Bordercollie namens Tess.

Metcalfe ist ein Pionier des Computernetzes, als einstiger Mitarbeiter von Xerox PARC Erfinder des Netzstandards für das Ethernet, 1979 Gründer von 3Com, Vater des Metcalfeschen Gesetzes – und trotzdem erst dreiundfünfzig Jahre alt. Er zog hierher, um ein anderes Leben zu führen, ist deshalb aber kein Neo-Luddit, der versucht alle Maschinen und Technik aus seinem Leben zu verbannen. Auch in Maine ist er über das Internet, an dessen Entstehung er beteiligt war, immer noch mit der Welt der Informationstechnologie verbunden. Als gesuchter Redner auf Konferenzen der Großindustrie und sarkastischer Kolumnist der führenden Computerzeitschrift – nicht zu reden von seinen Auftritten im Fernsehen, seinen Statements in Zeitschriften und Zeitungen – bleibt er ein gewichtiger Repräsentant der digitalen Szene. (Seine berühmte Fehlprognose aus dem Jahr 1995 – »Das Internet wird aufleuchten wie eine Supernova und 1996 katastrophal zusammenbrechen« – nahm er zum Anlass, seine Worte nicht nur zurückzunehmen, sondern auch buchstäblich zu essen. Er verwandelte seinen Irrtum in eine Show, indem er seine Kolumne mit ein bisschen Wasser in einem Mixer verrührte und dann mit großen Appetit verspeiste.)

Als mich Metcalfe in Arbeitsjacke und Stiefeln an einem frischen, schneeverhangenen Nachmittag im Januar 1999 begrüßte, sagte er strahlend: »Sie sind nicht mehr in Silicon Valley.«

Früher einmal hat Metcalfe auch im Valley gelebt – ausgerechnet in Woodside. »Ich fühlte mich wie Altes Geld – aus den Achtzigerjahren«, sagt er. »Yang, Andreessen – das symbolisiert das Junge Geld.« Metcalfe hatte von einem der großen alten Anwesen in der Stadt gehört, von Mike Markkula ein Stück die King's Montain Road den Hügel hinauf, ein anderthalb Hektar großes Grundstück. Das riesige mediterrane Haus war 1906 von Bernard Maybeck gebaut worden und stand auf den Ruinen eines anderen Wohngebäudes, das im gleichen Jahr von dem großen Erdbeben in San Francisco zerstört worden war. William Greenwood, ein wohlhabender Schiffsausrüster, war der erste in einer Reihe von Eigentümern, denen es in diesem Jahrhundert gehörte. Weitläufig, landschaftlich reizvoll, großzügig gebaut, zählte das Anwesen dort oben, neben dem prächtigen Haus von Nolan Bushnell und der im Bau befindlichen Villa von Larry Ellison gelegen, zu einem der Schmuckstücke von Woodside.

Es hatte einen Pool mit schwarzem Boden, Whirlpool, Badehaus, Wagenschuppen, Gästehaus, Brunnen, einen ausgedehnten, mit Ziegelsteinen gepflasterten Parkplatz, einen Tennisplatz (mit Telefon), einen Badegarten, einen Sumpfgarten, ein Redwood-Wäldchen und einen Grillplatz. Die beigefarbene, stuckverzierte Villa selbst hatte ein Ziegeldach, große Giebel, Blattgold an den Zimmerdecken und einen langen Säulengang an der Vorderfront – dazu fünf Schlaf- und acht Badezimmer. Es gab auch eine Hausmeisterwohnung auf dem Anwesen, was durchaus sinnvoll war, schließlich musste sich jemand um die ganze Pracht kümmern. Ein Lieferant, der häufig kam, sagt, das Haus habe auf ihn gewirkt, »wie eine sehr große öffentliche Bibliothek, nur dass ich nie die Vordertür gefunden habe«. Für die Metcalfes war das 860-Quadratmeter-Haus keine ganz ungetrübte Freude. Ihnen gefielen zwar die Vorzüge, die es zu bieten hatte, weniger aber der Umstand, dass sie ständig ein Gegenstand architektonischen Neides waren (so wenig wie die Tatsache, dass sie jährlich 40 000 Dollar an Steuern zu bezahlen hatten). »Leute, die zu einer Party oder zum Dinner kamen« erinnert sich Metcalfe, »wollten immer nur über das *Haus* sprechen.« Whoopi Goldberg hat bei den Dreharbeiten zu *Kiss Shot* – einem ihrer schlechtesten Filme – drei Tage dort verbracht.

1994 hatte Metcalfe 3Com verlassen. Er hatte das Netzwerkunternehmen gegründet, war aber vom Aufsichtsrat bei der Wahl des Vorstandsvorsitzenden zweimal übergangen worden. Es war an der Zeit, sich nach etwas anderem umzusehen, und es musste nicht unbedingt in einem Bürogebäude in Silicon Valley sein. Sicherlich brauchte er nicht mehr zu arbeiten, da er »einen beträchtlichen Teil eines Milli-Gates« bei 3Com eingestrichen hatte. (»Ein Milli-Gates ist ein Tausendstel von Bill Gates' Vermögen«, was Anfang 1999 rund 100 Millionen Dollar entsprach.) Und dann hatte er, wie er später sagte, »einen Augenblick der Erleuchtung« auf dem Weg zur Woodside Elementary. »Ich saß in meinem Mercedes, ließ meine Tochter aussteigen und sah all die anderen Kinder, die aus ihren Mercedessen ausstiegen – chauffiert von den Kinderfräuleins, die alle blond zu sein schienen. Plötzlich wurde mir klar, dass meine Kinder auf keinen Fall als Trustfonds-Kids aufwachsen sollten. Es musste ein anderer Ort als Woodside sein.« Er war in der beneidenswerten Lage, über 100 Millionen Dollar zu verfügen, um seinen Wunsch in die Tat umzusetzen und um seiner Frau einen Traum zu erfüllen.

Robyn Metcalfe wollte eine Farm für bedrohte Arten aufbauen, beging aber den Fehler, das in Woodside zu versuchen. Dazu kaufte sie sechs Schafe – eine Probeherde – und pachtete ein angrenzendes Grundstück als Weide. An einem regnerischen Nachmittag hielt ein Truck mit blinkenden Lichtern auf dem Dach vor dem Haus der Metcalfes. Der Mann war ein Beamter der Veterinärbehörde.

»Ein Nachbar hat Beschwerde eingelegt, dass Ihr Lama nicht artgerecht gehalten wird«, erklärte der Beamte, als gebe es in dem County Vorschriften über die Haltung südamerikanischer Wiederkäuer.

Das Lama diente den Metcalfes als Schutz vor einheimischen Raubtieren wie Berglöwen. (Bordercollies sind großartige Schäferhunde, aber kein Schutz vor Berglöwen.) Weiterhin legte Robyn Metcalfe dem Beamten dar, dass das Lama und die Schafe einen Stall mit einem offenen Tor hätten, sodass sie selbst entscheiden könnten, ob sie sich drinnen oder draußen aufhalten wollten. Und, so fügte sie hinzu, auch wild lebende Lamas stünden manchmal im Regen.

Bis auf den heutigen Tag weiß niemand, warum sich der Nachbar über das Lama und nicht die Schafe beklagt hat.

Es gab noch weitere Ärgernisse in Woodside. Hinter dem Haus der Metcalfes, am Hang gelegen, standen einige dreißig Meter hohe Redwood-Bäume. Zwischen ihnen schlängelte sich der Wasserlauf des Union Creek hindurch und führte zu einem Damm, der den Metcalfes als Badestelle diente. Meist war es allerdings trocken, nur in der Winterregenzeit schwoll das Flüsschen so an, dass sein rascher Lauf die Redwoods bedrohte. Anfang der Neunzigerjahre erklärten die Metcalfes daher, sie seien bereit, die Ufer mit einer Steinmauer zu befestigen, was einige Zehntausend Dollar gekostet hätte. Sie beauftragten einen Tiefbauingenieur mit dem Projekt und zogen mit ihm vor die Woodsider Baukommission, die immer für eine Überraschung gut ist. Hier vernahmen die Metcalfes, dass eine »Bauaufsicht« erforderlich sei. Wie es der Zufall wollte, konnte der städtische Ingenieure auch ein bisschen Zeit für die private Beratung erübrigen – und, wer hätte es gedacht, beide Funktionen in Personalunion wahrnehmen. Die Metcalfes stellten ihn ein.

Trotzdem beschloss die Stadt in ihrer unergründlichen Weisheit, dass die Steinmauer erst errichtet werden dürfe, nachdem der Damm abgetragen worden sei. Offenbar hinderte der Damm die Forellen daran, flussaufwärts zu wandern (und tat das offenbar, seit Ulysses S. Grant Präsident der Vereinigten Staaten gewesen war). Der Haken an der Sache war, dass damit nicht nur die Badestelle der Metcalfes vernichtet wurde, sondern dass dann auch kilometerweit flussabwärts das Bachbett und die Uferkanten ausgewaschen würden, wovon alle angrenzenden Grundstückseigentümer betroffen gewesen wären. »Wir konnten also zwischen zwei Übeln wählen«, sagt Bob Metcalfe. Außerdem hatte er bereits 25 000 Dollar in ein Projekt gesteckt, das doch nur dazu dienen sollte, »ein paar schöne alte Bäume zu schützen, nicht eine chemische Fabrik zu errichten.«

Schließlich bewog er die Stadt dazu, seinem Plan zuzustimmen und auf die Beseitigung des Dammes zu verzichten. Nur eine kleine Bedingung war daran angeknüpft: Er musste eine Fischleiter bauen, die noch einmal Tausende von Dollars kosten sollte. Metcalfe erklärte den Stadtvätern: »Ihr könnt mich mal. Vergesst die Sache.«

Vielleicht hätte er eine Wohltätigkeitsauktion für die Fischleiter durchführen sollen.

Die Metcalfes haben Woodside nicht verlassen, um vor Torheiten dieser Art zu fliehen, aber es war ein hübscher Nebeneffekt. »Wir konnten zwei Arten von Leben führen«, sagt Robyn Metcalfe. »Das eine ausgerichtet an den üblichen Wertmaßstäben des Valleys – Symphoniekonzert, Stanford Shopping Center, Woodside-Auktion. Das andere mit ein bisschen mehr Abenteuer – isolierter und weniger bequem, dafür aber lebendiger. Die Kinder sollten lernen, dass nicht jede Geburtstagsfeier vom Partyservice organisiert wird.« Und dass das Jahr vier Jahreszeiten hat. Na gut, Daddy hatte mehr Geld als fast alle anderen Bewohner von Maine – sie betrieben nicht gerade Subsistenzwirtschaft –, aber, wer wollte leugnen, dass die Metcalfes das Herz auf dem rechten Fleck hatten?

Nach einer fast zwanzigjährigen Ehe mit Bob Metcalfe kannte Robyn Metcalfe die Vorzüge des digitalen Universums nur zu gut – Computer, Netzwerke, das World Wide Web. Es hatte die Lebensweise der Menschen verändert und ihre Familie reich gemacht. Ihr Farmhaus in Maine, so entlegen es auch war, war schon bald perfekt verdrahtet und mit eigener Web-Site ausgestattet – Kelmscott.org. Natürlich war auch ein Ethernet vorhanden, schließlich handelte es sich um eine Erfindung ihres Mannes. »Doch angesichts all dieses technischen Zeugs ist es besonders wichtig, dass man den Bezug zur Wirklichkeit nicht verliert – zum Beispiel dem warmen Atem, den dir ein Pferd ins Gesicht bläst«, sagt sie in ihrem kleinen Büro, das mit Büchern wie *Die richtige Schafhaltung* gefüllt ist. »Meine Freunde in Woodside haben nicht verstanden, was mich zum Farmleben zog. Warum ich den ›Pool‹ für den ›Pfuhl‹ aufgegeben habe.«

Während Silicon Valley einst für Abenteuer gestanden hat, bedeutet es jetzt Selbstzufriedenheit und Extravaganz – ein Mekka der Geldgier. Einst waren die Computerfreaks stolz auf ihre Rolle als soziale Außenseiter: Akrobaten auf ihren Keyboards, Bastler in ihren Garagen und Verächter der modernen Hygiene. Heute lernen sie den Umgang mit Servietten, Stilgefäßen und Champagnerflaschen – warum man sie beispielsweise nicht zwischen die Knie klemmt, wenn man den Korken zieht. Benimmkurse sind der Renner im Valley. Marc Andreessen begegnet Fräulein Etepetete. Wie öde!

Die Metcalfes wünschten sich eine etwas natürlichere Welt für ihre Kinder – so etwas wie das Woodside von früher. Heute gehen die Kinder in eine ganz normale Schule mit fünfundsiebzig anderen Schülern, die nach alten Sitcoms heißen. Und die Metcalfe-Kinder schienen sich rasch an das Landleben zu gewöhnen. Die Aufgabe, die sich die Kelmscott Farm gestellt hat und die 1998 dreizehntausend Besucher angelockt hat, lautet: »der Öffentlichkeit die Bedeutung landwirtschaftlicher Artenvielfalt ins Bewusstsein zu bringen«. Die hundert Cotswold-Schafe sind der Stolz der Farm, direkte Nachkommen einer Rasse, die die römischen Eroberer vor zweitausend Jahren mit nach England gebracht haben. Viele Schafe der Herde werden dazu benutzt, das Erbgut anderer Herden in Nordamerika aufzufrischen. Doch da man hierzu natürlich nicht jedes Lamm braucht, das geboren wird, müssen jedes Jahr etwa ein Dutzend von ihnen den traurigen Gang zum Schlachter antreten und enden als Spezialität in Delikatessgeschäften – oder auf dem Esstisch der Metcalfes. Den Kindern wurde früher erzählt, die Lämmer kämen ins »Ferienlager«. So erging es auch zweien, die Lucky und Geordi hießen. Eines Tages bestand das Dinner der Metcalfes aus einem delikaten Lammgericht. Max, der damals fünf war, probierte eine Gabel voll und fragte dann sachlich: »Ist das Lucky oder Geordi?«

Sogar Bob Metcalfe, der als »Farmer Bob« nur auf den gestellten Fotos der Hochglanzzeitschriften auftritt, sieht es ganz gelassen, wenn der Sohn die Tochter mit einem Frosch aus dem Teich übers Anwesen jagt. Farmer Bob kennt alle seine Schweine mit Namen und füttert sie, wenn es denn gar nicht anders geht, auch mal selbst.

Mit ihrem Reichtum hätten die Metcalfes an jeden beliebigen Ort der USA ziehen können, der genügend Platz geboten hätte. Die Countys Napa und Sonoma im Norden von San Francisco wären infrage gekommen. Doch sie liegen noch immer im Einflussbereich von Silicon Valley. Maine bedeutete einen vollständigeren Bruch. Seit mehr als zehn Jahren verbrachten die Metcalfes ihre Sommer dort. Sie besaßen verschiedene Häuser an der Küste und einen Teil einer Insel fünfzehn Kilometer vom Festland entfernt in der Penobscot Bay gelegen – nur mit einer Hütte ohne Elektrizität und fließendes Wasser. In den Achtzigerjahren kam Bob Metcalfe häufig von der Westküste zu den Wochenenden herüber. In einem seiner ersten Sommer in Maine führte er auf der Main Street in Camden, einige Kilometer von Lincolnville entfernt, seine beiden Hunde spazieren. Es war am frühen Morgen und er litt noch unter der Zeitverschiebung nach dem langen Nachtflug. Er fühlte sich hundeelend. »Was tue ich nur in diesem Kaff?«, fragte er sich. Dann sah er John Sculley in Baumwollhosen und Bootsschuhen auf dem Bürgersteig daherkommen. »Es war zu der Zeit, als Sculley Apple leitete und der König des Universums war«, erinnert sich Metcalfe.

»Hallo, Mr. Sculley«, sagte Metcalfe damals. »Was tun *Sie* denn hier?« Sculley hatte wie Metcalfe ein Haus in Woodside, also was suchte er an der falschen Küste?

»Ich komme seit Anfang der Siebzigerjahre her«, sagte Sculley. »Wer sind Sie eigentlich?« Sculley ist noch immer da – und der einzige Nachbar, der Metcalfe von ferne an Silicon Valley erinnert.

Metcalfe fand rasch Gefallen an der Region. Von Maine ist es nur ein kurzer Flug nach Boston, wo er sehr engagiert in den Gremien der MIT-Ehemaligen mitwirkte und für Computerzeitschriften arbeitete. Einst war er Unternehmer, nun hatte er es auf der Evolutionsleiter bis zur Stufe des Journalismus gebracht, als Kolumnist auf der redaktionellen und als Herausgeber auf der verlegerischen Seite.

Nach zweiundzwanzig Jahren Silicon Valley wählten die Metcalfes daher Maine als neue Heimat. Sie verkauften das Anwesen in Woodside für knapp vier Millionen Dollar an J. Taylor Crandall und seine Familie. Crandall war Finanzberater der Familie Bass – und der Bursche, der 1998 auf der Schulauktion in Woodside 125000 Dollar für eine Kreuzfahrt an Bord von Larry Ellisons Superjacht bezahlt hatte. Es passte in Metcalfes Modell vom Alten und Neuen Geld, dass er den lärmenden, neuen Bewohnern des Valleys wich.

»Die Größenordnung des Erfolgs hat sich verändert«, sagt Metcalfe. »Die Menschen sagen immer: ›Die Welt hat sich verändert, seit ich ein Kind war.‹ Tatsächlich aber haben sich zwei Dinge geändert – die Welt und sie selbst. Ich weiß nicht genau, was für mich zutrifft. Doch zu Beginn des Jahres 1998 war Meg Whitman Produktmanagerin für die Figur Potato Head aus der Toy Story beim Spielwarenmarkt Hasbro – und sechs Monate später hatte sie ein Vermögen von einer halben Milliarde Dollar als Präsidentin von eBay [der online-Auktionsfirma]. Du entwickelst ein Produkt und hast im Handumdrehen 40 Millionen Kunden. Ich kann mich noch an die Zeiten bei 3Com erinnern, als wir nur fünfzig Einheiten pro Monat ausgeliefert haben. Die Menschen führen heute ein schnelleres, anderes Leben. Heute weiß ich, wie sich die Leute bei IBM gefühlt haben, als 3Com aufkam.« Die Hardware-Unternehmen früherer Zeiten versuchten nach Kräften, mit der neuen Entwicklung Schritt zu halten. Compaq, das 1982 gegründet wurde und heute einer der größten PC-Hersteller ist, unternimmt trotzdem alle Anstrengungen, um sich in ein Online-Commerce-Unternehmen zu verwandeln, das nicht nur Computer aller Art, sondern auch Zubehör verkauft. In den ersten vierzehn Jahren seines Bestehens hat es 30 Millionen Computer verkauft, doch diese Zahl verblasst im Vergleich zu den Möglichkeiten des Internets.

Metcalfe klagt über das neue Tempo und die neue Internet-Moral, die die Ära der Halbleiter und PCs rückblickend geradezu idyllisch erscheinen lassen. »Ich bin ein Traditionalist. Ich finde es unmoralisch, wenn ein Unternehmen ohne Gewinne und ohne realistische Aussicht auf Gewinne an die Börse geht. Aber ich bin auch in einer anderen Zeit groß geworden.«

Kein Wunder also, dass er Gefallen an einem Leben jenseits des Valleys findet, durch die Breite eines Kontinents vom Tal der Täler getrennt. Alle paar Monate besucht er es und hat täglichen E-Mail-Kontakt mit den Einheimischen, denn als Kommentator der Szene muss er natürlich das Gras wachsen hören. Doch in Maine hat er eine neue Freiheit kennen gelernt. Weitab von der Hektik der Computer- und Geldneurotiker, ihren schnellen Autos und ihren Super-Egos sind die Rhythmen langsamer und die Entdeckungen im Schweine- oder Hühnerstall genauso wunderbar wie ein Milliarden-Dollar-Unternehmen, das sich zum Ziel gesetzt hat, die Produkte des Fernsehstars Kathie Lee Gifford im Internet zu vermarkten. Stolz macht Metcalfe seine Besucher mit Pete bekannt, dem tonnenschweren Shire-Pferd, das in einem Stall neben dem großen, grauen Wohnhaus lebt. Genauso stolz beschreibt er seine Fünf-Meter-Jacht Flash, die von dem verstorbenen Joel White entworfen wurde, dem Sohn des Schriftstellers E. B. White, der ganz in der Nähe an der Küste gelebt hat. (Die Metcalfes sind Bewunderer von Vater White. Das Boot, das sie vorher besessen haben, hieß Wilbur, nach dem Schwein in dem Buch *Wilbur und Charlotte*.) Stolz erwähnt er auch, dass Kelmscott »knapp ein Zehntel« dessen gekostet habe, was der Erlös des Anwesens in Woodside gebracht habe. Kelmscott macht sein Versprechen wahr und vereint die Vorzüge beider Welten in sich.

»Und wenn man bedenkt, wie heute der Verkehr im Valley aussieht, brauche ich kaum länger zur Arbeit.«

Niemand in Silicon Valley macht einen besonders glücklichen Eindruck. Aus Berufungen sind bloße Berufe geworden, aus Zwanglosigkeit Zwanghaftigkeit. Sogar Steve Jobs – die gottähnlichste Figur, die Silicon Valley zustande gebracht hat, auch wenn sein Unternehmen heute zu den eher kleinen Fischen zählt – wird nostalgisch, wenn er von den alten Zeiten des Valleys spricht. Mit seinen vierundvierzig Jahren bezeichnet er sich als »alten Mann«, jemanden, der sich nicht nur an Bob Noyce und Dave Packard erinnert – er war mit beiden befreundet –, sondern auch an die Aprikosenplantagen, die Beat Generation und die Zeiten, als es den Menschen noch etwas bedeutete, dass Jerry Garcia die Palo Alto High School besucht hat. »Früher hatte der Ort einen Zauber – wissenschaftlich und kulturell«, erzählte Jobs mir. »Du hast das gerochen, gespürt. Als ich auf die Highschool ging, bin ich zum Stanford-KI-Labor geradelt und habe mir dort die Wochenenden um die Ohren geschlagen. Du hast den Zauber in der Luft gespürt. Ich vermisse diese Zeit. Heute sind die Leute materieller geworden. Mit dreiundzwanzig hatte ich eine Million Dollar, mit vierundzwanzig zehn Millionen, mit fünfundzwanzig über 100 Millionen. Aber ich habe mir nie viel aus dem Geld gemacht.«

Die Rebellen von einst sind durch Betriebswirte und Buchhalter verdrängt worden, die Tüftler und Denker von den Geld- und Geschäftsleuten. Wenn Jobs noch einmal »jung« wäre, würde er es dann wieder mit Computern und Netzen und der digitalen Revolution versuchen? »Auf keinen Fall«, sagt er. »Ich würde mich mit Molekularbiologie beschäftigen.«

Steve Jobs ist vielleicht nicht die Liebenswürdigkeit in Person, doch er verkörpert ein Tal der Träume, das im Laufe der Zeit zum Babylon geworden ist. Für jeden Romantiker wie Steve Wozniak oder Idealisten wie Gary Kildall gibt es heute zehn glattzüngige Söldner des Kapitals wie John Doerr, die nur darauf warten, aus solchen Leuten Geld herauszuschlagen. Larry Ellison und Jim Clark sind bereit, die Zukunft zu erfinden, aber nur solange die NASDAQ die Revolution fest in Händen hält. Hype zählt genauso viel wie das Produkt. Hype *ist* das Produkt. Arthur Rock, das Geld hinter Intel, ist so hartgesotten wie jeder andere Finanzier des Valleys, hat aber nur noch wenig Sinn für das Spiel. »Es geht nur noch ums Geld. Geh an die Börse, verkauf die Aktien, sobald es erlaubt ist, steig aus, fang die nächste Sache an. Die meisten Typen kommen rein und erzählen mir, wie viel Geld ich verdienen kann, wenn ich sie finanziere. Ich sage ihnen immer, wenn es nur Geld ist, woran ihr interessiert seid, geht woanders hin.« Das tun sie dann.

Das Workaholic-Tempo macht die Menschen zu Robotern – sie *müssen* reich werden. Es ist so was wie Grippe. Keine Zeit für das Vergnügen, keine Zeit für die Familie, keine Perspektive für das Leben außerhalb der Seifenblase. Ist es Zufall, dass es so wenig echte Wohltätigkeit gibt im Valley, wo doch »die größte legale

Wertschöpfung der Menschheitsgeschichte« stattfindet? Was einst glänzte im Valley, rostet jetzt. Die Pionierzeiten sind vorbei und wurden durch eine einbetonierte Rennstrecke ersetzt. Wozniak zählt die Tage, bis seine Kinder groß genug sind und er in die Sierras ziehen kann.

Nach einer Schätzung liegt die Scheidungsrate im Valley bei 80 Prozent, Larry Ellisons Ehen nicht mitgerechnet. Dafür ist die Geburtenrate niedrig – wer hat schon Zeit für Kinder, wenn er nächste Woche an die Börse geht? Ron Wiebe, ein Familientherapeut in Los Gatos, der viele Firmenchefs zu seinen Patienten zählt, sagt, die schlimmste Krankheit des Valleys sei die Angst vor Urlaub. »Die Leute haben Angst, dass sie bei ihrer Rückkehr obsolet sein könnten, wenn sie eine Woche lang wegfahren.« Wiebe verkennt nicht, was Silicon Valley Inc. geleistet hat, aber was er sieht, das sind die Trümmer von Träumen. Wenn so viele Menschen so viel Geld machen, dann fangen sie automatisch an zu vergleichen – und die meisten verdienen scheinbar mehr. Die Party geht weiter, aber die Partygäste verlieren die Lust.

Das Valley war einmal eine neue Maschine. Sie hat die Welt verändert. Das tut sie vielleicht wieder. Aber sie hat keine Seele mehr.

DANKSAGUNG

Den größten Teil des Jahres 1998 habe ich in Silicon Valley und seiner Umgebung verbracht, eingetaucht in die Kultur und den Kult, das Geld und den Geist des Ortes. Das vorliegende Buch ist das Ergebnis dieser Zeit. Doch seine Anfänge reichen zurück in die Jahre 1994/95, als ich ein John-S.-Knight-Stipendium an der Stanford University hatte. Im Rahmen dieses wunderbaren Programms konnte ich jene Kenntnis der Hightech-Kultur erwerben, die wesentlich für dieses Projekt war. Mein Dank gilt der Stiftung und den beiden Journalisten, die sie leiten, Jim Risser und Jim Bettinger. Ferner danke ich Professor Gerry Gunther, der mich als Erster aufforderte, mich für das Stipendium zu bewerben. Ich kann mich glücklich schätzen, dass ich in ihm und seiner Frau Barbara Freunde habe.

Ich hätte das Buch nicht schreiben können ohne die großzügige Personalpolitik von *Newsweek*. Mein besonderer Dank gilt dem verstorbenen Maynard Parker und den anderen Verantwortlichen des Blattes, weil sie mir die erforderliche Zeit zur Verfügung gestellt haben. Ich schulde der Zeitschrift auch dafür Dank, dass sie mir gestattet hat, die Früchte meiner journalistischen Arbeit im vorliegenden Buch zu verwenden.

Viele Kollegen und Freunde haben meine ständigen Fragen und Belästigungen geduldig ertragen. Dank sei: Jerry Adler, Sharon Begley, Ellis Cose, Bob Costas, Storm Duncan, Carl Falcone, Stephen Gillers, Neil Goteiner, Andrew Joskow, Alex Kozinski, Patricia King, Jon Newman, Alien Reichman, Robina Riccitiello, Adam Rogers, Michael Rogers, Paul Saffo, John Schwartz (der Ausdruck »Tal der Dollars« stammt von ihm), Gary Simon, Allan Sloan, Marcy Tiffany, Rich Turner, Mark Vamos und Stephanie Vardavas. Besonders danke ich dem erstaunlichen Mike Wilson, der Larry

Ellison besser kennt als Ellison sich selbst. Bei der Übersetzung des Kauderwelschs aus der Welt des Venture-Kapitals hatte ich das Glück, die Hilfe freundlicher Fachleute in Anspruch nehmen zu können: Craig Canine, Mike Curry, Joe Schoendorf, Marty Sklar, Jim Steinberg, Peter Tufano und Jack Wilson.

In Silicon Valley haben mir einige Menschen — die ich teilweise in der Liste meiner Interviewpartner am Ende des Buches noch einmal erwähne – weit freundlicher Rede und Antwort gestanden, als sie hätten tun müssen: Al Alcorn, Marc Andreessen, Roger Bamford, Frank Caufield, Jim Clark, Chuck Dietrick, Stuart Feigin, Bill Foss, Marge Gianetto, Rich Green, Joyce Higashi, Heidi Johnson, Jamis MacNiven, Gordon Moore, Mike Moritz, Ed Oates, Tom Perkins, Arthur Rock, Tom Rolander, Todd Rulon-Miller, Jeff Suto, Steve Wozniak und Jerry Yang. Richard Brandt von *Upside* und Tony Perkins von *Red Herring* haben mir großzügig mit ihren journalistischen Kenntnissen weitergeholfen. Am wichtigsten aber war für mich in Silicon Valley Jonathan Kaplan, der mir, zusammen mit Asad und Zura, ein Heim geboten hat.

Es gibt schlechte PR-Leute, es gibt gute PR-Leute – und es gibt die fantastischen. Zur letzten Kategorie gehören Katie Cotton bei Apple, Howard High bei Intel, Chris Holten und Suzanne Anthony bei Netscape und Pam Alexander sowie Dawn Whaley bei Alexander Communications.

Dank auch: Bob und Robyn Metcalfe für die Gastfreundschaft in Maine; T. J. Rodgers, für den schönsten Wein, den ich 1998 getrunken habe; Marv Newland für eine Kopie seines Films *Bambi Meets Godzilla;* Charles Simonyi bei Microsoft; Henry Lowood und Margaret Kimball von den Stanford Libraries and Archives; www.dogpile.com; morgens um drei Uhr Wiederholungen von *Law and Order* (*Die Aufrechten*); Ben & Jerry; Steve Cerutti an der Law School der University of Oregon; Catherine Aman an der Journalism School der Columbia University; der Churchill Group; und Jean Brown, der unbestrittenen Meisterin der Abschrift.

Es ist einfach ein Gebot der Gerechtigkeit, dass ein Buch über Technik irgendwann im Zuge seiner Entstehung von technischen Kobolden heimgesucht wird – das ist nicht die *Rache der Eierköpfe,* sondern einfach die Heimtücke der Maschinen. Für die Rettung verschiedener Tonbandkassetten bin ich Miles Perkins und Degi

Simmons, Stacey Moran and Joel Gilbertson bei Sonic Foundry zu Dank verpflichtet. Für die Beseitigung von vorübergehender Macintosh-Malaisen danke ich Damian Rieger und dem Woz.

Kurz vor seiner Fertigstellung hat das Manuskript wesentlich profitiert von den Kommentaren, die Audrey Feinberg, Barbara Kaplan, Hank Gilman und John Riley abgegeben haben. Katie Hafner, David Howell und Paul Saffo haben Teile des Manuskripts gelesen und wertvolle Vorschläge gemacht. Alle Fehler und unverzeihliche Wortspiele sind natürlich mir anzulasten.

Zwei Menschen bin ich zu Dank verpflichtet, weil sie mir während der ganzen Dauer des Projekts bei den Recherchen halfen. Nadine Joseph ist eine außergewöhnliche Journalistin, die niemals protestiert hat, wenn ich sie bat, mit Flugmaschinen in die Lüfte zu steigen, denen ich mich noch nicht einmal am Boden zu nähern wagte. Dana Gordon kennt sich in Bibliotheken und Datenbanken besser aus als irgendjemand sonst; sie hat Nadeln im Heuhaufen gefunden, von denen ich noch nicht einmal wusste, dass es sie gibt.

Bei diesem Abenteuer hätte ich mit keinen besseren Lektor und Freund wünschen können als Henry Ferris von William Morrow and Company. Ohne seine Kenntnisse und Weitsicht wäre dieses Buch nicht zustande gekommen. Mein Dank gilt auch Ann Treistman von Morrow.

Genauso wenig wäre dieses Buch entstanden, wenn es nicht die unschätzbare Esther Newberg gäbe, die unter den Literaturagenten das ist, was Ted Williams unter den Baseballspielern war — die absolute Spitze. Ich grüße ihren Assistenten Jack Homer und gelobe, dass ich ihn auf lange Zeit mit Fragen verschonen werde.

Schließlich möchte ich meiner Frau Audrey und meinen beiden Jungen danken. Ihre Liebe, Geduld und Nachsicht waren entscheidend. Ja, Joshua und Nathaniel, wir können jetzt rausgehen und spielen.

424

QUELLEN UND LITERATUR

Die wichtigsten Quellen für das vorliegende Buch waren die Interviews, die ich im Laufe des Jahres 1998 geführt habe. In einigen wenigen Fällen fanden sie bereits 1995 statt. Meine Gesprächspartner waren:

Al Alcorn	Sue Fox	Charles Nesson
Marc Andreessen	Marge Gianetto	Ed Oates
Robert Andrews	Mark Goldstein	Jenny Overstreet
Roger Bamford	Rich Green	Tom Perkins
Jim Barksdale	Andy Grove	John Quayle
John Seely Brown	Zara Haimo	Roger Rickard
Brook Byers	Hugh Hempel	Mike Roberts
Gerhard Casper	Rick Herns	Arthur Rock
Frank Caufield	J.S. Holliday	T.J. Rodgers
Jim Clark	Chris Holten	Tom Rolander
Bud Colligan	David Howell	Todd Rulon-Miller
Scott Cook	Lyndy James	Joe Schoendorf
Dave Corbin	Steve Jobs	Carter Sednaoui
Wilf Corrigan	Heidi Johnson	Dick Shaffer
Roger Craig	Jerry Kaplan	Tom Siebel
Harvey Dale	Gene Kleiner	Russ Siegelman
Chuck Darrah	Randy Komisar	Charles Simonyi
Jeanne Dickey	Tim Koogle	Larry Sonsini
Chris Dickson	Dick Kramlich	Bob Spicer
Chuck Dietrick	Jamis MacNiven	Kevin Starr
John Doerr	Valeta Massey	Ted Turner
Rich Draeger	Bob Metcalfe	Jim Valentine
Esther Dyson	Max Metcalfe	Jim Warren
Larry Ellison	Robyn Metcalfe	Jim Wickett
Bill Erkelens	Jon Mittelhauser	Ron Wiebe
Stuart Feigin	Gordon Moore	Jack Wilson
David Filo	Mike Moritz	Gary Wozniak
Mike Foley	Dennis Muren	Steve Wozniak
Tom Ford	Michael Murphy	Jerry Yang
Bill Foss	John Nesheim	Pierluigi Zappacosta

Rund ein Dutzend weitere Menschen habe ich interviewt, die nicht genannt werden wollten. Die meisten von ihnen waren nicht wichtig für den Gang der Ereignisse, ausgenommen einige Informationen aus dem Prolog zu Woodside, aus Kapitel sieben zu den Venture-Kapitalfonds von Kleiner Perkins Caufield und Byers und insbesondere aus Kapitel neun zu Microsoft. Über lange Strecken dieses Projektes und während der Zeit, da der Prozess mit der Bundesregierung geführt wurde, hat Microsoft die Zusammenarbeit verweigert; die meisten Microsoftianer, die hinterher mit mir darüber sprachen, wollten verständlicherweise anonym bleiben. Von wenigen Fällen abgesehen, habe ich diese Zitate jedoch nicht benutzt.

Neben den Interviews habe ich zahlreiche Berichte – zeitgenössische wie historische – aus sekundären Quellen hinzugezogen: Zeitungen, Zeitschriften, Branchenveröffentlichungen und, in einigen wenigen Fällen, Material, das speziell für das World Wide Web veröffentlicht wurde. Wo es angebracht war, habe ich die Quellen direkt im Text genannt. Zu den Zeitungen, auf die ich häufig zurückgegriffen habe, gehören *The New York Times, The Wall Street Journal, The Washington Post*, der *San Francisco Chronicle*, der *San Francisco Examiner*, der Woodside *Almanac* und die San Jose *Mercury News;* häufig zitierte Zeitschriften sind *Newsweek, Time, Business Week, Forbes, Fortune, Vanity Fair, The New Yorker, The Economist, Upside, Red Herring* und *Wired*.

Bücher waren unentbehrlich, um Lücken in dem Erzählten zu schließen, vor allem in den Kapiteln eins bis vier. In Kapitel eins habe ich verwendet: *The World Rushed In*, von J. S. Holliday; *Californians: Searching for the Golden State*, von James D. Houston; *Assembling California*, von John McPhee; *Historic San Francisco: A Concise History and Guide*, von Rand Richards, und *Gold Rush; A Literary Exploration*, hrsg. von Michael Kowalewski.

In den Kapiteln zwei und drei: *Inside Intel: Die Geschichte des erfolgreichsten Chip-Produzenten der Welt*, von Tim Jackson; *The Big Score: The Billion Dollar Story of Silicon Valley*, von Michael S. Malone; *Die Hewlett-Packard-Story: Wie Bill Hewlett und ich unser Unternehmen aufbauten*, von David Packard; *The Chip: How Two Americans Invented the Microchip and Launched a Revolution*, von T. R. Reid; und *Crystal Fire: The Birth of the Information Age*, von Michael Riordan und Lillian Hoddeson.

In Kapitel vier: *Apple: The Inside Story of Intrigue, Egomania, and Business Blunders*, von Jim Carlton; *Fire in the Valley: The Making of the Personal Computer*, von Paul Freiberger und Michael Swaine; *Hackers: Heroes of the Computer Revolution*, von Steven Levy; *Insanely Great: The Life and Times of Macintosh, the Computer That Changed Everything*, von Steven Levy; *The Big Score: The Billion Dollar Story of Silicon Valley*, von Michael S. Malone; und *Das Milliardenspiel: Xerox's Kampf um den ersten PC*, von Douglas K. Smith und Robert C. Alexander.

In Kapitel fünf: *The Difference Between God and Larry Ellison: Inside Oracle Corporation*, von Mike Wilson.

In den Kapiteln sechs und sieben: *The New Venturers: Inside the High-Stakes World of Venture Capital*, von John W. Wilson.

In Kapitel acht: *Apra Kadabra oder die Geschichte des Internet,* von Katie Hafner und Matthew Lyon; *Speeding the Net: The Inside Story of Netscape and How It Challenged Microsoft,* von Joshua Quittner and Michelle Slatalla; und *Architects of the Web: 1,000 Days That Built the Future of the Business,* von Robert H. Reid.

In Kapitel neun: *Gates: Wie der Microsoft-Chef die PC-Industrie revolutionierte und zum reichsten Mann Amerikas wurde,* von Stephen Manes and Paul Andrews; *Overdrive: Bill Gates and the Race to Control Cyberspace,* von James Wallace; und *Mr. Microsoft: Die Bill-Gates-Story,* von James Wallace und Jim Erickson. Ausführlich habe ich mich auch auf die Prozessakten des von der Bundesregierung geführten Antitrust-Verfahrens gegen Microsoft gestützt.

In Kapitel zehn: *Architects of the Web: 1,000 Days That Built the Future of the Business,* von Robert H. Reid.

Es folgt die komplette Liste der für dieses Projekt benutzten Bücher:

Amelio, Gil, and William L. Simon. *On the Firing Line: My 500 Days at Apple.* New York: HarperBusiness, 1998.

Auletta, Ken. *The Highwaymen: Warriors of the Information Superhighway.* New York: Random House, 1997.

Barich, Bill. *Big Dreams: Into the Heart of California.* New York: Pantheon Books, 1994.

Bolt, Bruce. *Earthquakes.* New York: W. H. Freeman, 1993.

Brockman, John. *Digerati: Encounters with the Cyber Elite.* San Francisco: Hardwired, 1996.

Bronson, Po. *The First $20 Million Is Always the Hardest: A Silicon Valley Novel.* New York: Random House, 1997.

Carlton, Jim. *Apple: The Inside Story of Intrigue, Egomania, and Business Blunders.* New York: Random House/Times Books, 1997.

Cringely, Robert X. *Unternehmen Zufall: Wie die Jungs vom Silicon Valley die Milliarden scheffeln, die Konkurrenz bekriegen und trotzdem keine Frau bekommen.* Bonn: Addison-Wesley, 1993.

Dillon, Pat. *The Last Best Thing: A Classic Tale of Creed, Deception, and Mayhem in Silicon Valley.* New York: Simon & Schuster, 1996.

Dyson, Esther. *Release 2.1: Die Internet-Gesellschaft; Spielregeln für unsere digitale Zukunft.* Vollst. überarb. Taschenbuchausg. München: Droemer Knaur, 1999

Freiberger, Paul, and Michael Swaine. *Fire in the Valley: The Making of the Personal Computer.* Berkeley, CA: Osborne/McGraw-Hill, 1984.

Gates, Bill, Nathan Myhrvold, und Peter Rinearson. *Der Weg nach vorn: Die Zukunft der Informationsgesellschaft.* Völlig überarb. und aktualisierte Taschenbuchausg. München: Heyne, 1997.

Gibson, William. *Neuromancer.* München: Heyne, 1999.

Grove, Andrew S. Nur die Paranoiden überleben: Strategische Wendepunkte vorzeitig erkennen. München: Heyne, 1999.

Hafner, Katie, und Matthew Lyon. *Apra Kadabra oder die Geschichte des Internet.* Heidelberg: dpunkt, 2000.

Hall, Mark, and John Barry. *Sunburst: The Ascent of Sun Microsystems*. Chicago: Contemporary Books, 1990.

Hanson, Dirk. *Die Geschichte der Mikroelektronik: Wie Chips und Computer in unsere Welt kamen*. München: Heyne, 1984.

Holliday, J. S. *The World Rushed In*. New York: Simon & Schuster, 1981. Houston, James D. *Californians: Searching for the Golden State*. Santa Cruz, CA: Otter B Books, 1992.

Jackson, Tim. *Inside Intel: Die Geschichte des erfolgreichsten Chip-Produzenten der Welt*. München: Heyne, 2000.

Jager, Rama Dev, and Rafael Ortiz. *In the Company of Giants: Candid Conversations with the Visionaries of the Digital World*. New York: McGraw-Hill, 1997.

Kaplan, Jerry. *Startup: A Silicon Valley Adventure*. Boston: Houghton Mifflin, 1995.

Kidder, Tracy. *Die Seele einer neuen Maschine: Vom Entstehen eines Computers*. Reinbek b. Hamburg: Rowohlt, 1981.

Kowalewski, Michael, ed. *Gold Rush: A Literary Exploration*. Berkeley, CA: Heyday Books, 1997.

Levy, Steven. *Hackers: Heroes of the Computer Revolution*. New York: Dell, 1984.

——. *Insanely Great: The Life and Times of Macintosh, the Computer That Changed Everything*. New York: Viking Penguin, 1994.

Malone, Michael S. *The Big Score: The Billion Dollar Story of Silicon Valley*. New York: Doubleday, 1985.

Manes, Stephen, und Paul Andrews. *Gates: Wie der Micorosoft-Chef die PC-Industrie revolutionierte und zum reichsten Mann Amerikas wurde*. Bonn: Addison-Wesley, 1993.

McPhee, John. *Assembling California*. New York: Farrar, Straus and Giroux, 1993.

Moritz, Michael. *The Little Kingdom: The Private Story of Apple Computer*. New York: William Morrow, 1984.

Nesheim, John L. *High Tech Start Up*. Saratoga, CA: John L. Nesheim, 1997.

Packard, David. *Die Hewlett-Packard-Story: Wie Bill Hewlett und ich unser Unternehmen aufbauten*. München: Heyne, 1998.

Quittner, Joshua, and Michelle Slatalla. *Speeding the Net: The Inside Story of Netscape and How It Challenged Microsoft*. New York: Atlantic Monthly Press, 1998.

Reid, Robert H. *Architects of the Web: 1,000 Days That Built the Future of the Business*. New York: John Wiley & Sons, 1997.

Reid, T. R. *The Chip: How Two Americans Invented the Microchip and Launched a Revolution*. New York: Simon & Schuster, 1984.

Reynolds, Terry S., and Stephen H. Cutcliffe, eds. *Technology and the West*. Chicago: University of Chicago Press, 1997.

Richards, Rand. *Historic San Francisco: A Concise History and Guide*. San Francisco: Heritage House, 1991.

Riordan, Michael, and Lillian Hoddeson. *Crystal Fire: The Birth of the Information Age*. New York: Norton, 1997.

Rodgers, T. J. *No Excuses Management*. New York: Doubleday, 1992.

Rogers, Everett M., und Judith K. Larsen. *Silicon-Valley-Fieber: An der Schwelle zur High-Tech-Zivilisation*. Berlin: Siedler, 1985.

Rogers, Michael. *Silicon Valley*. New York: Pocket Books, 1982.

Saxenian, AnnaLee. *Regional Advantage: Culture and Competition in Silicon Valley and Route 128*. Cambridge, MA: Harvard University Press, 1994.

Sculley, John. *Meine Karriere bei PepsiCola und Apple*. Düsseldorf: Econ, 1987.

Smith, Douglas K., und Robert C. Alexander. *Das Milliardenspiel: Xerox's Kampf um den ersten PC*. Düsseldorf: Econ, 1989.

Smolan, Rick, and Jennifer Erwitt. *One Digital Day: How the Microchip Is Changing Our World*. New York: Random House/Times Books, 1998.

Stegner, Wallace. *Angle of Repose*. New York: Doubleday, 1971.

Stoll, Clifford. *Die Wüste Internet*. Frankfurt/M: Fischer, 1996.

Stross, Randall E. *Steve Jobs and the NeXT Big Thing*. New York: Atheneum, 1993.

——. *The Microsoft Way: The Real Story of How the Company Outsmarts Its Competition*. Reading, MA: Addison-Wesley, 1996.

Swisher, Kara. *aol.com: How Steve Case Beat Bill Gates, Nailed the Net-heads, and Made Millions in the War for the Web*. New York: Random House/Times Books, 1998.

Wallace, James. *Overdrive: Bill Gates and the Race to Control Cyberspace*. New York: John Wiley & Sons, 1997.

Wallace, James, und Jim Erickson. *Mr. Microsoft: Die Bill-Gates-Story*. Frankfurt/M: Ullstein, 1994.

Weston, J. Fred, and Eugene F. Brigham, ed. *Essentials of Managerial Finance* (5th ed.). Orlando, FL: The Dryden Press, 1979.

Wilson, John W. *The New Venturers: Inside the High-Stakes World of Venture Capital*. Reading, MA: Addison-Wesley, 1985.

Wilson, Mike. *The Difference Between God and Larry Ellison: Inside Oracle Corporation*. New York: William Morrow, 1997.

REGISTER

439